記録と記憶のアメリカ

モノが語る近世

Early Modern America in Documents and Monuments

Mitsuhiro Wada
和田光弘 著

名古屋大学出版会

記録と記憶のアメリカ——目　次

IV　英雄たちの記憶

序　章

本書は、一七・一八世紀のいわゆる近世におけるアメリカ、すなわち植民地時代から独立革命期（さらに一部は建国期）にかけてのアメリカを俎上に載せ、一貫した方法論と最新のアプローチ、また独自の史料論などを駆使してその諸相に切り込み、とりわけ新たな「モノ」概念のもと、事実史（「記録」）と記憶史（「記憶」）の統合を試みるものである。

わが国のアメリカ史研究では、必ずしも「近世（Early Modern）」の語の使用は一般的でないが、本書ではあえてこの語を副題に配している。西洋史において通常、一六世紀から一八世紀後半までを切り取るこの用語は、むろんアメリカ史に対しても適用可能であり、植民地期と革命期を連続して論じる視座を提供する。そもそもフランス革命に先立つアメリカ独立革命は、少なくとも時系列上はアンシャン・レジーム期における事象に他ならず（共和制を希求したアメリカに助力したのはブルボン王家であり、ラファイエットやロシャンボーらフランス貴族であった）、さらに、マキアヴェリを通して古典古代にまで連なる共和主義的伝統を強調するJ・G・A・ポーコックによれば、独立革命は最初の近代的革命としてではなく、最後の古典的革命として始動したのである(1)。本書であえて「近世」の語を掲げるゆえんである。

また、やや大上段に構えて言うならば、用語のみならずその実質においても、本書では従来と異なる歴史像を

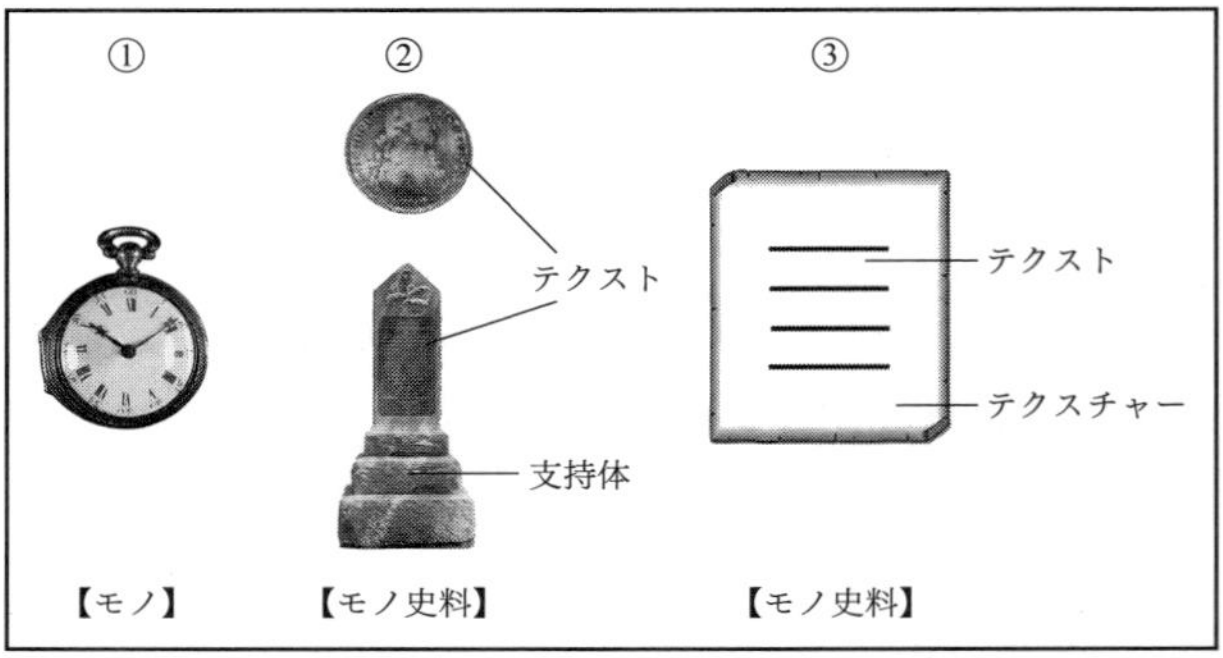

図0-1　本書におけるモノ概念と史料概念（1）

立ち上げるべく、字義通り「ユニークな」手法を採用したい。その手法は以下の四点、すなわち（1）方法論、（2）アプローチ、（3）テーマ、（4）史料論の視座から説明しうる。以下、これら四点について、とりわけ（1）に重点を置きつつ簡潔に述べてゆきたい。

（1）方法論

本書における方法論の独自性は、分析主題および分析対象として、テクストとテクスチャー・支持体から構成される「モノ」を定義し、このモノ概念を用いて、事実史（「記録」）と記憶史（「記憶」）を見通す点にある。[2] さらにこの「モノ」を大きく五種類に分類することで、懐中時計などの身近な消費財や貨幣、記念碑、古文書、刊行史料、デジタル史料などを統一的に扱う視座を提示するものである。したがって、方法論であると同時にむろん史料論でもあるのだが、ここではあえて方法論として切り分け、やや抽象度の高い議論を開陳したい。

図0-1に示したように、同じ「モノ」と言っても、（a）モノが史料中に登場する場合（図中の【モノ】）と、（b）モノ自体が史料となる場合（図中の【モノ史料】）の二種類にまずは大別できる。（a）を分析主題、（b）を分析対象と換言してもよい。たとえば本書の第5章において俎上に載せる懐中時計は、ワシントン関連の史料中に登場し、分析主題となるモノであり、（a）に相当する。すなわち図中の①である。一方、第1章で扱う貨幣や、第7章・第8章などで扱う記念碑、そして第2章などの古文書等は、それら自体が史料（モノとしての史料＝モノ史料）としての性格を有しており（むろん分析主題を兼ねている場合もある）、そ

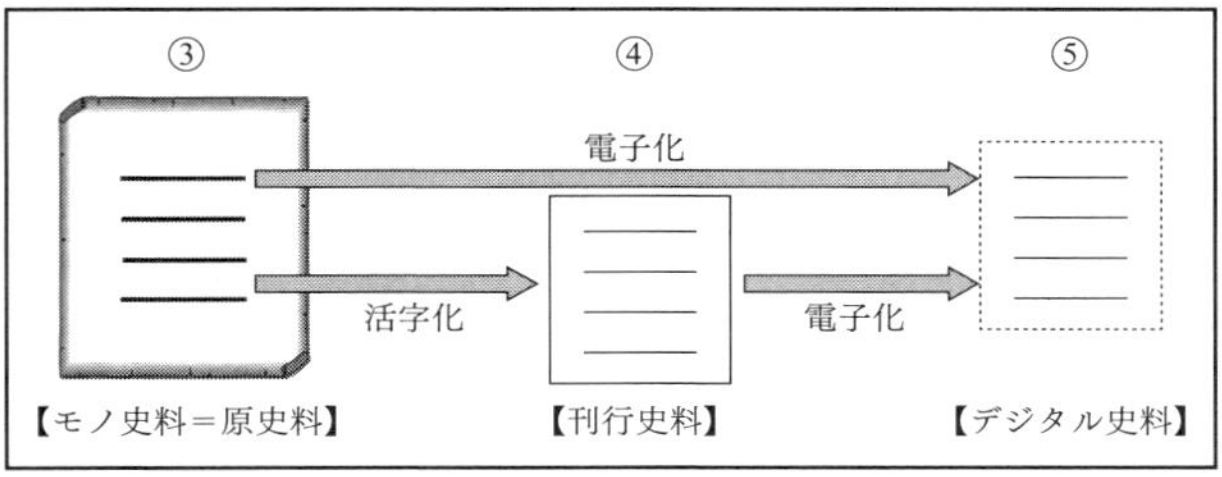

図 0-2　本書におけるモノ概念と史料概念（2）

れらを分析対象とすることで、種々の知見を汲み出すことができる。すなわち図中の②・③である。もっとも古文書の場合、それは当然の機能ともいえるが、本書では文書のモノとしての側面にも焦点を当てたい。むろん文書に記された内容（＝テクスト）が重要であることは論を俟たないものの、本書ではテクストを物理的に存在させうるオリジナルの場、つまりテクストが書かれた料紙の形態や素材等にも注目し、それらの物理的特性を「テクスチャー」と呼称する。すなわち現存する当時のテクストは、なべてテクスチャーを伴って生成されたのであって、両者のインタラクティヴな関係性の中に、同時代の興味深い事実が浮かび上がってくるのである。またこの図式は、貨幣や記念碑などのモノ史料（図中の②）にも適用可能であり、貨幣や記念碑に刻まれた銘文等をテクストと捉え、さらにそのテクストの存在を可能にしている物理的前提を「支持体」と位置づけることができよう（したがって記憶史も、これら記念碑や種々の関連文書等を史料とするならば、従来の歴史学、すなわち事実史の手法を用いて考究しうる）。

さらに図0-2にあるように、文献史学にとって重要な③に改めて注目するならば、このモノ史料（いわゆる原史料）のテクストを、テクスチャーによって規定されたオリジナルの物理的束縛から切り離し、紙媒体で広く参照できるようにしたものが刊行史料（図中の④）であり、さらに電子化してサイバースペース上にアップロードしたもの等がデジタル史料（図中の⑤）といえる。④・⑤ともにモノ史料から派生し、いわばオリジナルから遊離したテクストであるが、周知のとおり、それゆえにきわめて高い汎用性を有しており（とりわけ⑤）、これらの形態の史料も、本書の第4章や第5章などで大いに活用することになる。

さて、上記のごとく模式的に提示したモノおよびモノ史料における①～⑤の範疇

表 0-1　各章で分析主題・分析対象とするモノ史料

	①	②	③	④	⑤
第 1 章	x	x	x		
第 2 章			x		
第 3 章				x	x
第 4 章				x	x
第 5 章	x			x	x
第 6 章			x	x	
第 7 章		x		x	
第 8 章		x		x	
第 9 章		x	x	x	x
第 10 章		x		x	x

について、具体的に本書の各章ではいずれを主要な分析主題ないし分析対象とするのかを簡潔に示したのが表0-1である。あくまでも主要な範疇に関するもののみで、一種の目安に過ぎない（すなわちこれ以外についても触れる場合もありうる）が、各章とモノ概念との関係が明瞭に把握されよう。そしてこれらの議論を踏まえた上で、次に、方法論における事実史と記憶史の差異を確認する必要がある。やや抽象的にすぎることを承知の上で、異なる角度から少し論を展開したい。

唐突ではあるが、一般に歴史哲学の課題設定として、そもそも歴史の流れは必然なのか偶然なのかという問題が挙げられる。おそらくは情報の多寡がこの問いを解く鍵の一つであろう。すなわち、たとえ空間の次元が理論上、何次元あろうとも、時間が一次元であるからには、森羅万象のあらゆる情報を掌握していれば、時間軸に沿って生起するあらゆる事象は必然となるが、むろんそのような状態は現実にはありえず、情報が欠落する分だけ偶然の要素が侵入するのはやむをえない。そもそも歴史的な事象を説明するという営為自体、偶然と捉えられる要素を必然的なものへと転換する作業を含意しているといえるが、それは当該事象の発生に対して事後的におこなうからこそ、すなわち時間の経過によってより多くの情報を有しているからこそ可能なのである。図0-3をご覧いただきたい。比喩的に説明するならば、建物の両側から歩いてくるAとBは互いにその存在がわからず、このままの速度で歩いてゆくと、建物の角でぶつかってしまうとする。したがって、AにとってBとぶつかるのは偶然、BにとってもAとぶつかるのは偶然だが、両者を見通せる位置にあってその成り行きを観察できるCにとっては、AとBがぶつかるのは必然となる。すなわち、より多くの情報を掌握しているCは、いわば神の視座を有しているといってよい。この解釈を空間的配置ではなく時間的配置に置換してみるならば、AやBは過去の事象のただ中に置かれた同時代の視座であり、それらの過去の事象に関して、すでに多くの情報を掌握している現在の視座こそがCとなる。

それゆえ、A・Bを内在的視座、Cを超越的視座と言い換えることもできる。ここでいう内在的視座とはすなわち同時代的視座、超越的視座とは現在的視座に他ならない（図0-4参照）。史料解釈の際、当然ながら当時の（同時代の）史料に深く沈潜するA・Bの視座は必要だが、同時に、それらを現在の視座から客観的に見通すCも不可欠である（具体例の提示は註に譲りたい[3]）。もしも史料を読み込む際に、AやBの内在的・同時代的視座を自身の視座と完全に同一化させてしまい、Cの超越的・現在的視座が失われるならば、いわゆるミイラ取りがミイラとなる。ニーチェの『善悪の彼岸』にあるごとく、深淵を覗く者は、深淵からも覗かれていることに留意すべきであろう。一方、A・Bの視座を顧みず、神の視座（C）からのみ事象を断罪するならば、歴史の真の第一動者《プライム・ムーヴァー》を見失うことになろう（むろん現実には、あらゆる情報を備えた完全なるCの視座は存在しないことから、Cの視座がA、Bいずれかの方向にバイアスを有することは十分にありうる）。とまれ、このようにA、B、Cの関係性に注目するならば、それら相互の連関に留意し、A・BからCへの時系列上の変化を読み解くのが「記憶史」であり、Cの立場を堅持しつつも、A・Bに寄り添うのが「事実史」といえるかもしれない。

このように事実史と記憶史を統一的に捉える視座は、次のように説明することもできよう。いったん生起した歴史事象（E）自体は

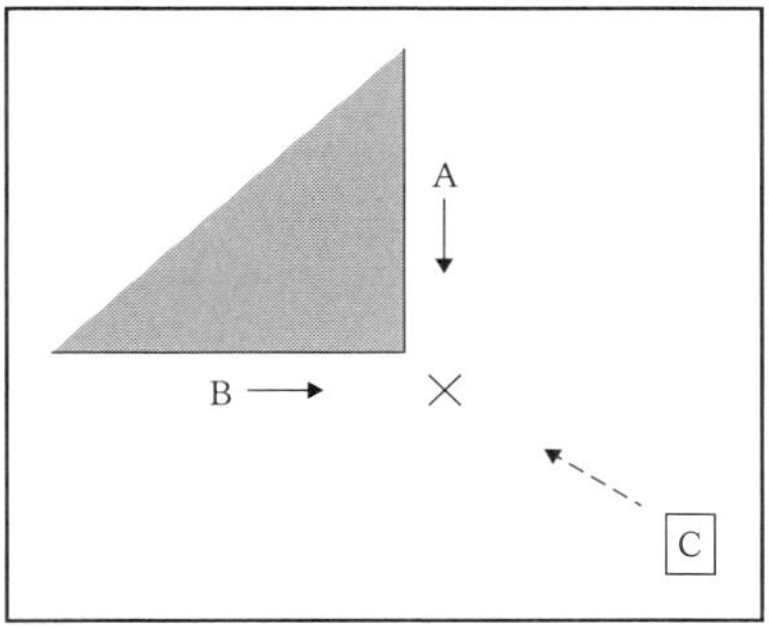

図 0-3　歴史の視座

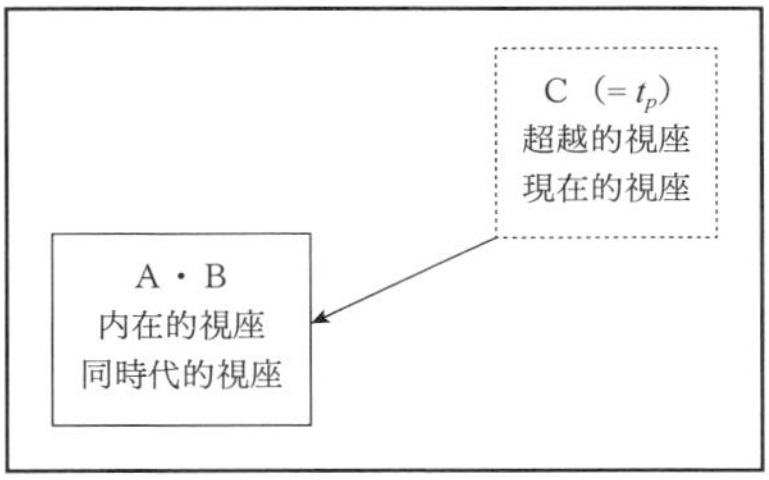

図 0-4　同時代的（内在的）視座と現在的（超越的）視座

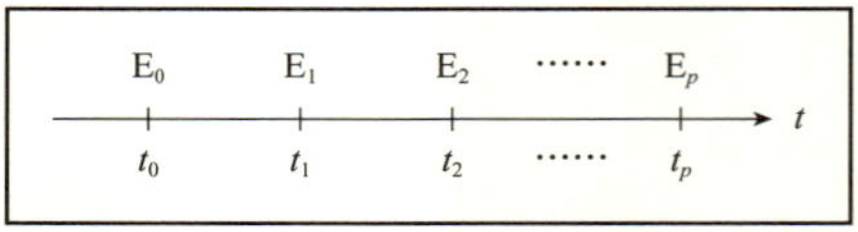

図 0-5　時間の関数としての歴史事象

もはや変えようがないが、時とともにその事象の解釈、意味合い、位置づけ、軽重、さらには捏造の類も含めて「事実」そのものが変化してゆくとするならば、歴史事象は時間の関数として捉えうる（これを$E=f(t)$と記す）。そしてやや衒学的ながら、同値の内容をあえて明示的に図式化するならば以下のようになろう。すなわち、t_0をオリジナルの事象が生じた時点、t_pを現在の時点とすれば、E_0はオリジナルの事象、E_i（$=f(t_i)$）は任意の時点（t_i）でのE_0の解釈等、そしてE_p（$=f(t_p)$）は現在におけるE_0の解釈等となる（$0<i<p$）。すなわち、図0-5である。

　そして前述のごとく、一般に事象そのものの解釈・意味合い等が時とともに移りゆくものならば、オリジナルの事象（E_0）と、後世（t_i）におけるその事象の解釈（E_i）は、必ずしも同じではない。また後世の各時点（むろん現在を含む）における解釈（E_i）も、相互に異なることになろう。すなわち、次のように書ける。

$$E_0 \neq E_1 \neq E_2 \neq \cdots \neq E_p$$

むろん、これはあくまでも比喩的な表現であって、たとえば任意の時点をとれば解釈がほとんど同じ場合（期間）も当然存在しうると想定されるため、この図式を厳密に適用することはかなわないが、事象の忘却も含めて、後世に何らかの解釈の変化が生じることを普遍的と認めるならば、この論理展開も十分に首肯されよう。さらにまた、時間軸に沿った上記の説明、すなわち図0-5の横軸に対して、空間軸＝縦軸を想定することもできる。すなわち、地域による差異をモデルに組み込むことも可能であろう。[4]

　ともあれ、この図式の中で「記憶史」とは、E_0からE_1やE_2等を経てE_pに至る過程を丁寧に追ってゆく作業といえる（つまり先の図0-3・図0-4の議論になぞらえれば、A・BからCへの時系列上の変化を読み解く作業となる）。一方、この図式における「事実史」は、むろんE_0の「再現」を試みるものといえるが、それが一般にE_iと合致しないとするならば、現在における解釈の営為、すなわちE_pから遡ってE_0に到達することは困難といわざるをえない。だがE_0の近傍に可能な限り近づくことはむろん不可能なわけではなく、オリジナルの史料の声を丁寧に――懐疑論的立場からは楽観的に過ぎるかもしれないが――聴くことで、つまり図0-3・図0-4の議論のごとく、Cの立場を堅持しつつもA・Bに寄り添うことで、接近は可能となろう。しかもE_0とE_pの差異は、その時代的差異があるがゆえに今日動員できる種々の手法――コンピュータを用いた悉皆調査など――を用いることによっても縮められうるのであって、本書でもこのような手法を最大限に活用することになろう。

（2）アプローチ

遥か中生代に超大陸パンゲアの分裂によって誕生した最も若い大洋、大西洋。この大西洋を囲む四大陸（南北アメリカ大陸、ヨーロッパ大陸、アフリカ大陸）の相互連関を考究する最新のアプローチが「大西洋史（アトランティック・ヒストリー）」であり、本書ではその視座を積極的に導入したい。ただし、本文中に大西洋史の文言を直接登場させるのではなく、あくまでも近世大西洋世界を論じる際の通奏低音として、すなわち議論のバックボーンとして位置づけたい。たとえば大西洋を股にかけた書簡や文書のやり取りなどから、近世大西洋世界の緊密なネットワークが炙り出されるといった具合である。

そもそも大西洋史の全貌は、その来歴と現状を体系的に論じたバーナード・ベイリン『アトランティック・ヒストリー』に余すところなく開陳されている。[5] アメリカ史学の泰斗、ベイリンはハーヴァード大学で大西洋史国際セミナーを主催し、大西洋史の推進に精力的に携わっており、かかる書物の著者として最もふさわしい歴史家といえる。同セミナーが開始された一九九〇年代半ばにはまだ新奇な試みであったこのアプローチは、十年後には分野としての確立を見たとされ、その受容のスピードはまさに驚異的というほかない。近年は大西洋史に関する（もしくは大西洋をタイトルに冠する）研究書が次々と著されており、その数は二〇一〇年以降でも五〇冊以上、浩瀚な手引書（事典）の類もすでに三冊上梓され、[6] さらには主要な史料や年表・参考文献・テスト問題まで完備した大西洋史の教科書、また簡潔な概説書も数冊出版されている。[7]「大西洋世界」を冠したシリーズの刊行や、[8] 記憶史――本書の第二部で扱う――と大西洋史との融合すら認められる。[9] また、その地域横断的な特色から理論的に容易に帰納されるように、大西洋史のアプローチは、米英以外の学界においても広がりを見せているのである。[10]

　従来のアメリカ植民地時代史の制約から解き放たれ、さまざまな境界を越える姿にこそ大西洋史の真骨頂を見ることができるが、翻って「大西洋」史という言葉自体がはからずも如実に示しているように、大西洋という境界を自身の中に包含し、しかも史的システムであるからには、生成と終焉という、時系列に沿った変容からも自由ではありえない。つまり、一つの地域システムの歴史としての大西洋史は、空間と時間、すなわち「地域」と「時代」の二つの制約要因によって規定されているともいえる。そしてそのアプローチを内容に即して分類する試みもなされている。[11] たとえばベイリンが序文を寄せた編著で、イギリス史家のデイヴィッド・アーミテイジは次のような三分類を提示している。すなわち大西洋史の研究は、①Circum-Atlantic history（「環大西洋史」、「関大西洋史」）、②Trans-Atlantic history（「貫大西洋史」、「間大西洋史」）、③Cis-Atlantic history（「シス大西洋史」）[12] の三つのタイプに分けることができるという。①は大西洋という単位を総体として取り扱う関係史的アプローチで、大西洋世界のトランスナショナルな歴史であり、その内部の相互連関を考究する。②は大西洋世界の中の比較史を重視するアプローチ、③は大西洋の文脈の中で、特定の地域あるいは国の歴史を探究するアプローチとされる。相互依存関係にあるともいえるこれら三種のアプローチだが、③の「シス大西洋史」は伝統的な植民地時代史研究と最も親和性が強い。一方、大西洋史が目指すべき方向としては、①の「環大西洋史」が重視されよう。他方、大西洋史研究の旗手、マーカス・レディカー[13]も独自に大西洋史へのアプローチについて三通りの方法を指摘している。①大西洋という「地域システム」の中の諸地域の比較史、すなわちシステム内の比較史、②大西洋システムの中の諸地域の関係史、すなわちシステム内の関係史、③大西洋システムとは別の地域システムや文化システム（太平洋やイスラーム世界など）

との間の比較史や関係史、すなわちシステム間の比較関係史、である。またイギリス（アイルランド）史家のニコラス・キャニーによれば、大西洋史に関心を抱く研究者のタイプは移民史家、貿易史家など六つの範疇に分けられるという。本書はこれらの分類に囚われるものではないが、むろん主として四大陸の「環大西洋史」をイメージしつつ、「シス大西洋史」のアプローチも駆使することになろう。また大西洋史の時間軸の設定としては、多くの研究者が同意している一五世紀末から一九世紀前半（特に初頭）を前提として、いわゆる植民地時代の嚆矢から建国期まで（さらに「記憶」の問題系においては現代まで）を射程に収めたい。再度強調するならば、本書では必ずしも本文中に大西洋史の語を顕在化させるわけではないが、この最新のアプローチは本書全体を貫く重要なバックボーンなのである。

（3）テーマ

本書でテーマとして扱う貨幣の具体相や懐中時計などは、ややもすれば好事の範疇に措定されることもないではないが、かかるテーマも「モノ」の観点から積極的に取り上げ、さまざまな文献史料と突き合わせることで、分析上の学術的基礎の一端を提示したい。なお、分析主題であり、分析対象でもある上記の貨幣（硬貨・紙幣）や懐中時計については、本書で用いるもの（もしくは図版に掲げるもの）はすべて著者の個人蔵である。個人蔵であるがゆえ、法量の測定など、現物に対するさまざまな操作を制約なく実施できるのであって、単なるコレクションの意義の範疇を超えた利点といえよう（そもそも、さまざまな意味での「収集」こそ、歴史学の営為そのものと言ってもよいかもしれない）。

また本書では、記憶をめぐる問題系も主要なテーマであり、史跡や記念碑などの「ハードウェア」と、記念日を中心とする記念行事などの「ソフトウェア」の分析を通じて、歴史事象に関する記憶の形成過程を読み解いてゆく。とりわけ耐久的・永続的な記憶装置＝モノたる記念碑は、史跡という景観に刻み込まれた記憶、すなわち公的記憶の結節点・表出点であると同時に、公的記憶を再生産・変容させる仕組みでもあり、関連史跡については現地に赴き、設置されている記念碑を悉皆調査している。したがって本書に掲載した多くの記念碑・史跡の写真はすべて著者によるものである。考察の具体的テーマは、むろん近世アメリカに生起した事象であるが、記憶をめぐる論考においては、その扱う範囲は当然ながら現代にまで及ぶことになる。また、記憶史と事実史にまたがる史資料群たるエフェメラ、すなわち短期間の使用しか想定されていないチラシや絵葉書、一紙（単葉）文書の類など、本来、寿命が短い品々についても、第2章や第二部の各章において、著者の収集品を各テーマに即して利用する。なお、先述したように、種々のテーマの背後にあって統べる「近世」概念は、これまでわが国のアメリカ史研究ではあまり明示的に俎上に載せられることがなかったが、本書においてはこの概念を題目に掲げることで、その明確な時系列上の位置づけに寄与したい。

（4）史料論

一般に史料と研究の関係について図式化するならば、大まかに二通りのイメージが想定できるのではないだろうか。一つは図0-6のごとく、数の上で希少（したがって価値の上で貴重）な史料を、研究者が共通して用いて研究をおこなうイメージであり、いま一つは図0-7のごとく、関係史料の数が多い——場合によっては膨大な——場合で、研究者が各自の関心に沿って必要な史料を選び出し、その独自の史料を用いて各自が研究をおこなうイメージである。いささか乱暴な極論であることを承知の上で述べるならば、残存史料の絶対量の少ない図0-6（以下、I）のイメージは、古代史や中世史の研究に当てはまるといってよいかもしれないし、残存史料の多い図0-7（以下、II）のイメージは、近現代史の研究に相当するといいうるかもしれない。そしてIの場合、その希少で貴重な史料を回避した研究は不可能といってよく、むしろその史料に直接アプローチする方が効率的であろう（図中に点線で囲んである）。他方、IIの場合、まったく同じ史料を用いた研究を遂行する場合は別として、当該分野全般の研究状況を一望しようとするならば、各研究者が用いた史料に再度、個別にアプローチするのは効率的とはいえず、むしろ公表された研究をまとめて概観する方がスマートといえよう（図中の点線）。これこそが、関連する数多くのモノグラフを一段高い視座から見通すメタ解析《アナリシス》、もしくはシステマティック・レビューの手法に他ならない。近世史を扱う本書においては、史料の希少性についてはⅠよりもⅡに近いといえるが（特に一八世紀後半以降）、しかしながら本書は決してメタ解析を主眼とするものではない（むろん研究史の把握においてはⅡの手法を用いる）。史料についてはⅠのごとくすべて貴重とは断じえないとしても、多くの新史料を含むユニークな諸史料を用いて、愚直にそれらの史料と対話を試みるのが、史料論から見た本書の手法なのである。すなわち、Ⅱの図中の太線のイメージである（ただしワシントンに関する史料は、Ⅰのイメージに近い）。

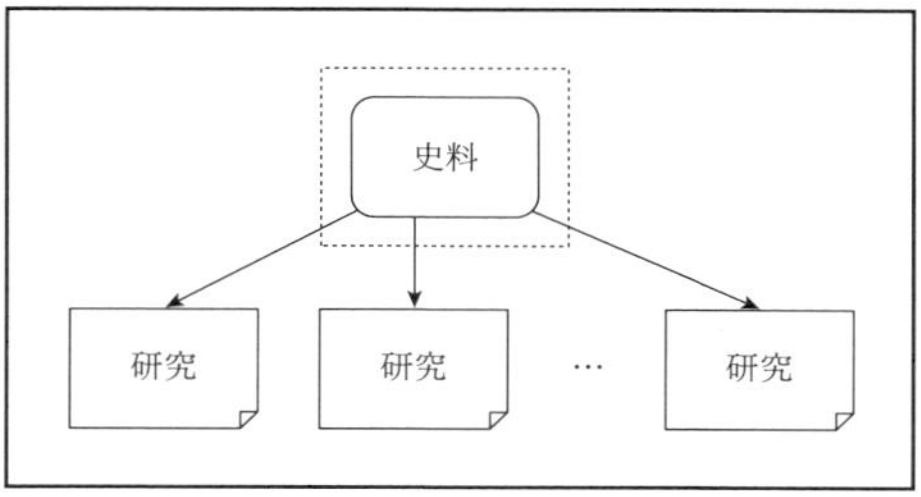

図 0-6　史料と研究の関係概念図Ⅰ

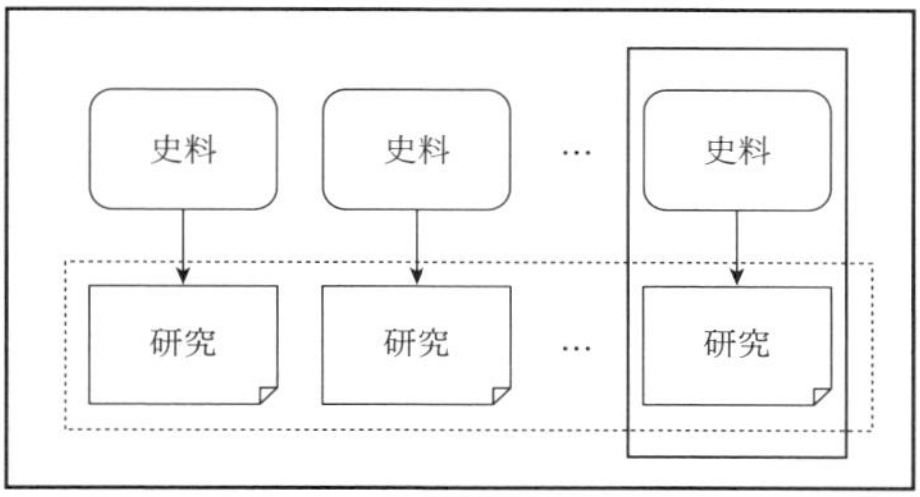

図 0-7　史料と研究の関係概念図Ⅱ

そして個別具体的な史料に関して、彼の地においては現在、史料の悉皆調査を可能にする全文《フル・テクスト》データベースの構築が急速に進展しつつある。従前は膨大な時間をかけてマイクロフィルムなどで史料を読み、関連する用例を一つ一つ探し出すという、いわば人文学に必須の手作業は、わずか数秒間の検索作業に置き換えられつつあるといってよい。このような史料状況にある場合、本書では信頼性が高く、しかもオープンアクセスのウェブサイトのデジタル史料（すなわち図0-2の⑤）をもっぱら用いて、その利用可能性を極限まで探ることにしたい。[14] またこのように史料が電子化され、ウェブ上で広く公開されてゆく状況の進捗にともなって、従来、研究者がおこなってきた文書館等での作業が、しだいにその重要性を減じてゆく可能性も否定できないが、それゆえにこそ、これまで文書館に収められることのなかった、いわゆる新史料のオリジナルをアメリカの市井から「発掘・発見」し、翻刻する作業は一層重要になっており、本書では著者が入手・収集したかかる新史料を数多く分析の俎上に載せ、外国人研究者としての可能性の範囲を拡大したい（むろん、あくまでも個人のプロジェクトゆえ、ごく限られた範囲ではあるが）。すなわち、先に述べた貨幣等と同様に、本書で扱う古文書のオリジナルについては原則としてすべて著者の個人蔵であり、一般の文書館蔵の史料に対しては実施しえない（しにくい）細かな測定なども積極的に試みたい(15)。そこから、従来は見えにくかった新たな知見も導出されるはずである。

*

最後に本書の構成について簡潔に述べておきたい。まず、「第一部　記録——当時のモノ」は二つのセクションから成り、新史料を含むモノ史料やデジタル史料などの「記録」から、近世の大西洋世界、なかんずくワシントンを通じてその「事実史」を考究する。最初のセクション「I　近世大西洋世界の諸相」は第1章から第3章までの計三章から成り、その内、「第1章　近世大西洋世界のなかの貨幣——硬貨・大陸紙幣・軍票」は五節から構成され、第1節〜第4節では当時の貨幣、第5節では新史料の軍票について、現物や関連史料の数量分析などを通じて「カネ」の側面から重要な史実を明らかにする。「第2章　物語るエフェメラ——一紙文書から見る近世大西洋世界」は五節より構成され、各節とも著者が「発掘」した新史料を駆使して、テクストとテクスチャー両面の詳細な分析をおこない、具体的事実の発見とともに、エフェメラや一紙文書などの史料範疇の史的有用性を実証する。「第3章　「完全なる植民地ジェントルマン」をめざして——近世大西洋世界のソフトウェア」は二節から構成され、上記二章のいわばハードウェアの分析に対して、「礼儀作法」などの当時のソフトウェアの有した意義を探る。これによって、ハード・ソフト両面からの分析の輪が閉じることになる。

第一部の二つ目のセクション「II　デジタル史料とモノ史料のなかのワシントン」は第4章から第6章までの計三章から成り、その内、「第4章　ワシントンの帝国——独立革命期における「帝国」の語の使用に関する一考察」は六節から構成され、主としてオープンアクセスの各種デジタル史料による悉皆調査を通じて、独立革命期の、そしてワシントン本人の「帝国」の語の使用に関して新たな知見を提示する。「第5章　ワシントンの懐中時計——モノによる日常世界復元の試み」は六節から構成され、ワシントンの懐中時計を手がかりに、デジタル史料やさまざまな文献史料を文字通り駆使して、モノによる当時の日常世界の復元を目指す。第2章と並んで多くの紙幅を有し、種々の「新発見」に満ちた章である。「第6章　ワシントンの告別演説——その日付に関する一考察」は、ワシントンの告別演説に付されてきた二種類の日付について、関連する事実を細部に至るまで諸史料から復元して謎に迫り、説得的と思われる結論を提示する。

「第二部　記憶——後代のモノ」は二つのセクションから成り、いずれも主として植民地時代・独立革命期——すなわち近世——を俎上に載せて「記憶」の問題系を探究する。むろん記憶の射程は現代にまで及ぶ。最初のセクション「III　創られる記憶空間」は第7章と第8章の計二章から成り、その内、「第7章　植民地時代の記憶」は三節から構成され、第1節でアメリカの史跡や記念碑の特色を理論的に考察するとともに、第2節と第3節ではその具体的な事例として、「最初の植民地」の記憶上の位置づけをめぐって、二つの史跡が記念碑を手段にせめぎ合う様相を、実地調査や文献史料に基づいて描き出す。「第8章　独立革命の記憶」は六節から成り、南部における独立革命の記憶形成のメカニズムを探る。第1節で独立戦争の南部史跡の全貌を概観した後、続く各節で、各古戦場の当該メカニズムの発露を、実地調査を踏まえて詳細に解明する。

第二部の二つ目のセクション「IV　英雄たちの記憶」は第9章と第10章の計二章から成り、その内、「第9章英雄の血脈——ポカホンタスとワシントン」は四節から構成され、第1節ではイギリスで客死した「新世界の女王」たる先住民ポカホンタスの記憶と血脈について新旧両大陸で比較検討し、第2節~第4節では、ワシントンの生誕地に佇む家族墓所の分析を通じて、建国神話に組み込まれる死者の記憶を読み解くとともに、ワシントン「以前」のプレジデントに関する記憶の錯誤を歴史的に捉え、またメダルやカメオ等を通じて記念されるワシントン像を析出する。最終章の「第10章　建国のアイコン——ベッツィとリヴィア」は三節から構成され、第2節では星条旗誕生の謎を追うなかで、歴史的なアイコンとして創り上げられてゆくベッツィ・ロスの姿を諸史料に探る。第3節では、ベッツィと並んで建国の英雄とされるポール・リヴィアを取り上げ、彼の「真夜中の疾駆」の実相を史料から復元するとともに、その後、当該事象がどのように記憶されてゆくのかを現在まで論じ、今もなお息づくアメリカの建国神話の機能を指摘する。この第二部では記憶をめぐる議論の果てに、史実で﹅な﹅い﹅ものの意義を見つめることになろう。

第一部　記録——当時のモノ

I　近世大西洋世界の諸相

第1章　近世大西洋世界のなかの貨幣

——硬貨・大陸紙幣・軍票

1　国境を越える貨幣

序章で述べたように近年、一七・一八世紀を対象とする近世アメリカ史研究においては、当時の大西洋世界、すなわち大西洋を囲む四大陸（南北アメリカ大陸、ヨーロッパ大陸、アフリカ大陸）を一体として捉え、その相互連関を考究しようとするアトランティック・ヒストリー（大西洋史）のアプローチが急速に支持を集めている。時代的には植民地時代から独立革命期以降まで幅広く扱い、かかる広大な時間・空間の中で、たとえば移民や黒人奴隷など、ヒトの移動の問題も把握しようとの立場である。このように大西洋を介したヒト・モノ・カネ・情報の流れに関心が集まるなか、翻って考えれば、「カネ」そのものについての探究は十全とはいいがたいように思われる。管理通貨制度の今日と異なり、当時、モノとしての硬貨自体に国境はなかったため、あたかも血液のごとく近世大西洋世界を循環した「カネ」はきわめて重要な存在であり、その通用の様相を知ることは、当該世界を統べる原理の一つを見出すことに他ならない。そこで本章では、植民地時代から独立革命期にかけて英領北米植民地・合衆国で用いられた貨幣の実相について、伝世品の硬貨・紙幣の提示・分析など、古銭学の知見も援用しつつ、具体的かつ総体的に考察してみたい。

この問題を考える際、興味深い事例を提供してくれるのが文芸作品である。歴史学では原則として文芸作品を史料として用いることについてはきわめて禁欲的だが、たとえばロバート・L・スティーヴンソンの有名な『宝島』では周知のごとく、海賊の宝を描いたシーン等に多くの金銀貨が出てくる（ただし実際に海賊が宝を埋めることはなかったらしい(1)）。ジム・ホーキンズ少年は言う。「スペインのダブルーン、フランスのルイ、イギリスのギニー、スペインの八レアル銀貨などのほか、ぼくの知らないさまざまのやつが、ごったまぜになっているのだ(2)」。また、海賊ジョン・シルバーのオウムは、「たいへんな早口で、『八レアル銀貨《ピース・オブ・エイト》！　八レアル銀貨！　八レアル銀貨！』と、聞く者が心配になるほど息を切らさんばかりに叫ぶ(3)」。この小説が書かれたのは一九世紀末だが、作中年代は一八世紀であり、スペインのダブルーン金貨、八レアル銀貨、フランスのルイ金貨、イギリスのギニー金貨など、近世大西洋世界で通用した金銀貨が登場するのである（図1-1は当時通用した金貨の実物）。

［8エスクード裏（径3.8cm）］

図1-1　近世大西洋世界の金貨。左から，半エスクード（葡）・1ダカット（蘭）・1ルイドール（仏）・1ギニー（英）・4エスクード（ブラジル）・8エスクード（ボリビア）（著者蔵）

たとえばダブルーン金貨は、ダブロン、八エスクードとも呼ばれるスペインの大型金貨で、図1-1右端上（および右下）の同コインにはカルロス四世の肖像が刻印されており、PTS（I）の組み合わせ文字《モノグラム》のミントマークから、南米ボリビアのポトシで造幣されたことがわかる。ラテン語の銘文には、「神の恩寵により、スペインとインディアスの王」と記され、

図 1-2　各ミントの 8 レアル銀貨。左上から右回りに，ピラータイプ（グァテマラ）・メキシコ（メキシコシティ）・ペルー（リマ）・ボリビア（ポトシ）（著者蔵）

裏面には「神の御加護により、双方［本国スペインとスペイン領アメリカ植民地］に幸あれ（AUSPICE DEO IN VTROQUE FELIX）」と刻まれている。また、『宝島』のオウムが叫ぶ八レアル銀貨もきわめて有名なスペイン硬貨の名称であり、スペインドルとも呼ばれ、文字通り近世大西洋世界を代表する銀貨といってよい（この硬貨とダブルーン金貨は量目がほぼ同一）。いくつかのタイプが認められるが（図1-2の左上はピラー（柱）タイプの裏面、それ以外は表面に国王の肖像画を刻印した肖像タイプの裏面）、いずれも二本の柱はヘラクレスの柱、すなわちジブラルタル海峡を意味しており、とりわけピラータイプのコインは、海峡の遥か彼方にある新大陸の植民地とスペイン本国の「双方は一つ（VTRAQUE VNUM）」との銘文を刻んでいる（相互互換のUとVは、銘文では頭文字がV、語中はUが選択されている）。この語は、新約聖書の「エペソ人への手紙」二章一四節が典拠とされる。また、ヘラクレスの柱にはそれぞれ、“PLUS”と“VLTRA”の文字が、若干省略された形で記されており、「さらに遠くに」の意となる。これはむろん、大航海時代以前にヘラクレスの柱に記されていたとされる警句、「これ以上先はない（Ne Plus Ultra）」から否定辞を外したものに他ならない。柱の彼方の新世界をも支配下に置くスペイン王の権勢を反映した文句といえる。事実、ピラータイプ、肖像タイプの双方ともに刻まれたスペイン王の正式名称は、金貨と同様、“HISPANIARUM ET INDIARUM REX”すなわち「スペインとインディアスの王」なのである（スペイン、インディアスのいずれもが複数形であることに留意）[4]。図1-3の銀貨は右端が同じく八レアルで、左側の五枚はその補助貨幣、つまり右から順に四レアル、二レアル、一レアル、そして半レアルとなり、この銀貨の体系がきわめて秩序だったものであることがわかる。なお、左端も半レアルだが、円形に成形していないコブと呼称されるもので（日本でいえば切銀に相当）、このようなコブ・タイプのスペイン銀貨も、半レアルに限らず、近世にはかなり流通していた[5]。

また、同時代の近世、一八世紀初頭に書かれたダニエル・デフォー『ロビンソン・クルーソー』にも、さまざまな硬貨の名称が登場する。『宝島』と同じ八レアル銀貨やダブルーン金貨のほか、ポルトガルのモイドール金貨、クルザード銀貨、オランダのダカット金貨等である[6]。少し時代を下った一九世紀半ばのハーマン・メルヴィル『白鯨』には、白鯨を最初に見つけた者に褒美を取らすとして、エイハブ船長がマストに金貨を釘で打ちつけるシーンがあり、このとき彼は「一六ドル金貨だ、ダブルーンだ」と叫ぶ[7]。これはすなわち、八レアル銀貨（スペインドル）一六枚がダブルーン金貨一枚に相当することを意味しており、この作品は執筆年代も作中年代もむろん近世に属するものではないものの、この時期に至るまでこのスペインの金銀貨の体系が大きな影響力を持っていたことが了解されよう。ともあれ上記のごとく、スペイン、ポルトガル、イギリス、フランスなどさまざまな国の金銀貨の登場する文芸作品の記述は、近世大西洋世界の「カネ」のグローバルでシステマティックな様相を端的に表現しているといってよい[8]（後述するように、銅貨は性格が異なる）。

貨幣の側面から見て文芸作品と同様に興味深いのが、合衆国第三代大統領となるトマス・ジェファソンが著した唯一といってよい著作、『ヴァジニア覚え書』であ

図1-3　8レアル銀貨とその補助貨幣。1/2（コブ）・1/2・1・2・4・8の各レアル（著者蔵）

表1-1　ジェファソン『ヴァジニア覚え書』「質問21」(1782年)

年	1710	1714	1727	1762
ギニー金貨	—	26s	—	—
イギリス金貨（ギザなし），スペインとフランスの金貨，セクイン金貨，アラビア金貨，ポルトガルのモイドール金貨	—	5s/dwt	—	—
神聖ローマ帝国の金貨	—	5s/dwt	—	4s 3d/dwt
イギリス銀貨（ギザあり）・クラウン銀貨を基準として	—	5s 10d	6s 3d	—
メキシコ・セビーリャ・ピラーの8レアル銀貨，フランドルのドゥカトーン銀貨，フランスのエキュ銀貨（ルイ銀貨），ポルトガルのクルザード銀貨	3.75d/dwt	—	4d/dwt	—
ペルーの8レアル銀貨，クロスドル，神聖ローマ帝国の古いリクスドル	3.5d/dwt	—	3.75d/dwt	—
イギリスの古い銀貨（ギザなし）	—	3.75d/dwt	—	—

註）dwt：ペニーウェイト。

る。同書は質問に対して回答するという形式で書かれており、当時ヴァジニアで通用していた貨幣を問う「質問二一」に対しては、一覧表の形式で答えている。それをさらに表にまとめたのが表1-1である。[9] 先に見たギニー金貨等、さまざまな金貨に加えて各種銀貨が挙げられ、たとえば表中のイギリスのクラウン銀貨は、八レアル銀貨とほぼ同じ大きさの大型銀貨となる（アン女王のクラウン銀貨は図1-4左上）。また同表からは、同じ八レアル銀貨でも造幣場所によって評価に差があることがはっきりとわかる。特にペルーのリマで造られたものは若干評価が低くなっており、このように各ミントで造幣された八レアル銀貨を示したのが先の図1-2であり、すでに述べたようにコインに記されたミントマークによって造幣所が識別できる（たとえばメキシコシティのミントマークはMの上にO、リマのそれはMAE（LIMAE）のモノグラムとなっている）。ちなみに同図のリマ造幣の八レアル銀貨には、表にカルロス四世の名が刻まれているが、胸像はカルロス三世のものである。君主の交代の情報は早々と植民地に届いたが、新王の肖像の入手が遅れたためと考えられる。表1-1にはまた、フランスのエキュ銀貨も登場するが、図1-4右上のコインにはルイ一五世の肖像が刻まれている。やはり八レアル、クラウンなどとほぼ同じ大きさの大型銀貨であり、この中でフランス王は“FRANCIAE ET NAVARRAE REX”すなわち「フランスとナヴァールの王」を正式に名乗り、裏面の銘文では旧約聖書の「詩篇」一一三篇から採った文言、“SIT NOMEN DOMINI BENEDICTUM”（「主の御名が讃えられんことを」）を刻んでいる。また、厚いこの銀貨の縁には、後述するクリッピングを防ぐために、ぐるりと陽刻が施されており、“DOMINE SALVUM FAC REGEM”（「主よ、王を息災にしたまえ」）の文言が見える。さらに、フランスの金貨（ルイドール、図1-1）の裏面には“CHRISTUS REGNAT VINCIT IMPERAT”（「キリストは統べ、勝ち、命じたもう」）の銘文が刻まれており、これらの銘文全体から、カトリックの守護者としてのフランス王の矜持をうかがうことができよう。

図1-4　各国の大型銀貨。左上から右回りに，クラウン（英）・エキュ（仏）・クロスドル（西）・ライオンドル（蘭）（著者蔵）

なお、図1-4右下の硬貨は、表1-1にも出てくるクロスドル、左下がオランダで造られて一七世紀には英領北米植民地でも広く流通したライオンドルである。ヴァジニアは英領植民地であるにもかかわらず、自国のクラウンやギニーと並んで、このように他国の硬貨が広く用いられていた状況が、この表から一目瞭然であろう。また同表に記された硬貨は、原則としてみな、一枚、二枚と数える計数貨幣ではあるものの、ほぼ同じ品位の硬貨に関しては、各種硬貨でそれぞれ異なる量目に応じて一枚の価値が定められていたことがわかる。したがって、たとえば使用時に同品位の各種硬貨が混在している場合、量目が実測された可能性も否定できず、多種多様な硬貨を通用させる際には、量目を計って用いる秤量（称量）貨幣に準ずる属性も硬貨は備えざるをえなかったといえるかもしれない。

2　植民地時代の貨幣

（1）英領植民地の硬貨不足——外国硬貨を用いる理由

ここではまず、英領北アメリカ植民地において、少ないながらも通用していたイギリス本国の硬貨に刻み込まれた意匠、すなわち銘文や紋章に着目し、イギリス国王・女王がどのような存在として植民地の人々の日常に君臨していたのかを確認しておきたい。硬貨に見る本国の君主の像は、皺なども含めてかなりリアルに描かれており、顔の向きは、前の王と逆に刻印するのが慣わしである。たとえばエリザベス一世が向かって左向きなら、その後を襲ったジェイムズ一世は右向きといった具合であり、もっぱら右を向く近世のスペイン硬貨とは対照的といえる。ただし刻み込まれるラテン語の銘文には、ヨーロッパ各国の硬貨に共通する一定のパターンが見出される。すなわち、まず君主名、次いでD・Gの語、そして統治する（統治を主張する）国の名を属格で刻むのである。D・GとはDei Gratiaの略で、「神の恩寵により」の意である（むろんGratiaは奪格）。中世初期にこの自称形式が作り出されて以降、[10]今日に至るまで、貨幣に限らず、さまざまな文書——第2章第2節で扱う差押え関連史料など——に登場するこの定型文の様式に注目すると、各王朝の君主たちが、どの国の王を自任していたのかが明瞭にわかる。たとえばテューダー朝最後の君主エリザベス一世は、イングランド、フランス、アイルランドの女王を名乗ったが、スコットランドからイングランドに乗り込み、同君連合の王としてステュアート朝を創始したジェイムズ一世は、当初イングランド、スコットランド、フランス、アイルランドの王、やがてすぐに大ブリテン、フランス、アイルランドの王を自任した。ただし周知のようにイングランドとスコットランドが正式に合同するのはアン女王の統治期であり、それは紋章の変化に如実に表れている。また、今日まで記され続けている「信仰の擁護者」の銘を最初に硬貨に刻んだのはジョージ一世であり、さらに百合の紋章とともにフランス王を名乗り続けたイギリス国王が、そ

表 1-2　イギリスの硬貨の銘文

写真番号	銘文
①	ELIZABETH・D・G・ANG・FRA・ET・HIB・REGINA
③	IACOBVS・D : G : ANG : SCO : FRA : ET・HIB : REX
⑤	IACOBVS・D : G : MAG : BRIT : FRA : ET・HIB : REX
⑦	CAROLUS・D : G : M : B : F : ET・H : REX
⑨	MAG・BR・FRA・ET・HIB・REX
⑩	MAG・BR・FRA・ET・HIB・REX
⑪	MAG・BR・FRA・ET・HIB・REX
⑫	MAG・BR・FR・ET・HIB・REX・ET・REGINA
⑬	MAG・BR・FRA・ET・HIB・REX
⑭	MAG : BRI : FR : ET・HIB : REG
⑮	M・B・F・ET・H・REX・F・D・B・ET・L・D・S・R・I・A・T・ET・E
⑯	M・B・F・ET・H・REX・F・D・B・ET・L・D・S・R・I・A・T・ET・E
⑰	BRITANNIARUM REX FID : DEF

①エリザベス 1 世・3 ペンス（1562 年）［表］

②エリザベス 1 世・3 ペンス（1562 年）［裏］

③ジェイムズ 1 世・6 ペンス（1603 年）［表］

④ジェイムズ 1 世・6 ペンス（1603 年）［裏］

⑤ジェイムズ 1 世・1 シリング（年銘不詳）［表］

⑥ジェイムズ 1 世・1 シリング（年銘不詳）［裏］

⑦チャールズ 1 世・2 ペンス（年銘不詳）［表］

⑧チャールズ 1 世・2 ペンス（年銘不詳）［裏］

⑨チャールズ 2 世・2 ペンス（1676 年）［裏］

⑩ジェイムズ 2 世・3 ペンス（1687 年）［裏］

⑪ジェイムズ 2 世・1 シリング（1689 年）［裏］

⑫ウィリアム 3 世・メアリ 2 世・半クラウン（1689 年）［裏］

⑬ウィリアム 3 世・半クラウン（1696 年）［裏］

⑭アン・クラウン（1707 年）［裏］

⑮ジョージ 2 世・1 シリング（1758 年）［裏］

⑯ジョージ 3 世・1 ギニー（1793 年）［裏］

⑰ジョージ 3 世・半クラウン（1818 年）［裏］

図 1-5　イギリスの各種硬貨［③・④は複製］（著者蔵）

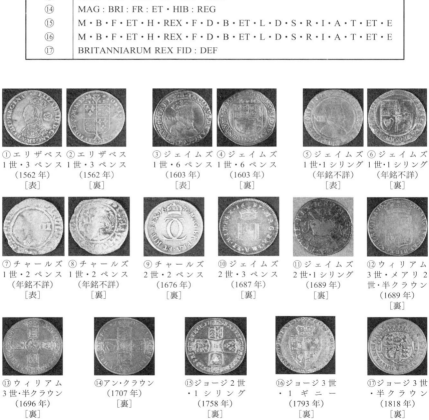

の称号を硬貨に用いなくなったのはジョージ三世の統治中である（これ以降、ブラウンシュヴァイク・リューネブルク公および神聖ローマ帝国内帑長官・選帝侯の銘も記されなくなり、複数形のブリテンの王（"Britanniarum Rex"）という簡潔な銘文となった。紋章もハノーファー家の紋は引き続き用いられたが、フランス王の紋章がなくなったこともあってか、イングランド・スコットランド・アイルランドについては、かつてのシンプルな意匠が採用された）[11]。このように銘文と紋章を同時に観察することで、より正確な理解が可能となる。イギリスの硬貨に刻まれた銘文や紋章の表記・様式については表1-2、表1-3、表1-4、実際の硬貨の図像の一部は図1-5に掲げた（同図では銘文や意匠の確認のためにサイズの差異を捨象し、ほぼ同じ大きさの図としている）。

ともあれ、上記のような本国の硬貨の存在にもかかわらず、また、モノとしての硬貨が当時、自由に国境を越えていたとはいえ、なぜ英領植民地では、すでに述べたように多種多様な他国の金銀貨を使わなければならなかったのだろうか。この問いは、なぜ自国の金銀貨が不足していたのかという問いに置換できる。先述の『宝島』でも、さまざまな金銀貨が詰め込まれた海賊の袋の中で、「［イギリスの］ギニーはそのなかでもいちばん数が少なく」との表現があり[12]、後世の文芸作品にもかかわらず、当該の知見が共有されていたと考えることもできる。

そもそも硬貨不足の第一の要因としては、金銀が当地で発見されなかったという、根本的な事実が挙げられよう。つまりスペイン領植民地では貴金属が豊富に見つかったのに対し、英領北米植民地では見つからなかったのである。トマス・ペインも『コモン・センス』の中で、「金や銀が出ないおかげで、アメリカに侵入する者もいない」と述べている[13]。新たに合衆国の領土となったカリフォルニアで金が発見されるのは、むろんはるか後のことである。

硬貨不足の理由の二つ目としては、本国が植民地で金銀貨の造幣を禁じたことが指摘できる。すなわち、そもそも貴金属を産しない上に、既存の金銀貨の再鋳造による造幣も禁じられていたのである。本国でピューリタン革命が起こった際に、ボストンで一時的に造幣が可能になる事態が生じたが、それ以外は原則として金銀貨の鋳造は許されなかった。積極的に植民地で硬貨を造幣したスペインやポルトガルの方針とは、大いに異なっていたというべきであろう。

さらに理由の三つ目として、金銀貨を本国から植民地に輸出することを本国が規制していたという事情がある。

表1-3　硬貨のなかのイギリス国王・女王

写真番号	王／女王名［Rex/Regina］	イングランド［Anglia］	大ブリテン［Magna Britannia］	ブリテン諸島［Britanniae (Britt)］	スコットランド［Scotia］	フランス［Francia］	アイルランド［Hibernia］	信仰の擁護者［Fidei Defensor］	ブラウンシュヴァイク・リューネブルク公［Brunsvicensis et Luneburgensis Dux］	神聖ローマ帝国内帑長官・選帝侯［Sacri Romani Imperii Archithesaurarius et Elector］
①	エリザベス1世［Elizabeth］	x				x	x			
③	ジェイムズ1世［Iacobus］	x			x	x	x			
⑤	ジェイムズ1世［Iacobus］		x			x	x			
⑦	チャールズ1世［Carolus］		x			x	x			
⑨	チャールズ2世［Carolus II］		x			x	x			
⑩・⑪	ジェイムズ2世［Iacobus II］		x			x	x			
⑫	ウィリアム3世・メアリ2世［Gulielmus et Maria］		x			x	x			
⑬	ウィリアム3世［Gulielmus III］		x			x	x			
⑭	アン［Anna］		x			x	x			
	ジョージ1世［Georgius］		x			x	x	x	x	x
⑮	ジョージ2世［Georgius II］		x			x	x	x	x	x
⑯	ジョージ3世［Georgius III］		x			x	x	x	x	x
⑰	ジョージ3世［Georgius III］			x				x		

註）オリヴァー・クロムウェル［Olivarius］の硬貨の銘は共和国護国卿［Reipublicae Angliae Scotiae Hiberniae & Ceterorum Protector］。

表 1-4　硬貨のなかの王家の紋章

写真番号	王／女王名	イングランド王	スコットランド王	大ブリテン王	フランス王	アイルランド王	ナッサウ家（オラニエ・ナッサウ家）	ブラウンシュヴァイク・リューネブルク家（ハノーファー家）
②	エリザベス1世	x			x			
④	ジェイムズ1世	x	x		x	x		
⑥	ジェイムズ1世	x	x		x	x		
⑧	チャールズ1世	x	x		x	x		
	チャールズ2世	x	x		x	x		
	ジェイムズ2世	x	x		x	x		
⑫	ウィリアム3世 メアリ2世	x	x		x	x	x	
⑬	ウィリアム3世	x	x		x	x	x	
	アン	x	x		x	x		
⑭	アン （合同法以降）			x	x	x		
	ジョージ1世			x	x	x		x
⑮	ジョージ2世			x	x	x		x
⑯	ジョージ3世			x	x	x		x
⑰	ジョージ3世	x	x			x		x

これはいわゆる航海法体制（イギリス重商主義体制）下の植民地統制の一環であり、むろん上述の硬貨造幣禁止も含まれる。本国は、密貿易も含めて、植民地が正貨を手にして他国と自由に貿易することを妨げようとしたのである（ただし一方で、植民地が密貿易で獲得した外貨が本国製品の購入を可能にしていたこともあり、いわゆる「有益なる怠慢」が常態化したのは周知のとおりである）[14]。そもそも当時、当のイギリス本国自体も銀貨不足に陥っていた。金貨以上に銀貨が不足していたため、事実上の金本位制が成立したとすら指摘されており、たとえば一八世紀末にはスペインから前述の八レアル銀貨を輸入して、スペイン王の肖像の上に当時の英国王、ジョージ三世の像を重ねて刻印し、法貨に転用してイギリス国内で通用させることまでおこなっている

（図1-6参照）。さらに英領植民地における硬貨不足の理由の四つ目として、対本国の貿易収支が入超だったことが挙げられよう。そもそも乏しい植民地の金銀貨は、本国との貿易・交易を通じて本国に吸収されていったのである。

（2）硬貨以外の決済手段

それでは当時、硬貨以外に決済手段はなかったのだろうか。限定的な形だが、むろん存在はした。植民の最初期にはバーター取引のごとき形態があったし、先住民が用いていたウォンパム（貝殻の数珠）も、入植者たちによって一七世紀半ばぐらいまで正式な貨幣として用いられた。以後もニューイングランドなど一部地域では、少額貨幣として残存していたとされるが、その通用は限定的なものであった[15]。また、商品そのものを貨幣として扱う商品貨幣も用いられ、トウモロコシ、小麦、タバコなどの農産物、さらにビーバーの毛皮などがその対象となったが、これらの現物を貨幣として扱う場合、さまざまな不便、不自由が生じるであろうことは容易に推測できる[16]。われわれにとって最も馴染み深いのは、むろん紙幣であろう。紙幣は一七世紀末ぐらいから植民地で展開し、一七六四年に本国によって規制されるが、主として四種類に分類できる。商品証券、信用証券、土地銀行券、為替手形である。

図1-6　イギリス本国で用いられた8レアル銀貨。英国王のカウンター・マーク入り（径4.0cm, 著者蔵）

商品証券は、先の商品貨幣をいわば証券化・紙幣化したもので、現物を取り扱う不便さを取り除いたものといえる。たとえば、倉庫に収められたタバコの検査票が裏書譲渡され、「タバコノート」として流通するといった類で、この場合、タバコを裏付けとした事実上のタバコ兌換紙幣となる。信用証券は一般的ないわゆる紙幣（ただし銀行券ではなく政府紙幣）に相当するが、これには当然ながら植民地政府の税収による裏付けがある。一方、担保に取った土地が裏付けとなるのが土地銀行券である。為替手形は裏書譲渡され、そのまま流通することもあった。

しかしながら、最も簡潔な決済手段は、帳簿信用であろう。特定のコミュニティ内であれば、相互の帳簿上のやり繰り、もしくは記憶上のやり繰りによって決済する方法であるが、これは空間（コミュニティ内）と時間（記憶上・帳簿上）において、きわめて限定的な手段に過ぎない。このように、硬貨の代替決済手段はいずれも何らかの形で限定的なものであって、グローバルな決済手段としての金銀貨（また地域内の決算手段としての銅貨）の需要、必要性には、一貫して高いものがあったと言わざるをえない。

（3）硬貨を植民地内に留める方策①——硬貨の価値を高める

それでは、後に合衆国として独立する一三植民地を含む英領植民地は、どのようにして外国の硬貨を吸収し、植民地内に留めようとしたのだろうか。これには方向の異なる二種の方策があった。

まず一つ目は、硬貨の価値を高く評価する策である。すでに掲げた硬貨の図版からもわかるように、実のところ当時の硬貨には額面の表記のないものが多く存在する。それ自体に固有の価値を有さない今日の硬貨の場合、額面の刻印は必須ともいえるが、イギリスのコインなどは時代がかなり下っても、当該の刻印がないものがある。つまり当時の硬貨の価値の判断は、そもそもが自己責任なのである（したがって、メダルやトークンとの境界は曖昧となる）。ただしスペインの硬貨などは例外で、金銀貨とも非常に体系的に額面の刻印がなされている。またイギリスでも、小額の銀貨などは大きさが判断しづらいこともあってか、額面（数字もしくは記号）が刻印されている。しかし額面の刻印があってもなくても、いずれの場合も自由に、硬貨の価値を評価できることに変わりはない。金銀貨は品位がさまざまとはいえ、金銀そのものだからである。

そのため各英領植民地は、市場と同調する形で硬貨の高値政策を採用し、各国の金銀貨（もちろん本国のものも含む）を吸収して、植民地内に留めようとした。有名なアダム・スミスの『国富論』にも、ペンシルヴァニア植民地の事例として、次のように書かれている。「この植民地はその鋳貨［クラウン銀貨］の名目をひきあげ、植民地議会の法令によって、イングランド正貨五シリングが植民地では六シリング三ペンスとして通用すべきことをさだめ、のちには六シリング八ペンスとさだめた」[17]。つまり本国で五シリングとされているクラウン銀貨は、ペンシルヴァニア植民地では六シリング以上の評価を得ているのである。すでに見たヴァジニア植民地に関する表1-1にも、クラウン銀貨が同様に本国よりも高く評価されていることが示されており、とりわけ「六シリング三ペンス」については完全に一致している。このように植民地が高値政策を採って金銀貨を吸収することに関して、むろん本国は快く思わず、一八世紀初頭には規制がかけられるが、必ずしも実効はなかった。

　では、当時の市場の実勢はどのようなものであったのだろうか。また市場の実勢と政策誘導とのバランスの中で、金銀貨は実際どの程度に評価されていたのだろうか。これを体現する最適な史料として、アルマナック（暦）が挙げられる[18]。暦といってもむろん単なるカレンダーではなく、有益なさまざまな情報が付随しており、そこには種々の硬貨の評価表・換算表も含まれている（本国で刊行されたアルマナックの実物は図1-7）。各植民地で発行されたアルマナックに掲載された評価表を調べることで、貨幣評価における英領植民地間の地域差、時系列上の時代差の存在を析出することができる。

　表1-5は、六点のアルマナックから得られた数値をシリング単位で統一し、表にまとめたものである[19]。この分析においては、同時期の本国と比較して、硬貨が各植民地でどの程度高値で評価されているのか、それを金銀貨の種類ごとにではなく、一括して確認するた

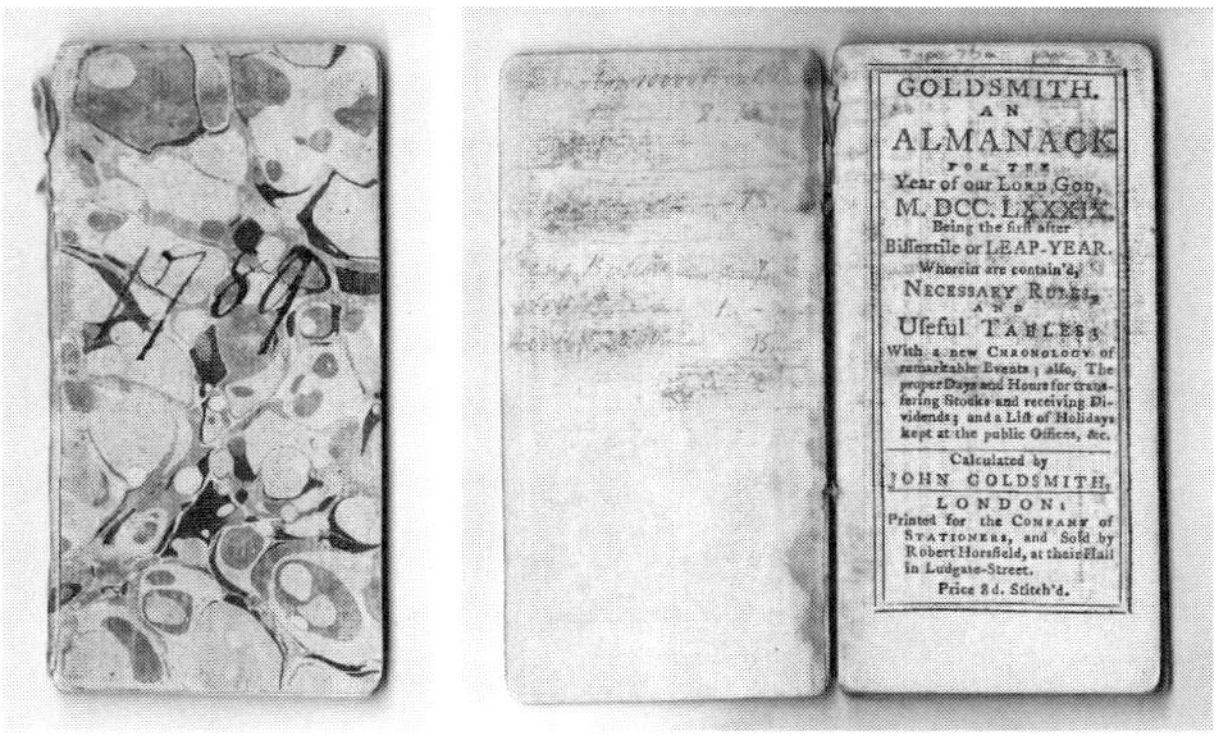

［表紙］

図1-7　イギリスで刊行された1789年のアルマナック（5.1 cm × 10.8 cm，全48頁。著者蔵）

表1-5　硬貨の評価

（単位：シリング）

名称	材質	イギリス[1]				コネティカット	ニューイングランド[2]	ニューヨーク				ペンシルヴァニア[4]					メリーランド	サウスカロライナ[6]
（記載年）		1759	1771 (NY)	1771 (PA)	1793	1771 (NY)	1793	1759	1771 (NY)	1771 (PA)	1793[3]	1751	1759	1771 (NY)	1771 (PA)	1793[5]	1763	1793
英・6ペンス	銀	0.5	—	0.5	—	—	—	0.7	—	0.7	—	—	0.7	—	0.7	—	—	—
英・シリング	銀	—	1	—	1	1.3	1.3	—	1.7	—	1.7	—	—	1.5	—	1.6	—	1
英・クラウン	銀	5	5	5	—	6.6	—	8	8.7	8	—	—	7.5	7.5	7.5	—	—	—
英・ギニー	金	21	21	21	21	28	28	36	37	36	37	34	34	34	34	35	34	21.7
仏・クラウン（エキュ）	銀	5	5	5	5	6.6	6.6	8	8.5	8	8.7	7.5	7.5	7.5	7.5	8.3	7.5	5
仏・ピストール（ルイドール）	金	16	16	16.5	16	—	22	28	28	28	28	26.5	26.5	26.5	26.5	27.5	26.5	17.5
仏・ギニー（ルイドール）	金	—	21	21	21	—	27.5	—	36	35	36	33.5	—	33	33.5	34.5	33.5	21.4
西・ピスタリーン（2レアル）	銀	—	—	—	0.8	1.2	1.1	1.5	1.5	—	1.5	—	1.3	1.3	—	1.5	—	0.9
西・ドル（8レアル）	銀	—	—	—	4.5	6	6	8	8	8	8	7.5	7.5	7.5	7.5	7.5	7.5	4.6
西・ピストール（2エスクード）	金	16.5	16.5	16	16.5	22	20	29	29	29	29	27	27	27	27	28	27	18
西・ダブロン（8エスクード）	金	66	—	66	66	—	88	116	—	116	116	—	108	—	108	112.5	—	70
葡・モイドール（4,000レイス）	金	27	27	27	27	36	36	46	48	46	48	43.5	43.5	43.5	43.5	45	43.5	28
葡・ハーフジョー（6,400レイス）	金	36	36	36	36	48	48	63	64	64	64	57.5	57.5	60	60	60	57.5	40
葡・ジョハネス（12,800レイス）	金	72	—	72	72	—	96	126	—	128	128	115	115	—	120	120	115	80
蘭・独・ダカット	金	—	—	—	—	—	—	—	—	—	—	14	—	—	—	—	—	—
独・キャロライン	金	—	—	—	—	—	—	—	38	—	—	34	—	34	—	—	—	—
土・セクイン	金	—	—	—	—	—	—	—	—	—	—	13.5	—	—	—	—	13.5	—
回帰係数（傾き）	—	—	—	—	—	1.335	1.335	1.760	1.778	1.779	1.771	—	1.616	1.659	1.662	1.682	—	1.093

註）回帰係数はすべて1％で有意（F検定）。各年の分析に用いたアルマナック，また説明係数は下記のとおり。
1751年：*A Pocket Almanack for the Year 1751 ; Fitted to the Use of Pennsylvania, and the Neighbouring Provinces*, Printed by B. Franklin (Philadelphia).
1759年：*Father Abraham's Almanack for the Year of our Lord, 1759*, Printed by W. Dunlap (Philadelphia).
1763年：*Maryland Almanack for the Year of our Lord, 1763*, Printed by J. Green (Annapolis).

1771年(NY)：*The New-York Pocket Almanack for the Year 1771 ; Calculated for the Use of the Province of New-York, and the Neighbouring Provinces*, Printed by H. Gaine (New York).
1771年(PA)：*Father Abraham's Pocket Almanack, for the Year 1771 ; Fitted to the Use of Pennsylvania, and the Neighbouring Provinces*, Printed by J. Dunlap (Philadelphia).
1793年：D. Fenning, The *Federal or New Ready Reckoner, ... Adapted to the Federal Money* (Philadelphia, 1793).
1759年の回帰式の説明変数は「イギリス（1759年）」。1771年（NY）の回帰式の説明変数は「イギリス（1771年NY）」。1771年（PA）の回帰式の説明変数は「イギリス（1771年PA)」。1793年の回帰式の説明変数は「イギリス（1793年)」
1)1793年以外はイングランドの意。1793年は大ブリテンの意。2)ニューハンプシャー，マサチューセッツ，ロードアイランド，コネティカットの意。データにヴァジニアを含む。3)ノースカロライナを含む。4)1759年および1771年はフィラデルフィアの意。5)ニュージャージー，デラウェア，メリーランドを含む。6)ジョージアを含む。

めに、回帰分析の手法を用いた。その結果は同表の最後の行、すなわち「回帰係数（傾き）」の数値が示している（これらの数値は皆、統計的に有意）。たとえばニューイングランドの数値を見ると、同時期の本国と比べて、金銀貨をほぼ一・三倍に評価していることがわかる。ニューヨークでは時系列による若干の変化があるが、ほぼ一・七倍であり、先ほども触れたペンシルヴァニアでは一・六倍で評価している（ジェファソンやスミスが指摘した時代よりも後のデータであるため、さらに高めの評価となっている）。

では、スペインの八レアル銀貨を基準として換算比を見るとどうだろうか。それを示したのが表1-6である。とりわけ八レアル銀貨と同じ量目であるダブロン金貨との比率を見ると、当時の金銀比価がわかる。ただし同じ量目といっても、品位が異なれば当然、含まれる金銀の量が異なるが、その点を捨象すれば、おおよその金銀比価を得ることができる。同表を見ると、どの植民地でも（本国も含めて）一四・五ないし一五程度となっている。すなわちダブロン金貨一枚は、八レアル銀貨一四枚〜一五枚相当となっているのである。造幣局長官としてのアイザック・ニュートンが一七一七年に定めた金銀比価（いわゆるニュートン比価）は一対一五・二一であり、スミスも『国富論』の中で、「前世紀［一七世紀］のなかばごろ、それ［金銀比価］は一対一四と一対一五とのあいだの比率」と指摘している。前述の『白鯨』における「一六ドル金貨」の謂い、すなわちダブロン金貨をスペインドル（八レアル銀貨）一六枚分とした換算比率も、この間の銀の価値の低下を考慮すれば、十分に納得できる数値であろう[20]。な

表1-6　8レアル銀貨を基準とした換算比

名称（記載年）	材質	イギリス	コネティカット	ニューイングランド	ニューヨーク				ペンシルヴァニア					メリーランド	サウスカロライナ
		1793	1771 (NY)	1793	1759	1771 (NY)	1771 (PA)	1793	1751	1759	1771 (NY)	1771 (PA)	1793	1763	1793
英・クラウン	銀	—	1.1	—	1.0	1.0	1.0	—	—	1.0	1.0	1.0	—	—	—
英・ギニー	金	4.6	4.6	4.6	4.5	4.6	4.5	4.6	4.5	4.5	4.5	4.5	4.6	4.5	4.7
仏・クラウン（エキュ）	銀	1.1	1.1	1.1	1.0	1.0	1.0	1.0	1.0	1.0	1.0	1.0	1.1	1.0	1.0
仏・ピストール（ルイドール）	金	3.5	—	3.6	3.5	3.5	3.5	3.5	3.5	3.5	3.5	3.5	3.6	3.5	3.8
仏・ギニー（ルイドール）	金	4.6	—	4.5	—	4.5	4.3	4.5	4.4	—	4.4	4.4	4.6	4.4	4.6
西・ドル（8レアル）	銀	1	1	1	1	1	1	1	1	1	1	1	1	1	1
西・ピストール（2エスクード）	金	3.6	3.6	3.3	3.6	3.6	3.6	3.6	3.6	3.6	3.6	3.6	3.7	3.6	3.9
西・ダブロン（8エスクード）	金	14.6	—	14.6	14.5	—	14.5	14.5	—	14.4	—	14.4	15.0	—	15.2
葡・ジョハネス（12,800レイス）	金	16.0	—	16.0	15.7	—	16.0	16.0	15.3	15.3	—	16.0	16.0	15.3	17.3

註）小数点以下2桁目以降は切り捨て。

お、発行期間が短かったポルトガルのジョハネス金貨は、ダブロン金貨よりも若干金の含有量が多く、八レアル銀貨一五枚～一七枚相当となっている。このジョハネス金貨以上に広く流通したハーフジョー（ハーフヨー）金貨、すなわちジョハネス金貨の半分の量目・価値を持つ金貨の実物は図1-1に掲げてある（右から二番目の四エスクード）。ともあれ表1-5で示したように、各植民地は本国と比べて一・三倍、一・六倍、一・七倍などと、金銀貨をさまざまに高値評価しているわけだが、にもかかわらず、表1-6で明らかなように、本国も含めて金銀比価は一四・五ないし一五程度で安定している、つまり時間的にも空間的にも一貫しているという驚異的な事実は、近世大西洋世界の定常的で普遍的な貨幣秩序を意味しているといえよう（むろん、その微妙な金銀比価の差異も重要な意味をもっており、しばしば法定比価と市場比価とが乖離したため、各植民地は法定比価を何度も改定している）。

（4）硬貨を植民地内に留める方策②——硬貨の価値を低める

硬貨を植民地内に留める方策として、これまで述べた高値政策とは正反対の方策も採用されている。すなわち硬貨を高く評価するのではなく、むしろ逆に低めることによって、域外に流出することを防ごうとする策である。硬貨の価値を低めるとは、硬貨を変造・毀損したり、悪鋳をおこなったり、偽造（私鋳）したりすることを意味している。たとえばカリブ海、西インド諸島の植民地では、八レアル銀貨に穴をあけて毀損し、価値を減じた上で、自らの植民地の通貨とすることもあった。穴の形は植民地によって異なり、たとえばトリニダードのコインには八角形の穴が穿たれ、マルティニークではハート形の穴、グアダルーペでは四角形、トバゴでは鋸歯状の円形などが見られた[21]。また、マサチューセッツ湾植民地では、本国のピューリタン革命に乗じてボストン造幣局を設置し、前述したように金銀は産しないため、もっぱらスペイン銀貨等の改鋳による硬貨造幣をおこなっている。そしてその際、あえて品位を落とし、悪質な銀貨を造ったとされる。すなわち、スペイン銀貨よりも悪質なものとすることで、域外への流出を防ごうとしたと考えられるのである[22]。

その一例が「松の木硬貨」と呼ばれる銀貨で、一六五二年の年銘が認められる（図1-8）[23]。実際、二〇一五年初頭に、サミュエル・アダムズや第10章で詳述するポール・リヴィアがおよそ二二〇年前に埋めたとされるタイムカプセルが開けられ、調査がなされたが、その中にもこの年銘を持つ松の木銀貨が含まれていた[24]。一六五二年はボストン造幣局が設置された年で、以後ここで造られた硬貨の多くがこの年銘を刻んでいる。それは革命時にクロムウェルが硬貨の鋳造を認めてくれた、つまり責任はクロムウェルにあるとの一種の逃げ口上のためだったともいわれ

［表］　［裏］

図 1-8　松の木銀貨［1 シリング］（径 2.3 cm，著者蔵）

る。最初に造幣された銀貨は“NE”の文字のみが刻まれた「ニューイングランド硬貨」（一六五二年）で、ついで「柳の木硬貨」（一六五三―六〇年）、「オークの木硬貨」（一六六〇―六七年）、そして最後に「松の木硬貨」（一六六七―八二年）が作られた。そして一六八二年を最後に鋳造は中止され、造幣局は八四年に閉鎖された。

金銀貨の偽造は非常に重い罪、すなわち重罪《フェロニー》だが、銅貨の場合、特に一八世紀前半まではそのような扱いではなかった。すぐに詳述するが、銅貨は当初から一種の地域通貨、トークンとして機能していたため、偽造（よく言えば私鋳）された悪質なものが多く植民地に持ち込まれた。メリーランド植民地議会は、一七四二年に銅の採掘奨励を決議しているが、これも私鋳を念頭に置いたものと考えることができよう。このようにいずれの手法も、悪貨が良貨を駆逐するというグレシャムの法則を逆手にとり、故意に悪貨を導入して、地域外への硬貨の流出を防ごうとした巧みな策といえよう。いや、むしろグレシャムの法則の含意が、このように読み直されるべきなのかもしれない。

（5）英領植民地の銅貨

銅貨について若干触れたが、原則として当時の英貨では半ペニー《ヘイペニー》（一ペニーの半分）と、ファージング（一ペニーの四分の一）の二種類があった。そもそも一重量ポンドの銀塊を二四〇分の一に分けたのが一ペニーの嚆矢であることからもわかるように、当時、一ペニー以上の小額硬貨は原則として銀貨であったが、例外として、銀不足の折

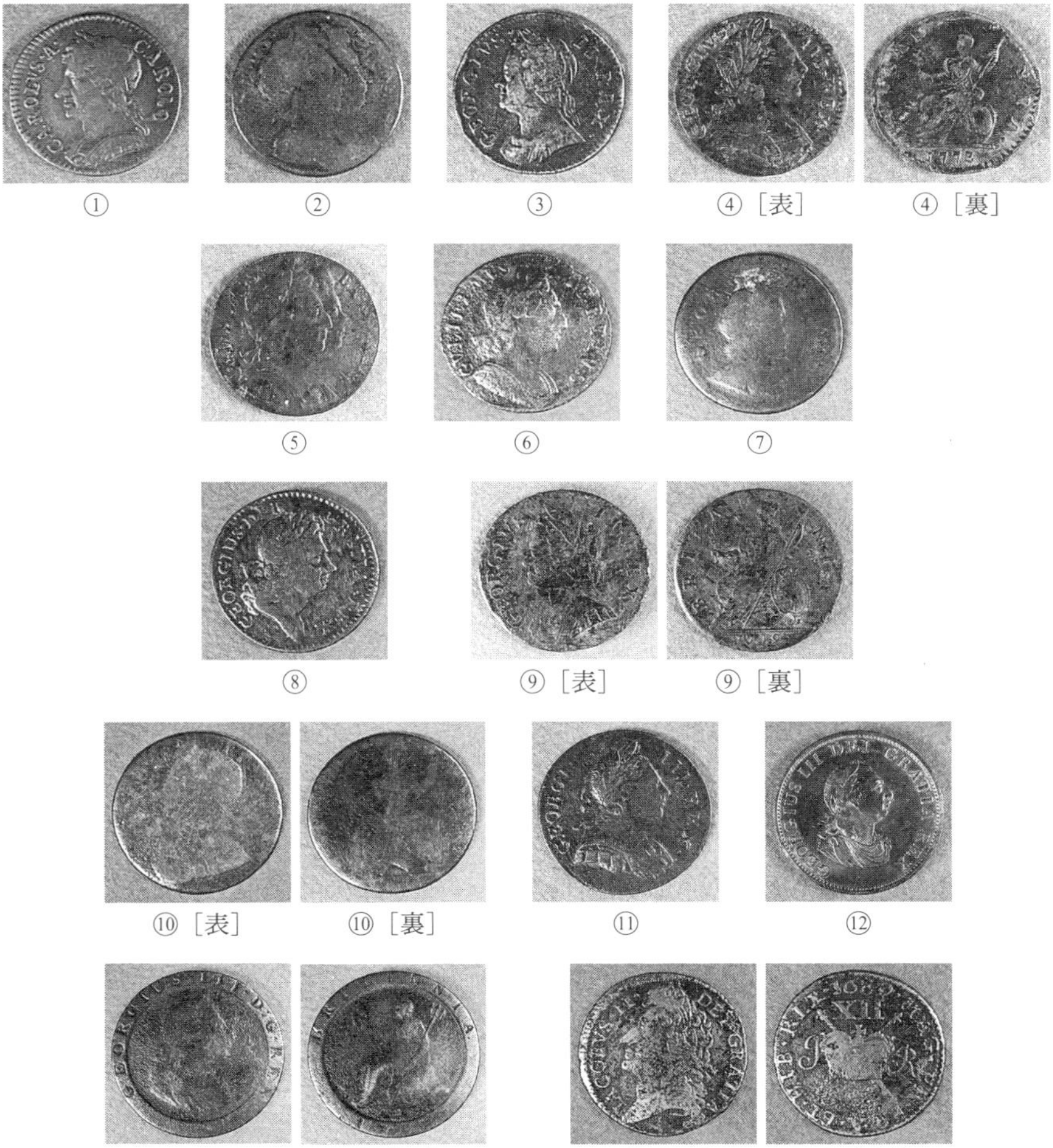

図 1-9　イギリスの銅貨（著者蔵）

註）図中の番号は表 1-7 中の番号と対応している。

にペニー貨を銅貨で造ったもの（図1-9の⑬。重すぎて不評だったいわゆる車輪銭）や、名誉革命後のアイルランドで鋳造された銅貨のシリング貨（同図の⑭。いわゆるガンマネーでジェイムズ二世の肖像を刻む）が見られる。後者は大砲等を鋳つぶしたガンメタル（銅、錫、亜鉛の合金たる砲金）から造ったとされたことからその名があるが、実際には真鍮（銅と亜鉛の合金たる黄銅）が用いられたらしい。ともあれ、これらはあくまでも例外であり、半ペニーとファージングがここでいう銅貨となる（同図では銘文や意匠の確認のためにサイズの差異を捨象し、ほぼ同じ大きさの図としている）[25]。

これらの銅貨は主に本国で造られて植民地に持ち込まれ、一六九五年から一七七五年の間、本国の銅貨の約一七・五パーセントがアメリカ植民地へ輸出されたと推計されている。先述したように銅貨の偽造（私鋳）は半ば黙認されていたが、本国では一八世紀半ばから禁止の強化へと転じる。一七四二年の本国議会制定法（15th George II, Chap. 28）で、銅貨の偽造を最長二年間の投獄としたが実効はなく[26]、さらに一七七一年に新たに法律を制定し、銅貨の偽造・売買を軽罪でなく、重罪とすると定めた。しかしこの法律も遵守されず、むしろ植民地への偽造銅貨の輸出を促進したとされる。一方、植民地側も、偽造銅貨の流通を規制する意図から罰金を科す場合もあった。たとえば一七五三年、ニューヨーク植民地議会は偽造半ペニーの輸入に一〇〇ポンドの罰金を科すことを定めた。さらに偽造硬貨の使用にも使用額の一〇倍の罰金を科すとしたが、同年の北米植民地で流通していた銅貨の約三割は偽造だったといわれている。このようにイギリス帝国内で融通された銅貨の世界はドメスティックであり、域内での流通を主目的としていたため、偽造（私鋳）が一般化していたといえる。密貿易も含めて国際的な取引に広く投入された金銀貨の世界——それゆえ偽造を重罪とした——とは、きわめて対照的な姿がそこには認められるのである。

たとえば新大陸のフランス領植民地にフランス本国から送られた銅貨なども、もっぱら当該植民地内で用いられている（カリブ海域では英領植民地でも使われた）[27]。もっとも表1-7の⑧の銅貨は、アイルランド向けに作られたに

表1-7　イギリスの銅貨

		年銘	君主	実測径（mm）	実測厚（mm）	実測量目（g）	公定量目（g）	実測／公定（%）
ファージング	①	1672	チャールズ2世	22.70	2.05	5.99	5.15	116.3
	②	1694	ウィリアム3世 メアリ2世	22.53	1.67	5.05	5.40	93.5
	③	1754	ジョージ2世	23.95	1.55	4.60	4.93	93.3
	④	1773	ジョージ3世	22.13	1.72	3.85	4.93	78.1
半ペニー	⑤	1694	ウィリアム3世 メアリ2世	28.38	2.16	10.02	10.80	92.8
	⑥	1700	ウィリアム3世	28.33	2.21	9.94	10.80	92.0
	⑦	1723	ジョージ1世	28.21	1.92	8.35	9.86	84.7
	⑧	1723	ジョージ1世	26.25	2.19	7.81	7.56	103.3
	⑨	1749	ジョージ2世	29.20	2.18	9.62	9.86	97.6
	⑩	?	ジョージ2世	27.80	1.60	6.89	9.86	69.9
	⑪	1771	ジョージ3世	29.60	2.00	9.58	9.86	97.2
	⑫	1799	ジョージ3世	30.57	2.86	13.03	12.19	106.9
ペニー	⑬	1797	ジョージ3世	35.87	3.30	27.10	—	—
シリング	⑭	1689	ジェイムズ2世	25.94	1.82	6.63	—	—

もかかわらず当地で不評で、北米植民地に持ち込まれている。翻って金銀貨に関しても、表1-1や表1-5で示したように、イスラーム世界の硬貨、たとえば遠くオスマン帝国で造幣された金貨なども、英領北米植民地に入ってきて流通している。しかしながらこの事実をもって、両地域間で当時、直接に商取引があったと考えることは必ずしも適切ではない。この金貨は地中海世界の港町から多くの人の手を経て、大西洋世界へもたらされたと捉えるべきであろう。つまり金銀貨の流通圏は、実際の通商圏よりも広いと想定されるのである。すでに何度も指摘しているように、国の境を越えて自在に動くこの流動性の高さこそ、貴金属としての金銀貨の特色であり、銅貨との違いなのである。

（6）当時の偽造銅貨の特徴

銅貨には、先述したように偽造が多く見られたが、具体的に偽造銅貨とはどのようなものなのか[28]。そもそも偽造には、「似せようとしているもの」と「敢えて似せようとしていないもの」の二種類が存在する。後者は厳密には偽造とは言いにくいが、それゆえ銅貨の偽造を重罪と定めた一七七一年以降に多く登場する。ただこのタイプは植民地ではあまり見られなかったとされており、ここでは前者を念頭に検討したい。

偽造銅貨の特徴をいくつか指摘するならば、次のようになろう。まず、打刻（圧印）よりも鋳造が多い。これは鋳造の方が技術的に容易なためだが、一七四〇年代以降は打刻も見られるようになる。また、純銅を用いては利益（差益）が出ないため、銅よりも（少なくとも当時は）安価な錫、亜鉛、鉛などとの合金が材料に用いられた。周知のとおり銅と錫の合金が青銅、銅と亜鉛の合金が真鍮（黄銅）となる。そしてこれらのことから、真正品と比較した場合の偽造銅貨の特徴が四点、析出される。すなわち、（a）径が小さく、（b）厚は薄く、（c）面は粗い。そして、（d）量目は軽い場合と重い場合がある、ということである。鋳造によって硬貨を造る際には、冷えると金属が縮むことを見越して、少し大きめの母銭を型に使う必要があるが、偽造の場合、市場で流通している硬貨をいわば母銭として型を取るため、出来上がった硬貨はさらに径が小さくなる。すなわち（a）の特徴が現れる。（b）の厚が薄いという特徴も、そこから導き出される可能性があるが、偽造では原料を節約する傾向が強いことも影響していると考えられる。また、流通している銅貨を母銭として粗雑な鋳造をおこなうと、面は粗くなりがちとなる。すなわち、（c）の特徴である。もっとも、ウィリアム三世の治世（メアリ二世との共同統治の時期も含めて）には、真正の銅貨も鋳造によって多く造られており、偽造銅貨との区別は困難とされる。表1-7の②、⑤、⑥（実物は図1-9の同番号）がそれであり、面も粗くなっているが、同表で示したように量目を実測し、公定量目と比べると、いずれも九割以上の重さを有しており、真正品との推測が成り立つ。また表には掲げていないが、ウィリアム三世・メアリ二世銘の半ペニーをさらに二点（いずれも摩耗により年銘不詳）実測すると、量目はそれぞれ一〇・一二、九・一九であり、面の粗さにもかかわらず、やはり真正品であろう。ただし、特徴の（d）で指摘したように、重いがゆえに偽造ではないとは言い切れない。安価な合金を材料に用いた偽造銅貨は、一般的には真正品よりも軽いが、それを隠すために重い（比重の大きい）鉛を混ぜ込む場合があったからである。したがって確実に真贋を判定するためには成分分析をおこなう必要があるが、本書ではそこまで踏み込んではいない。その他、偽造の手法として、偽造銅貨を油の中で焦がして使用感を出し、時代付けをする手法なども見られる。

ここで表1-7について若干説明を加えるならば、まず、表中の「実測径」、「実測厚」には、所有する硬貨を何度も実測して得られた数値の最大値をあてている（ただし硬貨に歪みがあると、それが若干、実測値に反映される場合がある）。ちなみに流通可能な最低量目は、③、④で四・五二グラム、⑦、⑨、⑩で九・〇七グラムとされている。表中の薄い網掛けは特殊な硬貨（⑧・⑭）、濃い網掛けは偽造と思われるものである（④・⑩）。他の半ペニーよりもやや小ぶりな⑧は偽造ではなく、ウィリアム・ウッドのヒベルニア貨幣と呼ばれる特殊な硬貨で、ウッドは政府の許可を得てアイルランド向けにこの硬貨を造ったが、前述のように同地では不評で、北米に持ち込まれている。したがって裏面にはブリタニアではなくヒベルニアの銘が刻まれ、女神は盾ではなく、アイルランドを表象する竪琴を手にしている。

④のファージングは当時の偽造と思われるが、実測径、実測厚ともに異常とはいえないにもかかわらず、公差の範囲をはるかに超えて、軽すぎるのがその判断の根拠である。刻銘等も明瞭に残っているため、摩耗の影響は考えにくく、この品は錫等を含む合金と推定される。実際、一七七一年、七三年、七四年、七五年の年銘を持つファージング硬貨は、同時代の偽造がきわめて多いことで知られている。[29] また、⑩の半ペニーも当時の偽造と思われる。非常に薄く、軽いにもかかわらず、刻銘等がある程度残っていることなどから、単に摩耗のためとは考えにくく（たとえば極端に摩耗した⑥や⑦ですら、それぞれ公定量目の九二・〇%、八四・七%ある）、さらに表側の意匠などからも、鋳造による偽造が強く疑われ、この品も錫等を含む合金と考えられよう。ちなみに同じジョージ二世の半ペニーの真正品は⑨であり、当該の⑩と目視で比較しても、その違いは明らかであろう。このように直接に成分分析をおこなわなくとも、種々の状況証拠から真贋を推測することも不可能ではない。

3　独立革命期の貨幣

（1）大陸紙幣の表象

前節では植民地時代の貨幣について述べてきたが、本節では次に、アメリカ独立革命期の貨幣について見てゆきたい。独立革命期には、革命政府・中央政府として機能した大陸会議が戦費等の調達のため、大量に紙幣を発行した。ドルの額面を持つ大陸紙幣である（表1-8参照）[30]。政府紙幣たる大陸紙幣は理論上、銀行券以上に増発の性向を有し、しかも大陸会議が直接的な課税権を有しないことから、納税時の回収、還流が見込みにくく、納税に使用可能である旨の特記もない（大陸紙幣の発行停止後に連合会議が出したいわゆるインデント公債には当該の表記が見える）[31]。だがそれゆえ、広く大陸大に信用を得るために、一部の小額紙幣を除く大陸紙幣の表面には、正貨との兌換が明記されていた。古色がかった大陸紙幣を実見すれば、「持参人はスペインドル、もしくはそれと同価値の金か銀を受領できる」との文言が読み取れる（図1-10、11参照）。しかし正貨準備も不足し、実際に有効な策も講じられず、当然ながら大陸紙幣は不換紙幣として大幅な減価を被ったのであって、兌換のレトリックと、かかる実態とのせめぎ合いの諸相に一層目が向けられる必要があろう[32]。すなわち、広く人々に受け入れられるために兌換を謳いながら、実際には不換紙幣となった大陸紙幣が有するコノテーションは、今日の不換紙幣とは大いに異なっていたといえよう。

さらに、スペインドル（八レアル銀貨）が兌換対象とされたことからも、流通量の少なかったイギリス本国——今や敵国となった——の金銀貨以上に、八レアル銀貨とその補助硬貨が植民地人にとって身近な存在だったことが容易に理解できる。そしてこの八レアル銀貨をまねて、少量ながら硬貨、いわゆる「大陸ドル」も造幣されており、大陸紙幣（一ドル札）との代替が試みられたと考えられる（図1-12上）。大陸ドルにはピューター、真鍮、銀

表 1-8　大陸紙幣の発行

決議年月日	発行総額（ドル）	「国名」	額面（ドル）
1775/5/10	3, 000, 000	United Colonies	1, 2, 3, 4, 5, 6, 7, 8, 20, 30
1775/11/29	3, 000, 000	〃	1, 2, 3, 4, 5, 6, 7, 8
1776/2/17	4, 000, 000	〃	1/6, 1/3, 1/2, 2/3, 1, 2, 3, 4, 5, 6, 7, 8
1776/5/9	5, 000, 000	〃	1, 2, 3, 4, 5, 6, 7, 8
1776/7/22	5, 000, 000	〃	2, 3, 4, 5, 6, 7, 8, 30
1776/11/2	5, 000, 000	〃	2, 3, 4, 5, 6, 7, 8, 30
1777/2/26	5, 000, 000	〃	2, 3, 4, 5, 6, 7, 8, 30
1777/5/20	16, 500, 000	United States	2, 3, 4, 5, 6, 7, 8, 30
1778/4/11	25, 000, 000	〃	4, 5, 6, 7, 8, 20, 30, 40
1778/9/26	75, 001, 080	〃	5, 7, 8, 20, 30, 40, 50, 60
1779/1/14	95, 051, 695	United States of North America	1, 2, 3, 4, 5, 20, 30, 35, 40, 45, 50, 55, 60, 65, 70, 80

註）決議年月日は紙幣に記されている日付。実際には複数回の決議による（1775 年 5 月 10 日の決議のみ “held”，他は “passed” の語が用いられている）。原則として発行総額は新規分のみ。回収紙幣の交換分を含まない（ただし 1779 年 1 月 14 日の総額は，イギリス側の流通させた偽札を回収するために発行した 50, 000, 400 ドルを含む）。途中，1 ドル札が削除されたのは，大陸ドル硬貨による代替を意図したためと考えられる。

の三種が確認され、銀の硬貨を一ドルに設定したとされるが、実際にはピューターの硬貨が一ドルで流通し、真鍮と銀の硬貨は試鋳貨だったとするのが妥当であろう(33)。コインの意匠は表裏ともに、ベンジャミン・フランクリンがデザインした一七七六年発行の大陸紙幣（図1-12下）から採られたもので、太陽と日時計のエンブレムを刻む表面には「日は過ぎ去る。為すべきことを為せ」のモットーが記され、一三植民地の団結を表象する鎖の輪のエンブレムを有する裏面には「アメリカ会議［大陸会議の意］。我らは一つ」のモットーが書かれている。また同じデザインは、一七八七年発行のいわゆる「フュージオ・セント」にも採用されている。ともあれ、このようにアメリカドルは、近世大西洋世界の基軸通貨ともいえるスペインドルから誕生したといえよう（ただし最初にドルを額面単位とする紙幣を発行したのは一七六七年のメリーランド植民地である(34)）。

先ほど触れた図1-10、図1-11には、一ドル、五ドル、七ドル、八ドルの額面を持つオリジナルの大陸紙幣を掲げたが、当該のコレクションは著者が偶

図 1-10　大陸紙幣・表（1775 年）。上・左から 1 ドル札，7 ドル札，8 ドル札。昭和 6 年のコレクションより（著者蔵）

［表］　［裏］

図 1-11　大陸紙幣（5 ドル札，1775 年）。昭和 6 年のコレクションより（9.4cm × 7.3 cm，著者蔵）

然入手した佳品で、満洲事変の年に日本人が編んだものである（「亜米利加合衆国古代札」と表紙が付けられ、「昭和六年まで一五七年」と墨書された束もある。台紙にオリジナルの紙幣が二枚ずつ、糸で固定されており、このような束が複数冊、手元にある）。ここでは図1-11の五ドル札に注目したい。すべての大陸紙幣の発行決議年や、発行総額、額面などは表1-8にまとめたが、当該の五ドル札は一七七五年一一月二九日の決議に基づき発行されている。先述のように紙幣の表には兌換の条項、および大陸会議での決議年が明記されており、発行責任者二名の手書きのサインが添えられている。この五ドル紙幣の場合、サム（サミュエル）・コールドウェルとJ（ジェイムズ）・ウォートンで、それぞれ色の違うインクで署名され、さらに紙幣表面の右半分には、ラテン語のモットーと、それを可視化したエンブレムが円の中に印刷されている。実際、モットーとエンブレムも額面によって異なっており、全種を一覧にしたものが表1-9である。最も解釈が難しいとされる五ドル札のモットーは「耐えよ、さもなくば控えよ（慎め）」で、エンブレムには棘のある植物と、その棘に刺されて血を流す手が描かれている。ラテン語のモットーを集めた書物を参照しつつこの図案を考案したフランクリンの意図としては、手をイギリス、植物をアメリカに見立て、もしイギリスがアメリカの独立を妨げようとすれば怪我をするぞ、という意味を込めたとされる(35)。ただし、このような図案の作り手自身の解釈にもかかわらず、表1-9にまとめたモットーと

図1-12　大陸ドル（1776年）［上：複製］と大陸紙幣（1776年の半ドル，5.9cm × 8.0cm）［下］（いずれも著者蔵）。上は，著名な古銭学者M・ディクソンが独立百周年（1876年）に向けて製作した打ち型を用いて1962年に2千枚，再鋳造された銀製。

表 1-9　大陸紙幣のモットーとエンブレム

額面（ドル）	モットー	モットー（訳）	エンブレム
1/6, 1/3, 1/2, 2/3 （表）	FUGIO. MIND YOUR BUSINESS	日は過ぎ去る。為すべきことを為せ	太陽と日時計
〃（裏）	AMERICAN CONGRESS. WE ARE ONE	アメリカ会議。我らは一つ	13 植民地の名を記した鎖の輪
1	DEPRESSA RESURGIT	押しつぶされてもまた立ち上がる	重い鉢につぶされるアカンサス
2	TRIBULATIO DITAT	（辛い）脱穀により富める	唐棹での脱穀
3	EXITUS IN DUBIO EST	結果は知らず	ワシとサギの戦い
4	AUT MORS AUT VITA DECORA	死か，高潔なる生か	槍に突進するイノシシ
5	SUSTINE VEL ABSTINE	耐えよ，さもなくば控えよ	棘に刺されて血を流す（収穫する）手
6	PERSEVERANDO	耐えること	木をかじり倒すビーバー
7	SERENABIT	やがて晴れよう	嵐の海
8	MAJORA MINORIBUS CONSONANT	より大いなるものら，より小さきものらと調和す	13 弦の竪琴
20	VI CONCITATAE	凶暴なる力に我ら襲われし	大波を起こす強風
〃（1775-77 年裏）	CESSANTE VENTO CONQUIESCEMUS	風よ止め，されば我ら休まん	穏やかな海上を進む船を照らす太陽
30	SI RECTE FACIES	汝もし正しく行ないをなすならば	墓石の上の花輪
〃（1775-77 年裏）	VI CONCITATAE	凶暴なる力に我ら襲われし	大波を起こす強風
〃（1775-77 年裏）	CESSANTE VENTO CONQUIESCEMUS	風よ止め，されば我ら休まん	穏やかな海上を進む船を照らす太陽
35	HINC OPES	ここから富が	畑の中の鋤
40	CONFEDERATION	連合	13 個の星に注ぐ神の眼の光
45	SIC FLORET RESPUBLICA	かくして共和国は栄える	小屋の中のミツバチの巣
50	PERENNIS	絶えることのない	13 段の未完のピラミッド
55	POST NUBILA PHOEBUS	曇りの後にアポロンが	嵐の後の太陽
60	DEUS REGNAT EXULTET TERRA	神は統べ，地に喜びを	地球
65	FIAT JUSTITIA	正義が為されんことを	天秤を持つ手
70	VIM PROCELLARUM QUADRENNIUM SUSTINUIT	4 年間の大嵐の力に持ちこたえた	屹立する一本の木
80	ET IN SECULA SECULORUM FLORESCEBIT	かくして何世代にもわたり栄えるであろう	屹立する一本の大木

出典）Newman, *The Early Paper Money of America*, 58-75 および著者蔵の大陸紙幣より作成。

エンブレムの全体を見渡すならば、その謂いにはやや不自然の感が否めない。なんとなれば、大陸紙幣に記されたモットーとエンブレムが意味するメッセージは、いずれもアメリカ人（植民地人）に向けられたものであることは明らかだからである（そもそもアメリカ人が使用することを前提とした紙幣に、イギリス側への脅しを記すというのも不自然であろう）。したがって、この五ドル札に記されたエンブレムとモットーは、たとえば逆の読み方、すなわち棘のある植物を摘むためには流血もいとわない、つまり独立という偉業を達成するためには犠牲が必要であり、それに耐えるのだ（もしくは耐える覚悟が問われているのだ）という、アメリカ人に宛てた強烈なメッセージとも解されうる。[36] このように考えるならば、この紙幣に記されたテクストは作者（フランクリン）の意図を離れて、読み手（紙幣の使用者）による別個の解釈を可能にしているというべきかもしれないし、これら双方の解釈、理解はともに「正しい」と認めることもできるかもしれない。[37] ともあれ、表1-9を一覧し、大陸紙幣のすべてのモットーとエンブレムが伝えるメッセージを総体として読み解くならば、次のようになろう。すなわち、今の苦しい時期をともに耐え忍び、正義の行いを為すならば、やがて勝利がもたらされ、繁栄が訪れる、というストーリーである。事実、革命の進行に伴って発行された高額紙幣には、当初の悲壮な色調に替えて、楽観的なメッセージが見られるようになるのである。

またモットーやエンブレムと並んで、大陸紙幣に記された「国名」（表1-8参照）も、表象の重要なシグナルといえる。そもそも一七七六年七月の独立宣言は、一三の植民地が一緒に独立を宣言したのであって、必ずしも一つの統一国家を創るという明確な意図は認められず、それゆえ新「国家」の名称は明示的ではなかった。七月二日、大陸会議による独立の決議の採択、さらに四日の独立宣言草案の採択を受けて、同日深夜にフィラデルフィアのJ・ダンラップによって最初の独立宣言書（いわゆるダンラップ・ブロードサイド）が印刷されたが、その中に「国名」らしき表現を探すならば、かろうじて三か所、見出される。タイトル部分の"THE UNITED STATES OF AMERICA"、文中の"the UNITED STATES OF AMERICA,""(these) United Colonies"である（大文字・小文字はママ）。[38]

ただし、このブロードサイドはあくまでも印刷物であって、署名も大陸会議議長のジョン・ハンコックの名が活字で印刷されているのみで、全部で二〇〇～三〇〇枚が刷られたと推定され、内、現存しているのは二五枚である(二〇〇〇年にペンシルヴァニア州の蚤の市で、わずか四ドルで売られた絵画の裏面からその一枚が見つかり、オークションで八一四万ドルで落札されている)。

今日、国立公文書館に奉られているオリジナルの独立宣言書は、訓令未着のために投票を棄権していたニューヨーク代表が独立に賛成して「全会一致」となった後に、正式の文書作成の決議を経て、羊皮紙に手書きで清書されたもので、八月二日から各植民地の代表たちが署名をして出来上がったが、その清書された文章は、ダンラップ・ブロードサイドのものとはわずかに異なっている。先ほどの三か所の「国名」らしき表現は、それぞれ“the thirteen united States of America,” “the united States of America,” “(these) United Colonies” となっており（大文字・小文字はママ。字体・活字による違いは捨象)、同一の語が用いられている“United Colonies”はともあれ、“the united States of America”に関するバリエーションの存在は、当該表記の不安定さを意味しているといえよう。現在、国立公文書館を居とし、オリジナルとして確固たる地位を占めるこの羊皮紙の文書だが、作成された当時は、署名者《サイナーズ》たちを除けば、人の目に触れることはほとんどなかったと考えられる。なんとなれば、上を内側にして巻いた状態で保管されていたからである。[39] 実際に多くの人の目に触れ、また耳に届いたのは、オリジナルとされるこのテクストではなく、ダンラップ・ブロードサイドのテクストであろう。各地にダンラップ・ブロードサイドが届けられ、兵士や民衆の前で読み上げられたり、新聞に転載されたりしたのである。最初に独立宣言を掲載した新聞は、七月六日発行の『ペンシルヴァニア・イヴニングポスト』紙とされるが、[40] 時系列から明らかなように、これもダンラップ・ブロードサイドを転載している。

ただし、同紙は先ほど示した大文字・小文字の区別までは正確に写しておらず、これらの細部に至るまでかなり正確に写した新聞に、七月二六日発行の『ヴァジニア・ガゼット』紙がある。[41] 当局からの印刷の指示をそのまま記した同新聞の冒頭部を引きたい。「印刷業者は、各々の発行する新聞において、名誉ある大陸会議の作成した独立宣言を公表すること。また本共和国［ヴァジニアの意］各郡の保安官は、同宣言を落手してから最初の開廷日に、郡庁舎の扉の前で、同宣言を布告しなければならない」。まさにこのような形で、ダンラップ・ブロードサイドのテクストが広まったといえよう。一方、一七七七年一月一八日付の大陸会議の指示で、独立宣言の二度目の印刷・配布がおこなわれ、今回は署名した五六名全員の名が記載された。独立の宣言としてのタイミングは逸しているため、ダンラップ・ブロードサイドほどのインパクトはなかったと思われるが、羊皮紙の文書のテクストの普及には寄与したといえよう。ただし、オリジナルの署名も含めて、羊皮紙に書かれた手書きの文章そのものがどのような形態のものであるのか、その様子が広く知られるようになるのは、一八二〇年代前半に「ウェットシート・トランスファー」の技法によって、オリジナルと寸分違わぬコピーが作られて以降といってよいかもしれない（ただし、濡れたシートをオリジナルの文書に被せてインクの表面を吸い取り、それを銅板の上に写し取ってエッチング処理を施すこの技法によって、文書は大きなダメージを受けた）。

ともあれ、ここではオリジナルの羊皮紙の表記に依拠して論じるとしても、そこに記された“united States”の語は、文書作成当時の現状に即して解するならば「連合諸邦」（もしくは「諸邦連合」）（斎藤眞訳）の意であって、やはり厳密には国名とはいえないであろう[42]。国名を“The United States of America”と定めたのは、一七七七年一一月に採択され、八一年三月に発効した連合規約の第一条であるが、もちろん正確にはこれも「この連合（confederacy）の名称」（池本幸三訳[43]）であり、大文字を用いていても、斎藤眞氏が指摘したように、依然として「アメリカ連合諸邦」の訳を当てる方が実態を正しく反映しているといえよう。やや衒学的ながら、「アメリカ合衆国（合州国）」と訳すべきは、合衆国憲法前文に明記された“the United States of America”からであろう（ちなみに一九世紀に入っても、“The United States of America”は単数扱いではなく複数扱いが一般的であり、南北戦争を契機に変化したともいわれる）。

では、大陸紙幣には「国名」はどのように記されているのだろうか。表1-8にあるように、独立宣言以前から

“The United Colonies”が用いられており、宣言後もこの名称が引き続き使われている。この時期に、「連合した諸植民地」（斎藤眞訳）と訳すべき語がもっぱら使用されているという事実自体、やはり先ほどの小文字の“united States”が国名というよりも、単純に諸邦の連合を意味していたことを如実に示しているといえよう。そして、紙幣に“The United States”が採用され始めたのは連合規約採択より半年も前であり、小文字の“united States”が大文字の“United States”に転化していった様相を推察することができる。つまり、そもそも連合規約の第一条が規定されたのも、すでに紙幣の表記において“United States”の語を広く人々が目にする状況が作り出されていて（さらには、ダンラップ・ブロードサイドの正確な表現を目にする機会があって）、かかる環境が反映された可能性がある。そして最後の決議による発行分には、“The United States of North America”の語が用いられている。じつのところこの表現は、大陸海軍の英雄として知られるジョン・ポール・ジョーンズに対して、大陸会議が与えた海軍大佐への任命辞令にも登場する（“Captain in the Navy of the United States of North America”）[44]。辞令交付の日付は一七七六年一〇月一〇日であり、この表記が早くから公式文書に登場していることが確認できるが、人々が広く目にするようになったのは、やはり紙幣の表記としてであろう。革命の財政を個人信用で支えた大富豪、ロバート・モリスの設立した「北アメリカ銀行」との親和性も見て取れるかもしれない。そもそも“The United States”の部分こそが重要であって、後ろの“of North America”の部分は、あまり大きな意味を持っていなかったと考えるならば、“The United States of North America”も「国名」とは言いにくいであろう。

とまれ、第10章で詳述する星条旗の誕生の例を持ち出すまでもなく、B・アンダーソンのいう「最初の国民国家」創りには、今日ほど厳格なプロトコルは採用されていなかったと思われ、大陸紙幣に記された「国名」と、公式の文書に登場する「国名」は、もちろん緩やかに連動はしているものの、必ずしも一致してはおらず、むしろそれゆえにこそ、その揺らぎのなかに当時の政治状況を鮮やかに写し取っているといえよう。

（2）大陸紙幣の偽造対策

大陸紙幣にはスペインドルとの兌換が明記されていることはすでに指摘したが、その文章中でスペインドルを指す正確な表記は“SPANISH MILLED DOLLARS”である。むろん“Milled”とは硬貨の縁のギザの意であり、ギザを付けるのは持ちやすくする副次的効果もあるが、基本的にはクリッピング（縁の削り取り）を防ぐのが本来の目的とされる。当時、少しずつ金銀貨の縁を削って、その分を利得とするという姑息な手法が用いられることがあり、ギザはそのような硬貨の変造・毀損を防ぐための防衛策に他ならない。一方、大陸紙幣にも、従来の紙幣・証書等に施されたインデント（割符）方式に代わって、当時としては最先端ともいえる種々の偽造対策が盛り込まれていた。それらは今日の偽造対策の系譜に連なるものも多く、その意味でも大変興味深い。ここでいくつか指摘するならば、まず用いられた紙そのものに、特殊な操作が加えられていた。実際の紙幣を見れば容易に確認できるが、キラキラとした小さな点がいくつも表面に浮かび上がる。これは雲母片で、偽造対策のためにわざわざ紙に漉き込んだものである。また幾本もの青い糸屑も認められるが、これも亜麻の古着等を原料として紙料を漉く際に、あえてそのように作った結果である[45]。さらに、透かしを入れた大陸紙幣も、多くはないが印刷された。図1-13の右は大陸紙幣ではなく、革命期の一七七七年にペンシルヴァニア邦が発行した邦紙幣であるが、紙幣全面に二段に、

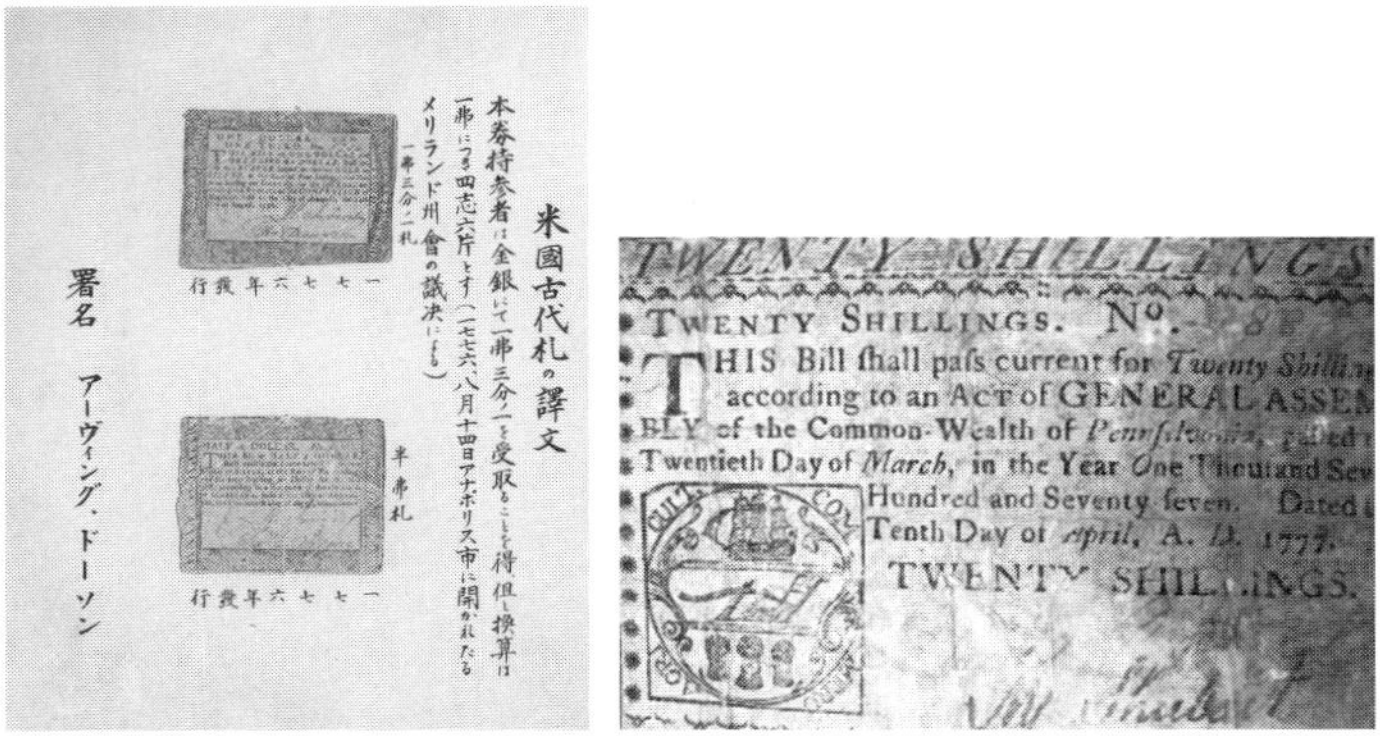

図 1-13　ペンシルヴァニア邦紙幣（1777年）。透かし入り［右］。左は昭和6年のコレクションに収められたメリーランド邦紙幣（1776年）。台紙に糸で固定されている（いずれも著者蔵）

"PENSYL"（ママ）、"VANIA"と透かしが入っていることがわかろう。

印刷と署名も偽造対策に動員されている。先述のように二名の署名者は、それぞれ違うインク、すなわち赤と黒（茶）のインクを用いて、一枚一枚、紙幣に切断される前のシートに手書きで署名し、番号も手書きで記入した。署名・記入するその手間が、そのまま偽造対策となったといえる。印刷においても、たとえばわざと綴り字を違える手法も用いられたとされるが、とりわけ興味深いのが、裏面に施されたネイチャー・プリントの技法である。これは他の偽造対策と異なり、今日にまで伝わることなく、完全にすたれてしまったが、現在ではその全貌がほぼ明らかとなっており、B・フランクリンが発明したとされる、まさにアメリカのオリジナルの技術である。[46] その枢要は、自然の植物の葉を用いて鋳型を作るという点で、これにより、二つと同じ鋳型は存在しないことになる。たとえば図1-11の五ドル札の裏面を見ると、サルビアのたぐい（シソ科）の葉のネイチャー・プリントが施されているのが確認できる（ホール・アンド・セラーズと記された印刷所は、以前、フランクリンがD・ホールと経営していた印刷所（フランクリン・アンド・ホール）の後身）。自然を利用したこの技法は究極の偽造対策ともいえるが、一方でチェックも難しかったと推測され、偽造チェック用の紙幣のシートも現存してはいるものの、少なくとも一般使用者にとってはむしろ自然の植物ゆえに、同様の技法で偽造がなされた場合、かえって見破りにくかった可能性もある。

事実、個人による偽造だけでなく、イギリス側が経済の攪乱を狙って組織的な偽造をおこなったとされ、当時、かなりの偽札が市場に流れ込んでいた。むろん、表1-8に示したように真正の札も大量に印刷されており、財政基盤の脆弱な大陸会議は兌換に十分に応じられるような正貨を保持してはおらず、偽札の横行とも相まって、大陸紙幣の価値は暴落していった（図1-14参照）。[47] 大陸紙幣の発行は一七八〇年四月に停止されたが、その後も市場での下落は続き、一七八七年の市場価値は正貨のわずか〇・四パーセントとなった。今日、"not worth a continental"なる表現が、「少しの価値もない」の意とされるのも故なしとしない。最終的に大陸紙幣は、一七九〇年の決議で一パーセントの価値の国債と交換することが定められ、減額を嫌がって期限までに交換に応じなかった場合、文字通り紙くずとなったのである。

また、先ほど透かしの事例として挙げたペンシルヴァニア邦紙幣（図1-13右）のように、各邦（ステイト）も独自に邦紙幣を発行し、財源の確保を画策したが、大陸紙幣と同様、裏付けのない邦紙幣もその価値を暴落させた。前述の昭和六年に編まれたコレクションには、オリジナルのメリーランド邦紙幣をとじ込んだものも数束あり（図1-13左）、この邦紙幣も図1-14に示したように、大陸紙幣よりもさらに著しいペースで下落を経験するのである。[48] なお、ニューイングランドのコネティカット邦の軍票については、第5節で詳細に分析したい。

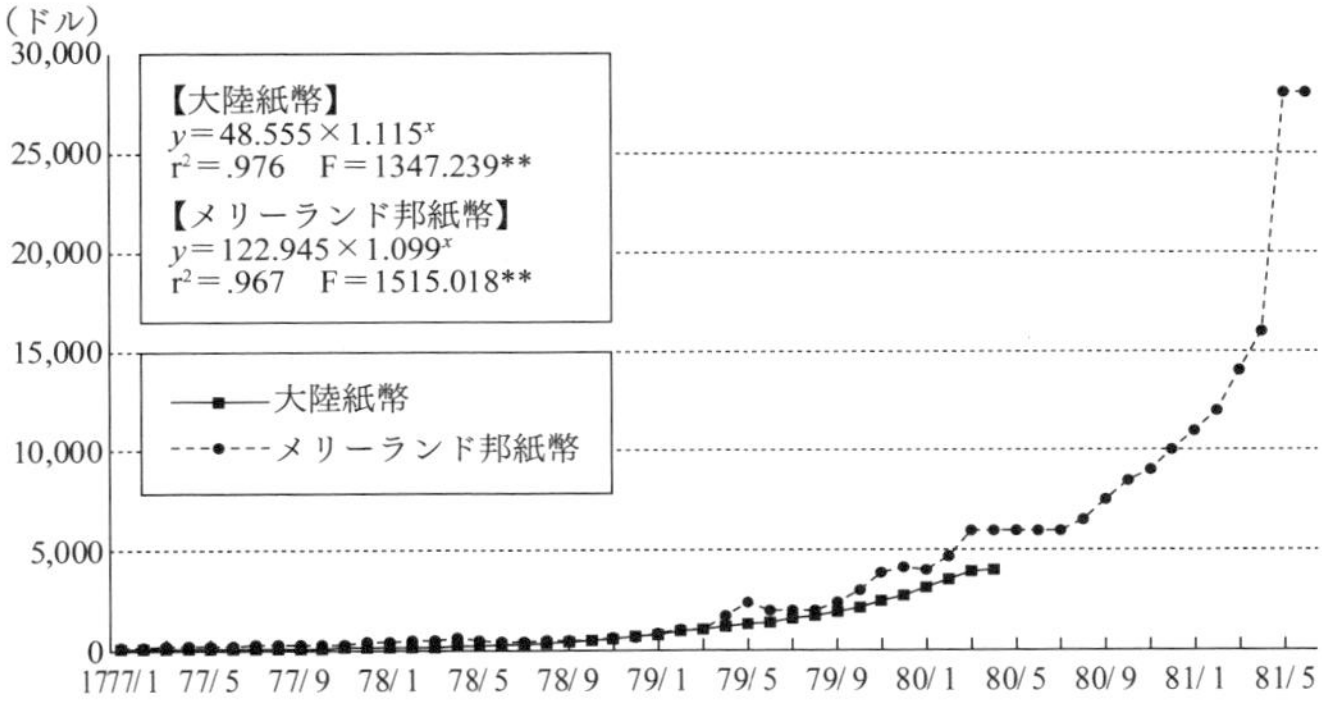

図1-14　正貨100ドルとの交換比率

出典）Newman, *The Early Paper Money of America*, 478 等より計算作成。

（3）大陸紙幣と各邦紙幣の相互連関

では、各邦が発行した邦紙幣と大陸会議が発行した大陸紙幣とは、市場においてどのような関係にあったと考えればよいのだろうか。先ほどの図1-14を見ると、大陸紙幣とメリーランド邦紙幣、それぞれの正貨との交換比率の変動はかなり似通ったカーヴを描いているが、必ずしも同一というわけではない。さらに綿密に調べるには、同様の交換比率の変動について、メリーランド以外の各邦についてもデータを補い、[49] 総合的に相互の関係を検証する必要があろう。そこで大陸紙幣と八種の邦紙幣（ニューイングランドは一括して扱う）を対象として、それぞれ交差相関係数を計算した。周知のように交差相関係数とは、対象となる二組の時系列データにおいて、データのフェイズを一期、

表 1-10　大陸紙幣および各邦紙幣の交差相関係数

第2変数 ＼ 第1変数	大陸紙幣	ニューイングランド邦紙幣	ニューヨーク邦紙幣	ペンシルヴァニア邦紙幣	ニュージャージー邦紙幣	メリーランド邦紙幣	ヴァジニア邦紙幣	ノースカロライナ邦紙幣	サウスカロライナ邦紙幣
大陸紙幣									
ニューイングランド邦紙幣	0.996(0) 0.894(1)								
ニューヨーク邦紙幣	0.999(0) 0.872(−1)	0.997(0) 0.869(−1)							
ペンシルヴァニア邦紙幣	0.987(0) 0.886(1)	0.897(0) 0.840(1)	0.984(0) 0.860(1)						
ニュージャージー邦紙幣	0.993(0) 0.891(1)	0.955(0) 0.895(1)	0.992(0) 0.866(1)	0.975(0) 0.834(−1)					
メリーランド邦紙幣	0.987(0) 0.880(1)	0.883(0) 0.822(1)	0.984(0) 0.861(1)	0.985(0) 0.761(1)	0.967(0) 0.825(1)				
ヴァジニア邦紙幣	0.990(0) 0.890(1)	0.901(0) 0.832(1)	0.990(0) 0.874(−1)	0.968(0) 0.794(−1)	0.992(0) 0.866(1)	0.962(0) 0.827(1)			
ノースカロライナ邦紙幣	0.986(0) 0.888(1)	0.924(0) 0.874(1)	0.990(0) 0.864(1)	0.919(0) 0.812(−1)	0.937(0) 0.827(−1)	0.955(0) 0.836(−1)	0.949(0) 0.849(−1)		
サウスカロライナ邦紙幣	0.986(0) 0.887(1)	0.987(0) 0.881(−1)	0.983(0) 0.859(1)	0.984(0) 0.900(1)	0.990(0) 0.900(1)	0.984(0) 0.895(1)	0.988(0) 0.887(1)	0.985(0) 0.879(−1)	

註）上段は相関係数の最大値，下段は次に大きい数値。括弧内はフェイズ。

二期とずらしながらそれぞれの相関係数を求めるもので、どちらの時系列データがどの程度先行しているかを判断することができる。表 1-10の計算結果を見ると、いずれも相関係数が最大になるのはフェイズが0の時、すなわちデータのずれがない場合であり、大陸紙幣も各邦紙幣もほぼ同時並行的に変動していることが確認できる。図1

-14を目視した際の印象——かなり似通ったカーヴを描いている——が実証されたともいえよう。しかしながら興味深いのは、次に大きい相関係数のフェイズ等から得られる情報である。それらを総合的に判断するならば、以下のような結果が得られる。すなわち、①大陸紙幣は各邦紙幣に先行して変動する傾向があること（ただしニューヨーク邦紙幣を除く）。②ニューヨーク邦紙幣が、他の邦紙幣や大陸紙幣に先行して変動する傾向があること。③ノースカロライナ邦紙幣が、ペンシルヴァニア邦以南の邦紙幣に先行して変動する傾向があること、である。これらのことから、概してニューヨーク邦紙幣の重要性が推測され、やはり北米市場に占めるニューヨークの経済上の役割の大きさが確認される。先に表1-5等で見たように、硬貨需要を背景として、ニューヨークにおいて硬貨が最も高く評価されているのに対応した現象といってよかろう。

4　近世大西洋世界の遺産

一七八七年九月に制定され、翌八八年七月に発効が宣言された合衆国憲法において、合衆国の造幣については以下のように定められている。「硬貨を鋳造し、その価値および外国硬貨の価値を規定すること……」（第一条第八節五項）は、連邦議会の権限であり、「各州は……硬貨を鋳造すること、信用証券を発行すること……をしてはならない」（第一条第一〇節一項）。これら二つの条文を同時に眺めると、造幣権を国家（連邦議会）の元に一元化しようとする強い意図を読み取ることができる。また、第八節五項の「硬貨を鋳造し」の原文は“To coin Money”であり、動詞から判断してこの“Money”がもっぱら硬貨を意味することは明らかだが、従来、わが国では「貨幣」というあいまいな訳が一般的であった。もちろん、「鋳造する」と続けて訳すのも一般的であり、自動的に定訳の「貨幣」は硬貨の意になるともいえるが、あえてこの点にこだわる理由は、次の文章、「外国硬貨の価値を規定すること」

図1-15　4分割・8分割された8レアル銀貨（スペインドル）［左：複製］とアメリカの1/4ドル（2ビット）銀貨（1853年，径2.4cm）［右］（著者蔵）

を連邦議会の権限とするとの条文も、原文が“regulate the Value ... of foreign Coin”であるにもかかわらず、しばしば「外国貨幣」と訳されるからである。

この原文が外国の金銀貨、とりわけ八レアル銀貨を念頭に置いた表現であることは、これまでの考察から明らかであろう。この条文の含意するところは、今日的感覚からすれば驚異的——当時の感覚からすればごく自然——で、合衆国造幣局鋳造の硬貨では十分な流通量を賄えないであろうから、たとえば八レアル銀貨（およびその補助貨幣）も、合衆国の法貨として流通させる可能性を排除しないということであろう。事実、これらの銀貨は、南北戦争直前の一八五九年まで公的に認められて広く通用し続けた（ただしメキシコ独立後は、同じ八レアル銀貨でもスペインドルではなく、メキシコドルが登場する）。銅貨も一八六四年まで、合衆国内で造幣されたもの以外の使用が認可されていた。まさに近世大西洋世界の遺産というべき状況といえよう。ちなみにアメリカ英語には、二五セントを二ビット（two bits）と言い表す略式表現があるが、これは正貨として八レアル銀貨が用いられていた史実を前提としなければわかりにくい。八レアル銀貨は前述のように補助貨幣が体系的に造られてはいたが、八レアル銀貨そのものを割って補助貨幣とすることもしばしばおこなわれた。図1-15左には、四分割および八分割された同銀貨を掲げたが、八分割された断片が一ビットであり、八レアル銀貨は一ドル（スペインドルないしメキシコドル）銀貨であるため、一ドルの四分の一の二ビットは二五セント、二分の一の四ビットは五〇セントとなる。ビットの表現がもっぱら二の倍数として用いられるのも首肯されよう。図1-15右は一八五三年に発行された合衆国の二五セント（クォーター）で、二ビット相当ということになる。

八レアル銀貨（スペインドル、のちメキシコドル）はまた、いわゆるガレオン貿易、アカプルコ貿易を通じて東アジアへも大量に流れ込み、太平洋世界を席巻した。この銀貨は、文字通り大西洋世界と太平洋世界とを繋ぐ鍵といってよい。銀経済の中国では、馬蹄銀に代表されるように秤量貨幣として銀が用いられており、円形の銀貨は清朝末期まで発行されなかったため、品位の安定した八レアル銀貨が重宝がられて広く流通し、スペインドルが「本洋」、その後継のメキシコドルが「鷹洋」などと呼ばれた（後掲図1-17左上がメキシコドル、すなわち「鷹洋」だが、実際に描かれているのは鷹ではなく鷲）。図1-16の右に掲げたのは、カルロス四世の肖像と銘の入った八レアル銀貨だが、その表面には小さな記号のようなものが数か所にわたって刻印されている。[50] これは当時、中国で両替商等が私的に打った荘印（chop mark）であり、そもそもは硬貨が本物かどうかを確認するためのものだったが、これが多く打たれているほどその硬貨の信頼性が増すことになり、広く通用したことを自らが明かしているといえる。つまりこの八レアル銀貨は、当時の中国で実際に流通に投入されていたことが、打たれた荘印からわかるのである。

［狩谷懐之『新校正孔方圖鑑』(1815年) 部分］

［中国商人等の荘印（チョップマーク）が刻まれている。径3.9cm］

図1-16　アジアにおける8レアル銀貨（スペインドル）。同銀貨は日本の書物にも記載がある［左］。中国では「本洋」として流通した［右］（いずれも著者蔵）

一方、図1-16の左に示したのは狩谷懐之《かいし》『新校正孔方圖鑑』の一部で、外国のものも含むさまざまな硬貨を網羅して大変有名な書物である。一八一五年（文化一二年）に上梓され、著者の狩谷懐之は江戸後期の著名な考証学者、狩谷棭斎《えきさい》の息子だが、棭斎は当時、貨幣収集でも広く名を知られた人物であり、一八一五年には息子の懐之はまだ少年であるため、本書は棭斎自らが著したのではとの疑いもある。ともあれこの書物にも、八レアル銀貨が「王面銭」として掲載されている。カルロス三世の肖像と銘の入ったもので、「イスハニア国銀銭」、すなわちスペインドルに他ならず、わが国にもその存在が知られていたことが、この例からもよくわかる。

図1-17左上のメキシコドルは従来の八レアル表記であるが、やがて

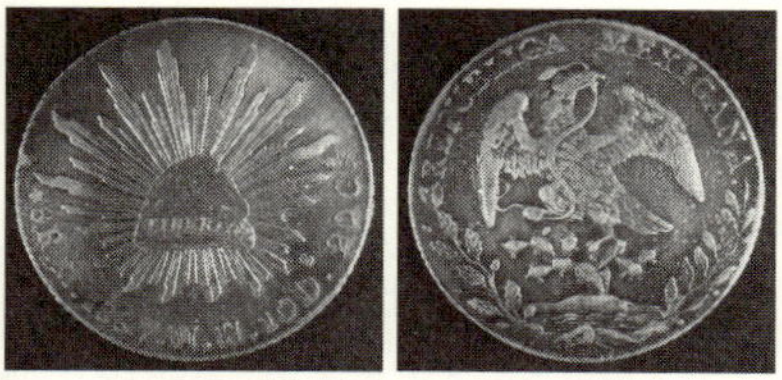
8 レアル銀貨（メキシコドル，鷹洋）

アメリカの貿易ドル

フランスの貿易ピアストル

イギリスの貿易ドル

日本の（旧）一円銀貨
（明治 3 年銘）

貿易銀（明治 9 年銘）

図 1‒17　19 世紀太平洋世界の銀貨（著者蔵）

ペソ表記のものが造幣されるものの、どちらの場合もその意匠は、メキシコの国旗にも描かれている鷲と蛇の図像（表面）と、日光を背にしたフリジア帽（裏面）が特徴で、一九世紀中葉前から従前のスペインドルと並んで太平洋世界で広く流通し、当時の基軸通貨といってもよい状況を現出した。[51] 太平洋世界、とりわけ東アジアで競合した米、英、仏、そして明治維新後の日本も、このメキシコドルから主導権を奪うべく、その代替を画策し、メキシコドルに準拠した銀貨（貿易銀等）を発行した。それゆえそれらの銀貨は、大きさや量目、品位のみならず、意匠にも似たところが認められる（むろん量目、品位などの微妙な違いが、それぞれの銀貨を特徴づけているが）。図1‐17右上はアメリカ合衆国の発行した貿易ドルであり、メキシコドルを量目で上回るべく、従来の一ドル銀貨よりも若干重く設定され、西部で新たに発掘された銀を活用して一八七三年に造幣を開始した。しかし銀の価格が続落し、銀地金を貿易ドルに替えた方が有利となった結果、この銀貨が本国に流れ込んで混乱が生じたため、一八七八年には造幣を中止し、廃貨とされた。[52] このように短期間しか流通しなかった貿易ドルだが、そこに刻印された国章、すなわち裏面の鷲の意匠には大変興味深いものがある。図1‐17右上を見れば明らかなように、平和を表象するオリーブの枝と、戦争を表象する矢を足で摑むこの鷲は、向かって右を向いている。同図左上にあるように、メキシコドルの鷲も右向きである。実のところアメリカの国章において、鷲は多くが左向きなのである。右向きも見られないではないが、とりわけ貨幣の意匠となった鷲の国章は、この時期は左向きが多いといえる（図1-15右参照）。鷲の顔の向きを変えるということは、その向く方向の足に、平和を意味するオリーブの枝を摑んでいる必要があることから、オリーブと矢の位置をも逆にすることを意味する。つまり、オリーブと矢の位置を変えてまで、この貿易ドルの鷲は右を向いているのである。メキシコドルを意識し、東アジアの人々に受け入れられやすいように、同じ意匠となる右向きを選択したと推察することができよう。

また、もう一方の面に刻印された自由の女神の座像は、とりわけインドシナ方面でアメリカの貿易ドルの後継となったフランスの貿易ピアストルに受け継がれた（図1-17左下）。座る向きも同じであり、ファスケスを手にはしているものの、フランスのこの自由の女神像は、同国がアメリカに送った女神像に一層似ているといえる。イギリスは香港ドルをはじめ、東アジアでの貿易のために数種の貿易銀を造ったが、インド植民地で造幣した貿易ドル（「ボンベイ・カルカッタドル」。図1-17左下）には、イギリスを表象する女性像、ブリタニア像が描かれ、もう一方の面には、漢字とマレー語で一円（壹圓）と刻まれている。アメリカの貿易ドルと同様、メキシコドル（スペインドル）との代替を狙った貿易銀であり、この図の個体は、ブリタニアが持つ三叉の鉾の中央先端部に「B」の文字が小さく刻印されているため、ボンベイで鋳造されたことがわかる。

明治期の日本も、代替を図って貿易銀を造幣したが、話は幕末にまで遡る必要がある。詳細は註に譲るが、幕末の日本の金銀比価はおよそ一対五強くらいであったと考えられるため、万延の幣制改革の事例は、大西洋世界と太平洋世界が接触し、リンクしたときに何が起こるのか、その衝撃を如実に示しているといえよう[53]。ともあれ明治維新後の日本は、ただちに近代貨幣の造幣に着手し、とりわけ貿易用として一円銀貨（円銀）を鋳造した（図1-17右下）。規格はメキシコドルに準拠しているが、銀量は若干下回っている（この円銀の日章の意匠と、メキシコドルの意匠との類似性を指摘する向きもある)。さらに銀量を増やし、アメリカの貿易ドルと同じ量目・品位で造幣したのが貿易銀である(図1-17右下)。英語による表記が刻まれており、この個体が実際に流通したことは、印された荘印が如実に物語っている。[54]

さて、このように近代の太平洋世界にもさまざまな衝撃をもたらした近世大西洋世界の遺産、とりわけその金銀比価の安定性は、一九世紀後半、時代が進むにつれて、大きく揺らいでゆくことになる。銀鉱山の発見や抽出法の改良等により、銀は金に対してその価値を大きく減じてゆき、一九世紀末には一対三五程度にまで至っている(現在は、プラチナをも上回る金の高騰に伴い、一対七〇強までその差は拡大している)。しかしこのように銀の相対価値が低落していた一八九〇年代、アメリカ史上有名な人民党の綱領には、かつての近世大西洋世界を彷彿とさせる金銀比価一対一六を基準とする銀貨の無制限鋳造(フリー・シルバー)が盛り込まれた。[55] その動きのなかに一種のノスタルジー、あるいは近世大西洋世界の遺産を見て取ることができるかもしれない。それは奇しくも、あの『宝島』の上梓からおよそ十年後のことであった。

5　コネティカット邦軍票の分析

本節では前節までの議論を受けて、さらに特定の地域における特殊な形態の「カネ」に焦点を当てたい。すなわち、著者の所蔵する未刊行手稿史料のオリジナルの中から、二四葉の「軍票」を取り上げたい。いずれもアメリカ独立戦争中の一七八一年九月から八二年二月にかけて、コネティカット邦で発行されたもの(部分的に手書き)で、まとまった分析に耐えうる質と量を備えた史料群といえる。実物の写真を本節末に掲載したが、均質的ながらも多くの相違点を含んでおり、近世世界の転換点ともいえる独立革命期の貨幣の一形態を精査することで、独立革命の財政面について、とりわけ邦レベルのそれに関するさまざまな知見が汲み出される。まずはサンプルとして、史料の一葉（後掲表1-11に掲げた史料番号1番。実物は史料写真の【1(a)】）について、表面に記された原文テクストの釈文の試訳、および裏面の釈文を掲げたい（［　］は著者が補った語であり、裏面の「/」は改行の意、傍線部は手書きではなく印刷された箇所である。なお、本節で扱う原文テクストの釈文（英文）[56]は拙稿に掲げている。また、表1-11の史料番号は、節末の写真に付した番号と対応している）。

《表》
一ポンド—コネティカット邦
主計局、ハードフォード、一七八一年九月二〇日
拝啓
需品局将校代理ラルフ・ポメロイ殿、もしくはその指図人に
去る五月、邦議会にて認可された一ポンド当たり二シリング六ペンスの税より
銀の法貨にて一ポンドを支払う［相殺する］こと。邦政府に請求のこと。
委員　フェン・ウォッズワース［横］、エリエイザー・ウェールズ［横］、ハンティントン［縦］
財務官ジョン・ローレンス殿［へ］

《裏》
No 9121 /
£1 Order /
R Pomeroy DQM /
Septr 20 1781 /
［パートA］
Ralph Pomeroy [autograph] /

D. Q. M. [Deputy Quartermaster] / Camp [Campton] Adams /

本史料を軍票と呼んだが、本来、軍票（軍用手票）は占領地等で発行されるものを指すため、地元の邦で出された本史料は厳密には（近代的な意味では）軍票ではないが、軍用に供された疑似紙幣（一種の政府紙幣）という意味では、まぎれもなくその呼称に相応しく、それゆえ本節では軍票の語を一貫して用いたい。そもそも当時、正貨準備もなく、また課税権も持たない軍が直接、紙幣（軍票）を発行しても、民間に受け入れられるはずはない。後述するように、本軍票は邦政府が財政的な保証をしているため（試訳にあるように「邦政府に請求のこと」）、その通用が可能となっているのである。本軍票のテクストには、たとえば主計局が需品局将校代理への支払いを財務官に命じる（依頼する）支払指図のごとき様式をとっているなど、煩雑な形式的操作が施されているが、それも邦政府による保証を可能にするために欠かせない手続きなのである。したがって本軍票は、軍による使用を前提として、コネティカット邦政府が軍に対して発行した一種の邦紙幣とみなすこともできよう。そもそも日本が第二次世界大戦中に発行した軍票も、発行者は「大日本帝国政府」と表記されており、そのような意味でも、本史料は軍票の範疇に含まれうるのである。

なお、ここで扱う軍票二四点がすべて真正であり、偽文書（偽札）の類ではないことは、本節における分析の前提である。後にテクスチャーに関して考察するように、これらの軍票の物理的様態・状態は、まさに同時代のものと考えてまったく矛盾はなく、たとえば後世の偽物、レプリカの類（記念品など）でないことは明らかである。一方、大陸会議の発行した政府紙幣、大陸紙幣では、前述のように同時代の偽札がしばしば見られる。経済的利益を不正に求めたアメリカ人によるものと、経済的攪乱を狙ったイギリス側（忠誠派を含む）によるものが、このような状況をもたらしたのである。しかし本節で俎上に載せるのは大陸紙幣ではなく、あくまでも一つの邦が支払いを保証した軍票であり、邦政府が直接発行した邦紙幣（信用証券）ですらない。それゆえイギリス側のいわゆる偽札造りの対象になるとは考えにくいだけでなく、遠回しに過ぎてアメリカ人（コネティカット人など）による偽造の可能性も低いと思われる。さらに後述するように、一枚一枚、表に記された主計局委員の署名や、裏書された需品局将校代理ラルフ・ポメロイの署名が、どの軍票でも矛盾なく確認される上に、裏面番号が記載されていることも真正であることの証左となっている。また、前述の大陸紙幣等と異なり、このような署名を除いて、軍票自体にさしたる偽造対策がおこなわれていないことも、逆に偽造に晒されることがなかったことを間接的に物語っていると考えられる。

史料として俎上に載せる二四葉の軍票について、その表面・裏面に含まれるテクストを一覧にして示したのが表1-11である。この表が、以降の分析の基盤を提供する。また先に掲げた釈文からわかるように、本史料群の表面において、手書きの部分は金額、日付（月日。年については印刷されたものもある）、委員の署名、であり、それ以外は活版印刷されている。その印刷部分の差異から、軍票を九種類に区分することが可能となるが（表中の「種類」）、詳細は後述する。一方、手書き部分に関しては、さまざまなパターンの出現が予想されうるものの、実際には、たとえば署名に関しても、自署した人物はある程度固定化されており、必ずしも多くのバラエティが出現しているわけではない。ともあれ、本節で取り上げる一七八一年九月から八二年二月の期間において、表1-11に掲げた軍票の分類・種類がすべてを網羅していると言い切ることはできないが、少なくとも、ここで示した種類が存在・実在していることは断じうるのである。

さて、この軍票を用いたのは、コネティカット邦編成の大陸軍部隊、とりわけその需品局である。大陸軍の需品局（Quartermaster Department）は、同軍の兵站関連の部局の中でも特に重要で、さまざまな物資の補給、輸送、兵舎設営、情報収集、さらには参謀として作戦立案に参画する場合もあり、主力軍の場合、その長である需品局長は幕僚長的な役割を担っていたといっても過言ではない。ただし、本史料に登場するラルフ・ポメロイは、コネティカ

表 1-11　軍票のテクスト

番号	年月日	金額（£）	種類	支払先	支払元	委員名 1（横・上）	委員名 3（横・下）	委員名 3（縦）	裏面番号	裏面の RP 自筆署名	RP 以外の裏書署名
1	1781/9/20	1	a	RP	JL	FW	EW	JH	9121	○	有
2	1781/9/20	1	d	RP	JL	FW	EW	JH	12483	○	無
3	1781/9/20	1. 5	d	RP	JL	EW	FW	JH	9129	○	有
4	1781/9/20	2	b	RP	JL	EW	FW	JH	15464	○	無
5	1781/9/20	3	b	RP	JL	FW	EW	JH	11039	○	無
6	1781/9/20	3	b	RP	JL	FW	EW	JH	15153	○	有
7	1781/9/20	4	b	RP	JL	EW	FW	HR	9154	○	有
8	1781/9/20	7	c	RP	JL	EW	FW	JH	10927	○	有
9	1781/9/20	15	a	RP	JL	FW	EW	JH	8162	○	無
10	1781/10/9	3	a	RP	JL	WM	EW	JH	9060	○	有
11	1781/10/9	3	a	RP	JL	FW	WM	JH	9061	○	有
12	1781/10/9	8	b	RP	JL	EW	WM	JH	12469	○	無
13	1781/10/9	8	c	RP	JL	EW	WM	HR	14690	×1)	無
14	1781/10/9	9	d	RP	JL	EW	WM	JH	8669	○	無
15	1781/10/9	9	b	RP	JL	EW	WM	HR	8886	○	無
16	1781/10/9	10	a	RP	JL	EW	WM	HR	9021	○	有
17	1781/10/9	10	d	RP	JL	EW	WM	JH	15451	○	無
18	1781/12/1	10	e	RP	JL	WM	FW	JH	20701	○	有
19	1782/1/30	5	f	RP	JL	FW	WM	JH	7784	○	有
20	1782/1/30	30	g	RP	JL	FW	WM	JH	21442	○	有
21	1782/2/18	2	h	RP	JL	EW	WM	JH	13789	×2)	無
22	1782/2/18	6	i	RP	JL	OW	WM	JH	13794	×3)	無
23	1782/2/18	9	i	RP	JL	FW	WM	JH	13791	○	有
24	1782/2/18	10	h	RP	JL	WM	FW	JH	16226	○	有

註）略号は次のとおり。RP : Ralph Pomeroy, JL : John Lawrence, FW: Fenn Wadsworth, EW : Eleazer Wales, WM : William Moseley, OW : Oliver Wolcott, Jun., JH（Huntington）: Jedidiah Huntington, HR（Hez Rogers）: Hezekiah Rogers.

1）A. Kingsbury（書記官）。2）William Adams（需品局将校代理補佐）。3）James Wills（書記官）。

ット邦を主に職掌としている需品局将校代理（Deputy Quartermaster）であり、もっぱらコネティカット邦が編成した部隊（それゆえ同邦が財政的な責任も負う）の軍需関連を担当していたと考えて間違いなかろう。なお、大陸軍の補給関連の部局は独立戦争中、めまぐるしく改編されており、たとえば食糧の調達はもっぱら兵站局（Commissary Department）が担ったが、需品局がその責を負う場合もあった(57)。ともあれ本軍票の裏面には、需品局将校代理としてポメロイ（もしくはその代理人）が署名をしている。すなわちポメロイに対して振り出された軍票にポメロイが自署することによって、いわゆる白地式裏書（記名式裏書ではなく）となり、他の者への軍票の譲渡が可能となったことを意味しているのである。なお、ラルフ・ポメロイはコネティカット植民地の聖職者を父として一七三七年に生まれ、独立戦争中は上記のように需品局将校代理を務め、のちにコネティカット州の出納長（Comptroller of the Public Account）に任じられた人物である。出納長としても同様の債務証書（州公債）を発行しており（後述）、亡くなったのは一八一九年である。また、表面のテクスト末に名前が印刷（署名ではない）されている財務官のジョン・ローレンスは、一七七九年二月一四日付で同人の名で出された領収証書（著者蔵）によれば、コネティカット邦の公債局局長（Commissioner of the Loan Office）の職を経験している。

ともあれ、本軍票が邦政府の権限の下、主計局が軍の需品局に対して単に資金を拠出するためだけのものならば、このような少額の証書をたくさん作る必要はない。この票が単なる約束手形ではなく、紙幣として機能していた（当局がそうさせようとしていた）ことは、その金額の表記を見ればよくわかる。二四葉の史料中、ポンドに端数が付されているのはわずか一枚のみ、しかもそれですら、一・五ポンドという比較的切りの良い数値となっている。この事例以外に、シリングやペンス表記を要する金額の記載はなく、ポンドに端数は存在しない。すなわちラウンドナンバーであり、端数の額面を有する軍票は設定されていないのである。これは、同時期の手書きの支払指図の証書で、同様の人物が署名をしている史料と対比してみると、非常に明確な特徴として指摘できる（著者蔵、【史料A】）[58]。その証書では、「四ポンド四シリング三ペンス」が金額として記載されており、すべて手書きという特性とも相まって、到底、一般的な紙幣としての属性を有しているとはいえない。内容、形式ともに、本節の軍票ときわめて類似していながら、まったく別個の機能を有しているのである。本軍票の場合は、たとえば一六ポンドの支払いを軍（需品局）がおこなう際には、一〇ポンド、五ポンド、一ポンドの軍票、もしくは一五ポンドと一ポンドの軍票を用いたのであろう。二四葉の史料を見ると、一桁の金額のバリエーションがすべてそろっている、つまり一ポンドから九ポンドまで、すべての額が設定されているのは、やはり支払いの際の利便性のためであろうし、一〇ポンド以上については、一五ポンドと三〇ポンドという、きわめて切りの良い金額となっているのも、やはり利便性を考えれば素直に首肯できる（二〇ポンドの設定もあったと推定されるが、本史料中には含まれていない）。これらのことから、紙幣としての使用を前提としているのは明らかであり、またさらに、裏面が白地式裏書のまま、市場で通用することを意図していたとも推測される。以上の事実から（また実際の筆跡からも）、軍票の金額の記入が日付の記入と同時になされたこと、つまり使用時に金額が記入されたのではないことも同時に推察される。要するにこれらの軍票は、邦政府の保証する紙幣として機能することが期待されていたといえよう。

では、本軍票は、どのような場面で用いられたのであろうか。邦政府が軍に対して支払いを約束しているのであるから、この軍票を軍が兵士の給料の支払いや、民間からの物資購入の対価として用いたという図式が当然考えられよう（民兵隊関連の支出も含まれていた可能性がある）。そもそも革命期の財政は困窮状態にあり、各邦は税や裕福な愛国派の援助、外国からの借り入れ・寄付などをあてにしたが、即効的な対応策として、正貨準備なしにこのような軍票を発行したといえる。ただし、裏書したポメロイの所属はあくまでも需品局であり、兵士の給与等の支払いを直接に担当した主計官（Paymaster）ではないため、本軍票が兵士に対してではなく、もっぱら民間からの物資購入に用いられた可能性は高いと思われる。しかも、あくまでも地域、地元の商人たちに対する支払が目的であるため、軍票の全国的な通用を考える必要などは全くなく（一部、近隣の邦で通用した可能性はある）、コネティカット邦が背後で保証しさえすれば問題はなかったのである。テクストの表面に記されている“out of the Tax”は、当該の税の支払いにこの軍票を用いてよい（相殺してよい）ことを含意するが、「邦政府に請求のこと」とあるように、そもそも一義的にはこの軍票を支える邦政府の支払いが、税に基づく確かなものであることを証する意味合いを有していたと考えられる。また、ここに記された税、すなわち「一ポンド当たり二シリング六ペンスの税」は、税率にすれば一二・五％となり、これは印紙法や茶法などの税率と同じであり、いわば伝統的な率といえる。今日の欧米の消費税率を考えたとき、非常に興味深い類似を見て取ることができるかもしれない。

また、表面のテクスト中では、主計局委員が三名、自署している。独立戦争中、コネティカット邦で軍事財政を担った主計局は「四人委員会」として知られており、本軍票を有効なものとし、支払いを認めるためには、四名中三名の署名が必要であった。長い戦争期間中に、その委員は適宜、入れ替わっており、主要な委員として挙げられる人物は後述のとおりであるが（表1-11に登場しない者も含む）、とりわけジェディダイア・ハンティントンとオリヴァー・ウォルコット・ジュニアは著名で、多くの人名事典にその名を見出すことができる。その他の委員も、必ずしも本人が名を知られていなくとも、著名な親族を持ち、地元で一定の影響力を有した有力家系の一員と考えられる。以下、簡潔に見てゆきたい(59)。

　まず、ジェディダイア・ハンティントン（一七四三―一八一八）はコネティカット生まれでハーヴァード大卒、軍歴は民兵隊の大佐（第二〇連隊長）から大陸軍の大佐（コネティカット第八連隊、第一七連隊、第一連隊長）を経て、一七七七年に准将、八三年に少将となった。ワシントンの信任も厚く、コネティカットの旅団を率いて多くの戦いに参じた。シンシナティ協会創立者の一人でもある。戦後はコネティカット州の財務官、次いで一七八九年にニューロンドン港（コネティカット州南東部を流れるテムズ川河口に位置）の徴税官に就任し、二六年間奉職した。ヘゼカイア・ロジャーズ（一七五三―一八一〇）はハンティントンの副官で、独立戦争では勇敢な士官だったという。のち、陸軍省で少佐となった。オリヴァー・ウォルコット・ジュニア（一七六〇―一八三三）はイェール大卒の法律家で、独立戦争中は兵站局の士官に任じられ、父は独立宣言署名者《サイナー》である。ハミルトンの信頼が厚く、彼の職を引き継いで、ワシントン政権、アダムズ政権下で合衆国財務長官を務めた。第一合衆国銀行の支店設置に尽力し、また、コネティカット州知事にも就いた。フェン・ウォッズワース（一七五〇？―八五）は一七七六年から七九年まで旅団副官であったが、健康を害したため戦場を離れ、政治の現場で活躍した。しかし激務がたたって体調がしだいに悪化し、一七八五年にサラトガ近郊で死去した。親族と思われるジェレマイア・ウォッズワースは独立戦争中、兵站総監、また北アメリカ銀行の創設者、第一合衆国銀行の重役となった。エリエイザー・ウェールズ（一七三二―九四）は医学を学んだが、長老派の聖職者となり、主計局委員を務めたのちは、治安判事の職に就いた。サミュエル・ワイリス（一七三九―一八二三）はジョージ・ワイリス総督の息子で、将軍としてボストン包囲戦では連隊

表1-12　軍票の署名

	横・上	横・下	縦	計
EW	11	6	0	17
FW	9	6	0	15
WM	3	12	0	15
OW	1	0	0	1
JH	0	0	20	20
HR	0	0	4	4
計	24	24	24	72

を指揮し、彼の名を冠した要塞もある。オリヴァー・エルスワースは法律家、またウィリアム・モーズリーは管見の限り不詳である。

さて表1-12にまとめたように、横方向に最初に署名をしている回数はウェールズ（EW）が最も多く、次いでウォッズワース（FW）、モーズリー（WM）の順で、ウォルコット（OW）も一回だけ署名している。横方向で二番目に署名しているのはモーズリーが最多で、次いでウェールズとウォッズワースが同じ回数である。そして横方向の署名を合計すると、ウェールズが一七回、ウォッズワースとモーズリーがそれぞれ一五回であり、ウォルコットは一回のみである。一方、縦方向の署名はハンティントン（JH）が二〇回、ロジャーズ（HR）が四回となっており、その他の者による縦方向の署名はない。ロジャーズはハンティントンの副官であるから、ハンティントンの代理署名と考えられ、事実上、縦方向の署名はハンティントンの役割だったと断定できよう。このように縦方向の署名と横方向の署名では、明確に役割が分担されているといってよい。ちなみに先述した同時期の手書きの証書でも、まったく同様の署名のパターンが踏襲されており、このような署名の役割分担が、かなり固定的であったことが確認できる。また、わざわざ三人目の委員が、横に記された他の委員の署名と重なるように、縦に署名しているのは、署名の偽造防止、さらには軍票自体の偽造防止のためだと推察される。この縦の署名を、たとえば最終的な支払い責任者が記した「支払い済み」の印とすることも不可能ではないが、その可能性はきわめて低いと思われる。なんとなれば、①縦の署名の記された位置が、例外なく他の署名と重なる場所にあり、金額の表記と重なることのないように配慮されていること（日付とは重なるものもあり、日付の記入も金額同様、署名より先であったことがわかる）、②一七八八年の段階で、本軍票と同様の形式で発行された一種の「紙幣」（支払指図の証書）において、支払い済みによるキャンセレーションの印は、円形に開けられた小さな穴であること、[60] ③同州において遅くとも一七九〇年代以降に見られる異なるタイプの「紙幣」（出納長となったポメロイの名のもとに発行された債務証書、州公債）の場合も、キャンセレーションの印は小さな穴であること（やはり裏書譲渡の痕跡を残すこの「紙幣」についても十数枚所有しており、向後、分析を行いたい）、などの理由によるものである。

また、軍票裏面における需品局将校代理ポメロイの署名は、事実上、四人目の委員のそれといってもよい（むろん彼は主計局委員ではないが）。先述のようにポメロイの自署は、彼がこの軍票をいったん受け取り、指図人（軍票で支払いを受ける人物）に譲渡したという形式を整えるための、第一裏書人としての署名である。したがってポメロイやその代理人以外による裏書署名（ポメロイやその代理人の署名に加えて記されている署名）は、原則としてこの票をポメロイから（すなわち需品局から）受け取った人物（指図人）が、償還を受けた際の受領の署名、もしくはさらに白地式裏書をして他の者に譲渡した際の署名——償還の受領署名も、邦政府に譲渡したと考えれば、その一種といえる——である可能性が高い。ただし、とりわけ料紙の隅に記されている小さな署名については、償還時などに担当官等が監査（清算）等をおこなった印と理解することもできる。ともあれ二四枚中、ポメロイ（もしくはその代理人）以外の裏書署名を有する軍票は一三枚で（記名はすべて一名のみによる）、ほぼ半数に上る（表1-11参照）。前者の仮定に立てば、署名をした人物を精査することで、軍需品の調達に関する地元のネットワークを浮かび上がらせることができると推測されるが、不詳の人物がほとんどであり、実際には難しい。[61]

以上、主として軍票の内容、すなわちテクストを俎上に載せて分析してきたが、翻って軍票の物理的形態、すなわちテクスチャーの側面に注目したい。二四枚すべての軍票について、実測等によって得られた法量や透かし等、テクスチャーの属性を示したのが表1-13である。すでに触れたように本節で史料とする軍票は、活版印刷部分の形態上の差異から、九種類に分類できる。ここではその九種類に、aからiの記号を振り、各種類の軍票の実物についても、本節末にて網羅的に提示している（表中の番号は、節末の写真に付した番号と対応している）。この種類が

表1-13　軍票の形態（テクスチャー）

番号	種類	法量（最大値）		簀の目	透かし		
		横	縦		有無	内容	表裏
1	a	16.8	9.7	縦	無	—	—
2	d	16.6	9.8	縦	有	LI？の部分	表側
3	d	16.8	9.8	縦	無	—	—
4	b	17.0	9.2	縦	無	—	—
5	b	16.9	9.2	縦	無	—	—
6	b	16.8	9.7	縦	無	—	—
7	b	16.8	9.7	縦	無	—	—
8	c	16.9	9.3	縦	無	—	—
9	a	17.0	9.5	縦	無	—	—
10	a	16.6	9.8	縦	有	I？の部分	？
11	a	16.9	9.9	縦	無	—	—
12	b	16.6	9.7	縦	有	LGEV？	表側
13	c	16.9	9.4	縦	有	VEL？の部分	裏側
14	d	16.6	9.9	縦	有	LI？の部分	表側
15	b	16.5	10.0	縦	有	LGE？の部分	表側
16	a	16.4	9.4	縦	有	LGE？の部分	裏側
17	d	16.7	9.9	縦	有	EL？の部分	表側
18	e	14.8	9.9	縦	無	—	—
19	f	16.3	10.2	縦	無	—	—
20	g	16.3	10.8	縦	無	—	—
21	h	16.3	8.9	縦	無	—	—
22	i	16.2	9.2	縦	無	—	—
23	i	16.5	10.5	縦	無	—	—
24	h	16.5	10.0	縦	無	—	—

何を意味するかを推測する前に、さらに種類別にそれぞれのテクスチャーとテクストの属性を探ってみよう。軍票の形態（表1-13）と内容（表1-11）の分析を踏まえて、それらを種類別に簡潔にまとめたのが表1-14である。まず法量に注目すると、軍票の横の長さは種類e、縦の長さはfとgがやや他と異なるものの、皆ほぼ同じといってよい（平均は横一六・六センチ、縦九・七センチ。後世、コレクターによって横の周辺部分が切断されたと思われるeは、横の平均計算から除外した）。作成された時期（タイミング）の異なるaからiであっても、やはりテクスチャーの均

表1-14　軍票の種類別テクスチャーとテクスト

種類	N	横（cm）		縦（cm）		透かし		年次の印刷部分	金種（£）	委員名		裏面番号	
		平均	標準偏差	平均	標準偏差	有無	表裏			横	縦	最小	最大
a	5	16.7	0.19	9.7	0.17	有・無	表・裏	1781	1, 3, 10, 15	EW, FW, WM	JH, HR	8762	9121
b	6	16.8	0.17	9.6	0.29	有・無	表	1781	2, 3, 4, 8, 9	EW, FW, WM	JH, HR	8886	15464
c	2	16.9	—	9.4	—	有・無	裏	1781	7, 8	EW, FW, WM	JH, HR	10927	14690
d	4	16.7	—	9.9	—	有	表	1781	1, 1.5, 9, 10	EW, FW, WM	JH	8669	15451
e	1	14.8	—	9.9	—	無	—	178□	10	FW, WM	JH	20701	
f	1	16.3	—	10.2	—	無	—	178□	5	FW, WM	JH	7784	
g	1	16.3	—	10.8	—	無	—	178□	30	FW, WM	JH	21442	
h	2	16.4	—	9.5	—	無	—	□	2, 10	EW, FW, WM	JH	13789	16226
i	2	16.4	—	9.9	—	無	—	178□	6, 9	FW, WM, OW	JH	13791	13794
全	24	16.6	0.44	9.7	0.42	—	—	—	—	—	—	—	—

質性は求められていたことがわかる。一方、透かしの有無はランダムであるが、サンプル数の少ないeからiまでに透かしは認められない。サンプル数の少なさゆえ断定はできないが、もし透かしを有さない料紙を用いる傾向が生じたとするならば、偽造に対して意を用いなくなった可能性も——この透かしは必ずしも偽造防止を目的としたものではないが——否定できないかもしれない。また、透かしを有する料紙も使用しているaからdにおいて、その透かしの形状（アルファベットなど）から確認できる料紙の表裏を調べると、表側を用いているものと裏側を用いているものの双方が認められる。印刷所は表裏を特に気にすることなく、料紙を用いたのであろう（次章でも差押え令状などに同様の事例が見出される）。また、これらの料紙はすべて簀の目紙（laid paper）[62]であるが、表1-13に示したように、印刷方向（筆記方向）はすべて簀の目に垂直となっている。これと同様の特徴を有する事例（ボストン市発行の公債証書）もやはり次章で指摘するが、おそらく紙幣様の小片を印刷・製作する際の形式といっ

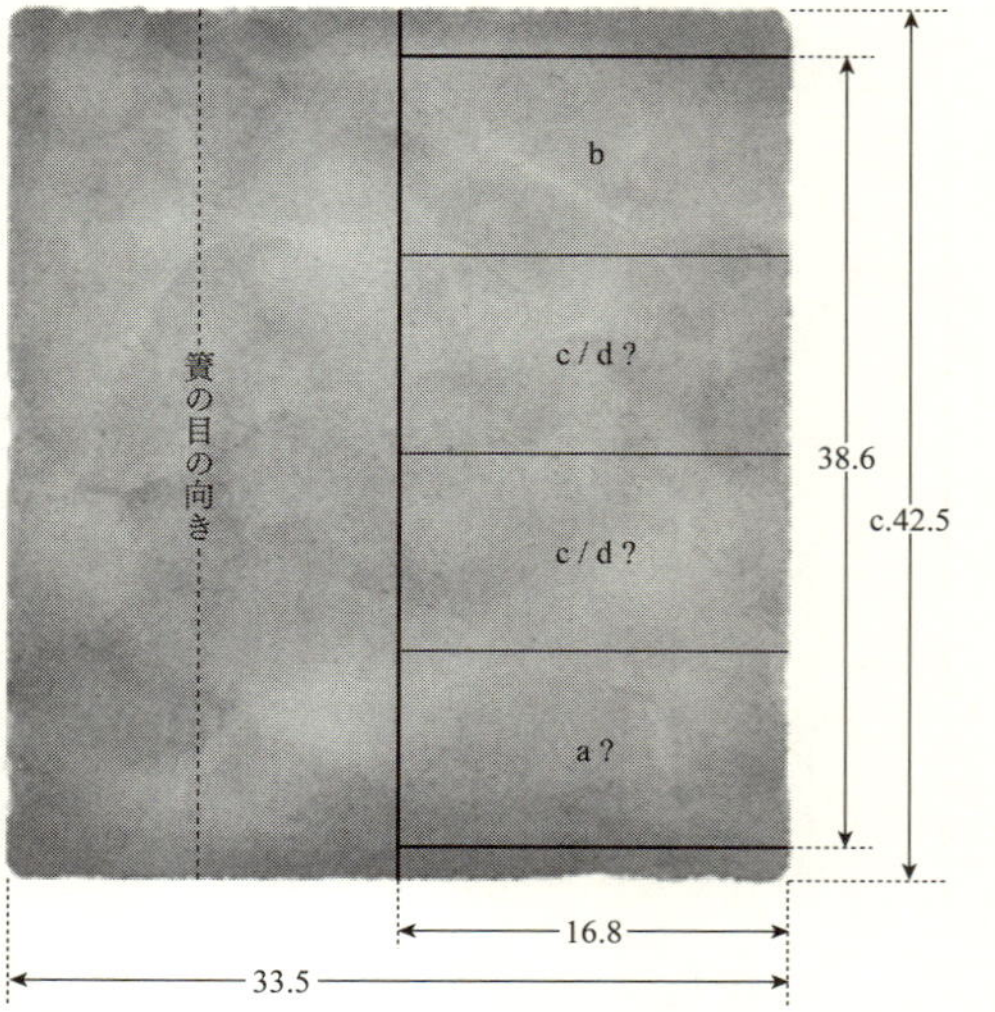

図1-18　組版とシートの構造（推定）

てよかろう。ただし、軍票の中には主計局委員の署名の下部が一部、切り取られているものが見出される（【史料19・21】の軍票）ことから、署名がなされたのちに切り離された、すなわち当初は一枚のシート状に印刷されたものに主計局委員が署名をし、その後、ほぼ一定の規格で切り離されたと考えることができる。また、ほぼすべての軍票の右端が自然な形状を有していることから、右は切断されたのではなく、シートの端部であると推測される。なお、種類a、b、c、dの軍票は、いずれも年次が一七八一年と印刷されているため、一〇月九日の日付を書き込んだシリーズで使用が停止されている。もっとも、一二月一日付のシリーズもこれらの料紙を使用することが可能であるにもかかわらず、年次が「一七八」までしか印刷されていない、すなわち複数年次にわたって使用することを前提としたeを用いている。この事実から推測して、想定よりも早くa、b、c、dのストックが尽きてしまった可能性が指摘できよう。そして一月三〇日付のシリーズはfとg、二月一八日付のシリーズはhとiの種類の用紙を用いたのである。

さて、上記の種々の情報を踏まえて推理するならば、軍票の種類の正体はどのように捉えられるだろうか。あくまでも著者の仮説ではあるが、印刷の過程で一枚のシートの中に存在したバリエーションと考えれば、最も合理的に説明できるように思われる。とりわけデータの豊富な種類、すなわち一七八一年の年次が印刷されているa、b、c、dの四種類のみに考察の対象を絞れば、図1‐18のように推測できるのではなかろうか。つまり、当時の一般的なフォリオの規格――料紙サイズについては次章で詳述する――の簀の目紙を印刷所でまず縦に半分に切り、切った方の側面を基準として（表裏には特に留意せず）印刷機のチンパンにセットし、四枚の軍票を一度に刷り上げたのである。[63] ただし、同じテクストの文面とはいえ、四枚分の活字をまったく同じように組むことは困難であり（まったく同じにする意図もなかったかもしれない）、それゆえ、そのバリエーションが軍票の種類として表出したのである。こう考えれば、たとえば以下のような事実も自然に首肯されよう。①二四枚中、一七枚を数える一七八一年銘の軍票の種類が、わずか四種類しか出現しないこと（すなわち倍の八枚を一度に刷った可能性はない）、②料紙の裏表がランダムであるにもかかわらず、簀の目の向きが皆、縦であること、③軍票の右端がすべて自然な形状を有していること、④左端の切断面が必ずしも鋭利でないこと、⑤それに比して上下の切断面が鋭利であること、等である。なお、図中の縦横の数値は表1-13で計算した平均値（単位はセンチメートル）を用いているが、シートの縦の数値（約四二・五）のみ、著者の所蔵する同時代の他の文書を測定して推計した。したがって、この図のサイズは実証に基づいたモデルといえるが、実際に本国イギリスの公的文書（検認財産目録）の実測サイズとの著しい類似性を指摘することができる。[64] 大西洋を挟んで、文書の世界における共通性が認められるのである。さらにまた、a、b、c、dの各種類が組版において占めた位置に関して推測するならば、bはとりわけ上部の余白部分の幅が長いため、最上部に位置したと思われ、aについても、やや下部の余白部分に長いものが存在することから、最下部の可能性があるが、定かでない。cとdは、上下ともに余白があまり見られず、二番目ないし三番目であったと考えることができよう。ともあれ、このように印刷されたシートに、書記官等が金額・日付を書き込み、主計局委員が署名をしていったのであろう。したがって、署名のコンビネーションが同じ場合は、当該の軍票が実際に同じシートに属していた可能性も考えられよう。

さてここで、史料の裏面に注目したい。この軍票の裏面こそ、テクスチャーとテクストの交差する応用問題――裏面番号など――を提起するからである。まずは裏面の上方部分に記載された三行、すなわち金額、ポメロイの名、日付の記載を注視したい（「パートA」として記した三行）[65]。筆跡から見ると、この三行の裏書は、おそらく表面に金額、日付を記入した人物（書記官等）が記したものと思われる。ただし、裏書の文字に切り取られた箇所が全く認められないため、表面の記載や署名が完了し、シートから個々の軍票が切り離された後に、裏書がなされたと考えられる。裏書であるから、そもそも当然ともいえるが、ともあれ表面の金額、日付の記載よりも、裏面上方部分の裏書（パートA）は時系列的に後であると推測できる。一方、裏面番号も、やはり筆跡からして、裏書上方部分を記入した人物の手になるものと思われるが（別の手と見られるものもある）、明らかにインクの状態（濃さなど）が他の裏書箇所と異なっている。ほとんどの軍票において、そのような状態にあると言いうるだけでなく、パートA部分の一行目（金額の表記）の一部に、裏面番号が重なっているものも散見される。このような状況証拠から、パートAの三行の裏書よりもさらに後に、裏面番号が記入されたことは明らかであろう。また、この裏面番号は、概して料紙上部の端のきわに書かれているが、その数字の上部が切れているものが一切ないことから、切り離し後に記されたものであることは間違いない。さらに、この数字が書かれたタイミングとして考えられるのは、軍による使用（発行）、すなわち民間人等に軍票を渡すべく用意した際であろうと推察できる。ただし実際に裏面番号が記入されたのは、ポメロイによる署名など、需品局が軍票を渡すための準備を整えた段階でもありうる。したがって、必ずしも実際の使用順に番号が振られたとは断じえないし、また、番号を振ったすべての軍票について、一枚一枚、管理用の帳簿に記載していたかどうかは定かでない。しかし少なくとも同じ属性の軍票が同じ番号を有さないように番号を振ったのであろうし、その意図としては、①発行枚数の管理、②偽造の防止、などが考えられよう（むろん、この①と②は相互に関連している）。なお、番号が通し番号でない可能性、たとえば一桁の数字から始まっていない可能性や、番号が何らかの符号となっている可能性なども考えられうるが、とりわけ後者は無理があると思われ、いずれも本節では議論の前提としない。

また、パートA部分に続いて（間隔をかなりあけて）裏面中央には需品局将校代理ポメロイの自筆署名が記されている。むろん指図人（この場合、軍票を渡す相手）に軍票を譲渡するための裏書であるが、前述のようにきわめて形式化した手続きといえる。ともあれ、このポメロイの自署の位置が、縦方向から見て中央にあるため、シートから の切り離し前でも署名は一見可能であるように見える。また作業効率から考えても、表面の主計局委員の署名と同様に、シートの状態で裏面に署名したと想定するのが自然な思惟方法かもしれない。しかし実のところ、ポメロイの自署は、明らかにシートから切り離された後におこなわれているのである。なんとなれば、裏面の記載は、すでに述べた上方部分の裏書三行分（パートA）および裏面番号とともに、すべて軍票の上半分、つまり軍票を縦にして半分に折った左側になされているからである（正確には裏書のスペースの方が少し大きい）。本節で史料とした軍票はすべてそのようなかたちで裏書されている。むろん、指図人の署名の位置はランダムであるが、これは軍票発行後のことであり、作成に関わるものではない。そもそも証書や紙幣等を折りたたんで保管することは、表面（の文字）を保護する目的もあってか、当時きわめて普通におこなわれていた慣習であり、その際、端裏書のごとく、裏書がなされていたことは次章でも述べるが、この軍票においても、かかる慣習の実際が証されたともいえよう。

また、ポメロイの自署が、書記官等による上方部分三行（パートA）の記入よりも後になされたと考えられるのは、むろんテクストの論理的要請にもよるが、自署がパートAとのバランスを配慮した位置に置かれていることや、代理署名が存在していることからも明らかであろう。この代理署名は、【史料13・21・22】において見られる事象であり、これらの軍票では、ポメロイの署名部分は本人による自署ではなく、代理人による署名となっている。具体的には、「ラルフ・ポメロイの代わりに」と記した下に、代理人が自らの名を書き入れており、【史料13】では“A Kingsbury Clerk”、【史料21】では“William Adams ADQM”、【史料22】では“James Wills Clerk”と記されている。すなわち、書記官のキングズベリーとウィリス、需品局将校代理補佐のアダムズが、必要に応じてポメロイに代わって署名しているのである。ただしその頻度は二四枚中三枚（一割強）に過ぎず、ポメロイは需品局将校代理としての任務をおおむね忠実に果たしていたといえる。また、少なくとも上記の軍票三葉においては、それぞれ代理人による署名の筆跡と、裏面上方部分の三行（パートA）の筆跡、および表面の金額、日付の筆跡が、同じ手によるものと認められるため、それぞれの軍票を実際に作成したのが、ここに名前の確認できる書記官や需品局将校代理であることがわかる。代理人署名のない軍票についても、おそらく彼ら（を含む事務方）が作成したと判断してよいであろう。

なお繰り返しになるが、先述のようにポメロイや代理人以外の（彼らに加えての）裏書署名についても、ほぼ半数に認められる。一概には言えないものの、金額が高い軍票の方が、このような裏書署名がなされる傾向が強い。当該の署名は、軍票を受け取った人物（形式上、ポメロイの指図人）の自署と思われるものがあり、納税時にこの軍票を提出するなどして、本票記載の金額の償還を受けた際、もしくは軍票を別の人物に裏書譲渡した際に記したものと考えられよう。たとえば【史料24】の軍票の裏書には、「アレグザンダー・ステュアート二世、ジョサイア・ハンガーフォードの息子により受領さる（"recivd [received]"）」と記されており、需品局よりこの軍票を受け取ったステュアートが、ハンガーフォードの息子に譲渡した証左といえよう。さらに、【史料20】の軍票の裏書「ロジャー・バルク殿（esq）、一七八四年一月二六日」から判断して、償還（もしくは裏書譲渡）に二年以上かかっていることがわかるのである。ただし、やはり先述のように、とりわけ料紙の隅などに小さく記されている署名については、償還時等に邦政府側（もしくは需品局側）の監査担当官等が監査（清算）済み（"Audited"）の印として自らの名を小さく書き込んだと考えることもできる。[66]ともあれ、このような指図人等の署名が記されていない軍票の場合、減価の結果、最終的に償還されなかった可能性もあるし、白地式裏書のまま、あたかも紙幣のごとく通用したために、被裏書人の名が（さらには第二以降の裏書人の名も）記されなかった可能性もある。[67]そうであればこの軍票は、指図人（order）から持参人（bearer）や所持（保持）人（holder）への変化の過程を如実に証する一例となりえよう。

以上、考察してきたように、本軍票の作成から償還にわたるプロセスをまとめると、表1-15のごとくなろう。①から⑦までが軍票の作成プロセス、⑧が発行、⑨が償還（もしくはさらなる裏書譲渡）である。軍票のテクストの

表 1-15　軍票の作成等の過程

作成	表面	①書記官等による金額・日付の記入
作成	表面	②主計局委員2名による横方向の署名
作成	表面	③主計局委員1名による縦方向の署名
作成		④シートを裁断し軍票を切り離す
作成		⑤軍票を半分に折る
作成	裏面	⑥書記官等による上方部分3行（パートA）の記入
作成	裏面	⑦需品局将校代理ポメロイによる署名 （もしくは代理人［書記官等］による署名）
発行	裏面	⑧書記官等による裏面番号の記入
償還	裏面	⑨指図人等（もしくは担当官等）による署名

生成プロセスとして捉えれば、①から③が表面テクストの生成、⑥から⑨が裏面テクストの生成となる。ただし⑧については、⑦の直後の段階から、需品局による実際の使用時まで、時間的な幅が想定される。

では、この⑧のプロセス、すなわち裏面番号の生成そのものに改めて注目してみよう。この番号は、いったいいかなる順序で——規則があると仮定するならば——記されたのだろうか。これは大変興味深い応用問題である。アメリカ貨幣史の泰斗E・ニューマンによれば、そもそも当時の紙幣のナンバリング・システムは多様であり、統一性は認めにくいとされる。[69] むろん彼の浩瀚な著書にも、このコネティカット邦の軍票に関する記載はない。当時の一般的な紙幣（信用証券）については、通常、表面に番号が振られるが、そのナンバリング・システムすら多様であるのに、ましてや裏面に番号を有する本軍票の場合、到底自明とは言いがたい。なお、大陸紙幣のように一枚のシートに印刷される紙幣の額面がみな異なる場合、むしろそのシートの中の紙幣にはみな同じ番号が手書きされるが、同じ額面の紙幣が一枚のシートに印刷される場合（一七〇九年のニューヨーク植民地紙幣など）は、連続番号が付されている。[70] ともあれ上述のように、この軍票に裏面番号が書かれたタイミングとして考えられるのは、軍による使用（発行）、すなわち民間人等に直接・間接に軍票を渡すべく用意した時点——ポメロイによる署名など、需品局が軍票を渡すための準備を整えた段階も含みうる——と推察されるが、それでは具体的にどのような順序で番号は振られたのか。もちろん軍票の表面ではなく、あくまでもシートから切り離された後の裏面に振られた番号であるから、一枚のシートの中の軍票に連続番号が付されたとは考えにくい。事実、裏面番号が連続（九〇六〇と九〇六一）している【史料10・11】は、発行日や金額も同じ（一〇月九日、三ポンド）であるが、種類が同じaのタイプで署名者のコンビネーションも異なるため、異なるシートに属していたものと推測される。[71] 裏面番号のナンバリング・システムとして想定されうるのは、金額別の発行順、発行日別の発行順、のおよそ二通りであろう。たとえば前者であれば、軍票の金額別（一ポンド、二ポンドなど）に、それぞれ発行順に通し番号が振られ、後者であれば、発行日別（九月二〇日、一〇月九日など）に、それぞれ発行順に通し番号が振られた、ということになる。とりわけ後者について注記すれば、ここでいう「発行」と「発行日」はやや紛らわしいが、別の概念であり、この場合の「発行」とは、上記のごとく需品局が民間人等に軍票を渡した、もしくはその準備を整えた時点の意であって、テクストの表面・裏面に手書きされた日付、すなわち「発行日」の意ではない。前者の日付、つまり実際の使用に供された（準備がなされた）日付は軍票には記載されないため、知りえない。われわれが知りうる日付は、軍票の表面・裏面に記された「発行日」のみであり、表面・裏面で一致するこの日付こそが、本節のすべての表中に掲げられた「月日」に他ならない。この「発行日」はむしろ「作成日」と捉えることもできるが、法的には正確な発行日であり、実際の使用時の日付とはある程度近接していたと推測されるものの、必ずしも一致していたわけではなかろう（そもそも「発行日」が使用時であれば、裏面番号の問題も生じないといえる）。複数の種類の軍票や、多くの枚数の軍票が同じ発行日を記入されており、この日付が一種、形式的なものであることは十分に了解されるものの、これ以外に日付を確定する手立てがない以上、これを目安として利用することは有意義であろう。

さて、上記の二通りの可能性について、結論からいえば、前者の蓋然性はきわめて低いと思われる。なんとなれば、裏面番号を軍票の金額別の発行順とする考え方については、具体的な反例が見出されるからである。たとえば同じ二ポンドの軍票【史料4・21】では、裏面番号は「発行日」の順ではなく、逆になっている。三ポンドでは【史料5・10】、一〇ポンドの【史料18・24】も同様である。厳密な発行順はわからないものの、発行日順の段階ですでに矛盾をきたしているわけであるから、この説は採りえない。もちろん、作成された軍票は金種ごとに分類され、保管されていたと想定されるのだが、具体的なナンバリングに際しては、厳密に金種ごとになされたわけではなかったのである。

それでは、後者についてはどうか。実のところ、表1-16に示したように、それぞれの発行日別にグループ分けをして裏面番号順に並べた場合、それぞれのグループの最大番号が大きすぎる点が問題となる。各発行日（九月二〇日、一〇月九日など）のグループにおいて、裏面番号が最大のもの、すなわち【史料4・17・18・20・24】の裏面番号はすべて一万五〇〇〇を超えており（二万を超えているものもある）、それぞれの発行回ごとに、そのように多くの枚数を出していると考えるのはやや無理があろう。さらに、そもそも発行日として九月二〇日と一〇月九日は近接しすぎており、たとえいちどきに作成したのではないとしても、少なくとも裏面番号は通し番号として記入

表1-16　裏面番号の構造（月日別）

年	月日	裏面番号	番号	種類	金額（£）
1781	9月20日	8162	9	a	15
1781	9月20日	9121	1	a	1
1781	9月20日	9129	3	d	1.5
1781	9月20日	9154	7	b	4
1781	9月20日	10927	8	c	7
1781	9月20日	11039	5	b	3
1781	9月20日	12483	2	d	1
1781	9月20日	15153	6	b	3
1781	9月20日	15464	4	b	2
1781	10月9日	8669	14	d	9
1781	10月9日	8886	15	b	9
1781	10月9日	9021	16	a	10
1781	10月9日	9060	10	a	3
1781	10月9日	9061	11	a	3
1781	10月9日	12469	12	b	8
1781	10月9日	14690	13	c	8
1781	10月9日	15451	17	d	10
1781	12月1日	20701	18	e	10
1782	1月30日	7784	19	f	5
1782	1月30日	21442	20	g	30
1782	2月18日	13789	21	h	2
1782	2月18日	13791	23	i	9
1782	2月18日	13794	22	i	6
1782	2月18日	16226	24	h	10

表 1-17　裏面番号の構造（年次別）

年	裏面番号	月日	番号	種類	金額（£）
1781	8162	9月20日	9	a	15
1781	8669	10月9日	14	d	9
1781	8886	10月9日	15	b	9
1781	9021	10月9日	16	a	10
1781	9060	10月9日	10	a	3
1781	9061	10月9日	11	a	3
1781	9121	9月20日	1	a	1
1781	9129	9月20日	3	d	1.5
1781	9154	9月20日	7	b	4
1781	10927	9月20日	8	c	7
1781	11039	9月20日	5	b	3
1781	12469	10月9日	12	b	8
1781	12483	9月20日	2	d	1
1781	14690	10月9日	13	c	8
1781	15153	9月20日	6	b	3
1781	15451	10月9日	17	d	10
1781	15464	9月20日	4	b	2
1781	20701	12月1日	18	e	10
1782	7784	1月30日	19	f	5
1782	13789	2月18日	21	h	2
1782	13791	2月18日	23	i	9
1782	13794	2月18日	22	i	6
1782	16226	2月18日	24	h	10
1782	21442	1月30日	20	g	30

された可能性がある。これはすなわち軍票の作成と、裏面番号の記入に、時間的な差があったことを前提とした仮説である。この仮説を受け入れた場合、九月二〇日と一〇月九日の発行日を持つ軍票には、同じ版で印刷されたと推定される種類aからdまでがすべて含まれる（逆にいえば、それら以外の種類は一切含まれない）ため、非常に整合的な理解が可能となる。さらに一二月一日に発行された【史料18】も、裏面番号の並びからすれば、一〇月九日発行のシリーズと連続しているように見える。ただし、この軍票の種類はeであり、一二月一日付で新たに印刷したこの種類も、以前のものと連続した形で通し番号を付したと考えられる。この理論を敷衍すれば、翌八二年の一月三〇日と二月一八日のシリーズも日付が近いため、裏面番号は通しとなっていると想定される。ただし年次の印刷箇所の問題があるため（表1-14「年次の印刷部分」参照）、使われた軍票の種類は一月三〇日付がfとg、二月一八日付がhとiである。このように考えてゆくならば、たとえば一七八一年に議論を限れば、九月二〇日の日付の

段階ですでに八〇〇〇台の番号が付されている（【史料9】）ことから、一七八一年の年始以降に番号が始まり、この九月の段階で、八〇〇〇台の番号となっているとの推測が成り立つ。つまり以上の推論から、年次ごとに新たに番号を付すという仕組みが浮かび上がってくるのである。この考え方に沿って表1-16を年次ごとに分類し直すならば、表1-17となる。この表によれば、一七八一年は二万枚強、軍票を発行したことになる。ただし、この推測を推し進めてゆくと、翌八二年は、すでに二月半ばの日付の段階で（より正確には一月三〇日の日付の段階で）二万台となっており（【史料20】）、ペースとしてやや速すぎる感がある。もっとも、一万三〇〇〇台の番号も散見されるため、前年度から番号が連続していると言えないことも間違いない。【史料20】の金額は三〇ポンドというかなりの高額であるため、これのみに例外的に前年の続き番号が振られていた可能性も否定できないであろう。ともあれ、この表1-17の法則に沿えば、たとえばいくつか存在する近接した裏面番号のコンビネーション――九〇六〇（【史料10】）と九〇六一（【11】）、九一二一（【1】）と九一二九（【3】）、一三七八九（【21】）と一三七九一（【23】）と一三七九四（【22】）――も、ある程度整合的に理解することができると思われる。[72] もっとも、裏面番号に関する以上の論はあくまでも仮説であり、さらなる史料の集積によって検証されるべきであろう。そして、文書館を永久の住居としないこれら市井の史料は、われわれに歴史事象の生成する現場について、さまざまな知見を授けてくれるのである。

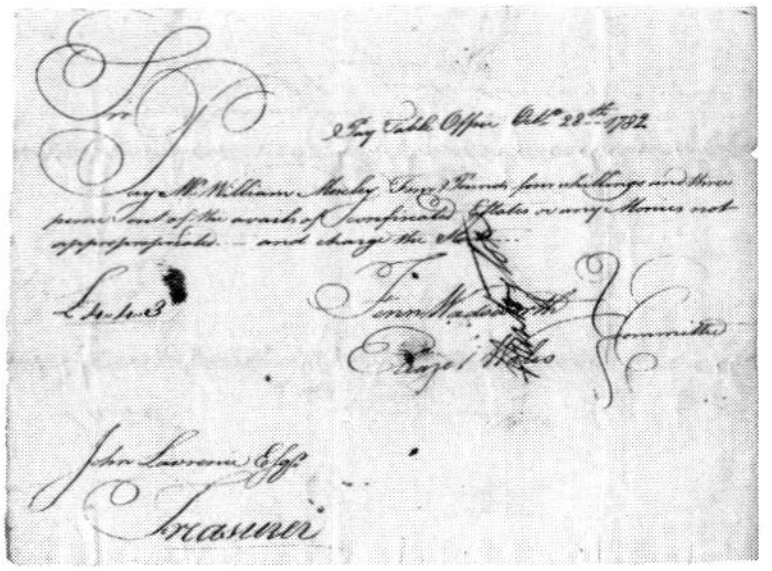

［表］

［裏］

【史料A】（著者蔵）

【史料 1 (a)】（左が表で右が裏。著者蔵。以下同）

【史料 7 (b)】

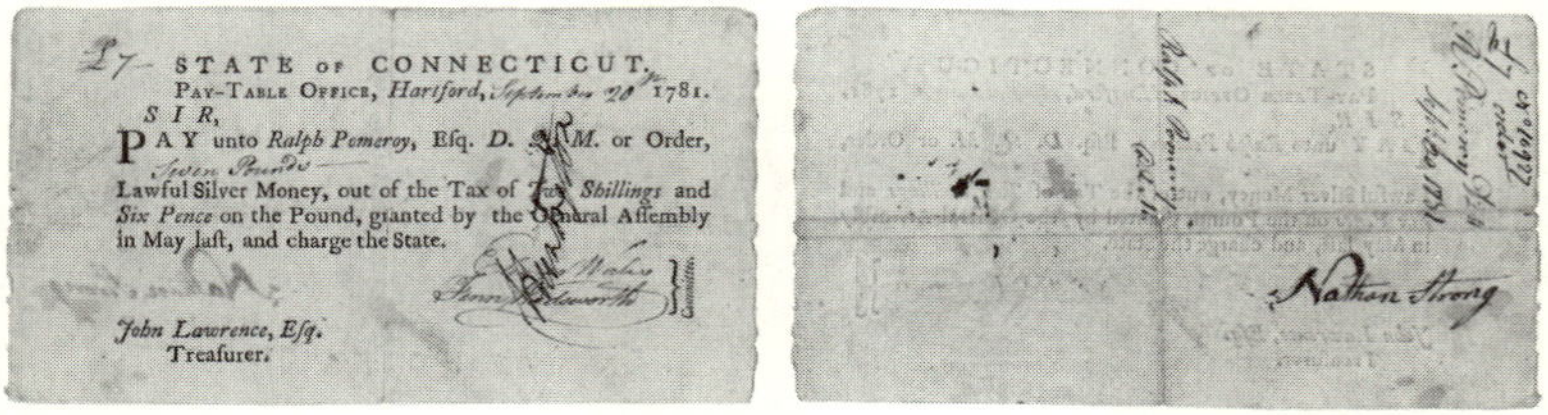

【史料 8 (c)】

【史料 10 (a)】

£8 STATE of CONNECTICUT.
PAY-TABLE OFFICE, Hartford, Oct. 9th 1781.
SIR,
PAY unto Ralph Pomeroy, Esq. D. Q. M. or Order,
Eight Pounds
Lawful Silver Money, out of the Tax of Two Shillings and Six Pence on the Pound, granted by the General Assembly in May last, and charge the State.
Committee.
John Lawrence, Esq.
Treasurer.

【史料 13 (c)】

£10 STATE of CONNECTICUT.
PAY-TABLE OFFICE, Hartford, Oct 9 1781.
SIR,
PAY unto Ralph Pomeroy, Esq. D. Q. M. or Order,
Ten Pounds
Lawful Silver Money, out of the Tax of Two Shillings and Six Pence on the Pound, granted by the General Assembly in May last, and charge the State.
Committee.
John Lawrence, Esq.
Treasurer.

【史料 17 (d)】

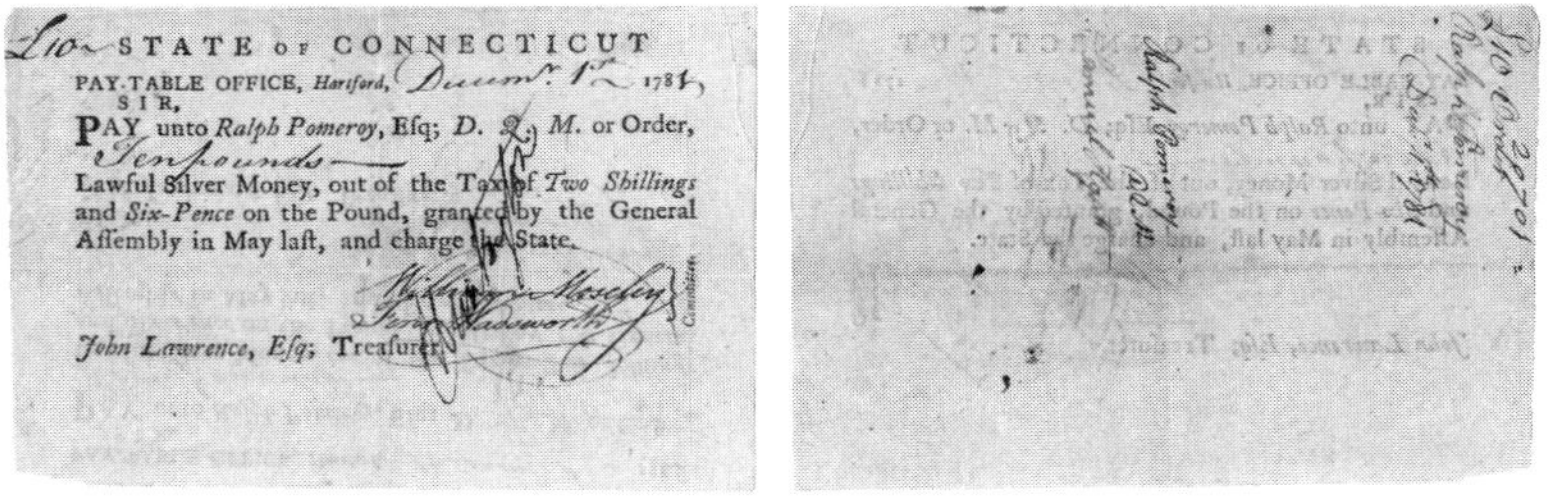

£10 STATE of CONNECTICUT
PAY-TABLE OFFICE, Hartford, Decem. 1st 1781,
SIR,
PAY unto Ralph Pomeroy, Esq; D. Q. M. or Order,
Ten pounds
Lawful Silver Money, out of the Tax of Two Shillings and Six-Pence on the Pound, granted by the General Assembly in May last, and charge the State.
Committee.
John Lawrence, Esq; Treasurer.

【史料 18 (e)】

£5 STATE of CONNECTICUT.
PAY TABLE OFEICE, Hartford, 30 January 1782
SIR,
PAY unto Ralph Pomeroy, Esq; D. Q. M. or Order,
Five Pounds
Lawful Silver Money, out of the Tax of Two Shillings and Six-Pence on the Pound, granted by the General Assembly in May last, and charge the State.
Committee.
John Lawrence, Esq; Treasurer.

【史料 19 (f)】

£30 STATE of CONNECTICUT.
PAY-TABLE OFFICE, Hartford, 30 January 1782
SIR,
PAY unto Ralph Pomeroy, Esq; D. Q. M. or Order,
Thirty Pounds
Lawful Silver Money, out of the Tax of Two Shillings and Six Pence on the Pound, granted by the General Assembly in May last, and charge the State.
John Lawrence, Esq; Treasurer.

【史料 20 (g)】

£2 STATE of CONNECTICUT.
PAY TABLE OFFICE, Hartford, 18 February 1782
SIR,
PAY unto Ralph Pomeroy, Esq; D. Q. M. or Order,
Two Pounds
Lawful Silver Money, out of the Tax of Two Shillings and Six Pence on the Pound, granted by the General Assembly in May last, and charge the State.
John Lawrence, Esq; Treasurer.

【史料 21 (h)】

£6 STATE of CONNECTICUT.
PAY-TABLE OFFICE, Hartford, 18 February 1782
SIR,
PAY unto Ralph Pomeroy, Esq; D. Q. M. or Order,
Six Pounds
Lawful Silver Money, out of the Tax of Two Shillings and Six Pence on the Pound, granted by the General Assembly in May last, and charge the State.
John Lawrence, Esq; Treasurer.

【史料 22 (i)】

£10 STATE of CONNECTICUT.
PAY TABLE OFFICE, Hartford, 18 February 1782
SIR,
PAY unto Ralph Pomeroy, Esq; D. Q. M. or Order,
Ten Pounds
Lawful Silver Money, out of the Tax of Two Shillings and Six Pence on the Pound, granted by the General Assembly in May last, and charge the State.
John Lawrence, Esq; Treasurer.

【史料 24 (h)】

第2章　物語るエフェメラ

――一紙文書から見る近世大西洋世界

本章では、いわゆるエフェメラ（ephemera）に相当する史料群を俎上に載せて、詳細な分析を試みたい。エフェメラとは本来は昆虫のカゲロウの意で、転じて、短期間の使用しか想定されていないチラシの類など、寿命の短い収集品をさす。文書として捉えれば、一紙（単葉）文書の類が多い。これらは一見したところ、およそ重厚な歴史史料の対極に位置する存在とも考えられるが、実際には、用いた者により身近であるがゆえに、置かれた状況や時代をきわめて雄弁に物語る場合も多い。前章で扱った軍票もこれに分類しうるが、本章ではエフェメラの範疇を可能な限り広く捉え、受領証や小切手、約束手形、差押え令状など、その範疇にふさわしい史料をもっぱら取り上げて、その史的有用性を証明してみたい[1]。これらの史料は近世大西洋世界、なかんずく大西洋の両岸に位置するアメリカ植民地と本国イギリスに普遍的な文書の世界を垣間見せてくれるのである。さらに一八世紀の遺産として一九世紀前半の史料にまで目を配り、それらも必要に応じて考察の対象としたい。なお、本章で分析に用いるエフェメラ史料はすべて、著者が個人的に入手して私蔵するオリジナルである。そもそも文献史料の場合、新たな知見を得ようとすれば、情報の「川」を遡って「源流」へと至る必要があるが、周知のとおり、その源流には文書館や図書館、博物館などが存在し、貴重なコレクションとして多くの文書を収蔵している。とりわけ古代・中世の文書、そして近世でも一七世紀頃までの文書に関しては、源流に厳然と位置するのは文書館・図書館等であり、たとえ個人のコレクションが散見されるとしても、存在自体が知られていない文書を新たに探し出すのは――むろん新たに発見・発掘される文書もあろうが――きわめて困難といえよう。しかし一八世紀、特にその後半以降の文書に関していえば、文書館・図書館を越えて、さらに「川上」に遡ることができる。すなわち市井に埋もれている種々の文書を探し出すことができるのであり、そのなかに本章で対象とするエフェメラも含まれるのである。むろんこの時期の文書であっても、政治史・制度史関連の重要なものについては、当然ながら文書館・図書館をその居としている場合がほとんどと言ってよかろう。しかし、とりわけ社会史・経済史関連の文書の場合、家系に代々伝えられているものなど、いまだ「発掘」の余地は大きい。本章はその「発掘」のささやかな試みなのである。

1　手稿史料のテクスチャーとテクスト

上述のように今日、アメリカの文書館や図書館等には重要な史料が数多収められているが、早晩それらが順次、電子化され、ウェブ上で広く公開されてゆくことは間違いなかろう。そしてそのような状況の進捗にともなって、従来、研究者がおこなってきた文書館等での作業が、しだいに重要性を減じてゆく可能性も否定できない。そのため、これまで文書館に収められることのなかった、いわゆる新史料を市井から発掘し、翻刻・紹介する作業は、一層重要になっているといえよう。本章で扱う著者私蔵の新史料はいずれも、当初の保管形態はともあれ、最終的に文書館等に史料として収蔵され、居を見つけた品ではなく、アメリカの地で、家系に伝わるコレクション等として、市井に埋もれていたものといえる。これらの一紙文書は、むろん彼の地においても、これまで学問的に紹介されることのなかったものばかりである。そもそも市井に長く伝来する文書の多くは、資産に関わるものがほとんどといってよく、とりわけ借金関連の証書（借用証書、受領証書、約束手形等）や土地の売却証書など、将来にわたって自ら、もしくは家系の権利を保障・保護するために必要とされた私署証書（私文書）の類である。また、裁判関連の公正証書（公文書）であっても、やはり借金に関わるものは多く伝来しているように思われる。また、土地関連など重要な文書は紙（簀の目紙等）ではなく、より永続性が期待される羊皮紙に記される場合も多い。これまでこのような私的領域に関わる一紙文書は、必ずしも学問的な関心を十二分に集めてきたとは言いがたいが、その記された内容（テクスト）のみならず、料紙の形態なども考慮することで、さまざまな知見を引き出すことができる。本章で、あえて折りたたんだ状態の文書の写真や、文書の裏面の写真を掲載しているのもそのためである。たとえば日本史における古文書の「端裏書」のように、西洋の古文書の場合も早見のため、やはり折った際に表にくる裏面には、本文の要旨や日付などが記されていることも多く、そこからは貴重な情報が得られる。[2] 紙の価値が高かった当時、その裏側まで有効に使われていたのであって、われわれが失いかけている習慣ともいえる。さらに、さまざまな裏書の情報まで合わせて見ることで、一紙文書ではあるが、記載事象について時系列に沿った展開、すなわち一連の経過がわかる場合もある。つまり、当該の一紙文書の史料は、自らの中に時間の経過を刻みこんでいるともいえよう。著者は現在、このような未刊行・未紹介の一紙文書など、一八世紀後半のアメリカの史料を中心に、ある程度まとまった点数のオリジナルを個人的に所有しているが、前述のように、多くは受取証書や土地関連の証書、約束手形、借金等の返還に関わる民事関係の書類、軍票の類など、財産に関わるものがそのほとんどを占める。財産に関わる証書類は、当該の本人および家族にとってはきわめて重要な書類であり、残るべくして残ったものといってよかろう。

まずはその類の一例として、一七七九年三月二五日にボストンで作成された債務証書を見てみよう。【史料A】がそれであり、原文テクストの訳を示したい（［　］は著者が補った語）。なお、本章で扱う原文テクストの釈文（英文）については、すでに拙稿（ウェブサイトでも閲覧可能[3]）に掲げており、本章ではすべて割愛することとする。また、本節と次節（第2節）における史料の写真は、次節末にまとめて収録している。

《表》
一七七九年三月二五日、ボストン。パスカル・N・スミス氏より、ボストン市のため［ボストン市の代理として、振出人として］三〇ポンドを借入し、受領。氏もしくは氏の指図人に現行の税より利付で弁済［償還、相殺］することを約束する。デイヴィッド・ジェフリーズ、市出納官。三〇ポンド。［以上、ジェフリーズ筆］
《裏右》
デイヴィッド・ジェフリーズの預り証［手形］。署名。一七七九年三月二五日。三〇ポンド。［以上、スミス筆］
三〇ポンド・〇シリング・〇ペニー、一〇か月分の利息、一ポンド・七シリング・〇ペニー、計三一ポンド・七シリング・〇ペニー。［以上、サムナー筆？］
《裏左》
パスカル・N・スミス［スミス自署］　サムナー［サムナー自署］

本史料はボストン市の発行した債務証書（一定額の負債を弁済する意思を明記した有価証券）であり、端的に言えば市発行の公債となる。指図人への支払いが明記され、裏書譲渡が認められているため、むろん単なる借用証書ではなく、全文手書きである点も相まって、形式的には約束手形に近い（周知のとおり、借用証書や受取証書は証拠証券で有価証券ではなく、裏書きしても債権移転の効力は生じない）。しかし支払期日や利率が指定されておらず、約束手形でしばしば見られる対価受領文句（"For Value Received"）に近似する語は入っているが、本文の冒頭は"Borrowed"であり、借用証書を連想させる。もっとも、ポール・リヴィア――第10章で詳述――が彫ったとされる銅版画を用いたマサチューセッツ湾植民地発行の公債にも、冒頭に同様の表現が見られる。ただしその証書には、「公債」たらしめる種々の条項が記載されているのに対して、本証書にはそのような条項が欠落しているのみならず、そもそもスミス本人が本証書を"note"、すなわち「預り証［手形］」と記している。さらに本証書は、債権者が市に支払うはずの税金で相殺する点において、マサチューセッツ湾植民地における伝統的な紙幣発行の様式——発行した紙幣を納税によって回収・還流させた——に準じており、その意味で紙幣と言いうる面もある。このように小片ながらも多様な側面を持った興味深い史料であるが、裏面の情報が豊富で、弁済の様子を窺い知ることができることから、時系列を体現した史料ともいえる。

独立革命の最中に発行されており、文中の三〇ポンドは革命遂行のための資金募集であろう。この金額については、数字の追加などの改竄を防ぐため、状況に応じて数字の前、もしくは後に線が引かれている。さらにこの料紙には罫線が印刷（もしくは記入）されており、表と裏でその間隔の差異がほぼ同一であるところから、一種の偽造対策（インデントの代わり）とも考えられる。作成日は四季支払日であるお告げの日（三月二五日）となっており、やはりこの日に金銭に関わる契約が結ばれたことがわかる。

裏面に注目しよう。まず、スミスの手になる「預り証。署名」等の記載は、この証書のいわばタイトルであり、スミスが本証書を半分に折りたたんで保管する際に、裏面からその内容が一目でわかるように記したもので、先の「端裏書」に相当する文言であろう（「署名」の語は、表面にジェフリーズの署名があることを意味していると思われる）。そして利子の計算の記載は、利付で市の弁済（償還）が完了したことを示していよう。すなわちスミスの納税分（の一部）から、この合計金額が差し引かれたのである。一〇か月分の利子が計算されているので、市による弁済（市への納税）は一〇か月後だったと推測される。そして、利子の計算や支払いを担当したのは、裏面に署名のあるサムナーという名の市の担当者と思われる。元利の計算を記した手と、このサムナーの自署は、その向きや筆跡、インクの色などから同一と判断しうるためである（前章第5節で触れたように、「監査（清算）済み」の語を伴う証書もある）。ただし、これらの署名が持つ意味については他の解釈の余地もあり、註に記したい(4)。

ともあれ、スミスの自署については元利を受領した際の受け取りの意との仮説を採用し、サムナーについては指図人ではなく、市の担当者とすれば、この債務証書に記された文言の生成の時系列は次のように推測される。①ジエフリーズによる表の文面の記入、②保管の便のため、スミスが裏右に概略を記入、③一〇か月後、サムナーによる元利の計算（裏右）、④元利を受領したスミスの署名、および担当したサムナーの署名（裏左）、⑤サムナーによる表への斜線の記入、である。ただし④のサムナーの署名は、③の元利計算と向きが同じこともあり（つまりスミスの署名とは向きが逆）、③と同時に記された可能性もある。なお、スミスがこの証書を、図にあるように二つに折り曲げた形で保管していたことは、折り目のつき方からも明らかであろう。本史料が著者の個人蔵であるがゆえ、このような折りたたみの再現も、容易におこなうことができるといえよう。ともあれ、この史料には「革命」や「戦争」や「独立」の語は一言も含まれていないが、人々にとっての独立革命の身近なあり方、すなわち市への貸付（寄付ではない）という経済行為を通じて、革命の進行を身近に感じさせてくれる史料といえる。

ここでやや大上段に構えて、大きな歴史上の事象を顧みていうならば、たとえば第一次世界大戦は、第二次世界大戦が始まるまで――当時の近未来予測的な著作等を除けば――第一次世界大戦ではなく世界大戦であり、同様に百年戦争は、百年戦争中は百年戦争ではなく、三十年戦争も、三十年戦争中は三十年戦争ではなく、七年戦争すら、七年戦争中は七年戦争ではなかった。これは単に名称の問題ではない。後世の歴史家がそのような名称で切り取るところの歴史事象が、なべて事後的に定義されるものであり、アメリカ独立革命も、むろん例外ではありえない。本章で検討する史料は、植民地時代から独立革命期まで網羅しているが、借金にまつわる「身近な」史料に、革命の影響はいかなる形で認められるのか。つまり生活上の身近な事柄に、革命という政治変動は明確な定義を与えているのか。これも興味深い点であろう。

ともあれ、これから詳細に検討する史料は、財産の差押えに関するものである。財産に関わる私的な問題が、裁判および裁判所命令という形で暴きだされ、その細部まで今日のわれわれが知ることができる。本節では紙幅の限定もあり、著者のコレクションの中から時代・地域のバランスを考慮して一〇点の史料を選定した。すなわち時間的には一七三〇年代から独立革命をはさんだ一七八〇年代まで、空間的にはニューイングランドから南部まで、少ないながらも網羅した。また法律関連の史料の訳は、場合によっては形式よりも内容を重視し、なるべく平易な表現を選んだ。なお、時間、すなわち暦に関して付言すれば、一七五二年のチェスターフィールド法の施行まで、イギリス帝国内では旧暦が用いられており、カトリック諸国で広く採用されていた新暦（グレゴリウス暦）と比して、一八世紀にはおよそ一一日ものずれが生じていたのみならず、年始もお告げの日の三月二五日とされることが一般的であった[5]。したがって、今回の一〇点の史料中、【史料1】から【史料4】までは旧暦、以後の史料は新暦表記となり、とりわけ旧暦の年始に留意する必要がある（年数の明記されていない【史料6】については定かでないが、字体からおそらく一八世紀後半であろう）。

さて、本節ではまず、史料のテクストの詳細な分析に先立って、モノとしての史料、すなわち史料の形態、素材の物理的組成——ここではテクスチャーと呼称する——について見ておきたい。本来、このような作業は文書館所蔵の史料では実施しにくいが、私蔵であるがゆえ、容易におこないうるといえる。実測等、実施した作業の結果をまとめたのが表2-1である。この表中の表記で「料紙」とあるが、【史料6】の羊皮紙は厳密には「紙」ではないので、やや不正確な表現であることを承知の上で用いている。この史料以外はすべて、羊皮紙より安価な簀の目紙であり、簀の目状の薄い線が見える。簀の目紙はすでに前章第5節で登場したが、さらに説明を加えるならば、この線は、亜麻等のボロ布を溶かした原料から繊維をすくい取る際に使われる「デックル（漉桁・定型器）」に張られた金属線（真鍮や銅）の痕跡である。そしてこの金属線にさまざまな形の金属線のパーツを加えることで、いわゆる透かしを作ることができる。なお、一八世紀末までには網目漉き紙（wove paper）もイギリスで用いられるようになるが、依然として簀の目紙も広く使われており、本史料はすべて後者である。

表中にある「法量」は、原則として縦・横の最大幅を測定した。「厚」については、文書を複数回測定し、最大値に近い数値で最も多く確認されるものを選んだ。各史料の測定結果は表のとおりであるが、形状の均質な【史料1〜5・7〜9】について、法量の平均と標準偏差を求めると、横が一九・三センチ（標準偏差〇・三五センチ）、

表 2-1　手稿史料の形態（テクスチャー）

史料番号	法量			料紙	簀の目の向き	透かし		記載		捺印		
	横（cm）	縦（cm）	厚（mm）			有無	内容	天地	表裏	有無	材質	内容
A	15.7	6.7	0.15	簀の目紙	縦	無	—	—	—	無	—	—
1	19.2	15.6	0.12	簀の目紙	横	有	紋章？	順	？	有	赤色の蠟	ブリストル（郡）の紋章
2	19.7	16.0	0.13	簀の目紙	横	有	英国王の紋章	逆	裏	有	赤色の蠟	ブリストル（郡）もしくはマ湾植民地の紋章？
3	19.5	15.9	0.15	簀の目紙	横	有	英国王の紋章	順	表	有	赤色の蠟	ブリストル（郡）もしくはマ湾植民地の紋章？
4	19.4	16.4	0.14	簀の目紙	横	有	英国王の紋章	順	表	有	赤色の蠟	？（蠟を捺し，その上から小さな紙片で覆う）
5	19.1	15.8	0.10	簀の目紙	横	有	英国王の紋章	順	裏	有	赤色の蠟	？（蠟を捺し，その上から小さな紙片で覆う）
6	22.2	6.1	0.18	羊皮紙	—	—	—	—	—	有	赤色？の蠟	？（蠟を捺し，その上から小さな紙片で覆う）
7	19.0	14.8	0.12	簀の目紙	横	有	英国王の紋章	逆	裏	有	エンボス	ボルティモア卿の紋章？
8	19.8	13.9	0.11	簀の目紙	横	有	英国王の紋章	逆	表	無	—	—
9	18.7	16.7	0.10	簀の目紙	横	有	英国王の紋章	逆	裏	無	—	—
10	20.1	33.6	0.13	簀の目紙	横	無	—	—	—	有	手書き	“Seal” の語

縦が一五・六センチ（標準偏差〇・八四センチ）となる。先述のように、これらの史料の作成された時代が一七三〇年代から八〇年代まで幅があり、また作成された地域もニューイングランドから南部までカバーしていることを考えるならば、このばらつきの小ささ（特に横の場合）は驚異的であろう。当該の法律関係文書について、時間軸・空間軸において、テクストのみならず用紙の面でもある程度一定の様式の採用が求められ、またそのように実行されていたことの証左といえよう。むろん、デックルの大きさによって規定されていた当時の料紙のバラエティの少なさも背景にあると思われるが、そもそも一八世紀前半まで紙は輸入されたものが多く、さらにここで対象とした料紙にはほぼすべて、英国王の紋章が漉き込まれており、一般の料紙とは区別されて用いられていた可能性も高い（製紙

所が同じであった可能性すらある)。それゆえこのように均質な形状を有していたともいえよう。また、料紙の厚さであるが、これについては羊皮紙の【史料6】を除くすべての料紙一〇点(【史料A・1〜5・7〜10】)を対象として計算すると、平均〇・一三センチ(標準偏差〇・〇一八センチ)となる。厚さにおいてもそのばらつきは小さく、当時の製紙法が時代・地域を問わず、大差がなかったことの反映であろう。

また前章第5節でも若干触れたが、「簀の目の向き」の縦・横の表示は、表側の筆記の方向に対する簀の目の向きの意である。たとえば、筆記の方向に対して簀の目の向きが並行の場合、横となる(ここでは必ずしも紙の繊維の向きを意味していないので、あえて横目、縦目の語は用いない)。先に見た【史料A】はその形状からも類推されるように、料紙を縦に使っており、以下の史料がすべて横に用いているのと非常に鮮やかなコントラストをなしている。ただし、当該史料の横の長さが、他の史料の縦の長さにほぼ合致する点に注目すべきであろう。すなわちこの史料の場合、縦に使用する料紙を九〇度回転させ、横に使用したと考えられるのである。この事実から、一種の紙幣のようなイメージで、この債務証書が作られたと見ることもできよう。このように史料の形態(外観)から、その史料の作成意図(内容)を推測することも可能なのである。ともあれ、【史料A】以外の史料の形から推察されるように、基本的には簀の目に平行に筆記・印刷するのが、少なくとも本節や次節で扱う料紙の使用法といってよかろう。むろんその向きは、料紙のサイズから要請された可能性もある。

次に「透かし」と「記載」(天地・表裏)であるが、もしも英国王の紋章の透かしが料紙に漉き込まれていれば、当該の紋章が左右・上下に非対象であるため、それを手がかりとして、文章に対して料紙の天地が正しい(順当)かどうか、また料紙の表裏のどちらを用いているかがわかる(ここでは透かしが正しく見える面を料紙(テクストではなく)の表とする)。逆にいえば、「天地」や「表裏」の表記は、非対称な文様(アルファベットなどでもよい)が漉き込まれている文書の場合に限られることとなる。さて、このように透かしから天地と表裏のわかるもののみ観察すると、実にまったくランダムといってよい。これはある意味、驚くべき発見である。すなわち料紙の使用者は、透かしの上下・左右をまったく気にしていない。ただしここに挙げた史料は、完全に手書きの【史料10】（および羊皮紙の【史料6】）を除けば、すべてテクストの一部が印刷されたものであり、天地や表裏を考慮しなかったのは筆記者ではなく、印刷業者である。紙の表裏の性質の差が、和紙ほどには大きくなかったためか、印刷する際に業者は透かしを気にすることなく、簀の目の向きのみに留意しつつ、適切な大きさに裁断した紙を湿らせて重ね、ランダムにセットしていたと考えられる(6)。

最後に捺印について見ると、法的な証書であるがゆえ、赤色の蠟で捺印されている史料が多い。いわゆる捺印証書（deed）であり、今日では捺印に特段の法的効力は与えられていないが、当時はこれにより文書に特別な法的重要性が付与されたのである。ただし蠟の節約の意図もあるのか、付けられた蠟の量よりも印章の方が大きく、捺された紋章の全貌がつかめないため、紋章の種別は推測するしかない。【史料1】の捺印は「ブリストル」の語がかろうじて確認されることから、ブリストル（郡）の紋章と判断できる幸運な例である。また他の文書との接触を防ぐためか、蠟の上から小さな紙片で覆ったものもあり（三点）、この三点の紙片をめくってみても、紋章の種別を同定することはできなかった。むしろこのように紙片が付された場合、用いられた蠟がわずかで、正式な印章を用いて捺していない可能性すらある(7)。そもそも捺印そのものが象徴的な存在であるが、印章を用いない――少なくとも紋章を人目にさらさない処置をする――のであれば、それはさらに象徴的（抽象的）な捺印といえよう。また、この捺印に代替するものとして、【史料7】ではエンボス、【史料10】では手書きの“Seal”の語が用いられている。エンボスが押された史料の状態はかなり良い方であるが、エンボス自体はかろうじてその一部がわかるのみである。手書きの“Seal”の語を署名の後に付す簡便な手法は、他の史料でも散見されるため、一定の法的意義は認められたと考えられるが、おそらくはあくまでも署名に付随するものであって、他の史料のように署名とは独立して、文書の最初に付された捺印に完全に代替するとは言いにくいであろう。

以上、本章で扱う史料のテクスチャーについて概観してきたが、次節では各史料のテクストの内部に入ってゆきたい。

2　差押え関連史料のテクストの分析——時間を紡ぐ一紙文書

史料の原文テクストの釈文（英文）については、先述のようにすでに拙稿に掲げているため割愛し[8]、本節では一点ずつ、なるべく平易な訳を示しながら、解説を加えてゆきたい（当然ながら原史料は横書きであるため、訳文中で既出の語を指す場合、原則として「右」ではなく「上記」の語を用いる）。また、各史料の訳のすぐ後には、その訳文中の具体的な文言に直接関わる註解を示し（訳文中に挿入した数字に対応）、解説はその後に記した。それぞれの史料の具体相は個人的な内容ながら、細部は社会史上の興味深い事実に満ちている。紙幅の関係上、一〇点すべての史料を完全な形で紹介することはかなわないが、典型的な史料や鍵となる部分を中心に採り、本節の最後に全史料のテクストの内容をまとめた一覧表を提示して総合的な解説を付すことで、すべての紹介に替えたい。

【史料1】

《表》

ブリストル裁判管轄区（ss）。神の恩寵によりグレートブリテン・フランス・アイルランドの王、信仰の擁護者等たるジョージ二世［より］。我が（Our）［①］ブリストル郡の保安官、副保安官もしくは保安官代理へ。朕は汝に以下のことを命ずる。上記ブリストル郡のピルグリムにして農民［ハズバンドマン］、ガーシャム・マンチェスターの家財・財産を二〇ポンドの価値分まで差押えるように［②］。彼はニューイングランドのマサチューセッツ湾植民地、ブリストル郡タイナータウンのヨーマン、ガーシャム・マンチェスターとも呼ばれている。不足の場合は、上記ガーシャム・マンチェスターの身柄を（同人が貴殿の管轄域内で見つかったならば）確保、保護し、翌七月の第二火曜日に我がブリストル郡のためにブリストルで開かれる次回の民事訴訟下級法廷の判事諸氏の前に連れて来ること。当日、その上記法廷にて、上記植民地および上記郡のダートマス在住のエドワード・ハワードに対して申し開きをさせること。

［手書き部分六行中略］

上記エドワード・ハワードの申し述べるとおり、同人の損害、計二〇ポンド相当分は、当日その場にて、他のしかるべき損害賠償分とともに提出されるべきこと。貴殿は、関連する必要なものとともに、本令状を持参すること。証人、ゲス・ウィリアムズ殿。本日、朕の治世一〇年目、そして主の年［西暦］一七三六年六月の一九日［③］、ブリストルにて。ティモシー・フェイルズ、裁判所書記官［④］。

《裏》

ハワード対マンチェスター

ブリストル裁判管轄区。一七三六年六月二八日。

それゆえ弁護士［原告訴訟代理人］の命により、被告の家財を差押えた。それらは、被告の妻が被告自身の財産であるとして私に示したものである。また同時に、被告の家に召喚状を置いてきた。自署、トマス・エリープ［?］　保安官代理。

ジョゼフ・ハウランド［⑤］

①国王にとっての“Our”の意。むろん君主の用いる複数形である。②差押えられた財産の最終的な処分は次回の裁判で決せられると考えられるため、正確には仮差押えである。(9) ③ジョージ二世の治世一〇年目は一七三六年の六月一一日から始まるため、六月一九日は一〇年目に入っている。(10) ④本文とは異筆と推定されるが、下位の書記官に本文を書かせた

と考えると辻褄は合う。またこの語が、“Seal”の意と思われる蠟を意味する“Cer”［“Cera”］の語を略した可能性もある。さらに、省略された文字の形から、法廷弁護士（バリスタ）と解することも不可能ではないが、その場合、法曹一元の原則からそのような表記がなされたと推測される。ともあれフェイルズは【史料2】・【史料3】においても署名をしており、少なくとも一二年にわたって、彼がこのような文書に署名する立場にあったことが確認できる。⑤この署名「ジョゼフ・ハウランド」と、同じく裏面の「ハワード対マンチェスター」とは同じ手で、さらに表側とは異筆と推定するならば、弁護士（原告訴訟代理人）の名となろう（もしも表側とも同筆と捉えれば、本文を記した下位の書記官の名と考えることもできる）。

【史料1】〜【史料3】は作成時期に最大一二年の開きがあるものの、三点とも署名者がティモシー・フェイルズであり、また裁判管轄区もブリストルであって、均質的な史料と言え、活字部分のテクストが酷似しているのも故なしとしない。しかし、同じマサチューセッツ湾植民地でも管轄区がプリマスである【史料4】とは、文書作成の直接的な連続性は必ずしも保証されていないにもかかわらず、テクストがほとんどコピーといってもよいほどの類似性を示しており、同様の文書形式が少なくともマサチューセッツ湾植民地内で広く共有されていたことがわかる。

また、②で述べたように、本史料に限らず、本章で扱う差押え（強制執行）命令はそのほとんどが、正確に言えば疎明にもとづく「仮差押え（仮執行）命令」である点に留意すべきであろう。なんとなれば、命じられているのは最終的な判決が下される以前、すなわち債務名義が確定する以前の差押え・民事保全であり、差押えられた品々の処分、帰属は依然として決せられていないからである。しかしながら、史料中に頻出する原語は“attachment”であり、仮差押えを特に意味する“sequestration”や“provisional”などではない（これらの語は出現しない）。むろん“attachment”はそれらのプロセスの一部をなす執行行為の意とも見なしうるが、そもそも仮差押えがそのまま本差押えとなったケースも多いと思われる。これらの理由から、あえてこの“attachment”の語を「仮差押え」と積極的に訳し分ける必要はないと判断した。したがって本節では、令状にかぎらず、かかる事情・状況を含意した上で「差押え」の語を用いていることを了解されたい。また、そもそも民事案件の本史料を「令状」と称することについては、やや違和感なしとしないが、執行を保安官等に直接命じる文書であるからには、「執行文」というよりも「令状」とする方がよりふさわしいといえよう。

なお、史料の最初の行中において、郡名の後に記される"ss"の語であるが、解釈に諸説があり、法曹の間でも必ずしも意見の一致を見ていないようである。この語の同様の使用例は、今日の法律文書においてもしばしば見受けられ、植民地時代からの一貫性を認めることができよう。法律用語としての"ss"の表記は、ラテン語"scilicet"の短縮形とされており、その意味は"to wit"（すなわち、つまり）となる。しかしあるアメリカ人法律家のウェブサイトに記されているように、この解釈では、郡名の後に置かれる場合、意味をなさない。(11)この法律家は、一つの"s"は"shire"の意で、アメリカにおいては郡を意味し、もう一つの"s"が、前述の"to wit"の意であって、しかもその場合、同語の本来の意味であるところの「知る」に関わっているのではないかとの説を開陳している。一方、ラテン語の"scilicet"の解釈について、裁判管轄区（裁判地、裁判籍）を指し示していると説くものも複数あり、より一般的と考えられるこの解釈をここでは採用したい。さらに、"ss"の表記に関して、二つの金文字を表象するものとする説、王座裁判所裁判長のカラーを意味するとの説もあり、一方で、セクションを表す記号に過ぎない（"sections"）との意見もある。(12)同サイトも述べているように、この表記は法律文書における単なる慣習にすぎず、数百年にわたって、特に意味を詮索されることなく、使い続けられてきたというべきなのかもしれない。

【史料3】

《表》

［原告］ロードアイランド等［①］植民地、プロヴィデンス郡のウィリアム・ホプキンズ殿。原告の申立てによ

れば、被告は先述のトーントン［②］にて、プロヴィデンスと呼称される場所で主の年［西暦］一七四八年一〇月一日、原告より合計一五〇ポンドのオールド・テナー［③］を正当な手続きで借り受けた。そしてすぐその場で、同日付の預り証により、来る一月一日に同金額を支払う旨、原告に約束した。しかるに被告は、何度も催促されているにもかかわらず、同上金額を未だ原告に支払わず、無視し続けている。

①ロードアイランド植民地の正式名称は"Rhode Island and Providence Plantations"であり、この「等」は、後半部の「プロヴィデンス入植地」を省略していることになろう。ちなみに現在のロードアイランド州も、正式名称はこの表記である。②一七四七年に重要な地理的区分の変更が生じており、本史料はそれ以降のものとなる。すなわちマサチューセッツ湾植民地とロードアイランド植民地は長年の境界紛争を解決するため、同年、マサチューセッツ湾植民地のブリストル郡の一部がロードアイランド植民地に割譲され、同植民地にも新たにブリストル郡が設立されたのである。その結果、ブリストルの町自体もロードアイランドのブリストル郡内となり、同町が抜けたマサチューセッツのブリストル郡ではトーントンが郡の首府となった。③「オールド・テナー」とはマサチューセッツ湾植民地が発行した古い紙幣の俗称である。同植民地では一六九〇年一二月から紙幣の発行が始まっているが、一七三七年二月以降に発行された紙幣を「ニュー・テナー」（のちに「ミドル・テナー」）、一七四二年一月以降の紙幣を「第二ニュー・テナー」（のちに「ニュー・テナー」）と呼び、いわゆるミドル・テナー以前の紙幣がオールド・テナーとなる（オールド・テナーとミドル・テナーの交換比率は三対一）[13]。

前節で指摘したように、本史料の日付（一七四八年一月三〇日）は旧暦による表記である。旧暦は年始が三月二五日（お告げの日）であるから、他の旧暦期の（【史料1・2・4】）の場合にも増して年次に留意しなければならない。すなわち表側のテクストには一七四八年と記されているが、一月の日付のため、新暦では一七四九年となる。さらに同テクストに「朕の治世二二年目」と併記されており、ジョージ二世の治世二二年目は一七四八年六月一一日から四九年六月一〇日までであるため、[14]やはり一月が一七四九年であることがわかる。そもそも西暦と治世年を併記する方法自体、年次のダブルチェックの意味を持っていたであろう。さらにここで訳出したテクストの内容からも、本史料の作成が一七四九年でなければ時系列上の辻褄が合わなくなる。

また註②で指摘したように、本史料の作成の数年前にロードアイランド植民地との間でブリストル郡の分割があり、本史料もその影響なしとしないが、本件の裁判管轄区は依然としてマサチューセッツ湾植民地のブリストル郡とされている。したがって本件では、原告と被告の所在する植民地が異なっていることになる。なお、テクストにあるように被告の借金の総額はオールド・テナーで一五〇ポンドであるが、差押え金額は五五ポンドと記されている。差押え金額の方が借金総額よりも低く設定されている可能性も否定できないが、オールド・テナーをニュー・テナーに換算した金額（ほぼ三分の一）と見るべきであろう。なお、本史料と同様、他の史料（【史料1・2・4】）でも、紙幅の都合から捨象した手書きの部分には、申立ての内容などが簡潔に記されている。

【史料4】

《表》

プリマス裁判管轄区。神の恩寵により、グレートブリテン・フランス・アイルランドの王、信仰の擁護者等たるジョージ二世［より］。我がサフォーク郡の保安官、副保安官もしくは保安官代理、もしくは本郡ヒンガムの町の警吏諸氏、その双方［保安官（代理等含む）か警吏の］いずれかへ。朕は汝に以下のことを命ずる。我がサフォーク郡ヒンガム在住のジェントルマン、ジェレマイア・チャブックの家財・財産について、五ポンドの価値分まで差押えるように。不足の場合は、上記ジェレマイア・チャブックの身柄を（同人が貴殿の管轄域内で見つかったならば）確保、保護し、翌五月の第三火曜日に我がプリマス郡のためにプリマスで開かれる次回の民事訴訟下級法廷の判事諸氏の前に連れて来ること。当日、その上記法廷にて、プリマス郡セイタット在住のエフライム・オーティスに対して申し開きをさせること。

［手書き部分九行中略］

（同人の申し述べるとおり）上記エフライム・オーティスの損害、計五ポンド相当分は、当日その場にて、他のしかるべき損害賠償分とともに提出されるべきこと。貴殿は、関連する必要なものとともに、本令状を持参すること。証人、ニコラス・ソーヤー殿。本日、朕の治世二三年目、そして主の年［西暦］一七五〇年四月の第三火曜日、プリマスにて。エドワード・ウィンスロー、裁判所書記官。

［後世の鉛筆書き］［①］

忠誠派。一七一四年から一七八四年。

《裏》

オーティス対チャブック［②］。二六。［③］

サフォーク郡裁判管轄区、ヒンガム、一七五〇年四月二八日。

本令状に従い、被告の所有する純血の牛一頭（a pure of oxen）［④］を差押え、法律に従って召喚状［⑤］を置いてきた。自署、サム・ジャミット・ジュニア、警吏。第二六番。

ジェイムズ・ハヴィー、弁護士。

［後世の鉛筆書き］［⑥］

著名な判事。忠誠派。

①コレクターによる鉛筆書きである。エドワード・ウィンスローに関するもので、独立革命に際して彼が忠誠派の立場をとったこと、および彼の生没年を記している。エドワード・ウィンスローはジョン・ウィンスロー将軍の兄弟で、ハ

ーヴァード大学を卒業して法曹関連の公職に就いたが、忠誠派としてカナダのハリファックスに脱出し、そこで生涯を閉じている。署名と本文は同じ手と考えられるが、エドワード・ウィンスローの経歴から、彼は判事ではなく、裁判所書記官の立場にあって署名をし、本文も記したと考えるのが妥当であろう。②この裏書のタイトル部分は、たとえば「オーティス」の字体が表側とかなり異なることから、表とは異筆と考えられる。保管の際の早見のため、弁護士（原告訴訟代理人）が記したのであろう。③裏書に二度登場するこの二六番の表記は、何らかの整理番号、たとえば本件のケース番号のごときものである可能性が高い。④漠然と“ox”といった場合、バイソンなどウシ属の近縁の家畜や野生動物などを指す場合もあるため、あえて“pure”の語を付したものと思われる。⑤召喚状による身柄の確保、および出廷は、債務者監獄へ投獄する必要がある場合は必須であったと考えられる。⑥表の鉛筆書きと同じコレクターの手になる説明。ジェイムズ・ハヴィーを指していると考えられなくもないが、同弁護士との署名とかなり離れていることもあり、おそらくは再度、エドワード・ウィンスローの説明を大きく記したものと思われる。

【史料6】

《表》

ニューヨーク市および郡裁判管轄区。保安官に以下のことを命ずる。管轄域内でサミュエル・リトルを見つけたならば、その身柄を確保、保護し、翌七月の最終火曜日に、ニューヨーク市の国王［国王民訴法廷］［①］まで連れて来ること。不法侵入についてのジェイムズ・バーンの申立て、ならびに同ジェイムズ・バーンが肩代わりした三〇〇ポンド——［②］の手形について申し開きをさせること。国王（Lord the king）［民訴］法廷（the Court of）の慣習にのっとり、国王の［判事の］前に［それらの証拠物件を］提示するとともに、当日その場に本令状を持参すること。［エクイティ上の］訴状（Bill）［③］による。ケンプ、弁護士。クラーク・ジュニア［④］

《裏》

見つからず［⑤］。J・ロバーツ、保安官

①数行後に、"Lord the King" の語の前に "the Court of" の語が小さく挿入されていることから、この箇所も国王法廷、正確には国王民訴法廷（Court of Our Lord the King of Common Pleas）を意味していることは明らかであろう。ニューヨーク植民地は王領植民地であるから、当然ながら法の淵源は国王となり、国王の名のもとに裁判がおこなわれたからである（ちなみに【史料7】で扱う領主植民地のメリーランドにおいては、国王ではなく、領主ボルティモア卿が法源となる）。②おそらくは最初、さらに続けてシリング等の数字を書いたが、何らかの理由で修正が必要となり、それらの数字の表記をナイフ等で削り取ったのち、その上に改めてハイフンを書き加えたものと思われる。ハイフンを書き加えたのは、むろん数字の訂正箇所に空白が存在してはならないからである。③"bill" はエクイティ上の訴訟における訴状の意で、コモンロー上の訴訟では "declaration" となる。(15) ④本史料には年次の記載がないが、字体や表記法等から見て、もちろん独立以前、一八世紀の半ばから後半にかけての文書と推定される。この「ジュニア」の部分を「六月」と読むことも不可能ではないが、蓋然性はきわめて低い。⑤表側の記載内容に照らせば、差押え物件が見つからなかったのではなく、被告が見つからなかったことを意味していると思われる。

【史料7】

《表》

ボルティモア郡裁判管轄区（To wit）［①］。メリーランドおよびアヴァロン植民地の領主にして絶対君主、ボルティモア卿等々のフレドリック［より］。我がボルティモア郡の保安官へ。朕は汝に以下のことを命ずる。ボルティモア郡のヨーマン［自作農］、ジョン・フライザー・コール、もしくはメリーランド植民地内ボルティモア郡のレイバラー［農夫］、ジョン・フライザーと呼ばれる者の身柄を、もし同人が貴殿の管轄域内で見つかったならば確保、保護し、翌一一月の第一火曜日に同郡の裁判所［郡役所］にて、上記ボルティモア郡のために開かれる我が郡の法廷の判事諸氏の前に連れて来ること。同人にジョン・ドーアティが、植民地通貨［②］で総額二七ポンド五シリングを貸したが、同人はその負債について、擁護できないほどに［返済を］待たせているとの［ドーアティの］申立てについて、ジョン・ドーアティに対して同人に申し開きをさせること［③］。これについて、間違いなく当日その場に本令状を持参すること。証人、トマス・フランクリン、ジェントルマン、我が同裁判所主席判事。朕の治世一八年目、そして主の年［西暦］一七六八年九月六日。発行一七六八年九月八日。（R・アレグザンダー）［④］

①前述のように、原文の“To wit”は“ss.”と同義の表現である。②「植民地通貨」とは、むろん、メリーランド植民地の通貨（メリーランド・カレンシー）の意である（すなわち本国のポンド・スターリングではない）。同植民地の通貨体系はやや複雑で、時系列的にも一七世紀にはタバコの重量ポンド表示が用いられたが、一七一〇年代以降はカレンシー表記が一般的であった。もちろんカレンシーとスターリング間の為替レートも計算されている。[16] ③この部分は、「彼」の主格や目的格が錯綜しており、申立て内容の後半部分もたとえば、「立証の無いまま［債務者監獄に］拘留されている」との解釈等も不可能ではないが、やや無理があろう。④署名の字体が本文と同じであり、また括弧内に入っていることから、本文を記した裁判所書記官の代筆の可能性もある。ちなみにこのR・アレグザンダーは、大陸会議の最初期に議員を務めた人物で、やがて忠誠派に転じた。イギリスに脱出した後、彼の財産は没収され、彼は再びアメリカの地を踏むことはなかったという。

植民地時代の【史料1】から【史料9】の中で、この【史料7】は唯一、法源がイギリス国王ではなく、メリーランド植民地領主ボルティモア卿となっている。なんとなれば、メリーランドは領主植民地であり、これ以外の史料

（マサチューセッツ、ニューヨーク、ヴァジニアの各植民地のもの）は皆、王領植民地のそれだからである。ここで領主として名前の挙がっているフレドリックは、第五代メリーランド領主にして第六代ボルティモア卿（最後のボルティモア卿）であり、本国でレイプ事件を起こして社交界から追放され、ヨーロッパ大陸に逃れて各地を転々としながら放蕩の限りを尽くした人物に他ならない。彼については一八六七年に出版されたメリーランド植民地史の書物も、「最後のフレドリックは、歴代のボルティモア男爵のなかで最悪」と厳しく断じている。[17] 彼はすでに名目だけとなっていた領地、アヴァロン植民地（ニューファンドランド）はもちろん、メリーランド植民地にも一度たりとも足を踏み入れることはなく、文字通り名目的な法源以外の何ものでもなかったといえる。[18]

なお、たとえばテクスト中の人物、ジョン・ドーアティについては、電子化された『メリーランド文書集成』等で探し出すことができる（全巻ではないが、冊子体の『メリーランド文書集成』も名古屋大学文学部に所蔵されている）。同史料集には、むろん本史料は収録されていないが、同人が別の人物を訴えた際の文書（召喚令状）が収められている。[19] また、一九世紀半ばに書かれた書物を見ると、同人は独立戦争中、タルボット郡の民兵隊の大尉に任命されていることがわかる。[20]

【史料8】

《裏》

クレイグ対ムーマンス、召喚状。

マスティン並びにラブ等に対して執行。R・アレグザンダー。

我々陪審は、原告に八ポンドを認定する。ウィリアム・リード。多数意見を代表して［①］。

①この箇所は読み取りにくく、原告のムーマンスの略とも考えられるが、「多数意見」と判断した。すなわち陪審の評

決は全員一致ではなかったことになる。

ヴァジニア植民地ボトトート郡において、ジョージ三世の「治世一一年目の七月二五日」、すなわち一七七一年の同日に発せられた本史料は、他の史料と異なり召喚状そのもの、すなわち裁判の開始にあたって証人に出廷を命じる文書である。紙幅の都合で省略した表面の文章を見れば、その性格は明らかであるが、ここで翻刻・訳出した裏面にも、「召喚状（Subpoena）」と明記されている。たとえば【史料1】の裏面などには「被告の家に召喚状を置いてきた」との記載があり、まさにここで触れられている類の文書を指しているといえる。ただしこの裁判の案件は、表面のテクストにも詳述されていないために明確にはわからないものの、すでに故人となった人物（J・クレイグ、“Craig, Decd [Deceased]”）を、以前に何らかの宣誓供述をした人物（P・ムーマンス、“Mooumans, Dept [Deponent]”）が訴え、その審議のために、いわば故人に代わって事情を証言できる証人を裁判に召喚したものと考えられる。本史料の表面のテクストに原告・被告の表記はないが、通常（とりわけ裏面では）、最初に書かれる名前の人物が原告、次に書かれる人物が被告の事例が多いと思われる。しかし本案件ではムーマンスの方が原告とされており、それは同人が故人（被相続人）のクレイグを訴えたと考えられるところからも首肯されよう（実際の被告は故人の相続人であろう）。本史料の裏面のテクストにおいては、次の【史料9】と同じく、陪審が原告の受け取る弁済額について評決を下したことが明記されている。そもそもこの裏面の文章は、「召喚状」と記した部分が最初に表面の文章と同時に書かれ、次いで保安官、もしくはその代理と思われるアレグザンダー（【史料7】とは別人であろう）による執行済みの文言（自著）、最後にリードによる当該の一文が記されたと考えられる。すなわち、時間の経過がこの短い文章の中に刻み込まれているといえる。ただしアレグザンダーが召喚を執行したといっても、その召喚対象者の数から考えて（表面には召喚すべき人物として、追加分も含めて八名が挙げられている）、おそらくは当事者たちを強制的に連れて来たわけではなく、召喚状の写しを渡した事実を意味していると考えるのが自然であろう。つまり、実際に召喚に応じて出廷した証人の数がいかほどだったのかは知りえないものの、ともかく八月第四火曜日に開かれた裁判では彼らの証言を受けて、最終的な評決がなされたものと思われる。陪審の判断は全員一致ではなかったが、おそらくはある程度、被告側の事情も斟酌したものと想像される。だが原告の主張する全債権額が史料に記されていないため、陪審が認めた額の割合がどの程度だったのか、判然としない。まさにその類の点を明らかにしてくれるのが、次の史料である。

【史料9】

《表》

神の恩寵によりグレートブリテン・フランス・アイルランドの王、信仰の擁護者等たるジョージ三世［より］。ファンカースル郡の保安官へ。朕は汝に以下のことを命ずる。本文書中で称するところのロバート・パターソンの家財・動産［①］について、本文書中に記された総額五〇ポンドと訴訟費用を賄うに十分と思われる分だけ、差押えるように。そして同上の金額分を確保して、貴殿の手元に置くか、もしただちに確保できない場合は、その［同氏による］支払い［供出］に責任を持つように。来る八月の第一火曜日、郡裁判所で開かれる法廷にて、判事諸氏により本件が審理される。当日その場に、本令状を持参すること。郡裁判所にて、証人、ジョン・バード、上記裁判所書記官。朕の治世一三年目の七月一二日［②］。ジョン・バード

［③］原告エイブラハム・ブレッドソー対被告ロバート・パターソン事件。

弁護士による原告の申立てに被告が出廷しなかったため、被告パターソンの財産より総額五〇ポンドと訴訟費用を差押え、次回の法廷において、この場で返還すべき旨、裁定された。

ジョン・バード

《裏》

ブレッドソー対パターソン、差押え。
引き削り刀に対して［差押え］執行。ジョン・ロイド
我々陪審は、原告に六ポンドを認定。ジョン・リード

①当時は法律上、いわゆる動産奴隷制が定められていたため、当該の語は動産・資産としての奴隷をもっぱら含意している可能性がある。②ジョージ三世の治世は一七六〇年一〇月二五日から始まっており、本史料の作成された「治世一三年目」の七月一二日は、一七七三年の同日になる。③以下の手書きの部分にも、再度ジョン・バードの署名がなされていることから、最初の署名が付された上部の記載時期と、この手書き部分の記載時期とが異なっている（後者の方が後）と考えれば、後者は八月第一火曜日に開かれた裁判の裁定結果を記したもの、すなわち本差押えの決定と読むこともできる。しかし裏書では陪審が原告に認定した金額が六ポンドと明記されており、満額の裁定と大きな隔たりがあることから、この表面下部の手書き部分は、やはり他の令状史料の手書き部分の機能と同じく、原告の申立ての内容に関して追加的に述べたものとしておくべきであろう。

印刷された部分は、もちろん定型の箇所である。上述のごとく、この文書が発せられたジョージ三世の治世一三年目は一七七三年に相当し、独立革命が加速するボストン茶会事件の年にあたる。茶会事件は一二月に発生しており、本文書はその五か月程度前のものとなるが、同事件の原因となった茶法は、すでに五月に制定されている。にもかかわらず、定型文を多用した文面からは、緊迫した政治状況は微塵も感じ取れない。ヴァジニアの西方の郡に住む人々にとって、もっぱらニューイングランドで生じている出来事は、情報へのアクセスが困難なこともあって、リアリティを感じにくかったであろう。また、いわゆる「同じアメリカ人」としてのシンパシーも薄かったと思われる。また、たとえそのような感情を抱く者がいたとしても、大きな政治問題と、個人的な金銭問題は、別の次元に

置かれていたといえるかもしれない。この訴訟を起こしたブレッドソーなる人物が、仮に愛国派にシンパシーを抱いていたとしても、強制執行や裁判がイギリス国王の名でなされることに対して、特に問題視はしていなかったのではなかろうか。

裏書の最初の文章は本件のごく簡潔な概略で、この文書をコンパクトに畳んで保管する際に内容がわかりやすいように記された文章と推測され、とりわけPの字体が表側と異なっていることから、弁護士（原告訴訟代理人）が書いたのであろう。続く文章は、差押えた品物について記したものと考えられる。目標の五〇ポンド強と比して、おそらくはあまりに少額相当の差押え品である。差押えた品がこれのみかどうか、知るすべはないが、他の記載がないところから、おそらくこの一点のみだったのではなかろうか。この引き削り刀を差押えられた被告のロバート・パターソンは、この品から推測する限り、職人であった可能性も高い。おそらくは貧しく、五〇ポンド強もの弁済に充てる家財を所有していなかったのであろう。にもかかわらず、なぜこれほどの額の負債を負うことになったのかは不詳であるが、そもそも出廷していないことから、このような結果は、ある程度予測できたといえるかもしれない。なお、この文章を記したジョン・ロイドなる人物は、（仮）差押えの執行を実際に担当した保安官もしくはその代理と思われる。前述のように、最後に横書きで記された文章はさらに興味深い。原告のエイブラハム・ブレッドソーに対して、おそらくは八月第一火曜日の裁判を担当した陪審員たちが、六ポンドのみを債権として認定したというのである（史料の写真から明らかなように、この文言は差押え執行の文章を避け、その下に記されているため、差押えよりも後のものであることがわかる）。もちろん原告の債権が認められたため、原告の勝訴ではあるが、陪審が認定した額は、被告に弁済を求めていた額のわずか一割強にすぎない。これを判事が最終的な裁定額としたとすれば、必ずしも勝訴とは断じにくい。そもそも地域のコミュニティにおける裁判であるから、陪審員たちは原告や被告と顔見知りだったとも考えられ、ある程度、両者の事情や事の成り行きについて知っており、コミュニティの安寧にも配慮しつつ、現実的な額を設定した可能性がある。六ポンドが被告にとって弁済可能な額だったかどうか知るすべはないが、たとえ出頭して債務者監獄に収監されたとしても、過酷な状況にはならないとの判断によるものかもしれないし、一方で原告側の主張にも配慮しつつ、そこにやや無理な部分、原告が妥協すべき部分を見出したのかもしれない。ともあれ、当時の地域社会において陪審制が有した優れたバランス機能を示唆する事例といえよう。

【史料10】

《表》

ノースカロライナ州ローワン郡。同郡の保安官もしくは警吏［の任にある者］へ。

同郡の治安判事たる私に、ジョン・ハギンが宣誓の上、以下の通り訴えている。すなわち同郡のソールズベリーに以前、居住していたジェイムズ・カーが、同州の通貨で総額二六ポンド六シリングを彼に借りており、しかも上記ジェイムズ・カーは同州の外へ転居したため、通常の法の手続きが適用できない。上記ジョン・ハギンはこのような事案において州議会が定める法にのっとり、保証金および担保［①］をすでに供託している。それゆえ我々は汝に以下のことを命ずる。もし上記ジェイムズ・カー［もしくはその財産］が貴郡において見つかったならば、同人の財産を差押えるか、もしくは上記の負債と訴訟費用を賄うに十分な担保によって回収を図ること。また上記ジェイムズ・カーに対して、［法廷にて］上記の訴えについて申し開きをさせること。差押えた同人の財産は、貴殿の手元にて確保しておくか、もしくは相当額を、来る二月の第一月曜日、同ローワン郡のためにソールズベリーにて開かれる法廷で、判事諸氏の前に提出させること。その後引き続いて手続きが進められる。当日その場に、本令状を持参すること。証人、ウィリアム・キャシー、同郡裁判所判事。本日一七八五年一月二七日。ウィル・キャシー、印（Seal）。

《裏》

ジョン・ハギン。ジェイムズ・カーの財産に対する差押え。［巡回裁判の］開廷期――。八五年二月［②］。保安官代理（DS）Ｐ・ファウストにより［③］、マイケル・フロッグ［フロッグズ］の所にて、黒人の少女ジェニーの差押えを執行。原告に代わって。ジョン・モナリー、弁護士。

①この保証金・担保は、差押えの乱用を防ぐ意味を持ち、もし債権者に何らかの誤り等があった場合、債務者への賠償にも充てられたと考えられる。②日付の前の"In"は"Do"すなわち"ditto"（同上）の略とも読める。③"DS"は、「保安官代理（Deputy Sheriff）」の意であろう。この文章自体に一人称表現がなく、他方、名前を記した箇所の前には"by"の表記のみがあり、"by me"や"per me"などの自署を明確に意味する表記ではないため、この保安官代理が実際に記したものではないと考えることもできる。筆跡は弁護士の筆跡と酷似しており、やはり弁護士の手になるものであろう。

独立後（パリ条約後）の史料である。当然ながら料紙から英国王の透かしは消えており、紙の質も以前のものと比べてやや粗いように感じられる。もはや法源は英国王でも植民地領主でもないが、文章の文句自体は非常に似通っている。革命を経て、法源が変わったとしても、書式や定型句、さらには法手続きの細部などは、かなりの部分が踏襲されたことがうかがわれる。なお、史料の裏面では、「開廷期――」までと、「八五年二月」以降の文章は手が異なっている。そもそも両者の語（「開廷期――」と「八五年二月」）は同じ行に記されており、とりわけ「――」と「八五」の部分は重なっていることから、別の手による記入であることは明らかであろう。その別の手が当該の日付を開廷の日付として重ね書きした可能性もあるが、差押えの執行日と解する方が自然といえよう。ともあれ「開廷期」までの文章は、この文書を畳んで保管するときにわかりやすいように付した題目、すなわち内容の要約であり、表側と同じ手といえるが、「八五年二月」以降の文章は、筆跡からも、最後に署名のある弁護士（原告訴訟代理人）ジョン・モナリーによるものと思われる。

ともあれ、この裏面の記述は衝撃的である。差押えの対象が、「黒人の少女ジェニー」と記されている。ジェニーが居住していたプランテーションの所有者フロッグと被告カーの関係は不詳だが、むろん両者には何らかの金銭関係、もしくは親族関係などが想定される。州外へ転居し、差押えの困難なカーの財産に替えて、おそらくは「来る二月の第一月曜日」の裁判に向けて、保安官代理が差押えを執行したのであろう（奴隷は当時、動産扱いであり、金銭執行の対象となりえた）。したがってこの史料から、当時の黒人奴隷の少女の金銭的な「相場」を推測することもできる。また、この「来る二月の第一月曜日」と執行日（と考えられる）の「八五年二月」が近接していることから、結局、被告が裁判に出廷せず、結果として黒人少女を（仮ではなく）本差押えした可能性も高い。ともあれ、この裏面に書かれた一文は、独立した合衆国が堅持・強化した動産奴隷制の残酷な一面を余すところなく伝えているといえよう。

*

以上、訳出・紹介した史料を含む全一〇点の表面テクスト、裏面テクストを簡略にまとめたものが表2-2と表2-3である（前者が表面、後者が裏面）。この表から全体を見渡しながら、さらに解説を追加しておきたい。まず、裁判は火曜日に開廷されることが圧倒的に多いことがわかる。ただし【史料10】のように、独立後は月曜日に開かれる例もある。また【史料2】・【史料3】にあるように、原告の所在地ではなく、被告の所在地の裁判管轄区で裁判がおこなわれる場合もある。その際、郡のみならず、植民地をもまたいで裁判が起こされており、この場合、ロードアイランド植民地の原告が、マサチューセッツ湾植民地の被告に対して訴訟している（ただし、前述のようにロードアイランドとマサチューセッツの間では境界の移動があり、これらの境界地域では、ある程度流動的な関係があったと推測される）。被告の職業は、比較的上層の自由農を意味するヨーマンや、さらに名望家のジェントルマンが登場

表2-2　差押え関連史料の表面テクスト

史料番号	令状発行日（年／月／日）	植民地・州（邦）	裁判管轄区（郡・都市）	次回開廷日	原告	被告		署名者役職等	差押え目標金額**
					住所	住所	職業等		
1	1736/6/19	マサチューセッツ	ブリストル郡・ブリストル	7月第2火曜	ブリストル郡・ダートマス	ブリストル郡・タイナータウン	ハズバンドマン／ヨーマン	裁判所書記官*	£20
2	1745/7/9	マサチューセッツ	ブリストル郡	9月第2火曜	ニューポート郡・ニューポート（ロードアイランド）	ブリストル郡・フリータウン／ニューポート郡・ニューポート（ロードアイランド）	ジェントルマン	裁判所書記官*	£220
3	1748・49/1/30	マサチューセッツ	ブリストル郡	3月第2火曜	プロヴィデンス郡・プロヴィデンス（ロードアイランド）	ブリストル郡・アトルバラ（マサチューセッツ）	ハズバンドマン	裁判所書記官*	£55
4	1750/4/第3火曜	マサチューセッツ	プリマス郡・プリマス	5月第3火曜	プリマス郡・セイタット	サフォーク郡・ヒンガム	ジェントルマン	裁判所書記官	£5
5	1768/10/10	マサチューセッツ	エセックス郡・イプスウィッチ	（60日以内）	エセックス郡・イプスウィッチ	エセックス郡・イプスウィッチ	ヨーマン	判事	£2（さらに9sの訴訟費用等）
6	—	ニューヨーク	ニューヨーク郡・ニューヨーク	7月最終火曜	—	—	—	弁護士	£300
7	1768/9/6(8)	メリーランド	ボルティモア郡	11月第1火曜	—	ボルティモア郡	ヨーマン／レイバラー	（裁判所書記官）	（£27/5s）
8	1771/7/25	ヴァジニア	ボトトート郡	8月第4火曜	—	—	—	裁判所書記官	—
9	1773/7/12	ヴァジニア	ファンカースル郡	8月第1火曜	—	—	—	裁判所書記官	£50
10	1785/1/27	ノースカロライナ	ローワン郡・ソールズベリー	2月第1月曜	—	—	（プランター？）	判事	£26/6s

＊同一人物（ティモシー・フェイルズ）。＊＊さらに訴訟費用等を金額を明示せずに加えているものも多い。

する一方で、比較的下層の農民を含意するハズバンドマンや農夫・労働者のレイバラーなども見られる。令状の署名者は裁判所書記官や判事らである。差押え金額（目標金額）は、これらの史料を見る限り最低でも二ポンドで、それ以下の金額では、裁判が割に合わなかった可能性がある。日付が明確にわかる史料のみに限定し、令状発行日（表面テクストに記載）から差押え執行日（裏面テクストに記載）の差を計算すると、九日から二四日の幅があるため、発行から執行まではおよそ二～三週間程度のペースであったと推測される。そして史料の裏面テクストから、われわれはその差押えの結果を知ることができる。さらに、差押え執行日（裏面）と次回裁判開廷日（表面）を比較すると、このような差押え（すでに【史料1】で縷々説明したように、正確に言えば仮差押え）が、次回の裁判開廷日ま

表 2-3　差押え関連史料の裏面テクスト

史料番号	執行日（年／月／日）	執行者役職	差押え物件
1	1736/6/28	保安官代理	家財
2	1745/7/25	保安官代理	住居（複数）と土地（「道の両側の」）
3	1748・49/2/23	保安官代理	家屋と土地
4	1750/4/28	警吏	牛 1 頭
5	—	警吏	—
6	—	保安官	「見つからず」
7	—	—	—
8	—	（保安官等）	（陪審が£8 を認定）
9	—	（保安官等）	引き削り刀（陪審が£6 を認定）
10	1785/2/x	保安官代理	黒人の少女

で一か月弱ないし二か月弱の余裕をもって執行されたことがわかる。

また、紙幅の関係で訳出していない【史料5】の表面には、差押え金額（二ポンド）に加えて、訴訟費用として九シリング、さらに保安官等への手数料（"Fee"）、当該令状の作成費用として一シリング四ペンスが明記されている。訴訟費用を被告から取り立てるのは裁判でごく普通に見られる手続きであり、他の史料にも当然のごとく記されているが、その金額が明記してあるのは他と異なる点といえる。さらに手数料や令状の作成費用まで記されており、この史料を通じて、当時の裁判にかかった費用の目安を得ることができる点は大いに注目すべきであろう。また同史料の裏面には、一七六八年一二月一二日に負債分と訴訟費用を受領した旨、手書きされている。令状が作成されたのが一〇月一〇日であるから、おそらくは「六〇日以内」の裁判ののち、迅速に事案が解決したものと推測される。

このようにわれわれは、これら差押え令状という一紙文書の表と裏を詳細に検討することで、短期の時間の経過に沿った事象の流れを、まさにアクチュアルな形で読み解くことができる。たとえば【史料3】を例にとると、被告が原告に借金したのが一七四八年一〇月一日、被告は翌年一月一日の返済期日を守らず、原告の申立ての結果、裁判所で差押え命令（正確には仮差押え命令）が発せられたのが一月三〇日、家屋と土地の（仮）差押えを保安官代理が執行したのが二月二三日となる。その結果を携えて、三月の第二火曜日に裁判が開かれ、差押えた財産の最終

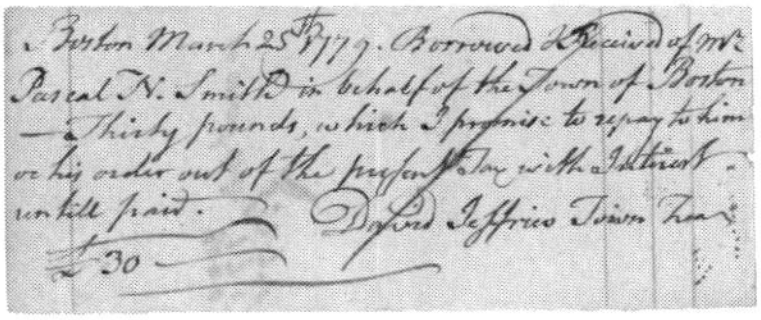

Boston March 25th 1779. Borrowed & Received of Mr. Pascal N. Smith in behalf of the Town of Boston — Thirty pounds, which I promise to repay to him or his order out of the present Tax with Interest untill paid. David Jeffries Town Tr.

£30

［表］

［裏］

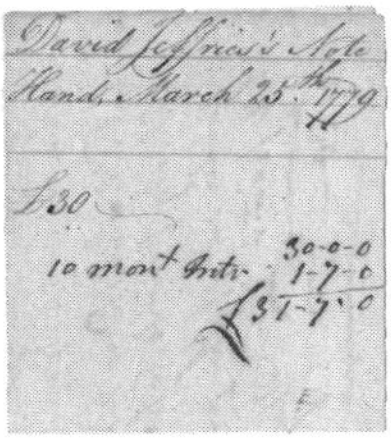

David Jeffries's Note Hand, March 25th 1779

£30

10 mont Intr. 30-0-0 / 1-7-0 / £31-7-0

［裏左］

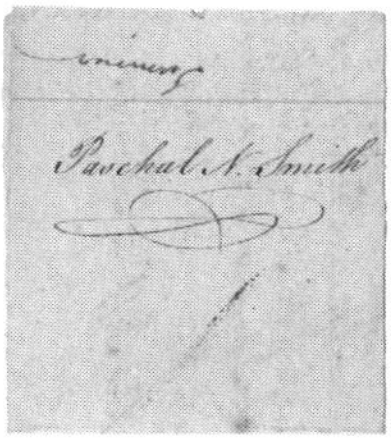

Paschal N. Smith

［裏右］

【史料 A】（著者蔵。以下同）

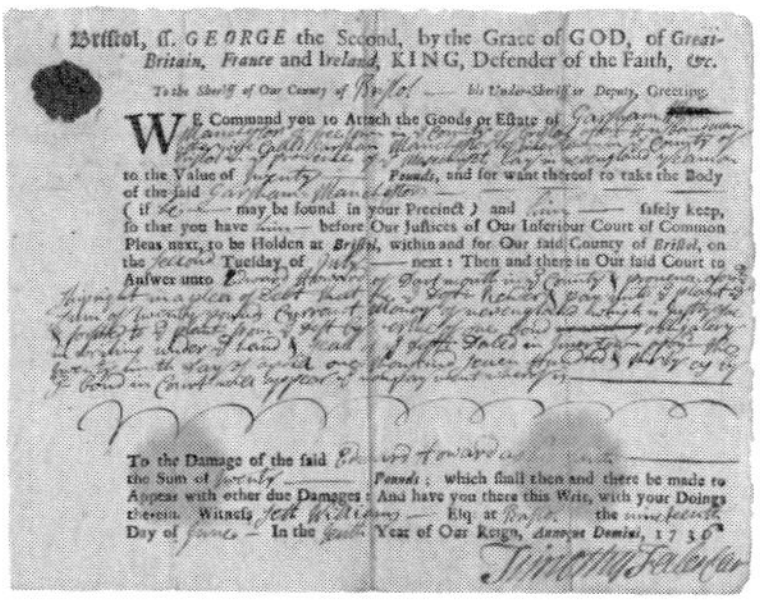

Bristol, ss. GEORGE the Second, by the Grace of GOD, of Great-Britain, France and Ireland, KING, Defender of the Faith, &c.

To the Sheriff of Our County of Bristol —— his Under-Sheriff or Deputy, Greeting.

WE Command you to Attach the Goods or Estate of Garsham Mandeller …

to the Value of twenty —— Pounds, and for want thereof to take the Body of the said Garsham Mandeller ——

(if he —— may be found in your Precinct) and him —— safely keep, so that you have him —— before Our Justices of Our Inferiour Court of Common Pleas next, to be Holden at Bristol, within and for Our said County of Bristol, on the second Tuesday of July —— next : Then and there in Our said Court to Answer unto Edward Howard …

To the Damage of the said Edward Howard …

the Sum of twenty —— Pounds ; which shall then and there be made to Appear with other due Damages : And have you there this Writ, with your Doings therein. Witness Seth Williams —— Esq; at Bristol the nineteenth Day of June — In the tenth Year of Our Reign, Annoque Domini, 1736.

Timothy Fales Clerk

［表］

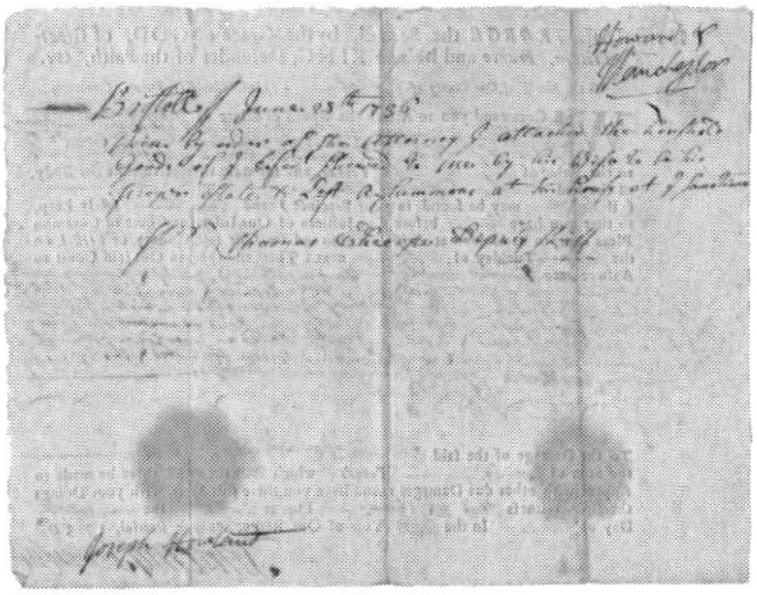

Howard v Mandeller

Bristol ss June 1736

Thomas … Deputy Sheriff

［裏］

【史料 1】

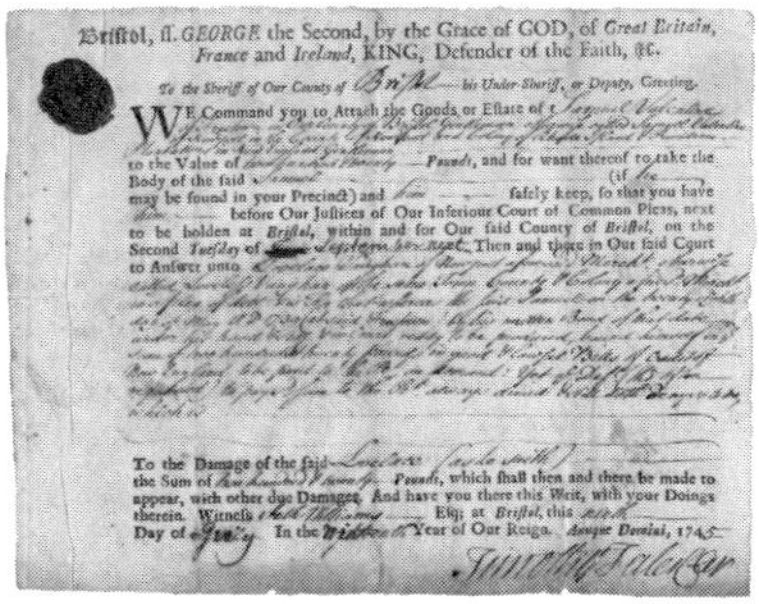

Bristol, ss. GEORGE the Second, by the Grace of GOD, of Great Britain, France and Ireland, KING, Defender of the Faith, &c.

To the Sheriff of Our County of Bristol —— his Under-Sheriff, or Deputy, Greeting.

WE Command you to Attach the Goods or Estate of Samuel …

to the Value of … Pounds, and for want thereof to take the Body of the said Samuel —— (if he may be found in your Precinct) and him —— safely keep, so that you have him —— before Our Justices of Our Inferiour Court of Common Pleas, next to be holden at Bristol, within and for Our said County of Bristol, on the Second Tuesday of September next. Then and there in Our said Court to Answer unto …

To the Damage of the said … the Sum of … Pounds, which shall then and there be made to appear, with other due Damages. And have you there this Writ, with your Doings therein. Witness Seth Williams —— Esq; at Bristol, this … Day of July In the … Year of Our Reign. Annoque Domini, 1745.

Timothy Fales Clerk

［表］

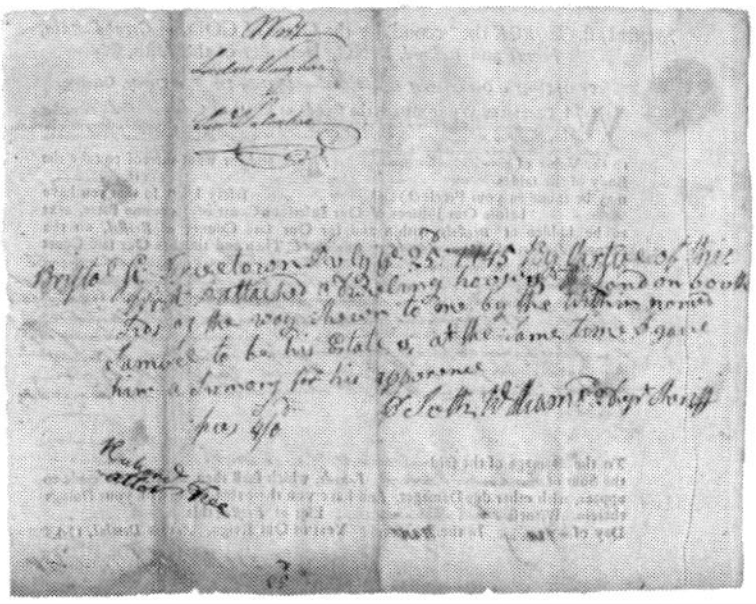

Bristol ss … July 25 1745 By Virtue of this Writ I attached a Dwelling house … Shewn to me by the within named Samuel to be his Estate & at the same time I gave him a Summary for his appearance

Seth Williams Dept Sheriff

fees 4/0

［裏］

【史料 2】

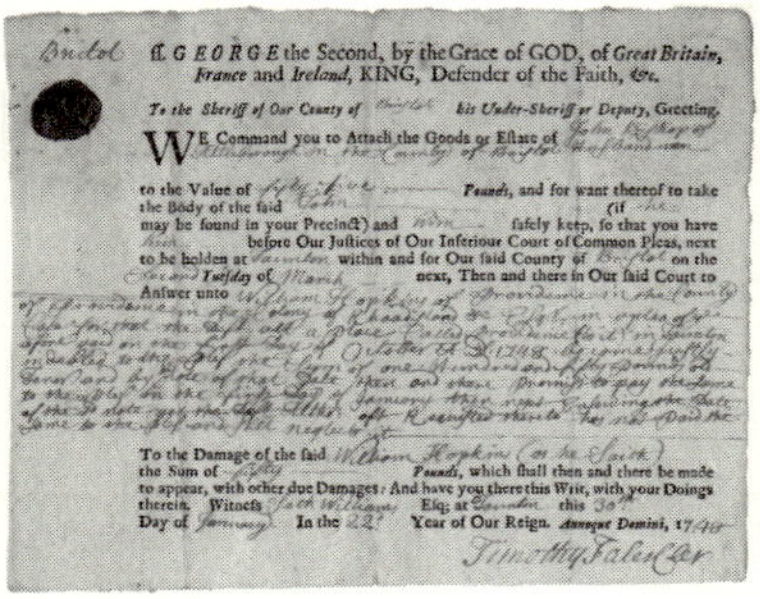
ss. GEORGE the Second, by the Grace of GOD, of Great Britain, France and Ireland, KING, Defender of the Faith, &c.
To the Sheriff of Our County of his Under-Sheriff or Deputy, Greeting.
WE Command you to Attach the Goods or Estate of to the Value of Pounds, and for want thereof to take the Body of the said (if may be found in your Precinct) and safely keep, so that you have before Our Justices of Our Inferiour Court of Common Pleas, next to be holden at within and for Our said County of on the Tuesday of next, Then and there in Our said Court to Answer unto
To the Damage of the said the Sum of Pounds, which shall then and there be made to appear, with other due Damages: And have you there this Writ, with your Doings therein. Witness Esq; at this Day of In the Year of Our Reign. Annoque Domini, 17

［表］

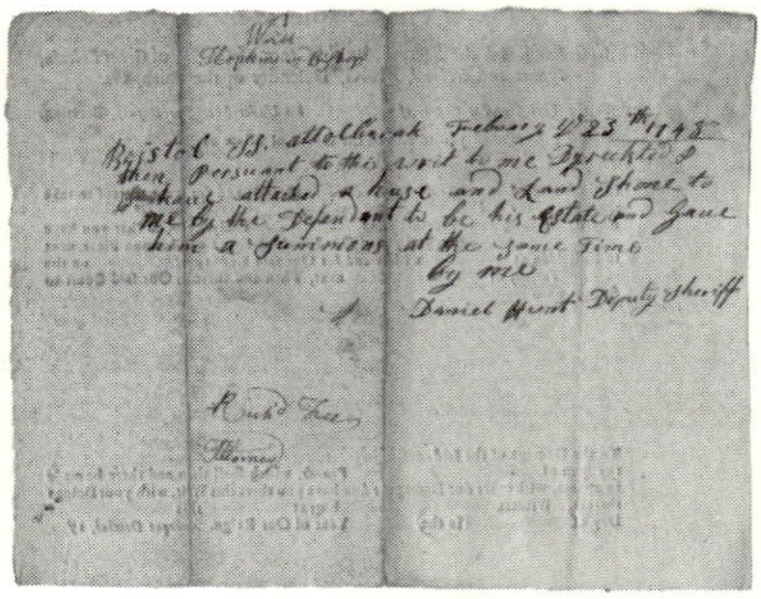
Bristol ss. Attleborough February 23th 1748 Then persuant to this writ to me directed I have attached a house and land shown to me by the Defendant to be his Estate and gave him a summons at the same time by me
Daniel Hunt Deputy Sheriff

［裏］

【史料 3】

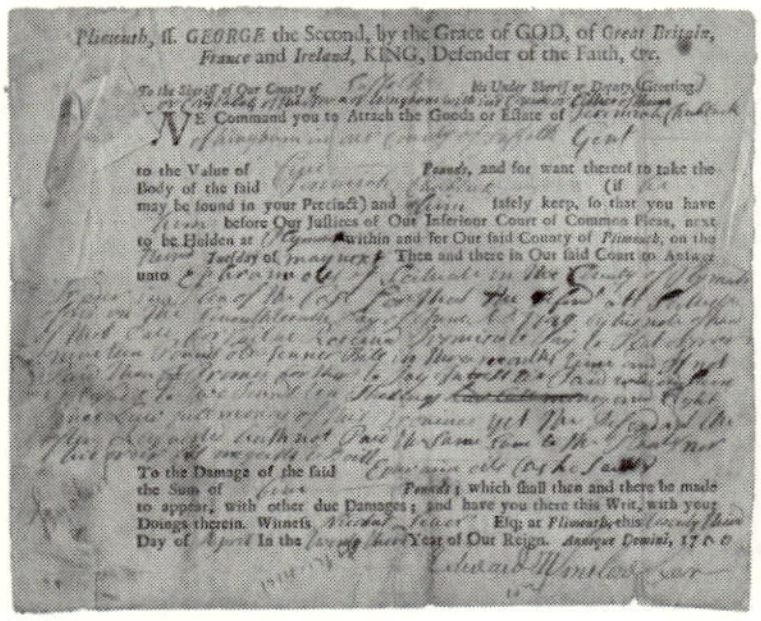
Plimouth, ss. GEORGE the Second, by the Grace of GOD, of Great Britain, France and Ireland, KING, Defender of the Faith, &c.
To the Sheriff of Our County of his Under Sheriff or Deputy, Greeting.
WE Command you to Attach the Goods or Estate of to the Value of Pounds, and for want thereof to take the Body of the said (if may be found in your Precinct) and safely keep, so that you have before Our Justices of Our Inferiour Court of Common Pleas, next to be Holden at within and for Our said County of Plimouth, on the Tuesday of Then and there in Our said Court to Answer unto
To the Damage of the said the Sum of Pounds; which shall then and there be made to appear, with other due Damages; and have you there this Writ, with your Doings therein. Witness Esq; at Plimouth, this Day of In the Year of Our Reign. Annoque Domini, 17

［表］

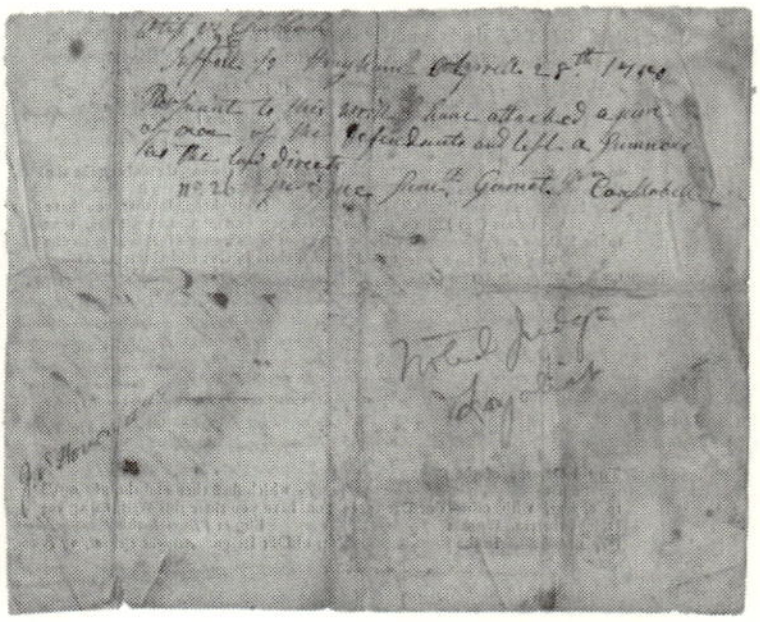

［裏］

【史料 4】

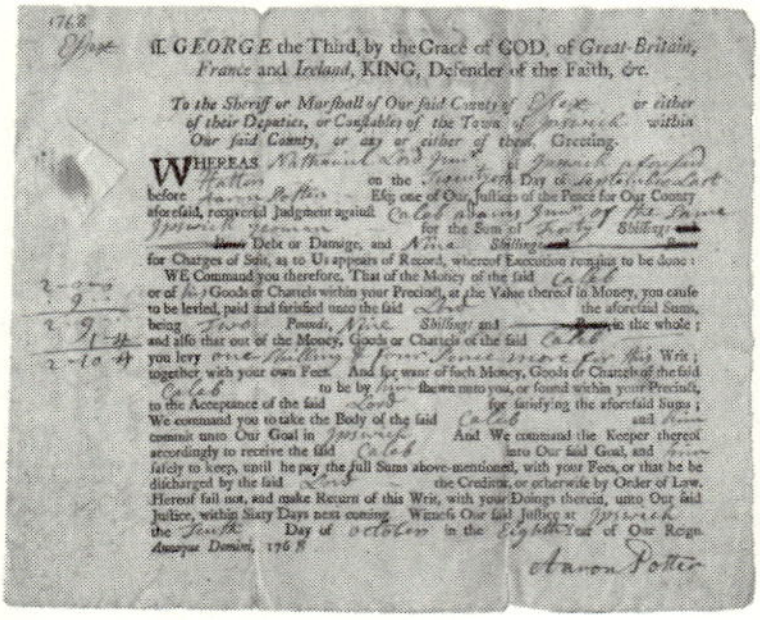
ss. GEORGE the Third, by the Grace of GOD, of Great-Britain, France and Ireland, KING, Defender of the Faith, &c.
To the Sheriff or Marshall of Our said County of or either of their Deputies, or Constables of the Town of within Our said County, or any or either of them, Greeting.
WHEREAS on the Day of before Esq; one of Our Justices of the Peace for Our County aforesaid, recovered Judgment against for the Sum of Shillings Debt or Damage, and Shillings for Charges of Suit, as to Us appears of Record, whereof Execution remains to be done:
WE Command you therefore, That of the Money of the said or of Goods or Chattels within your Precinct, at the Value thereof in Money, you cause to be levied, paid and satisfied unto the said the aforesaid Sums, being Pounds, Shillings and in the whole; and also that out of the Money, Goods or Chattels of the said you levy for this Writ; together with your own Fees. And for want of such Money, Goods or Chattels of the said to be by shewn unto you, or found within your Precinct, to the Acceptance of the said for satisfying the aforesaid Sums; We command you to take the Body of the said and commit unto Our Goal in And We command the Keeper thereof accordingly to receive the said into Our said Goal, and safely to keep, until he pay the full Sums above-mentioned, with your Fees, or that he be discharged by the said the Creditor, or otherwise by Order of Law. Hereof fail not, and make Return of this Writ, with your Doings therein, unto Our said Justice, within Sixty Days next coming. Witness Our said Justice at the Day of in the Year of Our Reign. Annoque Domini, 176

［表］

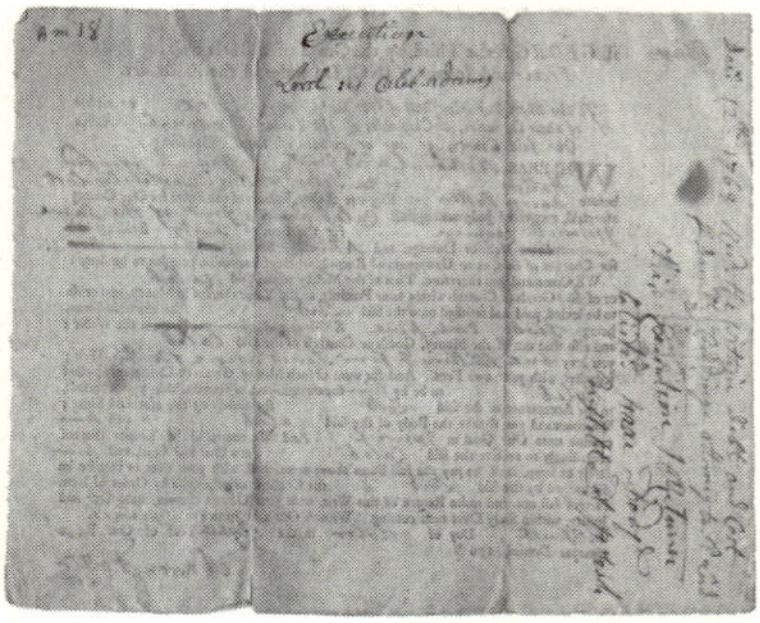

［裏］

【史料 5】

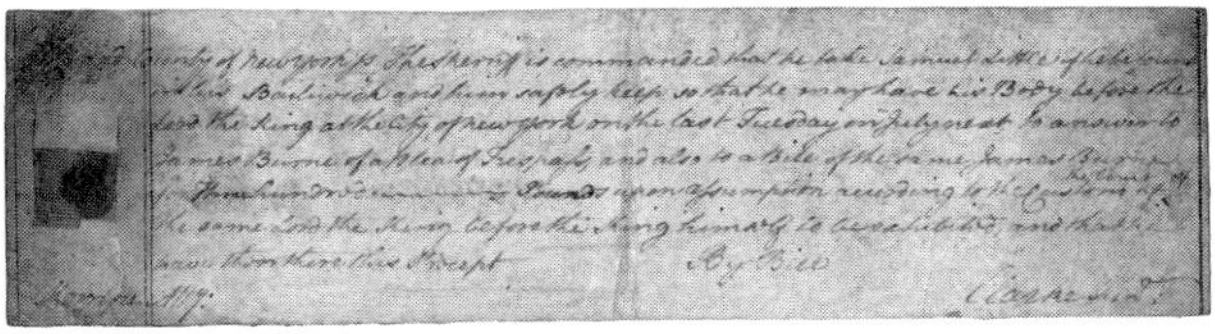

［表］

［裏］

【史料 6】

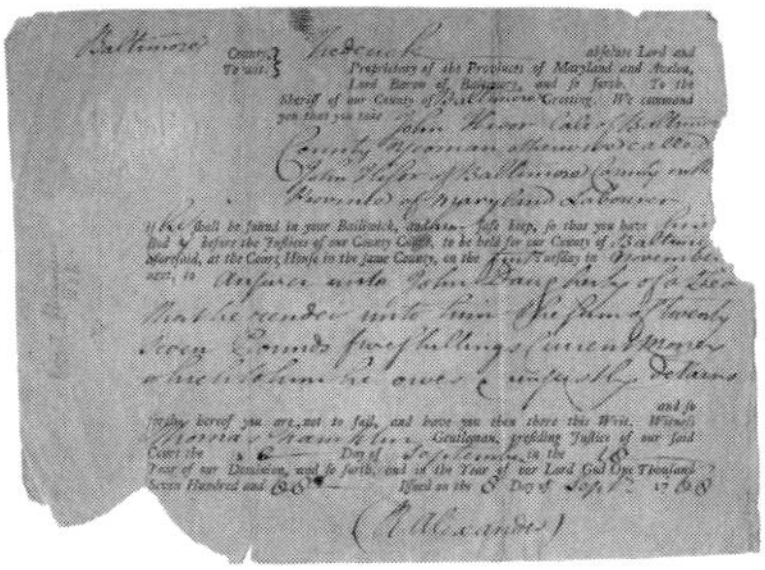

Proprietary of the Province of Maryland and Avalon, Lord Baron of Baltimore, and so forth. To the Sheriff of our County of Baltimore, Greeting. We command you that you take

... if he shall be found in your Bailiwick, and him safely keep, so that you have him before the Justices of our County Court, to be held for our County of Baltimore aforesaid, at the Court House in the same County, on the first Tuesday in November next, to answer unto ...

and have you then there this Writ. Witness ... Gentleman, presiding Justice of our said Court the ... Day of ... in the ... Year of our Dominion, and so forth. And of the Year of our Lord God One Thousand Seven Hundred and ... Issued on the ... Day of ...

［表］

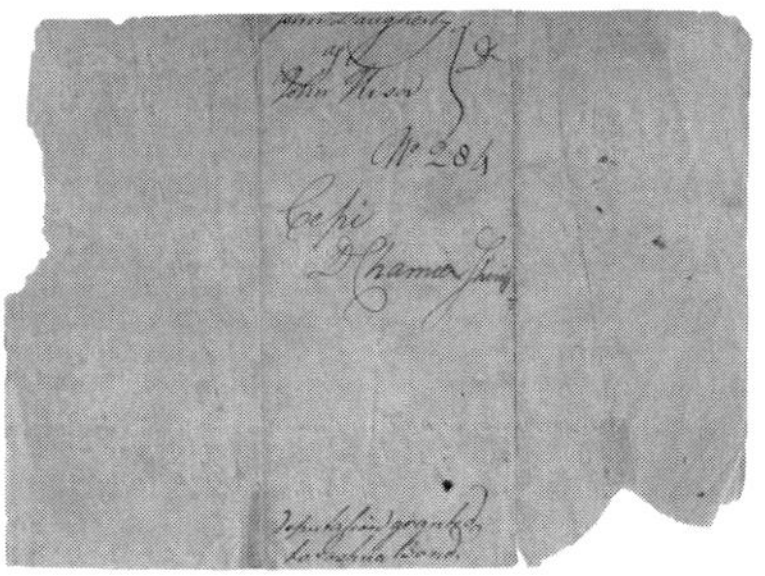

［裏］

【史料 7】

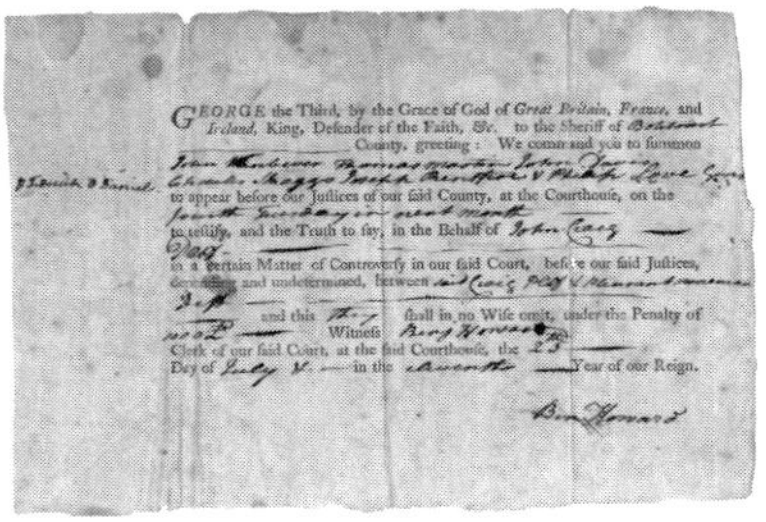

GEORGE the Third, by the Grace of God of Great Britain, France, and Ireland, King, Defender of the Faith, &c. to the Sheriff of [illegible] County, greeting: We command you to summon

to appear before our Justices of our said County, at the Courthouse, on the

to testify, and the Truth to say, in the Behalf of

in a certain Matter of Controversy in our said Court, before our said Justices, depending and undetermined, between

and this ... shall in no Wise omit, under the Penalty of ... Witness ... Clerk of our said Court, at the said Courthouse, the ... Day of ... in the ... Year of our Reign.

［表］

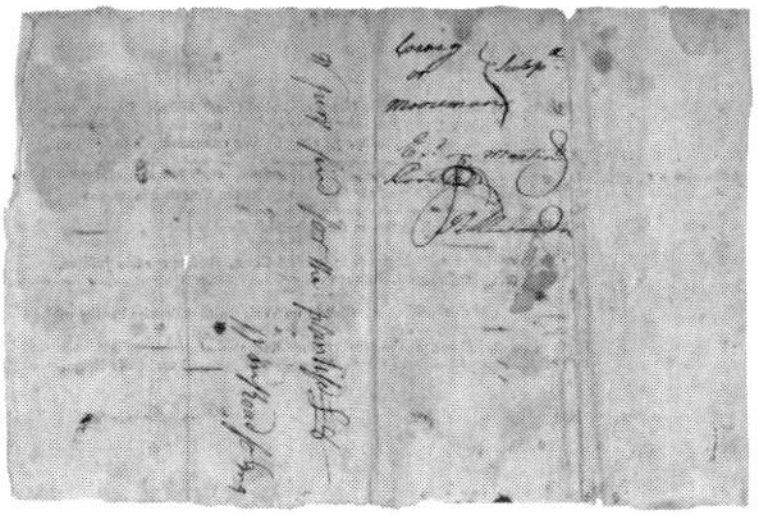

［裏］

【史料 8】

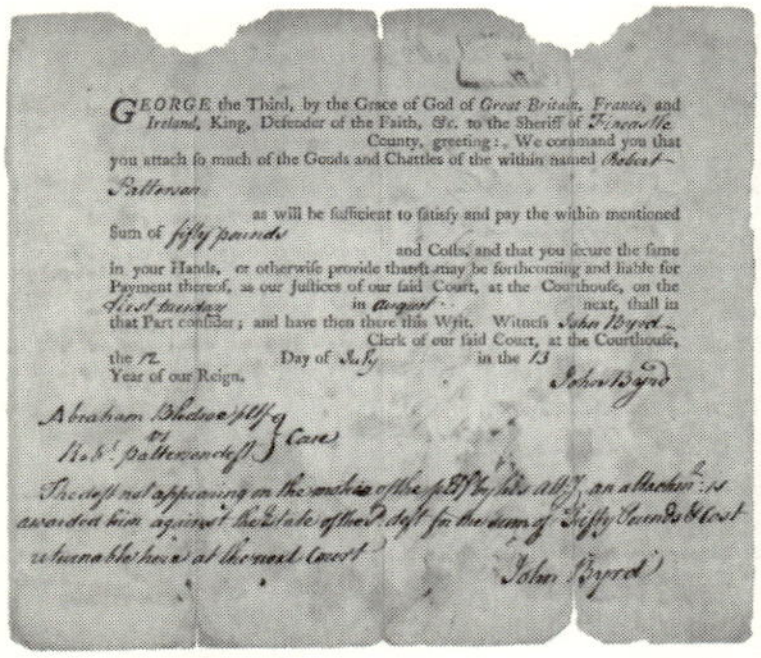
GEORGE the Third, by the Grace of God of *Great Britain*, *France*, and *Ireland*, King, Defender of the Faith, &c. to the Sheriff of Fincastle County, greeting: We command you that you attach so much of the Goods and Chattles of the within named Robert Patterson as will be sufficient to satisfy and pay the within mentioned Sum of fifty pounds and Costs, and that you secure the same in your Hands, or otherwise provide that it may be forthcoming and liable for Payment thereof, as our Justices of our said Court, at the Courthouse, on the first tuesday in August next, shall in that Part consider; and have then there this Writ. Witness John Byrd, Clerk of our said Court, at the Courthouse, the 12 Day of July in the 13 Year of our Reign.

John Byrd

Abraham Bledsoe plff vs Robt. Patterson deft } Case

John Byrd

［表］

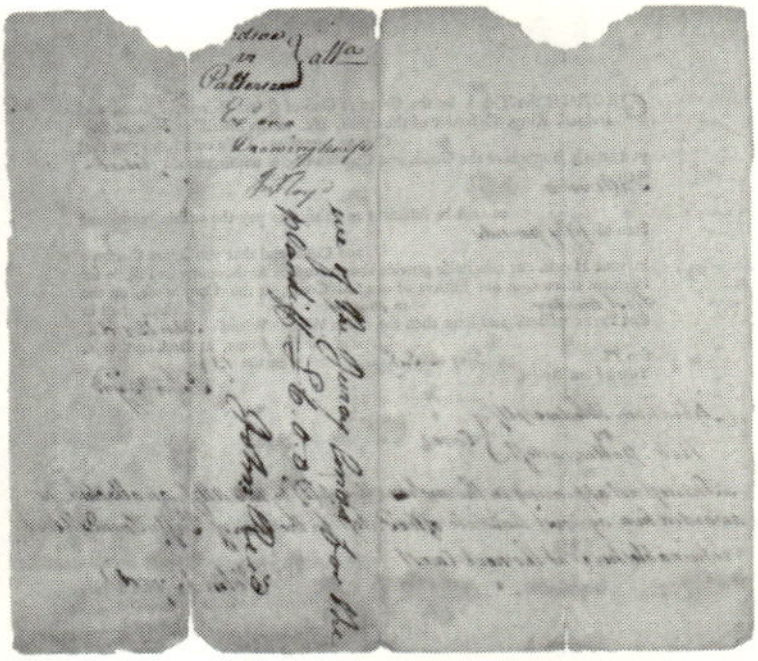
［裏］

【史料 9】

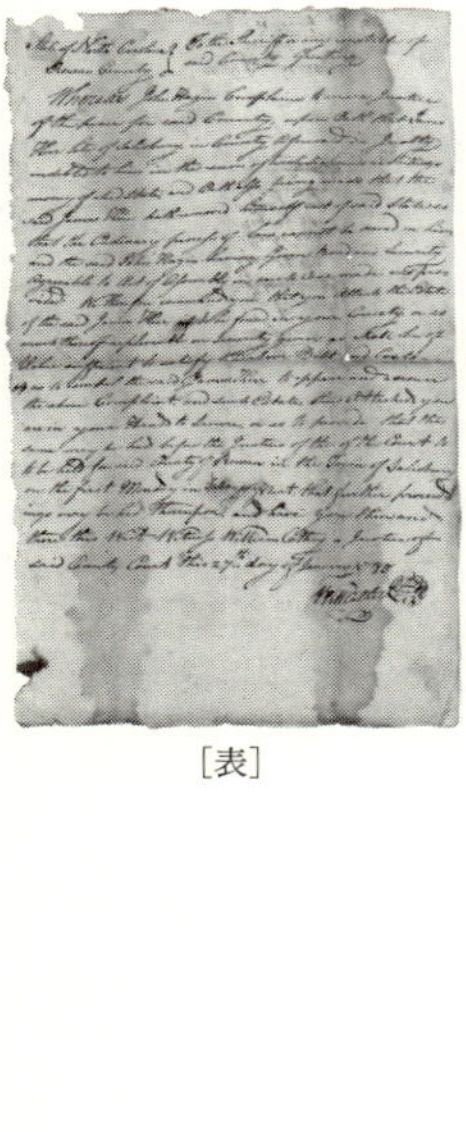
［表］

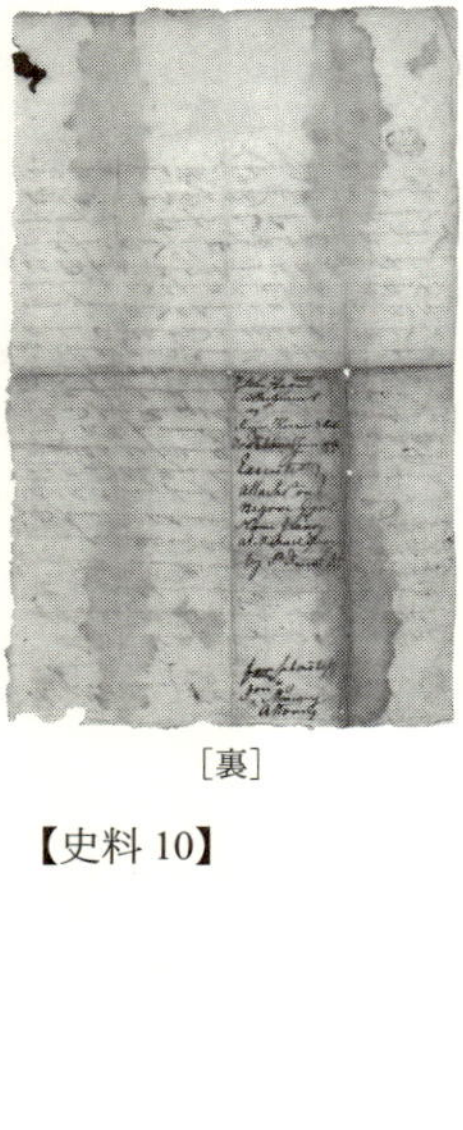
［裏］

［端裏書］

【史料 10】

的な処分のあり方が決せられたものと思われる[21]。すなわち、まず史料の表面のテクストから原告の訴えの内容、その経緯、差押え命令の内容、そして裏面のテクストから差押えの結果、さらには【史料8】・【史料9】のように、その後の評決結果に至るまで、時間軸の中で把握できるのである。しかもそのような様態は、革命中も独立後も、ある程度一貫して維持されたといえる。ましてや、債務不履行に対する自力救済原理に後退することなどは、まったくなかったのである。

そもそも一個人の財産に関わる一紙文書は、当事者にとっては重要な類であっても、単独で現存している場合、他の関連史料の発見が期待しにくく、それゆえに比較検討のしにくい性質を有しているといえる。しかしながら、とりわけその裏面に注目することで、われわれは歴史事象の時間軸の厚みを手にすることができるのであり、この点に改めて留意する必要があろう。文書館に収められていない、これら未刊行の手稿史料は、注意深く耳を澄ますならば、歴史の女神クリオの微かな声を、われわれに届けてくれるのである[22]。

3　エフェメラより見るワシントンの親族――受領証と小切手

さて本節では、ワシントンの親族が残した貴重なエフェメラを三点取り上げたい。受領証一葉と小切手二葉である。むろんいずれも著者の所蔵するオリジナルであり、これらの史料を通して、史料を残した親族当人のみならず、ワシントンその人の姿も炙り出されてくるといえよう。三点の史料の原文テクストの釈文（英文）については拙稿に譲り[23]、それぞれの史料について、テクストの訳と解釈を示してゆきたい。なお、これらのエフェメラのテクスチャーについては、次節で他の史料とともに分析の俎上に載せ、時間軸の上で相対的な位置づけを探るが、本節においてもテクストを解釈するための重要な手がかりとなる点については、積極的に解析を試みたい。そもそもテクストとテクスチャーは一体なのであって、一方の理解のためには、当然ながらもう一方の理解が不可欠だからである。なお、行論の関係上、本節以降（すなわち第3節から第5節まで）で扱う史料については、新たに1番から通し番号を振ることにしたい。また、それらの史料、すなわち本節から第5節までの史料の写真は、第5節末（本章末）にまとめて掲載している。

【史料1】
《表》
ウィリス・レディックスより、一七六九年五月の［奴隷主に支払う］賃金分として、七ポンドを受領。さらに、ディズマル湿地会社が認可した［配分した］土地の権利のために、六三ポンドを受領。ジョン・ワシントン
［鉛筆書き］
G・W［ジョージ・ワシントン］の親族。ジョン・ワシントンの息子
《裏》
スノッドグラス

この受領証に記された「ディズマル湿地会社」とは、ワシントン本人も参画し、ディズマル湿地を舞台に計画・展開された大掛かりな開発プロジェクトの名称である。(24) ディズマル湿地（大ディズマル湿地）は、ヴァジニアとノースカロライナの境に、大西洋岸からおよそ四〇キロ内陸に広がる大湿地帯で、中心にはドラモンド湖が位置し、地層は泥炭（ピート）である。このドラモンド湖は周辺の土地よりも高い位置にあるため、水は湖に流れ込むのではなく、ここから流れ出ており、湖畔に立つ糸杉や杜松などから滲出されるタンニンの作用で水はきれいに保たれ、コーヒー色を呈している。植民地時代、これらの樹木は森林資源としてこけら板（屋根板）に使われ、さらに船舶

に積み込む水の供給源となっていた。現在も湿地帯の貴重な生態系は保持され、国立公園局の管理下に置かれている。当時、ワシントンはこの湿地帯四万エーカーを干拓すれば豊かな農地となり、タバコなどが栽培できると考え、当該プロジェクトの推進者に名を連ねた（ワシントン自身も一七六三年から六八年にかけて、少なくとも六回、この地を訪れている）。ワシントンと他の三名（T・ウォーカー、F・ルイス、B・バセット）はディズマル湿地会社（「ディズマル湿地干拓冒険企業《アドヴェンチャラー》」）を設立し、一七六三年五月に湿地に赴き、干拓の可能性を探った。彼らがウィリアムズバーグから湿地に向かったちょうどその日に、ヴァジニア植民地の副書記、ウィリアム・ネルソンが植民地参議会に訴えて、ノーフォーク郡など二郡の同湿地帯で、未所有の土地について希望者に売却し、公有地譲渡証書（パテント）を発行するよう請願している。ワシントンは一七六三年一一月に開かれたディズマル湿地会社の最初の会合のために、湿地帯の地形や小川などの詳細な覚書を作成し、その会合においてメンバーは、翌年の七月までに各自五名の奴隷を干拓と土地改良のために送ることで同意した。ワシントンは七月に三名の奴隷を送り込んでいる。同年（一七六四年）一二月、会社の経営者たちはサフォークからノーフォークまでの道路沿いの土地（湿地帯を含む）を千エーカー以上購入し、ジョージの遠戚に当たるジョン・ワシントン（ジャック。「サフォークのジョン・ワシントン」と呼ばれ、ジョージの曾祖父の弟ローレンス・ワシントンの曾孫。独立戦争中、マウントヴァーノンの農園の支配人をしていたランド・ワシントンの弟）が、一七六五年の冬から会社の監督官としてディズマル湿地に留まり、会社の干拓計画を管理した。しかし総勢五四名の奴隷を用いてもこの広大な土地を干拓するには労働力不足であり、屋根板、こけら板、下見板などの材木を定期的に市場に送り出すに留まり、会社は土地の干拓よりも林業に事業の比重をシフトさせた。独立戦争で事業は一時ストップしたが、戦後にワシントンは三〇〇名のドイツ人やオランダ人を入植させる計画を打ち出し、さらに一七八七年、ヴァジニア邦議会はこの地での運河建設を認める法案を通した。同じ目的で、同湿地のノースカロライナ側には「レバノン会社」が設立され、一七九三年からは両会社が共同で運河建設にあたったが、完成までには三五年もの月日がかかった（奴隷を用いたこの運河建設事業は、“slaveneering”の驚異といわれている）。ワシントン自身は一七九五年に会社の株をヘンリー・リー（後述のヘンリー・「ライト・ホース・ハリー」・リー）に売却した。ただし、リーは最終的に買い取り資金を用意できず、一八〇九年にワシントンの遺族に株を返却している。結局、ディズマル会社自体は十分な収益を上げることができず、一八一四年に事実上、解散となったのである。

さて史料の受領証は、ジョン・ワシントンが会社の監督官としてディズマル湿地で指揮をとっていた時期のものである。ウィリス・レディックスについては会社の設立者に含まれておらず、詳らかでないが、会社への出資者と考えられよう。彼は出資者として、労働力と土地に資金を投じ、ジョン・ワシントンが記した本史料を受領証として受け取ったのである。労働力への出資とは、会社で用いていた奴隷の賃金（具体的には、奴隷を貸し出している奴隷主への報酬）の一部、七ポンドであり、土地への出資とは、むろん会社の土地（の権利）の一部を六三ポンドで購入したという意であって、とりわけ後者については、別途、正式な証書が作成され、レディックスに与えられたと考えられるが、きわめて簡略な本受領証は、あくまでも現金等の授受の際の証拠となるものと位置づけられよう。

本史料を子細に検討すると、インクで記された十字の印が表側に二か所、裏側にも一か所あり、おおよそこの印をめどに、この文書が短冊状に切られていることがわかる。その切り取り跡が直線であることから、切断にはハサミではなく、ナイフ等が用いられたと想定される。しかもこの切り取り跡は、現代的な刃物の使用を考えなければならないほどには鋭利でなく、また一部には摩耗も見られるため、同時代に切断されたものと捉えて大過ないと思われる。そもそも十字の印が同時代のものか、後世のものかも判然としないが、もし後世にこの短冊部分のみを切り取り、コレクションとしてディスプレイするために記された印であれば、左下隅の記載のように鉛筆で書かれた可能性が高いと思われるため、印自体もやはり同時代のものとすべきであろう。ただし文書の下方には、印や文章の切断が見られないことから、一枚のシートの末尾だったとも考えられる（下方にも十字の印があるため、切断面の可能性がないわけではない）。ともあれ、以下の論理展開は、この切断（および十字の印）が後世のものではなく、同時代のものであることを前提としており、その点に留意されたい。

この前提に立てば、史料中の本文二行目の下方に署名用のスペースが採られているにもかかわらず、署名がこの印の示す範囲よりはみ出ていることから、本文を記す前に（もしくは、少なくとも署名の前に）この印が記入されたとも考えられる。すなわち、この印をおおよその目安としてその範囲内に入るように書記が本文を記し、ジョン・ワシントンが、その範囲をややはみ出るかたちで署名をしたと思われる。このように、一枚の用紙に必要に応じて順次（もしくは同時に）、領収証を書記が作成し、署名がなされた後、そのたびに（もしくは一斉に）短冊状に切り離して、相手方に渡したものとも考えられる。ただしこの想定には、疑問もなしとしない。もしも同時代のこの十字の印が、単に短冊状に切り取る位置の大まかな指示であって、大体の目安にすぎないとすれば、印が書かれたのは、署名がなされた後のことであっても不自然ではない。むしろこの印のインクの濃さは、ジョン・ワシントンの署名のそれとよく似ている。さらに、この短冊部分よりも前の文章（署名）の一部が、この文書の一行目にわずかにかかっているということは、少なくとも前の文章が本史料と同じように短冊状に切り離された後に、本史料の文章が書かれたという推定は成り立たない。その場合、前の文章の、おそらくは署名部分（しかもこれはジョン・ワシントンのものではない）にかかることを避けるように切り取るだろうからである。そうであれば、もともとの一枚のシートには、受領証以外の用件が記されていた可能性もあり、受領証として必要な本史料の短冊部分のみを切り取ったとも考えられよう。また、裏面については、スノッドグラスという不詳の人物の署名の上部が切り取られているところから、不必要と判断された文ではないかと想像される（つまり、スノッドグラスなる人物と表面との関連はないと思われる）。そもそもこのように細く短冊状に料紙を切断して利用していることから、紙を節約して用いていた状況が推測され、それゆえ反故紙も用いられた可能性がある。現地の監督官だったジョン・ワシントンが、現場の事務所等で記したものだとすれば、まさに当時のディズマル湿地の状況を示唆する史料といえよう。この受領証は作成された後、表側を内側にして半分に折られ、ウィリス・レディックスによって保管されたのであろう。のちに結局、その折り目から半分に切れてしまっており、本来ならばその時点でこの受領証は破棄、もしくは散逸の運命を免れ得なかったであろうが、裏面の糊の跡が証しているように、ワシントンの親族の署名を持つ貴重なコレクションとして台紙等に張られて保管されたため、滅失することなく今日にまで伝来したのである。

次にワシントンの甥に関する史料を見てみよう。

【史料2】

《表》

アレクサンドリアのファーマーズ・バンクの支配人［出納係］（Cashier）［へ］

ベルとエントウィッスルの両氏［ベル・エントウィッスル商会］に五ドルを支払われたし。

ローレンス・ルイス

一八三九年三月一一日

《裏》

ベルおよびエントウィッスル［ベル・エントウィッスル商会］

本史料は、銀行に支払いを依頼する相手方の名前（姓）が明記されている記名式小切手である。相手方は二名おり、裏面にはその両名の名が記されている。小切手を換金した際の裏書署名であろうが、両名それぞれの自署ではなく、おそらくどちらか一方の署名となっている。したがって支払先は個人二名というよりも、両名の名を冠した商会と考える方が妥当であろう。この小切手を振り出したローレンス・ルイス（一七六七―一八三九）は、ワシントンと同母の妹ベティの息子で、「ワシントンお気に入りの甥」と呼ばれ[25]、ウィスキー反乱に際しては、ダニエル・モーガン将軍の副官を務めるなどしている。彼は一七八九年に結婚したが、この最初の妻は一七九〇年、出産時に死去しており、九七年の夏にワシントンは彼にマウントヴァーノンに居を移すよう求め、応じたローレンスは八月三一日に移り住んだ。彼はこのマウントヴァーノンで、一七九九年二月二二日、ワシントンの六七歳の誕生日に、ワシントンの義理の孫娘（エレノア・パーク・カスティス（ネリー））と結婚した。妻ネリーの証言によれば、ローレンスはあまり活発な性格ではなかったようである。体も弱く、プランテーション経営にも不熱心だったという[26]。ともあれローレンスはワシントンの遺言執行人の一人に指名されている。

ローレンスが死去したのは、一八三九年の一一月二〇日であり、場所はアーリントンであった。本史料は一八三九年三月一一日に振り出されたものであるから、死のおよそ八か月前となり、彼の最晩年の筆跡といえる。むろん、日付、場所ともに矛盾はない（アレクサンドリアはアーリントンの近傍）。冒頭の語（Cashier）の頭文字"C"は、おそらく"b"を訂正したものと見受けられるが、それは当初"banker"と書こうとして、すぐに"Cashier"に考えを変えたという経緯、すなわちローレンスの躊躇を表していると想像することもできる。そしてその躊躇の原因はローレンスの老齢に帰すことができるかもしれない。なお前述のように、裏書署名は一人の手になるもので、ベルかエントウィッスルのどちらか（もしくは同商会）が五ドルを受領し、双方の名を記したものと思われる。また、キャンセレーション（消印）として櫛形の切り込みが一点認められるが、もちろん銀行が同金額の支払い後、用具を用いて刻んだのであろう。

【史料3】

《表》

二〇ドル　ポトマック銀行

ベンジャミン・ウェルシュもしくは持参人（Bearer）に、二〇ドルを支払われたし。

一八四六年一一月九日　ジョージ・W・P・カスティス

図 2–1　E・サベージ《ワシントン一家》（J・サータンの銅版画，19 世紀中葉，60.4 cm × 40.2 cm）（著者蔵）

本史料は記名式小切手であると同時に、持参人（bearer）への支払いも明記されており、その意味では持参人払式小切手でもある。この小切手を振り出した「ジョージ・W・P・カスティス」、すなわちワシントンの名をそっくり与えられたジョージ・ワシントン・パーク・カスティス（一七八一―一八五七）は、ワシントンの義理の孫の一人である。彼の父は、ワシントンの妻マーサの連れ子ジョン・パーク・カスティス（ジャッキー）で、このジャッキーは比較的早く結婚して四人の子をもうけたが、独立戦争末期、ヨークタウンの戦いに参戦して二〇代半ば過ぎで病没し、残された子どもたち（ワシントンにとっては義理の孫）のうち、幼い二人をワシントン夫妻は自宅に引き取って育てることになった。義理の孫娘エレノア・パーク・カスティス（先のローレンス・ルイスの妻となった）と、このジョージ・ワシントン・パーク・カスティスである。図2-1は、この義理の孫二人と、ワシントン夫妻を描いた銅版画（メゾチント）である。原画はエドワード・サベージの手になる《ワシントン一家》で、彼は一七八九年に制作を開始して九六年に完成、その後、原画の版画も売り出して大成功を収めた。一九世紀中葉には、アメリカでメゾチントの技法を開拓したジョン・サータンがその精巧な銅版画（すなわちこの図2-1）を販売したため、この絵は国民の間にさらに広く流布した。サベージが原画の制作を始めた一七八九年にジョージ・ワシントン・パーク・カスティスは八歳、エレノアは一〇歳であったため、この絵は二人の姿をその時点で凍結したものといえる。[27] ともあれ、ジョージ・ワシントン・パーク・カスティスは父ジャッキーの亡年に生を受けたため、その生まれ変わりともいえ、「ワシントン」のミドルネームから少年期は「ウォッシュ」や「タブ」などの愛称で呼ばれて、実子のないワシントンが息子として溺愛した。青年期には学業成績などが芳しくなく、彼を愛するワシントンを大いに悩ませたが、長じて著述家（劇作家）となり、ワシントンの顕彰活動に多大な貢献をなした。彼は一九世紀初頭に、ワシントン夫妻や祖父ダニエル・パーク・カスティスの資産を受け継ぎ、ポトマック川のほとりにアーリントン・ハウスの建設に取りかかる。その完成には一五年以上の月日を要したが、これこそ今日、アーリントン国立墓地の高台に佇むあの建物に他ならない。彼の一人娘は、このアーリントン・ハウスで一八三一年に結婚式を挙げた。新郎は後に南北戦争で南軍を率いることになるロバート・E・リーである。リーの父、すなわち独立戦争で軽騎兵隊を率いて活躍したヘンリー・「ライト・ホース・ハリー」（早馬ハリー）」・リーは、一七九九年一二月二六日のワシントンの葬儀の際、後世に語り継がれる名文句の弔辞（「戦時において先頭に立ち、平時において先頭に立ち、国民の心の中で先頭に立つ……」）を献じており、リー父子とワシントン家のまことに不思議な縁《えにし》といえよう。ちなみに、ワシントンは死の間際に、ジョージ・ワシントン・パーク・カスティスと、先のローレンス・ルイスの二人の顔を見たいと強く望んだが、運悪く二人ともその場にいなかった。しかし後年（一八三一年）、彼らは一緒に力を合わせて、今日ワシントン夫妻が眠る新しい家族墓所をマウントヴァーノンに建立している。本書であえて、この二人が振り出した小切手を史料として提示したゆえんである。

図2-2　1840年代のジョージ・ワシントン・パーク・カスティス（複製写真）（著者蔵）

一八四六年の年銘を持つ本小切手は、カスティスが六五歳の時に振り出したもので、むろんアーリントン・ハウスで記したのであろう。近傍のポトマック銀行に宛てた指示だが、ウェルシュなる人物については不詳である。そのウェルシュの裏書署名はないが、消印としてX型の切り込みが二点認められるところから、二〇ドルの支払はなされたのであろう（ちなみに二点の消印の切り込みは、小切手を折り畳んでも重ならないところから、一か所の切り込みが二点のごとく見えるわけではない）。じつは一八四〇年代にカスティスを写した写真が現存しており（図2-2）、写真技術の最初期のものゆえ傷みはあるものの、本小切手を振り出した頃の彼の姿を目の当たりにすることができる。この十数年後、彼もまた鬼籍に入ることになるのである。

4　史料のテクスチャーの分析

本節と次節で取り上げる対象は、もはや忘却の彼方となってしまった市井の人々が残した生の痕跡、彼ら／彼女らが発したかすかな声である。そのかすかな声を、カゲロウのごとく本来短命であることを運命づけられたエフェメラを通して、聞きとってみようとする試みである。むろん、登場人物の中には当時、権力側に立っていた人物も含まれてはいるが、ほとんどはいわゆる「普通」の人々であり、むしろそれゆえにこそ、さまざまな身近な出来事の中に、時代の相がより明瞭に透けて見えるといえる。そしてそのような分析に際しては、エフェメラこそが有効な史料となりうることが実証されよう。

ここで扱う史料の法量や透かしなど、広義の形態（テクスチャー）を一覧にまとめたのが表2-4である。【史料1〜3】については前節で扱った史料であり、本節・次節では、【史料4】以下の一四点の史料を俎上に載せる。各史料のテクスチャーの中でもとりわけ法量（原則として最大値を採用）に注目するならば——もちろん具体的には製紙の際に用いるデックルのサイズに規定された数値だが——はっきりとした傾向を見て取ることができる。まず、簀の目の向きが「横」になっている史料（【史料5〜8・10〜16】）、計一一点に注目すると、いずれも今日の

表 2-4　手稿史料の形態（テクスチャー）

史料番号	種類	日付（年／月／日）	植民地・州（邦）	郡・都市等	法量（in）		料紙	簀の目の向き	透かし		記載		形質に関する備考
					横	縦			有無	内容	天地	表裏	
1	受領証	(1769/5/x)	ヴァジニア	（ディズマル湿地会社）	9.4	1.6	簀の目紙	横	無	―	―	―	
2	小切手	1839/3/11	ヴァジニア	（アレクサンドリア）	6.3	1.8	網目漉き紙	―	無	―	―	―	消印（櫛形の切り込み）有り
3	小切手	1846/11/9	ヴァジニア	（アーリントン）	7.0	2.8	網目漉き紙	―	無	―	―	―	消印（X型の切り込み）2点有り
4	受領証	1738/8/23	ペンシルヴァニア	（フィラデルフィア）	6.2	2.2	簀の目紙	縦	無	―	―	―	酸性紙の台紙（8.7 × 7.4）に貼り付け
5	受領証	1757/3/23	マサチューセッツ	バーンスタブル	7.5	2.4	簀の目紙	横	無	―	―	―	
6	受領証	1755/6/4	コネティカット	ノーウィッチ	7.7	4.3	簀の目紙	横	有	英国王の紋章？（G Bの語を含む）	順	裏	
7	受領証	1760/9/15	コネティカット	ノーウィッチ	7.4	3.8	簀の目紙	横	有	英国王の紋章（王冠付）	逆	裏	
8	受領証	1763/x/x	ヴァジニア	ベッドフォード郡	7.6	2.9	簀の目紙	横	有	英国王の紋章	逆	表	
9	受領証	1790/1/14	（マサチューセッツ）	（グリーンフィールド）	6.0	2.0	簀の目紙	縦	無	―	―	―	
10	受領証	1794/3/26	マサチューセッツ	イプスウィッチ	7.9	2.8	簀の目紙	横	無	―	―	―	
11	受領証	1795/12/23	マサチューセッツ	ペンブローク	7.3	3.2	簀の目紙	横	有	「I[?] HAYES」	逆	裏	
12	受領証	1795/12/14	ニューヨーク	キングストン	8.1	3.5	簀の目紙	横	有	鷲の紋章？	順	？	
13	支払指図書	1766/10/29	コネティカット	ハートフォード	8.0	3.3	簀の目紙	横	無	―	―	―	
14	支払指図書	1768/10/19	コネティカット	ニューヘイヴン	7.6	4.8	簀の目紙	横	無	―	―	―	
15	約束手形	1744/1/26	コネティカット	ウィンダム郡カンタベリー	7.7	4.5	簀の目紙	横	有	王冠（英国王の紋章の一部？）	順	？	
16	約束手形	1799/4/5	ヴァジニア	ピットシルヴァニア郡	8.0	6.5	簀の目紙	横	無	―	―	―	収入印紙のエンボス（鷲と「ヴァジニア・25セント」）有り
17	為替手形	1775/3/1	メリーランド	ボルティモア	6.2	3.7	簀の目紙	縦	有	英国王の紋章	順？	裏？	

註）法量はセンチで計測した後，インチへ換算した（小数点以下2桁目は四捨五入）。

レターサイズやリーガルサイズには該当しないものの、横は平均で七・七インチ、縦は三・八インチである。横については、今回史料としたほとんどの受領証や約束手形が採用している七・七インチ前後が、少なくとも一八世紀後半において一つの重要な基準であったと考えて間違いなかろう。一方、縦に関してはバラエティが大きく、おそらく料紙を適宜、横に切断して利用していた可能性を示唆しているように思われる。すなわちテクストの分量に応じて、適当な縦の長さに切断して用いたため、ばらつきが大きくなったのではないかとの理解である。なんとなれば、料紙の切断面が斜めであったり、不定型であったりするケースが散見され、同時にテクストの分量に対して過不足のない料紙サイズとなっているものも多く、しかもそのテクストはすべて手書きであり、印刷箇所を含む史料などとは異なって、サイズの自由度はきわめて高かったと推測されるからである（むろんテクストが私文書であることも、そのフレキシビリティのゆえんであったと推測される）。ただしその際も、後述する六・一～六・五インチの二分の一、もしくは三分の二が大まかな目安であったと考えることも可能で、さらにそれらを一定の規格として捉えるならば、規格にそってあらかじめ切断・作成された紙を用いたケースも排除されない。その場合、複数規格の混在ゆえに、縦の偏差が大きくなったと推察することもできる。一方、簀の目の向きが「縦」の料紙（【史料4・9・7】）、計三点について見てみると、横の平均は六・一インチ、縦は二・六インチである。当該のサイズは、短く簡潔な受領証等を作成する際のスタンダードであったと考えることができよう。

このように考察してくると、他と同じく一八世紀後半に記された【史料1】が、法量としてはかなり異質な属性を有していることがわかるし、一九世紀前半の【史料2・3】は、一八世紀とは異なるサイズの展開を意味しているように思われる（ただし【史料2・3】のサイズは、後述の種類Cのバリエーションと捉えることもできる）。そもそも【史料2・3】の料紙については簀の目紙ではなく、一八世紀末までにイギリスで用いられるようになっていた網目漉き紙であり、これは今日のいわゆる洋紙の原形とされる。アンテベラム期におけるこれら二点の史料は、アメリカ国内での製紙業の発展を証しているといえよう。

さてここで、これまで――すなわち前章第5節と本章で――扱った史料の平均法量と、上記のごとく概観した本節の史料（1～3を除く）の平均法量をまとめて示し、ほぼ全史料の法量をコンパクトに一覧するならば、これらがわずか四種類に分類できるという、きわめて興味深い事実が判明する（表2-5参照）。まず、本章第1節で取り上げたボストン市公債のサイズは、本節において簀の目が縦の受領証のサイズと完全に重なるため、同種類とすることができる（種類C）。さらに、この種類C、すなわち簀の目が縦の受領証等の横の長さと、簀の目が横の差押え令状（種類A）の縦の長さは、いずれも六・一インチである。この事実は、後述するようにむろん偶然のなせる業ではなく、必然の結果である。また、種類Cの縦の長さ（二・六インチ）を三倍すれば（七・八インチ）、上記の種類Aや種類Bの横の長さ（七・六、七・七インチ）とほぼ同じとなり、前章第5節で考察したコネティカット邦軍票（種類D）の縦の長さ（三・八インチ）を二倍しても（七・六インチ）、やはりAやBの横の長さとほぼ同じとなるが、これも偶然ではないと考えられる。それでは、これらの背後にあって統べる論理と何か。著者の推論をわかりやすく図解したのが、図2-3である。この図は、これまでの考察から復元した当時の料紙のサイズを、一枚のシート（組版）にあえて載せたもので、シートの上下左右の余白部分（「バリ」に相当する端部）は捨象している。すなわち、印刷所において実際にこの組版で印刷されたという意味ではなく、一種の理念型ではあるが、実測に支えられたモデルといえる（さらに実際の印刷工程においては、印刷機のチンパンに紙をセットし、行燈蓋（フリスケット）を被せるため、ズレ等が生じる可能性もある）。この模式図で見ると、種類A

表2-5　各種史料の平均法量（インチ）

種類	簀の目の向き	種類	点数	典拠	法量（in） 横	法量（in） 縦
A	横	差押え令状	9[1)]	Ⅰ	7.6	6.1
B	横	受領証等	10	Ⅱ	7.7	3.6
C	縦	公債（ボストン市）	1	Ⅲ	6.1	2.6
D	縦	軍票（コネティカット邦）	24	Ⅳ	6.5	3.8
C	縦	受領証等	3	Ⅱ	6.1	2.6

典拠）Ⅰ：本章第2節，Ⅱ：本章第4・5節，Ⅲ：本章第1節，Ⅳ：第1章第5節。
1）Ⅱの史料番号16は，そのサイズから，BではなくAに分類して計算した。

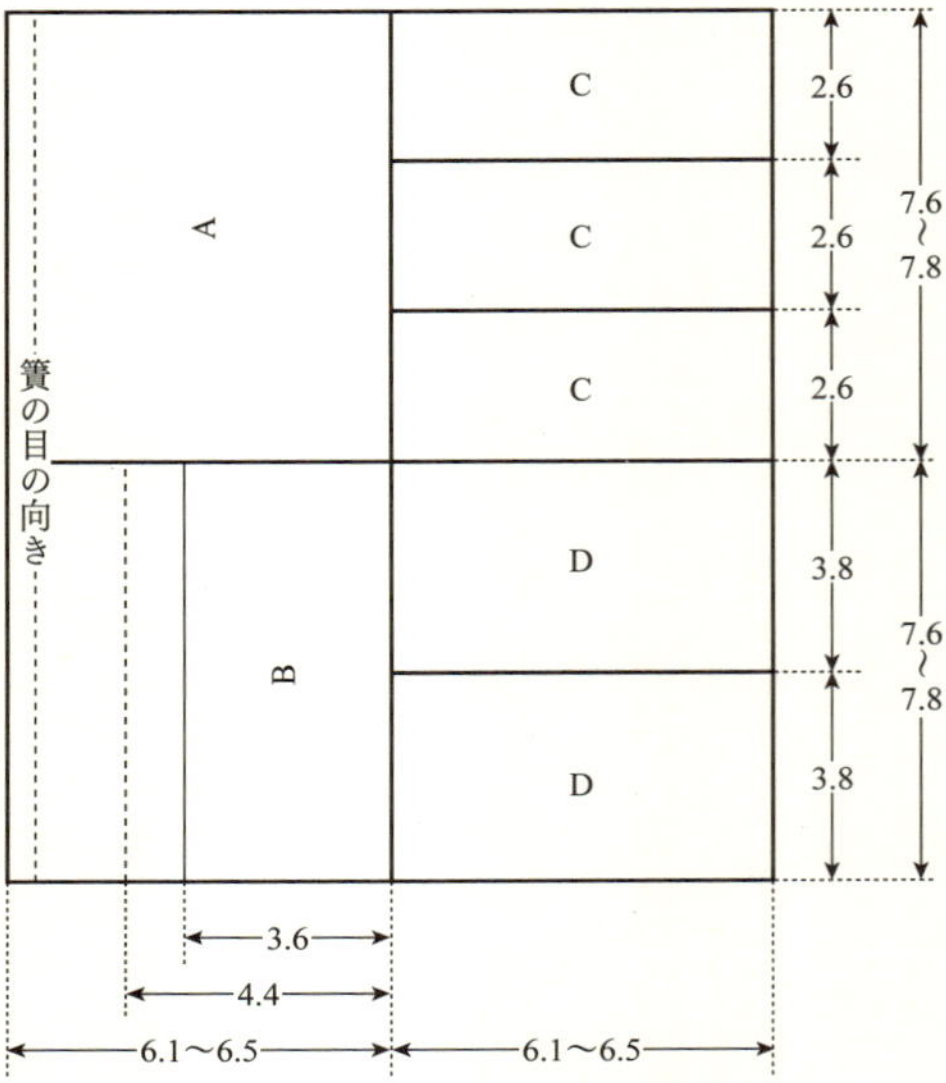

図2-3　各種史料のサイズ構成（推定）

（差押え令状）の縦の長さと、種類C（表2-4の【史料4・9】など）の横の長さが同一であることが容易に理解されるだけでなく、種類D（コネティカット邦軍票や【史料17】の為替手形）の横の長さとも同じであることがわかる。また、種類Cの縦の長さを三倍すれば、種類Aや種類Bの横の長さとほぼ同じになるということは、たとえば種類Aの料紙を縦に三等分すれば、種類Cが三枚取れることを意味しており、一方、種類Dの縦の長さを二倍すれば、やはりAやBの横の長さとほぼ同じとなるということは、種類Aの料紙を縦に二等分すれば、種類Dが二枚取れることを意味している。

　さらに、種類Aと種類Bは横の長さが同じことから、本来は同サイズの料紙と考えることもできるが、種類Bの縦については先述したように、テクストの分量によって適宜、切断して用いられた可能性があるため、種類Aよりも短くなっている。たとえば、種類Bの縦の平均三・六インチを三倍しても（一〇・八インチ）、種類Aの縦の二倍（一二・二〜一三・〇インチ）には届かない。ただし前述のように、種類Bに二種類の基準・規格の存在を仮定すれば、見通しはかなりよくなる。そして、Bの縦がAの二分の一、および三分の二という基準が存在したとすれば、その場合、理論的には前者が三インチ強、後者が四・二インチ前後でなければならない。そこで、それぞれの基準に準拠したと推定される料紙の平均値を実際に算出してみると、四捨五入して前者が三・一インチ、後者が四・四インチとなり、[28]ほぼ予想どおりの結果が導出された。したがって、たとえば図に記した四・四インチの縦を有する種類Bは、Aを縦に二枚並べた大きさの料紙を横に三等分することで、ちょうど三枚取れるということになる。さらにいえば、表2-5にある種類Bの縦の平均値（三・六インチ）が、これら異なる基準の料紙を一緒に計算したため、いわば合成の誤謬によって解釈のしにくい数値となったのだとすれば、たとえこの数値が種類Dの縦の長さに近似しているとしても、それは一種の偶然と解すべきであろう（むろん、種類Dの縦の長さが当時の人々に意識されていた証左と理解することもできよう）。ともあれ、前章から扱っている史料群が、高度に体系化されたサイズ構成であったことは、上記の総合的な分析により、証明されたといってよかろう。なお、テクスチャーのいま一つの属性、透かしから判明する本節の史料の天地や表裏について付言すると、天地が順の史料も逆のものもあり、表裏についても双方の史料が存在することから、これまで見てきた他の史料と同様に、ランダムに使用されていることが証されたといえよう。

さて、本章をここまで読み進められた読者諸氏は、ある事実に気づかれたであろう。すなわち上記史料のサイズ分析において、いわゆる外形的な基準（判型）について、これまで積極的に触れてこなかったという点である。その意図するところは、外部からアプリオリに既成の型を提示して、それを史料のテクスチャーに一方的に適用するのではなく、史料そのものから実証的に、サイズ構成の析出を試みることにあった。なんとなれば、当時の既成・規定のサイズには、たとえ同じ呼称を持つ判型でも、時間的・空間的に種々のバリエーションがあり、かなりの振幅の存在を前提とせざるをえないのであるから、本章で採用した手法は、虚心坦懐に史料に語らせる――この場合は、モノとしての史料に語らせる――ためには不可欠といいうるのである。この著者の意図は達成されたと考えるが、表2-4で示した各種史料の料紙サイズに対応する（と推定しうる）、いわゆる既成のサイズ名称（判型）を掲げるならば、表2-6のようになろう。すなわち、種類Aの史料を四枚含むサイズに相当する図2-3の料紙全体が、いわゆる二折（フォリオ）であり、種類Aは八折（オクタボ）、種類Dが一六折（セ

表2-6　各種史料の料紙サイズ対応表

判型		史料タイプ
2折	(fo)	A × 4
8折	(8vo)	A
12折	(12mo)	B
16折	(16mo)	D
24折	(24mo)	C

クストデシモ)、種類Cが二四折(ビセシモクォート)となる。[29] ただし種類Bについては、種類Aの三分の二のサイズ基準を採用した場合のみ、一二折(デュオデシモ)と捉えて大過はない(それでも一二折の標準的なサイズと比してやや縦が短い)。ともあれ前述のように、このような折判のサイズ自体は、同一名称の場合でも時間的・空間的にかなりの幅の存在が指摘されうるのだが、本章では史料そのものに語らせる手法を用いることによって、むしろ逆に、この時代のアメリカにおける当該折判のサイズの具体相について、実証的な知見を提示しえたといえよう。もっとも、上記のフォリオのサイズ(図2-3の料紙全体)について言えば、イギリスにおける公的書類(検認財産目録)の実測のサイズとも見事に一致している。つまり、本章で理論的に導出したサイズと、大西洋を挟んでの実際のサイズとの著しい類似性を——前章の第5節と同様に——指摘することができるのである。近世大西洋世界、とりわけ文書の世界における共通性が、ここでも確認されよう。[30]

5　史料のテクストの分析

さて本節では、史料のテクストの内部にまで分析を進めてゆきたい。本節で扱う史料、すなわち表2-4の【史料4】から【史料17】までの一四点は、著者が私蔵するオリジナルのコレクションの中から選んだもので、種類でいえば【史料4~12】までが受領証、【13・14】が支払指図書、【15・16】が約束手形、【17】が為替手形であり、法的範疇でいえば【4~12】が証拠証券、【13~17】が有価証券となる。いずれも使用当時は重要な経済上、商業上の文書であるが、むろんすでに本来の役割を完全に終えており、今日からすればいわゆるエフェメラの類といえる。受領証全九点の史料は、それぞれの対比の軸が鮮明となるように選定しており、たとえば【史料4】は支配層、【史料5】は庶民の残した史料で、さらにセットと言いうる【史料6・7】を含む計五点がアメリカ独立革命以前のものとなり、【史料9】以降の四点が革命後、建国期の史料となる。また、【史料13・14】も同邦・同時期の指図証書としてセットとなっており、約束手形の史料二点（【史料15・16】）は一八世紀前半（中葉）と同世紀末、為替手形の【史料17】は、それら約手とのコントラストが興味深いと思われる。

本節では、史料一四点の原文テクストの釈文（英文）についてはこれまでの史料と同様、拙稿に譲り[31]、一点ずつ、なるべく平易な訳を示しながら、註解・解説を加えてゆくことにしたい。

【史料4】

《表》

一七三八年八月二三日、トマス・ペン閣下の勘定、計二〇〇ポンドを、ジェイムズ・スティールより受領。ウィリアム・プラムステッド。［以上、W・プラムステッド筆］　八月二四日たるべし［支払期日？］［以上、W・プラムステッド筆？］

《裏》

クレメント・プラムステッド。二〇〇ポンド。一七三八年八月二四日。［以上、W・プラムステッド筆］

［添付メモ］

生まれ。死去。ペンシルヴァニア植民地代議会議員。一七五〇年、フィラデルフィア市長。フィラデルフィア図書館組合創設メンバーの一人。ペンシルヴァニア植民地参議会議員。フィラデルフィアで最初の劇場が、一七五四年、彼の店舗に設営されている。

テクスト中に出てくるトマス・ペン（一七〇二―七五）は、ペンシルヴァニア植民地の創設者ウィリアム・ペンの三人の息子のうちの一人（次男）で、彼らは領主植民地である同植民地を父ウィリアムから相続し、共同の領主

(co-proprietors)、また名目のみの共同の総督として兄弟で共同統治した。そしてペンシルヴァニア領主たる彼らの資産を管理していたのが、財務官のジェイムズ・スティールである。一方、裏面にウィリアム・プラムステッド（一七〇八—六五）がその名を記したクレメント・プラムステッド（一六八〇—一七四五）は、ウィリアムの父親で、イギリス生まれの移民ながら、一七二三年、三六年、四一年の三度にわたってフィラデルフィア市長を務め、ペンシルヴァニア植民地参議会議員でもあった。商業に携わっていた息子のウィリアムも、史料中の「添付メモ」にあるように参議会議員に任じられ、一七五〇年、五四年、五五年の三度、フィラデルフィア市長を務めた。彼はB・フランクリンの友人でもあり、メモにあるようにフィラデルフィア図書館組合創設メンバー、さらに現ペンシルヴァニア大学の創設者でもある。さて本史料は、トマス・ペンが負ったクレメント・プラムステッド（父）への借金を、ペンシルヴァニア植民地の財務官ジェイムズ・スティールが、おそらくは同植民地の財源からウィリアム・プラムステッド（子）に弁済した際に、ウィリアムがスティールに宛てて記した受領証である。父のクレメントはこの一七三八年の時点でまだ存命なので、何らかの事情で、子のウィリアムが受け取ったのであろう。史料の文面自体は、ほぼすべて彼の自筆と考えて間違いなく、前述のように裏面にある父クレメントの名もウィリアムが記したと考えられるが、父の代理による受領であることを裏書として明記したとも推測される。

一七三八年に簀の目紙に書かれた本史料は、興味深いことに後代の酸性紙の台紙に貼られている。ただし、貼り付けられているのは受領証の両端で、裏面に文字の書かれた中央部分は糊付されておらず、台紙から文書を少し浮かせれば、この裏書が見られるように配慮されている。また、受領証の左下には「一八九八」と鉛筆書きされており、これが台紙に貼られた年を意味しているものと思われる。そしてこれを貼った人物が同時に添付メモを記して、やはり台紙に貼り付けたのであろう（この人物は不詳）。貴重な一八世紀前半の文書を紛失しないように、一九世紀末にこのような作業をおこなったのであろうが、さらに一世紀以上たった今日からすれば、もろくなった酸性紙の台紙に対して、その一五〇年以上前に作られた簀の目紙の受領証の美しさ、丈夫さが際立つ結果となっている。もっとも紙は、すでに述べたように一八世紀前半までもっぱら輸入品が用いられており、本史料も本国から輸入した品であろう。

【史料5】
《表》
バーンスタブル、一七五七年三月二三日。わが尊敬する父サミュエル・チップマンの死去に際し、その遺言状に記された私への遺産の一部として、私に遺贈された計一三ポンド六シリング八ペンスを法貨にて、遺言執行人たるティモシー・チップマンより、ここに受領した。本人により（Pr me）［受領、自署］ナサニエル・チップマン
《裏》
ナット・チップマンの受領書。ティモシー・チップマンへ。一七五七年。

本史料が生成されたバーンスタブルはマサチューセッツ南東部、ケープコッド湾南岸に位置する町である。書かれたのは四季支払日の一つ、お告げの日（三月二五日）の二日前で、かかるタイミングで本事案が処理された可能性があろう。文中の“Pr［Per］me”は、一義的には「私によって受領された」の意と考えられるが、それを自ら証するというニュアンスから、自ら署名する、すなわち自署と意訳できよう。本史料は、著名人が登場する【史料4】と比して、いわゆる庶民の残した生の痕跡であり、記された人物の具体相は不詳ながら、内容から判断してティモシーは兄、ナサニエルは弟と同定して不自然ではなかろう。つまり亡父の遺言執行人たる兄から、弟が遺産の一部を受領したことを証した受領証であり、兄がこの受領証を保管していたことは、内容から容易に導かれるが、裏面の文言もそれを裏付けている。すなわち、「ナット・チップマンの受領書」の文言を記した手は表面と同じ、つま

り弟のナサニエルによるものであるが、「ティモシー・チップマンへ。一七五七年」は明らかに別の手であり、この相続案件を扱った弁護士、もしくは兄のティモシー自身が記した可能性などが想定される。ともあれ、「わが尊敬する父」の文言が、兄弟の心性を表していると想像するのは、感傷的に過ぎるだろうか。なお、裏面には線を引いて文章を削除した跡が見えるが、これらは本受領証とは直接関係のない事柄についてのものと思われる（この部分については翻訳を省略した）。

【史料6】

《表》

ノーウィッチ、一七五五年六月四日。故アゲーロ・ギフォードの遺産管理人サミュエル・ギフォードより、法貨［法定貨幣］にて一八シリングをこの一年間の出費（Rates）分として、本人が受領。

スティーヴン　印し（his mark）　ギフォード

《裏》

スティーヴン・ギフォード　領収証　〇ポンド・一八シリング・〇ペンス

本史料と次の【史料7】は、五年の差があるものの、同じ町において生成された文書であり（むろん手は異なる）、サミュエル・ギフォードとスティーヴン・ギフォードという二名の名が両史料に登場する。単独で現存する一紙文書（単葉文書）の史料範疇で捉えれば、このような事例はきわめて稀なようにも思われるが、両者ともにサミュエル・ギフォードに宛てた領収証であることから、同人の家系において保管され、伝来したと想定されるため、いわばセットとして扱うことが可能となる。なお、ノーウィッチはコネティカット南東部の町で、後述するベネディクト・アーノルドの生誕地でもある[32]。一八シリングを受領したスティーヴン・ギフォードは、字が書けなかったと思われ、簡単な文様の印し（"his mark"）を自署の代わりに記しており、このような場合の典型的な署名法といえる【史料16】も同様である）。また、「出費」と訳出した"Rates"は、より具体的な税（土地家屋税等）を含意している可能性がある。

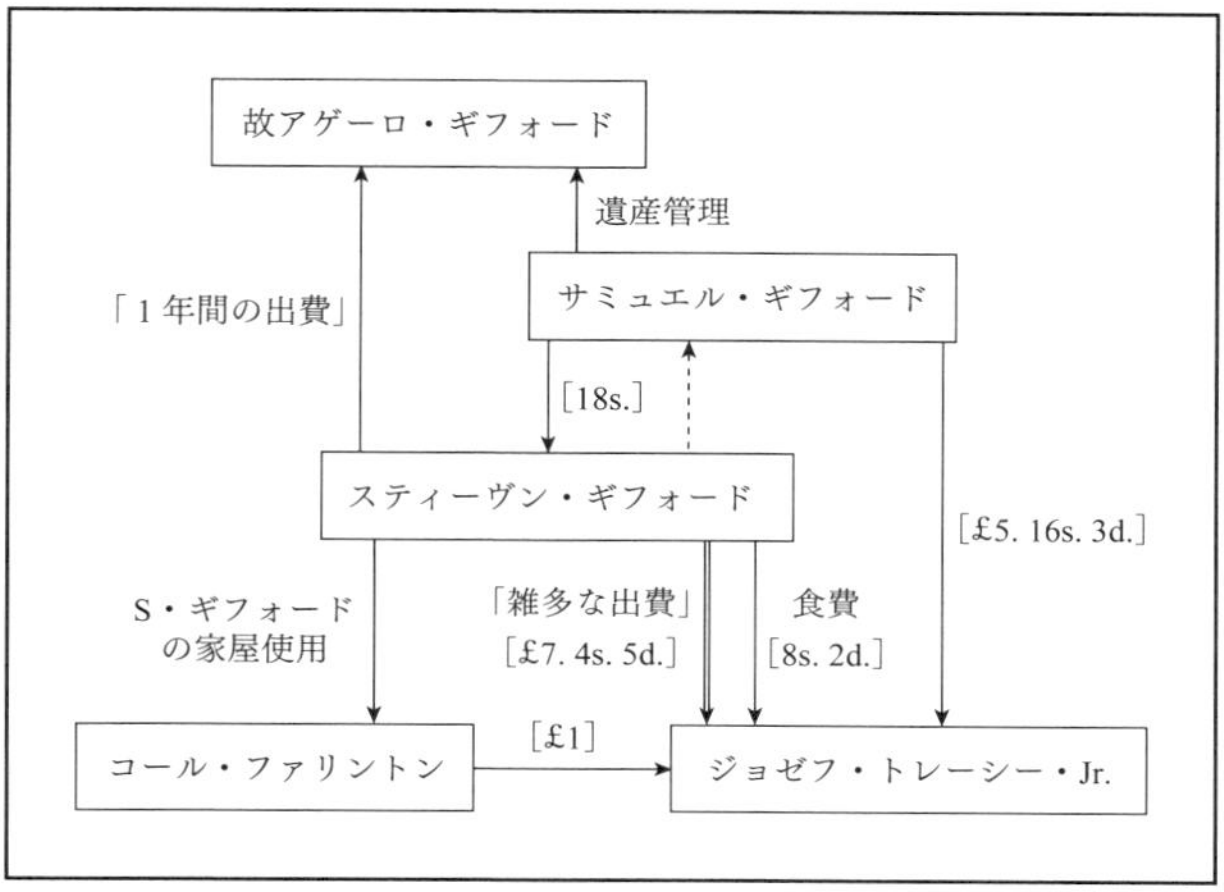

図 2-4　ギフォードの支出をめぐる関係図（【史料6】・【史料7】）

【史料7】

《表》

ノーウィッチ、一七六〇年九月一五日。サミュエル・ギフォードより、法貨にて五ポンド一六シリング三ペンスを受領。これは雑多な出費分として、スティーヴン・ギフォードより私に当然支払われるべき額であり、上記スティーヴンの家屋の使用料として私がコール・ファンリントンより受け取った一ポンドと、食費［材木代？］として上記スティーヴンより受け取った八シリング二ペンスを差し引いた金額である。本人が受領。ジョゼフ・トレイシー・ジュニア、警吏。

《裏》

ジョゼフ・トレイシー　領収証　スティーヴン・ギフォードに代わって　五ポンド・一六シリング・三ペンス

本史料は、前述のように【史料6】と「セット」となった領収証であるが、描かれている内容はやや複雑である。そこで【史料6】の記述内容と合わせて、史料に現れる人々の関係を表にまとめてみた（図2-4）。両史料から析出される人間関係から、【史料5】の場合と同様に、サミュエルが兄、スティーヴンが弟と考えて不自然ではなかろう。もしそうであるならば、むろんアゲーロは両人の父となる。テクスト中の「雑多な出費分」の総額七ポンド四シリング五ペンスは、【史料7】の記述内容から推測される金額で、実際にこの総額がスティーヴンから直接、トレーシーに支払われたわけではない。五ポンド以上を支払ったのは兄と推定されるサミュエルであり、本来ならばスティーヴンが全額支払うべきところ、七割以上を兄が立て替えたことになる（これが遺産の一部であった可能性もある）。なお、「食費」は材木代とも解釈しうる。

【史料8】

《表》

一七六三年、［ヴァジニア植民地］ベッドフォード郡、借方［より］

ジョナサン・プレイザーへ　砂糖の交換分として［代金として］

封印済み（Seald［Sealed］）［検査済み］タバコ（Tob°［Tobacco］）　二六三重量ポンドのタバコ

自署（S［Self］S［Signed］P［Per］）　ジョナサン・プレイザー　　警吏

署名、本文ともにプレイザー自身の手になる文書であり、彼がタバコの受領証として、自らが文面も記して署名し、相手方（「借方」）に渡したものであろう。[33] ただし、相手方の名前や具体的な日付（月日）は書かれていない。また受領証書である本史料は有価証券ではなく、単に証拠証券であるから、裏書譲渡などの可能性はむろん無く、さらに折り目から、半分に折りたたまれて保管されていたと推定されるが、特に備忘録としての端裏書なども記されていないため、裏書は皆無である。テクスト中の「封印済みタバコ」の文言から、このタバコが「タバコ検査法」に準拠したものと推測されることから、実際に支払われたのはタバコの現物そのものではなく、「タバコ検査票」であったと考えることができる。[34]

【史料9】
《表》
一七九〇年一月一四日。ジョナサン・ベルディングより法貨にて、天地開闢以来（from the beginning of the world）今日までの請求分二シリング全額（in full of all demands）を受領。私［自身に］により［受領された。署名された］。ティモシー・バスコム。
《裏》
ティモシー・バスコム。受領証。

何らかの賃貸料・使用料として、一定期間分の支払い二シリングを受け取った際の受領証であろう。実際、賃貸料の受領証において今日も用いられる定型表現（"the Sum of $_ in full of all demands for rent"）と非常に似通った文言を、本史料は有している。また、文中の「天地開闢以来」とはいかにも大仰な表現であるが、ラテン語の定型句"Ab initio mundi"に対応しており、強調の意を汲みとるべきであろう。なお、この受領証を記したティモシー・バスコムなる人物は、マサチューセッツ邦グリーンフィールド在住の民兵（ミニットマン）で、独立戦争の初期の重要な戦いにも加わった人物と考えられる。かの有名なコンコードの戦いにおいて、一七七五年四月一九日にグリーンフィールドから進軍したサム・ウィリアムズ大佐指揮下のミニットマン連隊の点呼名簿（A・ウェルズ大尉の中隊）の中に、彼の名（同姓同名の可能性もある）が見えるからである。[35] 同連隊の一部は翌五月一日に大陸軍に編入されたが、バスコムに関して以後の詳細は不明である。

【史料10】

《表》

イプスウィッチ、一七九四年三月二六日。イプスウィッチ・タウンの出納官スティーヴン・チョートより、二ポンド一二シリング三ペンス半ペニー（half penney［penny］）を受領。同額は、一七八二年八月一日付で同タウンが発行した手形［公債］を私が入手し、裏書したもので、同手形はもともとジョン・スミス・ジュニアに振り出されたものである。アン・グッドヒュー。二ポンド一二シリング三ペンス二分の一ペニー（1/2）。

《裏》

受領証。アン・グッドヒュー。二ポンド一二シリング三ペンス二分の一ペニー（1/2）。六番。

一七八二年八月一日にイプスウィッチの町がジョン・スミス・ジュニアに発行した公債に関して、それを譲り受けたアン・グッドヒューが、一七九四年三月二六日にイプスウィッチの出納官スティーヴン・チョートから所持人として償還を受けた。その事実をグッドヒューが記した受領証である。したがって、当該の公債には少なくとも二人の裏書署名（第一裏書人はジョン・スミス・ジュニア、もう一人はアン・グッドヒュー）が記されていることが想定されるが、スミスとグッドヒューの間に、さらに他の者に債券が廻っていて、彼らの裏書があることも考えられうる。史料の表面の金額の書き方と裏面のそれが明らかに同じ手なので、表面のテクストを記入した人物と裏面のテクストを記した人物は同じであろう。ただし、裏面のアン・グッドヒューの署名は、表面の署名（自署）と異なっており、表面・裏面ともテクストはグッドヒューとは別の手になるものと考えられる。なお、テクスト中の“half penney［penny］”（当時の発音はヘイペニー）は金額を表しているため、理論的には“half pence”（ヘイペンス）と記されていても不思議でないにもかかわらずペニーと表記されており、両者が互換的に使用されていたことを示している。もちろん数字では「1／2」の表記となっている。裏面の「六番」は、何らかの整理番号と推定される。

【史料11】

《表》

ペンブローク、一七九五年一二月二三日。一七九五年九月八日に死去したサラ・ターナーの遺体に関する検死陪審並びに警吏に私自身が再任されたため、検死官ストレイト・フォード氏より計二ポンド一六シリング一〇ペンスを全額受領。本人により受領［自署］。ナサニエル・スミス。上記陪審の長。

《裏》

警吏［キャプテン］・ナサニエル・スミス、再任。

ペンブロークはマサチューセッツ州南東部にある町である（イギリスはウェールズのペンブルックとは発音が異なる）。サラ・ターナーはジョシュア・ターナー・ジュニアの妻で、九月七日に七九歳で亡くなった人物との情報がある。その死に何らかの不審な点が認められたため（そのような訴えがあったため）、このような手続きがなされたと想定できる。なお、紙片上部の波型は、単に雑な切り取り跡と考えることもできるが、何らかの割符の可能性もある。

【史料12】

《表》

キングストン、一七九五年一二月一四日。エドワート・ウィッチャーに代わり、彼の［所有する］奴隷ロビンの［売却］代金、計三六ポンドを全額、ウェルヘルムズ・ロウより受領。上記［人物］より本人が受領［自署］。ウィリアム・マリウス・グローン［グリン］。

ウィッチャーなる奴隷主がロウという人物に売却した奴隷ロビンの代金を、グローン（もしくはグリン）なる人物が代理で受領したことを証する文書である。裏書はない。キングストンはニューヨーク州にあり、一七九九年に漸次的奴隷解放法が制定される同州でも、この時点では奴隷売買がおこなわれていたことを如実に証言する史料といえる。三六ポンドは当時、かなりの金額といってよく、動産奴隷制の残酷な一面を窺い知ることができよう。

【史料13】

《表》

コネティカット植民地財務官ジョゼフ・タルコット殿。ダンベリー在住の医師ジョン・ウッド・ジュニア先生へ、デイヴィッド・コインデンなる一時滞在者［浮浪者］を援助する雑費として、公金より法貨にて計一〇シリング一一ペンスを支払われたし。かかる勘定は、総督閣下と参議会により認可されたものである。ハートフォード、一七六六年一〇月二九日。ウィリアム・ピトキン・ジュニア、参議会書記官。

《裏》

ジョン・ウッド・ジュニア先生。一七六六年一〇月二九日。一〇シリング一一ペンス。一〇〇一番。一二月に監査（清算）済み。一四二。ジョン・ウッド・ジュニア。

本史料は次の【史料14】と完全に同種の文書で、二葉ともコネティカット植民地の公金の支払指図書であり、同植民地の参議会書記官から財務官に対して出されたものである。前章で分析したコネティカット邦の軍票と同じ類の構造が見てとれよう。参議会書記官として表面に署名しているウィリアム・ピトキン・ジュニア（一七二五―八九）は実業家、法律家、政治家で、コネティカット民兵隊第三中隊の士官に任じられ、彼の火薬工場は独立戦争中、コネティカット邦の部隊に火薬を供給していた。のちに、コネティカット州最高裁長官を務める人物である。次の【史料14】と合わせて、当時の救貧の様相を如実に示す史料といえる。裏面のジョン・ウッド・ジュニア医師の署名は、この金額を受領した際の裏書であろう。また、およそ二か月後に監査（清算）がおこなわれたこともわかる。

【史料14】

《表》

コネティカット植民地財務官ジョゼフ・タルコット殿。ギルフォード［タウンの］理事諸氏へ、ジョン・ブリッカーソンなる一時滞在者［浮浪者］への看護・衣類・交通費の支出分として、公金より法貨にて計九ポンド一シリング八ペンスを支払われたし。かかる勘定は、総督と参議会により認可されたものである。ウィリアム・ピトキン・ジュニア、参議会書記官。ニューヘイヴン、一七六八年一〇月一九日。

《裏》

指図。ギルフォード理事諸氏。一七六八年一〇月。九ポンド一シリング八ペンス。二五番。監査（清算）済み。ギルフォード。マイケル・ボールドウィン。

本史料では用いられているインクがやや薄いが、先の【史料13】と同じピトキン書記官が記していることは明らかである。先の史料に名が記されていたウッド医師も、タウンの理事（選ばれた行政官で、タウンの理事会を構成し、タウンの行政を執行する）であったと考えられるが、本史料の場合、特定の理事の名は記載されておらず、複数の理事（「理事諸氏」）への支払いとされている。また、やはり先の史料にあった救貧の「雑費」の主たる内容が、本史料によって「看護・衣類・交通費」であることが推測される。なお、先の一七六六年の証書の日付が一〇月二九日、本一七六八年の証書の日付が一〇月一九日であることから、一〇月下旬にこのような手続きがおこなわれた可能性が高いと判断できよう。裏書に署名のあるマイケル・ボールドウィンなる人物は、おそらくギルフォードの理事の一人で、この金額を受け取った際に、受領の証しとして自署の裏書をしたのであろう。

【史料15】
《表》
一七四三年［旧暦］／四年［新暦］一月二六日、私、ウィンダム郡カンタベリーのダニエル・チャップマンは、ニューロンドン郡ノーウィッチのジョン・ウォーターマン・ジュニアに対し、一般的な［一般に通用する］貨幣にて二ポンド○シリング○ペンスを、来る四月の二六日に、もしくはそれ以前に支払うことを約束する（Do for valeu［value］Reseved［Received］promas［promis］to pay）。ジョナサン・ウィックウェア［ウィックウェイ、ウィークウェイ］、サイラス・パイクの立会いのもと、自署をもって証する（as witneses［witnesses］my hand）。ダニエル・チャップマン。
《裏》
ダニエル・チャップマン、手形、二ポンド○シリング○ペンス。
ウィット・ドロワー
［後世の鉛筆書き］ベネディクト・アーノルドの祖父、ジョン・ウォーターマン。

次の史料（【史料16】）が一覧払手形であるのに対し、本史料は期限付手形である。[36]この約束手形は特定の日付（振出日からちょうど三か月後に相当）に支払うとの文言が記されているため、確定日払い（もしくは事実上の日付後定期払い）といえる。ただし「それ以前に」の語も付記されており、一見、一覧払いの様相も呈しているが、実際に「以前に」支払われた可能性は低く、確定した支払日（すなわち三か月後の四月二六日）に支払いがなされた（もし不渡りとならなければ）のであろう。なお、“Do for valeu［value］Reseved［Received］”は典型的な対価受領文句であり、“as witneses［witnesses］my hand”の表現も自署を意味する常套句で、いずれの文言も約束手形にはしばしば登場する。

すでに第1節で述べたように、一七五二年のチェスターフィールド法の施行まで、イギリス帝国内では旧暦が用いられており、カトリック諸国で広く採用されていた新暦と比して、一八世紀にはおよそ一一日ものずれが生じていたのみならず、年始もお告げの日の三月二五日とされることが一般的であった。したがってこのテクスト中の「一七四三年／四年」の表記は、年始をお告げの日とすれば一七四三年一月二六日だが、大陸風に年始を一月一日とした場合は一七四四年一月二六日、との意となる。むろん今日の表記法では一七四四年である（日付も正確には二月六日となる）。

本史料の表面の最後に記されたダニエル・チャップマンの署名が、仮に最初（一行目）に出てくるダニエル・チャップマンの名前を記した手と同じと考えるならば、必然的にこの表面の文章はチャップマンが書いたことになろう。また、裏面のチャップマンの名前は、明らかに表面一行目の名前と同じ手になるものと容易に推察されるため、表面、裏面ともにチャップマンが記したといいうる。その場合、この手形はチャップマンが自らの控えとして持っていた可能性も完全には否定できないが、証人二名（ジョナサン・ウィックウェア［もしくはウィックウェイ、ウィークウェイ］とサイラス・パイク）が署名をしていることから、チャップマンが裏面の端裏書も記して、折った形でジョン・ウォーターマンに渡したものと考えるべきであろう。ただし表面最後のチャップマンの署名と、一行目のチャップマンの名前は、それぞれ別の手とみなすことも理論上は可能である（蓋然性は低い）。その場合、誰か別人（おそらくはウォーターマン）がこのテクストを表・裏とも記して、チャップマンが署名をし、さらにその別人が、裏面に備忘等のために端裏書を記したと推察される。

本料紙に開けられた五つの小さな穴は、折って保管していた際についたと推定されるが（料紙を折れば、見事に重なって結局二つの穴となるため）、単なる虫食いの穴か、キャンセレーションの印かは判然としない。折った状態で付けられた穴であるから、前者の可能性を採用したい。また、料紙をオリジナルの折り方＝順序で折らなければ、五つの穴がうまく二つに重ならないことから、どのようにこの料紙が折られていたのか、その具体的な手順が、この小さな穴から判明するのは大変興味深い。
なお、本史料には後世、鉛筆でテクスト中のジョン・ウォーターマンがベネディクト・アーノルド（独立戦争中、アメリカを裏切ってイギリス側に寝返った悪名高い将軍でノーウィッチ生まれ）の祖父である旨の注記がなされている。同姓同名の可能性も全くないわけではないが、コネティカット植民地ノーウィッチで死亡したジョン・ウォーターマンは、確かにアーノルドの母方の祖父であり（アーノルドの母ハンナの旧姓はウォーターマン）、本証書に登場する人物と考えても特に矛盾は生じない。このジョン・ウォーターマンは一六七一年ないし七二年に生まれ、一七四四年に死去しているため、この手形が作成された一月の時点では存命であったと考えられるが（それゆえ「故(deceased)」などの表記はない）、本人が直接この弁済を受けることはなかったのかもしれない（小さく裏書されたドロワーなる人物が実際に金を受け取った可能性がある）。

【史料16】
《表》
本証書により（Know all men by these presents）、ピッツシルヴァニア郡のヘンリー・ウォーシャムは、同郡のジョン・ターナーに三〇ポンド二シリングを一覧払にて支払うことを約する。自署および印をもって証する。一七九九年四月五日、証人、サミュエル・パンニル、ヘンリー・バーンズ。ヘンリー　印し（his mark）ウォーシャム、印（Seal）。
《裏》
一八〇〇年八月二日。現金にて、八ポンド一四シリング五ペンス
一八〇一年七月一七日。本証書の範囲内で、ウィリアム・ブラウン・シニアに受領を譲渡する。ジョン・ターナー。証人、ジョサイア・リーク。

一覧払手形、振出、三〇ポンド。

本史料は、一七九九年四月五日にヘンリー・ウォーシャムからジョン・ターナーに振り出された手形で、金額は三〇ポンド二シリングである（裏書の中で最も早く、表面のテクストとほぼ同時に記されたと思われる端裏書では、三〇ポンドという概数になっている）。一覧払とされているが、最初の支払いがウォーシャムによってターナーになされたのは翌一八〇〇年の八月二日、現金にて八ポンド一四シリング五ペンスであった。そして、さらに翌年一八〇一年七月一七日に、ターナーは残り二一ポンド七シリング七ペンスの権利をウィリアム・ブラウンに譲渡している。その譲渡の文言の記入に際しては、証人の名も記されている。つまりこの手形は、金額の一部が支払われた後に、残余の債権が譲渡されているのであって、今日の通常の手形の支払・譲渡の方式とは異なる方式が確認される興味深い例といえる。三〇ポンドはかなりの高額であり、このような方式の方がより現実的だったのであろう。

また本史料には、ヴァジニアの徴税管区での使用に供する目的で連邦政府が初めて発行した「二五セント、ヴァジニア」のエンボス付き用紙が用いられている。印紙税額別のエンボスがあらかじめ捺された用紙を、貸付額等に応じて購入して使用したのであろう（エンボスの入る箇所を空白にして記入し、貸付額等に応じた印紙税額のエンボスを納税時に捺してもらった可能性は低いと思われる）。なお、鷲のエンボス部分に非常に小さな穴が開けられており、このような穴はヴァジニアの印紙税用エンボス付き用紙の多くに見られるが、その機能、意図については判明していない。文中の "Know all men by these presents" は周知のとおり定型句である。また、ヘンリー・ウォーシャムは字が書けなかったため、簡単な文様の印し（"his mark"）を記しており、このような場合の典型的な署名法といえる（【史料6】と同じ）。最後の印（Seal）は、署名の代わりに用いられた「印し」とは異なり、蠟を用いての印章の捺印に代わるものとして手書きで "Seal" と記す方法で、これも同時代の文書にしばしば見られる簡便な手段である（第2節の【史料10】と同じ）。

【史料17】

《表》

クライマー氏［へ］。フランシス・サンダーソンもしくはその指図人に、フックの負債に係る回収金を支払われたし。本証をもって［クライマー氏に対する］全額分の領収証とする。一七七五年三月一日、ボルティモア。トマス・コッキーデイズ。

《裏》

一七七五年五月五日。クライマー氏［へ］。フックからの［から得た］回収金を、ジョージ・アストン氏に支払われたし。本証をもって［クライマー氏に対する］全額分の領収証とする。フランシス・サンダーソン。一七七五年八月一一日、ダニエル・クライマー殿より、四ポンド一七シリング（Four Pounds Seventeen Shillings）を受領。加えて、ダニエル・クライマーのリチャード・ピーターズへの指図により、F・サンダーソンへの指図の範囲内での全額を受領。一八ポンドをピーターズより受領。ジョージ・アストン。一八ポンド〇シリング〇ペンス。四ポンド一七シリング六ペンス（4 17.6）。二二ポンド一七シリング六ペンス（22 : 17 6）。

本史料は、かなり複雑な関係を内包した為替手形であり、表裏のテクストに記されたその関係をわかりやすく図示したのが図2-5である。手形の流れを二重線、金の流れを一重線、存在が想定される関係を点線で示している。この手形の振出人はコッキーデイズ、受取人はサンダーソン、支払人はクライマーで、まずコッキーデイズは、「フックの負債に係る回収金」をサンダーソンに支払うよう、クライマーに指図しているが、その金額については明記していない（ちなみに、支払人に指定されたクライマーの署名などは表面にはない）。両者に何らかの了解が別途あったか、クライマーがフックから取り立てた金額（クライマーが取り立てたと申告した金額）をその額とする意の可能性もある。その場合、本状は取り立て行為の委任状としての属性が付加されていると言いうるかもしれない（もしくはクライマーをフックの保証人のごとく想定することも可能であろう)。ともあれ、金額が表面に明記されていないため、通常の手形の形式とは言いがたいが、後述するように、裏書の表記から総額が判明する。なお、コッキーデイズとフックの関係は想像するしかないが、後者が前者に何らかの負債(買掛金等)を負っていることは間違いなかろう。さて、受取人に指定されたサンダーソンは、二か月後にアストンにこの手形を裏書譲渡する。そこでクライマーはさらに三か月後、アストンに対して直接・間接に支払いをおこなった。間接とはピーターズを介しての支払いであり、ピーターズとフックの関係は判然としないが、もしも関係があるとすれば、クライマーに替わってフックから未回収金の一部を取り立てたと想定される。一方、両者に関係がないとすれば、ピーターズは単にクライマーに対して負債を負っていて、別途、クライマーがフックから回収できなかった金額分を、クライマーに指示されてアストンに支払ったということになろう。したがって、裏書にある「ピーターズへの指図」の金額が、数字表記では「一八ポンド〇シリング〇ペンス」に該当することは明白であろう。すなわちクライマーからアストンに直接支払われた「四ポンド一七シリング六ペンス」に加えて、ピーターズからアストンに支払われた当該の金額を合わせると、総額が二二ポンド一七シリン

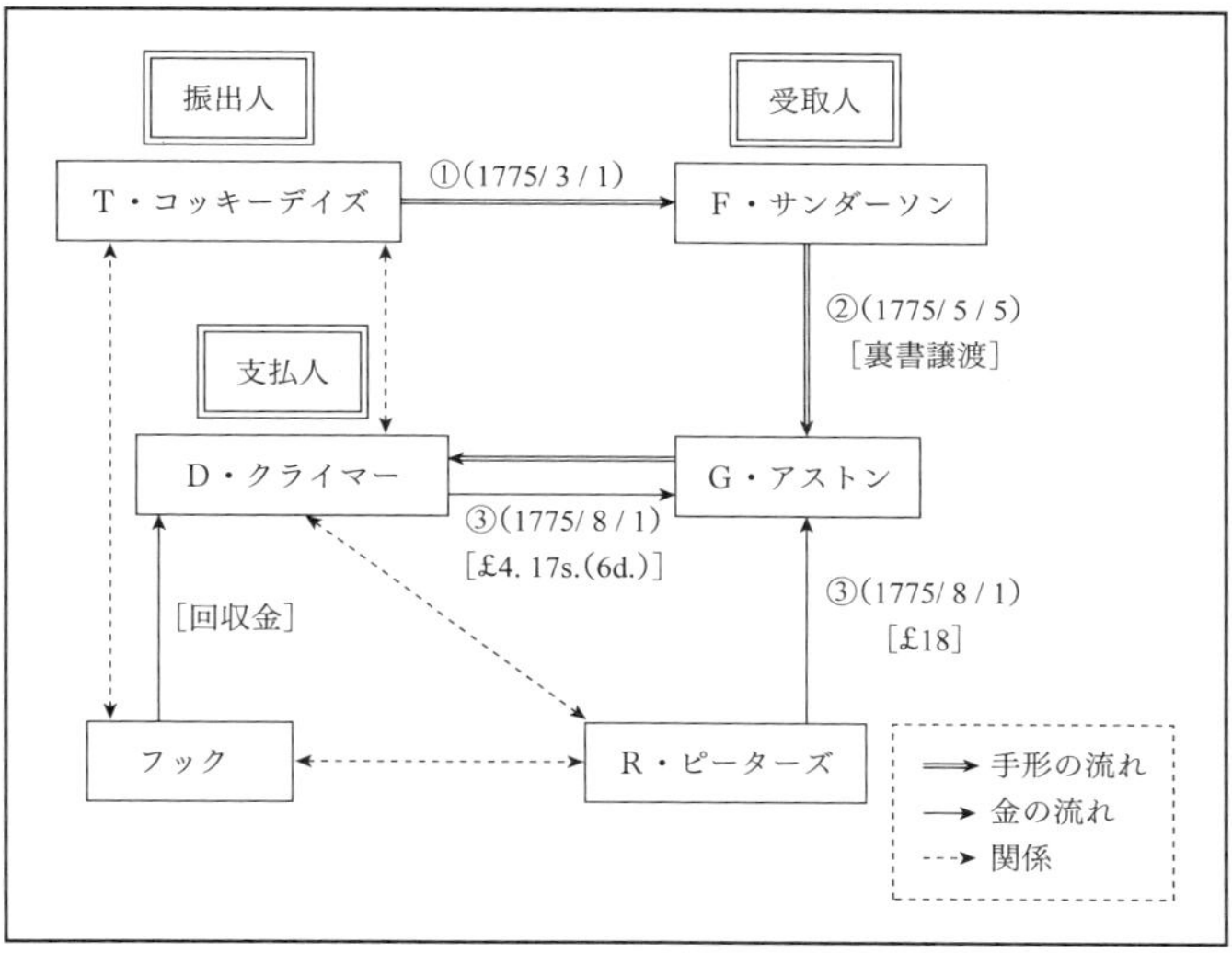

図 2-5　為替手形をめぐる関係図(【史料 17】)

グ六ペンスとなり、これは数字表記の金額と完全に一致する。ただし、このアストンの手になる裏書に記された数字表示の金額「四ポンド一七シリング六ペンス」は、裏書中の英文表記の金額「四ポンド一七シリング」よりも六ペンス多い。そもそも筆記者の筆運びや字の癖から、数字の「0」が「6」のような字形となってしまう可能性もあるが、本史料においてはそうではなく、明らかに「6」であるため、著者（アストン）の錯誤と解することもできる。おそらくは六ペンスが少額であるため、英文表記においては省略されたと考えるべきであろう。

支払人のダニエル・クライマーについて付言するならば、彼は一七四八年にフィラデルフィアで生まれ、六六年にプリンストン大を卒業して法律家となり、七五年にはフィラデルフィアの民兵隊第二大隊で中尉、翌七六年には中佐としてライフル大隊を指揮する一方、革命中は財務関係の役職等を務めた。一七八二年にはバークス郡からペンシルヴァニア邦議会の下院議員となったが、一八一〇年にレディングで死去している。したがって本史料が生成された一七七五年には、民兵隊で責任ある地位にあり、テクスト中で“Mr.”や“Esquire”と称されているのも故なしとしない。彼とフックとの関係は不詳だが、総額二二ポンド以上もの支払いを無事に完済できたのも、彼の信用力、経済力のゆえといってよいかもしれない。

かくのごとくエフェメラは、はかない存在でありながら、史料として強力なリアリティを有するがゆえに、歴史の日常の一断片を鋭く切り取り、われわれに提示してくれるのであって、それらが物語る幽かな声に耳を澄ませば、完全に消え去ってしまった近世大西洋世界の過去の日々を眼前に「目撃」することも可能となるのである。

Rec.d Seven Pounds 5/ of Willis Riddicks Wages for May 1769. also
Sixty three Pounds for a Claim allowed the Dismal Swamp Co
John Washington

［表］

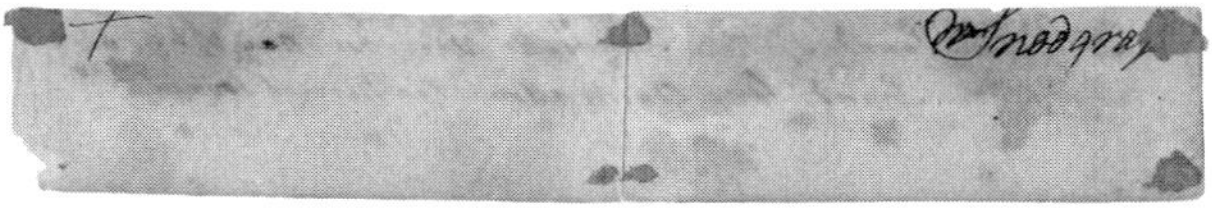
Wm Snodgrass

［裏］

【史料 1】（著者蔵。以下同）

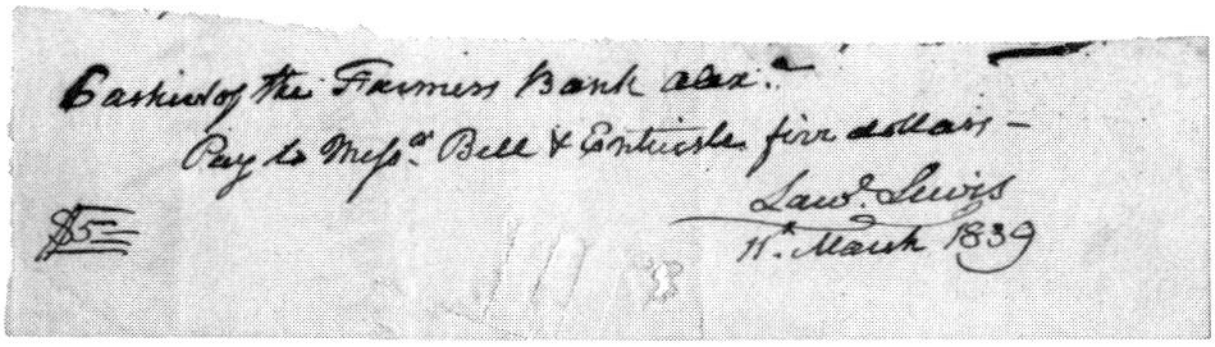
Cashier of the Farmers Bank alex.a
Pay to Messrs Bell & Entwisle five dollars—
Law.d Lewis
$5
11th March 1839

［表］

Bell & Entwisle

［裏］

【史料 2】

$20.
Bank of Potomac.
Pay to Benjamin Welsh, or Bearer,
Twenty Dollars.
Nov 9th 1816. George W P Custis.

［表］

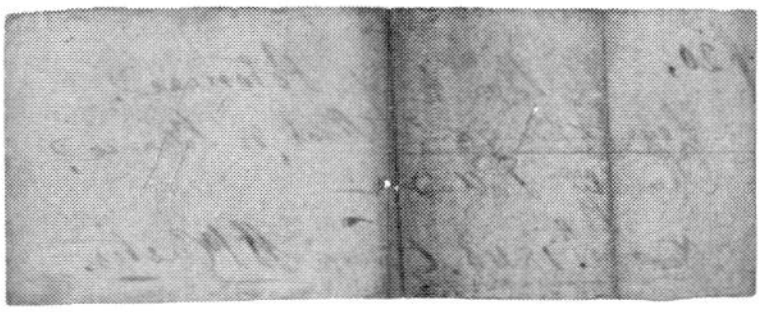

［裏］

【史料 3】

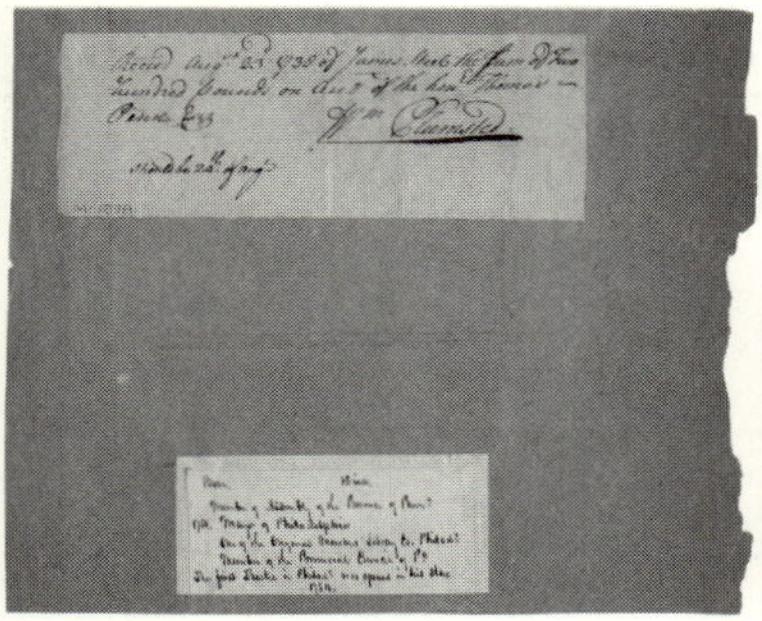

Rec^d Augt 23 1738 of James Steel the Sum of Two hundred Pounds on Acc^t of the hon^ble Thomas Penn Esqr
Wm Plumsted
should be 24th of Aug^t

［表］

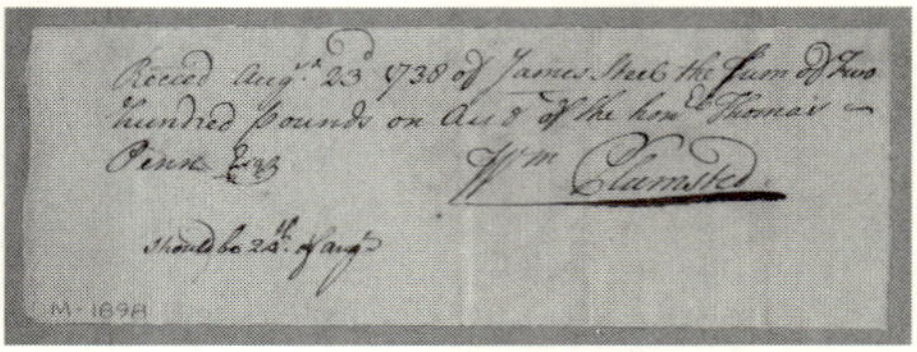

Rec^d Augt 23 1738 of James Steel the Sum of Two hundred Pounds on Acc^t of the hon^ble Thomas Penn Esqr
Wm Plumsted
should be 24th of Aug^t
M-1898

［表・部分］

【史料 4】

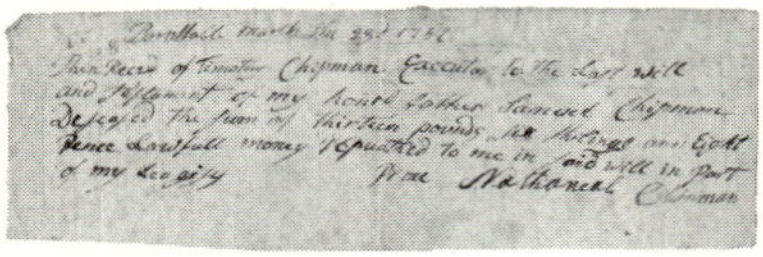

Then Rec^d of Timothy Chipman Executor to the Last will and Testament of my honed father Samuel Chipman Deceased the Sum of thirteen pounds six shillings and Eight Pence Lawfull money bequeathed to me in said will in part of my Legacy
Pr me Nathaniel Chipman

［表］

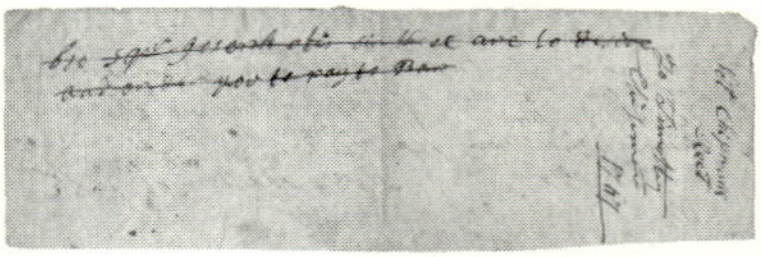

［裏］

【史料 5】

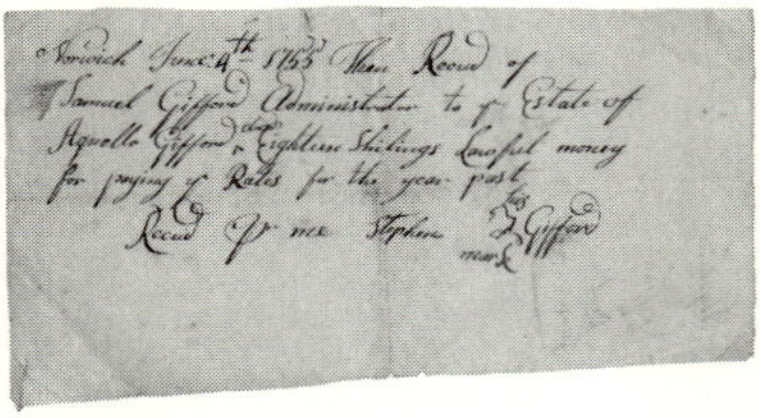

Norwich June 4th 1755 Then Rec^d of Samuel Gifford Administrator to y^e Estate of Aquello Gifford dec^d Eighteen Shilings Lawful money for paying y^e Rates for the year past
Rec^d p^r me Stephen his mark Gifford

［表］

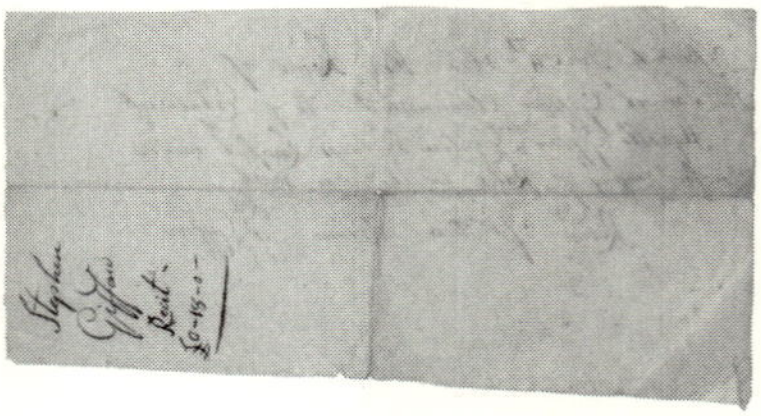

Stephen Gifford Rec^t £0-18-0

［裏］

【史料 6】

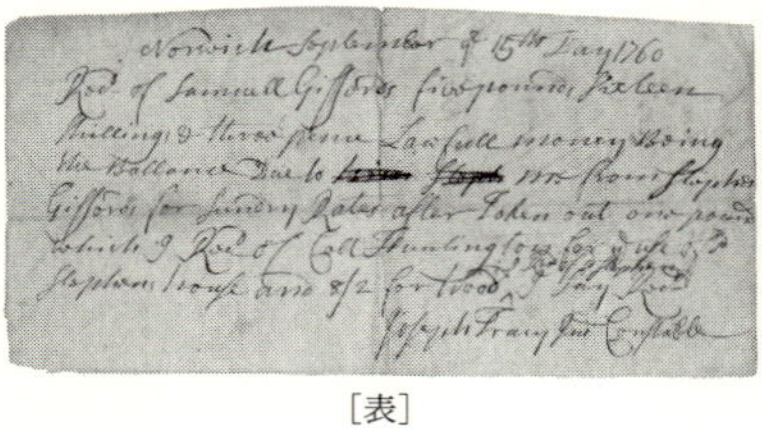

Norwich September y^e 15th Day 1760
Rec^d of Samuell Giffords five pounds sixteen shillings & three pence Lawfull money Being the Ballance Due to Mr. from Stephen Giffords for Sundry Rates after Taken out one pound which I Rec^d of Coll Huntington for y^e use of Stephen house and 8/2 for wood I say Rec^d
Joseph Tracy Junr Constable

［表］

Joseph Tracy Rec^t to Stephen Gifford £5-16-3

［裏］

【史料 7】

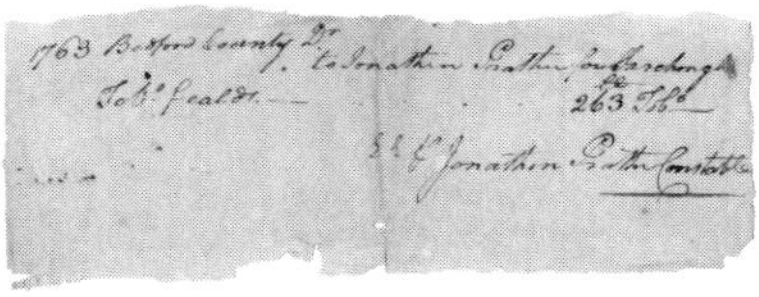

1763 Bedford County Dr
to Jonathan Pratt, for Exchange
To [illegible] feal Sr —
263 lb
E. E. Jonathan Pratt Constable

［表］

［裏］

【史料 8】

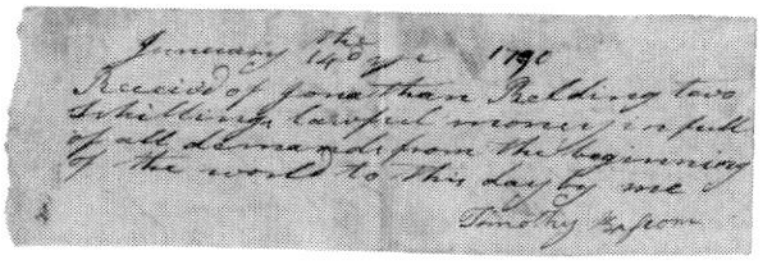

January the 14th 1790
Received of Jonathan Belding two
shillings lawful money in full
of all demands from the beginning
of the world to this day by me
Timothy [illegible]

［表］

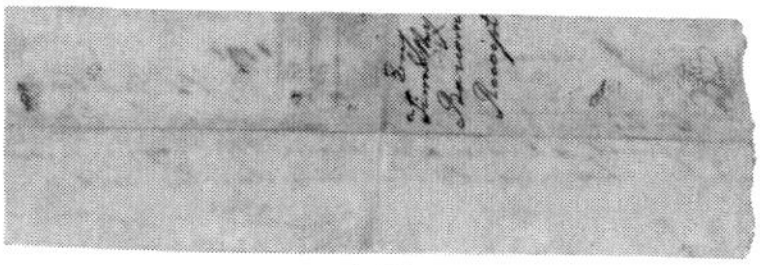

［裏］

【史料 9】

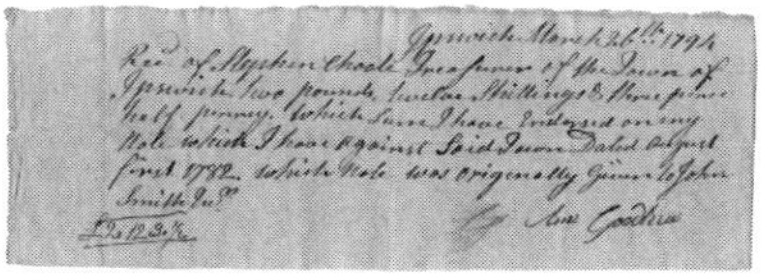

Ipswich March 26th 1794
Recd of Stephen Choate Treasurer of the Town of
Ipswich two pounds twelve shillings & three pence
half penny which sum I have indorsed on my
Note which I have against said Town Dated August
first 1782 which Note was originally given to John
Smith Junr
£2.12.3½
[illegible] Goodhue

［表］

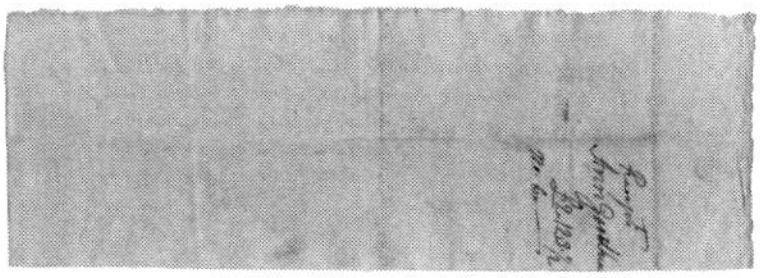

［裏］

【史料 10】

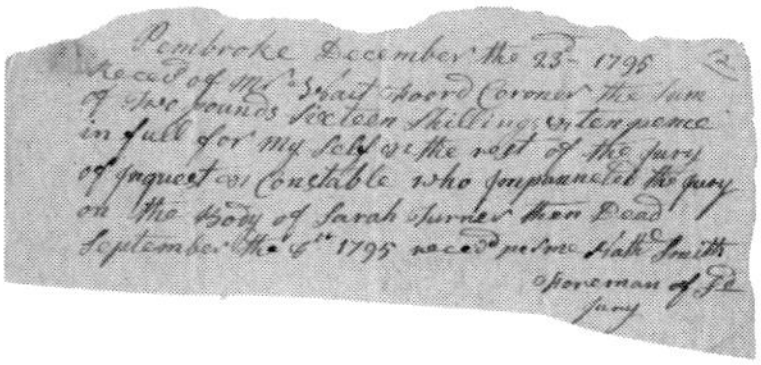

Pembroke December the 23 1796
Received of Mr [illegible] Coroner the sum
of two pounds sixteen shillings & tenpence
in full for my self & the rest of the Jury
of Inquest on Constable who impanneled the Jury
on the Body of Sarah Turner then Dead
September the 4th 1795 received pr me Nath Smith
foreman of the
Jury

［表］

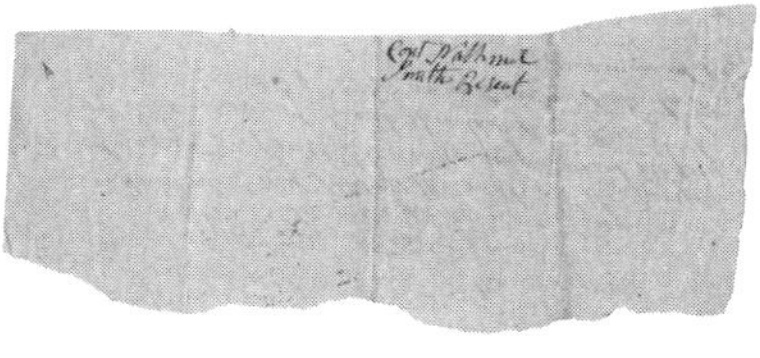

Capt Nathaniel
Smith Recept

［裏］

【史料 11】

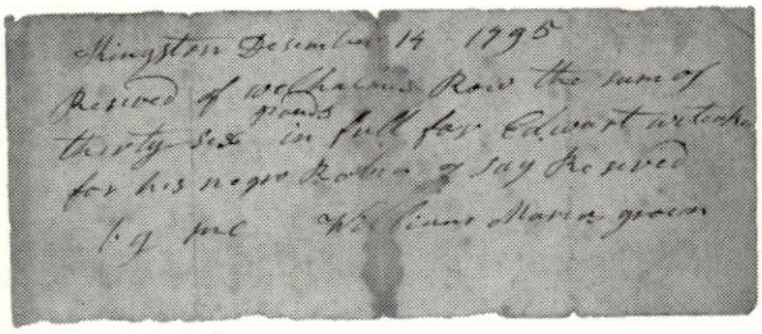
Kingston December 14 1795
Received of William Row the sum of
thirty six pounds in full for Edward [illegible]
for his negro Robin [illegible] I say Received

［表］

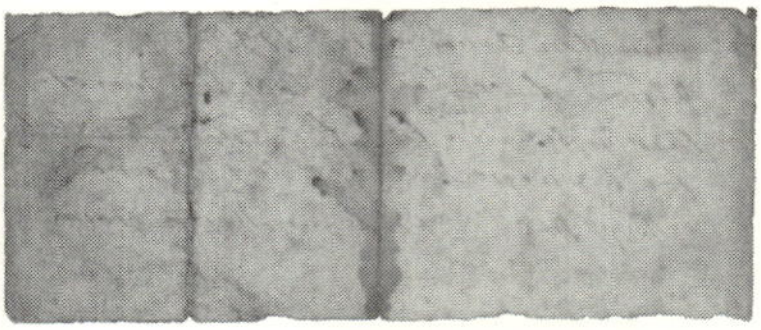

［裏］

【史料 12】

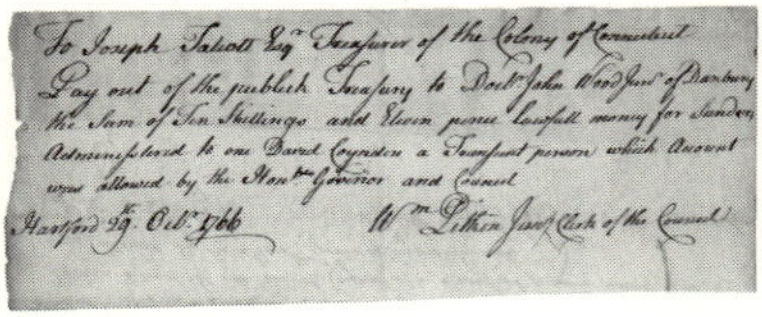
To Joseph Talcott Esqr Treasurer of the Colony of Connecticut
Pay out of the publick Treasury to Docr John Wood Junr of Danbury
the Sum of Ten Shillings and Eleven pence Lawfull money for Sundries
Administered to one Daniel Coynder a Transient person which Account
was allowed by the Honble Governr and Council
Hartford 29 Octr 1766　　Wm Pitkin Junr Clerk of the Council

［表］

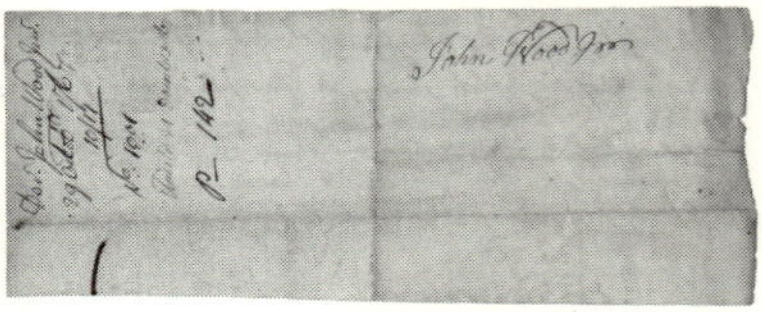
John Wood Junr

［裏］

【史料 13】

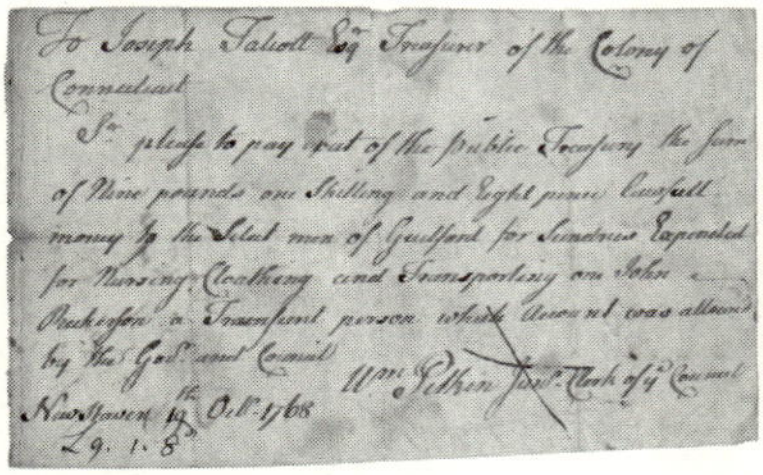
To Joseph Talcott Esqr Treasurer of the Colony of
Connecticut
Sir please to pay out of the Public Treasury the Sum
of Nine pounds one Shilling and Eight pence Lawfull
money to the Select men of Guilford for Sundries Expended
for Nursing Clothing and Transporting one John
Richardson a Transient person which Account was allowed
by the Govr and Council
Wm Pitkin Junr Clerk of ye Council
New Haven 19th Octr 1768
£9.1.8

［表］

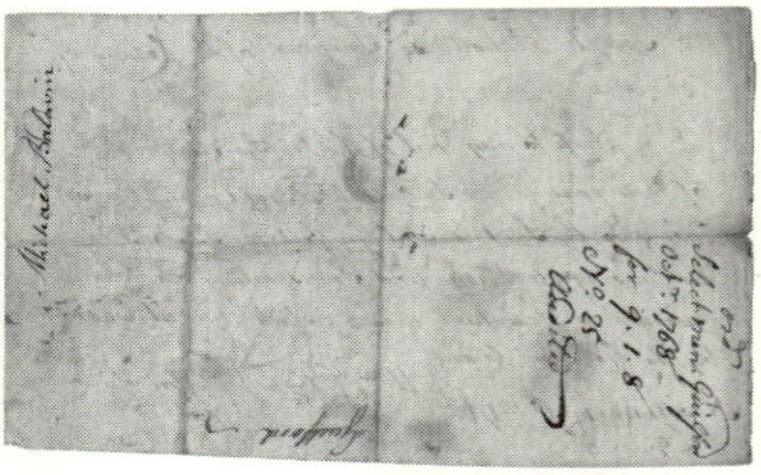
Michael Baldwin

［裏］

【史料 14】

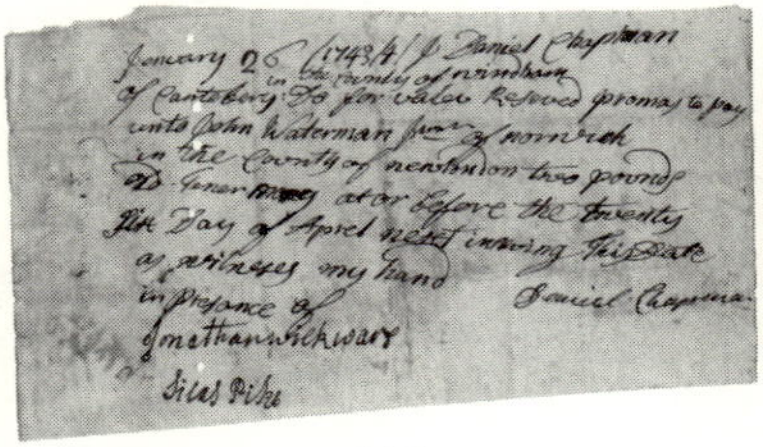
January 26 1743/4 I Daniel Chapman
of Canterbury in the County of Windham For value Received promise to pay
unto John Waterman Junr of Norwich
in the County of New London two pounds
[illegible] at or before the twenty
first Day of April next insuing The Date
as witness my hand
Daniel Chapman
in presence of
Jonathan [illegible]
Silas Pike

［表］

［裏］

【史料 15】

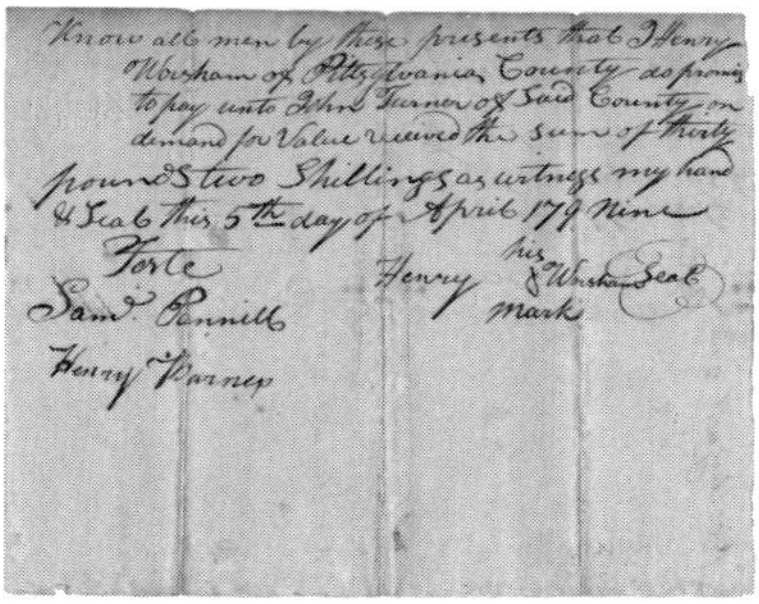
Know all men by these presents that I Henry Wisham of Pittsylvania County as promis to pay unto John Turner of Said County on demand for Value received the sum of thirty pounds two Shillings as witness my hand & Seal this 5th day of April 1779 Nine
Teste
Saml. Pannill
Henry Turner
Henry his Wisham Seal mark

［表］

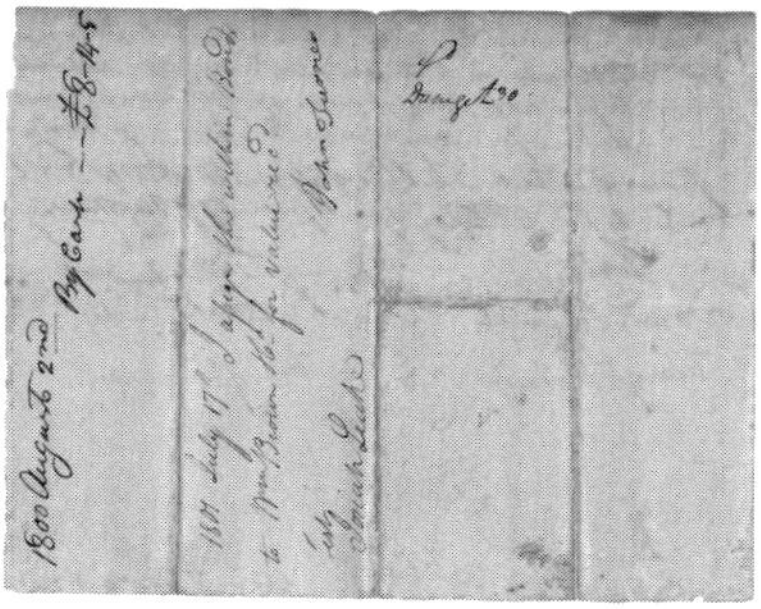
1800 August 2nd By Cash — £8-14-5

［裏］

【史料 16】

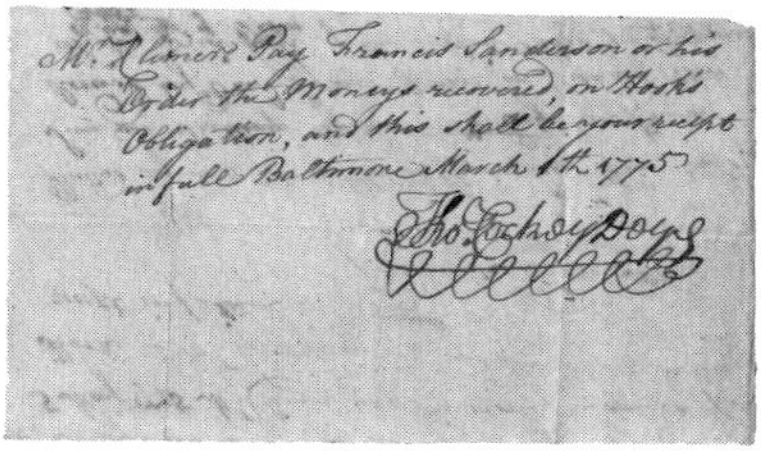
Mr. Climer Pay Francis Sanderson or his Order the Moneys recovered on Hooks Obligation, and this shall be your recept in full Baltimore March 6th 1775

［表］

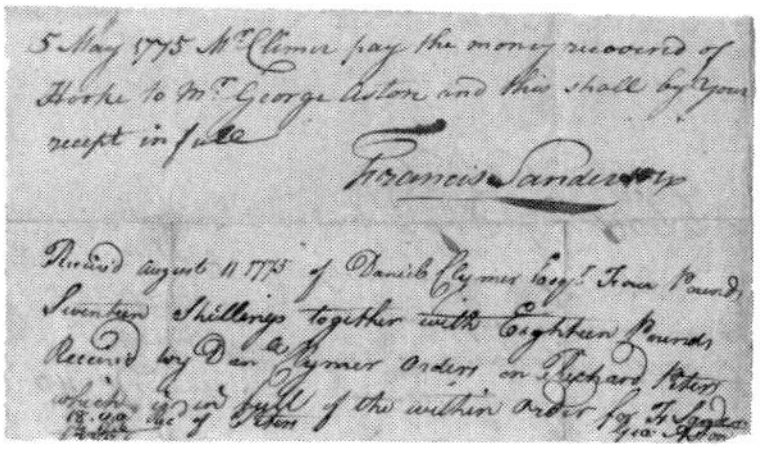
5 May 1775 Mr. Climer pay the money recovered of Hooke to Mr. George Aston and this shall be your recept in full
Francis Sanderson
Received August 11 1775 of Daniel Clymer Esqr. Five Pounds, Seventeen Shillings together with Eighteen Pounds Received by Dan. Clymer Orders on Richard Peters which is in full of the within Order

［裏］

【史料 17】

第3章　「完全なる植民地ジェントルマン」をめざして

――近世大西洋世界のソフトウェア

1　メリーランド植民地におけるプランター・ジェントリと火曜倶楽部

(1) イギリス化と消費革命

本章では、とりわけ第1章で論じたごとく近世大西洋世界を機能させた制度設計＝ハードウェアではなく、むしろ当時の人々の心性、すなわちソフトウェアの側面に焦点を当てたい。近世の英領北米植民地に作り上げられた社会は、地理的にはもちろんのこと、社会的な流動性も高かったとしばしば評されるが、その中にあって、人と人との関係のあり方は本国と異なっていたのだろうか。とりわけ南部植民地では、社会的な外的定義（家系や富など）よりも個人的な内的定義（振る舞いやマナー）が重視され、マナー＝行為とジェンティリティ＝上品・洗練の概念はより強く結びついていたともいわれる。さらに南部植民地の一つメリーランド植民地に焦点を絞れば、とりわけ一七二〇年代以降、ジェンティリティの有無の選別の場となったのは、競馬のような「公開の催し《パブリック・イベント》」や私的なもてなしなどではなく、舞踏会、集会、夕食会、茶会といった「社交の場《ソーシャル・イベント》」においてであったとされる。(1) 本節ではこの社交の場の代表例として、アメリカ南部メリーランド植民地の首府アナポリスで一七四五年に設立された「火曜倶楽部」を取り上げ、決して皆に開かれているわけではないが閉鎖的とは言いがたいこの会のあり方を史料に基づきつつ分析することで、当時の植民地人を統べたジェンティリティの理念が、植民地社会の現実の中でどの程度まで貫徹しえたのか見定めたい。そしてそのためにはまずメリーランド植民地の歴史的位置づけや社会構造など、論の前提となる実態についてあらかじめ簡潔に概観しておく必要があろう。このような社会の実態を踏まえた上で、しかる後にいわばソフトウェア＝理念たるジェンティリティの問題にアプローチすることにしたい。

さて、広大な新世界の植民地を傘下に収めた近世のイギリス第一帝国において、カリブの砂糖と並ぶ最大の商品作物《ステイプル》たるタバコを産し、一七世紀末以降、奴隷制プランテーションの大規模な展開をみたメリーランド植民地とヴァジニア植民地は、文字どおり帝国の経済的支柱として機能した。ともにチェサピーク湾に面していることからチェサピーク植民地とも称されるこれらタバコ植民地の重要性については、その建設時期の早さ——ヴァジニアが一六〇七年、メリーランドが一六三二年——からも十分に窺われるが、一九八〇年代にJ・P・グリーンが提唱し、広く支持された「発展モデル」によれば、メリーランド、ヴァジニア両植民地社会のたどった軌跡こそ、英領植民地の発展の典型例と位置づけられる。(2) このモデルでは英領植民地社会の歴史的展開は三段階に措定され、まず植民の初期、すなわち第一段階では、本国から受け継いだ社会が新大陸の環境に触れていったん「単純化」し、次いで環境に適応してゆくなかで第二段階として社会の「複雑化」が生じる。そして第三段階では社会層の分化・固定化も一層進み、一八世紀半ばまでにイギリス社会のコピーが植民地に作り上げられる。すなわち最終的に本国社会の「複製化」に至るのである。このプロセスの背後には二種類のヴェクトルの作用が認められ、一つは本国から持ち込んだものを植民地環境へ適応させる「クレオール化」の力（「経験」）、いま一つは本国の伝統・文化規範・社会秩序などを重視する「イギリス化（イングランド化）」の力（「継承」）である。一七世紀には前者の作用によってニューファンドランドから西インド諸島まで、新大陸の英領植民地は多様な環境に対応する多様な社会を形作ったが、一八世紀には後者の力が強まり——すなわちイギリス化が進行し——、本国社会を「目標」としてそこへと収束していった結果、各植民地は互いによく似た様相を呈するようになった。個人主義《インディヴィジュアリズム》と共同体主義《コミュナリズム》を両極とするこの軸の上で、タバコ植民地はその中心に位置するに至るのであり、この点からもメリーランド植民地の歴史的重要性は容易に看取されよう。

ともあれ、このように新大陸の英領植民地は「イギリス化」していたのであって「アメリカ化」していたのではないという理解は、政治文化の側面のみならず、当時の社会の諸相に対しても適応されうる。なかでも近年とみに注目されているのが、生活様式・消費様式のイギリス化である。(3) そもそも当時の生活水準を正確に把握するためには、衣食住から自然環境、労働環境、人口学上のパフォーマンスまで幅広く見てゆく必要があるが、消費財の所有状況に注目したL・G・カーとL・S・ウォルシュの研究によれば、一七世紀の南部植民地の消費水準は「単純化」された社会ゆえに本国と比べて低く、植民地内部でも北部のニューイングランドより若干低めであったが、一八世紀半ばまでに質・量ともに急激な消費水準の変化・上昇、すなわち「消費革命」が社会の下層をも巻き込んで進行したとされる。この消費革命のメカニズムは、上層の人々――たとえば南部では大プランター――が帝国のメトロポリスたるロンドンからさまざまな消費財・消費様式を導入し、それがいわゆる「社会的競争」によってさらに下層の人々に真似られ、やがて社会層の底辺にまで浸透するというもので、帝国の中心から植民地へ伝播し（地理的波及、水平の波及）、次いで植民地社会内部で上層から下層へと伝わる（社会的波及、垂直の波及）仕組みが見出せる。具体例としては、たとえば食生活における喫茶の習慣、砂糖の消費、フォークの使用、住居におけるジョージ王朝様式の導入、衣服における本国や大陸の最新モードなど、およそ衣食住すべてにわたる変化が含まれる。そしてこれらの変化を可能にした財は本国から、もしくは本国を経由して植民地にもたらされ、関連する情報も同様にして発信されたため、消費様式・生活様式において本国と類似した社会、すなわち社会の「複製化」、イギリス化が進行したのである。これらの消費財はまた、しばしばステイタスシンボルとして機能し、日常生活の中で階層差のシグナルを発したことから、経済力にもとづく――身分制秩序ではなく――新たな階層区分を生み出す要因ともなった。かくして北米植民地と本国とは消費構造を通じてより強く結ばれ、イギリス第一帝国は「財の帝国」として緊密な紐帯を誇ったのである。

（2）メリーランド植民地社会の階層構造と流動性

かかる英領北米植民地の展開のなかで、その典型例とも捉えられうるメリーランド植民地であるが、では具体的にその社会階層はどのように構成されていたのか。また階層間の流動性はどの程度、保証されていたのだろうか。特にプランター・ジェントリの位置づけについて、当時の社会のクロスセクションのなかで確認し、さらに彼らの社会層としての歴史的動向を社会的流動性を通じて把握する必要があろう。じつのところ、これらの諸問題についてはすでに拙著で詳細に論じているが、ここでは本節の叙述に必要な範囲内で、ごく簡潔に触れておきたい。まず、図3-1に示す社会階層モデルは、南部植民地特有の状況・条件を考慮しつつ、時代による変化も大まかながら組み込んで、各階層の属性（自由人・不自由人、白人・黒人など）とともに図式化したものである。[4] このモデルは当時の南部植民地社会の断面を示すと同時に、ひとりの人間のライフサイクルという動態的視点——「白人」についてのみだが——からすれば、奉公人から出発してジェントリに至るまでの社会的上昇の過程を意味しているともいえる。しかも図中の各階層の実際の割合を推計することも可能であ

図3-1　南部植民地社会階層モデル

り、当該モデルは計量的にも実証に耐えうると断じうる。

ここで改めてジェントリ、ヨーマンプランター、借地農、住込み人という「自由人」を構成する四つの社会階層の属性に注目したい。この四階層がいかに区分されうるのか、その階層区分の指標として指摘されるのは、主として次のような属性である。（一）政治上の位置、すなわち重要な公職に就いているか／いないか。（二）社会上の位置、すなわち①ライフサイクル上の条件、とりわけ世帯を形成しているか／いないか。②どのような自称・他称を用いているか。（三）経済上の位置、すなわち①動産の多少、②不動産の有無。②が有る場合はその多少、である。世帯形成の有無や不動産所有の有無が社会階層区分の重要な指標とされる点については、今日的感覚からするならばやや奇異の感なしとしないが、当時の南部植民地が人口学的にもプリミティヴな社会で、農業の比重が非常に高かったことを思えば十分に首肯される。むろんこの階層区分は固定的な身分制を前提としたものではないことから、実際に最も強く作用した――そして時代が下るにしたがって、ますます強く作用するようになる――指標は、（三）の経済的条件といえよう。しかし個々人について具体的に階層分類をおこなう際には、（一）、（二）の条件、および（三）の②の不動産の有無は他の条件以上に明示的であり、より基礎的な指標とされる。したがって、たとえば動産の多少などは分類の結果として得られる各階層の特徴であって、事後的な指標と考えることもできよう。

これら種々の指標・区分を前提としつつ、本節で注目するプランター階層（ジェントリ、ヨーマンプランター）について、次にその特徴を確認したい。まず階層の頂点に位置するジェントリ（プランター・ジェントリ）は、政治的には代議員、参議会員、治安判事など重要な植民地政府レベルの公職を有する富裕層であり、いわゆる大プランターに他ならない。むろん一般には世帯を形成しているが、とりわけ初期には奉公人出身の者もおり、植民地での特殊事情として出自や教育とは必ずしも関係がない。もっとも一七世紀末になると、社会的流動性の低下とともに階層の固定化が生じ、出自や教育も重要な属性となる。呼称は「エスクワイア」や「ジェントルマン」などが多く、自他ともに認める支配階層であった。彼らは多くの動産を有しているが、何よりも広い土地を所有しており、この点でヨーマンプランターと明確に区別される。むろん土地所有規模が比較的小さいジェントリも存在しえたが、平均すれば千エーカー程度の土地を持っていたといってよい。なかでも経営規模が特に大きく、国際的に取引をおこなっている者は「コスモポリタン・ジェントリ」と称される。なお黒人奴隷の大規模な導入は一七世紀末からであり、それ以前に黒人奴隷の所有数が階層の指標として有効に機能することはない。また、自身は有力な公職保有者でなくとも、その親族で、遺産を相続した者や、それ以外でも一五〇〇エーカー程度以上の土地を有している未亡人なども、経済的条件からジェントリの範疇に含まれうる。

一方、ヨーマンプランターはジェントリに分類されない中小規模のプランターで、あまり重要な公職に就いていないが、ある程度の土地（平均で三〇〇エーカー）を所有している者をさし、「普通のプランター《オーディナリ》」と呼ばれる場合もある。ただし土地の広さが五〇エーカー以下だと十分なプランテーション経営がおこなえないため、原則的にはこれ以上の面積を有している者をいう。通常は世帯を形成しており、一八世紀においては、いわゆる中小《ミドリング・スモール》プランターの呼称の方がむしろ一般的といえる。

以上のように当時の南部植民地の社会構造・階層区分において、不動産の有無・大小はとりわけ重要な指標として機能しており、階層は土地所有形態と密接に関連している。たとえば、借地農は借地人（リースホールダー、テナント）であるが、われわれの注目するジェントリ、ヨーマンプランターは、ともに売却・貸出・譲渡・贈与可能な単純不動産権にもとづく土地所有、すなわち自由土地保有者（フリーホールダー）の場合が一般的である。ただし、ジェントリ階層の頂点には領主植民地たるメリーランドに特徴的な「マナ領主」も存在している。これはメリーランド領主ボルティモア卿が新大陸に中世の荘園制度を構築すべく導入した「封建遺制」のひとつであり、植民地建設初期に卿に近しい者たちにマナ領主として種々の封建的特権を与えたものだが、一七世紀後半にはしだいにその特権は有名無実と化し、一八世紀に入ると土地所有形態上の「封建的」区分は完全に意味を失った。すなわちマナ領主も経済的意味合いにおいて他のジェントリ＝自由土地保有者となんら変わるところのない——不動産の大小という、経済的指標によってのみ区分される――階層と化したため、本節で俎上に載せる火曜倶楽部が活動した一八世紀半ばにおいては、このようなジェントリ階層内部における「質的」な区分は、もはや考慮する必要はないといえる。

しかしながら、階層間の社会的流動性そのものについては、どのように捉えることができるのであろうか。社会的流動性の計量にあたっては、経済的側面、社会的・政治的側面の二方向からアプローチする必要があり、いずれの場合も具体的な計量プロセスとしては、期間を一定に区切って特定のコーホートを抽出し、その何パーセントが上昇に成功したかを確認する作業となる。(5) このような分析の結果、結論として断じうる事実は、たとえば年季契約奉公人としてメリーランドに入植した資産も地位もない下層の若者が、平均四年間の年季奉公を経て解放後、土地・財産および公職を獲得してプランターへと上昇することができたのは、一六八〇年代ないし九〇年代頃までであって、それ以降は、少なくともメリーランド植民地においては、彼らの社会的上昇の道はきわめて困難なものとなったということである。つまり当植民地が貧しき者にとって真の意味で「機会の土地」たりえたのは、入植が始まった一六三〇年代から一六八〇・九〇年代までのほぼ六〇～七〇年間であって、以後、独立革命に至るまで社会の固定化が進行し、「機会」は急速に失われていったのである。一方で、ほぼ同じ一六八〇・九〇年代には種々のデータから富の分配の不平等化が認められ、ジェントリ層への富の集中化が見て取れる。さらには植民地レベルの主要な公職においても、名門への集中と世襲化が確認されるのである。彼らは互いに姻戚関係を結ぶ大プランターであり、長年メリーランドに居住しているネイティヴ（植民地生まれ）であった。一八世紀を通じてこの植民地を支配し、やがて独立革命をも指導することになる彼らプランター・ジェントリは、低下する社会的流動性の中で権力の地盤を固め、ほぼ一七二〇年代までにリーダーシップを確立したのである。以下ではこのようなメリーランド植民地社会の歴史的変化の実態を踏まえつつ、具体的な火曜倶楽部の分析に移りたい。

(3) アレグザンダー・ハミルトンと火曜倶楽部

まずは火曜倶楽部の発足から幕切れまで、創設者のアレグザンダー・ハミルトンの生涯と重ね合わせながら見てゆきたい。[6] ハミルトンは一七一二年にエディンバラで生まれ、父ウィリアムはエディンバラ大学の学長・神学教授であった。アレグザンダーも同大学で医学を修めたのち、メリーランド植民地で医者として成功を収めた兄を追って、一七八三年の冬に首府アナポリスに移住する。当時のメリーランドはチェサピーク文化の黄金時代とも呼ばれる文化的成熟期を迎えつつあったが、アレグザンダーはその「粗野」な文化環境にいたく失望し、一七三九年にアナポリスの「醜悪倶楽部」(本国の同名の倶楽部は『スペクテイター』紙が名を広めた)に入会するも、同会は一七四四年に解散となる。健康を損ねたハミルトンは一七四四年に四か月間、療養のためにニューイングランド方面に旅をし、文学史上の評価も高い旅行記『イティネラリアム』(最終的な出版は一九〇七年)を執筆している。[7] アナポリスへ戻った彼は火曜倶楽部の創設に尽力し、一七四五年五月一四日には最初の集会が開かれる。以後、毎週火曜日の夜に会合が持たれ、この倶楽部は約一一年にわたって命脈を保つこととなった。創設時の会員はハミルトンを含めて八名であり、彼ら「古参会員」の多くはスコットランド人で、全員が何らかの公職に就いている。本国の「上品」な雰囲気を濃厚に有するこの倶楽部は、メリーランドで数少ない、いわば本場のジェンティリティを学べる場として多くの名士を引き付け、チェサピーク湾北部在住の主要な人物はほとんど全員、火曜倶楽部に入会もしくは参加したとされる。倶楽部への「来訪者」も歓迎され、アナポリスを訪れた多くの著名人が会合に顔を出している(ベンジャミン・フランクリンもその一人である)。

火曜倶楽部でハミルトンは書記の役を務め、会合の議事録を作成したが、これに基づいて著した『いにしえの名誉ある火曜倶楽部の歴史』こそ、当該倶楽部の姿を今日に伝える貴重な史料に他ならない。[8] この書物は出版されることはなかったが、ほぼ完全な原稿(表3-1中の4)が残されている。この表中の4の成立に至るまでには、表にあるように四段階の過程が確認され、1は主にハミルトンが一七四五年から五六年にかけて記録した火曜倶楽部の

表 3-1　『いにしえの名誉ある火曜倶楽部の歴史』の成立過程

	著者	タイトル（略記）	執筆・対象期間
1	ハミルトン他	『火曜倶楽部議事録』全 2 巻	1745/5/14–55/2/25 (vol. 1); 55/5/27–56/2/11 (vol. 2)
2	ハミルトン	「火曜倶楽部の記録」	1745/5/14–55/4/22
3	ハミルトン	『火曜倶楽部の歴史』第 1 巻・第 2 巻草稿	1752 (秋) –54/1/22
4	ハミルトン	『火曜倶楽部の歴史』全 3 巻	1754/9/9–56/5/x

註）執筆・対象期間：1・2 は対象期間（ただし 1 は執筆期間とほぼ重なる），3・4 は執筆期間。
出典）Hamilton, *The Tuesday Club*, ed. by Micklus, 319–321 より作成。

議事録、2は楽譜や絵を含む1の改訂版で、少なくとも一七五〇年以前に書かれ始めたと考えられる。これらを踏まえてハミルトンは、一七五二年秋から倶楽部の議事を物語化した『火曜倶楽部の歴史』の草稿（3）の執筆を開始し、それをさらに推敲し、完全に書き直した4では、倶楽部の会員の名を別名（あだ名）に置き換えている。そこには楽譜が五二枚、絵も四八葉ほど収められている。なお4の第三巻はハミルトンの絶筆であり、原稿を書き終えた直後にハミルトンは死去している。このように『火曜倶楽部の歴史』は物語として再構成されていることから、文学史上も高い評価を得て、その方面からする研究も数多い。そもそも「物語化」するという行為自体、当時の文化的雰囲気やジェンティリティのあり方を端的に物語って余りあるとも言え、さらに「いにしえの名誉ある」というタイトルや、古典古代から倶楽部の歴史を論じるあたりも、大袈裟な物言いによって植民地のコンプレックスを笑い飛ばそうとする意図が窺える。しかし議事録という確固たる事実をベースとした作品であり、脚色の度合いがかなり低いことから史料としての価値は十分に認められ、本節でも主要な史料としてこれに依拠する。

この『火曜倶楽部の歴史』の中で「主要会員」と呼ばれるレギュラーメンバーは一五名を数え、各会員に付けられた別名（あだ名）は、倶楽部における各人の役割を端的に物語っている。ハミルトンの別名は“Loquacious Scribble”（お喋りの落書き）であるが、これが書記を意味していることは多言を要しないであろう。彼ら主要会員と「名誉会員（アナポリス滞在中のみ倶楽部に参加する会員）」、来訪者たちは毎週火曜日の夜、会員の家に集まって軽食（パン、チーズ、ベーコン、パンチ）と共に「会話」を楽しんだ。各自がそれぞれの才能を生かして、たとえば自作の音楽を披露したり、詩を朗唱したり、模擬裁判をおこなったりしたが、ウィットに富んだ会話こそ火曜倶楽部の神髄とされ、これに特に才能を発揮したのがハミルトンとジョナス・グリーンであった。グリーンは『メリーランド・ガゼット』紙を発行する印刷業者で詩を能くし、『火曜倶楽部の歴史』の中では“Jonathan Grog, P. P. P. P. P.”（御用達［Purveyor］・洒落達人［Punster］・パンチ奉行［Punchmaker General］・印刷屋［Printer］・詩人［Poet］）もしくは“P. L. M. C.”（桂冠詩人［Poet Laureate］・式部官［Master of Ceremonies］）の別名を与えられている。同倶楽部は一七五〇年に創設五周年を祝ってメダルを製作し、会員に配布したが、その表面には倶楽部の名称とともに、握手する二本の手がハートの文様の上に描かれ、周囲には次のようなラテン語の文言が刻まれている。「小さきもの、和合によりて大きくなる（CONCORDIA RES PARVAE CRESCUNT）」。カエサルとも親しかった古代ローマの政治家・著作家サルスティウスの『ユグルタ戦記』の一節であり、親交によって互いに切磋琢磨してゆこうとする会員の意気込みが感じられよう[9]。

さてハミルトンは火曜倶楽部創設の後、一七四七年には名家の娘マーガレット・デュレイニと結婚し、宗派を長老派から国教会に変えるとともに、デュレイニ家の後ろ盾を得て政界に進出する。一七五三年には領主派として植民地議会下院議員に当選するも、翌年、健康を害して議員職を辞した。一七四九年には倶楽部の会員数名と共にフリーメイソンの支部をアナポリスに設立している。当時はフリーメイソンも通常の倶楽部と同様に位置づけられており、「兄弟愛」という点で火曜倶楽部と共通項を有していたとされる。一七五五年頃からハミルトンは次第に病気がちとなり、火曜倶楽部にも定期的に顔を出すことができなくなった。一七五六年二月には書記の役を友人に譲ったものの、先述のように『火曜倶楽部の歴史』の執筆は死の直前まで続けた。同年五月一一日火曜日、ハミルトンは死去する。奇しくもこの日は火曜倶楽部発足一一周年の当日であったが、じつは同年二月一〇日の集会を最後に倶楽部は開かれなくなっていた。火曜倶楽部は創設者にして倶楽部の「魂」と呼ばれたハミルトンの死とほぼ同時に、その幕を閉じたのである。親友のグリーンは『メリーランド・ガゼット』紙上で次のように記している。

先週火曜日朝、アレグザンダー・ハミルトン医師が死去した。享年四四歳。この立派なジェントルマンの死は、皆の悲しみを誘わずにはおかない。彼の医師としての能力、幅広い知識、大いなる誠実さ、飾り気のない振る舞い、深い善意など、まことあらゆる階層の者から尊敬を勝ち得たのも当然である。彼ほど敵が少なく、味方の多い者を知らない。(10)

ここにおいてハミルトンは当時のジェントルマンの理想像に沿ったかたちで称えられており、「立派なジェントルマン」たる徳目が――医師としての特殊な項目を除けば――確認される。とりわけ「飾り気のない振る舞い(simplicity of manners)」の語は、ジェンティリティを構成する重要な要素として意義深いものといえよう。

(4) 火曜倶楽部の会員とジェンティリティ

さてこの火曜倶楽部は当時のメリーランド植民地社会のなかで、どのように位置づけられうるのであろうか。まずは会員の分析を通じて倶楽部の性格を見通してみたい。表3-2は会員と来訪者を職業別に分類したものである。複数の職種を兼ねる者も多いため、主要と思われる職種に分類してあるが、ここでの「職業」の性格には注意が必要であろう。特にいわゆるプランター・ジェントリは大土地所有者としてプランテーション経営をおこないつつ、地域の名望家として議員や治安判事などの公職を務めており、その意味で政治家とプランターを兼任していたともいえる。ここでは公職での分類を優先し、他に主要な職を持たないプランターのみを表中で「プランター」に分類してある。また表中の「商人」も大規模にビジネスを展開する貿易商人・大商人がほとんどで、小規模な小売商のイメージを投影することはできない。さらに表中の会員の分類については、たとえば「名誉会員」は重複を避けるために、古参会員や主要会員を務めたのちに名誉会員となった者を含んでおらず、一四名で名誉会員全員というわけではない[11]。来訪者は『火曜倶楽部の歴史』抄録版に登場する主な者のみを挙げてある。

さてこの表を見ると、主要会員・古参会員・名誉会員のいずれもが政治的・経済的に主要な立場にある人々、もしくは専門職であり、いわゆるジェントルマン的な職種といえる。前述のようにこれらの人々の半数以上がプランテーション経営に携わる大土地所有者、プランターでもある。また名誉会員に聖職者が多い点も特色といえる。来訪者の職種にはやや広がりが認められるが、それでも会員の場合と大きく隔たってはいない。このように火曜倶楽部の主要なメンバーを見渡せば、ジェントリ（大プランター、大商人）層を中心として中小プランター層まで含むいわゆる名望家、エリートの面々であることは明らかであろう。また逆に言えば、参議会員などプランター・ジェントリの頂点に位置する人々のみで構成される閉鎖的な倶楽部ではなく、広く中小プランター・商人層にも門戸を開き、ジェントルマン文化の伝達・教授に寄与していたとも解釈できる。つまり火曜倶楽部はメリーランドで数少ない真の（＝本国流の）ジェンティリティの「教育機関」・「承認機関」、「チェサピークにおける文化生活の主要なセンター」として、ジェントリ層全体のみならず広い意味での植民地エリート、すなわち植民地ジェントルマンたちに多大な影響を与えたと考えられるのである。それはまた会員の親族関係——関係の無さというべきか——や出自からも確認される[12]。一五名の主要会員のうち八名は何らかの親族関係にあったが、七名は無関係であり、古参会員で親族関係にある者は二名を数えるのみである。また主要会員の五名はメリーランドに長く居住する名家の子弟だが、ハミルトンやグリーン、さらに会長のチャールズ・コール（別名ナシファー・ジョール）らは近年の移民であり、古参会員・主要会

表 3–2　火曜倶楽部会員・来訪者の職業

（人）

職業	古参会員	主要会員	名誉会員	来訪者
政治家・役人・法律家	4	7	2	1
商人	2	4	5	2
聖職者	1	1	4	2
プランター	0	1	2	1
内科医	1	1	1	0
印刷業者	0	1	0	0
画家	0	0	0	1
奉公人	0	0	0	1
計	8	15	14	8

出典）Hamilton, *The Tuesday Club*, ed. by Micklus, xvi, 315–319 より計算作成。

員・名誉会員を歴任した法律家のウィリアム・カミング・シニアは年季契約奉公人の出身である。これらの事実からも、火曜倶楽部が決して特定の血縁や地縁、さらにはビジネスを核として結びついた閉鎖的な集まりなどではなく、いわば上流社会のクロスセクションとしての性格を有していたことがわかる。むろん会員たちは皆、自らがエリート層に属する者との認識を抱いていたと考えられるが、この倶楽部において「生まれ」以上に個人の「資質」が問われている面は否定しえない。当然、会員資格に出自や宗教、国籍などの制約はなく、啓蒙主義の精神を体現して国際的とも言え、その意味でもフリーメイソンとの共通性が指摘されているのである。つまり生まれや地位にこだわらず、「ウィット、陽気、知性」を旨とするこの火曜倶楽部にあってはジェンティリティこそが基本であり、それは生まれや富に基づくというよりも、あくまでも振る舞い（マナー）に依拠するとの解釈も故なしとしない。

それではジェンティリティとはこの場合、どのように理解すべきなのであろうか。本国を手本としている以上、礼儀正しさ（politeness）、気前よさ（liberality）、社交性（sociability）、もてなし（hospitality）など本国と共通する構成要素が挙げられうるが、とりわけ南部に色濃く見られる要素として、歓待の伝統（Southern hospitality）にも注目すべきであろう。さらにジェントルマンらしく上品（genteel）であるために求められた重要な資質として、繊細さ（delicacy）、感性（sensibility）、センス（taste）などが指摘されよう。[13]『いにしえの名誉ある火曜倶楽部の歴史』においてハミルトンの考えるジェントルマンの理想像は、さらに具体的で条件が厳しい。すなわちウィット、陽気さ、教養を兼ね備え、審美眼を有し、音楽や美術、文学などの知的分野に秀で、育ちのよさが感じられること。また他のジェントルマンとの交友を求め、家系やコネよりも個々人の才能が重視される社交の場では、上品さや教養を皆に示しうることなどである。[14]とりわけ社交などの「ソーシャル・イベント」は、ジェントルマンを他の者と区別するフィルターとして機能したことから、そこでの振る舞い、マナー、なかんずく会話は特に重視された。つまり会話がその人となりを最も端的なかたちで示し、話し方ひとつでジェントルマンたりうるかどうか、たちどころに見抜かれてしまうというわけである。

またジェンティリティが人との関係において定義されうるもの、すなわち自己評価というよりも他者評価によって定められるものである以上、社会的身体たる服飾も、会話に準ずる重要な要素というべきであろう。そして消費革命の進行に伴い、その意味合いは一層重要度を増すことになった。そもそも当時の装いはマナーの体系によって裏打ちされており、コルセットなどによって締め付けられた女性の胴部（いわゆる「フィティッド・ボディス」）はその典型といえる。男性の場合でもたとえばコートやウェストコートのアームホールはやや後方の低い位置に作られており、肩をいくぶん後ろに下げ気味にして胸と腹を突き出すという、当時のマナーに即した姿勢が自然に身につくようになっていた。横から見た場合、顎をやや上げ、肩から背中、腰にかけて緩やかなS字カーヴを描くような直立の姿勢が求められたのである。特に一八世紀半ば以降、ウェストコートのボタンをきっちりと留めるようになると、コルセットに準ずる機能はさらに強化された。コートの袖も今日とは異なり、まっすぐではなく肘から軽く曲げた形に作られていたが、これも男女を問わず美しい腕のポジションとされていたためである。さらにブリッチズ（半ズボン）も、腰を軸に上半身を曲げる「正しい」礼の仕方に対応するようにデザインされた。スミソニアン協会の研究によれば、このようなマナーが服装の型を通して身体に強要された結果、当時の人々の体型が今日のアメリカ人とかなり異なっていた事実も明らかにされている。[15] ともあれ服飾において示されるマナー、ジェンティリティという観点からすれば、たとえば火曜倶楽部の会長で大商人のチャールズ・コールに対するハミルトンの評は興味深いものといえる。

上品なセンス（elegant taste）を持ち……マントルピースに皿やコップや陶器などを非常にきれいに飾りつけるすべを完璧に心得ている……服のセンスは特に上品で、常に清潔できちんとした（clean and neat）身なりをしており、決して派手な安っぽさ（tawdry）はない。（『いにしえの名誉ある火曜倶楽部の歴史』三の巻・第四章）

このように服飾や会話など、広い意味での振る舞い、マナーによって価値が計られる火曜倶楽部は、「上品」な植民地ジェントルマンたちに開かれた社交の場であると同時に、彼らが「上品な技術」に磨きをかけ、本国流のジェンティリティを学ぶ教室でもあった。ジェンティリティを中心とするこの「ソーシャル・イベント」の中で、彼らはより「完全な」ジェントルマンをめざしたのである。

(5) 会話・ウィット・ユーモア

それでは史料たる『いにしえの名誉ある火曜倶楽部の歴史』の中で、会の性格やジェンティリティのあり方に関して、さらにどのような言説が見出されるのだろうか。まずは倶楽部の会則（倶楽部内では「法」と呼ばれる）について見てみたい。最終的に五二条ほど作られているが、些細な事柄についての洒落た規定が多く、このような会則の性格自体、ジェンティリティの「教科書」として位置づけることもできる。したがって真面目に遵守が心がけられ、実効を有した会則は数少ないが、「第四の法」と「第七の法」は例外的に重要な規定といえる。前者は入会に関する規定、後者は倶楽部内部の調和を維持していくための約束事であり、実際の文言は次のように記されている。

第四の法　新会員の受入れは全会員の一致を原則とする。新入会員は次回の会合の幹事を務めること。（三の巻・第二章）

第七の法　どのような性格の話題が論じられようとも――パーティーのことであれ、植民地政府のことであれ、当倶楽部にとって好ましくないことであっても――、結論にまで至るべきでないこと。議論が終了した後は、場を和ますため、気に障る言葉を発した会員をすみやかに全員で笑い飛ばすこと。（三の巻・第三章）

火曜倶楽部に関する「格言」を集めた箇所（一七五二年一二月一九日作成、一一の巻・第八章）にも「第七の法」と類似の内容が見られる。

その一　当倶楽部はユーモアを旨とする会であり、主要会員同士で交わされるいかなるユーモアに対しても立腹することは当会の趣旨に反する。

その二　当倶楽部では政治向きの話は御法度であるが（第七の法を参照のこと）、おつむの悪い政治家に対して婉曲に冗談を飛ばしたり、洒落たり、謎かけをすることは、これを禁ずるものではない。

その五　当倶楽部では、猥談も極めて婉曲なかたちであれば必ずしも御法度ではない。

その三六　悪意のあるウィットや謎かけ、洒落などは争いの種であり、当倶楽部の調和を乱すものである。なんとなれば、ウィットは必ずしも皆が同じ基準で受け取るとは限らないからである。

このように和を尊ぶ会の精神が、火曜倶楽部を長きにわたって存続させ、ジェンティリティの教室たらしめたといえよう。さらに規定の文言からは、良質のウィットやユーモアがジェントルマンにふさわしい「上品」な会話に不可欠の要素であることが改めて確認される。「完全なる」ジェントルマンにとって、何事についてであれ真面目に正面から熱く論じることは「野暮」な態度に他ならず、政治批判や猥談といった一見「上品」さを欠くテーマですら、ウィットやユーモアを巧みに駆使して語ることで、ジェントルマンらしい会話となりうるのである。

また「第四の法」では入会条件として全会一致の原則が規定されているが、この「法」の実際の適用場面を主要会員の入会の事例から見てみよう。たとえばジョナス・グリーンが一七四八年二月二日に全会一致で入会を果たした際、彼は次にように高く評せられている。

彼はウィットとユーモア、ひょうきんさを大いに敬い、身を持ってその啓発に務めている。（五の巻・第五章）

火曜倶楽部へ入会を認められるか否かは、当人が基礎的なジェンティリティを有するか否かの一種の資格試験であったと考えられることから、ジェンティリティの構成要素としてウィットとユーモアが特に重視されていることが、ここからも再確認される。また教区牧師で学者のアレグザンダー・マルコム（別名フィロ・ドグマティクス）も一七四九年一二月五日に全会一致で入会しているが、その入会審査に当たっての所信表明として、彼自身が次のような興味深い言葉を吐いている。

もし私が今はまだ貴会の一員としてふさわしくないということであれば、さらに会話を磨いて、会員たる名誉に浴すべく努力いたす所存です。（六の巻・第八章）

この文言は入会資格として会話が最重要条件であることを明確なかたちで語っており、ジェンティリティを旨とする火曜倶楽部での会話の重要性を裏付けるものといえる。つまりこの倶楽部において、完全なるジェントルマンたる条件は「会話」へと先鋭化、もしくは単純化されているともいえる。ともあれマルコムは入会後、倶楽部の「大臣」の役を引き受けるが、やがて先述の会長コールと深刻な対立状態に陥り、倶楽部を脱会することになる。両者の最終的な決裂のシーンは、『いにしえの名誉ある火曜倶楽部の歴史』の中では次のように会話形式で非常にヴィヴィッドに記述されている（一三の巻・第三章）。

会長　後生だから、聞こえるように、わかるように話して下さい。ちゃんと英語を話して下さらないと、おっしゃることがわかりません。
大臣　英語を話せとは！　一体どういうことですか。私が英語を話していないとでも？
会長　多分あなたが話されているのは英語なのでしょう。しかし発音を直して頂かないと、訛りが強すぎて私には理解できません。
大臣　なんとまあキザな言いぶりでしょう。私の英語はあなたと同じくらい立派だと思いますが。

会長 とんでもない。倶楽部の皆さんにも訴えたい。書記氏はあなたとお国が同じで、やはり訛っておいでですが、あなたよりずっと上手に話されますよ。(書記氏、会長に深々と一礼。)
大臣 はっきりさせておきたいと思いますが、私はあなたよりも上手に話せますよ。
会長 たぶん文法的には私よりあなたの方が正確に話せるでしょう。なにせあなたのご専門は文法の研究ですからね。しかしスコットランド人であるあなたの方が、イングランド生まれの私よりも発音が上手だというのは本当にばかげています。
大臣 私がこれまでお目にかかった方の中で、あなたほど口汚い人を知りません。その言葉の下品さ(scurrility)には我慢なりません。ぜひともマナーを正して頂きたい。

両者の対立の背景には感情的な要素や相性の問題も多分に認められるが、開かれているはずの火曜倶楽部、しかもスコットランドの啓蒙の精神を移植するはずのこの倶楽部で、スコットランド人への偏見があからさまな形で開陳されている点は看過できない。倶楽部の閉鎖化の典型例であるのみならず、ジェントルマンに序列が存在するという現実――たとえジェンティリティの基準を満たしたとしても――を雄弁に物語るものといえよう。さらにはこの会話形式で記された文章の中で、ユーモアやウィットに富んだ会話や言葉のみではカバーしきれない深刻な対立が、皮肉にもその会話・言葉自体をめぐって展開している点にも注目する必要があろう。つまりここにおいて図らずも露呈されているのは、個人の振る舞い＝マナーを通じて示されるジェンティリティというソフト面での基準(理念)が、少なくともそれのみでは限界を有しているという明白なる事実なのである。

(6) 理念と現実の相克

翻って考えれば、そもそもこの火曜倶楽部の創設自体、先に見た植民地社会の「発展モデル」における「複製化」の時期と重なっていることからもわかるように、イギリス化の一つの表れと捉えることができる。そしてこの倶楽部の性格から見るかぎり、ジェンティリティこそメリーランドのエリートたちが共有した最も重要な価値観であり、それを行為によって示すことが本国以上に求められたことも確かであろう。つまり内的な規範＝理念としてのジェンティリティは同時に外的な行為＝マナーとして表出し、これによって植民地ジェントルマンは自らの権威を維持し、また自らの階層への参入を制御する差異化の手段としたのだといえる。これをさらに敷延すれば、ジェンティリティは生まれや富に基づくものではなく、あくまでも振る舞い（マナー）によるものであり、それゆえウィットとユーモアに富む会話ができる人物であれば、「完全な」ジェントルマンとして認知された、との解釈も成り立ちうる。かかる理解は、植民地の高い社会的流動性にその根拠を見出している。たとえばT・バーナードは、一八世紀に上流階層の親族関係の網の目が密になり、社会層が固定化してゆくとするA・キュリコフらの定説を批判し、ジェンティリティやマナーなどのソフト面を高く評価する。これらソフト面が当時の植民地社会の中で実際に大きな力を有し、流動性を保証していたと論じるのである。M・ロズビキやC・ヘンプヒルなども同様の見解を展開しており、ソフト（マナー）面を重視する近年の研究のひとつの流れが見て取れよう。(16) しかしすでにメリーランド植民地の実態を知るわれわれにとって、これはあまりにも表層的な理解というべきであろう。（2）で確認したように、社会的流動性は一七世紀末には大きく低下しており、現実には社会層の固定化が着実に進行していた。すなわち彼らの議論の前提となるメリーランド植民地の高い流動性自体が、歴史的事実として否定されているのである。そして火曜倶楽部の解散は、この主として経済原理・血縁原理に基づく社会階層の固定化の進行という「ハード」な現実を前に、「ソフト」な理念が後退せざるをえなくなったことを示唆している。

また火曜倶楽部の性格づけ自体についても、いくら会員が多様で広く開かれているとはいえ、いわば社会的階梯の上層部たるジェントリ層（せいぜい中小プランター・商人層）内での流動性をある程度保証していたに過ぎなかったとも解釈できる。しかもそこにおいてすら、上品な会話にとどまらず、それを根底で支える生活様式全体が広く問われたため、そもそも現実の経済的格差がジェンティリティの前提とならざるをえなかった面も否定できない。むろん生活様式・消費形態は広義のマナー、振る舞い方の範疇に入りうるものでもあり、その意味では「ソフト」な理念の表出の一形態ともいえる——たとえば単なる成金趣味は否定された——が、本節の初めに見たように世紀半ばの消費革命・イギリス化の進行とともに、生活・消費のあり方はステイタスの基準としての位置づけを与えられるようになってゆく。つまり生活様式は会話や社交と同様に「対人関係性」において成立する基準ではあるが、当然ながら社交のみならず衣食住全体を包含し、現実の経済的格差を前提とするものさしであった。振り返ってみれば、倶楽部の会員に商人が多いという事実は象徴的であろう。植民地の比較的高い社会的流動性が可能にしたはずの理念の優位は、イギリス化の指標の一つたる社会層の固定化の進行や、消費革命のもたらす経済的階層格差という現実を前に、その力を減じていったのだといえよう。つまり一般に本国と比して流動性の高さがイメージされる植民地といえども、もはやウィットに富んだ会話のみでは、社会的階梯を自由に登ることはかなわない。ジェントルマンの理念自体が消え去ったわけでは毛頭なく、むしろそれは一貫しているともいえるのだが、もはや現実の社会のなかで、流動性の低下を大きく逆転させるほどの力は発揮しえないのである。

さらにいえば、そもそも「本場」のジェンティリティを「教え」られ、「学んで」いるかぎり、それは植民地の劣等感の表出以外の何ものでもない。植民地人自身が本国人の思い描く植民地人像を演じているのではないか、との感すら覚えるほどである。むろんジェントルマンたるか否かは他者評価であり、それゆえ他人（本国人など）の目を意識せざるをえなかったことは故なしとしない。しかも一〇〇パーセントの「完全な」ジェントルマンと非ジェントルマンとの間には広大なグレーゾーンが横たわっており、植民地ジェントルマンはこのグレーゾーンの中で、より完全なジェントルマンに近づくべく、研鑽を積む必要があった。そこにおいて火曜倶楽部が果たした役割の大きさは否定しえないとしても、基準が本国に置かれているかぎり、そして会員たちが植民地に住んでいるかぎり、せいぜい完全なる「植民地」ジェントルマンにしかなれなかったと言えば、それはあまりにも酷な評価であろうか。

2　ワシントンの礼儀作法

前節のごとく、近年のアメリカ植民地時代史研究の主要テーマたるマナーの問題系に対して、本節ではさらにジョージ・ワシントンその人を通じてアプローチしたい。すなわちワシントンが書いたとされるマナーの規則集、『人前や会話における礼儀や上品な態度の諸規則（*Rules of Civility & Decent Behaviour in Company and Conversation*）』を史料とし、同史料に収められた全一一〇則を一つの「史料集合」と捉えて、この問題系の機微を掘り下げたい。

史料となるこのワシントンの規則集は、彼が一六歳までに（もしくは一四歳の時）、自ら学習ノートに筆写し、同時にタイトルも付したとされ、そのオリジナルのノートは現在、連邦議会図書館が所蔵している。[17] ただし規則の内容については、むろんワシントンのオリジナルではない。それらは西欧の長い伝統が育んだ文明社会のコードそのものであり、具体的には一六世紀末にフランスのイエズス会士が書いた本が淵源といわれる。そのフランスのマナー教本を英訳したのが当時八歳（もしくは一二歳）のフランシス・ホーキンズで、喜んだ医師の父が一六四〇年に出版したとされる。同書は広く受け入れられて版を重ね、さらに規則が付け加えられていった。ワシントンが目にしたのは、この本から一一〇則を選択してアレンジし、新たに作られた書物とされるが、同書は同定されていない。[18] また、ワシントンは学校の習字の宿題として、これらの規則を書き写したのではないかとも考えられている。たとえそうだとしても、ワシントンの人格を神格化する上で、この規則集が果たした役割は決して小さくなかったといえよう。むろん今日、ワシントンの規則集はさまざまな版で入手可能であり、インターネット上でも全文にアクセスできる。[19] 本節ではその双方を用いつつ、ワシントンの目に映じたであろう当時のマナーの問題にアプローチしたい。

まず、規則集の表題にも掲げられ、前節からもその重要性が認められる「会話」に注目しよう。会話関連の規則を抽出するためには、会話に関係するさまざまな動詞や名詞に注目し、デジタル版を用いて検索をおこなう必要がある。結果をまとめたのが表3-3である。一一〇則を一つの大きな「史料集合」と捉えるならば、かかる手続きによって抽出されたこの表は、「史料集合」の「構造化（階層化）」の第一段階といえる。すなわち一一〇則の史料においては、表に掲げた一四点の語で、会話関連の語を網羅していると考えられるのである。“speak”（およびその関連語（“spoken,” “speech”））, “discourse,” “talk,” “answer,” “converse”（およびその関連語（“conversation”））, “repeat,” “pronounce,” “utter,” “tell,” “say”（およびその関連語（“said”））である。これらの他にも、いくつかの語が想定されるが、それらの処理については註に記したい。[20] ともあれ、上記一四点の語を含む会話関連の規則は三五もあり、一一〇則中、三割強を占めている。やはり会話にまつわる礼儀作法が重視されていることの反映といえよう（ただし検索は悉皆調査であるため、必ずしも会話に関係のない規則も抽出されているが、それはあくまでも例外である。第二七則がそれに当たる）。以下、これら会話関連の三五則を、すべて訳出しておきたい。傍線部は、表に挙げた会話関連の語に相当する箇所である（なお、訳文中の「会話」や「話」など、会話関連の語にもかかわらず傍線が引かれていない場合は、その語に対応する原語がなく、あくまでもわかりやすい和訳の必要から用いたものであって、むろんカウントに含めていない）。[21]

表3-3　ワシントンの礼儀作法110則における会話関連の規則

	語数	規則数
speak	23	21
spoken	2	2
speech	1	1
小計	26	23＊ (20.9％)
discourse	9	8
talk	6	4
answer	3	3
converse	3	3
conversation	1	1
repeat	2	2
pronounce	1	1
utter	1	1
tell	1	1
say	1	1
said	1	1
計	55	35＊ (31.8％)

＊同一則に入っている語があるため，単純合計となっていない

第五則　咳、くしゃみ、溜め息、あくびなどをする時には、大きな音をたてず、密かにすること。あく

びの際にはしゃべらず、顔にハンカチか手を押し当て、横を向くこと。

第六則　人が話している時には寝ないこと。人が立っている時には座らないこと。沈黙を保つべき時にはしゃべらないこと。人が止まった時には歩き続けないこと。

第八則　劇場や炉辺では、あとから来た人に場所を空けるのが良い礼儀であり、いつも以上に大きい声で話そうとしないこと。

第一二則　（前略）話す時には、相手に近づきすぎて、唾で相手の顔を濡らすことがないようにすべきこと。

第一四則　話す時には人に背を向けないこと。（後略）

第二〇則　所作は、おこなっている会話に相応しくあるべきこと。

第二七則　（前略）挨拶に相応しい行いとしてここで述べた事柄は、場所を取る際にも遵守されねばならない。それゆえ境の指示のない式典での着席は厄介である。

第二八則　座っている時に誰かが話しに来たならば、たとえそれが目下の者であっても、立つべきこと。席を勧める際には、地位の順に、すべての人に勧めること。

第三四則　われわれ自身よりも、われわれが話そうとしている相手方を立てるのが良い礼儀であり、とりわけ相手方が目上の場合、誰よりもまずその人たちについて話し始めねばならない。

第三五則　仕事上の人との会話は、短くかつ包括的であるべきこと。

第三七則　地位の高い人に話しかける時には、何かにもたれたり、その人の顔を正面から見据えたりしないこと。また、近づきすぎてはならず、少なくとも、歩幅分は離れていること。

第三九則　ものを書いたり話したりする時には、すべての人にしかるべき敬称を、その人の地位や土地の慣習に従って付すこと。

第四二則　儀礼上の作法は、会話の相手の地位に相応しい威厳をもってなすこと。なんとなれば、道化と君主の如く振舞うのは道理に反するからである。

第五七則 (前略) もしその人が非常に地位の高い人であるならば、すぐ後ろについて歩いてはならず、幾分か後ろを歩くこと。ただし、その人があなたに容易に話しかけることができるようにしておくこと。

第五八則 悪意や敵意のない会話をすべきこと。そのような会話は、従順かつ推奨しうる資質の証だからである。(会話における) あらゆる感情は、理性でもって制御すること。

第六一則 物知りの重鎮たちと交わる際には、ありきたりで軽薄なことを口にしないこと。物を知らない者たちの間にあっては、難しい質問や話題を持ち出さないこと。目上の者や同僚たちとの会話では、信じてもらいにくい事柄や、あまりに多くの言葉を口にしないこと。

第六二則 陽気な場や食事の席では、忌むべきことは口にしないこと。死や怪我など陰鬱な話は避け、もしも誰かがそのようなことに触れたならば、可能な限り話題を変えるように努めること。親しい友人以外に、見た夢について話さないこと。

第六五則 人を傷つけるような言葉は、たとえ冗談でも本気でも、口にしないこと。どのような状況でも、なに人も嘲らないこと。

第六六則 厚かましくなく、親しみやすくて礼儀正しくあるべきこと。率先して挨拶したり、聞いたり答えたりすること。また、会話の際には、物思わしげにしないこと。

第七一則 人の傷やシミを凝視しないこと。またなぜできたかを聞いてはならない。友人への内密な話は、他人の前で伝えないこと。

第七二則 人前では、よく知らない言葉で話さないこと。自分のよく知る言葉、しかも庶民ではなく、上流の人々が使う言葉を用いること。(後略)

第七三則 話す前に考えること。中途半端に意見を述べたり、あわてて言葉を発したりするのではなく、明瞭かつ整然と話すこと。

第七四則　人が話す時には、よく耳を傾け、聞く者の邪魔をしないこと。もし話者が言葉に詰まったとしても、乞われたのでなければ、助け船を出さないこと。話が終わるまでは、話を遮ったり、質問に答えたりしないこと。

第七五則　会話の途中で、何を述べているのかを尋ねないこと。ただし、あなたがその場に来たことで、会話が中断されたと感じた場合は、穏やかに話者に話を続けるように促すのもよい。会話をしている際に、地位の高い人が来たならば、どのようなことを話していたかを再度伝えることは、礼儀にかなっている。

第七六則　話す時には、話す相手を指でささないこと。また（話す）相手に、とりわけ相手の顔に近づきすぎないこと。

第八〇則　もしそうすることで、相手の意にかなうということがない限り、会話の際やものを読む時には、退屈そうな態度を示さないこと。

第八一則　他人のことをむやみに知ろうと詮索しないこと。内密な話をする者に近づかないこと。

第八四則　目上の者が誰かに話をする時には、耳を傾けないこと。また、話しかけたり、笑ったりしないこと。

第八五則　あなたより地位の高い人と一緒にいる時には、質問されるまで口を開かないこと。質問されたら、直立の姿勢で、帽子を取り、少ない言葉で答えること。

第八七則　立居振る舞いは男らしくあるべきこと。すなわち沈着で威厳を保ち、話す言葉に留意すること。いかなる場合でも、人の言ったことに言葉を返さないこと。

第八八則　会話の際には、退屈そうな態度を示さず、また、あまり多くの余談を開陳せず、さらに、同じような会話を同じような調子で何度も繰り返さないこと。

第八九則　不公平であるが故、その場にいない人の悪口を言わないこと。

第九八則　口をいっぱいにしたまま、飲んだり話したりしないこと。（後略）

第一〇七則　食事の席で人が話している時には、耳を傾けること。しかし食べ物を口に入れたまま、話してはならない。

第一〇八則　神やその表徴について語る時には、あくまでも真摯に畏敬の念を持つこと。たとえ貧しくとも両親に従い、敬うこと。

これらの具体的な規則の内容には、時代を越えて、現在のコンテクストにおいても理解可能な点が多く、読み継がれているのも首肯できよう。第八九則や第九八則、第一〇七則など、今日でもまさにその通りであろう。ともあれ、これらの規則を概観すれば、表現に関してある事実に気がつく。すなわち、一つの規則中に複数の則が併記されるケースも散見されるものの、それらも含めてすべての則は、二種類に分類できる、ということである。何らかの行動の禁止をうたう、禁止規則たる「べからず則」と、何らかの行動を推奨する、推奨規則たる「べし則」である。先ほどと同様、一一〇則を一つの大きな「史料集合」と捉えるならば、かかる分類は、「史料集合」の新たな「構造化」といえよう（そして会話関連の全三五則にこの操作を適用する場合、「構造化」の第二段階となる）。なお、「べからず則」においては、否定の命令法が多用されているが、当時のこととて、その形式は古風な英語表現となっており、たとえば第五則にあるように、ほとんどが“**speak not …**”のように、ただ“**not**”を動詞の後に付す形で書かれている。したがって、一一〇則すべてについて、“**not**”で検索をかければ、たちどころに「べからず則」の使用例をピックアップすることができる。もちろん、一一〇則程度の分量の文章であれば、手作業でのピックアップも不可能ではないが、やはり精度と速度に優れる検索機能の活用を躊躇すべきではなかろう。ただし留意すべきは、たとえば“**another**”がしばしば検索に引っ掛かることや、否定の命令法以外の用法の“**not**”がマークされる場合があることである。前者（“**another**”）の場合はむろん除去するとしても、後者の場合は、命令法か否か、判断の難しい表現もあり、また命令法以外と考えられる用例の数がきわめて少ないことから、特に除去の対象とはしないこととする（なお、"not"以外の否定関連表現は捨象）。さて、検索の結果、次のような事実を得る。

一一〇則中、"not"の語の総数は一二八語であり、"speak"等を含む会話関連の三五則中では、四九語の"not"が認められる。前者の一二八（語）を一一〇（則）で除すると一一六・四％（ディメンションにはあまり意味がないため、あえてパーセントを用いる）、後者の四九を三五で割ると一四〇・〇％となる。会話関連の規則の方が、規則全体の場合と比して、一・二倍程度、禁止則が多いことがわかる。

また、語数ではなく、規則の中に"not"があるかないか、すなわち一つの規則中に一語以上（一語でも）"not"を含む場合を「べからず則」、一語も"not"を含まない場合を「べし則」として、その数をカウントすると、一一〇則中、「べからず則」は七九則（七一・八％）、「べし則」は三一則（二八・二％）となる。前述のように、そもそも複数の則が併記されている規則が多いため、この分類法では「べからず則」に当たる規則にも「べし則」を含むケースが散見される。したがって、数としては、やや「べからず則」の方が多めに見積もられていることにはなるものの、この算出方法を用いると、禁止規則たる「べからず則」は、推奨規則の「べし則」の二倍以上の割合で存在しているといえる。一方、会話関係の三五則のみに限れば、「べからず則」は二七則（七七・一％）、「べし則」は第二〇則、第二八則、第三四則、第三五則、第三九則、第四二則、第五八則、第一〇八則のわずか八則（二二・九％）で、三倍を大きく超え、さらに禁止規則の割合は高くなる。

以上の分析から、ワシントンの一一〇則は推奨規則よりも禁止規則に重点が置かれており、とりわけ会話関係の規則に注目すると、禁止規則の比重は一層大きいことがわかる。禁止則が多いのは、推奨則よりも火急かつ具体的で、「実戦的」な規範の指示方法だからであろう。つまり、まず「べからず則」として、最低限、犯してはならないルールを提示し、並行して、「べし則」として、実践するとより好ましいルールを提示する手順になっていると考えられる。したがって、「べからず則」は「べし則」に優先すべき事柄であり、重点が置かれているのも故なしとしない。また会話関係で「べからず則」の割合がさらに高くなるのは、会話のマナーは一般のマナー以上に繊細かつ重要であり、留意点が一層多いためといえるかもしれない。この点を深めるため、会話関連の全三五則を対象に、さらに別の角度から第二段階の「構造化（階層化）」をおこない、新たな史料集合として社会的地位に関わる規則のみを抽出すると、一〇則がそれに該当し、全三五則中、三割弱となる。その中でも特に目上の者に対する礼儀を説いたものは七則（「構造化」の第三段階）で、三五則中の二割である。この割合は、やはり会話における人間関係、とりわけ上下関係、なかんずく目上の者への対応が重要であることの反映と解することができよう。

ともあれ、これらは当時の身分制を前提とした規則にもかかわらず、今日の上下関係においても通用する（あるいは応用可能）であろうと思われる部分が多い。さらには、身分や地位にかかわらず、目に見える形での他人への心遣いは、結局は自身の規律にとっても良いことなのだとの思惟回路がその背後に見出せよう。また、当然ながら訳出した規則のほとんどが、他人との関わりのなかで自らの振る舞いを説いており、たとえばもっぱら自身のことを述べているように見える第五則ですら、他人への配慮から取るべき行動なのである。ある歴史家はワシントンに関する著書の中で、マナーを貴族のものから人々のものへと、気づかぬうちにワシントンが解放したと述べ、さらにその他人への心遣いが彼のなかで、やがて国を対象とするものへと拡大されたと指摘する。[22] 本節で史料とした文章が、ワシントン神話の一端を担っていることは確かであろう。ただ、桜の木を切った逸話の捏造で有名な伝記作家、メイソン・L・ウィームズが記したように、「皆を敬ったひと［ワシントン］を皆が敬った[23]」のは、確かに当然だったのである。

II　デジタル史料とモノ史料のなかのワシントン

第4章　ワシントンの帝国
――独立革命期における「帝国」の語の使用に関する一考察

1　デジタル史料と「アメリカ革命」

第一次大陸会議が開催された一七七四年九月から、合衆国憲法体制下の連邦議会にバトンタッチする一七八九年三月まで[1]、大陸会議（連合規約批准後は連合会議）の議論を遺漏なく収録した史料が『大陸会議議事録』である。それは文字通り、アメリカ独立革命――アメリカ英語では「アメリカ革命（American Revolution）」――に関する根本史料といってよい。では、この根本史料に、そもそも「アメリカ革命」の語は、どれくらいの頻度で出てくるのだろうか。議員たちの紛糾する議論の中で、この語が頻出する様子が想像される。『大陸会議議事録』全三四巻の各巻末には、むろん索引が整備されており、それらに目を通すとどうだろうか。じつは、たった一件だけ、見出せる。一七七七年の議事を記録した第九巻の索引に“American Revolution, privateer”と出てくるのである。しかし当該の頁（一〇五二頁）を開くと、実際に記されている語は“American Revenue”。私掠船の名前である。つまりこの唯一の例は、信じがたいことに誤植なのである。したがって、『大陸会議議事録』の索引には、じつのところ「アメリカ革命」の語は採用されていない。では、どうすればこの語の用例を調べることができるのか。書籍全巻を遺漏なく精

表 4-1　『大陸会議議事録』に見る「アメリカ革命」

番号	年月日	内容
1	1779年4月5日	ガヴァニア・モリスの報告書『**アメリカ革命**の記録』1,300部出版のため，印刷所に2,986ドル強を支払うことを決定。
2	1781年8月7日	ヴァーモントの帰趨をめぐる議論の中で，**アメリカ革命**中に何ら最終的な決定がなされることがなかったと指摘。
3	1783年2月6日	カナダの富豪カゾーが**アメリカ革命**に与し，支援したためイギリス政府に投獄された。脱獄してアメリカに逃げて来た同氏に対して，事の真偽を確かめるすべがないため，とりあえず連合会議の判断で1,000ドルの支給を決定。
4	1783年8月18日	自由と幸福のためのこの戦いを公正に記録し，後世に伝えるため，トマス・ペインの手になる**アメリカ革命**史が望まれる。そのためペインを合衆国の修史官に任じ，年俸を給することを決定。
5	1785年2月4日	ニューヨーク邦商業会議所の貢献に係る議題に関連して，連合会議は**アメリカ革命**を終わらせた神意に思いを致しつつ，戦災を被ったニューヨークの商人や職人たちがなした支援に感謝の意を表することを検討。
6	1785年2月18日	上記の如く，連合会議は**アメリカ革命**を終わらせた神意に思いを致しつつ，ニューヨークの商人や職人たちに感謝の意を表することを決議。

査することは、むろん時間的にほとんど不可能であろう。そこで大いに役立つのが同議事録のデジタル版であり、アメリカ連邦議会図書館のサイト（「アメリカの記憶」）に無償で公開されている。この史料の性格等については第3節で詳説するため、ここでは触れないが、ともあれこの『大陸会議議事録』のデジタル版を用い、全文テクストを対象とし、完全一致（exact match）モードによって“American Revolution”の語を検索した結果、検索対象を「大陸会議」（連合会議もこの中に含む）とした場合、一六五件となり、検索対象を全「議会」（大陸会議、連邦議会、南部連合国の議会等、すべての議会）とした場合、一六八件となる。(2) 両者でわずかに差が認められるが、第一次連邦議会関連のものか、もしくは注記における関連用語の差異と考えられる。ただし、ヒットした語の多くは、二〇世紀に入ってこの議事録を改めて編纂した編者の手によって挿入された注記の部分に、参考文献のタイトルとして出てくるものであり、史料の本体、つまり議事録の部分に出てくるものではない。したがって、一六〇数件の用例をすべて手作業でチェックし、不必要な用例を除去してゆくと、じつのところ、六件のみが残る。

それらをすべてまとめたのが表4-1である。つまり、アメリカ革命の根本史料たる『大陸会議議事録』には、アメリカ革命の語は、わずか六回しか登場しないのである。しかもその初出は、ようやく一七七九年、すなわち独立宣言のおよそ三年後である。もちろんそれ以前にも、アメリカ革命の語はさまざまな場で用いられていたであろうし、それゆえ、一七七九年になって報告書を編んだ際に、タイトルにこの語が採られたのであろう（表中の1参照）。もっとも、逆にこの報告書がアメリカ革命の語の普及に寄与したとも考えられるが、ともかくも、正式に議事録に登場するのは、かくも遅くなってからなのである。デジタル史料なくして、かかる「発見」は不可能であろう。この一例からも明白なように、かかるデジタル史料、とりわけ無償のデジタル史料の有用性については文字どおり破壊的なまでの効力を持つ場合もあり、決して看過すべきではない。本章ではその有用性の射程を、「帝国」の語の事例を通して確認してゆきたい。その際、悉皆調査が容易であることがデジタル史料の最大のメリットであるから、取り上げる史料の全体構造（史料集合）を常に意識し、構造的（階層的）な把握に努めることになろう。

2　問題の所在

周知のように近年、「帝国」をめぐる議論は、アカデミズムの内外を問わず広く人口に膾炙している。なかでも民主主義の旗を高く掲げるアメリカ合衆国が、今日いかなる意味で帝国と言いうるのか、またいかに帝国的様相を纏うようになったのかをめぐって、時には歴史的経緯を踏まえながら、きわめてかまびすしい論争が展開されている。本章は、かかる議論に理論的な飛び道具を携えて、空中戦を挑もうとするものではない。むしろ同時代史料に現れる「帝国」の語に愚直にこだわり、地道な地上戦――ただしコンピュータの力を借りた全面的な掃討作戦――を展開しようと試みるものである。

そもそもいわゆる帝国論の論考においては、その根本ともいえる帝国の意味を、しばしば今日的な定義、もしくは後世の学問的定義に拠っている場合が少なくない。むろんかかる事後的なアプローチに大きなメリットがあることも十分に了解されるが、もっぱら歴史学の立場から当該対象に接近する場合、当時の人々の生の声に耳を傾け、その思索の内部に入り込むことこそ、まずはなすべき作業ではなかろうか。つまり同時代人が、どのように帝国の語を用いていたのか、もしくは用いていないなかったのか、その議論なしに構築される帝国の歴史学は、文字通り砂上の楼閣に堕する恐れなしとしない。しかしながら一方で、このような作業は、同時代の幾人かの証言を引用することで事足れりとすべきものでもない。唐突で数少ない引用は、あたかもランダム・サンプリングのようであって、むろんそうではない。当該の事例を引用するという行為自体、引用者の恣意的な操作に他ならないからである。さらにそのような通常の引用操作では、ある人物がある時点で帝国の語を「用いている」ことは示しえても、「用いていない」ことは示しえない。むろん、一例でも挙げうれば「あった」ことは言いうるのに対し、「なかった」ことを厳密に証明すること――いわゆる「悪魔の証明《プロバティオ・ディアボリカ》」――はきわめて困難であり、帝国など特定の語の使用に関してはなおさらであろう。しかしこのような事例も含めて、引用の恣意性を克服するすべはある。それは可能な限り多く、包括的にサンプルを収集することである。多くの事例を偏りなく集めることによって、たとえばその中で当該の用例が皆無であるならば、その語の使用が当時少なかったと間接的に証明できる。そして我々は現在、このような包括的な統計操作を可能にする手段を手にしている。電子化され、ウェブやCD-ROMなど、コンピュータ上で検索可能な史料集成（全文《フル・テクスト》データベース）の数々である。

むろん今日、電子化されている史料集成の多くは、すでに紙媒体（もしくはマイクロフィルム）で印行されているものをOCR（光学式文字読み取り装置）で読み取り、修正や多少の編集を加えた後、CD-ROMの形で刊行したり、ウェブ上にアップしたものといえる。その意味では、これらの内容は以前の紙媒体のものと大差はない。しかし周知のように、検索機能という一点において、両者には決定的、本質的な差が存在する。むろん紙媒体の史料集成にも通常、索引は完備されており、場合によっては複数巻を索引に当てる場合もあろう。しかしそのように充実した索引であっても、たとえば「帝国」という普通名詞を、独立した項目として立てることはまずなかろう。しかし電子化された史料の場合、テクスト間を自由に移動できるハイパーテクストの特性ゆえに、どのような語であっても検索機能によってたちどころに用例を手にすることができる。大げさに言えば、オーダーメイドの索引である。たとえば文学研究の分野では、有名な作家の作品にはつとにコンコーダンス（用語索引）が整備され、これまでもあらゆる語の用例が検索できたが、電子化された任意の史料には、すべてこのようなコンコーダンス機能が備わったとも換言できよう。その結果、従前は膨大な時間をかけてマイクロフィルムなどで史料を読み、関連する用例を一つ一つ探し出すという、いわば人文学に必須の手作業は、わずか数秒間の検索作業に置き換えられてしまった。さらに後者の操作においては、基本的に見落としの可能性は皆無——検索プログラムの限界・不備を捨象すれば——であることから、史料中に当該の用例がないと確信を持って断言することも容易になったのである。しかも電子化される史料の数は日々刻々、急速な勢いで増えつつあり、とりわけアメリカ史関連史料の場合、その進捗状況には著しいものがある。

　たとえば、アメリカ連邦議会図書館のホームページには「アメリカの記憶」と題されたサイト[3]があり、そこには同館が所蔵する重要な史料がさまざまなテーマに沿って分類され、電子化されて、縦横に検索可能な全文データベースとして数多く収められている。この現在進行拡大中のプロジェクトは、同館の推進する「デジタル図書館プログラム」構想の具現化であり、多くの人々の教育（生涯教育）に資するために、広く無料で公開されている。われわれも日本の書斎にいながらにして、いつでも米議会図書館内の重要なアーカイヴズ、史料に、しかも単にその書誌情報ではなく、テクストの深奥部にまで到達できるのである。

　それでは近い将来、史料の名に値しうるテクスト群は、すべて「一発検索」が可能になるかといえば、事はそう簡単ではなかろう。当面、立ちはだかる問題が少なくとも二点はある。一点目はテクストの精度である。ＯＣＲによる読み取りだけでは必ずしも一〇〇パーセントの精度は保証されず、何らかのチェック作業が不可欠だが、この作業を厳密におこなえばおこなうほど、多くの費用と時間がかかる。したがって電子化のコストを下げ、スピードを上げるためには、ある程度の精度で妥協せざるをえないという、二律背反の状況に直面する。もちろん、国が威信をかけて推進する前記「アメリカの記憶」のようなサイトでは、収録されているテクストの精度、信頼性はきわめて高いと推測されるが、このような精度が、商業ベースで提供される多くの全文データベースにも当てはまるという保証はない。実際、一九世紀の史料を対象とした、ある民間のオンライン・データベースは、九〇パーセント以上の精度を誇っている。もっとも、古い時代の史料の場合、綴りの揺れなどもあり、一筋縄ではいかないこともまた事実といえる。

問題の二点目は、一点目とも関連する費用、コストの制約である。ウェブ上で無償で公開される文書データベースが数多く存在する一方で、高額なアクセス権の購入を求めるオンライン・データベースや、高額なCD-ROMも多い。たとえ史料自体の著作権が消滅し、パブリック・ドメインに入っている（それゆえ、いわゆるデジタル化権(4)の問題が明瞭に回避される）場合であっても、前述したようにデジタル化作業に多大の労力が要求される以上、データベースが高額になるのはやむをえないといえよう。逆に言えば、たとえ高度な学術的価値を有していても、需要の面で商業的にペイしない史料は、経済原理を超える他の要因――ナショナリズムなど――の要請で政府や民間の財団などが支援をおこなわない限り、デジタル化される可能性は低い。しかし一方、デジタル化にいかにコストがかかるとはいえ、ライセンスの購入に百万単位の費用が必要で、さらに毎年、維持費用も支払わなければならず、学生数の多い大学での閲覧には一層の経費が求められるとなれば、資金面から購入をためらい、結果としてこのような史料へのアクセス権が限定されてしまう恐れもなしとしない。つまりデジタル化の推進で、格差が一層広がってしまう危険性がある。

そこで本章では、「アメリカの記憶」や「フィッツパトリック編ワシントン手稿集成」など、信頼性が高く、しかも無償でアクセスできるウェブサイトのデジタル史料をもっぱら用いて、独立革命期における帝国の用例の分析を試みる（本章の初出となる拙稿を書き上げた時点では、第5節でも述べる無償のサイト「建国者オンライン（Founders Online）」[5]はむろん稼働しておらず、本章でも残念ながら利用できなかった）。とりわけジョージ・ワシントンその人が、どのようにこの語を用いたかに注目したい。ワシントンは当代切ってのナショナリストであり、口の端にしばしば帝国の語を上らせたことで知られる。だが彼の残した史料を包括的に精査したとき、この謂いは果たして正鵠を射ていると言えるのだろうか。さらに彼個人の用法を独立革命期という時代の中で相対化し、比較検討するためには、手順として、まずは広く同時代の人々が帝国の語をどのように用いていたのか、あるいは用いていなかったのかを検証しなければならない。この検討の後に、ワシントンの用例の偏差の有無が析出されることになろう。

帝国の語にこだわって分析を試みた彼の地の研究を振り返れば、近年ではたとえばJ・G・ウィルソン『帝国的共和国』（二〇〇二年）などが典型的な例として挙げられるが、同書はハイパーテクストの検索機能の有用性は認めつつも、かかるアプローチでは、テクスト全体をこつこつと読み解く従来の手法のレベルには到達しえないとして、全文検索エンジンの利用に否定的である[6]。しかしたしかにウィルソンは多くの事例を引き、まさに博引旁証の感があるものの、やはり全体像の提示に難があると断じざるをえない。このようなミクロなレベルの詳細な研究と、本章で試みるマクロなアプローチとは、それぞれに相互補完的となりうるのであって、これこそが本章が意図するところなのである。

3　独立革命期のデジタル史料

独立革命期の「帝国」といえば、まず思い浮かぶのはジェファソンの「自由の帝国」であろう。だが意外なことに、彼がこの表現を明示的に用いたのは独立戦争中の一七八〇年、書簡の中においてであった。翌一七八一年から八二年にかけて執筆した著書『ヴァジニア覚え書』には、帝国の語はわずか三回しか登場しない。うち二回は貨幣の名称として、一回は高名な博物学者ビュフォンが記したフランス語の引用文中である。貨幣の名称とは、ヴァジニアで流通する貨幣について論じる際、説明を補助するために使われた表中（第1章の表1-1参照）に登場するもので、いずれも「神聖ローマ帝国」の意であり、ビュフォンの引用文とは、新世界の先住民に関する同人の偏見に満ちた解説において、先住民の「国」を指すために用いられている。ただし、「帝国」に該当しうるラテン語“imperium”は、ジェファソンが古代ローマの政治家・著作家サルスティウスを引いた文言中に認められるが、この場合は「権力」の意であって、捨象できる。[7] したがって「自由の帝国」の標語で有名なジェファソンも、その公刊された唯一ともいえる著書の中で「自由の帝国」どころか、アメリカを意味する「帝国」の語すら使用しておらず、大統領としても、就任演説や年次教書などの重要文書でこの語を用いることは一切なかったのである。

この事実は、かつて独立革命について論じた拙論中で指摘したもので、[8] その際、イェール大学法科大学院の提供するウェブサイト「アヴァロン・プロジェクト」[9] の文書データベースを分析に用いた。このデータベースなどに拠り、当時の帝国の用例が少ないことを強調したが、限られた紙幅の中での論ゆえ、包括的な証拠は提示しえず、しかも偶像破壊的なスタンスを前面に押し出そうとするあまり、やや勇み足とも思われる表現もなかったわけではない。本章では、これらの史料集成とは別のデータベースを活用し、かつての拙論の改訂版、拡大版を目指したい。主に用いる全文データベースは前記の「アメリカの記憶」所収のものである。

そもそも連邦議会図書館においては、当然ながら議会関係の図書は当初から最も充実したコレクションを構成し、特別な分館も設置されているが、その蔵書の中から比較的古い時代――独立革命期から一九世紀後半までのほぼ一世紀――の主要な議会史料を選定し、全文データベースの形で提供しているのが、「新国家の法制定の一世紀――一七七四年から一八七五年の連邦議会史料」と題されたサイトで、[10]「アメリカの記憶」のサイト内に置かれた重要なテーマ（下位分類）の一つである。なかでも「大陸会議および憲法制定会議」のセクションに収められた四点の史料、すなわち『大陸会議議事録（*Journals of the Continental Congress*）』、『大陸会議議員書簡集成（*Letters of Delegates to Congress*）』、『ファランド議事録（*Farrand's Records*）』、『エリオット討議録（*Elliot's Debates*）』は、革命期に関する最も重要かつ基本的な史料といえる。いずれもすでに書籍の形に編まれているものを新たに電子化したデータベースだが、先述のように電子化によって用語検索が自在となり、書籍とはまったく異なる特性を与えられている。もっとも、これらの史料を用いて「帝国」の語の用法を問うことは、われわれの関心の対象を当時、政治に携わっていた者、すなわち建国の父祖たちに絞ることに他ならない。これらの人々は、むろん社会の上層部に位置し、社会階層全体を真の意味で代表しているわけではないが、社会史をテーマとしない本章のアプローチにおいては、彼らこそが言説上の分析対象として最もふさわしい存在といえよう。そしてこれらの人々の言説を最も包括的、全体的な形で体現しているのが、ほかならぬ上記のデジタル史料なのであり、本章の分析目的にとってこれ以上理想的な素材は現存しない。

ではあらかじめそれぞれの史料について、その性格、特徴を簡潔に見ておきたい。まず『大陸会議議事録』は、文字通り大陸会議（連合規約批准後は連合会議）の議事録で、第一次大陸会議が開かれた一七七四年九月から、合衆国憲法体制下の連邦議会にバトンタッチする一七八九年三月までの議論を遺漏なく収録したものである。議事録は主としてチャールズ・トムソン率いる書記局によって作成され、当時からさまざまな版で印行されたが、初期の版にはたとえば秘密委員会の議事などは掲載されていない。連邦議会図書館は、所管の手稿史料なども精査して完全版を編纂し、一九〇四年から三七年にかけて刊行した。(11) 全三四巻の威容を誇るこの完全版を底本としたのが本データベースなのである。

『大陸会議議員書簡集成』は、『大陸会議議事録』と同時期の大陸会議議員たちの書簡を中心に、日記や随筆、公文書など、一七七四年から八九年にかけて彼らが残した文書を網羅した史料集成で、全二六巻（索引一巻を含む）

におよそ二万件のテクストを収める。[12] 同様の史料集成の試みは、つとにE・C・バーネットの手になる八巻本[13]があったが、これを拡張する形で、議会図書館がフォード財団などの助成も得て、独立二百周年を契機に始動させたプロジェクトが本集成であり、データベースもこれを底本としている。この史料と前記の議事録とを合わせれば、建国の父祖たちの動向を、最も包括的、体系的な形で把握することができる。

『ファランド議事録』は、憲法制定会議に関する最も網羅的な史料である。会議の公的な議事録や、会期中にジェイムズ・マディソンが克明に記した記録（後に自身の手によって改訂）が史料の大部分を占め、他の議員たちの書簡や記録、さまざまな憲法草案なども含んでいる。憲法制定会議は連合規約の改正という当初の（名目上の）目的を大きく逸脱し、新憲法の制定にまで踏み込んだため、秘密会議とされ、その議事録は書記のウィリアム・ジャクソンが保管し、会期終了後、議長のワシントンに渡された。一七九六年には国務省の所蔵するところとなり、一九世紀初頭に印行もされている。ただし、この議事録は完全なものとは言いがたいため、他の記録、とりわけマディソンのそれで大幅に補完する必要がある。プランテーション経営に失敗し、財政的に困難な状態にあったマディソンは、いわば遺産としてその記録の原稿を妻に残し、彼の死後、印刷に付された。一九一一年、その他の記録類とともに、これらの史料をマックス・ファランドが三巻本にまとめ上げて上梓し[14]、本データベースには、追加された索引巻を除く全三巻が収められている。

この会議で制定された合衆国憲法の批准をめぐって各邦で交わされた議論を収録したのが『エリオット討議録』である。一九世紀半ばにジョナサン・エリオットが全五巻に編んだもので[15]、憲法制定会議が閉幕した一七八七年九月から、最初の連邦議会が開かれた八九年三月までを対象としている。憲法批准に関する史料としては、むろん『ザ・フェデラリスト』が有名だが、本史料（そしてそれを電子化したデータベース）は、より包括的、網羅的な史料といえよう。以上四点のデジタル史料を用いて、独立革命期の帝国の語の用法について、文字通り悉皆調査をしたい。その際、用語の検索作業は効率的かつ高い信頼度で実行しうるが、リストアップされた帝国の語の属性を確定するためには、個々の事例について、一例ずつ丁寧に検討しなければならないことは言うまでもない。まずは『大陸会議議事録』において、この語がどのような頻度で用いられているのか見てみよう。

4　独立革命期における帝国の語の使用

『大陸会議議事録』で使われた帝国の語を、その属性に応じて三種類に分類し、さらに各年の頻度を時系列ですべて示したのが表4-2である。三分類とは、①アメリカを帝国と呼称している場合、②イギリスを帝国と呼称している場合、③イギリス以外の外国を帝国と呼称している場合、もしくは一般的・抽象的に帝国の語を用いている場合、である。つまり同じ帝国の謂いであっても、当然ながらその指し示す内容によって意味は大きく異なるのであって、とりわけ指示対象としての英米の違いは大きいといわざるをえない。この点についてより詳しく説明するならば、アメリカの独立以前、なかんずく一七八三年のパリ条約以前に「アメリカを帝国と呼称」するとは、イギリス帝国内のアメリカ植民地部分のみを帝国と呼ぶことを意味している。つまり逆に言えば、②の中には当然アメリカ植民地も含まれているわけだが、この地のみではなく、あくまでもイギリス帝国そのものを意味する事例が、「イギリスを帝国と呼称」に当たる。また実際の事例の分類に際しては極力、帝国の語の意味するところを特定し、抽象的な用例を含む③への分類を避けるように努めた。とくにアメリカを指す可能性が少しでもある場合は、「アメリカを帝国と呼称」に分類するように配慮した。そのため、③に分類した（もしくは分類しなかった）事例の解釈次第で、数値に若干の誤差の生じる恐れもなしとしない。また、本章において分析の対象となる帝国の語は、当然ながら、大文字の場合（"Empire"）と小文字の場合（"empire"）の双方が含まれる。

さてこの表から明らかなように、『大陸会議議事録』においては、帝国の語はイギリス帝国を指す場合にもっぱ

表 4-2　『大陸会議議事録』における帝国の呼称

年	74	75	76	77	78	79	80	81	82	83	84	85	86	87	88	89	計
アメリカを帝国と呼称			8		1					2	1			1			13
イギリスを帝国と呼称	16	31	3		1	1	5		3	1				3			64
外国／一般を帝国と呼称					1	1	2	1	1	3	10	2	4				25
計	16	31	11	0	3	2	7	1	4	6	11	2	4	4	0	0	102
%	15.7	30.4	10.8	0.0	2.9	2.0	6.8	1.0	3.9	5.9	10.8	2.0	3.9	3.9	0.0	0.0	100.0

ら用いられており、ロシアなど他の外国の帝国や、一般的・抽象的な意味での帝国の用法も、それに次いで認められる。しかし、アメリカを自ら帝国と呼称する事例は、相対的にかなり少ないといってよい。この分布状況は、かつての拙稿での結論を強力に支持する証左といえる。さらにこの表中に見られるように、アメリカを帝国と呼称するわずか一三例のうち、半数以上の八例が一七七六年に集中しており、内容はすべて“independent Empire”なる表現である。これはイギリス帝国からの独立を含意することから、独立宣言を契機に初期の一時期に好まれたと思われ、そういった意味では「帝国」よりも「独立」に力点を置いた表現に他ならず、単に「イギリス帝国から独立した状態」を示唆していると解すべきかもしれない。だとすれば、ここでの帝国の語もアメリカというよりも、むしろイギリスに分類可能であり、もしそのような操作を採用するならば——ここでは採用しないが——、アメリカを帝国と呼称する事例はわずか五例ということになる。

やはり、このきわめて公的な議事録においては、アメリカを帝国と呼称する直截な表現は避けられていると理解してよかろう。それはこの語が、敵となった本国、すなわちイギリス帝国を強くイメージさせる謂いであり、さらにこの英帝国による植民地支配（植民地帝国）を連想させ、植民地側が否定すべき強引な統合のあり方をも含意する可能性があるからであろう。ただしわずかとはいえ、パリ条約の締結された一七八三年からこの用例が認められるようになるのはきわめて示唆的であり、さらに別の史料を用いて詳細に検討する必要がある。議事録より

表 4-3　『大陸会議議員書簡集成』における帝国の呼称

年	74	75	76	77	78	79	80	81	82	83	84	85	86	87	88	89	計
アメリカを帝国と呼称		1	10	1	7	3	7	2		12	5	1	10	9	3		71
イギリスを帝国と呼称	41	40	11		7	5	2	3	6	8			1	4			128
外国／一般を帝国と呼称	2	2	16	1	8	4	3			13	3	4	1	5	1		63
計	43	43	37	2	22	12	12	5	6	33	8	5	12	18	4	0	262
%	16.4	16.4	14.1	0.8	8.4	4.6	4.6	1.9	2.3	12.6	3.0	1.9	4.6	6.9	1.5	0.0	100.0

も公的さの度合いの低い、より広い範疇の史料を含む『大陸会議議員書簡集成』である。

表4-2の形式に準じて作成した表4-3が、この史料を用いた分析結果となる。やはりイギリスを帝国と呼称する事例が最も多いことは同様だが、アメリカを帝国と呼ぶ例もその半分強ほど認められる。やはり書簡においては大陸会議の議員たちも、議場での発言の際よりも比較的自由に、もしくは気楽に、この帝国の語をアメリカに対して用いているといえよう。このように特定の語の呼称を分析の俎上に載せる場合には、当然ながら、誰に向かって、あるいはどのような場（メディア）で当該の語を用いているのかも重要な環境条件であり、近しい友人への書簡など、よりインフォーマルかつ限られた場であれば、きわめてナショナリスト的なコノテーションを持つ帝国の語の使用も、より容易であったと考えられるのである。

また表4-2と同じくこの表でも、一七八三年のパリ条約（米英の講和予備条約は八二年一一月末に締結）を契機に、「アメリカを帝国と呼称」する事例が相対的に増加していることがほぼ確認できる。「イギリスを帝国と呼称」の例が七〇年代前半という早い時期に多く見られるのとは対照的である。ではなぜパリ条約を機に変化が生じ始めたのであろうか。アメリカの独立をイギリスが正式に認め、ミシシッピ川以東の領土まで譲ったこの条約の結果、合衆国は新しく得た広大な「国土」をどう呼ぶべきかという喫緊の問題に直面することになった。イギリス帝国の一部を切り取って獲得したのであるから、とりあえず皆の脳裏に浮かんだ

表4-4　各種デジタル史料における帝国の呼称

	『大陸会議議事録』		『大陸会議議員書簡集成』		『ファランド議事録』		『エリオット討議録』	
	N	%	N	%	N	%	N	%
アメリカを帝国と呼称	13	12.7	71	27.1	26	55.3	63	52.9
イギリスを帝国と呼称	64	62.8	128	48.9	8	17.0	27	22.7
外国／一般を帝国と呼称	25	24.5	63	24.0	13	27.7	29	24.4
計	102	100.0	262	100.0	47	100.0	119	100.0

語が帝国であったとしても不思議ではなかろう。つまり当初、この広大な領土を言い表す適切な表現が、他に見当たらなかったともいえる。むろんそこには、長い戦争を戦い抜いた結果として、広大な土地を掌中にしたことへの自負心が含まれていたことも確かであろう。しかし北西部条例で明確にされたように、これらの新領土は決して合衆国の植民地《プロヴィンス》（属州《プロウィンキア》）として位置づけられたわけではない。したがって、後に検討するように、帝国の語に“rising,”“new,”“infant”などの形容詞を付すことで、植民地支配を機軸としたイギリス帝国との違いを意識的に示したとも解釈できる。そして国の内実が次第に確立してゆくにつれ、「連合」、「連邦」、「共和国」などの語によって代替されていったとも考えられるのである（後述の表4-5参照）。

では、前述したように憲法制定会議の史料である『ファランド議事録』、そして憲法批准の議論を納めた『エリオット討議録』においては、帝国の語の使用にどのような特徴が認められるのであろうか。両史料はそれぞれ特定の短期間を扱うものであることから、史料内部の時系列については捨象し、帝国の呼称が各史料に登場する数と割合のみを示したのが表4-4である。比較のために『大陸会議議事録』と『大陸会議議員書簡集成』についても、表4-2、表4-3から該当の数値を再録している。結論から言えば、パリ条約より後の建国最初期の史料たる『ファランド議事録』と『エリオット討議録』では、「アメリカを帝国と呼称」する表現が、帝国の事例のほぼ半数を占めており、独立革命初期から同時期までを広くカバーする前記『大陸会議議事録』と『書簡集成』と比べて、その割合が多くなっていること

表 4-5　各種デジタル史料における関連用語の使用例（単純カウント数）

	『大陸会議議事録』	『大陸会議議員書簡集成』	『ファランド議事録』	『エリオット討議録』
"union"	472	1, 110	230	258
"confederation"1)	501	1, 031	166	212
"confederacy"	159	349	46	80
"federal"2)	301	793	861	652
"nation"	593	1, 109	120	158
"national"	182	496	200	222
"republic"	36	147	46	71
"republican"	32	203	75	97
アメリカを帝国と呼称	13	71	26	63

1）"federation" の語はほとんど見られない。この語のカウント数は，それぞれ順に，0，3，0，6。2）o と e の合字による表記 "fœderal" を含む。この表記のカウント数は，それぞれ順に，40，272，33，0。

が確認される。やはりパリ条約後に、アメリカを帝国と呼ぶ例が増えていることの証左といえよう。

また『ファランド議事録』や『エリオット討議録』の「外国／一般を帝国と呼称」に分類される事例の中で、とりわけ「外国」への言及ではドイツ帝国が多く目につく。ドイツは領邦国家の連合体でありながら、一つの帝国の体を一応なしている点が、合衆国のあり方を考察する上で議員たちの注目を引いたと考えられる。表記としては "German Empire" が一般的だが、領邦国家の連合をイメージさせる "states in the German Confederacy" の語も用いられている。さらに『エリオット討議録』では、「イギリスを帝国と呼称」する例が二割以上見られるが、これは連邦憲法批准をめぐる議論の中で、たとえばチャールズ一世への言及など、歴史的な経緯から話を起こす場合も多かったことによる。

一方『ファランド議事録』において、個人による帝国への言及の事例、たとえばJ・マディソンの発言をカウントしてみると、「アメリカを帝国と呼称」が四件、「イギリスを帝国と呼称」が四件、「外国／一般を帝国と呼称」が六件の計一四件が確認される。同様に最重要人物の一人A・ハミルトンの場合、「アメリカを帝国と呼称」が一件、「イギリスを帝国と呼称」が二件、「外国／一般を帝国と呼称」が二件の計五件である。同史料はマディソンの記録を主たる典拠としているため、彼の発言がとりわけ丁寧に収録されている可能性もあるが、にもかかわらず「アメリカを帝国と呼称」した例がわずか四件、ハミルトンに至っては一件のみであり、パリ条約後とはいえ、やはりこの語が軽々しく用いられるものでなかったことは明白であろう。それは表4-5にまとめたような、他の関連用語の使用例と比較しても明らかなのである。

表4-5は、帝国と関連する他の用語やその形容詞（「連合」や「連邦」、「国家」、「共和国」など）について、これまで見てきた四点のデジタル史料を対象に検索をおこなった結果を示したものである。帝国の語の場合とは異なり、これらの語は個々の事例の属性をあえて精査しない単純カウント数であるため、アメリカを意味しないケースも含んでいる可能性が高いが、一方で、一つの文書の中で当該用語が複数回用いられている事例（この場合、単純カウント数では一として扱う）も十分考えられるにもかかわらず、それはこの表には反映されていない。実際、帝国の語の場合も、そのような例は頻出しており、単純なカウント数よりも総数はかなり多くなっている。したがって、上記二つの要因が相殺し合っているために、この表のような比較も一つの目安としては十分に機能すると思われる（ちなみに「アメリカを帝国と呼称」は表4-4からの再録で、むろん単純カウント数ではない）。この表を見る限り、アメリカを帝国と呼称する例は、他の関連用語と比べてかなり少ないことが確認されよう。アメリカを帝国と呼ぶ例が比較的多かった二つの史料、『ファランド議事録』と『エリオット討議録』においても、「連合」や「連邦」の語と比べれば、帝国の語の使用例が圧倒的に少ないことがわかる。やはり新国家アメリカ合衆国は、帝国である以上に、連合であり、また連邦だったのである。

これまで「帝国」すなわち“Empire”という名詞のみ取り上げてきたが、表4-5の関連用語の事例でも一部見たように、形容詞、すなわち“imperial”の語について

表4-6　各種デジタル史料における“imperial”の語の使用例（単純カウント数）

『大陸会議議事録』	30
『大陸会議議員書簡集成』	50
『ファランド議事録』	3
『エリオット討議録』	8
『ワシントン手稿集成』	12

表 4-7　『大陸会議議事録』における“imperial”の意味

ロシア皇帝（女帝）	48
神聖ローマ皇帝[1)]	20
モロッコ皇帝	13
イギリス国王	1
アメリカ合衆国	0
その他[2)]	5

1）帝国自由都市（“imperial free city”）のハンブルクを指す事例 3 件を含む。2）5 件はいずれも船舶の名称にこの語が含まれているもの。

も考察しておく必要があろう。表4-6がその単純カウント数を示したものであり（『ワシントン手稿集成』については後述）、とりわけ『ファランド議事録』や『エリオット討議録』においては、ほとんど用例がないことがわかる。ただし大陸会議関係の二史料では、ある程度の数が確認されるため、看過することはできない。そこで、『大陸会議議事録』についてのみ、さらにその内容を腑分けしたのが表4-7である。用例の多くを占めるロシア皇帝とはむろんエカテリーナ二世で、議事録では「(全ロシアの）女帝陛下（“her Imperial Majesty (of all the Russias)”）」——“imperial”を含まない表記では「全ロシアの女帝（“Empress of all the Russias”）」など——と記されている。次に用例が多い神聖ローマ皇帝は、一七九〇年まではヨーゼフ二世を指し、以後、九二年までレオポルト二世、次いでフランツ二世となる（いずれもドイツ王）。議事録での表記は「皇帝陛下（“his Imperial Majesty”）」、「ドイツ皇帝（“Emperor of Germany”）」が一般的といえる。これら二国の皇帝が形容詞として頻出するのは、両帝ともに独立戦争の調停に動いていたためであり、議事録にはしばしば「両帝の宮廷（“two Imperial Courts”）」の語句が登場する（計九か所）。表ではこの語句については、ロシア皇帝と神聖ローマ皇帝の双方にそれぞれカウントしている。また、これに含まれるが、より正確な表現たる「ペテルブルクとウィーンの皇帝の宮廷（“imperial courts of Petersburg and Vienna”）」の表現も見える（一七八一年六月一九日）。その他、表中ではイギリス国王を意味する場合が一件、「その他」が五件あるものの、アメリカ合衆国を指すケースはまったくなく、“imperial”の語については、そのほとんどが「外国／一般を帝国と呼称」に分類できる。つまり、帝国の形容詞形を用いてアメリカを意味することはきわめて稀（この史料の場合は皆無）であり、これまで名詞のみでおこなってきた分析に、何ら修正を加える必要がないことが証明されたといえよう。

表4-8　各種デジタル史料におけるアメリカ帝国への言及

		『大陸会議議事録』		『大陸会議議員書簡集成』		『ファランド議事録』		『エリオット討議録』	
		N	%	N	%	N	%	N	%
I	“infant Empire[1)]”	1	7.7	4	5.5	0	0.0	0	0.0
	“new Empire”	0	0.0	2	2.7	0	0.0	0	0.0
	“young Empire”	0	0.0	1	1.4	0	0.0	0	0.0
II	“growing Empire”	0	0.0	0	0.0	0	0.0	0	0.0
	“rising Empire”	2	15.4	6	8.2	0	0.0	0	0.0
III	“extensive[2)] Empire”	0	0.0	4	5.5	4	14.3	5	7.7
	“great[3)] Empire”	1	7.7	4	5.5	4	14.3	8	12.3
IV	“American Empire”	0	0.0	5	6.8	2	7.1	1	1.5
	“independent Empire”	8	61.5	7	9.6	0	0.0	2	3.1
V	その他の形容詞	0	0.0	8	11.0	7	25.0	10	15.4
VI	形容詞なし	1	7.7	32	43.8	11	39.3	39	60.0
計		13	100.0	73	100.0	28	100.0	65	100.0

1）本表では“Empire”の表記を大文字で統一したが，むろん小文字の事例も含む。2）“extended”を含む。『エリオット討議録』の場合，“largest”1例を含む。3）“greatest”を含む。

では、名詞として「アメリカを帝国と呼称」した事例について、各デジタル史料ごとに、さらに表現を詳しく見てみたい。表4-8がその分析結果である。名詞に付された主要な形容詞を、その内容に鑑みて四種に分類し、さらに「その他の形容詞」と「形容詞なし」をカテゴリーに加えることで、すべての表現をこの表中で処理できるようにしてある。実際の分類の際のやや細かな処理について述べるならば、たとえば形容詞が二つ以上付されているものは、それらの形容詞をすべてカウントした（“mighty rising American Empire,” “young and rising Empire” といった表現）。したがってその場合、表4-4よりも合計数が多くなっており、『大陸会議議員書簡集成』が合計七三例となっているのはそのためである。「その他の形容詞」に分類される表現としては、たとえば“whole Empire”といった類で、『ファランド議事録』では「連邦帝国（“fœderal Empire”）」なる大変興味深い組合せが二件見られるし、『エリオット討議録』では“fair and fruitful,” “mighty,” “peaceful,” “federal,” “future,” “one general,” “one solid” などがある。"future"はIに、"mighty"はIIIの範疇に分類可能であるが、ここでは厳密に「その他」に分類している。この史料でもやはり「連邦帝国」が登場する。また、「形容詞なし」に分類した表現は、文字通り何ら形容表現の付されていないものの他、"our Empire"や"this Empire"など、人称代名詞や指示代名詞を有する場合も含んでいる。

さてこの表を概観するならば、たとえば『大陸会議議員書簡集成』における表現の多様さ、『ファランド議事録』や『エリオット討議録』でIIIの表現が相対的に多いことなどが目につく。いずれもそれぞれの史料の特性が反映されているといえよう。『大陸会議議事録』でIV、とりわけ"independent Empire"なる表現が多く見られる経緯については、すでに述べたとおりである。『エリオット討議録』でもこの表現は認められ、たとえばパリ条約後のアメリカの状況を、「我々は今や独立した帝国だ」と述べている例がある。ただし既述のように、革命の初期に用いられた"independent Empire"の含意は、後にアメリカを指すために使われた帝国の語とは若干ニュアンスが異なっていると考えられ、一七八三年以前はイギリス帝国（もしくは一般的な帝国）のコノテーションが強く、帝国から独立して新たな帝国になるとの野心は、少なくともあからさまな表現としては避けられていたのであろう。

また、Vの「形容詞なし」に注目してみると、『大陸会議議事録』ではわずか七・七％であるのに対し、『書簡集成』では四割を超え、『ファランド議事録』でも四割程度、『エリオット討議録』では六割となっている。これは、アメリカを意味する帝国の語が、格段の限定条件なしに「自然な」形で用いられ、ある程度定着しつつあることを示しているとも解しうる。パリ条約後の史料となる『ファランド議事録』と『エリオット討議録』において、今後の国の発展（逆に言えば、現在はまだ発展途上）を含意するIとIIの表現が見られないのも、アメリカ人の自信の表れと解釈することも可能かもしれない。さらに、帝国の語を用いる人物の政治的属性、すなわち連邦派の人々がアメリカを帝国として頻繁に言及しているとの指摘はつとにあるが[16]、たとえば『エリオット討議録』を例に取れば、この語を用いているのは必ずしも連邦派だけではないもの、やはり連邦派が多く目に付くことは否めないであろう。たとえば、G・モリスやJ・ラトリッジ、J・ウィルソンらで、モリスは"American Empire"の語を使っている。

一方、帝国の語を否定的に用いている例もある。たとえば『大陸会議議事録』中に見られるP・ヘンリーの言葉、「それは法ではなく、人の帝国であろう。あなた方の権利や自由は人に依拠することになってしまう」（一七八八年六月二三日）などは、帝国の語を否定的に用いた謂いであって、反連邦派の彼らしい表現といえる。同史料中の次のような表現（IIIに分類）、「フランスもスペインも、合衆国が一つの偉大な帝国に統合されるようなことになれば、不快の念を禁じえないだろう」（一七八八年六月一〇日）も、「偉大な」という形容詞を使いつつ、実際の内容は帝国化を戒める文章に他ならない。帝国の語を用いる——とりわけ形容詞とともに用いる——場合、概して肯定的なイメージを念頭に使用していることは確かであるが、このようにむしろ否定のために援用するケースがあることにも留意すべきであろう。

本節の最後に、これまでの議論との対比のため、本国イギリスにおける帝国の語の使用について簡単に見ておきたい。検索に用いたデジタル史料は、一五七四年から一七三九年までの『国務文書年次目録・植民地記録（*Calendar of State Papers, Colonial, 1574–1739*）』(17)である。このイギリス史研究に不可欠な重要史料の詳細は割愛するが、テクストはCD-ROMに収められており、従来ならば幾巻もの本に総当たりしなければならない検索作業がきわめて容易になっている。

さて、結果は表4-9のとおりである。表4-8と同じフォーマットで分類したこの表において、文意としてフランス帝国を指す“new Empire”以外、すべて自国（イギリス帝国）を意味している。一例のみの“American Empire”なる表現が気になるが、これは正確には“English American Empire”と記されており、アメリカにおけるイギリス帝国の意に他ならない。そもそも表4-8においても“great Empire”なる謂いは、各史料である程度のシェアを占めているが、その原型は

表4-9　『国務文書年次目録・植民地記録』に見る帝国の表記

I	“infant Empire”	0
	“new Empire”	1
	“young Empire”	0
II	“growing Empire”	0
	“rising Empire”	0
III	“extensive Empire”	0
	“great Empire”	63
IV	“American Empire”	1
	“independent Empire”	0
V	その他の形容詞	0

六三例にも及ぶこの表4-9での事例に遡りうるともいえよう。

5　ワシントンに関するデジタル史料

さて次に、ジョージ・ワシントンの帝国の用例について、同様に見てゆくことにしたい。まず最初に、用いる史料について概観しなければならない。[18] ワシントン関連の文献・史料については、かつて拙文で簡潔に論じたように、[19] 伝記的研究も含めて、かの地では文字通り膨大な蓄積がある。その最新の見取り図は、「アメリカの記憶」のウェブサイト内、ワシントン関連文書のサイト（「議会図書館ワシントン文書」）に収録された参考文献一覧から網羅的に得ることができる。[20] この他、ワシントンに関して有益なサイトとして、マウント・ヴァーノンのホームページ、[21]『ワシントン文書集成（*The Papers of George Washington*）』のホームページ[22]などが挙げられる。『ワシントン文書集成』はワシントンに関わる文書を可能な限り渉猟し、一九六九年からヴァジニア大学が継続的に刊行している現在進行中の壮大なプロジェクトである。ワシントンの日記、書簡、文書に加え、ワシントン宛の書簡なども網羅し、計画完了時には全五シリーズで九〇冊程度となる予定で、現在はその約七割、六三巻まで刊行が進んでいる。本章の初出となった拙稿のゲラを推敲していた二〇〇八年二月の時点で、五二巻までが電子化されており（『ワシントン文書集成デジタル版』）、巻を跨いでの検索作業がきわめて容易となっていたが、むろん有料かつ高額であり、可能な限り無料もしくは安価な全文データベースを活用する本章（そして本書）の方針には合致しなかった。しかしながら二〇一三年六月から、前述したように『ワシントン文書集成』の刊行済み全巻を含む無償のサイト「建国者オンライン」が稼働を開始し、状況は大きく変化している。同サイトは独立革命期・建国期の最重要人物（建国の父たち）六名——ワシントン、フランクリン、アダムズ、ジェファソン、ハミルトン、マディソン——それぞれの文書集成を電子的に連結し、無償でシームレスに検索できる、文字通り人文系の総力を挙げた国家的プロジェクトといえる。ただし、同サイトに収録されているこの『文書集成』がワシントンについて最も充実した史料集であることは言を俟たないとしても、いかんせん未完のプロジェクトであることから、時系列に沿って網羅的に検索を試みる本章のアプローチには馴染まない。それでは現在の時点で、ワシントンに関して包括的で、無償のデジタル史料としては、どのようなものが挙げられるのか。

まず、前述した「議会図書館ワシントン文書」のウェブサイト[23]は、このような条件に合致しよう。このサイトは、連邦議会図書館手稿部門所収のワシントン関連文書を中心に約六万五千点を編んだもので、それを九つのシリーズに分類してオンラインで一般公開している。同史料はつとに一九六四年にマイクロフィルム化されているが、ロイター社の資金提供を受けて、早々にマイクロフィルムからのデジタル化が完了したのである。日記や書簡、会計簿などが網羅され、壮観ではあるが、これまで刊行されてきた種々の史料集成をそのまま収録した部分も多く、なかでもジョン・C・フィッツパトリックが編纂した『ワシントン手稿集成（*The Writings of George Washington from the Original Manuscript Sources, 1745–1799*）』からは、多くの部分が組み込まれている。フィッツパトリックは一九〇二年から議会図書館手稿部門に勤務し、とりわけワシントンに関する幾種類もの文書集や伝記を世に送り出した人物で、『手稿集成』はその集大成といえる。同集成は一九三二年のワシントン生誕二百周年を契機に企画され、一九三一年から四四年にかけて全三九巻（内、索引二巻）を刊行[24]、手稿部門所収の書簡・文書など一万七四〇〇点を収録している。現在進行中の『ワシントン文書集成』のプロジェクト以前の段階においては、ワシントンに関して最も網羅的な文書集成であり、記念碑的な業績と断じうる。この『手稿集成』は現在、完全に電子化され、無償で広く公開されており[25]、次節ではこのデジタル史料を用いて、ワシントンの「帝国」を探ることとしたい。そもそも本史料の二巻の索引には「帝国」の語は項目として挙げられていないが、デジタル化によってこの語の網羅的な検索が可能となったのである。

一七四五年から九九年までをカバーする本史料は、時期によって収められた文書の疎密はあるものの、フィッツパトリックの編者としての選択眼と驚嘆すべき労力によって、膨大な手稿史料が時間軸に沿って編まれており、その一貫性は、この史料を選択する大きなメリットとなっている。また、『ワシントン文書集成』と比しても有利な点がある。ワシントンの生涯を広くカバーし、史料集成として完結していることもむろんその一つであるが、『手稿集成』の編集方針も本章の分析に好都合なのである。本史料は、基本的にワシントンが（右筆・代理も含めて）書いたり、発したりした書簡・文書を収録の対象としており、『ワシントン文書集成』のようにワシントン宛の文書は原則として収められていない（註に引用されているケースはある）。本来ならば、ワシントン宛の文書も含む『ワシントン文書集成』の方が史料としてより網羅的なはずなのだが、ワシントンによる帝国の語の使用に注目する本章においては、このような特性はむしろネガティヴに作用しかねない。むろん実際の分析にあたっては、帝国の語の属性を一例ずつ検討してゆくわけであるから、必ずしも重篤な障害にはならない可能性もあり、実際、『手稿集成』における註の引用事例は、このような手作業で除去している。にもかかわらず、検索の効率という点からは、『手稿集成』を用いた方がはるかに有利であり、このデジタル史料を選択するゆえんである。

6　ワシントンによる帝国の語の使用

さて、この『ワシントン手稿集成』に登場する帝国の語をすべて抽出し、つとに表4-2や表4-3などで示したフォーマットに則って分類したのが表4-10である。先述したように、「外国／一般」には、たとえば「領域（分野）」といった抽象的な意味での“empire”も含まれている。この表の分析結果から見る限り、ワシントンは七割以上の比率で、アメリカを意味する帝国の語を用いている。それは『大陸会議議事録』の一二・七%、『大陸会議議

表4-10　『ワシントン手稿集成』における帝国の呼称

年	61	70	75	76	77	78	79	80	81	82	83	84	85
アメリカを帝国と呼称						1				1	20	4	3
イギリスを帝国と呼称		1	1			1				1			
外国／一般を帝国と呼称	1		2			2		1					
計	1	1	3	0	0	4	0	1	0	2	20	4	3
%	1.7	1.7	5.0	0.0	0.0	6.6	0.0	1.7	0.0	3.3	33.4	6.6	5.0

年	86	87	88	89	90	91	92	93	94	95	96	97	98	99	計	%
アメリカを帝国と呼称	3		4		1	1							1	5	44	73.3
イギリスを帝国と呼称	1														4	6.7
外国／一般を帝国と呼称			1	1					1			1	1		12	20.0
計	4	0	5	1	1	1	0	0	1	0	0	1	2	5	60	100.0
%	6.6	0.0	8.3	1.7	1.7	1.7	0.0	0.0	1.7	0.0	0.0	1.7	3.3	8.3	100.0	

員書簡集成』の二七・一％と比して圧倒的に多い。これはむろんそれぞれの史料の性格にもよるが、やはりワシントンはアメリカを帝国としてしばしば言及しているといってよかろう。ただし、この表を時系列に沿ってさらに詳細に見るならば、興味深い事実に気づく。「アメリカを帝国と呼称」する事例のほぼ半数が、一七八三年に集中しているのである。これはパリ条約を契機とした帝国の謂いに他ならず、本章の前半で革命期全体の史料を用いて抽出した事実が、やはりワシントンにおいても一層ドラスティックな形で証明されているのである。この年の用例と、九九年の遺言状での使用例を合わせれば、「アメリカを帝国と呼称」の半数を優に超え、帝国全体の用例の中でも四割以上となる。つまりこの二つの事例が、本史料における帝国の語の多さを規定しているといっても過言ではない。さらにワシントンが大統領職を務めた一七八九年から九七年の間、少なくともこの史料に拠る限り、アメリカを帝国と呼称したのはわずか二例に過ぎない。つまりワシントンは決してランダムに帝国の語を使用したわけではなく、特定の時期、そして特定の場で、いわゆるＴＰＯをわきまえつつ用いたと推測されるのである。

また、表4-5と同様に帝国と関連する他の用語やその形容詞について検索・カウントしてみると（表4-11）、そもそもワシントン

表 4-11　ワシントンによる用語の使用例（単純カウント数）

"union"	444
"confederation"	51
"confederacy"	27
"federal"[1)]	292
"nation"	814
"national"	263
"republic"	115
"republican"	48
アメリカを帝国と呼称	44

1）"fœderal" を含む。この表記のカウント数は 1。

表 4-12　『ワシントン手稿集成』における "imperial" の意味

ロシア皇帝（女帝）	7
神聖ローマ皇帝	7
モロッコ皇帝	4
イギリス国王	0
アメリカ合衆国	1
その他[1)]	1

1）茶の名称にこの語が含まれているもの。

は帝国よりもはるかに多く、"union," "federal," "republic" などの語を用いていることがわかる。つまりパリ条約を受けて帝国の語を多用したワシントンですら、関連用語と比較した場合、この語の使用例は決して多くはないのである。

　さらに遺漏なく調べるために、帝国の形容詞、"imperial" についても用例を精査した。表4-12がその結果である。表4-7の場合と同じく、そのほとんどが「外国／一般を帝国と呼称」に分類される事例といえる。表4-7と同様にロシア皇帝と神聖ローマ皇帝への言及が比較的多く、「両帝の宮廷（"two Imperial Courts"）」もしくは「二つの帝国（"two Imperial Powers"）」の語句も登場する（計五か所）。この語句については、ロシア皇帝と神聖ローマ皇帝の双方にカウントしている。ただし興味深い事例として、アメリカ合衆国を指す一例が目を引く。これは、「（各州が）至高の威厳（"imperial dignity"）を示し、服従を命ずる権利を有する」（"To the Secretary for Foreign Affairs, Mount Vernon, August 1, 1786"）と記されたくだりであり、訳語のニュアンスにもよるが、この場合の "imperial" の語はどちらかといえば抽象的な謂いと解しうる。したがって、たとえば「帝国的」な含意をそこに見出せないとすれば、ワシントンもアメリカを帝国と形容する意味で "imperial" を用いてはいないということになる。

次に、『手稿集成』の史料中で「アメリカを帝国と呼称」した事例に焦点を当て、さらに詳細に見てみたい。その数はすでに表4-10に時系列として記しているが、これはあくまでも絶対数であり、各年の史料の総ページ数の中でどの程度の割合を占めているのかが示されなければ、その重要度の高低は厳密には判断できない。これらの諸点を考慮して計算した結果が表4-13である。タイトルのアメリカ帝国とは、むろんアメリカを帝国と呼称する事例の意であり、実際のところワシントンはこの史料中で"American Empire"の表記は一度も用いていない。なお、表中の①は表4-10の再録であるが、一七七八年以前はアメリカ帝国への言及はないため（イギリス帝国等への言及はある）、これ以降の数値のみを対象とした。②は、『手稿集成』のページ数を年ごとに記したものである。[26] 革命初期の方に史料の厚みがあるのは、この史料の特性といえよう。③は、①を②で除した数値で、事例数が史料の量に

表 4-13　史料中のワシントンのアメリカ帝国

年	①アメリカ帝国への言及	②史料頁数	③（①／②）(‰)
78	1	1,793	0.6
79	0	1,866	0.0
80	0	1,732	0.0
81	0	1,388	0.0
82	1	1,080	0.9
83	20	789	**25.3**
84	4	236	**16.9**
85	3	346	**8.7**
86	3	296	**10.1**
87	0	212	0.0
88	4	347	**11.5**
89	0	314	0.0
90	1	212	4.7
91	1	265	3.8
92	0	341	0.0
93	0	446	0.0
94	0	372	0.0
95	0	337	0.0
96	0	446	0.0
97	0	279	0.0
98	1	492	2.0
99	5	392	**12.8**
計	44	13,981	—

比して相対的に多いかどうかを判断する手がかりとなる。この数値はパーミル表示としたが、ディメンションが「言及数／頁数」であるため指数として扱い、合計もむろん一〇〇〇にはならない。さて、この③の数値から——表4-10の数値以上に——明らかなように、パリ条約（一七八三年）以前のアメリカ帝国への言及は、相対的にほとんど無視できるほどの比重しかない。これは少なくともワシントンにとって、領土拡張の野心をもって革命戦争を戦ったわけではないことを示唆する証左とも解しうる。またすでに触れたように、大統領在任中の帝国の語の使用がきわめて少なかったことも、この表からさらに明瞭となる。大統領として共和派や外国を刺激することを恐れて用心深くなったためであろうか。少なくとも彼が共和派に配慮した痕跡をこの数値に見出すことも不可能ではなかろう。また逆に言及が相対的に多いのは、数値を太字にした年、すなわち八三年から憲法批准の八八年までであり、なかでもパリ条約による広大な領土獲得に触発された（興奮した）と思われる八三年から翌年にかけては、とりわけ比重が高い。九九年に再度多くなっているのは、前述したように遺言状にこの語が登場するためである。

　このようにワシントンが「アメリカを帝国と呼称」した事例について、さらに具体的に見てみよう。表4-8と同様のフォーマットで分類したのが表4-14である。ただし表4-8と異なり、時系列によるデータ処理も同時に施している。[27]この表から明らかなように、ワシントンが最も好んだのは“rising Empire”（II）なる表現であり、次いで“new Empire”（I）、“extensive Empire”（III）、“great Empire”（III）などである。形容詞を付さないケースも三割弱確認される。IIIの表現は、表4-8に見られるように他の史料でも割合は高いが、“rising Empire”をもっぱら好むのは、ワシントン特有の心性であろう。また、これらの事例がほとんど八三年以降に出てきていることも、すでに論じたとおりである。パリ条約を契機に、ワシントンの「広大」かつ「偉大」な「新しい」帝国が「勃興」したのである。

　そもそもワシントンは、自らの大統領就任演説や年次教書などで帝国の語を用いることは一切なかった。大統領職三期目の可能性を自ら排し、一七九六年九月一九日、フィラデルフィアの『アメリカン・デイリー・アドヴァタ

表4-14　ワシントンによるアメリカ帝国への言及

	年	78	79	80	81	82	83	84	85	86	87	88	89	90	91	92	93	94	95	96	97	98	99	計	%
I	“infant Empire”									1														1	2.3
	“new[1)] Empire”						3	1																4	9.1
	“young Empire”							1																1	2.3
II	“growing Empire"						1																	1	2.3
	“rising Empire”					1	5	2		1												1	4	14	31.8
III	“extensive Empire”						2					2												4	9.1
	“great Empire”						3			1														4	9.1
IV	“American Empire”																							0	0.0
	“independent Empire”																							0	0.0
V	その他の形容詞						1					1[2)]												2	4.5
VI	形容詞なし	1					5		3			1		1	1								1	13	29.5
計		1	0	0	0	1	20	4	3	3	0	4	0	1	1	0	0	0	0	0	0	1	5	44	100.0
%		2.3	0.0	0.0	0.0	2.3	45.4	9.1	6.8	6.8	0.0	9.1	0.0	2.3	2.3	0.0	0.0	0.0	0.0	0.0	0.0	2.3	11.3	100.0	

1）“new-formed” を含む。2）“our nascent Empire” の表記が用いられており，Iに分類できる。

イザー』紙に掲載させた「告別演説」でも、この語を用いていない（告別演説については第6章で詳述する）。この告別演説の草稿の作成にはハミルトンが深く関わったが、草稿の段階で残っていた帝国を含む唯一の語（"the unity of our Empire"）は、完成稿で削除されている。このようにワシントンは公の場で、また自ら公人の立場で帝国の語を用いることには、きわめて慎重であったといえよう。この点においてはジェファソンなど、初期の大統領たちと同様の状況が見て取れる（むしろ彼以降の大統領たちが、彼に倣ったというべきか）。つまり少なくともワシントンからマディソンに至るまで、大統領就任演説で帝国の語を用いた例は皆無なのである[28]。ワシントンが気楽に帝国の語を用いたのは——例外はいくつも指摘できるが——主に部下の軍人や親しい政治家たち、また遺言書など、比較的プライベートで閉ざされた空間においてであったと捉えることもできよう。ただしこの点については、さらなる分析が必要である。

*

ワシントンは自らアメリカ帝国を意味する語として好んだ"rising Empire"なる表現を、一七七〇年という革命の初期にイギリス帝国を指して一度用いている（"To Thomas Johnson, Virginia, July 20, 1770" 表4-10参照）。彼は新大陸の広大さを念頭に、この地の植民地を傘下に収めて拡大しつつあるイギリス帝国をイメージしたのであろうか。このイメージ、そしてこの語そのものは、後にそっくり換骨奪胎され、アメリカを意味する語に変貌を遂げる。比喩的に言うならば、一七八〇年一一月付の大陸会議の外交文書の中に見える"the citizens of these United States"すなわち複数の邦の集合体は、やがて単数の合衆国となる過程で、文字通り「勃興する帝国」の道を歩むことになるのである。

第5章　ワシントンの懐中時計
――モノによる日常世界復元の試み

1　時計と史料集合

デジタル史料は、前章で論じた「帝国」のごとき抽象概念の考察だけでなく、たとえば「懐中時計」のような具体的なモノを通じて当時の日常世界を復元・再現し、「消費」の問題系に分け入る際にも大いに効力を発揮する。植民地時代の消費や生活水準に関しては、すでに第3章第1節で簡潔に触れ、また過去の拙著でも数章をあてて詳細な分析をおこなっているが[1]、その際、消費の重要な指標となる「快適指数」の算出に用いられる全一一ないし一二品目中の一つとして、奢侈品である懐中時計の存在を指摘した。そもそも時間が地域によって複雑に異なり、個人の時間は簡便な日時計によって確認がなされるような時代に、精度が低いとはいえ、機械式の懐中時計は、その機能面とともに社会的な側面、すなわちステイタスシンボルとしての面も当然有していた。ただしワシントン自身は時計の見栄え以上に機能の方に関心が強かったらしく、そもそも時間に厳格な彼は、会合などでは時計の誤差以上の遅刻を許さず、常に手持ちの懐中時計の時刻合わせに留意するよう促していたという。本章では、この小さいながらも重要な役割を担った懐中時計を俎上に載せ、諸史料の中からその痕跡を炙り出してゆく。中核となるデジ

［外側のケース（中にウォッチ・ペーパーが敷かれている）と鍵］

［内側のケースを開けると，ムーブメントが見える］

［横から見たムーブメント（フュージが見える）］

図 5-1　当時の銀製ペアケースの懐中時計（著者蔵）。ムーブメントは鎖引きのフュージ（円錐滑車）を用いたバージ脱進機で，鍵巻き。

タル史料は、ジョン・C・フィッツパトリック編『ワシントン手稿集成』であるが、その性格や成り立ちについては前章ですでに詳述しているので省略したい。本章では同史料に加えて、さまざまな史料を動員・駆使しつつ、小さなモノが語る大きな物語を追及してゆきたい。

まずはサンプルとして当時の典型的な懐中時計（watch）を見てみよう。図5-1は、一七七〇年前後にロンドンで製作された銀製ペアケースの懐中時計（著者蔵）で、ムーブメントは鎖引きのバージ脱進機である。当時、北米植民地ではロンドンやパリで作られた懐中時計が盛んに輸入されており、図5-1の時計はまさにワシントンと同時代の人々が目にしたたぐいのものといってよい。したがって、典型例たるこの個体についてわかることを——やや細部にわたるが——少し詳しく述べておきたい。この時計のサイズは実測で、白セトのダイアル径三九・〇ミリ、内側のケース径四二・六ミリ、厚二五・三ミリ、外側のケース径四八・九ミリ、厚二八・五ミリである。ムーブメントの刻印には、“Jn° Darby London 17457” と刻まれている（刻印は若干の摩耗のため判読しづらい部分もあり、John Darby ではなく、Thomas Derby と読む向きもあるが、細部を正確に観察すれば、前者が正しいといえる）。歴史上の時計師に関して最も信頼しうるG・H・ベイリーの『時計師事典』（一九二九年初版）によれば、このムーブメントを製作した時計師ジョン・ダービーは懐中時計専門でクロック（置時計・ホールクロック）は作っておらず、ロンドンで一七六七年まで活動したとされる。[2] 刻印されている「一七四五七」の数字は年銘ではなく、シリアルナンバーと考えられるため、ムーブメントの製作年の特定は困難だが、内側のケースに刻まれた三種のホールマーク（極印）により、このケースはロンドンの一七七一年製と判断できる。これと、先述の『時計師事典』の記載内容から、ムーブメントはケースよりもやや早く、ダービーの最晩期（一七六〇年代）に作られたと推定されよう（もしくはダービーが『時計師事典』の記述よりも遅くまで、時計製作を続けていたとも考えられる）。ちなみに内側のケースに刻まれたメーカーズ・マークは“I・B”とあり、先のJ・バニスター編を参照すると、ケースの制作者としてはジョン・バーナード、もしくはジョゼフ・バードなどが候補に挙がるが、判然としない。同ケースの背面には、“H Y. BURLEY, BUCKINGHAM 1781”と刻印されており、この時計の所有者名であろう（一七八一年は時計の製作から一〇年近く経過しているため、最初の所有者《ファースト・オーナー》ではない可能性もある）。なお、外側のケースには刻印は見られないが、ウォッチ・ペーパー（ケース間の擦れを防止する目的で挟まれたもので、広告等の媒体としても利用された）が二枚敷かれている。それぞれ別の時計工房のものだが、いずれも所在地はバーミンガムである。上に敷かれたウォッチ・ペーパーの裏面には、手書きで一八五八年四月と記されており、少なくともこの時にこの時計が調整・修理されたことがわかる。なお、下のウォッチ・ペーパーには日付は記入されていない（正確に言えば、裏面の汚れが激しいため、記入されているかどうか判然としない）。ともあれ上述の種々の痕跡から見て、この懐中時計は一七七〇年前後にロンドンで製作されたのち、一七八〇年代に入ってバッキンガムへ、そして遅くとも一九世紀半ば過ぎにはバーミンガムへと移動したと言いうる。

　ちなみに腕時計は基本的には二〇世紀に入ってから徐々に普及し始めるため、それまでwatchの語はもっぱら懐中時計（提げ時計）を意味する。ワシントンの所有ないし購入した懐中時計は数点が現存しているが、図5-1の

表5-1　“watch”を含む関連史料

	ワシントン手稿集成	議会図書館ワシントン文書
史料点数	460	209
該当語句数	501	—

タイプのものも認められる。[3] じつはワシントン自身は、この伝統的な鎖引きのバージ脱進機を用いたタイプよりも、当時としては最新の薄型の懐中時計、すなわちパリのジャン＝アントワーヌ・レピーヌ（レピン）が考案した、いわゆるレピーヌ・キャリバー[4]を採用したものを好んでパリに求め、同工房からヴァーギュル（ヴィルギュル）脱進機搭載の最新機種を入手している（これに関しては第5節で詳述する）。

さて、史料に基づいてこのような懐中時計の用例を悉皆調査すべく、“watch”の語を検索したのが表5-1である。『ワシントン手稿集成』を一つの大きな「史料集合」と捉えるならば、かかる手続きによって抽出された表5-1は、「史料集合」の「構造化（階層化）」の第一段階といえる。なお、デジタル化されている議会図書館のワシントン文書についても、比較のために検索をおこなったが、『ワシントン手稿集成』の方が網羅的であることが、ヒットした史料点数からもわかる（議会図書館のワシントン文書については前章に既出）。『ワシントン手稿集成』における該当語句数五〇一語の内訳としては、まず動詞が多く、名詞の場合でも「見張り」や「監視」、「夜警」、「防寒コート（“watch coat”）」などの用例が頻出するため、該当語句全部を一点一点、いわば手作業であたって、これらをすべて除去する必要がある。表5-1の五〇一語（史料点数四六〇点）を新たな「史料集合」とすれば、この作業は「構造化」の第二段階といえる。作業の結果、懐中時計の意としての“watch”のみを抽出したのが、表5-2である。史料点数から見ると三一点にまで絞られたが、これが『手稿集成』に出てくる懐中時計の用例のすべてである（むろんそのほとんどが、ワシントンが直接・間接に書いたり、発したりした書簡・文書である）。「場所」は当該史料が書かれた（発せられた）場所の意である。ちなみに“watch”の語は、『手稿集成』の各巻末の索引にも採られているが、これらの索引はすべての用例を網羅はしていない。表5-2には索引に記載のある史料について印を付しており、それは全三一点中、一八点、すなわち索引における採択率は五八・一パーセントに過ぎない。それゆえ本章でおこな

表 5-2　『ワシントン手稿集成』のなかの懐中時計

史料番号	巻数	日付	場所	種類	宛先	索引	備考
1	2	1758/1/x	MV	書簡・注文書	Thomas Knox	☑	MV：Mount Vernon
2	2	1759/3/x	L	送り状	(Unwin & Co.) → GW		註中の史料。L：London
3	2	1767/7/20	(L)	送り状	(Robert Cary & Co.) → GW	☑	
4	3	1770/8/20	(MV)	注文書	Robert Cary & Co.	☑	
5	3	1771/7/18	(L)	送り状	(Robert Cary & Co.) → GW	☑	
6	3	1771/8/12	MV	書簡・注文書	Robert Cary & Co.	☑	
7	3	1772/7/15	MV	書簡・注文書	Robert Cary & Co.		
8	3	1772/7/15	(MV)	メモ	Webster & Son	☑	
9	11	1778/4/1	VF	一般命令	(全部隊)	☑	VF：Valley Forge (Head Quarters)
10	11	1778/5/4	VF	一般命令	(全部隊)		
11	11	1778/5/16	VF	一般命令	(全部隊)		
12	37	1778/7/11	?	メモ（礼状）	Elizabeth Watkins	☑	註の解説部分で言及。
13	13	1778/12/23	MB	一般命令	(全部隊)		MB：Middle Brook (Head Quarters)
14	15	1779/6/20	ST	一般命令	(全部隊)	☑	ST：Smith's Tavern (Head Quarters)
15	17	1779/11/20	MH	一般命令	(全部隊)		MH：Moore's House (Head Quarters)
16	19	1780/7/26	P	書簡	John Mitchell	☑	P：Prekeness (Head Quarters)
17	21	1781/1/30	NW	メモ	(Lt. Col. John Laurens)		註中の史料。NW：New Windsor
18	22	1781/6/x	?	(命令書)	?		
19	22	1781/8/9	DF 近傍	一般命令	(全部隊)		DF：Dobb's Ferry (Head Quarters)
20	28	1785/11/28	MV	書簡	Wakelin Welch	☑	
21	28	1786/7/x	MV	書簡	Wakelin Welch	☑	
22	29	1787/11/5	MV	書簡	Wilson M. Cary & George Nicholas		
23	29	1788/1/8	MV	書簡	Samuel Athawes		
24	30	1788/8/28	MV	書簡	Alexander Hamilton	☑	
25	30	1788/8/30	MV	書簡	Daniel Morgan	☑	
26	30	1788/10/18	MV	書簡	Alexander Hamilton	☑	
27	30	1788/11/28	MV	書簡	Gouverneur Morris	☑	
28	30	1789/10/13	NY	書簡	Gouverneur Morris		
29	33	1793/9/25	MV	書簡	Tobias Lear	☑	
30	33	1793/10/7	MV	書簡	国務長官		註の解説部分で言及。
31	33	1794/5/6	Phil	書簡	Tobias Lear	☑	

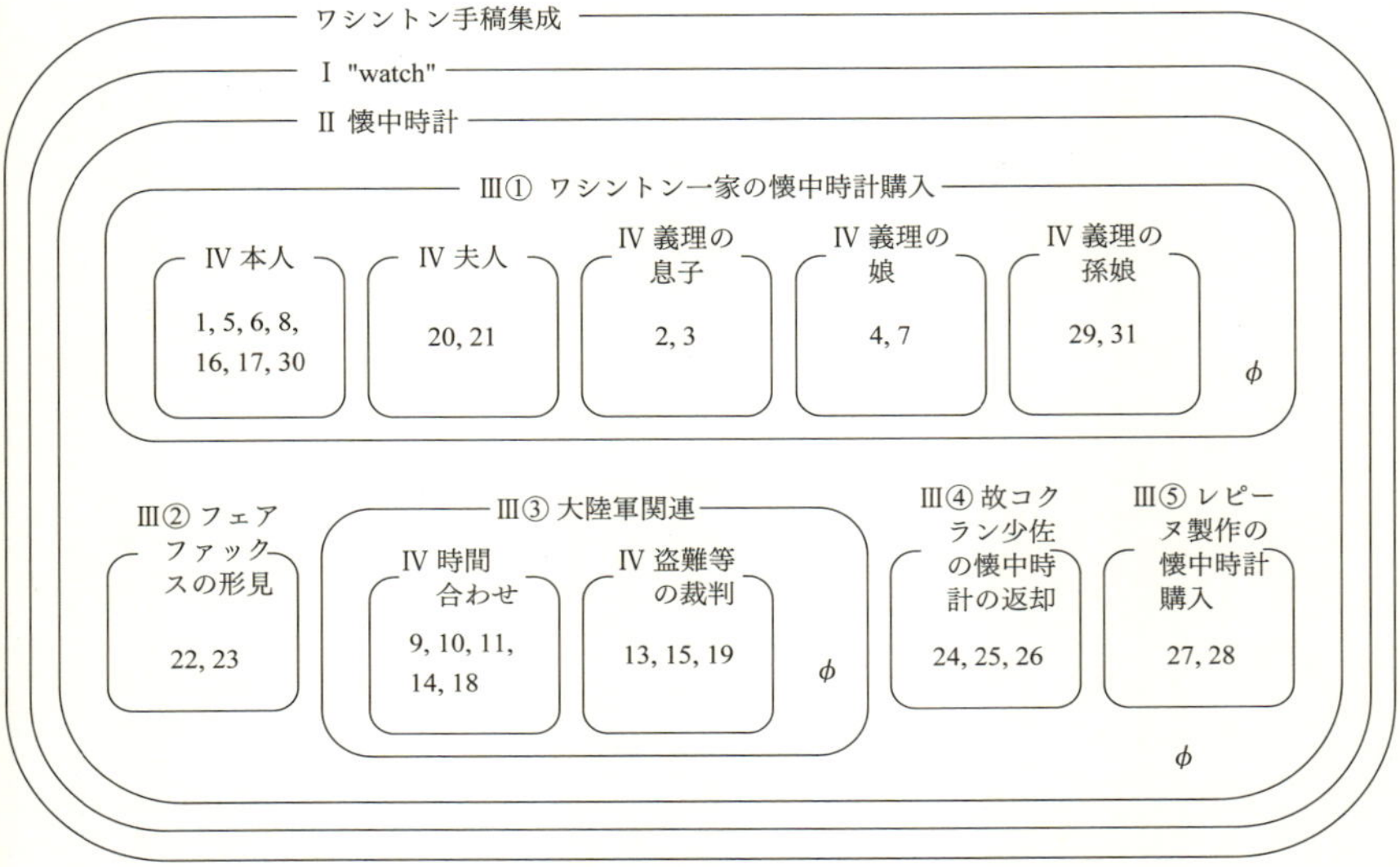

図 5-2　ワシントンの懐中時計に関する史料集合構造（ベン図）

うデジタル史料による全文検索の意義は一層大きいといえよう。

さて、この表中の三一点の史料を精査すると、いくつかの範疇に分類可能であることがわかる。それは、「史料集合」の第二段階の「構造化」によって析出された史料三一点を、新たな「史料集合」とし、それをさらに「構造化」することに他ならない。原初の『ワシントン手稿集成』から数えれば、第三段階目の「構造化」となろう。ここでは史料の内容に鑑み、五種に分類したい。①ワシントン一家のプライベートな懐中時計の購入（レピーヌ製作の時計を除く）に関わる史料一五点（【史料1～8・16・17・20・21・29～31】）、②G・W・フェアファックスの形見の懐中時計に関する史料二点（【22・23】）、③軍における時計の使用に関する史料八点（【9～11・13～15・18・19】）、④故コクラン少佐の懐中時計の返却に関する史料三点（【24～26】）、⑤レピーヌ製作の懐中時計の購入に関わる史料二点（【27・28】）、である。

上記の分類の全貌、すなわち史料集合の全体構造をベン図の形で表すならば、図5-2のようになろう（全貌とはいえ、この図に記した史料は『ワシントン手稿集成』に収録されているもののみで、本章での具体的な考察に際しては、これ以外の史料も多用することになる)。ともあれ上記のように、ワシントンの懐中時計の用例は全体で五つの範疇(図のIII層目)に分類でき、さらに措定される下位分類(IV層目)とともに史料番号を示したのが、このベン図なのである。この図に表された関係を簡潔な文章で表すために、生成文法の作法を援用するならば、次のようになろう(むろんその作法は、本来の生成文法のものとは大いに異なっている)。

［ワシントン手稿集成［I “watch”(表5-1)［II 懐中時計(表5-2)［III① ワシントン一家の懐中時計購入(表5-3)［IV 本人：1、5、6、8、16、17、30］［IV 夫人：20、21］［IV 義理の息子：2、3］［IV 義理の娘：4、7］［IV 義理の孫娘：29、31］］［III② フェアファックスの形見：22、23］［III③ 大陸軍関連(表5-5)［IV 時間合わせ：9、10、11、14、18］［IV 盗難等の裁判：13、15、19］］［III④ 故コクラン少佐の懐中時計の返却：24、25、26］［III⑤ レピーヌ製作の懐中時計購入：27、28］］］］

上記の範疇のうち、次節ではまず①と②の史料を訳出し、分析を加えたい。そこに立ち現れるのは、ワシントンに最も身近な消費のあり方なのである。

2　ワシントン家の懐中時計

上述の範疇①の史料一五点について、さらに精緻な下位分類、すなわち先のベン図におけるIV層目の構造化をおこなった結果を具体的に示したのが表5-3である。範疇①を新たな史料集合と捉えた場合、その構造化は、『ワシントン手稿集成』の全体構造からすれば第四段階目となり、ワシントン一家のうち、誰の時計に関する史料か、そ

表 5-3　懐中時計の購入に関わる史料（レピーヌの時計を除く）

対象	史料番号	日付	種類	宛先
本人	1	1758/1/x	書簡・注文書	Thomas Knox
〃（友人に贈与）	5	1771/7/18	送り状	(Robert Cary & Co.) → GW
本人	6	1771/8/12	書簡・注文書	Robert Cary & Co.
〃	8	1772/7/15	メモ	Webster & Son
〃	16	1780/7/26	書簡	John Mitchell
〃	17	1781/1/30	メモ	(Lt. Col. John Laurens)
〃	30	1793/10/7	書簡	国務長官
夫人	20	1785/11/28	書簡	Wakelin Welch
〃	21	1786/7/x	書簡	Wakelin Welch
義理の息子	2	1759/3/x	送り状	(Unwin & Co.) → GW
〃	3	1767/7/20	送り状	(Robert Cary & Co.) → GW
義理の娘	4	1770/8/20	注文書	Robert Cary & Co.
〃	7	1772/7/15	書簡・注文書	Robert Cary & Co.
義理の孫娘	29	1793/9/25	書簡	Tobias Lear
〃	31	1794/5/6	書簡	Tobias Lear

れに応じて五つのカテゴリーに細分できる。その結果、ワシントン本人の懐中時計に関する史料が七点、ワシントン夫人マーサの懐中時計に関する史料が二点、義理の息子の懐中時計に関する史料が二点、義理の娘のものに関する史料が二点、義理の孫娘のものが二点、計一五点となる。すでに第2章第3節でも若干触れたが、ここでワシントン家の家族構成について、さらに説明を加えておきたい。大プランターの夫ダニエル・パーク・カスティスと死別したマーサと、ジョージ・ワシントンが結婚したとき、彼女は二人の子どもを連れていた。ジョン・パーク・カスティス（ジャッキー）とマーサ・パーク・カスティス（パッツィ、もしくはパティ）の二人であり、義理の息子とは前者、義理の娘とは後者をさす。ジョージ・ワシントンとマーサは子に恵まれず、実子のないワシントンは、義理の子どもたちを大いにかわいがったという。パッツィは一〇代半ば過ぎで亡くなり、ワシントン夫妻を大いに悲しませたが、ジャッキーは成人して軍務をこなし、比較的早く結婚して四人の子をもうけた。だが彼も独立戦争末期、

ヨークタウンの戦いに参戦して二〇代半ば過ぎで病没し、残された子どもたち（ワシントンにとっては義理の孫）のうち、幼い二人をワシントン夫妻は自宅に引き取って育てることになった（第2章の図2-1参照）。その一人が義理の孫娘、エレノア・パーク・カスティス（ネリー）であり、いわば幼い日のパッツィのごとき存在となった（ジャッキーの妻が病弱であったため、正確には彼女は生まれてすぐにマーサのもとに移されている）[5]。懐中時計に関する史料には、ワシントン夫妻に加えて、上記の三人の子ども・孫が登場し、一家の消費のあり方について、時系列に沿って断片的に窺い知ることができる。以下、表5-3の下位分類に従いつつ①の範疇、ついで②の範疇の順に史料を抄訳し、興味深いその内容を紹介したい（《 》で示した下位カテゴリー内の史料は、時代順に並べた）。ただし抄訳といえども、懐中時計関連の語を含む文章はすべて訳出しており、その意味では網羅的な訳といいうる。なお、［ ］は著者が補った語であるが、（ ）は史料中の言葉である。

《本人の懐中時計等に関する史料》

【史料1】貴殿に先月の二六日および三〇日付で書簡をお送りし、［その際、船荷証券を］複数通、託送もしましたが、それ以降、私が受け取った葉タバコ一四樽分の船荷証券［三通のうち］の一通については、この手紙に同封いたしました。また、［こちらに到着した］リカヴァリー号から、私が頼んでいた品物を受け取りましたが、これらの品物の購入に際して、貴殿がほとんど意を用いていらっしゃらないことに、再度、不満を申し上げざるをえません。……しかも品物は皆、非常に高い値が付けられております。私の栽培する葉タバコが、ブリストルの市場に適合したものであるとの確信がある程度持てるのであれば、私の力で毎年、かなりの量の葉タバコを輸出することもできるのですが、葉タバコの質や管理が、十分に価格の水準を満たすものとは考えられません。ニュージェント号に積み込んだタバコもこの類で、今年の収穫のすべてです。その売却の動向如何は、私の今後の輸出計画を左右するでしょう。［借地人から］借地料として私に支払われる葉タバコについては、貴殿の船舶の出港に間に合うようならば、積み荷に加えたいと思っております。……過日の書簡にて注文した品物に加えて、以下のものを追加注文いたします。……一、懐中時計用の直径一・五インチ以上の大きさの［風防］ガラス一ダース。

【史料5】一、金のソケットに、トパーズか、もしくは別の立派な（handsome）貴石がはめ込まれた印章［フォブ・シール］で、ワシントン家の紋章が念入りに刻印されたもの。一、［前述のものとは］別の金のソケットに、ワシントン家の紋章の入った貴石をはめ込んだもの。また、評判の良い（repd［reputed］）懐中時計用の鎖。(6)

【史料6】先月の二〇日、貴殿に宛てた手紙に存分に記し、カスティス氏［ジャッキーの意］とカスティス嬢［パッツィの意］、そして私の所望する品を挙げた注文書（Invoices）を同封しました。その後、書き忘れた品があったことを思い出しましたので、それらを追加して、他の品とともにお送りいただきたく存じます。……一、懐中時計用の流行の意匠の（fash'e［fashionable］）鍵三本。サイズは同封したものと同じ。

【史料8】同封しました懐中時計用の新しい鍵は、昨年、ウェブスター・アンド・サン社より送っていただいた三本の鍵のうちの一本です。鍵三本を注文した際には、特に上品なもの（very neat）をとお伝えしましたが、たしかに他の二本については、私の期待どおりでした。一本につき一六ペンス余りが請求されていましたが、こちら［植民地］の店でも（さらに上品なものを）一本六ペンスか七ペンス（？［疑問符は史料中の注釈のママ］）で、何本でも望む本数だけ購入できたでしょう。そこで、このありきたりのものとはまったく違う鍵を二本、改めて注文いたします。サイズは［以前にお送りした］古い鍵と同じですが、機能については一本は古い鍵と同じ、もう一本は［同封した］新しい鍵と同じものをお願いいたします。ただし二本とも最高の品質で、見栄えや上品さ（handsomer and neater）において互いにまったく譲るところのないものをお送り下さい。

【史料16】一九日付の貴殿の便り、一二足の靴下とともに無事落手いたしました。……四輪軽馬車の件では、貴殿のお手を煩わせて恐縮です。古い馬車の売却代金のほか、貴殿の手元で預かっていただいている総額の中から、ワシントン夫人の注文の支払いをお願いできないでしょうか。すなわち、まずマルセイユ織［浮かし模様の丈夫な木綿の織物］のキルトの代金をそこから支払っていただいて、さらに私の懐中時計の修理代（受領証を同封いたします）もそこから引いて下さい。記憶している限り、これらが私的な支出のすべてで、公的な会計から払ってもらうわけには参りませんので。

【史料17】ローレンス中佐は、親切にも、次の品々をワシントン将軍に持ってきてくれた。……懐中時計用のリボン（string）

【史料30】追伸　レスリー氏からの手紙を同封いたします。どう対応すべきか、また彼に何を言うべきか、あなたが最もよくご存じだと思いますので。

《夫人の懐中時計等に関する史料》

【史料20】ワシントン夫人のために、昨今、上品なレディーが身に付けているような、立派で（handsome）、流行のデザイン（fashionable）の金の懐中時計を、やはり流行の鎖かリボン（string）と一緒にご送付いただければ幸いに存じます。これらの代金は、他の諸々の代金と同様に、銀行に預けてある資金から支払って下さい。……追伸　［懐中時計の］短針と長針には、ダイヤを留めたものをお願いします。

【史料21】一一月二八日付の小生の手紙［【史料20】の意］に対して、二月二七日付、三月一三日付のお便りを賜り、恐縮に存じます。またアンドルーズ船長から、壁紙と懐中時計を落手しました。とくに後者についてはワシントン夫人がたいそう喜んでおり、彼女に代わって、貴殿のご配慮に感謝申し上げます。もし株が高値を維持していて、近々、さらに値上がりする見込みがないようならば、私の銀行の株をただちに売却していただいて、その売却益を、貴殿の手元にある私の手形の決済に充てて下さい。手形のうちの何枚かは、一覧後、六〇日払いのもので、この手紙のすぐ後に届くでしょう。……私の［作る］穀物やタバコや、あらゆる産物を売れなくしてしまうことによる損失……。

《義理の息子の懐中時計等に関する史料》

【史料2】「ジョン坊ちゃまとパティ・カスティスお嬢様の使用に供するため、それぞれの勘定により支払いはなされるものの、ポトマック川近傍居住のジョージ・ワシントンに宛て送付すべく、ロバート・ケアリー商会により船に積み込まれた雑貨の送り状(invoice)」［以上、史料タイトル］ジョン坊ちゃま、六歳への品。……カスティス嬢、四歳への品。……第七、金銀線細工［フィリグリー］の懐中時計、二シリング六ペンス、……第八、上品な(neat)エナメルの懐中時計側［ケース］、三シリング六ペンス。(7)

【史料3】「カスティス坊ちゃまとカスティスお嬢様の使用に供するため、それぞれの勘定により支払いはなされるものの、ジョージ・ワシントンに宛て送付すべく、ロバート・ケアリー商会により船に積み込まれた品々の送り状」［以上、史料タイトル］カスティス坊ちゃま、一四歳への品。……カスティス嬢、一二歳への品。カスティス坊ちゃまの品。一、上品で(neat)小さな鋼鉄製の時計鎖。一、見栄えのよい(handsome)金の印章で、カスティス家の紋章が刻まれた貴石の付いたもの。

《義理の娘の懐中時計等に関する史料》

【史料4】アメリカにおいて税収増を図るべく、茶や紙などに税金を課そうとする議会の法律［タウンゼンド諸法の意］が、もしも上述の品々が船で送られる以前に、完全に撤回されるならば、ロバート・ケアリー商会におかれては、以下の品々をお送りいただきたし。その代金は上述の如く［カスティス嬢に］課されたし。……一、浮彫を施した美しい(Handsome)金側［ケース］に収められた美しい(handsome)金の懐中時計。頭文字を刻印し、貴石をあしらったもの。およびそれに相応しい金鎖と装身具、また緑色のロケットで、同封の髪の毛を中に入れたもの。

【史料7】拝啓　自分およびカスティス氏［ジャッキーの意］とカスティス嬢（"Mr. and Miss Custis"）の注文書（"In voices"）を同封いたしました。……一、女性用の懐中時計［と共にシャトレーヌに提げる］に相応しい小さな印章。金製で、きれいな（neat）もの。

《義理の孫娘の懐中時計等に関する史料》

【史料29】拝啓　貴殿[8]と別れてから手紙を差し上げておりませんでしたが、今月（"instt."）一三日付の貴殿の便りが、アレクサンドリアの郵便局から届けられたとき、私はちょうど貴殿宛に手紙をしたためようとしておりました。……ワシントン夫人は、ネリー・カスティスに懐中時計と鎖を持たせようと決め、その［本格的な懐中時計の］代わりとなるようなものを、二五ギニー程度で入手したいと考えております。それらの選定は、貴殿に一任いたします。シンプルな時計等であれば、彼女が反対することはないでしょう。購入資金として、一二〇ドルの銀行券を同封いたします。[9]

【史料31】拝啓　貴殿の一月二六日付の便りおよび同月三〇日付の追伸は、トラクストン船長から、また二月一二日付の便りは、ニューヨークへ向かう船から、無事落手いたしました。ただし、上記の便りの中で触れられている貴殿の二通の書簡、すなわち一通はグラスゴーより（箱とともに）送られたもの、いま一通はペギー号に託されたもの、そのどちらもまだ手元には届いておりません。懐中時計とバカン伯の肖像は、とても良い状態で届きました。何よりも嬉しいことで、貴殿のご配慮に対し、ワシントン夫人も大いに感謝の意を表するでしょう。グラスゴーとロンドンで購入していただいたその他の品物の代金も含めて、追加の費用分は、その金額を快く預かってくれ［て、貴殿に手渡してくれ］る適当な人物を見つけしだい、ただちにお支払いいたします。大体の心当たりはあります。それはダルトン氏で、氏と話していた時に、先の月曜日に連邦市［ワシントンDC」に向けて出発する予定だと言っておられたので、たぶん今は向かっている途中だと思います。

《G・W・フェアファックスの形見の懐中時計に関する史料》

【史料22】拝啓　数日前、アサウィーズ氏の手紙を落手しましたが、我々が大いに尊敬する友人、ジョージ・ウィリアム・フェアファックス閣下の遺言が添付されておりました。氏の逝去は本当に惜しまれます。この悲しき報に接し、貴殿らに心よりお悔やみを申し上げます。小さな箱も同時に受け取りましたが、その中には、前述の遺言で触れられていた懐中時計と、アサウィーズ氏の手紙に言及されていた二通の手紙（一通はトマス・フェアファックス殿に宛てたもの、もう一通はワーナー・ワシントン大佐に宛てたもの）が入っておりましたので、安全な輸送手段で、それらをそれぞれの宛先に転送しておきました（それが貴殿らのお考えだと拝察しましたので）。

【史料23】拝啓　先の六月二六日付の貴殿の手紙を拝受いたしました。我々が大いに尊敬する貴重な友人、ジョージ・ウィリアム・フェアファックス閣下の逝去の報に接し、貴殿ならびにイギリスにおける氏の友人各位に心よりお悔やみを申し上げます。……貴殿がバーウェル大佐に託された小型の箱は、大佐の尽力で無事に小生の下に届きました。懐中時計はフェアファックス氏へ、手紙についてはそれぞれの宛先に送っておきました。

以上、懐中時計関連の内容を軸とした史料集合の構造に沿いつつ、その順列に応じて史料を概観してきたが、さらにこれらの史料の記述内容の具体相から、大きく分けて三種類の知見を引き出すことができる。（1）ワシントンのプランテーション経営や商取引の内実、（2）当時の通信状況・情報環境のあり方、（3）懐中時計に関わる実相、である。（3）が本節の考察にとって最も重要ではあるが、前者の二種も、その前提条件として欠かすことのできない貴重な知見といえる。そこで、これら三種のカテゴリーを念頭に、それぞれのカテゴリー内においては原則として紹介した史料の順に解説を加えてゆきたい。

まず（1）「ワシントンのプランテーション経営や商取引の内実」について、【史料1】は大変示唆に富む。当該の史料は、ロンドンの代理商トマス・ノックスに宛てたものであり、船荷証券を用いた貿易実務の一端がうかがえるとともに、ワシントンのプランテーションにおける借地人の存在も確認できる。また、ロンドンでの物品の購入を相手方（代理商）に任せざるをえない委託代理商制度の不便さが、行間ににじみ出ている（同様のいらだちは、【史料8】にも見られる）。奴隷を用いてもっぱらタバコを栽培していたワシントンは（のちには経営の多角化に乗り出すが）、イギリス本国の代理商にタバコの売却を委託するとともに、そこから上がる収益で、同じ代理商に物品の購入をも委託していた。この有名な委託代理商制度により、南部のプランターたちは代理商への負債の蓄積を余儀なくされ、それが独立革命へと至る重要な要因の一つとなったとされる。その当否はともあれ、ワシントンが取引をおこなった相手方の代理商は、時代とともに替わった。マーサとの結婚以前は、上記のノックスを代理商としていたが、結婚後は、マーサの亡夫が取引していた代理商に鞍替えした（一七五九年）。ケアリー商会（ロバート・ケアリー）である。【史料3】～【史料7】がそれに当たる。独立革命中は、主計総監代理のジョン・ミッチェルにフィラデルフィアでこのたぐいの業務を任せていたらしく、【史料16】にその具体相が見える。革命後はロンドンへの注文を再開し、ウェルチ商会（ウェイクリン・ウェルチ）を代理商としたが、その史料が【史料20】、【史料21】である。ウェイクリン・ウェルチはケアリーのビジネスパートナーで、ケアリーの死後、ウェルチとその息子がビジネスを引き継いだのである。[10]【史料6】は、書簡を付した注文書だが、ワシントン自身の文章中に“Invoices”とある。今日、invoice と言えば送り状の意であって、注文書ではないが、このインボイスは明らかに注文書を意味しており、当時の用法がこの史料からわかる。[11]【史料7】も同様に、注文書としてのインボイスの用例が書簡中に出てくる。おそらくこの語が、送る商品（注文品）のリストに関連して漠然と用いられていたと考えることもできよう。また、パッツィの懐中時計の購入に関する【史料4】は、「茶や紙などに税金を課そうとする議会の法律が、もしも上述の品々が船で送られる以前に、完全に撤回されるならば」との条件付きの注文書であり、タウンゼンド諸法をめぐる喧しい政治状況が、本国と植民地間の具体的な商取引に影響を及ぼしている状況を証言する史料となっている。一方、【史料21】には、株式売却や手形の決済などについて具体的に記されており、ワシントンが細かく金融資産を管理していたことがわかる。また、ワシントンの経営するプランテーションでは、他のタバコ・プランテーションと同様に、しだいにタバコのモノカルチャーから脱却し、作物の多角化を推進していったが、タバコよりも穀物（"grain"）について先に触れるこの書簡の文言に、その状況が映し出されている。【史料2】は、義理の息子ジャッキーの時計関連の史料で、冒頭に「それぞれの勘定により支払いはなされる」との表現が見え、同様の表現は、次の【史料3】、および義理の娘パッツィに関する史料（【史料4】、【史料7】）にも見出される。これは、ワシントンが義理の子どもたちの財産（彼らの実父からの遺産）を、自身の財産とは別勘定にして、厳格に管理していたことを意味している。ワシントンは大陸軍総司令官を務めた際も、勘定については公私の別を神経質なまでに仕分けして記帳しており、【史料16】に出てくる「記憶している限り、これらが私的な支出のすべてで、公的な会計から払ってもらうわけには参りませんので」の言葉が、その実直な性格を如実に物語っている。

さて、次いで二種類めの知見、（2）「当時の通信状況・情報環境のあり方」について見てみよう。まず、【史料16】の書簡の冒頭部分の表記は示唆的である。通信状況が不安定なこの時代、手紙の冒頭において、先に受け取った手紙などについては必ず触れ、現在の手紙がどの書簡に対する返答なのかを明確にしている例が多く、同様の事例は、【史料21】、【史料29】、【史料31】にも認められる。【史料29】は、やはり当時の通信状況を反映する史料である。当時、信頼できる知人や商船の船長に託すなど、有料・無料を問わず、プライベートなネットワークを駆使して書簡を相手方に届けようとするケースも多かったと考えられるが、この史料ではしだいに整備されてきている郵便網、とりわけアレクサンドリアの郵便局が機能していたことが確認できる。もっともワシントンの場合、交友関係の広さ、またその信頼度の際立った高さゆえ、知人に託す場合（また託される場合）が多かったように思われる。

ヴァジニアの巨大プランター、フェアファックスの死去を伝える【史料22】、【史料23】もその一例で、書簡のみならず懐中時計を納めた小包も、ワシントンのプライベートなネットワーク（場合によっては郵便網を含む）を通じて、彼の自宅がいわば一種の中継点のごとく機能し、リレーされてゆく様子がうかがえる。【史料31】の冒頭の一文からは、やはり当時の通信事情、すなわち送った手紙が必ずしも順調に（もしくは送った順番に）届くとは限らないことがわかる。また、現金なども信頼できる人物に頼んで、個人的に送ってもらっていたであろうことが推測される。

次に、三番めの（3）「懐中時計に関わる実相」であるが、これについてはまず、数点の史料の補足説明を先の紹介順におこない、実相の一端を示したい。【史料17】は、ジョン・ローレンス中佐に宛てた手紙に付したワシントンの自筆メモである。文章中のリボンは、ワシントンの懐中時計を提げるためのものと思われ、同様のリボンが、J・トランブルが描いたワシントンの肖像画の腰の部分に認められる。ただし、その肖像画の作中年代は一七七六年、製作年は一七九二年であるため、一七八一年のこの史料に出てくるリボンが描かれているとは言いにくいであろう。【史料30】は史料集の註に、「ロバート（?）・レスリーはロンドンの時計師」とある。先述の『時計師事典』（註2参照）によれば、ねじり振り子等で特許をとった人物で、史料の書かれた一七九三年の段階で活躍していたことが確認される。【史料2】の抄訳部分は、史料集の註に挙げられているもので、ロンドンの玩具製造会社、アンウィン社から送られてきた品物のリストである。懐中時計については、値段が安すぎる（【史料29】の二五ギニーと比べよ）ことと、玩具製造会社の製造になるものなので、おそらくイミテーションであろう。もしもシャトレーヌ（懐中時計を提げる装飾）用の飾りだとすれば、ワシントン本人か夫人のものである可能性もあるが、おそらく幼いジャッキーのためのおもちゃと思われる。エナメルの時計側については、原語が“box”であり、懐中時計の収納箱の可能性もある。前述のおもちゃの時計よりも値段が高いことに留意したい。

それでは、これまで紹介してきた史料、全一七点を対象として、懐中時計に関わる用語を精査し、網羅的に実相

表5-4　懐中時計関連用語の出現回数

	品目	出現回数	参照史料
I	懐中時計	8	2, 4, 20, 21, 22, 23, 29, 31
	風防ガラス	1	1
	側（ケース）	2	2, 4
II	鎖	5	3, 4, 5, 20, 29
	リボン	2	17, 20
III	鍵	2	6, 8
	印章	3	3, 5, 7
	ロケット	1	4
IV	修理代	1	16

を探ってみよう。懐中時計関連用語としてはどのようなものが、何回登場しているか、そのすべてをカウントしたのが表5-4である。表中のIは懐中時計そのものに関わる用語、IIは懐中時計を衣服に提げる際に用いるもの、IIIは鎖等に付けるなどして懐中時計に付帯して携行するもの、IVは修理に関するもの、以上の四種に大別した。なかでもIIIの鍵《ウォッチ・キー》や印章に関する言及は興味深い。むろん鍵巻き式の時計であるから、ともに腰に提げた鍵について述べているのは当然ともいえるが、とりわけ【史料8】にあるように、そのデザインへのこだわりは尋常ではない。そこにはゼンマイを巻いたり、時計の針を合わせたりといった機能以上の面を、この小さなアイテムに求める当時の人々の美意識が映し出されている。やはり一緒に腰に提げた印章についても同様である。単に蠟で手紙の封をするなどの機能だけでなく、刻印する貴石も含めて、あくまでも美的であることが要求されたのである（図5-3・図5-4は、ほぼ同時代の鍵と印章）。時計の機能面を重視し、最新の薄型機種を求めたワシントンも、当然ながら皆の目に触れるこれらのアイテムに関しては、ファッションの一部として大いにこだわりを持っていたといえよう。事実、現存する彼の懐中時計に付帯する鍵や印章は、ファッショナブルで手の込んだものである。[12] むろん時計そのものについても、とりわけ夫人や女の子たち（パッツィやネリー）の品に関しては、やはり美しい流行のものを要求しているし、【史料20】では夫人用にダイヤ留めの針を指定している。IIの鎖やリボンについても同様である。

　では、表5-4に挙げられている品目、すなわち懐中時計自体や、その関連アイテムを形容する形容詞には、どのようなものが使われているのか。上記の史料全一七点を調べると、“handsome”が六回、“neat”が四回、“fashion-

"able"が二回、"reputed"が一回となる。この四語の形容詞が、いわば繰り返し用いられているのである。ただし、これらの語は拙訳においては適宜、文脈に沿って訳出したため、必ずしも同じ原語に同じ訳語を当てているわけではないし、送り状中の表記もあるため、すべてがワシントンの用法というわけではない。しかし総じて、あまりバラエティに富んでいると言いにくいことは事実であろう。実際、これらはワシントンに特有の表現というよりも、大西洋を隔てて注文せざるをえない植民地の人々が、しばしば書簡や注文書で代理商に対して用いた語であり、[13] その意味では植民地人の願望や美意識の平均値を表象しているともいえる。本国の代理商もその意を酌むことに努めたであろうが、しばしば両者の考えは齟齬をきたし、それゆえ【史料1】や【史料8】のように、「再度、不満を申し上げざるをえません」といったやり取りが繰り返されることになったのである。ともあれ、ファッションとしての当時の懐中時計のあり方については、絵画等も参照してさらに掘り下げる必要があり、最終節（第6節）で論じたい。

図 5-3　19 世紀の初期に作られたと推定される懐中時計の鍵 2 本（著者蔵）。いずれも金製で，右の鍵にあしらわれた石はブラッドストーン（裏はシトリン），左はカーネリアン。長さはそれぞれ 3.1 cm, 4.8 cm。

［側面］　［印章面］

図 5-4　18 世紀後半ないし 19 世紀初頭に作られたと推定される印章（著者蔵）。金製で石はカルセドニー。ジョージアン期の意匠が美しい。高 2.8 cm，長径 1.9 cm。

3　大陸軍と懐中時計

第1節で見たように、表5-2に示した史料三一点を『ワシントン手稿集成』中の新たな「史料集合」とし、それをさらに「構造化」（第三段階目）して析出されたのが、次の五種の分類であった。再度記すならば、①ワシントン一家のプライベートな懐中時計の購入（レピーヌ製作の時計を除く）に関わる史料一五点、②G・W・フェアファックスの形見の懐中時計に関する史料二点、③大陸軍における時計の使用に関する史料八点（【史料9～11・13～15・18・19】）、④故コクラン少佐の懐中時計の返却に関する史料三点、⑤レピーヌ製作の懐中時計の購入に関わる史料二点、である（史料番号は表5-2中のもの）。前節においては①と②を俎上に載せた。本節では③の史料、すなわち大陸軍における時計のあり方をヴィヴィッドに証言する史料を対象に分析をおこないたい。

全部で八点を数える当該の史料は、形式の種別でいえば、ほとんどが「一般命令」に該当する（表5-5）。一般命令（general order）とは全部隊に対して発せられる命令で、特定の部隊に対して出される特殊命令（special order）と区別される。つまり一般命令においては、軍規や裁判に関するものなど、全部隊に周知徹底させたい事柄が明記されており、大陸軍全体と時計の関係を探る上で、非常に重要な史料群といえる。そして同表に記したように、これらの史料八点は、その内容からさらに二種に分類できる（第四段階目の「構造化」）。大陸軍内の「時間」に関わる規律、端的に言え

表5-5　大陸軍内の懐中時計に関する史料

対象	史料番号	日付	種類	司令部
全部隊	9	1778/4/1	一般命令	Valley Forge
〃	10	1778/5/4	一般命令	Valley Forge
〃	11	1778/5/16	一般命令	Valley Forge
〃	14	1779/6/20	一般命令	Smith's Tavern
〃？	18	1781/6/x	（命令書）	—
全部隊	13	1778/12/23	一般命令	Middle Brook
裁判	15	1779/11/20	一般命令	Moore's House
〃	19	1781/8/9	一般命令	Dobb's Ferry 近傍

ば時間合わせに関する史料（【史料9・10・11・14・18】）と、懐中時計の盗難等の裁判に関わる史料（【史料13・15・19】）である。以下、これらの史料の関連箇所のみ抄訳し、それぞれのカテゴリーごとに分析を加えたい。

《大陸軍内の時間合わせに関する史料》

【史料9】今朝の閲兵式に遅れてくる旅団があった。将軍［ワシントン］は、これが懐中時計の指す時刻の違いによるものとして、今後、時間に関して一層の厳守を徹底させるため、［総務を職掌する］高級副官（Adjutant General）は、司令部の置時計［もしくはホールクロック（大型床置時計）］によって自らの懐中時計の時間を合わせ、次いで各旅団副官（Brigade Major）が高級副官の懐中時計に合わせ、さらに各［連隊の］副官（Adjutant）がそれぞれの旅団副官の懐中時計に時間を合わせることを定める。

【史料10】全軍において最も厳格な均一性が確保されるためには、どのような行動も彼［監察総監 Inspector General］の指示なしにおこなってはならず、行動の方法もその指示と異なるものであってはならない。……また、教練の時間は各旅団において厳格に守られねばならず、その相違が懐中時計の指す時刻の相違によってもたらされてはならない。高級副官の懐中時計に各自の懐中時計の時間を合わせるためには、先月一日の命令［【史料9】］に適切に留意すべきである。総司令官［ワシントン］の望むところは、旅団長［准将］と各旅団の士官たちがこれらの命令に厳格に従い、大陸軍を鍛錬するこの得がたい貴重な機会を無にすることなく、各旅団が互いに競い合って、頂により早く、より高く到達することである。

【史料11】暑い季節へ向かっているので、教練の開始時刻を一時間早めるものとする。全軍は、朝五時ちょうどに準備を整えて［整列して］いなければならない。監察官（Inspector）や旅団副官は、各自の懐中時計を司令部の置時計［もしくはホールクロック］に合わせておかねばならない。

【史料14】［各自の懐中時計で］異なる時間が生じないように、また歩哨が［分レベルで］同じ時刻に整列できるように、旅団副官は毎日、高級副官の懐中時計によって自身の懐中時計の時間を合わせなくてはならない。【史料18】またこのたびは、［攻撃のために］正確な時刻が得られねばならず、懐中時計は正確に合わせられねばならない。攻撃の時刻も同様に定められ、可能な限り、どの地点においても同時でなければならない。

これらの史料中に登場する軍隊関連の用語であるが、そもそも大陸軍においてはイギリス軍と異なり、将官（general）は少将（major general）と准将（brigadier general）の二階級のみが設定され、通常、前者は師団（division）、後者は旅団（brigade）を指揮した。もちろん、「大将（General）にして総司令官（Commander in Chief）」たるワシントンの階級は無比のものである。(14) ただし、【史料9】中の「将軍（"the General"）」については、ワシントンではなく、次の【史料10】に登場する監察総監（Inspector General）のフォン・シュトイベンを指す可能性も排除できない。すなわち、"Inspector"の語を付さず、単に"the General"と記した可能性である。たとえば同史料では、両者の区別を意識してか、ワシントンを正確に「総司令官」と記している。ただ、【史料9】では、訳出した文章の前に別の命令は記載されておらず、前提となる内容のないなかで「将軍（"the General"）」とした場合、やはりワシントンその人を指す可能性が高いと思われる。ともあれ、【史料9】、【史料10】、【史料11】はいずれも、かの有名なヴァリーフォージの冬営において発せられたもので、監察総監のフォン・シュトイベンがワシントンの信任を得て、大陸軍内に軍規・軍紀を確立していった有名な史実を証言するものといえる。ただ、時間合わせについていえば、前述の【史料9】が示すように、その指示はシュトイベンではなく、ワシントン自身が発している。先に述べたように確定的には言いにくいものの、時間に厳格なワシントンの面目躍如たるところであろうか。【史料11】は、軍隊内での、いわばサマータイムの採用事例として興味深い。ただしこの時計合わせのプロセスには、正確には高級副官の存在が省略されている。また、【史料9】などには記述のない監察官について記されているが、この監察官の懐中時計が、旅団副官のそれ以上に、さらに連隊レベルで参照されることはなかったであろうから、捨象して考えてよ

＜司令部＞　置時計／ホールクロック
↓
高級副官［Adjutant General］
↓
＜旅団＞　旅団副官［Brigade Major］
↓
＜連隊＞　副官［Adjutant］

図5–5　大陸軍における懐中時計の時間合わせ

かろう。【史料14】と【史料18】の二点は、ヴァリーフォージ後の史料である。【史料14】は、前掲の史料と同様の内容であるが、分レベルの正確さ（"at the same minute"）を求める表現が示唆的である。【史料18】は一般命令というよりも、具体的な作戦命令の一部といえよう。なお、当該史料については不詳な点が見られるが、それは文書の最初のページが失われていることによる。ただし、その最初のページにはワシントンの名が冒頭に記されていた旨、裏書の文章から推察できる。

ともあれ、大陸軍内での時間合わせに関するこのシステムをまとめて図式化すると、図5-5のようになる。大陸軍の時間合わせの制度について詳述した論考は管見の限り見当たらないが、この図を見ると、非常に整合的かつ現実的な仕組みが作り上げられていたことがわかる。しかしここで一つの疑問が生じる。そもそも司令部に置かれた置時計もしくはホールクロック（携行したものや、現地の建物に設置されていたもの等）は、どのようにして時刻を合わせたのであろうか。置時計やホールクロックの精度は、姿勢差の生じざるをえない懐中時計よりも、かなり高かったと推測されるものの、たとえ当時最先端のクロノメーターやレギュレーター（標準時計）級のメカニズムを備えたものであっても、日差のレベルを完全に克服することはできず、また部隊の移動にともなって動かす必要もあり、定期的な時刻修正が不必要ということはなかったはずである。ではその時刻修正の手段は何なのか。それは、むろん日時計しかありえなかったであろう。日時計にはいくつかのタイプがあるが、携行可能なものでも緯度等を正確に合わせて設置し、均時差を考慮して計算すれば、かなりの精度が期待できる。[15] ただし、日時計によって本部の地点の正確な時刻が得られなかった場合でも、部隊全体がその時刻に合わせて行動するならば、特に大きな問題は生じなかったであろう。のみならず、敵と時刻がずれる——もしくは故意にずらす——ことで、作戦行動の情報漏洩にも対応できるという利点すら指摘できるのである。このように、いわば「相対時刻」の方が「絶対時刻」よりも重要であったといえるが、それゆえにこそ、「相対時刻」のシステム内（すなわち部隊内）では、むろん個々人による勝手な時刻の確認・設定は許されず、中央（すなわち司令部）の時刻が徹底されることは絶対条件であった。時刻伝達網の構築が重要視されたゆえんである。

《懐中時計の盗難等の裁判に関わる史料》

【史料13】ハミルトン少佐の奉公人と見られる人物の溺死体がラリトン川［ラリタン川］で発見された。この遺体が身に着けていた懐中時計と現金を現在所持している人物を知っている者は、当直の部局に当該の情報を届け出ること。

【史料15】今月一日の同法廷において、ディカソン中尉が「士官や紳士としての資質に相応しくない振る舞いをした」かどで裁判にかけられた。「その一、ある士官の出納簿をひそかに探り、しかる後にその内容の一部を、士官たちの集まる公の場で公表した。……その五、ある兵卒の懐中時計の修理を自ら約束したにもかかわらず、謝礼金を取ろうとした。……その七、ある士官の従者を取り調べて、その士官のプライベートな行動を探ろうとした。」……［法廷は］さらに、その五、その七についても有罪と認め、軍規第一四条二一項に違反したかどで、同人を除隊とする。

【史料19】クレイン大佐の砲兵連隊配属の砲手補佐［matross］ピーター・ムーアが、「就寝中のフランス兵の懐から六ギニーと銀製の懐中時計を盗んだ」かどで裁判にかけられた。法廷は熟慮の末、ピーター・ムーアへの訴えは立証されないとの見解を示した。……勾留中のピーター・ムーアは釈放される。

【史料13】中のジェイムズ・ハミルトン少佐はペンシルヴァニア第二連隊に所属し、一七八三年一月に退役している。なお、本史料集成を編んだフィッツパトリックによれば、この史料の一般命令が発せられた時、全軍の指揮権は一時的にスターリング卿に委譲されていたと考えられる。ワシントンが大陸会議を訪ねるために、前日の一二月二二日にミドルブルックを発ったためである。ワシントンは同日にフィラデルフィアに着き、翌年の二月二日まで滞在し、五日にミドルブルックに戻っている。ラリトン川はニュージャージーを流れる川で、今日の綴りではラリタン川となる。【史料15】で「罪状」として挙げられている八点については、必ずしも厳密には法律に触れるものばかりとはいいにくいであろうが、少なくともみな、ジェントルマンとしての行動規範に反する事柄であり、看過できない「罪」であったことがわかる。そもそもジェントルマンたる士官は、当時は敵味方を越えてある種の階級意識を共有しており、それゆえヨーロッパから多くの軍人が、仕官を望んで大陸軍のもとに馳せ参じたともいえる。したがって、そのようなコミュニティの倫理に反する人物については放逐するほかなく、軍事裁判（軍法会議）の結論が、軍からの追放であったことも大いに首肯されよう。

【史料19】にでてくる砲兵であるが、当時、大きく分けて三種があった。史料中の砲手補佐は大砲の発射に際し、あまり技術を要しない仕事を担当し、砲手（gunner）は大砲の装塡や照準合わせを担い、砲弾手（bombardier）は弾薬の準備や迫撃砲の発射の技能を有した者である。[16] この裁判の過程を見ると、裁判官が証拠に基づいて判決を下す姿勢が見て取れ、当時の軍法会議が健全に機能している状況が推察される。ただし、告訴人がフランス人であるから、アメリカ側に有利な判決となった可能性も排除できない。また逆に、訴えたフランス人も、アメリカ側の兵士に偏見を抱いていて、それが告訴につながった可能性もなしとしない。さらにいえば、当時六ギニーは相当な大金であり、銀の懐中時計もかなり高価な品であるから、これらを所持していたフランス兵は、史料には“a french soldier”と記されているものの、士官クラスである可能性もあり、一方、被告人のムーアなる人物が、砲兵のなかでも下位に位置づけられる砲手補佐であることから、告訴に階級的な偏見を垣間見ることができるかもしれない。

ともあれ、懐中時計の盗難について触れた【史料13】と【史料19】からは、戦場でかかる事象が散見された状況が見て取れ、次節で見るように、ダニエル・モーガンがコクランの懐中時計を入手した経緯も、そのような流れの中にあることがよくわかるのである。

4　コクラン少佐の懐中時計――その返却をめぐる書簡のネットワーク

イギリスの軍人アレグザンダー・フォレスター・イングルス・コクラン海軍大佐は、アメリカ独立戦争中、西インド諸島で軍務につき、一七八二年にイギリスに帰還、やがて現役を退いた(17)。彼の兄、英陸軍少佐のチャールズ・コクランはコーンウォリス将軍の副官を務めていたが、不運にもヨークタウンの戦いで戦死した。この戦死した兄、コクラン少佐が携行していたはずの懐中時計が遺体に見当たらず、弟が取り戻そうと考えたのが本節の話の発端である。前節の裁判の事例からも、懐中時計が戦場で盗まれたであろうことは容易に想像がつく。弟のコクラン大佐は、何らかのつてでアレグザンダー・ハミルトンに善処を依頼し、ハミルトンはさらにワシントンに助力を求めた。その結果、ワシントンとハミルトン、さらにはダニエル・モーガンらも巻き込んで、一七八八年の八月から一一月まで、何通もの書簡が交わされることになったのである。もっとも結論から言えば、この件にまつわるやり取りは、単に時計をテーマとしたものだけに留まらない重要性を秘めていたように思われる。この点については本節の最後に開陳したい。

前節の冒頭に記したように、本節で扱うのは『ワシントン手稿集成』を対象とした第三段階目の「構造化」の中の一つ、④故コクラン少佐の懐中時計の返却に関する史料三点（【史料24～26】）である。ただし、『ワシントン手稿集成』のデジタル版から析出されたこの史料三点のみでは、建国の父たちのコミュニケーションの全貌をつかむことはできない。そこで本節ではさらに『ワシントン文書集成』、ワシントンの日記、『ハミルトン文書集成』なども史料として用いながら[18]、故コクラン少佐の懐中時計に関する一連のやり取りの全体像を把握したい。かかる全体像を可能な限り調べ上げてまとめたのが表5-6であり、未発見（もしくは滅失）や推定のものも含めて計一四点が対

表 5-6　コクラン少佐の懐中時計の返却に関する書簡（1788年）

番号	関係者					史料				
	ワシントン	ハミルトン	モーガン	ムスティエ伯	コクラン	史料番号等	史料形態	W	DW	H
1		宛			?付	推定	—	—	—	5 : 201-2
2	宛	8月13日付				—	ALS	CS6 : 443-4	—	5 : 201-2
3		8月13日付	宛			未発見	—	CS6 : 443-4	—	5 : 201-2
4	8月28日付	宛				24	ALS, LBC	CS6 : 480-2	5 : 384-5	5 : 206-8
5	8月30日付		宛			25	LBC	CS6 : 482	5 : 385-6	—
6	宛	9月付				—	ALS	PS1 : 23-5	—	5 : 220-2
7	10月3日付	宛				—	LBC	PS1 : 31-3	5 : 402	5 : 222-4
8	宛		9月/10月付			推定	—	—	—	—
9		宛	9月/10月付			未発見	—	—	—	—
10	10月18日付	宛				26	LBC	PS1 : 51	5 : 409	5 : 227
11	11月6日			口頭依頼		—	—	—	5 : 416-9	—
12	11月6日付	宛				—	AL(S)	PS1 : 97	5 : 419	5 : 230
13	宛	11月18日付				—	ALS	PS1 : 118-9	—	5 : 233-4
14		11月18日付	宛			未発見	—	—	—	5 : 232-3

註）史料略号は下記のとおり。W：『ワシントン文書集成』（CS：Confederation Series, PS：Presidential Series），DW：『ワシントン日記（ワシントン文書集成）』，H：『ハミルトン文書集成』。史料形態略号は下記のとおり。ALS：自筆自署書簡，LBC：ワシントンのレターブック所収の控え。

象となる。本節で用いる史料番号は新たにこの表に記したものとし、同表中の「史料番号等」の欄にある24、25、26の番号が、第1節の表5-2に対応したものとなる。なお、これらの史料全体について、あらかじめ時系列上で確認しておくべきは、九邦の批准を得て合衆国憲法が発効したのが一七八八年六月二一日（発行の宣言は七月二日）、その後、ヴァジニア邦による批准が六月二五日、ニューヨーク邦の批准が七月二六日という流れである。つまり、少なくとも【史料2】以後の書簡はすべて、これらきわめて重要な政治的イベントが無事に完了した後の――その直後の――史料といえる。

ちなみに当時の書簡は、すでに触れたように個人的なネットワークを通じて転送されるものが見られる一方で、郵便網もすでにある程度は整備されており、個人的なネットワークを補完し、その一部を構成しただけでなく、並行して多くの需要を引きつけたと考えられる（合衆国郵便局は一七七五年にフランクリンによって設立され、九二年に郵政省に改組された）。もっとも、郵送代金は後払い（着払い）が一般的で、受取人（受信人）が配達人に直接支払う仕組みになっていた。手紙の発信人が郵便局で先払いする例は稀であり、そのため受け取り拒絶による郵送料金の未回収事例が頻発したとされる。合衆国がイギリスに倣って切手の仕組みを導入するのは一八四〇年代であり、われわれの史料が、それよりも半世紀以上も前のものであることに留意したい。

なお、ここで用いる『ハミルトン文書集成』は、一九六一年から七九年にかけて二六巻、八七年にさらに一巻が追加されて全二七巻の威容を誇る刊行史料である。ハミルトンの発信書簡のみならず来簡（来書、来信）も収録しており、『ワシントン文書集成』や『ジェファソン文書集成』などが刊行中であるのに対して、すでに全巻が刊行済みである点がメリットとなっている。本節の初出となる拙稿の執筆時には電子化されておらず、刊行本を利用したが、現在は全巻が電子化されている。じつはこの電子化プロジェクトは、ヴァジニア大学を中心に進められている「ロタンダ」と呼ばれる史料データベースの統合プロジェクトの一環に当初、位置づけられており、この「ロタンダ」でとりわけ充実している建国期のデータベースには、ワシントン、ジェファソン、アダムズ、マディソンらの各文書集成も電子化されて収められた。むろん『ワシントン文書集成』は、このプロジェクト発足以前からデジタル化が進められていたが、この「ロタンダ」の名の下に、他のデジタル版文書集成と統合され、収録されているすべての文書集成を通じた全文検索が、初めて可能となった。つまり建国の父たちが用いた言説が、たちどころに悉皆調査できるのであり、初期アメリカ史研究の方向性を定める壮大なプロジェクトといえる。(19) ただし問題は高額な利用料等であり、この点を国家的な見地から解決し、発展・展開させたサイトこそ、前章で述べた無償の「建国者オンライン」に他ならない。すなわち「ロタンダ」の最重要部分のみを切り取って作られた後身が、同サイトなのである(ただし前述のとおり本章では利用していない)。さて以下では、一四点の史料から、未発見の(もしくは滅失した)佚文《いつぶん》史料(その存在が他の史料による言及から確実であるが所在不明、もしくは現存しない)や、存在が推定されるのみの史料(その存在の可能性が他の史料から推測される)などの六点を除いた計八点について、抄訳を掲げたい。なお、史料中のイタリックは傍点とし、「／」は改行の意である。

【史料2】一七八八年八月一三日、ニューヨークにて。

拝啓　イギリス海軍のコクラン大佐が、ヨークタウンで戦死した兄が所持していた、家に伝わる懐中時計(family watch)を取り戻すべく、私に助力を求めてまいりました(その時計は現在、□□［ダニエル・モーガン］の手元にあります)。大佐の要請に従うべく、(□□［ダニエル・モーガン］宛に)手紙【史料3】、未発見」をしたためました。大変勝手ながら、添付したこの手紙を貴殿よりご転送いただけないでしょうか。また、その内容に不適切な点がないようでしたら、願わくばコクラン大佐のために、貴殿のお力をお貸しいただけないでしょうか。当該の懐中時計は、その本来の価値以上に、愛情というものが関わりがちな類の一つで、誰もが自然にその声に従ってしまわずにはいられません。／パブリアスの筆名で著した文書の一セットをマディソン氏に送り、貴殿に転送するようお願いしておきました。きれいに装丁されており、貴殿の図書室にお納めいただければ光栄です。ご存じのことと存じますが、これらの文書の主要な筆者はマディソン氏と私で、ジェイ氏にもご助力いただきました。／新政府の件ですが、この国の人々が間違いなくあまねく望んでいる事柄について、貴殿が応じていただくお心を固められたものと確信いたします。僭越ながら、新政府の最初の仕事に貴殿のご助力をいただくことは必要不可欠です。最も大きな影響力を有する方が、まず初めに新政府の土台固めをしていただかなければ、制度を導入しても効果はありません。

【史料4（24）】一七八八年八月二八日、マウントヴァーノンにて。

拝啓　喜ばしいことにも、モーガン将軍宛の手紙〔【史料3】〕が添えられた一三日付の貴兄のお便り〔【史料2】〕を落手いたしました。モーガン将軍宛の手紙は、最初の便で転送いたします。さらにその中に書かれた貴兄の意向を汲んでくれるように、私の方からも特に口添えをいたします。戦場に倒れたイギリス士官の懐中時計が、如何にして（その戦場から遠く離れた所にいた）彼〔モーガン〕の入手するところとなったのか、私には想像だにできませんが、もしそうだということであれば、当該の懐中時計が家族のもとに遅滞なく届くことは、私の喜びとするところです。／パブリアスの筆名で書かれたこの政治的な文書を熟読して非常に満足いたしましたので、私の図書室の特等席に並べたいと考えております。……／貴兄が、前の手紙の最後で触れたデリケートな話題については、何も言うことはありません。というのも、そのような事態は決して生じないでしょうし、もし万一生じたとしても、新たな情報によって、より賢明で礼節をわきまえた行動が可能になるのであれば、最終的な究極の決断を延ばすのが分別というものでしょう。私は今の気持ちを貴兄に隠し立てするつもりはありませんし、私自身は引退して、自分の農園で心安らかに生活し、死んでゆきたいというのが、私の最大の、そして唯一の望みであると貴兄に申し上げても、決してそれが見せかけでないことを、親愛なる貴兄であれば十二分にご承知のことと存じます。

【史料5（25）】一七八八年八月三〇日、マウントヴァーノンにて。

拝啓　同封した手紙［【史料3】］は、封印されずに私のもとに届いたものです（貴殿が受け取られた状態のとおりです）。コクラン大佐の願いを叶えるために、私に何らかの口添えを願いたいとの依頼でした。当該の懐中時計は大佐の家に代々伝わるものなので、それゆえ、その時計の本来の値打ち以上の価値があると思われます。もしも今、お手元にその懐中時計をお持ちならば、貴殿の性分ゆえ、彼［コクラン大佐］を喜ばせるべく取り計らってくださるでしょうし、もしも別の方がお持ちならば、取り戻すべくご尽力いただけるものと確信いたします。／付言いたしますならば、そのどちらの場合でも、時計の送付等に関して私がお役に立てれば幸いです。

【史料6】一七八八年九月、ニューヨークにて。

拝啓　友情に溢れ、また気さくな先月二八日付の閣下のお手紙［【史料4（24）】］、無事落手いたしました。モーガン将軍への私の申し入れをご支援いただき、感謝申し上げます。事の次第を申しますと、ヨークタウンでコクラン少佐が戦死した際、その場からイギリス軍の兵士が懐中時計を盗み出し、それを彼［モーガン］がわずかのお金で買い取ったということです。／親愛なる閣下、万一、状況へのためらいから、貴殿が辞退のご意向を固められるのであれば、私にとって心痛の極みです。もちろん私は、そのような状況が現に存在することに驚きはいたしませんし、また、究極の決断を延ばすのが分別だという、貴殿の用心深いお考えには同意せざるを得ません。にもかかわらず、私はこの件について熟慮を重ね、一つの結論にたどり着きました（それを記すのに何のためらいもございません）。すなわち、確実に国家の総意であるところのこと［ワシントンの大統領就任］を甘んじてお受けいただきたいというのが、あらゆる公が、また個人が、貴殿へ求めるものなのです。先の戦争が終結した時点で、貴殿が完全なる隠遁生活を望まれたのは、自然なことですし、当然でありましょう。もしも革命によって創られた政府が、我慢できる程度の道のりを歩んでいるのであれば、貴殿が隠遁生活に固執されるのも、大いに推奨されるべきことだったでしょう。しかし、今、貴殿を再び公の舞台へといざなわずにはおかないこの危機は、明らかに、貴殿に［大統領職の就任に］応じる以外、選択肢のない状況をもたらしているものと愚考いたしますし、また、応じられることによって、明らかに貴殿が政府の運営に参画する誓いをなすことになると存じます。

【史料10（26）】一七八八年一〇月一八日、マウントヴァーノンにて。

拝啓　昨日か一昨日、ここに同封した手紙［【史料9】他］が私の手元に届きました。貴兄がモーガン将軍に相当額を支払う約束で入手されようとしている懐中時計［も届きましたが、それ］について、将軍が額をどの程度に見積もっておられるかも、その中に記してあります。時計は鳴り物《リピーター》で、外側のケースには浮き彫り［彫金］が施され、部分的に透かし彫りがなされています。内側のケースは、ほとんど全面、透かし彫りです。古い型の懐中時計で、良き日々を［家族とともに］見てきたものでしょう。おそらくこの時計の最大の特長は、家に代々伝わっているという事実そのものであって、私が間違っているのでしょうが、この懐中時計が持つ本来の値打ちは、私には解りかねます。動いていない状態で私のもとに届きましたので、ねじを巻かずに、そのまま貴兄にお送りするつもりです。／もし安全に直接お送りする機会を得ましたら、貴兄のご指示を待たずに転送いたします。もしそのような機会がない場合は、どうすべきかご指示下さい。

【史料11】［一七八八年一一月］六日木曜日。

九時頃、フランス公使［ムスティエ伯］とブレアン侯爵夫人一行は、ニューヨークに戻るべく、［マウントヴァーノンを］出立した。一行をアレクサンドリアまでお送りし、帰宅して食事《ディナー》をとった。公使はジョージタウンに向かわれ、そこで同市の市民たちから挨拶を受けられた。

【史料12】一七八八年一一月六日、マウントヴァーノンにて。

拝啓　ムスティエ伯は、コクラン海軍大佐の懐中時計を運んでもらうのにうってつけだったため、その任をお引き受け下さるよう、私の方からお願いいたしました。ワシントン夫人と私からの、貴兄とハミルトン夫人へのご挨拶とともに、時計を届けてくれるでしょう。

【史料13】［一七八八年一二月一八日、ニューヨークにて］。

拝啓　先に貴殿が送られた二通のお便り［【史料10（26)】、【史料12】］、無事に落手いたしました。また貴殿がムスティエ伯に託された懐中時計も届きました。貴殿のこの件に関するご親切、心中より感謝申し上げます。さらにご迷惑をおかけして本当に恐縮ですが、同封の手紙を将軍［モーガン］にご転送いただけないでしょうか。その中身をお読みいただいて、貴殿にもこの件の事情を知っていただきたく、このようなご無理をお願いする次第です。／［懐中時計の代金としてモーガン将軍による］五〇ギニーの要求は、私にとって思いがけないものでした。このようなことを付言しなければならないのは大変残念なのですが、将軍がこの時計を入手する際に、わずかの金額しか支払わなかった証拠があるからです。ただしこの点については、内密にお願いいたします。どのような形に落ち着きましょうとも、これ以上、この時計の件で貴殿にご迷惑をおかけするつもりはございません。／ハミルトン夫人からワシントン夫人に心からよろしくとのことでした。私ともども、貴殿らご夫妻にご挨拶申し上げます。

以下、それぞれに史料にそくしながら、解説を加えてゆきたい。まず【史料2】において非常に目立つ箇所、すなわち訳に示した「□□」の部分は、オリジナルの書簡ではブランクとなっている。しかしワシントンの返信(【史料4】)から、この空白にダニエル・モーガンの名が充てられることは明らかである。名が明記されていなくとも、添付された【史料3】の手紙が同氏宛となっていることから、受け取ったワシントンには容易に推測ができたであろう。ダニエル・モーガンはライフル隊を率いた有能な軍人として広く知られ、独立戦争を描いた映画『パトリオット』でメル・ギブソンが演じた主人公も、彼をモデル（の一人）としている。ハミルトンが文中にあえて彼の名を土地を入手し、大邸宅を建てるなど、一財産を築き、連邦議員も務めている。独立戦争後は西方に広大な記さなかったのは、直接名指しすることを躊躇したためと思われる。当該の懐中時計をモーガンが入手した経緯に大いに疑念を感じていたことがその理由であろう。のちの書簡、【史料6】と【史料13】にハミルトンが明記しているように、モーガンはイギリス軍の兵士から、わずかの金と引き替えにその時計を入手したとされているのであり、その情報はおそらく、存在が想定される【史料1】から得たものであろう。【史料4】でワシントンは、時計の入手の経緯について「私には想像だにできませんが」とうまくかわしている。ハミルトン、モーガンの両者に配慮した表現といえよう。【史料2】でハミルトンが「パブリアスの筆名で著した文書の一セット」と述べているのは、むろん合衆国憲法の解説として名高い不朽の名著『ザ・フェデラリスト』に他ならない。新聞に発表された論文が最終的に本の形に編まれ、第一巻は同年（一七八八年）三月二二日、第二巻は五月二八日に上梓された。ペンネームで書かれた同書であるが、当時からその作者はある程度容易に推測されたと思われるものの、この書簡で作者のハミルトン自身が、「これらの文書の主要な筆者はマディソン氏と私で、ジェイ氏にもご助力いただきました」と記しており、貴重な証言といえる。[20]

【史料5（25）】における「当該の懐中時計は大佐の家に代々伝わるもの」とのワシントンの表現は、【史料2】もしくは【史料3】（未発見）にあるハミルトンの記述を下敷きにしたものであろう。ただしそれに続いて、「それゆえ、その時計の本来の値打ち以上の価値があると思われます」と述べているのは興味深い。【史料10（26）】と合わせて、ワシントンのこの類の時計（旧来のムーヴメントや意匠）に対する辛口の評価が垣間見られる表現である。次の【史料6】の書簡中の日付は九月のみで、日にちの記載がないが、最後の週と考えられる。[21]なおこの史料は、ワシントンに大統領職への就任をハミルトンが促した史料との意味合いで、“The Library of America” シリーズの一冊に収録されている。しかし同書の編者には、この史料が時計に関わる一連の書簡の一部をなしているとの認識は必ずしも強くないようである。[22]【史料8】は、懐中時計に添えられた書簡と考えられる。九月ないし一〇月の日付については【史料10】の記述からの推定である（ハミルトン宛の書簡も同様）。

その【史料10（26）】では、ワシントンがハミルトンに同封して送った手紙について、複数形を使っていることから、同封の手紙が【史料9】のみでなかったことは間違いなかろう。ただし、【史料8】はモーガンからワシントンに宛てた手紙と推測されるため、これをそのままハミルトンに送ったとは考えにくい。複数枚にわたる手紙の意も排除できないものの、転送を依頼されていた別の手紙を同封したと見る方が説得的ではなかろうか。なお、文中のリピーターとは、定時に鐘を打つソヌリとは異なり、任意の時刻を鐘の音によって知ることのできる懐中時計の複雑機構で、たとえばクォーター・リピーターは一五分ごと、ミニッツ・リピーターは一分ごとの時刻を、釦等の操作によって知ることができる。暗闇の領域が今日と比べて遥かに大きかった当時、音で時刻を知る必要性は非常に高かったといえる。さらに、ワシントンの記した「古い型の懐中時計」や、「私が間違っているのでしょうが、この懐中時計が持つ本来の値打ちは、私には解りかねます」などの表現から、この時計が第1節で写真で示した古典的な懐中時計、すなわちムーブメントに鎖引きのフュージを用いたバージ脱進機タイプであることが容易に推測され、この頃のワシントンの趣味には合わなかったことも理解できる。ただし、「外側のケースには浮き彫りが施され、部分的に透かし彫り」で、「内側のケースは、ほとんど全面、透かし彫り」という描写から、かなり手の込んだ高価なペアケースの時計であり、ムーブメントはともかくも、装飾的な側面からすれば間違いなく「ファミリー・ウォッチ」の名に値するものといえよう。

【史料11】はワシントンの日記（表5-6ではDW）の一節である。この日記には、表中に挙げてある書簡史料の日付に該当する日に（その前後も含めて）、時計に関する記述は一切ない。また、手紙をしたためた旨の記載もない。手紙への言及がまったく見られないのは、彼（のみならず同時代人）が日常的に頻繁に手紙を書いていたため、特に記載する必要を感じなかったためであろうか。ワシントンの日記において多くのスペースを占めるのは、もっぱら自身のプランテーション経営に関する事柄である。また、人と会ったこと（人を訪ねたり、訪ねられたり）についての記載も多い。この史料に登場するムスティエ伯（エレアノール・フランソワ・エリー・ムスティエ伯）とは、フランスからアメリカ合衆国への全権公使で、一七八八年二月より、召還される一七八九年一〇月までその任にあった。ただし、すでに一七八七年には公使に任ぜられており、一月にはニューヨークに到着していた[23]。彼ら一行がマウントヴァーノンに滞在していたのは一一月二日から六日までで、寒さのため、当初の予定よりも早めに滞在を切上げたにもかかわらず、ワシントンの歓待には大いに満足していたとされる[24]。次の【史料12】にあるように、このときワシントンは、ニューヨークに戻るムスティエ伯にコクランの懐中時計を託し、ハミルトンに渡してくれるように依頼したのである。ワシントンの個人的なネットワークがきわめて有効に機能している実例といえよう。

【史料13】にハミルトンが記した「わずかの金額しか支払わなかったとの証拠」とは、先述のように、存在が推定されるコクランからハミルトンへの手紙（【史料1】）に述べられていた事柄である可能性が高い。そもそもワシントンに忠実なダニエル・モーガンは、一貫して連邦派の立場をとり、連邦派こそが正当な政府であって、その政府に反対の態度をとる共和派は、いわば国家への敵対者と考えていたようである。その彼が連邦派の中心人物であるハミルトンに対して、この史料にあるように懐中時計を差し出す対価として、五〇ギニーもの大金を要求しているのは驚きといえよう。しかもモーガンが当該の時計を入手した、いささかやましい経緯について、入手金額も含めてハミルトンに知られていることがおそらくモーガンにはわかっていて、なおかつこのような金額を「吹っ掛けた」のだとすれば、彼の人間性やハミルトンとの人間関係についても、改めて考えさせられるところがあろう。ただしハミルトンの見解とは異なるが、盗んだイギリス兵から直接、モーガンが時計を買ったのではなく、転売されたものを最終的に彼が、当初からすれば高い値段で購入した可能性も完全には否定しきれない。もしそうだとすれば、モーガンはむやみな利益を得ようとしていたわけではないことになろう。ちなみにドン・ヒギンボウサムが著したモーガンに関する詳細な研究書には、この懐中時計の件についての記述はない[25]。

かくして以上、数か月にわたるプロセスを経て、コクランの懐中時計はモーガンからワシントンを経由してハミルトンの手に無事に届いた。時計の動きに焦点を当て、わかりやすく図解するならば、表5-7のようになろう。

最終的にハミルトンが時計を落手したのは、ムスティエ伯のマウントヴァーノンからニューヨークへの旅行日程を考慮すると、一一月一八日に限りなく近い日付が考えられよう。かくしてここにおいて、われわれの探求は大団円を迎えることとなる。しかしこの一連のやり取りは、イギリス軍人の懐中時計をめぐってアメリカ（退役）軍人たちが織りなした「心温まるエピソード」にすぎないのだろうか。むろんこのエピソードだけでも、当時の英米の国際関係や軍人同士のメンタリティなど、さまざまな示唆を得るところはある。また懐中時計そのものについても、コクランの「ファミリー・ウォッチ」の記述を通じて、当時の典型的な高級時計の機能や意匠など、興味深い諸点が史料上に確認され、それに対するワシントン自身の感想も、本人の言葉で知ることができる。しかし本節の最初に触れたように、それ以上の役割が、この一連の書簡には存在したように思われる。むろん主役はハミルトンとワシントンである。

表 5-7　コクラン少佐の懐中時計の動き

番号	日付	懐中時計の動き
8	9 月/10 月	ワシントン　←　モーガン
11	11 月 6 日	ワシントン　→　ムスティエ伯
12–13	11 月 18 日以前[1)]	ハミルトン　←　ムスティエ伯

1)【史料 12】(【史料 11】と同日）と【史料 13】の間にハミルトンが入手。

ハミルトンは、むろん軍人としても有能で、ヨークタウンではワシントンの身近にあって勇猛果敢に戦い、イギリス側の砦の攻略に危険を承知で出陣し、見事な戦果をあげている。その彼にとって、同じ戦場で不幸にして倒れたコクラン少佐は、かつての敵同士とはいえ、もはや敵意を喚起する存在などではまったくなく、その遺品の返還という家族の願いに、深く心を動かされたであろうことは容易に推測される。そしてその返還のためには、現在の所有者と思われるモーガンを説得しなければならず、それには、モーガンが心酔するワシントン本人の助力が不可欠であったろう。だが一方で、これらの書簡のやり取りを丁寧に追ってゆくと、ハミルトンがこの懐中時計の件を好機ととらえ、ワシントンに初代大統領職への就任を強く働きかけていることは明らかである。いやむしろ、合衆国憲法が発効し、懸案だったニューヨーク邦が憲法を批准した直後に、この一連の書簡のやり取りが始まっている、しかもハミルトンの側から始めていることから、次の懸案ともいえる新政府（連邦政府）の構築、とりわけ大統領への就任を依頼するための「手段」として、彼がこの懐中時計の件を、あえてこの時に持ち出したとも考えられる。なんとなれば、コクランの時計について初めて触れた【史料2】から、すでにワシントンへの大統領職の依頼の件が記されているからである。つまりこれら一連の書簡史料は、表側では確かに懐中時計の返却に関するものであるが、その裏では、ワシントンに対する大統領職への就任の説得工作に他ならないともいえよう。いやむしろ、手紙のついでを装いつつ記されているこちらの件が表側、すなわち本件で、懐中時計の話は書簡をつなぐための、いわば方便にすぎなかったかもしれない。連邦派の領袖で、当時、最大の策士の一人であったハミルトンゆえ、そのような推測も故なしとしない。そうであれば、この時計返却の事例は結果的に、単なるエピソードを超えた重要性を有しているのであって、この点についてこれまで十分に指摘されることがなかったのが、むしろ不思議なくらいである。なお、近年邦訳も出版された『アレグザンダー・ハミルトン伝』では、『ザ・フェデラリスト』の著者名を明記してワシントンに送った件（【史料2】にある）が、大統領就任要請の手掛かりとなったと記している。(26) むろん当該の件にもそのような側面があることは十分に首肯されるものの、書物の送付はいわば一回きりの事象であり、渋るワシントンに何度も説得を試みるには、いわゆる「ネタ不足」の感なしとしない。この懐中時計に関する書簡のやり取りこそが、連続した、しかも自然な形での説得工作を可能にしたといえよう。事実、初代大統領選挙は翌一七八九年の二月四日（開票は四月六日、就任式典は四月三〇日）であり、説得に絶妙のタイミングとなっている。むろん当時の人々にとって、大統領に相応しい人物はワシントン以外に考えようもなかったし、そもそもワシントンをイメージしつつ、憲法第二条の大統領に関する規定が作成されたともいわれる。だが同時に、当時の人々の心性として、自らそのような役職に名乗り出るというのは考えにくいことであった。あくまでも謙虚な態度で自らは拒絶し、強く推されれば、やむなく出馬するというスタンスが求められたのである。すなわち『老子道徳経』第六七章にある、「敢えて天下の先と為らず、故に能く成器の長たり」の態度である。ただワシントンの場合、独立戦争が終結すると、大陸軍の総司令官をあっさりと辞めて故郷に帰った事実にみられるように、【史料4（24）】の証言のごとく、心底からマウントヴァーノンでの暮らしに満足し、公職を固辞したいと考えていた可能性もなしとしない。そしてその場合は、これらの書簡を通じたハミルトンの工作が、結果として功を奏したということになろう。

5　パリのガヴァニア・モリスと懐中時計

第1節で見たように、表5-2に示した史料三一点を『ワシントン手稿集成』中の新たな「史料集合」とし、それをさらに「構造化」（第三段階目）して析出されたのが、次の五種の分類であった。再度、改めて記すならば、①ワシントン一家のプライベートな懐中時計の購入（レピーヌ製作の時計を除く）に関わる史料一五点、②G・W・フェアファックスの形見の懐中時計に関する史料二点、③大陸軍における時計の使用に関する史料八点、④故コクラン少佐の懐中時計の返却に関する史料三点、⑤レピーヌ製作の懐中時計の購入に関わる史料二点（【史料27・28】）、である（史料番号は表5-2中のもの）。第2節では①と②、第3節では③、第4節では④を俎上に載せた。本節においては最後の⑤を対象に分析をおこないたい。

⑤の史料二点は、いずれもワシントンが建国の父の一人、ガヴァニア・モリスに送った書簡である。図5-6に肖像を掲げたこの人物の略歴を見てみよう。ガヴァニア・モリスは一七五二年、一族の姓からモリサニア（モリッセイニア）と名づけられたニューヨークの広大な地所で生まれた。一七七五年にニューヨークの植民地会議議員、さらには大陸会議のニューヨーク代表に選ばれ、一七八七年の憲法制定会議ではペンシルヴァニア代表の一人として合衆国憲法の最終草案作成の委員長となり、憲法前文も彼の筆になるとされる。革命の財務を担ったロバート・モリスのビジネスパートナーとして、タバコ関係等の取引のためフランスに向かうべく一七八八年一二月にフィラ

図 5-6　ガヴァニア・モリスの肖像（著者蔵）。A・チャペルの原画に基づいて，ニューヨークの出版社が印行した手彩色の版画（版画の著作権登録は 1863 年）。下方に署名の見えるモリスは 1780 年に馬車の事故（異説もある）で片足を失っている。

デルフィアを出港し、翌八九年二月初頭、フランス革命前夜のパリに到着。以後、一七九八年に帰国するまで、ヨーロッパの地に留まった。一七九〇年から九一年にかけては、ワシントンの依頼（後述の【史料10】）により私的な使節としてフランスからロンドンに赴き、米英両国の外交・通商関係修復の根回しをし、関係改善に尽力した。一七九二年、ワシントンによって正式に駐仏全権公使に任じられ、その職を九四年まで務めた（ジェファソンの後任だが、ジェファソンはすでに一七八九年一一月に帰国）。アメリカへの帰国後、五七歳で結婚（初婚）、一八〇〇年には連邦派として上院議員に選ばれ、一六年に死去している。(27)

このモリスとワシントンとの間で、時には大西洋を越えて何通もの書簡が交わされたが、『ワシントン手稿集成』のデジタル版から析出された史料二点だけでは、両者のコミュニケーションの全貌をつかむことは困難である。必ずしも来信を前提としない上記③（大陸軍への一般命令書や軍法会議関連文書）などと異なり、双方のコミュニケーション、すなわち発信と来信を必然的に含意する書簡史料では来信（来簡）の存在は不可欠であり、とりわけワシントンの発信書簡以上に多くの書簡をワシントンに送ったモリスの場合、原則としてワシントンへの来簡を収録しない『ワシントン手稿集成』の限界は自明ともいえる。そこで本節ではワシントンに宛てたモリスの書簡を含む史料——『ワシントン文書集成（大統領編）』およびモリスの日記・書簡集（いずれも編纂時期は古いが、B・C・ダヴェンポート編、A・C・モリス編、J・スパークス編）——さらにはワシントンの日記等も駆使しながら(28)、レピーヌ製作のワシントンの懐中時計に関する一連のやり取りの全体像を把握したい。また、ワシントンの関連史料のオリジナル（写真）は、連邦議会図書館のウェブサイト（「アメリカの記憶」）からも一部が閲覧可能であり、これも活用したい(29)。当該の時計に広い意味で関わりつつ、モリスとワシントンの間で書簡が交わされたのは一年余り、一七八八年一一月から一七九〇年一月までで、その期間中にそれぞれに宛てた書簡（一点のみモリスの日記）をすべてリストアップしたのが表5-8である。この表にあるように計一二点（史料点数では一六点）が認められる。本節で用いる史料番号は新たにこの表に付したものとし、同表中の「史料番号等」の欄にある27、28の番号が、第1節の表5-2に対応したものとなる。それぞれの書簡の日付に対応するモリスの日記史料の該当箇所も、表中の「史料」の欄に併記してある。史料としてきわめて貴重なこの日記を、モリスはフランスに着いてから書き始めており、ワシントンの懐中時計関連とは別に、時計師レピーヌについて触れた記述も多く、当時の最先端の計時装置をめぐるきわめて貴重な証言となっている。時計史の観点からも、これらを見過ごすべきではない。関連の記述についてすべて抽出したのが表5-9であり、表中の一二点の史料（【史料a】〜【史料1】）についても、表5-8と合わせて分析の対象としたい。以下、上記史料の関連箇所のみ抄訳し、次いで分析を加えてゆくが、抄訳といえども懐中時計関連の語を含む文章はすべて訳出しており、その意味では網羅的な訳といいうる（ただし【史料11】には関連の記載がなく、訳は省いた）。なお、［　］は著者が補った語であるが、（　）は史料中の文言である。

【史料1】一七八八年一一月一二日、［ニューヨーク邦］モリサニアにて。

拝啓　予期せぬ遅れが生じましたが、私はまもなく、フィラデルフィアからフランス王国に向けて出発する予定です。また、オランダとイギリスにも足を延ばすつもりです。ご要望がございましたら、私に何なりとご用命下さい。これは単なる社交辞令ではございません。そのような社交辞令は、毎日、貴殿がお会いになるすべての方からお聞きになると存じますが、貴殿は誰にも増して、その言葉の真の意味を理解されているものと存じます。……貴殿が私にとって有益とお考えになる方々や、私を紹介しておくのが適切とお考えになる方々へ

表 5-8　ワシントンとガヴァニア・モリスの書簡

番号	ワシントン	モリス	史料						
			史料番号	書簡			日記（モリス）		
				F	W	その他	D	AM	その他
1	宛	1788/11/12 (M)	—	—	PS1 : 103-4	AM1 : 14-5 D1 : xxxi-iii S : 291-3	—	—	—
2	1788/11/28 (MV)	宛	27	30 : 141-3	PS1 : 135-6	AM1 : 15 D1 : xxxiii-v	—	—	—
3	宛	1788/11/28 (Phil)	—	—	PS1 : 137-8	—	—	—	—
4	宛	1788/12/6 (Phil)	—	—	PS1 : 165-6	—	—	—	—
5	宛	1789/2/23 (P)	—	—	PS1 : 338-9	AM1 : 20 D1 : xxxv-vi L : 285-6	—	—	—
6	宛	1789/3/3 (P)	—	—	PS1 : 359-60	D1 : xxxviii-ix	1 : 3-5	1 : 25-6	S : 296-8
7	—	1789/4/23 (P) ［日記］	—	—	—	—	1 : 50	—	—
8	宛	1789/4/29 (P)	—	—	PS2 : 146-8	AM1 : 54 D1 : 59-62	1 : 57-8	1 : 54-6	—
9	宛	1789/7/31 (D)	—	—	PS3 : 360-3	AM1 : 116	1 : 167-9	1 : 115-6	—
10	1789/10/13 (NY)	宛・関連（4 通）	28	30 : 439-44	PS4 : 176-83	D1 : 373-4	1 : 256-7	1 : 152-3	—
11	宛（2 通）	1790/1/22 (P)	—	—	PS5 : 35-40	D1 : 376-8	1 : 374-6	1 : 223	—
12	宛	1790/1/24 (P)	—	—	PS5 : 48-58	D1 : 378-87	1 : 377-8	—	—

註）発信地は以下のとおり。M：モリサニア，MV：マウントヴァーノン，NY：ニューヨーク，Phil：フィラデルフィア，P：パリ，D：ディエップ。史料略号は以下のとおり。F：『ワシントン手稿集成』，W：『ワシントン文書集成』（PS：Presidential Series），AM：アン・モリス，D：ダヴェンポート，L：ランデス，S：スパークス。

の紹介状をしたためて下さるならば、望外の喜びです。それらの方々の中に、私がほとんど存じ上げないジェファソン氏も含めていただけましたら幸いです。……私は根っからの楽観主義者ですので、すべてがうまく行くと確信しております。なんとなれば、貴殿がきっと大統領の椅子に座って下さるだろうからです。

【史料２（27）】一七八八年一一月二八日、マウントヴァーノンにて。

拝啓　最終便にて、今月一二日付の貴兄の書簡［【史料１】］を拝受し、喜びに堪えません。ヨーロッパで私の頼みを引き受けて下さるとの貴兄のお申し出、深く感謝いたします。そこで失礼を顧みず、一点のみ、お願い申し上げたく存じます。私の個人用に、金製の優れた懐中時計を入手していただけないでしょうか。小型で安っぽいものではなく（また、ごたごたと飾り立てたものでもなく）、技術的観点から優れた仕事がなされているものので、ジェファソン氏がマディソン氏のために購入した時計（大型で薄型のもの）と同じ大きさと種類の時計をお願いいたします。この件に関しては、ジェファソン氏が最良のアドバイスをしてくれるものと思います。聞くところでは、私が述べたような類の懐中時計はロンドンよりもパリで、より安く、またより上手に作られているそうです。代金として、ロンドンで一覧払いの手形二五ギニー分を同封いたします。もしも代金がこれを超える場合（と申しますのも、私はあくまでも優れた時計を求めているからですが）、不足分は必ず弁済いたします。その他では、美しい［懐中時計用の］鍵のみ、お願いいたします。貴兄のご依頼通り、以下の人士への紹介状を同封いたします。フランスでは、ロシャンボー伯、シャステリュー侯、ラファイエット侯、ジェファソン氏。……貴兄が手紙の最後でほのめかされていることに関してですが、私にとって不愉快なこの件については議論する気もありませんし、またその暇もありません。貴兄にはご理解いただけると思いますが、第一に、私自身はそのような巡り合わせがこの身に降りかかってこないよう願っております。第二に、万が一そのような事態になれ

表 5-9　日記に見るモリスとレピーヌ（ワシントン関連以外）

番号	日付	日記（D）
a	1789/4/24	1：50–2
b	1789/5/6	1：70–2
c	1789/5/21	1：84–5
d	1789/6/6	1：107–8
e	1789/6/20	1：118
f	1789/9/17	1：220–1
g	1789/10/11	1：252–5
h	1789/10/16	1：260–1
i	1791/11/16	2：307–8
j	1792/1/30	2：359
k	1792/7/7	2：461–2
l	1792/7/11	2：465

ば、たとえ礼儀にかなわなくとも、可能な限り、受諾を避ける術を見出すつもりです。しかし結局、ある種の避け難い必要性ゆえ、私の思いと異なる道を選ばざるを得なくなった場合、もはや抗うことはかなわず、その力に従うべき時となるでしょう。

【史料3】一七八八年一一月二八日、フィラデルフィアにて。

拝啓　本当につまらないこのような便りで貴殿を煩わせて恐縮に存じますが、最近、南部郵便で強盗事件が発生しましたので、貴殿がその郵便を使って、すでに私への便りをお送り下さっていてはいけないと思い、事件についてお知らせすべく、筆をとった次第です。

【史料4】一七八八年一二月六日、フィラデルフィアにて。

拝啓　先月二八日付の貴殿のお便り［【史料2】］、本日、確かに拝受いたしました。何通もの紹介状をわざわざお書き下さり、感謝に堪えません。……貴殿が大統領になるべきであると私はずっと思っておりましたし、公言もしておりました。他の誰も、その職責に相応しい者はいないのです。他の誰も、我々の国の力を引き出し、市民生活の各方面に向かわせることはできないのです。貴殿のみが、傲慢な反対勢力や、さらに傲慢なその信奉者たちに、畏敬の念を抱かせうるのです。諸外国やその公使たちについては、言うまでもないでしょう。……一方で、貴殿は貴殿の国民すべての幸せのために尽くすという、言い表せないほどの至福を享受できると、私は固く信じています。貴殿をあえて見習おうとしない者たちは、貴殿のようになることができないが故に貴殿を妬み、妬むが故に憎んでいるだけなのです。貴殿は三百万以上の子どもたちの父となるでしょう。……［このような］私の見方は、貴殿の世評が民衆の心にもたらした熱狂によって影響を受けたものではありません。熱狂とは概して近視眼的で、またしばしば人を盲目にするものです。［上記のような］私の結論は、世界の人々が信じ、また貴殿の友人たちが実際に知っている貴殿の才能と徳から導き出されたものなのです。

【史料5】一七八九年二月二三日、パリにて。

拝啓　この地に着いてすぐに、私はジェファソン氏に貴殿の懐中時計の件について話しました。氏は、マディソンの時計を作ったのはローグという人物（a Rogue）だと教えてくれて、私には別の時計師、ロミリーを推薦してくれました。しかしこれ［ロミリー作］もまたローグ（a Rogue）［作と同じ類］かもしれないと思ったので、時計師ではないけれども、非常に正直な人物の店を訪ねて聞くと、グレグソンを勧めてくれました。私と一緒にいた紳士も、グレグソンはローグ（a Rogue）［作と同じ類］だと請け合ってくれて、両名［紳士と店主］ともに、ロミリーは古い流派で、彼の作る時計は時代遅れだと口をそろえました。……やっとのことで私は、この地でこの職業の頂点に君臨しているのはレピーヌ氏だということをつきとめ、他の誰よりも彼の仕事ぶりについて調べ、ついにレピーヌ氏を訪ねて、非常によく似た懐中時計を二個、作ってくれるように依頼しました。一つは貴殿のために、もう一つは私のためにです。ともあれ、必要以上に出費がかさんだのは以上のような理由によるもので、何とぞご理解下さい。この出費を幾分かでも抑えるため、貴殿の手形［【史料2】にある二五ギニー］を最高のレートで両替いたしました。結果、お預かりしている二五ギニーは、二七ルイ［ルイドール金貨］を上回る六五七リーヴル七スー一〇ドゥニエとなりました。

【史料6】一七八九年三月三日、パリにて。

拝啓　上記は、私が先月二三日に光栄にも［貴殿に］書いたもの［【史料5】］の写しです。

【史料7】［一七八九年四月］二三日木曜日。……ヴィクトワール広場に赴き、注文しておいた懐中時計をレピーヌ氏から受け取る。グラン商会宛に振り出した代金分［六九〇リーヴル］の手形で支払う。一緒に携えて［帰国し］、ワシントン将軍に届けてくれるように、［二個の時計うち］一個をジェファソン氏に送る。

【史料8】一七八九年四月二九日、パリにて。

……手紙を終えるにあたって、最初に書こうと思っていたことに触れないではいられません。じつは六日前、時計師［レピーヌ］から貴殿の懐中時計を受け取りました。銅製の鍵二本と金製の鍵一本、さらには予備のゼンマイと風防ガラスを収納した箱も付属しています。これらすべてをジェファソン氏に送りました。彼が貴殿のもとに運んでくれることになっています。代金は六九〇リーヴルで、［残金の］請求分、三二リーヴル一二スー二ドゥニエについてはR［ロバート］・モリス氏にお支払いいただきますよう、なにとぞお願い申し上げます。

【史料9】一七八九年七月三一日、ディエップにて。

拝啓　先の四月二九日に、貴殿に手紙（【史料8】）をしたためる栄誉に浴しました。……ロンドンへと向かう途上のこの地で、ニューヨークへ直接向かう船を見つけましたので、この機を逃がすことなく、この国［フランス］の政治・軍事・財政・商業の現状を物語る諸表をお送りいたします。……また、まだジェファソン氏が知らされていない、ある件についてもお知らせいたしたく存じます。私はこの件について、この地の何人に対しても言及することを許されておらず、それゆえジェファソン氏にも話すことができないのです。おそらく貴殿はご存知かもしれませんが、じつはムスティエ伯が解任され、後を襲うのはテルナン大佐だということです。……ムスティエ氏が別の役職に任じられれば、テルナンが［駐米フランス］公使となる可能性はきわめて高いでしょう。もっともそれは、その時の宮廷の状況によるのであって、私としては可能性が高いとしか言えませんが。……

追伸　わが友モリス氏に、私が現在この地にいることをお知らせいただけましたら幸いに存じます。

【史料10（28）】一七八九年一〇月一三日、ニューヨークにて。

拝啓　時間ができましたので、取り急ぎ、したためさせていただきます。貴兄の二月二三日付［【史料5】］、および三月三日付［【史料6】］、四月二九日付［【史料8】］のお便り、確かに拝受いたしました。これらのお手紙にてお知らせ下さった興味深い情報の数々に対して、また、私のためにわざわざ懐中時計を入手してくださった貴兄のご尽力に対して感謝申し上げることが、この手紙で記そうとしていることのすべて、ないし、ほとんどすべてです。……次の品を、当地［ニューヨーク］もしくはフィラデルフィアへ向かう最初の船便で送って下さるよう、貴兄にお頼みしてもよろしいでしょうか。鏡張りの飾り盆。ただし、高価な装飾があしらわれたものではなく、上品（neat）で流行の意匠（fashionable）のもの。……私の説明が不十分でしたら、そのおおよそのイメージとしては、貴兄がロバート・モリス氏宅の卓上でご覧になられたものを思い出していただきたい。これらのものが、その価格や意匠の点で、ロンドンよりもパリの方が良いかどうか、私には判断がつきかねております。……食事中、そして食後に楽しむワインのため、見栄え（handsome）と使い勝手の良い（useful）ワインクーラーを考えています。……追伸。この手紙にまさに封印を捺そうとしていた時に、ディエップで出された七月三一日付の貴兄の手紙［【史料9】］を落手しました。重要な情報の数々を記して下さり、深く感謝いたします。

【史料12】一七九〇年一月二四日、パリにて。
拝啓　一〇月一三日付の貴殿の親切なお便り［【史料10】］、拝受いたしました。貴殿が触れておられる品々について、ただちに調達に取りかからせていただきます。

【史料a】［一七八九年四月］二四日金曜日。……彼を訪ねて領事館まで行ったが、そこで古い懐中時計を落として傷めてしまった。……レピーヌ氏［の店を］を訪ねて、時計を［修理してもらうため］置いてきた。
【史料b】［一七八九年五月］六日水曜日。……家で食事《ディナー》を取ったあと、古い懐中時計を受け取りにレピーヌを訪ねた。彼はダイアモンドをセットした見事な新作を見せてくれた。価格は二万リーヴル。その他、素晴らしい彼の仕事のいくつかを見せてもらった。特筆すべきは、楕円形の歯車を用いて平均時（mean time）［平均太陽時］と普通時（common time）［真太陽時、視太陽時］を示時する置時計［もしくはホールクロック（大型床置時計）］で、通常のメカニズムで平均時を正しく示す一方、その歯車が一年に一回りして、平均時を示す動きを進めたり、遅らせたりする。遅れは一七分程度、進みは一二分程度である。彼が言うには、この仕組みが発明されたのは四〇年ほど前で、発明者は誰かわからないとのことである。

【史料c】［一七八九年五月］二一日木曜日。……レピーヌの店に懐中時計を調整してもらいに行った。

【史料d】［一七八九年六月］六日土曜日。……レピーヌ氏の店に行って、私の古い懐中時計を置いてきた。四分の一秒を計時する機構に替えてもらうためで、氏が私のために作ってくれることになっている。

【史料e】［一七八九年六月］二〇日土曜日。……食後にわれわれ（ジェファソン氏と私）は時計師のレピーヌを訪ね、次いでチュイルリー宮に向かって、そこでラヴォアジエ夫人に会った。

【史料f】［一七八九年九月］一七日木曜日。……レピーヌを訪ねて懐中時計を調整してもらい、次いでジェファソン邸に赴いた。

【史料g】［一七八九年一〇月］一一日日曜日。……それからレピーヌの店に行った。私のもう一つの懐中時計は完成していたが、調整が終わっていなかった。そこで再びルーヴル宮に向かった。

【史料h】［一七八九年一〇月］一六日金曜日。……レピーヌの店を訪ね、懐中時計を落手した。だが分針と秒針しか動かず、三時間ほどで止まってしまった。彼［レピーヌ］はイギリスの皇太子のために作った素晴らしいムーヴメントを見せてくれた。それは美しさと珍しさの双方で見事なものだった。

【史料i】［一七九一年一一月］一六日水曜日。……午後一時半ごろ、ウルフ氏が訪ねて来たので、レピーヌの店に連れていった。そこで彼は、リピーター機構を備えた懐中時計を、四二ルイ分の紙幣を支払って購入した。それ［四二ルイ分の紙幣］は、アントウェルペン［の外為市場］でロンドン・アントウェルペン間の為替レートを適用すれば、ほぼロンドンでの三〇ギニーと同じになるが、ロンドンで直接為替取引をすれば、英貨でちょうど三二ポンド一三シリング六ペンスとなる。

【史料j】［一七九二年］一月三〇日月曜日。……パリのレピーヌから託されていた懐中時計を、ステュアート氏に届けた。

【史料k】［一七九二年］七月七日土曜日。……レピーヌ氏の店に行って、自宅用にホールクロック［もしくは置時計］をいくつか注文した。

【史料l】［一七九二年七月］一一日水曜日。……今朝、マウントフローレンス氏を連れて、レピーヌの店に行った。

以下、それぞれの史料にそくしながら、解説を加えてゆきたい。

事の始まりは一七八八年一一月一二日付の書簡、【史料1】である。すなわち、フランスへ赴くモリスが、ワシントンのよく知る同国の主要人物へ宛てた紹介状の執筆を、ワシントン本人に依頼したのがこの話の発端である。ワシントンはモリスの要望に快く応え、何通もの紹介状をただちに送った（【史料2】）。これらの推薦状を携えて、【史料1】からおよそ一か月後、モリスはフランスへ向かうことになる。【史料3】にあるような当時の通信環境の劣悪さに鑑みて、このフランス出発までのやり取りはきわめてスピーディになされたといってよい。

ここで通信速度に関して再度確認するならば、マウントヴァーノンからワシントンが送った一一月二八日付の書簡【史料2】が、フィラデルフィアのモリスのもとに着いたのは、モリスが【史料4】を書いた「本日」、一二月六日であり、一〇日程度で届いたことになる。また、ディエップからモリスが送った七月三一日付の書簡【史料9】がニューヨークのワシントンに届いたのは、【史料10】の追伸の記述により、ちょうど一〇月一三日とわかる。この場合、手紙は大西洋を横断しているにもかかわらず、かかった日数は二か月と二週間程度である。ただし【史料9】はパリからではなく、港町のディエップから送られたもので、しかもたまたまニューヨークへと直航する船便を見かけ、ワシントンという、アメリカ随一の著名人宛の手紙を託した特殊事情を斟酌する必要があろう。また【史料3】が述べるように、郵便配達人はしばしば強盗の襲撃対象となり、荷が略奪されるリスクがあったが、一方で当該史料は、当時の「南部郵便」のシステムが成功裏に作動していたことを示す証言ともなっている。

さて、【史料2（27）】から推測するならば、ワシントンはマディソンの最新式の時計を目にして、それがジェファソンによってパリから送られたことを聞き、同じような時計を入手したいと考えたのであろう。ただし、駐仏アメリカ公使という公職にあるジェファソンに直接、そのような依頼をするのははばかられたと思われ、モリスの申し出（【史料1】）を渡りに船とばかり、ビジネス目的でプライベートな立場で渡仏するモリスに対し、個人的な依頼をしたのであろう。さらには、ワシントンとモリスの親密さを皮肉るエピソード——ハミルトンと賭けをしたモリスが、ワシントンの肩を気さくに叩いて挨拶し、顰蹙を買った一件[30]——に見られるように、モリスの方が気心が知れ、このようなことを気兼ねなく頼みやすかったのであろう。

ちなみにジェファソンは、フランクリンの後を引き継いで一七八五年三月、駐仏公使に任命されており、同年七月初頭にボストンを発って一か月後にパリに到着、その後、四年以上にわたってパリに居住し、フランス革命へと至る道程（たとえば一七八九年五月五日の三部会開会）を目撃している。しかし彼はすでに前年の一一月、当時、外務を統べていたジョン・ジェイに手紙をしたため、翌八九年の八月までにはパリを発って帰国したい旨、伝えていた。だが、連合政府から連邦政府への移行時期でもあり、正式な許可が出たのは六月で、その知らせをジェファソンが受け取ったのは八月であった[31]。七月一四日のバスティーユ襲撃によって革命が本格的に始まり、帰国を急いでいた彼は、一〇月二二日にフランスを出国、一一月二三日、ヴァジニア州ノーフォークに着いた。じつは彼のこの帰国日程は、後述の懐中時計の動きとも関わってくる。

さて、まだジェファソンがパリに滞在していた二月初旬、そのパリに着いたモリスは、同月に【史料5】をしたためており、到着直後からワシントンの依頼を実行すべく動いたことがわかる。史料中に登場するフランスの当時の計算貨幣単位リーヴルは、正確には「リーヴル・トゥルノワ」で、原文の略語もまさにそのように記されている。また、「ルイ」と記された硬貨名、すなわち一ルイドール金貨は当時、イギリスでは一ギニー金貨と同じく二一シリングで評価されていたが、たとえば英領植民地では、同ギニー貨が三五シリング前後で評価されたのに対し、ルイドール金貨はそれよりも一シリング程度低い評価を受けていた（第1章参照）。このような状況に鑑みて、ここでモリスが二五ギニーを「最高のレート」で、二七ルイドールを上回る六五七リーヴル七スー一〇ドゥニエに両替できたのは、巧妙かつ適切な処理の結果といえよう。ちなみにルイドールの価値は、フルーリー枢機卿の政策以降、固定されており、二七ルイドールはリーヴル・トゥルノワ換算で六四八リーヴルである。したがって、モリスはこれよりもさらに九リーヴル強の高額での両替に成功したことになる。

さらに興味深いのは、本史料中で言及される時計師たちの名である。これらの名から、当時の時計産業の中心地のひとつ、パリにおける同産業の状況が垣間見られるからである。歴史上の時計師たちを余すところなく収録して名高い先述のG・H・ベイリー『時計師事典』（一九二九年初版）によれば、本文中の「ロミリー」、すなわちジャン・ロミリー（Jean Romilly）は有能な時計師で、一七一四年にジュネーヴで生まれ、パリに出て成功を収めた。一七五五年にはステップ運針の秒針機構（デッド・セコンド、Seconde Morte）を完成させ、一年巻きの時計なども製作している。[32] ピエール・グレグソン（Pierre Gregson）はイギリス人で、一七七八年から九〇年にかけてパリで活躍した王室御用達の置時計師である。[33] 一方、同書にローグ（Rogue）の名は掲載されていない。ジャン゠アントワーヌ・レピーヌ（レピン）（Jean-Antoine Lépine［L'Épine］）は、同書でも「卓越した時計師」と評され、異例といってよいスペース（時計史上、きわめて著名なアブラアム・ルイ・ブレゲ以上のスペース）を割いて解説されている。[34] 実際、レピーヌの功績は計り知れない。一七二〇年、王室御用達の機械技師を父にパリに生まれた彼は、今日の機械式腕時計にまで受け継がれる革新的な輪列機構、いわゆるレピーヌ・キャリバーを開発し、懐中時計を薄型化したことで名高く、ルイ一五世やルイ一六世、ナポレオン一世の懐中時計も製作している。また、ヴァーギュル（ヴィルギュル）脱進機の発明、ないし改良にも成功。さらに、文字盤側からではなく、裏側から指針合わせをおこなう仕組みや、鍵を用いずにゼンマイを巻く機構などを考案したとされる。モリスが注文した懐中時計も薄型で、レピー

図5–7　ヴァーギュル脱進機を搭載した懐中時計のムーヴメント（著者蔵）。径48.0ミリ。18世紀末にフランスで作られたと推定され，レピーヌ・キャリバーの輪列機構など，ワシントンの懐中時計と酷似した構造が見てとれる。

ヌ・キャリバー、ヴァーギュル脱進機を搭載した最新機種であった（レピーヌ作ではないが、著者蔵の懐中時計、図5-7を参照）[35]。ただし、『時計師事典』によれば、レピーヌは一七八三年に娘婿のラゲ（Claude-Pierre Raguet）に仕事を譲ったという（以後、Raguet-Lépine）。この事実は、同事典のレピーヌの項とラゲの項、双方に記載されており、すでに六三歳のレピーヌが、一人娘と結婚したこの娘婿――レピーヌ工房の職人だった――を後継者としたことは十分に首肯される。もっとも、レピーヌが亡くなったのは九三歳の一八一四年であり、長寿の彼が実際に仕事を引退したのは一七九三年ないし九四年頃との説がある。レピーヌ自身は、ラゲを後継者とした後も仕事を続けていたのであろう。それゆえ、一七八九年に書かれたこの【史料5】でも、モリスは「レピーヌ氏」に懐中時計製作を依頼したと述べている（事実、現存するワシントンの時計の中蓋には、「王の時計師レピーヌ」と刻まれている）。ただし、たとえ時計師本人に直接発注したとしても、製作自体は工房でなされたと考えるのが自然であろうし、モリスもむろん、そのように捉えていたであろうことは、とりわけ日記史料の記述から窺われる。

ただ、ここで大変興味深いのは、原綴りが非常によく似た「ローグ（Rogue）」と「ラゲ（Raguet）」の二つの姓である。前述のように、ローグの名は『時計師事典』に出てこないが（むろんラゲは出てくる）、もしもモリスがこの書簡に記した（もしくは記すべきだった）名がローグでなくラゲであったとしたら、すべての辻褄が合ってくるからである。すなわち、ワシントンが気に入った「マディソンの時計を作ったのはローグ」ではなくラゲだとしたら、ただちにラゲ＝レピーヌ工房の意となり、文意が通ってくる。また、新しい流派としてグレグソンとラゲの名が

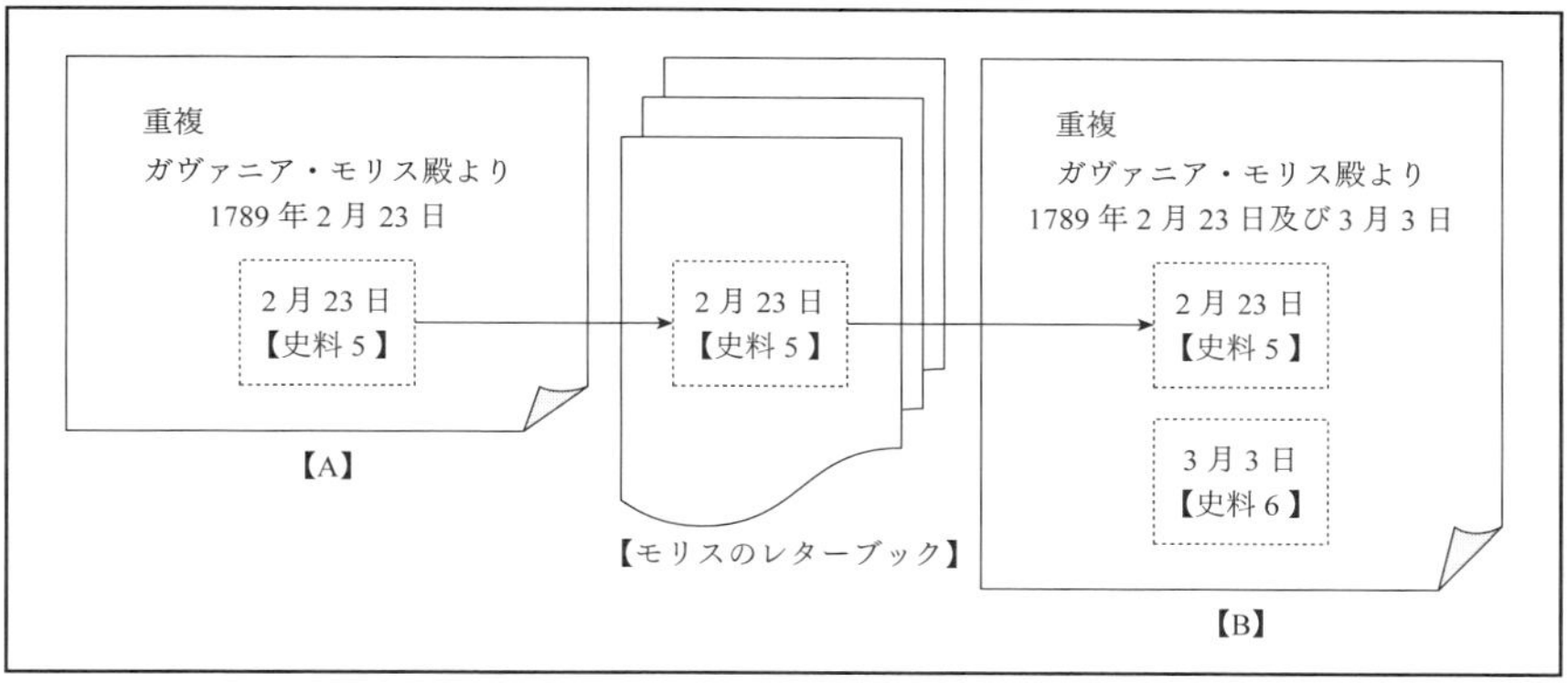

図5-8　【史料5】の構造

人々の口の端に上ったのだとすれば、これもまた十分に首肯されるのである。このように、もし「ローグ」が「ラゲ」の「誤植」だとすれば一種の「新発見」となるが、その妥当性について考察する前に、本書簡史料がどのように生成されたのかを確認しておく必要がある。

じつは本史料の成り立ちはやや複雑であり、簡潔に図解するならば図5-8のようになる。本史料にはオリジナル、つまりモリス自身が筆をとって記し、最後に署名をした「自署自筆書簡（autograph letter signed)」が二点存在するのである。オークションによる二度の転売を経てコレクターの所有となっている【A】と、連邦議会図書館に収められている【B】である。両者の関係は『ワシントン文書集成』の簡潔な註記では必ずしも詳らかではなく[36]、連邦議会図書館に収められた【B】の現物（写真）をウェブサイト上で確認することで、初めてその全体像が推測できる[37]。そもそも【史料5】のテクストはまず、二月二三日付の書簡【A】によって生成された。ただしその内容については、前述のようにコレクターの所有であるため、確認しえない。オークションの際のカタログに記された断片的な情報を知りうるのみである。われわれが実見できる史料【B】は、図に示したように、同じ書簡に【史料5】のテクストと【史料6】のテクストを納めたものである。つまりモリスが三月三日に【史料6】を書く際に（これがすなわち【B】）、時間的に先に届くかどうかわからない（もしくは届かないかもしれない）一〇日前の手紙

(すなわち【A】)の内容(【史料5】)を念のために再度、記したのである。【史料6】のテクストの冒頭に、「上記は、私が先月二三日に光栄にも[貴殿に]書いたもの[【史料5】]の写しです」と述べられているゆえんである。【史料6】自体に時計に関する記述はないが、当日のモリスの日記に、「三月三日火曜日。午前中は手紙を書くのに費やした」とあり、これが【B】を指すと考えられる。ともあれ、このように念を入れて、重複を厭わずに【史料5】を再度手紙に記したことから、ワシントンに依頼された時計の件について、モリスがきわめて重く考えていたことがわかろう。ただし理論上、【A】における【史料5】のテクストと、【B】における【史料5】のテクストが同一であるとは必ずしも保証されえないが、両者を結ぶものとして【モリスのレターブック】を想定すれば、必要十分な保証となりうる。レターブック(信書控え帳)とは周知のとおり、自身が出した(発信した)手紙の写しを記したノートで、本人がその写しを取る場合も、秘書がおこなう場合もある(モリスやワシントンのレターブックは連邦議会図書館に収蔵されている)。ちなみに一八世紀末には、適度に水で濡らした半透明紙(オニオンスキン紙)に手紙を挟み込み、小型のプレス機で圧力を加えてインクを写し取る仕組みのレターブックも登場し、さらに一九世紀中葉には、手紙を書く際に乾きにくい特殊インクを用いることで、プレス機を使わずに手で押すだけでインクを転写するレターブックも使われるようになったが(いずれの仕組みも半透明紙を用いるため、裏面に反転して写された文字は、表面からは正しく読める)、当時はもっぱら筆写してコピーを取っていたのである。ともあれ、モリスが【B】をしたためた時、当然ながら【A】はすでに手元にないが、レターブックに記された控えを見ながら、おそらく正確に――彼にとって重要な案件であるから――文言を写したのであろう。図に示したように、さらに【A】・【B】にはともに「重複[写し]」(Duplicate)」の記載、およびワシントンの手になる覚書(「ガヴァニア・モリス殿より……」)が挿入されている。【B】の冒頭に記された「重複[写し]」の語は、明らかにモリス自身の手になるものであり、論理的にも時系列的にも矛盾はない。ただし、その意味するところは、この【B】の前半部分が【A】(二月二三日の手紙)の内容と重複している(その写しを記載している)ということなのか、それとも、この【B】自体が重複しているとの意なのか、判別は難しい。【B】自体が重複しているとは、別の船便で、全く同文の手紙を郵送したケースに他ならない。当時、極めて不確実性が高いと想定される遠方への船便の場合、しばしば同文の手紙を、時には複数枚、別の船に託すこともおこなわれており、運が良ければそれらがすべて相手方に届く可能性もあった。もしそうだとすれば、この【B】は、二通目以降の【B】と言いうるかもしれない[38]。

さて、以上のような史料状況を踏まえて、「ラゲ」を「ローグ」と誤植した（とするならば）、その原因を考えてみよう。大別すれば、三通り想定できる。①この時点でモリスがこのフランス語名を不正確なかたちで記憶（ないし記録）して手紙に記した（もしくは、そもそもロミリーを推薦していたジェファソンが曖昧にモリスに伝えた）、②【A】をモリス（もしくは彼の秘書）がレターブックに写し取る際、もしくはそれをもとに【B】に同文を書き写す際に転記の誤りが生じた、③モリスの書簡集・日記の編者が、活字化する際に読み誤った、である。①・②は当時の要因、③は後世の要因となる（さらにこれらが重なり合って生じた可能性も想定できる）。そこで、ウェブサイトで実見可能な【B】に記されたモリス本人の筆跡を確認すると、三か所に出てくるローグの語はほぼ皆、"Rogue" と読めるが、インクの滲みの影響から、二か所については "Rague" の可能性を完全には否定できない。手書きの "o" と "a" はしばしば判別しにくいからである。ただしいずれも、語尾の "t" が記されていないのは明白である。しかし語尾の "t" は読まれないため、表記で落とされてしまった可能性もある。もっとも "Rague" をラゲと発音させるためには、少なくともフランス語の近代的な正書法では、最後の "e" にアクサンテギュ等を付す必要があるが、そのような記号は見出せない。しかしこれも、外国語を読めないワシントンに宛てた手紙であってみれば、文法的にラフな表現をモリスが選択したと考えても不自然ではない。そもそも本節で扱う他の史料にローグの名は一切出てこないが、本史料中の三か所のローグの語には、いずれも不定冠詞が付されている（"a Rogue"）。本史料中、このように不定冠詞の付された時計師名はこのローグのみであり、しかもその三か所中、ローグ作の製品（時計）の意と解される表現は最大二か所で、一か所（最初のもの）の表記は明らかに「ローグという人物（"Man"）」の意である。つまりそもそも、このローグの名前自体が必ずしも定かでないことを、モリス自身が不定冠詞を付すことで認めているとも考えられる。【A】等が実見できないため、【B】への転記の誤り（すなわち②の説）を完全に排除することはかなわないが、以上の事実から総合的に判断するならば、①の可能性が高いように思われる。すなわちモリスは、無意識か（ジェファソンから聞いたり、他の店で聞いたりした際に、曖昧なかたちで名前を認識したため）、意識的か（外国語を解さないワシントンに宛てた手紙であるため）は断じえないものの、少なくともこの時点ではラゲの名を不正確に記憶・記載したと考えることが可能なのである。したがって、書簡集・日記の編者が読み誤った可能性（③）は否定されるが、上記の点に関する注記等が一切ないことからも、編者が時計師の固有名詞にまでは留意しなかったことは明らかであろう。すなわち、一八八〇年代に最初にこの手紙を活字化したアン・モリスは"rogue"と記し、一九三〇年代のダヴェンポートも、頭文字を大文字に変えてはいるが、綴りはそのまま踏襲し、さらには一九八〇年代の『ワシントン文書集成』の編者も、別段、この表記に疑問を抱くことはなかったのであろう。(39)

さて、競売に付された【A】の書簡であるが、この史料が早くから市井に流失したのには理由がある。当該書簡にはすでに註記したように、「ガヴァニア・モリス殿より。一七八九年二月二三日」との裏書（端裏書）がワシントン本人によって記されていたにもかかわらず（図5-8参照）、J・スパークスによってワシントン文書から除かれたのである。スパークスはハーヴァード大学の学長も務めたアメリカ史家で、主に一九世紀前半に活躍し、ワシントン、モリス、フランクリン等に関する初期の精力的な文書集成で知られるが、その編集方針はかなり恣意的であったとされる。(40)オークションカタログによれば、彼は【A】の書簡の裏面に、「これは完全にプライベートな手紙なので、いかなる場合でも出版されるべきではない」と書き込んでおり、(41)これが【A】を排除した彼の行為の説明となろう。また内容が重複しているからこそ、躊躇することなくそのような操作ができたのかもしれない。ともあれ、もっぱら時計の件のみが記され、建国の偉大な父ワシントンがモノにこだわった証左ともいえるこの書簡に対して、一九世紀の専門家が「不当に」低い評価を与えていたというべきであろう。このスパークスの態度に典型的に示されているように、ワシントンの時計の件については、他のガヴァニア・モリスの研究書にも関連の指摘が散見されるものの、必ずしも皆が言及しているわけではなく、言及している場合でも総じて、ワシントンとの親交を示すエピソードの一つといった位置づけであろう。(42) しかし、ハミルトンとワシントンの往復書簡の場合と同様に、ワシントンに大統領就任を要請する、その導入の意味合いも、このモリスの時計の一件は有していたように思われる。なんとなれば、【史料1】が書かれたのは、まさにコクラン少佐の懐中時計の返却の件をめぐり、ハミルトンとワシントンが書簡を交わしている最終盤の頃なのである（ワシントン宛のハミルトンの書簡（前節の【史料13】）の日付は一七八八年一一月一八日である）。偶然であろうか。当時の政治の中枢に位置する男たちが、単に時計の話題で盛り上がっていただけではなかろう。八月から続いているコクラン少佐の時計の件がワシントンの頭の中にあり、その伝統的な古いタイプの懐中時計とは大いに異なる最新式の時計を、パリへ行くモリスへ依頼したと考えれば、非常にスムースに理解できる。そしてモリスの書簡もまたハミルトンと同じく、ワシントンに大統領就任を勧めるものであった。【史料1】で、「貴殿がきっと大統領の椅子に座って下さるだろうから」と、さりげなくワシントンの意向を探るモリスに対して、【史料2】でワシントンは、「貴兄が手紙の最後でほのめかされている」、「私にとって不愉快なこの件については議論する気もありません」と述べ、さらに否定的な対応を二点、理路整然と挙げておきながら、最後に「その力に従うべき時となるでしょう」と結論づけている。すなわちあらゆる譲歩は置いているものの、この書簡でワシントンは最終的に、大統領職を引き受ける意思を暗示しているのである。ハミルトンに対する同時期の書簡ではまだ、必ずしもそのような肯定的な意思表示はしていないところから、非常に鮮やかなコントラストを見ることができよう。独立戦争中からワシントンの傍らにあって生死を共にし、深く信頼しているハミルトンに対してよりも、おそらくは気安いガヴァニア・モリスに対してワシントンは本心を覗かせているのである。むろんそのような心境に至るに際しては、ハミルトンの説得が奏功したことも忘れてはならないだろう。

モリスはフランスに向けて出港する二日前にしたためた書簡（【史料4】）においても、紹介状が同封されたワシントンの書簡（【史料2】）を無事に——【史料3】で心配した事件に巻き込まれることなく——落手したことをワシントンに報告するとともに、再度、全力を傾けて、強く大統領職への就任を求めている。民衆に対して不信感を抱いていたとされるモリスは、民衆の「熱狂とは概して近視眼的」であり、自らの言葉は「熱狂」に基づくものではないと冷静に記しながら、彼の紡ぐ言葉の数々は、紹介状を書いてもらった感謝の範疇を遥かに超えて、まさにワシントンへの全面的な賛美であり、打算ではない彼の本心の発露を見て取ることができる。モリスは「頭」で、すなわち理性的に理路整然とワシントンが大統領職にふさわしいと説きつつ、実子のいない彼を「三百万以上の子どもたちの父」と形容するなど、「心」でも、すなわち情緒的なレベルでも彼に心酔して言葉を尽くし、より強い説得力を発揮しているといえよう。ともあれ、翌一七八九年二月には大統領選挙人の投票がおこなわれ、ワシントンが満票で初代大統領に選ばれ、四月末に就任式が挙行される。一七八八年の一二月中にアメリカを離れ、八九年の二月初めにパリに到着したモリスは、このアメリカ革命の総仕上げをその目で見ることはかなわなかったが、彼はフランス革命の勃発と展開を、文字通り目撃することになる。【史料5】以降の書簡と、フランスに着いてから克明に記していた日記（【史料7】など）がそのヴィヴィッドな証言となった。【史料9】は、バスティーユ襲撃などで政情不安なパリを七月末にいったん逃れて、イギリスに向かう途上のディエップで書いた手紙である（そこからイギリスに向かう船に乗ったのは八月一日）。

前述のように【史料7】は書簡ではなく、モリスの日記の一節であるが、次の【史料8】と合わせて、ワシントンの懐中時計の受け取りと支払いに関する重要な証言を含んでおり、例外的に収録した。ここに手形の宛先（受取人）として登場する「グラン商会」については詳らかでないが、おそらくレピーヌ工房の取引先と推測され、工房が同商会に負っている何らかの勘定の決済の一部とするために、直接、同商会に宛ててモリスに手形を振り出すことを求めたのであろう。ともあれ、【史料8】までの記述等から、ワシントンの懐中時計の購入とその代金決済の流れを簡潔に図式化すると、図5-9のようになろう。太い矢印で示しているのがモノとしての懐中時計の動きである。前述のようにジェファソンは、すでに前年末に帰国の意思を本国に伝えていたことから、モリスはこの高価で

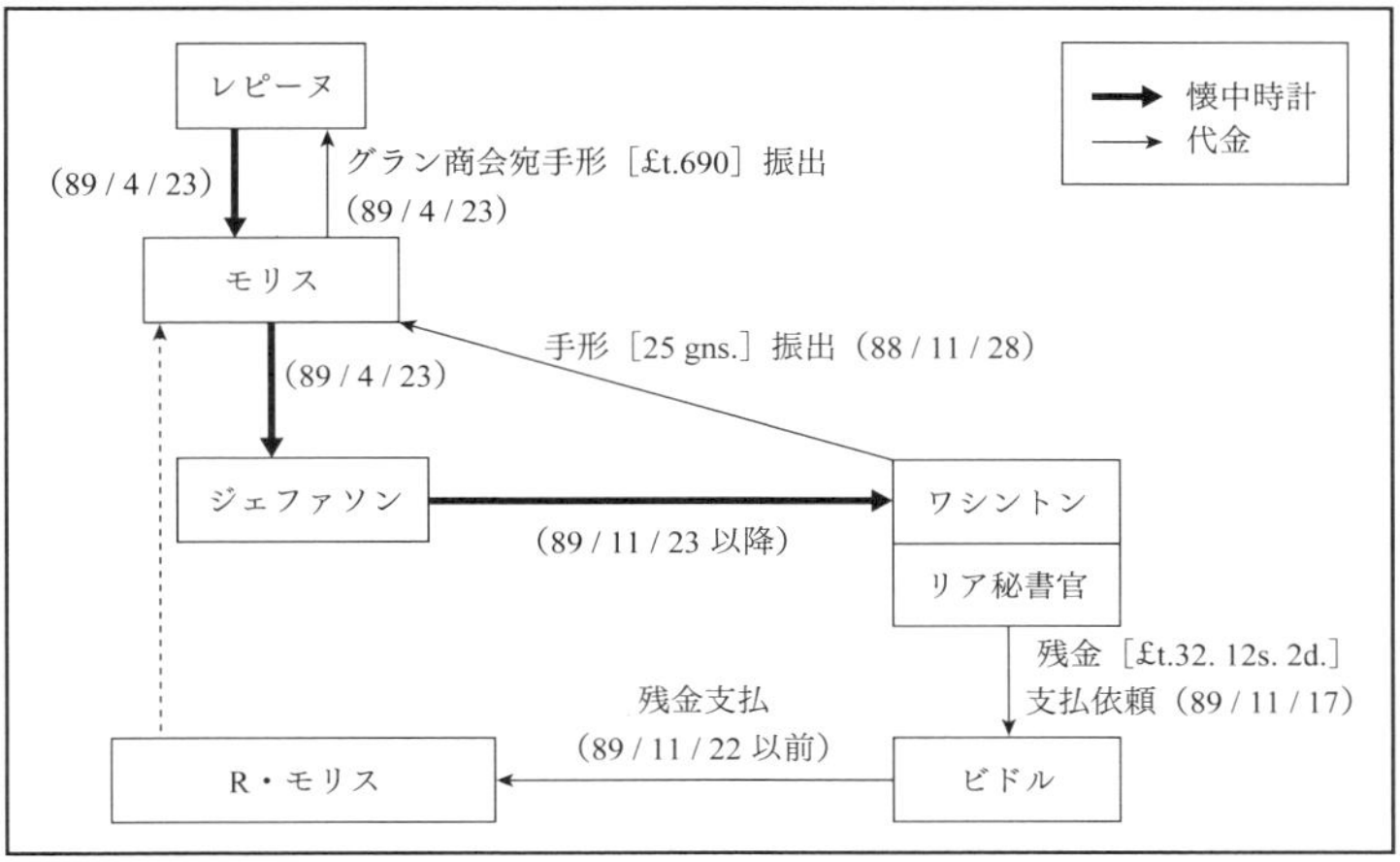

図 5-9　懐中時計購入と代金決済の流れ

大切な品を、まもなく帰国する予定のジェファソン本人に託して、直接ワシントンに渡してもらおうと考えたのであろう。ただし最終的にジェファソンの帰国は一一月となったため、ワシントンが実際に入手したのはそれ以降である（帰国まで、船中も含めておよそ七か月間、時計はジェファソンのもとにあったと考えられる）。じつはその後、ワシントンがいつ、どのような形でジェファソンから時計を落手したのか、証言する史料は見当たらない。ジェファソンがニューヨークにワシントンを訪ね、再会したのは、帰国からおよそ四か月後の一七九〇年三月二一日である。同日のワシントンの日記には次のように記されている。「国務長官ジェファソン氏を、午後一時ころ迎えた」。翌日の日記には「役職の職責に関する事柄について、ジェファソン氏と一時間以上話し合った」とあり、さらにその翌日にも、「以下の諸点について、国務長官と話し合った」と続く。この間、時計の件について記載はない(43)。また、この再会に先立つ四か月前、ジェファソンの帰国直後に、ワシントンはジェファソンに対して国務長官への任命辞令を送っている。一七八九年一一月三〇日の手紙には、「東部諸州へ旅立つ前に……預けておいた同封の手紙によって、貴兄に対する私の

行いの動機がご賢察いただけるものと思います。……ノーフォークに着かれているころだと思いますので……任命辞令をヴァジニアに届けてもらいました」とあり、同封の手紙とは一〇月一三日付のもので、次のような文言がある。「[貴兄への]個人的な尊敬の念と、公に知られた[貴兄の]適性を確信するがゆえに、貴兄を国務省[長官]に推薦することを決めました」[44]。ワシントンはジェファソンの意向を聞く前に、いわば独断で国務長官への就任要請を決定したのである。ただし、これらの手紙にワシントンは懐中時計の件を記していない。ジェファソンが時計を預かっていることをモリスから知らされているのにもかかわらず、である。また、これら二通に対する返信を、ジェファソンは一二月一五日にヴァジニアでしたため、婉曲的な表現を多用しながらも国務長官就任を受諾しているが、やはり時計に関する言及はない[45]。ただ、「……早ければその月[三月]に、ニューヨークにおいて貴殿にご挨拶する栄誉に浴することができると思います」と述べており、先述のごとく予定通りに、三月二一日にワシントンと再会している。この間、ワシントンが東部諸州へ視察旅行をしていたこともあってか、両者がこれ以上、手紙のやり取りをしている様子はない。以上の事実から、ジェファソンが時計を届けたタイミングとして、①一二月一五日付の手紙に「同封」した、②翌年の三月二一日に直接渡した、の二通りの可能性が高いと考えられよう。モリスから託された貴重な品ゆえ、直接渡したのだとすれば、ジェファソンの手元には時計が一年以上あったことになる。次の【史料10】でワシントンはモリスに感謝の言葉を述べているが、その時点(すなわちワシントンが【史料10】の手紙を書いている一〇月一三日の時点)ではまだ、ワシントンは実物を手にしてはいなかったのである。このようにモリスが懐中時計をジェファソンに託してワシントンに届けた事実や、その際、ウォッチ・キー等を同梱したことなどは、モリスの生涯を描いたセオドア・ローズヴェルト大統領の著書にもごく簡潔に——数行のみ——触れられている[46]。なお、この懐中時計は現存しており、現在、ペンシルヴァニア歴史協会が所有している[47]。

さて一方、図5-9に細い矢印で記した流れは代金決済に関わるものであり、時計本体の動きと比して、やや複雑になっている。図中に示したワシントンが振り出した手形(二五ギニー)と、モリスが振り出した手形(六九〇リーヴル・トゥルノワ）については、それぞれ【史料2】、【史料7】に記載があるが、後者の金額については【史料8】から容易に推測される。この【史料8】に関わるモリスの日記の記述として、「［四月］二九日水曜日。……午前中に手紙を書いた」とある。その手紙、すなわち【史料8】に明記された時計代金の不足分（残金）、「三二リーヴル一二スー二ドゥニエ」と、【史料5】でモリスが記した「六五七リーヴル七スー一〇ドゥニエ」、すなわちワシントンから預かった二五ギニーの手形をリーヴル・トゥルノワに両替した額とを合算すると、ちょうど「六九〇リーヴル」となり、ここに見事に計算が合う。[48] モリスの実務能力が如何なく発揮されている好例であろう。また、残金の支払い先をロバート・モリスに指定しているのは、ビジネスパートナーとしての二人のモリス（両人に親族関係はない）の親密さを如実に物語るものであり、それは【史料9】の記述からも十分に窺える。つまり、アメリカにいるR・モリスに宛てて支払ってもらうことで、国際送金の手間と危険を排除することができただけでなく、両モリス間の決済であれば、帳簿上で済ませ得たと推測されるのである（それゆえ、図5-9では点線で記した）。

この時計の残金の支払いについては、ワシントンの個人秘書官トバイアス・リアと、フィラデルフィア在住のクレメント・ビドル（独立戦争中、ワシントンの下で兵站総監などを務め、戦後はブローカー業などで財を成した）との間に交わされた書簡が詳らかにしてくれる。リアはビドルに次のように書き送っている。「一七八九年一一月一七日、ニューヨークにて。貴殿の方からロバート・モリス閣下に三二リーヴル一二スー二ドゥニエを支払っていただければ、大統領「ワシントン」は感謝されるでしょう。それは、ガヴァニア・モリス殿が大統領のためにフランスで購入した何かの代金です[49]」。このリアの依頼の内容から、ビドルとワシントンの間には、少なくとも帳簿上で相殺し合うような関係があったことが窺われる。また、リアが購入物を懐中時計と知っていたのかどうか断じえないが、高額な商品でもあり、知っていてあえてぼかして「何か」ととぼけてみせた可能性も考えられよう。これに対して、ビドルからリアへの返信は次のとおりである。「一七八九年一一月二二日、フィラデルフィアにて。最後の郵便が出た後に、ジャクソン少佐から、今月一七日付の貴殿のお便りを落手いたしました。……ガヴァニア・モリス殿への不足分、三二リーヴル一二スー二ドゥニエを支払うため、［ロバート・］モリス氏を訪ねました」[50]。この文章から明らかなように、先のリアの手紙が、郵便網よりも個人的な伝手を利用して運ばれてきたこともあり、ニューヨーク・フィラデルフィア間の通信が――大統領関連の書簡という例外的な事象ではあるが――非常にスピーディであることがわかる。たとえば、ビドルがリアの手紙を遅く受け取った日（二一日）の翌日（二二日）にR・モリスに会い、その日にすぐ手紙を書いたとすれば、先のリアの手紙は最長でもビドルのもとに五日で届いたことになる。ともあれ、リアが残金の支払いをビドルに依頼した一一月一七日は、ワシントンが四月二九日付のガヴァニア・モリスの手紙（【史料8】）――ロバート・モリス宛に残金の支払いを求めた――を受け取ったことを記した一〇月一三日付の手紙（【史料10】）から約一か月後である。ワシントンのリア秘書官への命が遅れた可能性もあるが、もしそうでなければリアの反応は必ずしもスピーディとはいえないことになる。ただし、このリアの書簡（一一月一七日付）が、ジェファソンの帰国前であることに留意すべきであろう。つまりワシントンはもとより、リアもまだ件の懐中時計を実見していないのである。リアが「何かの代金」と記したのも、故なしとしない。まだ入手していない時計に、秘書官リアが支払いを躊躇した、もしくは入手してから残金を支払う手続きに入ろうとした可能性も否定できない。しかし一方で、リアの依頼を受けたビドルの反応は素早かったというべきであろう。ちなみにアダム・スミスの『国富論』（一七七六年）には、懐中時計の価格について言及した箇所があり、「前世紀［一七世紀］のなかごろに二〇ポンドで買うことができたものよりも、すぐれた装置の懐中時計が、現在ではおそらく二〇シリングで手に入る」とされている[51]。この価格と比べれば、ワシントンが求めた時計がいかに高価であったかが理解されよう。

さて、【史料9】は前述のように、モリスが革命で混乱するパリをいったん逃れ、イギリスへと向かう途上で記した書簡である。当日の彼の日記には、「三一日金曜日。……数通の手紙を書いた。全部書き終えると、夜の一〇時半になっていた」とある。手紙の中でモリスは、極秘情報として在米フランス公使ムスティエ伯の解任の件をワシントンに伝えようとしているが、このムスティエ伯こそ、前節で述べたように、前年の一一月、ワシントンをマウントヴァーノンに訪ね、ワシントンからコクラン少佐の懐中時計を託された人物に他ならない。この公使解任と後任の件は正確な情報であったが、じつはジェファソンもすでに同じ情報を摑んでおり、すでに二月にジョン・ジェイに伝えていた。[52] したがってワシントンの耳にも当然入っていたであろう。モリスはこの重要な案件をジェファソンが知らないと考えていたわけであるから、たとえば【史料e】・【史料f】の日記史料にあるように、両者はしばしば会っていたとしても、そこには微妙な関係がうかがわれる。また追伸で、ビジネスパートナーのロバート・モリスへの連絡を依頼しているのも興味深い。

次に、四通もの書簡から構成される【史料10（28）】について考察する前に、まずはこれに直接関連するワシントンの日記の記述を見てみよう。「一四日、水曜日。フランスへ数通の手紙を書いた。午後七時ころ、ムスティエ伯とブレアン夫人に暇乞いをするために、（ワシントン夫人とともに）非公式に訪問した。ムスティエ伯には以下の手紙を託した。すなわち、エスタン伯、ロシャンボー伯、ラファイエット侯、ラルエリ侯宛である。［パリ］条約の履行と米英の通商条約締結に向けた準備に関して、私的な代理としてイギリス側の閣僚の意思を打診してもらうため、ガヴァニア・モリス氏に手紙を書くことを決めた。書き終えたのち、送ってもらうためにジェイ氏に預けた」[53]。先ほどの【史料9】に出てきた在米フランス公使ムスティエ伯が、ここにも登場する。【史料9】のとおり、解任の決まったムスティエ伯の公使としての任期はこの一〇月までであり、翌日（一五日）、「東部諸州」訪問のためにボストンへ旅立つワシントンにとっては、彼に挨拶する最後の機会であったため、このように私的なかたちで訪問したのであろう。じつはワシントンの前日（一三日）の日記には、手紙を書いたとの記述はないが、この一四日の日記にワシントンがムスティエ伯に託したと記した手紙四点のうち、エスタン伯、ロシャンボー伯、ラルエリ侯宛のものはすべて一〇月一三日の日付、ラファイエット侯宛は一四日の日付となっている。先に述べたジェファソン宛の書簡も一〇月一三日付であり、モリス関連の手紙四通も合わせると、一三日から一四日にかけて、ワシントンは少なくとも九通の手紙を書いていることになる。

さて、同じ日付を持つ【史料10（28）】四通を、ここでは原則として『ワシントン文書集成』への収録順に、【A】、【B】、【C】、【D】としたい。ただし『文書集成』において【D】は【A】の註、【C】は【B】の註として収められており、厳密にいえば【D】の順序が異なる。じつはこの【D】のみ宛先がモリスではなく、第2節でも触れたウェルチ商会となっているのだが、後述するようにその内容は【A】に記されたモリスへの物品購入の依頼を補完するもので、モリスの仲介を同商会に伝える書簡であるため、この【史料10（28）】に含めている。一方、デジタル版の『ワシントン手稿集成』が収録しているのは【A】、【B】、【C】のみで、しかもその順序は逆である（本章第1節の表5-2の史料番号【史料28】は、これら三点の書簡を意味する）。これらの書簡の内容からすれば、『手稿集成』ではなく『文書集成』の収録順の方が、ワシントンによる執筆の順序（少なくとも思惟経路）をより良く反映していると考えられるため、本節では後者を採用した。(54) ともあれ、ここで【史料10（28）】として訳出しているのは【A】の書簡である。

その冒頭でワシントンは、三通分のモリスの手紙（【史料5・6・8】）に対して丁寧に礼を述べており、大統領職の忙しさもあってか、一年近くモリスに手紙を書けなかった彼が、この【A】でそれらにまとめて返信しようとしていることは明らかである。また、末尾に記された追伸ではさらに、同書簡を封印する直前に落手したモリスの四通目の手紙（【史料9】）について触れている。もっともこの事実をもって、この【A】が最後に書かれたと断じることはむろんできない。追伸の部分についてのみ、最後に記されたと言いうるのみである。ともあれ、ここで訳出した【A】は四通の中で唯一、時計について触れた箇所を有している。時計の購入に関してモリスに感謝の意を伝えることがこの手紙をしたためる目的だとワシントンは記しながら、一方で当時の米仏の政治状況についても筆を走らせており、目的の「ほとんどすべて」と記したゆえんであろう。たとえば手紙の中で、当時のアメリカでノースカロライナとロードアイランドがいまだ「連邦の一員」となっていない（合衆国憲法を批准していない）現状に触れつつも、楽観的な見通しを述べたり（事実、ノースカロライナは翌一一月に憲法を批准）、少なくともこの時点までのフランス革命に関して、肯定的な意見を開陳したりしている。すなわち、モリスが伝えた貴重な情報への返礼の意もあって、外国で暮らす彼に自国のヴィヴィッドな情報を与えるとともに、彼の伝えた情報をもとに、ワシントン自身の見解が示されているのである。もちろん懐中時計については、自身のために最新モデルを入手してくれたモリスに対し、冒頭でワシントンはとりわけ感謝の意を表している。しかしそれを一つのきっかけとして、当時の彼自身の現状認識が如実なかたちで記されているのも事実であって、やはり時計という主題は、「導入」として重要な役割を果たしているといってよいであろう。

また、この【A】の書簡では、ワシントンはさらにモリスに対して時計以外の品物、すなわち鏡張りの飾り盆やワインクーラーなどの購入を依頼している。あたかもモリスがワシントンの在フランス代理商のごとくである。しかも大統領府の食卓を飾るはずのそれらの品物を説明・形容するためにワシントンが用いた言葉は、自身が若い時分から、タバコ代理商に対して使っていたものに他ならない。すなわち、“neat,” “fashionable,” “handsome” 等である。人々に平等志向の心性を解放したとされる独立革命を経ても、嗜好の分野に限っていえば、ワシントンの心性は大きく変わっていない。また、それらの購入先に関して、「価格や意匠の点で、ロンドンよりもパリの方が良いかどうか、私には判断がつきかねて」いるとしているが、ロンドンで購入することになった場合に備えて、ロンドンの馴染みの代理商、ウェルチ商会宛に一筆書いている。これがすなわち【D】である。そもそもモリスは一七八九年八月初めにイギリスに渡り（【史料9】）、短期間滞在した際、ウェルチ商会を訪ねている。【史料2】でワシントンに書いてもらった紹介状の中に、ウェルチ商会宛のものも含まれており、これを渡したのである。(55) こうしてウェルチ商会と人的なビジネス・ネットワークを築いたモリスに対して、ワシントンは飾り盆やワインクーラーなどについて直接ウェルチ商会宛に記した【D】を託すことで、円滑な取引を期待したのであろう。ワシントンの私的な外交使節としての使命を帯び、再びロンドンに赴いたモリスは、一七九〇年四月二二日にこの手紙をウェルチ商会に届けている。[56]

一方【B】は、主に米英の経済関係について記したもので、モリスに向かって説いてはいるものの、ワシントンの当時の経済認識、政治認識が表出した内容といえる。先述のワシントンの日記にもあったように、とりわけパリ条約の履行に関する問題と通商条約の締結の件は、米英間の焦眉の課題であった。条文の第四条でアメリカはイギリス側が有する正当な債権の回収を認めていたが、協力的でない各州政府に対して連邦政府は手をこまねいており、これを理由にイギリスは中西部等の軍事拠点の占拠を正当化していたことなどから、早急な解決が求められたのである。またイギリス側が条約を守らずに、アメリカの黒人を連れだしているとワシントンが指摘している点も興味深い。相応しい額を弁済すべしとの彼の主張は、この問題を経済上のものとしても捉えていたことをうかがわせる。

このように書簡【B】は、自身の私的な代理人としてイギリス閣僚との予備交渉を委任したモリスに対して、ワシントンが状況を縷々説明しているといった趣である。また【B】の冒頭には「手紙を同封した」と記されており、この「手紙」こそが【C】となる。書簡【C】は一種の委任状ないし紹介状で、ロンドンに赴く予定のモリスを「個人的な代理人」とし、「非公式」なかたちで米英両国の外交・通商関係修復の根回しを委託し、「両国の平和と相互理解の促進」に努めるよう求めたもので、交渉の相手方に示すことができるように添えられたものであろう。したがってこの【B】と【C】はセットになっており、【B】が【C】を包含する関係といえよう。【C】の内容は、むろん【B】の重要点のみ、要約した感がある。[57] 以上、四通の書簡について、その内容を見てきたが、これらが同時にパリのモリスに宛てて送られた際、物理的にどのような同封状況になっていたかは定かでなく、少なくとも内容からすれば、【A】が【D】を包含し、【B】が【C】を包含し、さらに【A】が全体を統べる表紙のごとき役割を果たしていると考えられる。あえて記号化すれば、「[【A】∪【D】]∪[【B】∪【C】]」の関係にあるといえよう。

一七九〇年一月二一日にパリでこれらの手紙、すなわち【A】、【B】、【C】、【D】を受け取ったモリスは、二四日に非常に長い返信をしたためた。これが【史料12】である。その長さたるや、ほとんどパンフレットと形容してもよいくらいであり、フランス革命の進捗状況のヴィヴィッドな証言となっている。冒頭部分に記された「貴殿が触れておられる品々」とは、むろん鏡張りの飾り盆やワインクーラーなどを指し、モリスがさっそく手配に動いたことがわかる。じつは現在、これらの飾り盆やワインクーラーはマウントヴァーノンが収蔵しており、実物を目にすることができる。前者はパリで作られたものだが、後者はロンドンで職人に特注したもので、ワシントンは大統領職を辞した後、マウントヴァーノンに持ち帰った（ワインクーラーは複数あり、一部をフィラデルフィアに残した）。つまり、ワインクーラーについてはロンドンで購入したことになる。これらの逸品はいずれも鈍い銀色の光を放ち、往時の華やかさを今に伝えている。(58)

さて以下では、ワシントン関連以外のモリスとレピーヌとの関係について、モリスの日記から該当箇所をすべて抽出した表5-9の史料を俎上に載せ、簡潔に解説を加えてゆきたい。まず【史料a】は、【史料7】の翌日の日記である。すなわち前日にワシントンの懐中時計、およびそれと同じ自分用の懐中時計をレピーヌの店で受け取っており、それゆえ、以前から所持していて、不幸にも「落として傷めてしまった」自身の懐中時計を、「古い」と形容したのであろう。二週間後、その修理が終わり、受け取りに行ったことを記したのが【史料b】である。その際、「二万リーヴル」もする高級懐中時計を見せてもらい、さらに平均太陽時と真太陽時を示時する置時計（もしくはホールクロック）を実見して、その新機構について丁寧に記している。平均太陽時はモリスの日記では「平均時(mean time)」、真太陽時は「普通時（common time)」と表記されている。とりわけ真太陽時が、日時計で確かめうる文字通りの「普通」の時刻、すなわち一般的なローカルタイムであったことがうかがえる。もっとも日時計からでも、付された均時差表を利用すれば、南中時刻等から平均太陽時を計算することも可能であるが、このレピーヌの機構は、それらを自動で機械的に表示させる仕組みとなっている。均時差（真太陽時から平均太陽時を引いた差）は今日、最大でプラス一六分強・マイナス一四分強と計算されており、レピーヌの機構の均時差計算が、かなり正確であることがわかる。レピーヌはこの均時差を表示できる懐中時計も同年に製作しており、日記のこの箇所は、ここに記された技術が精緻化・小型化され、懐中時計に転用されたことを示唆する史料ともいえる。[59]【史料b】ではこのあとも、置時計（もしくはホールクロック）の他の新機構について、引き続き述べている。じつは、これから三年二か月後の日記、【史料k】では、ホールクロック（もしくは置時計）を複数個、レピーヌから購入した事実が記されている。じつはこの時、モリスが購入したものと思われるホールクロックのレギュレーター（標準時計）が現存している。一七八九年ごろの作と推定されるマホガニー製の佳品で、指針の数などからして、おそらく上記の機能が搭載されたものであろう。[60]モリスは結局、三年以上かけて、購入の決断をしたことになる。

さて時間を戻し、【史料c】に簡潔に記された「懐中時計を調整」とは、テンプのヒゲゼンマイの調節による精度調整の意であろう。機械式メカニズムであるからこのようなケアは当然ともいえ、モリスがレピーヌの店をしばしば訪れていたことがわかる。【史料f】なども同様である。一方、【史料d】は「古い懐中時計」の改良（修理ではなく）をレピーヌに依頼したことを証言する。日記に記された「四分の一秒を計時する機構」とは、そのような示時を可能にする目盛が書き込まれた文字盤（ダイアル）、さらにはそのような計時を可能にする輪列（日ノ裏輪列）機構の意であろう。むろん文字盤に四分の一秒の目盛りを書き込む場合、秒針のレイアウトはスモール・セコンドではなく、センター・セコンド（中三針など）となる可能性がきわめて高い。[61]モリスは結局、以前に持っていた懐中時計を単に修理するだけでなく、最新の意匠を取り入れて改良を加えることを選んだといえる。したがって、【史料g】にある「もう一つの懐中時計」とは、この【史料d】に記された「四分の一秒を計時する機構」を備えるように改良が加えられた時計を指していると思われる。そうすると、レピーヌの店に「古い懐中時計を置いてきた」（【史料d】）ときから、およそ四か月たって改良が完了――最後の調整を除いて――したことがわかる。しかし次の【史料h】の記述を見ると、改良された時計の調子は、良くなかったようである。レピーヌ工房の仕事といえども、このようなトラブルを免れえないことがわかる興味深い史料といえる。そのお詫びの意味も含まれているのか、モリスはレピーヌから英王室に収める逸品を見せてもらっている。「イギリスの皇太子」とは、のちのジョージ四世であろう。本国イギリスの時計工房を差し置いて、皇太子がレピーヌに特注品を依頼している事実は、すでにレピーヌの名声が広くヨーロッパ中にとどろいていたことの証左といえよう。

モリスは、その広い人的ネットワークの中に、この名高いレピーヌの店も組み込んでいった。著名な時計師を知己に持つことは、時計のメンテナンスや最新の情報を得るのに有利なだけでなく、自己のビジネスにとっても益するところがあったに違いない。また、レピーヌの側にもメリットがあったであろう。そもそもジェファソンが在仏の時分は、ともに店を訪ねている（【史料e】）。同史料の時点では、まだジェファソンの手元に本国政府からの帰国許可は届いていないが、八月にその許可を手にしたジェファソンは、【史料f】では帰国準備に忙しかったものと思われる。いずれもモリスとジェファソンがしばしば会っていたことをうかがわせる史料で、しかもレピーヌの店が彼らの日常の行動範囲の中に入っていることがわかる。【史料i】でも、「ウルフ氏」なる人物にレピーヌの店を紹介し、ウルフ氏は「リピーター機構を備えた懐中時計を、四二ルイ分の紙幣を支払って購入した」とある。リピーターについては前節で説明したので繰り返さない。時計の代金計算の話も出てくるが、一ギニー（金貨）のイギリス本国における評価は二一シリングであるから、三〇ギニーは三一ポンド一〇シリングとなる。したがってこの紙幣は、アントウェルペンでの為替レートを適用するよりも、ロンドンで直接両替した方が三シリング六ペンス分だけ有利といえる。このように細かな外為相場の計算は、ビジネスマンとしてのモリスの面目躍如といったところであろう。ともあれ、リピーター機能の付いたウルフ氏の時計は、ワシントンの懐中時計よりもやや高額であった。また、この【史料i】と同様に、【史料l】でもモリスはレピーヌの店を知人に紹介している。レピーヌがいわゆる口コミで顧客を獲得していく様子を如実に伝える史料であり、レピーヌ側のメリットといえよう。さらに【史料j】では、「パリのレピーヌから託されていた懐中時計をステュアート氏に届け」ている。「パリのレピーヌ」と記していることからわかるように、この文章を書いた時、モリスはロンドンに滞在中であり、パリでレピーヌから預かったスチュアート氏の注文品を、同氏に届けたのであろう。懐中時計のように高価な、しかしかさばらない品が、モリスのように信頼できる人物に託されて輸送されてゆく様子が如実にわかる記述であり、このような相互のメリットこそが、信頼できるビジネス・ネットワークの機能そのものであったといえよう。

6　装うワシントン

当該史料集合の各範疇に関する詳細な分析は、前節までで完了したが、さらに補足として、ワシントン自身の懐中時計の装い方、すなわち彼のファッションとしての懐中時計のあり方について、絵画や彫刻など、ヴィジュアルなモノを史料として参照しつつ、最後に簡潔に見ておきたい。装飾品などの装い方を考察するためには、残されたモノそのもの以上に、当時の肖像画などが役立つのである。ワシントンを描いて有名な絵画や彫像のなかで、彼が腰に何かを提げていることが確認できるものを管見の限りリストアップしたのが、表5-10である。提げている何かとは、印章（シール）や懐中時計、その鍵（ウォッチキー）が想定され、それらが鎖もしくはリボンに吊るされていたと考えられる。これらを描いている肖像画等は全部で一〇点、うち八点が絵画、二点が彫像である。この一〇点はいずれも生前のワシントンを実際にスケッチし、それをもとに描いたり、作ったりしたものと推定され、これ以降に描かれた絵は、基本的にこれらの絵などを参照したもの、もしくは想像画と考えられるため、とりわけ懐中時計の所持形態について正確な描写は期待しにくく、対象をこの一〇番までとした。むろん、描かれているワシントンの様相から推測される作中年と、肖像画の製作年に開きがあるものもあり、時計等が必ずしも厳密な絵画描写の対象となっているとは限らないものの（すなわち製作時の一般的な風俗が、そのまま投影されている可能性もある）、これら以上に信頼すべき手掛かりがない以上、これらを前提として議論を構築することは合理的といえよう。ちな

表 5-10　絵画・彫像に見るワシントンの懐中時計

番号	製作年	作中年	作者	形態		鎖・リボン			典拠
				絵画	彫像	印章	時計の鍵	時計	
1	1776	1776	C・W・ピール	○		○	○[1]		6（図 9）
2	1779	1777	C・W・ピール	○		○	○		1（見返し），5（64）[2]
3	1780	—	J・トランブル	○		○			4（110）
4	1784	1776/7	C・W・ピール	○		○	○？		2（209）
5	1784	1783	J・ライト	○		○			4（160）
6	1786	—	J＝A・ウードン		○	○	○？		4（154）
7	1792	1776	J・トランブル	○		○			3（表カバー），4（134）
8	1792	—	W・サリヴァン		○			○[3]	6（図 13）
9	1800/1	1796	G・ステュアート	○		○？			4（226）
10	1806	1776	G・ステュアート	○		○	○？		6（図 34）

註）典拠の各番号は以下の文献を指す（表中の括弧内は頁数等）。
1： F. Freidel & L. Aikman, *George Washington : Man and Monument* (Washington, D.C., 1988).
2： W. R. Hofstra, ed., *George Washington and the Virginia Backcountry* (Madison, 1998).
3： E. G. Lengel, *George Washington : A Military Life* (NY, 2005).
4： W. M. S. Rasmussen & R. S. Tilton, *George Washington : The Man behind the Myths* (Charlottesville, 1999).
5： J. Rhodehamel, *The Great Experiment : George Washington and the American Republic* (New Haven, 1998).
6： B. Schwartz, *George Washington : The Making of an American Symbol* (NY, 1987).
1）クランク型の鍵。2）文献 1 と文献 5 の絵画では，フォブの描写が若干異なっている。3）時計ではなく，フォブの円形の飾り板を描写している可能性もある。

みに二番のピール作の肖像画は、二〇〇六年のオークションで、アメリカ人の肖像画としては史上最高額の二一三〇万ドルで落札されている（それまでの最高額もワシントンの肖像画で八一〇万ドルであった）。

　ともあれ、これらの肖像画や彫像を観察すると、大変興味深いことに、ワシントンの懐中時計を直接描いているものは一点のみであることがわかる。しかもこの一点ですら、表現が明瞭でないために、それが時計なのかどうか、必ずしも定かではない。だが一方で、表中の肖像画等のいずれにも、懐中時計の鍵や印章が描かれているということは、それらが結びつけられている鎖もしくはリボンの先に、懐中時計の存在が想定されねばならない。したがって、これらの事実から帰納される事象は、ワシントンが懐中時計をフォブ、すなわち半ズボン（ブリッチズ）の前方に付けられたポケットに入れたまま、絵の中でポーズを取っているということである。[62] そして、そのような時計の使用法は、当時の男性の場合、きわめて一般的な装い方でもあった。つまり、時計を傷つけないように携帯する合理的な手段といえたが、時刻のみならず社会的ステイタスをも計るよすがとなる時計は、時刻を確認するとき以外、人の目から隠されていたことになり、ワシントンの懐中時計もまさにそのような状態にあった。ただし、時計の鍵や印章については常時、外に出して腰にぶら下げており、これも当時の一般的な慣習といってよい。つまり前節までの分析で、ワシントンが美しい印章や鍵を積極的に求めたことを明らかにしたが、彼はこれらの小さなアイテムをファッションの一部として、実際に人目につくように用いていたのである。そして懐中時計そのものについては、時刻を確認したり、ゼンマイを巻いたりする際にフォブから取り出し、その機能そのものと機能美の双方――とりわけ前節で詳述したレピーヌ・キャリバー搭載の時計の場合、薄型で大型――を余すところなく、周りの人々に見せつけたのであろう。時間に厳格なワシントンの場合、それはむろん実用的な行為であったが、同時に彼の美的センスの表出でもあったのである。

第6章　ワシントンの告別演説
——その日付に関する一考察

1　二つの日付の謎——問題の所在

初代大統領ジョージ・ワシントンが、大統領職第二期八年目も終わりに近づく一七九六年九月、自らの三選不出馬と、当時の内外政について、思うところを開陳した文章、それがいわゆる「告別演説（"Farewell Address"）」である（以下、括弧を外し、告別演説とする）。そもそもワシントンの大統領就任を前提に、合衆国憲法第二条（大統領に関する規定）が定められたとも言われ、ヨーロッパ諸王国の世襲王制に対して一種の「選挙王制」として位置づけられた大統領職を、ワシントンが終身で務めてくれると考えていた者も当時、非常に多かった。すなわち、ワシントンが四年ごとに大統領に選ばれ続け、在職のまま、鬼籍に入るというイメージである。しかし、アレグザンダー・ハミルトンを軸とする政界の路線対立から、いわゆる第一次政党制が展開してゆく中で、独立戦争中に生死を共にした右腕たるハミルトンを深く信頼していたワシントンは、とりわけ第二期目において、自らの政治的立場として連邦派（フェデラリスト党）寄りのスタンスを取らざるをえなくなった。これに対して共和派（リパブリカン党）からの批判も強く、生きながらに神格化の途上にあったワシントンといえども、合衆国憲法が予期しなかったこの党派対立を克服するすべは見出せなかった。彼が告別演説で党派対立の回避を呼び掛けたゆえんである。かかる政局下で、そもそも大統領就任に当初、必ずしも乗り気でなかった（ように見えた）ワシントン——前章で論じた——が、自身のプランテーション、マウントヴァーノンに引退したいと考えたとしても不思議ではない。かくしてワシントン以降、歴代の大統領たちは皆、ただ一人の例外（F・D・ローズヴェルト）を除いて、最大二期八年までしか同職に留まらないとする前例を踏襲した（むろんトルーマン以降は、この原則が憲法修正第二二条に明記された）。さらに告別演説は、当時のヨーロッパの騒乱から距離を置くように説いて、いわゆる「孤立主義」外交の源流となったとされており、その意味でも、きわめて重要な文書と位置づけられる。

では、この告別演説は、どのような形で国民に伝えられたのか。じつのところ、「演説」の訳語は誤解を生みやすい。この文書が口頭で発表された事実はなく、実際にはフィラデルフィアの新聞紙上に掲載されたのみだからである。したがって、「告別演説」よりも「告別の辞」の方がよりふさわしい訳と言えるが、本章ではあえて従来からの伝統的訳語ともいうべき「演説」のままとしたい。そしてここで問題とするのは、この「演説」の内容、すなわちテクストの主要部分ではない。この文書のテクストの生成に関しては、ハミルトンの関与などを含め、詳細に解明されており、また、このテクストの後世への影響についても、その研究は汗牛充棟の観がある。本章で考究するのは、テクストの最末尾の部分のみ、つまり、「日付」である。日付はテクストの一部であるが、史料そのもの、もしくは史料の形態（テクスチャー）と不可分の関係にあり、興味深い知見を与えてくれるのである。

＊

ワシントンに関して歴史的に有名な本と言えば、桜の木のエピソード（の捏造）で知られるM・L・ウィームズ『ワシントン伝』であろう（同書については第9章第4節でさらに論じる）。同書はワシントンの死去の翌年、一八〇〇年に上梓されてから、ウィームズ自身が亡くなる一八二五年まで二九版もが刷られているが、著者の所蔵する第一二版（一八一二年）では、告別演説の日付はどのように記されているのだろうか。[1] 同書の第一一章の文中には、告別演説の全文がそのまま収録されており、末尾にはむろん日付も確認できる。該当する箇所のみを切り出したのが図6-1であり、「G・ワシントン、合衆国」の表記とともに、「一七九六年九月一七日」と明記されている。また、版を遡って一八〇九年の第九版を調べても、確かに同様の表記・日付となっている。[2] ちなみにウィームズは、ワシントンが実際に演説をおこなったとは書いておらず、むしろ文章が新聞に掲載された事実に触れているのだが、告別演説を「説教（"sermon"）」に比しながら説明しており、このことが、この文章が口頭で述べられた——述べられた後に新聞に掲載された——との誤解を後世に生じさせたと考えることもできる。ともあれウィームズによれば、この文章の日付は「一七日」である。

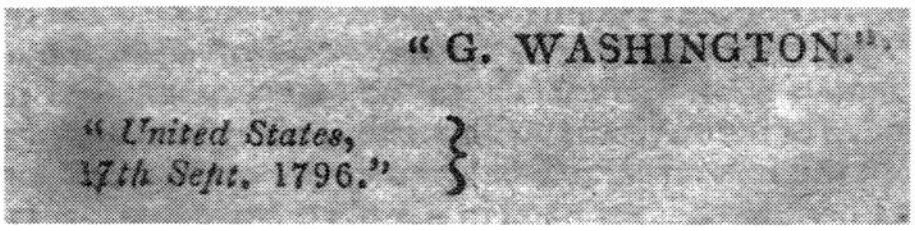
"G. WASHINGTON."
"United States, 17th Sept. 1796."

図6-1　M・ウィームズ『ワシントン伝』（第12版，1812年，著者蔵）に収録された「告別演説」の末尾部分

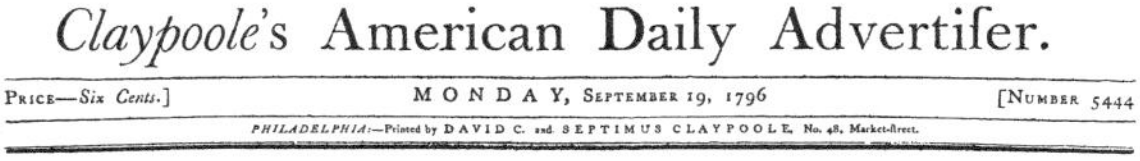
Claypoole's American Daily Advertiser.
PRICE—Six Cents.]　MONDAY, SEPTEMBER 19, 1796　[NUMBER 5444
PHILADELPHIA:—Printed by DAVID C. and SEPTIMUS CLAYPOOLE, No. 48, Market-street.

図6-2　『アメリカン・デイリー・アドヴァタイザー』5444号（1796年9月19日発行）の題字部分（マイクロフィルム）

彼はこの文章が掲載された新聞の名称や発行日については明記していないが、当然、それらについてはよく知られている。掲載紙は当時のフィラデルフィアを代表する新聞ともいえる『アメリカン・デイリー・アドヴァタイザー』（五四四四号）で、日付（発行日）は九月一九日（月曜日）である。図6-2に当日の新聞の題字を掲げた。この題字にあるように、同紙は正式には社主クレイプールの名を冠して『クレイプールズ・アメリカン・デイリー・アドヴァタイザー』と称され、同年（一七九六年）一月一日から発行を開始している。ただし前身の『ダンラップ・アンド・クレイプールズ・アメリカン・デイリー・アドヴァタイザー』は、独立宣言を初めて印刷した「ダンラップ・ブロードサイド」（第1章第3節参照）で有名

G. WASHINGTON.
UNITED STATES,
17th September, 1796.

図6-3　『アメリカン・デイリー・アドヴァタイザー』紙掲載の「告別演説」の末尾部分（マイクロフィルム）

図6-4　「告別演説」手稿の末尾部分（ファクシミリ版）

なJ・ダンラップとの共同発行であり、さらにその前身等とも相まって、若干の名称の変化はあれども、一貫して高い評価を得ていた新聞である（ちなみに「クレイプールズ」を冠した同紙は一八〇〇年九月三〇日まで発行され、以後、「ポールソンズ」を冠する後身に引き継がれた。著者は一八二七年八月八日発行のオリジナルを所有しているが、題字のレイアウトは変化している）。ともあれ、一七九六年九月一九日付の同紙の二頁から三頁にかけて、告別演説の全文が掲載され、最後に「G・ワシントン、合衆国」の表記と「一七九六年九月一七日」の日付が置かれている（図6-3）。つまり、この文章が最初に印刷、公開された新聞の日付は一九日であるが、文章の日付自体は一七日とされているのであり、このように二種類の日付が存在することから、告別演説の日付を一七日とする立場のみならず、一九日と表記する立場もありうることになる。主要なアメリカ史の概説書では、いったいどちらの表記が多く採用されているのだろうか。アメリカと日本で、主に二〇世紀後半に出版された——もしくは広く知られ、用いられた——書物をいくつか繙くならば（表6-1）、一七日が圧倒的ではあるものの、それとともに一九日の日付を挙げているものもある（一点だけ、一九日のみがある）[3]。先述したように、多用される「一七日」にはウィームズの影響（の系譜）を見て取ることもできようし、一方、掲載新聞の存在は当時から知られていたと推測されるため、告別演説についてある程度詳細に説明する際には、「演説」文中の日付（一七日）とともに新聞発行の日付（一九日）を併記することも、理にかなった処置といえる（一点のみ、一七日を新聞発行日と錯誤しているものがある）。そして、これが「演説」の日付に関する問題のすべてだとしたら、あえて再訪する必要もなかろう。だが、事はそう単純ではない。

表6-1 20世紀後半の概説書等におけるワシントン「告別演説」の日付

番号	書名	著者・出版社	刊行年	日付		備考
				9/17	9/19	
1	*The Life of Washington*	Weems	1809	x		原文中
2	*Documents of American History*	Commager	1949	x		本文中
3	*The American Republic*	Hofstadter, *et al.*	1959	x 新聞		本文中
4	アメリカの歴史	モリソン	1965	x		本文中
5	*America* (2nd ed.)	Tindall & Shi	1988	x 原文	x 新聞	本文中
6	*America* (5th ed.)	Tindall & Shi	1999	x		本文中
7	*The Presidents*	Graff	1997	x		年表中
8	*Presidential Fact Book*	Kane	1998	x		年表中
9	*The Boisterous Sea of Liberty*	Davis & Mintz	1998	x		原文中
10	世界各国史（第8巻）アメリカ史・新版	山川出版社	1969	x 年表	x 本文	
11	世界の歴史（第17巻）	河出書房新社	1969	x		本文中
12	アメリカの文化（別巻1）	南雲堂	1971	x 原文	x 新聞	
13	世界の歴史（第17巻）	講談社	1978	x		
14	ビジュアル版・世界の歴史（第15巻）	講談社	1984	x		年表中
15	人物アメリカ史（第1巻）	集英社	1984	x		本文中
16	アメリカハンドブック	三省堂	1986		x	年表中
17	史料が語るアメリカ	有斐閣	1989	x 原文		
18	世界歴史体系・アメリカ史（第1巻）	山川出版社	1994	x		年表中
19	世界各国史（第24巻）アメリカ史	山川出版社	1999	x		年表中

註）リストは月日の日付が記されているもののみ。また,「原文中」とは, 告別演説そのものに付された日付の意。多くは原文（訳を含む）を引用している。アメリカ等で出版された著書（その翻訳を含む）の略語対応一覧は次のとおり。2 : Henry S. Commager, ed., *Documents of American History*, 5th ed.（N.Y., 1949）, 169–175 ; 3 : Richard Hofstadter, William Miller & Daniel Aaron, *The American Republic*, Vol. 1（*to 1865*）（Englewood Cliffs, N.J., 1959）, 280 ; 4 : サムエル・モリソン（西川正身監訳）『アメリカの歴史（集英社文庫版）』第2巻（集英社, 1997年）, 270頁（Samuel E. Morrison, *The Oxford History of the American People*（Oxford, 1965））; 5 : George B. Tindall & David E. Shi, *America : A Narrative History*, 2nd ed., Vol. 1（N.Y., 1988）, 324 ; 6 : *Ibid.*, 5th ed.（N.Y., 1999）, 358 ; 7 : Henry F. Graff, ed., *The Presidents : A Reference History*, 2nd ed.（N.Y., 1997）, 671 ; 8 : Joseph N. Kane, *Presidential Fact Book : The Facts on All the Presidents from George Washington to Bill Clinton*（N.Y., 1998）; 9 : David B. Davis & Steven Mintz, eds., *The Boisterous Sea of Liberty : A Documentary History of America from Discovery through the Civil War*（Oxford, 1998）, 272.

当然ながら、新聞掲載の「演説」には、新聞社が活字を組む際に用いた原稿が存在する。その原稿とは、ワシントン自らの手になる直筆の手稿であり、現存し、ニューヨーク公立（公共）図書館に収められている。したがって、告別演説について今日のアメリカ史概説書から遡って訪ねるならば、ウィームズの著書を経て、当日の新聞、そしてその新聞掲載の文章、さらにワシントンの手稿へと至ることになる。そして、驚くべきことに、この手稿に記された日付は、「九月一九日」なのである（図6-4）。

整理してみよう。（a）当日の新聞の日付（発行日）は一九日である。（b）その中に掲載された「演説」の日付は一七日である。（c）その「演説」の文章を活字に組む際に用いた原稿（ワシントンの手稿）の日付は一九日である。それでは、現在最も「普及」している一七日説の根拠は、どこに求められるのだろうか。（a）と（c）の「一九日」の狭間で、（b）の「一七日」はいかに生成されたのだろうか。本章は、「一九日」の狭間で朧に揺れる「一七日」の謎を追った一つの試論である。

2　七か九か

そもそも、ワシントンの告別演説に関して、今日知られている（直接の）草稿は五種類ないし六種類存在する。(4)①一七九二年のマディソンの草稿、②一七九六年のワシントンの草稿（「ワシントンの第一草稿」）、（③ハミルトンによる演説作成の要点摘要）、④ハミルトンによる主要草稿（「ハミルトンの主要草稿」）、⑤ハミルトンによる統合草稿、⑥最終草稿（「ワシントンの最終草稿」）、である。これらの番号は、基本的に時系列に沿って付されたもので、草稿が完成へと向かってゆくさまを示しているといえる。そしてワシントンは⑥の最終草稿を内閣の面々に見せている。先に述べたワシントン直筆の原稿とは、むろんこの最終稿の⑥にあたる。そしてこの⑥以外については、少なくとも演説自体に日付は記されていない。つまり、上記のような経緯を経て生成された原稿の日付を確定するには、⑥を待たなければならなかったともいえる[5]。

さてそれではこの⑥、つまりワシントンが最終的に新聞社に渡した「ワシントンの最終草稿」に焦点を絞ってみよう。そもそも手稿史料の文字は、一般的に言って読みにくい場合がある。では、このワシントンの手稿に記された日付の数字が、九ではなく七である可能性はないのだろうか。また、その数字が、ワシントン自身の手によって記入されたものでない可能性はないのだろうか。なんとなれば、これらの前提が崩れるならば、本章の問題設定自体が無意味になるからであり、最初に確認すべき最重要事項といえよう。

まず、後者の問いから見てみよう。ワシントンの字体にはかなりの特徴、癖があり、見慣れると、その識別は比較的容易である。むろん、それは当時の真正文書を見る限り比較的容易という意味であって、必ずしもワシントンの偽文書の鑑定が容易であると主張しているわけではない。ただ、ニューヨーク公立図書館に収められている本手稿に関しては、偽文書の可能性を想定する必要はない。後述する複数の史料（報告書や書簡）の証言から明らかなように、本手稿の来歴については一点の曇りもないからである。そしてこの手稿が全文にわたって——すなわち、日付も含めて——ワシントン本人の手になるものであることも、これらの史料によって証明されていると考えてよい（ただしある報告書において、日付に関してだけは当初、断定することに若干の躊躇が見られ、その微妙なニュアンスにこそ、本章で扱う問題の本質が投影されているともいえるが、これについては後述したい）。ともあれここでは、日付のくだりについて間違いなくワシントンの真筆であることを、彼が残した他の史料と比較しながら確認しておきたい。図6-5をご覧いただきたい。これはワシントンの日記の一部であり、「一七九〇年三月」と年月のみが書き込まれているが、正確には一七九〇年三月一九日金曜日に記入されたと考えられる箇所である。字体は年齢とともに若干変化するため、告別演説と近い年代の箇所を比較対象に選定し

図 6-5　ワシントンの日記（1790 年 3 月 19 日）に見える自筆の「7」と「9」

ている。図6-4の告別演説の手稿と比べるとどうだろうか。両者ともに、ワシントンにきわめて特徴的なアルファベットの形状が認められるが、ここで注目したいのは数字、すなわち七と九である。両者の七と九はほぼ一致しており、とりわけ特異な形状を持つ九については同じ字体と断言しうる。ちなみに、図6-4の「一七九六」の上のあたりにうっすらと見える線は、裏に書かれた文字列が透けて見えているもので、決して削除等の印などではなく、まったく本推論に影響する要素ではない。一方、その図6-4の中の七と九（「一七九六」の七と九、および「一九」の九）を見ても、字体の一致する二つの九は、七とは明らかに異なっており、それは図6-5においても同様である。つまり、字体の対応する双方の図において、七と九は異なっているのであって、ここにおいて最初の問いもおのずと解決したといえる。つまり、告別演説のワシントンの手稿は、ワシントンの真筆であり、確かに一九日と記されているのである。

じつは先に「一七日説」が最も一般的と述べたが、それはあくまでも二〇世紀後半の概説書に関しての事実であって、近年のアメリカにおいてワシントンの告別演説に特化した記述、たとえば告別演説を扱ったサイト[6]、告別演説の専門書[7]、さらにはワシントンの専門家が当該項目を執筆した事典（ブリタニカなど）など[8]では、九月一九日の日付が採用されている。つまり、一般的なアメリカ史概説書とは異なり、告別演説に関する詳細な記述が含まれる書物やサイト等では、近年はむしろ「一九日説」が多いと考えられる。しかもそれらの「一九日」の典拠は、新聞の発行日（先述の（a））というよりも、オリジナルの手稿の日付（先述の（c））にあるように思われるのである。ウェブ等を通じて、オリジナル手稿の図像へのアクセスが容易になったことも、その一因であろうか。つまり、ワシントンの手になるオリジナル手稿に準拠するならば、そもそも「一七日」は存在意義を失う。この日付は、いわば俗説の一つとして、歴史の闇の中に消えてしまいかねないのである。

では、これまで研究史の上で、これらの問題が議論されることはなかったのか。そもそも告別演説についての研究は、近年では告別演説二百周年（一九九六年）を契機として高まりをみせ、なかでも、Patrick J. Garrity, *A Sacred*

Union of Citizens : George Washington's Farewell Address and the American Character (Lanham, Md., 1996) は、最新の優れた論考といえよう。しかし同書も、主として演説のテクストの内容を俎上に載せて論じているのであって、その生成に関しても、かかる視点から考察が加えられているといってよく、われわれが関心を抱く手稿の日付については、特に言及はなされていない。じつのところ、古典的な史料批判ともいえるこの日付の問題について、重要な示唆を与えてくれるのは、一九三五年にV・H・パルツィッツが上梓した五〇〇部限定出版の大著 (Victor H. Paltsits, *Washington's Farewell Address : In Facsimile, with Transliterations of all the Drafts of Washington, Madison, & Hamilton, Together with their Correspondence and Other Supporting Document*, [New York], 1935) である（著者が実見した同書は四一三番のナンバリングが付されている）。同書は、それ以前の文献学的な考察、とりわけJ・レノックスが入手した告別演説手稿をもとに一八五〇年に刊行したJ・レノックス編『ワシントン告別演説』（後述）などを詳細に検討し、関連史料を渉猟して編まれたもので、上梓から八〇年ほど経った古い書物だが、告別演説の文献学的な考察において同書を凌駕するものは存在しないといってよかろう。本章においても同書は導きの糸であり、日付に関する同書の示唆——必ずしも断定的ではないが——は、説得的だと判断しうる。また、さらに古いが、著者が偶然手にした小冊子で、今日ではほとんど忘れ去られた Charles Robert Gaston, ed., *Washington's Farewell Address, Webster's First Bunker Hill Oration, Lincoln's Gettysburg* (Boston, 1906, 1919) にも日付に関して示唆に富む指摘があり、参考にした。[9] これらの研究に導かれ、また、関連する史料を詳細に検討するならば、この手稿とその印刷をめぐって、さらにいえば大統領官邸のワシントンと『アメリカン・デイリー・アドヴァタイザー』紙を発行する新聞社主のデイヴィッド・C・クレイプールをめぐって、一連の状況が浮かび上がってくる。われわれが追い、再現を試みるのは、一七九六年九月一五日木曜日から二〇日火曜日までの六日間、場所はむろんフィラデルフィアである。

3　六日間の再現（一）――関連史料の提示

この六日間を再現するに際して、最も直接的な痕跡を残しているはずの史料、すなわちクレイプールが印刷の際に用いた告別演説の校正ゲラ（校正刷り）は見つかっておらず、おそらく失われてしまったと考えられる。[10] また、公刊されているワシントンの日記に、これらの日々に関する記載はない。[11] したがって、校正ゲラや日記以外の、いわば状況証拠に頼らざるをえない。以下に掲げる五点の史料は、【史料1】を除いて、いずれも後世になされた関係者の証言等であるが、当時の状況を最も直截に説明していると考えられるものである。注釈等を加えながら、時系列に沿って順に見てゆきたい。なお、傍線およびブラケット（［］）は著者による。

【史料1】ワシントン宛のティモシー・ピカリングの書簡。[12] ニューヨーク公立図書館所蔵。（一七九六年九月一五日、フィラデルフィア）

拝啓

本日、手ずから私にお渡し下さいました書類［ワシントンの最終草稿の意］につきまして、皆で注意深く、丁寧に拝読させていただきました。今現在も私自身、念入りに目を通させていただいておりますが、就寝される頃までに読み通してご返却申し上げるのは無理ではないかと存じます。明日の朝、ご朝食の前に、書類を持って参上させていただく所存です。

敬具

木曜夕刻

合衆国大統領閣下

T・ピカリング

【史料2】ペンシルヴァニア歴史協会に提出された、デイヴィッド・C・クレイプールとの対談に関するウィリアム・ロールの報告書（以下「ロール報告書」[13]）。ロールはペンシルヴァニア歴史協会会長。この自筆の史料は現在、ニューヨーク公立図書館に収められている。また、一八五〇年に刊行されたJ・レノックス編『ワシントン告別演説』（*Washington's Farewell Address to the People of the United States of America* (New York, 1850)）にも、Appendix Bとして収録されている（同書は、ニューヨーク公立図書館の貴重図書室に厳重に保管されており、特別に許可を得て、同書を実見した[14]）。

一八二五年一二月一六日

デイヴィッド・C・クレイプール氏との対談

ワシントン大統領の告別演説の手稿をクレイプール氏が所有しているとの知らせを受け、私は氏に手紙を書いて、その手稿を当協会に預けてくれないかと頼んでみた。氏は一二月五日付の返信で丁重に断ってきた。そこで私は再度手紙をしたためて、氏が告別演説を印刷するに際して大統領と交わした会話について、氏の口から直接に聞かせてほしい旨、お願いした。今日、氏は私を訪ねて来て、次のような話を聞かせてくれた。大統領が私設秘書を通じて氏に会いたいとの旨を伝えられ、氏が指定された時間に訪問すると、大統領は一人きりで部屋におられた。

大統領は氏が発行している日刊紙に、合衆国人民に宛てた自らの演説を掲載してほしいと言われた。クレイプール氏はこれまでの自身の編集方針が高く評価されたものと思い、かかる目的のために自分を選んで下さって非常に光栄ですと答えた。大統領は会釈をして賛同の意を示し、いつ印刷できるかとさらに尋ねられた。クレイプール氏はいつでもお望みの日時にできますと返答した。大統領は可能な限り早くと要望され、校正のゲラを自分の元に届けてほしいと言われた。

翌朝、先に大統領のメッセージを伝えたのと同じ人物によって手稿［"M. S." と表記。クレイプールは陳述書（【史料4】）で "copy" と表現しているが、これが "M. S." の「写し」ではなく、オリジナルの手稿の意であることが、両者を突き合わせることではっきりとわかる］が届けられ、ただちに組版の作業が開始された。初校と再校［複数］が大統領の元に届けられ、最初の会見からおよそ四日後の一七九六年九月一九日、紙上にて演説が発表された。

その後、クレイプール氏は手稿を返却するため、現物を携えて大統領を訪ねたが、その際、万が一この手稿を今後も自分の手元に置くことができるならば無上の幸せですと、非常に丁重な態度で頼み込んだところ、大統領はそれで氏が満足するならばどうぞと言われた。こうしてクレイプール氏はこの貴重な自筆原稿を手にしたまま大統領府を後にし、以後、決してこれを手放そうとしないのである。

クレイプール氏はこれらの事実を話したのち、私にオリジナルの手稿を見せてくれた。すべてがあの偉人の手になる三〇ページほどの四つ折版の小冊子を、私は畏敬の念と喜びの感情を抱きつつ手に取った。それは至るところ、オリジナルの痕跡で満ち溢れていた。数多くの削除箇所や行間への挿入文、パラグラフの入れ替えなど、一人の人物が誰の手も借りずに書き記したことが一目瞭然であった。

全部の行数を数えてみたところ、一〇八六行あり、削除された部分は一七四行であった。

私はワシントン大統領の筆跡については完璧なまでに心得ているので、このテクストの一語一語すべてが、挿入文に至るまで、彼の、そして彼一人の手になるものであることがわかって大いに満足したのである。ただ一箇所、一七九六年九月一九日の日付には疑念を抱いた。私はアレグザンダー・ハミルトンの筆跡にも通じているので、この日付が彼の手になるものでないことだけは断言できる。大統領の私設秘書が記したものかもしれない。もっともクレイプール氏は、これについても大統領自身の手になるものだと固く信じている。

W・ロール

【史料3】クレイプール宛のロールの書簡（宛先の住所はペンシルヴァニア州ブリストル、消印は二月一日）[15]。ニューヨーク公立図書館所蔵。

D・C・クレイプール様

拝啓

過日わざわざお運びいただきました際に、ご親切にもお話し下さいました内容の件ですが、これを公にするにあたっては、真っ先に貴殿にお目通し願うことなく公表はしないと申し上げました。当歴史協会では、やはりこれを活字にしたいとの意向がかなり強いように思われます。そこで、この件につきましてご了解いただけますかどうか、お知らせ願えれば幸いです。

敬具

W・ロール

一八二六年一月三一日

【史料4】ペンシルヴァニア歴史協会に宛てた、デイヴィッド・C・クレイプールの陳述書（以下「陳述書」）（一八二六年二月二二日）[16]。*Memoirs of Historical Society of Pennsylvania*, vol. 1（1826）に掲載されたもの。ただしこの陳述書の草稿は、先述のニューヨーク公立図書館・貴重図書室の保管になるレノックス編『ワシントン告別演説』のAppendix Aに収録されている。クレイプールはこの草稿にかなり加筆修正して最終的な陳述書を作成したため、両者には微妙な違いが数多く認められ、とりわけ告別演説の校正に関する箇所の相違は重要である。拙訳においては、①陳述書にあって草稿にない文言は山括弧（〈　〉）、②草稿にあって陳述書にない文言は亀甲カッコ（〔　〕）に入れ、③さらに亀甲カッコ内の文言が、陳述書の特定の文言に差し替えられている場合は、その特定の文言に傍線を施した（ただし同義語の入れ替えについては捨象した）。パルツィッツも類似の校異作業を、より簡潔な形でおこなっているが、あまり細部の差異に重要性を認めなかったためか、遺漏があり、完全とは言いがたい。なお、レノックス編に収録されている草稿は、クレイプールが自ら保管していたもので、レノックスが告別演説の草稿を入手した際、同時に落手したものである。この草稿も現在、ニューヨーク公立図書館が所蔵しており、偽文書でないことを証明する宣誓供述書（一八五〇年二月一二日付）が添付されている。

故ワシントン大統領が合衆国人民に宛てて出された告別演説を最初に印刷した際の諸事情について、〈ペンシルヴァニア歴史協会〉〔数人の非常に尊敬すべきジェントルマン〕より説明を求められたので、覚えている限り正確に記したい。

この〈記念すべき〉〔非常に興味深い〕文書が印刷に付される数日前、大統領が私に会いたがっているという知らせを大統領の私設秘書〔リア大佐〕より受けた。約束の時間に参上すると、謁見の間で大統領は一人、座っておられた。私が丁重に挨拶すると、大統領は〔非常に〕親切に接して下さり、側に座るようおっしゃられた。そして次のように述べられたのである。しばらく前から政界を退こうと思っていたが、任期の終わりに際して、ついに決断した。ついては折に触れて考えていたことを、合衆国人民に〈演説の形で〉伝えたいと思い、クレイプール氏が〔社主および〕編集者を務める『デイリー・アドヴァタイザー』紙に掲載してくれないか、と。大統領はここでいったん話を切られたので、私は大統領が〈人民との〉〔大衆との〕コミュニケーションの場として弊紙を選んで下さったことに対して感謝の念を伝えた。私の仕事のやり方や原則を、大統領が評価して下さったゆえの選択だと考えたからである。大統領は無言で賛意を表された後、〔私に〕いつごろ印刷できるかと尋ねられた。私は大統領のご都合に合わさせていただきますと答え、次の月曜日に決まった。そこで大統領は私に、翌朝（金曜日）、秘書に原稿を届けさせるとおっしゃり、私は退席した。〔草稿では次の改行なし〕

校正刷りを〔注意深く〕原稿と見比べて、私自身が修正を施した後〔内校の意〕、大統領に校正して頂くべく、〈別の校正刷り、次いで再校刷りを〉〔二つの異なる再校刷りを〕持って行った〔最初のゲラが初校刷り、次が再校刷りとなる。草稿では初校刷りと再校刷りを合わせて、二つの異なる再校刷りと表現していたが、より正確を期すため、陳述書では時間の経過を加味した表現を選択したと考えられる〕。大統領はオリジナルの文章にほとんど手を加えられなかったが、句読点については、細心の注意を払って修正を施された。〔草稿では次の改行なし〕

〈「合衆国、一七九六年九月一七日」と日付が付された〉〔一七九六年九月一九日という、新聞と同じ日付が付された〕演説の掲載が〈一九日に〉完了したので〔陳述書の草稿は告別演説に付された日付に関して間違っており、陳述書で正確な表現に直したものと思われる。この間違いは、単純に新聞の日付に引きずられたものとも考えられるが、後述するように、自身が修正する前の、すなわちワシントンの草稿に明記されたオリジナルの「一九日」という日付によって惹起されたとも想像しうる。またこの箇所は、日付をあまり意識していなかった証左とも、一方、それを正確に直したという意味では意識していた証左とも受け取れる〕、私はオリジナルの原稿を片手に大統領を訪ね〔ワシントンは一九日早朝、マウントヴァーノンへ発っているので、しばらく後のことであろう〕、それを大統領に差し出しつつ、〈この原稿を手放すのがいかに残念か、また〉もし手元に置くことができればいかに嬉しいか申し上げたところ、大統領は〔非常に〕丁寧な物腰でそれを手ずから戻して下さり、もしこの原稿をご所望ならば、どうぞ取っておいて下さいとおっしゃった。〔そして〕私は退席したのである。

〔以下、手稿の文書としての特徴が述べられており、十数行省略〕〔それを〕詳しく調べるならば、最初から最後まで、〔多くの〕修正部分も含めて〈同じ〉〔ただ一人の〕手によるものとわかるであろう。私は確信を持って、今所有しているこの〈手稿〉〔オリジナル〕には、〈そこに署名されている〉〔国民に最も慕われている〕あの偉大な〔良き〕人のほか、何人の手も加えられていないと断言できる。

一八二六年二月二二日、フィラデルフィアにて。

D・C・クレイプール

【史料5】クレイプールの陳述書に付されたロールの文章（*Memoirs of Historical Society of Pennsylvania*, vol. 1）[17]。【史料2】を書いた際におこなった調査の結果を、再度記したものであろう。

前述のクレイプール氏の証言に対して（彼が公正、高潔な人物であることは、すでに周知のところではあるが）、以下の事実を付け加えても蛇足にはなるまい。すなわち、かの偉人の筆跡に精通している私が、当該の手稿を最初から最後まで注意深く調べたところ、そこには大統領以外の手になる文言は一語たりとも見出せず、かかる結果に大いに満足したのである。ただ一箇所、日付については疑念を抱いた。一見したところ、日付の文字が他と完全には同じでないように思われたのである。しかしさらに詳しく調べた結果、同一の手になる文字であると考えるに至った。この点については、クレイプール氏も完全に同意見である。ともあれ、私はハミルトン将軍の筆跡についてもよく心得ているので、手稿に彼の手が加わっていなかったことに大いに満足した。ただ日付については、大統領の私設秘書が書き入れた可能性もある。

一八二六年二月二二日

W・ロール

4　六日間の再現（二）——何が起きたのか

さて、以上の史料を手がかりとして、告別演説をめぐってこの六日間に何が起きたのか、日を追って可能な限り再現してみよう。主たる史料は、クレイプール自身の詳細な証言である【史料４】となろう。

そもそもクレイプールとワシントンとの関係は、「文書が印刷に付される数日前」、秘書のトバイアス・リアがクレイプールに、ワシントンが会いたがっているとのメッセージを伝え、時間を指定したところから始まる。約束の日時ではなく、「約束の時間」とされているため、このメッセージが伝えられたのが会見の当日、つまり九月一五日の可能性もある。なんとなれば、大統領府とクレイプールの新聞社とは位置的に近く、迅速な行き来も可能であり、のちの校正のやり取りも、この距離的な近さゆえに、時間的に余裕を持っておこなえたと考えられるからである。実際、大統領府と新聞社は、共に当時の目抜き通り（高台にある「ハイ・ストリート」。市場ができたため、一八世紀初めころから「マーケット・ストリート」と呼ばれるようになった）に面し、およそ四ブロックを隔てているだけであった(18)。この通りを、リアが、そしてクレイプールが歩く姿が目に浮かぶ。原稿やゲラを抱えて彼らが往来したこの六日間について、一日ごとに見てゆくことにしよう。なお、その間に発行された『アメリカン・デイリー・アドヴァタイザー』紙について、簡潔にまとめておきたい（表６-２）。同紙は日刊紙であり、毎号およそ四ページからなっている。告別演説が掲載されたのは月曜日であるが、ストーリーはその前の週の木曜日から始まる。

九月一五日木曜日

この日にクレイプールは大統領府へ赴く。この会見のときに、原稿はワシントンの手元にはなかったはずである【史料１】にあるように、ティモシー・ピカリングが持っていたと思われる)。もしあればその場で渡したであろうし、

表 6-2 『アメリカン・デイリー・アドヴァタイザー』関連号

発行日			号数	総頁数	備考
年	月日	曜日			
1796 年	9 月 15 日	木	5441 号	4 頁	
〃	9 月 16 日	金	5442 号	4 頁・後記 1 頁	
〃	9 月 17 日	土	5443 号	4 頁・補遺 2 頁・後記 1 頁	
〃	9 月 18 日	日	休刊	―	
〃	9 月 19 日	月	5444 号	4 頁	告別演説：2〜3 頁
〃	9 月 20 日	火	5445 号	4 頁	ワシントン消息：3 頁

実際、クレイプールはこの時に原稿を目にしたとは言っていない。さらにピカリングが持っていたと思われるその原稿には、日付が入っていなかった可能性が高い。クレイプールと話をしてみなければ、いつ印行が可能かわからないからであり、この印行日の決定こそ、この会見の主要目的であったはずだからである（ガストンは、この日付はワシントンによってあらかじめ設定されていたと理解しているが、必ずしも詳しい説明はなく、説得的ではない）。そしてこの時、新聞紙上での発表は月曜日（一九日）と決まった。

九月一六日金曜日

この日の早朝、ピカリングが原稿をワシントンに返却。この時に、ワシントンが自ら日付を書き込んだ可能性が高い。パルツィッツも日付が決まってから、ワシントンが書き加えたとしている。[19]【史料2】の傍線部や、【史料5】にあるように、ロールもこの日付について「疑念を抱い」ている。原稿の日付が、新聞のテクストに記された一七日ではなく、新聞発行日の一九日となっていたため、困惑を禁じえなかったのであろう。【史料5】でロールは、「一見したところ、日付の文字が他と完全には同じでないように思われたのである」と記しているが、その疑問も、上記の日付の違いから喚起されたものと推測される。ロールは、原稿の日付がハミルトンの記したものでないことは明言しているが、秘書の手になる可能性を排除していない。ただ、この仮説についてはむろん確信を持てていないし、クレイプールはワシントンの自筆だと「固く信じている」と記している（【史料2】）。【史料2】の日付のおよそ三か月後に印行された【史料5】では、ロール自身、「さらに詳しく調べた結果、同一の手になる文字であると考えるに至った」と述べ、依然として若干の譲歩は置きつつも、やはりワシントン自らが書き込んだ日付であると断定したのである。

しかしこの日付部分については、数字だけでなく、原稿と新聞のレイアウトにも違いがあり、この点に関して、管見の限り、これまで注目されることはなかった。すなわち原稿では新聞と異なり、括弧の外側に年次（一七九六）が記されているのである（図6-4）。このような表記法は、たとえば同様のフォーマットでワシントンの右筆が記した年月日の書き方（図6-6）と比べれば、明らかに異質といわざるをえない。図6-6のフォーマットでは、「United Sates」と、すべての日付（年月日）が括弧で連結されているのである（ただしこの図の場合、月日の順はいわゆるアメリカ式であり、しかも日は空白であるが、ここではこれらの差異は捨象する）。常識的に判断するならば、この図6-6の括弧の表記法の方が、より一般的に用いられたと考えられ、実際、新聞における告別演説の括弧のレイアウト（図6-3）も、また、おそらくはそれに倣ったウィームズの『ワシントン伝』における括弧のレイアウト（図6-1）も、図6-6と同様の配置となっている。逆にいえば、新聞における括弧のレイアウトは、ワシントンが原稿に記したレイアウトを無視して、通常の表記法に修正されているということができよう。したがって、ワシントンの原稿がイレギュラーな括弧の表記法をあえて採らざるをえなかったのには、何らかの特別な事情があったと考えるべきであろう。

図6-4を見ながら推理してみよう。まず、「United States」の文言と、ワシントンの署名がほぼ同一線上にあることから、この両者ともにあらかじめ——少なくとも日付を記入したこの日より前に——記入されていたことが強く推測される。早朝の慌ただしい中、

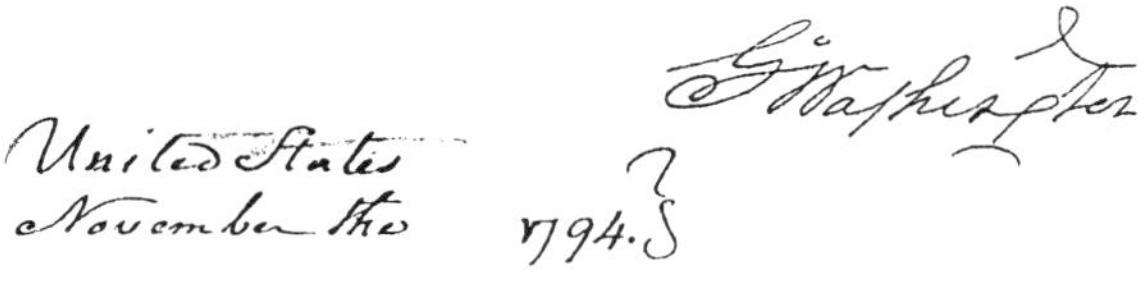

図6-6　ワシントンの年次教書（1794年）草稿の末尾部分（署名のみ自筆）

ワシントンの脳裏には、昨日クレイプールと定めた発行予定日の「九月一九日」が浮かんでいたことだろう。すでに記していた「United States」の下に、定石通り、彼は「九月一九日」と書き加えた——「United States」とほぼ同じ長さで。両者を括弧で結んだ直後（もしくは括弧で結ぼうとした時）、彼は年次も記載すべきであることに気づく。掲載されるのが新聞であるからには、当該の文章を目にする者にとって日付が何年であるかは明々白々とはいえ、発行後に縷々転載されるに違いない最重要文書であってみれば、年次の記載はむろん不可欠である。しかしいまさら年次を追加しようにも、すでに記してある自署との間に残されたスペースは狭く、年の後にさらに括弧を追加することは難しい。したがって、むしろ括弧の後に年次を小さく記入した……と想像されるのである。しかもこのレイアウトの処理については、クレイプールが組版時に適宜修正してくれるであろうとの目算もあったに違いない。むろん、日付の一部すらすでに記されていた可能性も排除できない。たとえば図6-6のように、年次教書の草稿などで日のみを空白としているものも見受けられることから、後で書き加えたのは「一九日」の箇所だけであったかもしれない。また、日付のうち「九月」のみがすでに書かれていて、「一九日」と年次が後で記入されたとの推測も成り立つ。いずれにしても、この日付のスペースに関しては、あらかじめ書かれてあった部分と、書かれていなかった部分とのバランス上の問題から、このような表記法を採用せざるをえなかったと考えられうるのであって、日付がこの一六日に、ワシントンの手によって書き加えられたことを強く示唆する傍証といえるのではないだろうか。

さて、この日の朝、リアが新聞社に原稿を持って行き、クレイプールは「ただちに」組版・植字の作業に取りかかったとしているが、彼の新聞は翌一七日（土曜日）にも発行されており、しかもそれには補遺二頁、後記一頁も付される盛りだくさんな内容となっていることからして、実際に「ただちに」作業をおこないえたかどうかは定かでない。ちなみに土曜日の新聞に、告別演説の予告めいたものは、一切掲載されていない。

九月一七日土曜日

日曜日は休刊日であることから、ガストンは一七日（土）に実質的な作業が始まったと考えている。[20] そしてクレイプールはこの日の日付を、告別演説の日付とした可能性がきわめて高い。パルツィッツも、クレイプールが実際の刊行日ではなく、組版の日に合わせたとしている。[21] つまりワシントン自身は、クレイプールとの会見で決まった発行予定日の一九日（月）を原稿に記したが、クレイプールはこれをいわば勝手に変えて、組版作業の実質的な開始日（もしくは初校の刷り上がった日）を、そこに記したのである。ワシントンの指示通り、新聞発行日を「演説」の日付としてしまうと、時系列的に不自然さが否めないと考えたのであろうか。すなわち、まず「演説」の原稿がすでに書かれていて、それを活字にして新聞紙上に掲載するという流れを想定するならば、「演説」の日付と新聞発行日が同日というのは、矛盾以外の何ものでもない。これを矛盾と捉える発想は、新聞人たるクレイプールにとってては自然であったろうし、活字ケースから原稿に沿って文選し、組版・印刷をおこなう一連のプロセスを指揮する彼にしてみれば、その程度の「軽微な」変更、ないし調整は日常茶飯事であったかもしれない。しかも、安息日たる翌日曜日の日付（一八日）を付すという選択肢はなかったであろう。つまりクレイプールにとって、一七日こそが唯一可能な選択肢だったと考えられる。もちろん、彼（直接的には文選した人物）が単純に間違った（日にちを勘違いした）可能性、すなわち意図せずして（もしくは無意識に）一七日に変えてしまった可能性も否定はできないが、当代一流のプロフェッショナルともいいうる彼が、かくも重要な仕事において、そのような間違いを犯すとは考えにくい。日付を変更するに際しては、彼の何らかの意図を読み取るべきであろう。もっとも、彼の証言の中には、日付の変更に関する記載はないため、すべては推測の域を出ないことも確かである。

一方、ワシントンは、そもそもなぜ、新聞発行予定日を原稿に記したのだろうか。これも推測するしかなく、いわば無意識だったのかもしれないし、一種のメモ書き・備忘録に準ずるものとして予定日を記した可能性もあろう。ただ、積極的な意味をそこに見出すならば、新聞発行日に、当該の紙面を通じて、国民に「演説」するかのごときイメージをワシントンが抱いていた証左と言いうるかもしれない。すなわちその場合、新聞発行日が「演説」の日付になるのである。このように考えてゆくと、われわれが関心を抱く日付の問題は、ワシントン自身がこの「演説」をどのように捉えていたのかを解明する一助となりうるかもしれない。

しかしその一方で、ワシントンは日付自体にはさして拘泥していなかったともいえる。さらには、クレイプールが日付を変更したことに、校正刷りで気が付かなかった可能性すらある。もしもワシントンが発行日を強く意識していたのであれば、校正の段階で一九日に変更し直したはずであるが、クレイプールの証言でも、ワシントンは大きな変更をおこなわなかったのである。それゆえ、ワシントンもこの日付の変更を了承したと推測することができる（ただし、もしも気が付かなかったのだとしたら、ワシントンは本来の原稿どおり一九日の日付が記されていると思い込んでいたかもしれない）。クレイプールの証言によれば、ワシントンによる変更は「句読点」以外にはなかったのであって、さらにこの証言から、逆の考え方、すなわちクレイプールは原稿通りに一九日と活字を組んだが、ワシントンが一七日に訂正したとの考え方も、成り立たないであろう。なんとなれば、クレイプールはこの日付について、【史料4】にある自身の草稿と陳述書との相違を意識しているはずであるから、自身ではなく、もしワシントンが校正段階で変更したのであれば、それを「句読点」の変更の範疇には収めないと考えられるからである。当時、さして大きな操作とは思わずに、クレイプール自身が日付に変更を加えたため、陳述書においては沈黙を守ったのではなかろうか。なお、この日、クレイプールがワシントンのもとに初校を持っていったかどうかは定かでない。

九月一八日日曜日

この日、校正刷りをワシントンのもとに、クレイプールが自ら届けた。校正は二度、すなわち初校と再校が出されているが、この日に初校と再校をワシントンに届けたのか、初校は一七日で、一八日は再校のみだったのか、定かでない。また、校正刷りを届けた際に、日付に関してワシントンと何らかの会話が交わされた可能性も想定されるが、むろん史料には記載がなく、知るすべはない（ただし、ゲラの受け渡しに際しては、ワシントン本人ではなく、秘書のリアが対応した可能性も高い）。この日、校了（もしくは責了）となった。

九月一九日月曜日

ワシントンは早朝、仕事をいくつか済ませた後、新聞が発行される前に、マウントヴァーノンに向けて旅立った。この日の『アメリカン・デイリー・アドヴァタイザー』紙の見開き二ページ目と三ページ目に掲載された告別演説には、見出しやコメントなどは一切付されていない。(22)

九月二〇日火曜日

クレイプールの新聞にワシントンが前日の朝、マウントヴァーノンに向かったとの短い記事が掲載される（図6-7）。この日の新聞にも、告別演説についてのコメントなどは一切掲載されていない。

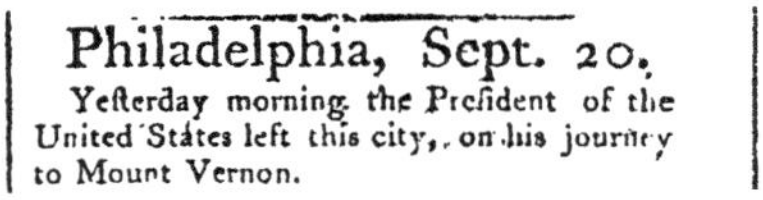
Philadelphia, Sept. 20.
Yeſterday morning the Preſident of the United States left this city, on his journey to Mount Vernon.

図6-7　『アメリカン・デイリー・アドヴァタイザー』紙掲載の大統領消息記事（マイクロフィルム）

上記の事実を簡潔にまとめるならば次のようになろう。①ワシントンはおそらく一六日金曜日の朝に、自筆の原稿（最終草稿）に日付を「九月一九日」と記した。それは単に新聞発行予定日に合わせたというだけでなく、自身がこの「演説」をどのように捉えていたのかを示唆している可能性もある。②クレイプールはおそらく一七日土曜日から本格的に始めた組版作業の際に、日付を「九月一七日」に改めた。この日付は、クレイプールにとって唯一の選択肢といえた。③二度にわたる校正作業を通じてワシントンは、この日付（の変更）を目にしているため、少なくとも形式的にはそれを認めたことになる（たとえ彼が変更に気づかなかったとしても、また、もしも——可能性は低いと思われるが——クレイプールが単純に間違っただけだとしても)。したがって、一七日も一九日も、ともに告別演説の日付としての資格を有しているといえるのであって、どちらかの日付に優位性を与えることは困難であろう。

5　その後

ワシントンの告別演説は衝撃的な内容でもあり、ただちに全米各地の新聞に転載され、外国でも報じられた。たとえばニューイングランドで共和派の代表的な新聞とされるボストンの『インディペンデント・クロニクル』紙でさえ、早くも九月二六日に告別演説の全文を掲載している。その末尾の日付の表記は、むろん『アメリカン・デイリー・アドヴァタイザー』紙のレイアウトとほぼ同じである(図6-8)。この新聞は、告別演説の発表が直近に与えた影響の一例であるが、一七九六年だけをとっても、さまざまな新聞や雑誌に演説が転載されている。表6-3は、すべてを網羅しているわけではないが、記載されたタイトルごとにそれらを集計したものである。[23] 対象とした全五四紙(「誌」も含む)のうち、オリジナルの緒言("To the People of the United States")をそのままタイトルとした二紙(10番)以外、すべて新たにタイトルが付されている。多い順に並べるならば、「演説("Address")」としたのが三七紙(1番～8番、15番)、「辞任("Resignation")」が六紙(15番～19番。15番は「演説」の語も有している)、「手紙("Letter")」が四紙(9番)、「遺産("Legacy")」も四紙(11番～13番)、「挨拶("Speech")」が二紙(14番)となる。むろん完全に同一のタイトルの記事の間では、テクストの直接的な転載関係が存在したと推測される。このようにして、タイトルに最も多く含まれる「演説」の語が、ワシントンの告別演説を示す指標として、直後か

G. WASHINGTON.
United States
17th September, 1796.

図6-8　『インディペンデント・クロニクル』紙掲載の「告別演説」の末尾部分

表 6-3　「告別演説」の呼称分布

番号	タイトル	NH	VT	MA	RI	CT	NY	NJ	PA	DE	MD	VA	NC	SC	US	E	S	I	計
1	The President's Address	1		1			1		6		1	3	1		3				17
2	The Address of the President			1			3							1					5
3	Address of (by) George Washington		1		1	1	1				1						1		6
4	The Address of General Washington															2			2
5	President Washington's Address			1															1
6	General Washington's Farewell Address																1		1
7	An Address to the People of the United States	1							1	1									3
8	An Address to the United States of America															1			1
9	A Letter to the People of the United States															3		1	4
10	To the People of the United States				1			1											2
11	The Legacy of the Father of his Country			2															2
12	Columbia's Legacy								1										1
13	America's Legacy						1												1
14	The Speech of George Washington															2			2
15	The Address or Resignation of our Worthy President						1												1
16	President Washington's Resignation			1															1
17	George Washington's Resignation		1																1
18	Resignation of his Excellency George Washington						2												2
19	The Resignation of General Washington															1			1
計		2	2	6	2	1	9	1	8	1	2	3	1	1	3	9	2	1	54

註）略号は次のとおり。NH：ニューハンプシャー，VT：ヴァーモント，MA：マサチューセッツ，RI：ロードアイランド，CT：コネティカット，NY：ニューヨーク，NJ：ニュージャージー，PA：ペンシルヴァニア，DE：デラウェア，MD：メリーランド，VA：ヴァジニア，NC：ノースカロライナ，SC：サウスカロライナ，US：合衆国（出版地不詳），E：イングランド，S：スコットランド，I：アイルランド。

ら広く用いられていたことが確認されよう。ただし、今日一般的に使われる「告別演説（"Farewell Address"）」の語を採用したのは、スコットランドの新聞（6番）であり、外国ゆえに、より客観的な見方が可能だったと推測することもできる。ちなみに、このタイトルも含めて、イギリスでは「ワシントン将軍（"General Washington"）」の表記が多く、アメリカ独立革命を「革命」ではなく「戦争」と呼称していたイギリス英語の表記法からすれば、納得できる結果といえよう。さらにこの表からは、ペンシルヴァニア州で記事の数が多くなっているのは当然としても、出版の盛んなニューヨーク、マサチューセッツでも、やはり記事が多いことが確認できる。また、これらの諸州に限らずとも、各州である程度表記法がまとまっているという事実から、記事の転載を通じて各州内でメディアが相互に影響を与えあっていたことが想定されるのである。

では、これらのテクストのオリジンともいえるワシントンの最終草稿、つまり告別演説の手稿はどのような運命を辿ったのだろうか。これを守り続けたクレイプールは、一八四九年に九一歳で死去した。三人目の妻よりも、そして一三人の子どもたちよりも長生きし、残されたのは傍系の子孫のみであった。彼らの中にクレイプールの「遺志」を継ぐ者はおらず、手稿を含む彼の遺産はオークションにかけられ、一八五〇年、手稿はニューヨーク在住の慈善家で大富豪のジェイムズ・レノックスによって二三〇〇ドルで落札された。合衆国政府も入手に動いたが一足遅かったという。レノックスはただちに手稿テクストの出版を計画し、二か月ほどで上梓にこぎつけた。これこそが先述の稀覯本、*Washington's Farewell Address to the People of the United States of America* である。一方、オリジナルの手稿はその後、レノックスの私設図書館に所蔵され、一般にも公開されていたが、この私設図書館がニューヨーク公立図書館の一部となったことでその所有となり、今日に至っている。かくしてこれら関連史料は、ワシントンが初代大統領として最初の就任演説をおこなったニューヨークの地で、安らかな眠りについているのである。

第二部　記憶——後代のモノ

III　創られる記憶空間

第7章　植民地時代の記憶

1　アメリカにおける史跡と記念碑

つとに、アメリカ史研究の分野においても、公的記憶《パブリック・メモリー》（公共の記憶）やシンボル操作など、「伝統の創出」に係わるメカニズムがしばしば分析の俎上に載せられ、いわゆる国民化論、ナショナル・アイデンティティに関する議論が大いに深まりを見せている。(1)そもそも国民国家という一種のフィクションを現実にする、つまり実際に「国民」を創り上げるためには、国家権力による統御装置とともに、構成員自身が国家という巨大な共同体に対して帰属意識を育む装置が必要とされる。すなわち国民とは上から創り上げられると同時に、構成員自らが下から創り上げるものであって、これこそが国民化の巧妙なメカニズムなのである。J・ボドナーは、中央エリート層＝「公式文化」の側の操作（「名付け」）と、地域の民衆＝「ヴァナキュラー文化」側の主張（「名乗り」）がせめぎ合い、そのなかから国の公的記憶が紡ぎ出されると論じる。かかる「軟らかな」装置を用いた国民統合の課題は、多様な民族・人種・階級からなる広大な共和国＝人工国家アメリカにとって、とりわけ困難なものといえた。事実、統合のプログラムは南北戦争の勃発で破綻の危機にも瀕したのである。B・アンダーソンはアメリカを「最初の国民国家」と喝破したが、彼は国民化のための装置として出版メディア（「出版資本主義」）の歴史的役割を重視している。むろん今日であれば、出版物以外のさまざまなメディアを挙げることができよう。紙やモニター画面といった移ろいやすい媒体の他に、とりわけ興味深いのが、より耐久的、永続的な記憶装置たる記念碑である。それは史跡という景観に刻み込まれた記憶、すなわち公的記憶の結節点・表出点であると同時に、公的記憶を再生産・変容させる仕組みともいえる。つまり記憶は単に再現されるのではなく、再構成される。そしてそこには記念日を中心とする記念行事など、さまざまな記念・顕彰行為《コメモレイション》＝「ソフトウェア」が関わっており、このような「ソフト」や、記念碑そのもの＝「ハードウェア」の分析を通じて、ある特定の歴史事象に対する人々の意識の変化、記憶の形成過程を広く読み解くことが可能となる。

　本セクション（本章と次章）で多くの記念碑・史跡の写真を掲載しているのも、このようにいわば歴史の現場にこだわることで、本来、一度きりであるはずの歴史事象が、以後に経た時間の厚みをさらけ出してくれる可能性があるからに他ならない。つまり「我が世誰ぞ常ならむ」、万物流転《パンタ・レイ》の中で、「過去は永久に静かに立っている」のではなく、時代の要請に応じて変形された形で思い起こされたり、忘れ去られたりする。そのメカニズムにこそ歴史の、あるいは歴史学の営為のすべてが認められるとも言いうるのであって、現場に刻まれた歴史の層をさぐることで、その営為を最も端的な形で明らかにすることができると考えられるのである。本セクションでは南部を主たるフィールドとしつつ、「最初」の植民地や独立革命を顕彰する史跡・記念碑を考察し、建国をめぐるこれらの歴史事象が後世においてなお機能するメカニズムの一端を明らかにしたい[2]。本章では植民地時代、次章では独立革命期を扱う。やや穿った表現を用いるならば、建国の史実はただ一度のみ生起した事象ではない。それはたえず再生産・再構成され、アメリカ合衆国という国家を存続させるに不可欠な「伝統」を創り続けているのである。

(1) アメリカの史跡

記念碑について述べる前に、まずはその景観の場そのもの、すなわちアメリカ合衆国の史跡のあり方について触れる必要があろう。アメリカにおいて史跡とはいかなるものなのか、その全体像を説明する一種の定義が示されなければならないのである。連邦政府の認定した史跡の公式リスト『国選史跡登録簿 (*National Register of Historic Places*)』はアメリカの主要な史跡のほとんどを網羅する包括的な典拠であるが、認定の際に満たすべき評価基準として次のような指針を挙げている。「アメリカの歴史、建築、考古学、工学、文化の上で重要な地域・地区、場所、建築物、大規模建造物、小規模建造物で、それらが場所、意匠、背景、題材、技術、印象、関連性においてまとまりがあり、しかも (A) アメリカ史上重要な事件に関係している場合 (そこで事件が生じていなければならない)、(B) アメリカ史上重要な人物に関係している場合 (その人物が当該時期にそこに居住しているか、そこで活動していなければならない)、(C) 様式・時期・手法において特徴的、もしくは技術的・芸術的に傑出、もしくは総体として重要な場合、(D) 先史時代・歴史時代の重要な情報を提供している、もしくは提供する可能性のある場合」である。[3] ただし「出生地、墓、墓地、宗教施設、移築された建築物・建造物、再建された建築物、記念碑・記念施設、当該の重要性が生じて五〇年以内のものについては通常、選考の対象としないが、それらが地域・地区に分かちがたく組み込まれ、その一部をなしている場合、もしくは以下の範疇に該当する場合は例外」とする例外規定が設けられており、以下の (a) ～ (g) が列挙されている。すなわち「(a) 建築上、芸術上、もしくは歴史上、きわめて重要な宗教施設、(b) 移築された建築物・建造物で建築上きわめて重要なもの、もしくは特定の人物・事件ときわめて強く結びついているもの、(c) きわめて重要な歴史上の人物の出生地もしくは墓で、他にその人物の活動と直接関連する適切な場所や建築物がない場合、(d) きわめて重要な人物の墓を有する墓地、および年代、意匠の特徴、もしくは歴史上の事件との関連においてきわめて重要な墓地、(e) 復元計画の一環として適切な環境・方法で再建された建築物で、他に関連の建築物・建造物が現存していない場合、(f) 記念碑・記念施設で、

表7-1　『国選史跡登録簿』における史跡の種類

種類	件数	%	定義	例
建築物（building）	45,444	73.2	主として人がその内部で活動するために作られたもの	家屋，納屋，教会，ホテル
大規模建造物（structure）	3,232	5.2	上記以外の目的で作られたもの	橋，トンネル，ダム，船舶，機関車
小規模建造物（object）	157	7.0	比較的小規模で簡易なもの。また主として芸術性を有するもの	彫刻，記念碑，噴水，境界線標識
場所（site）	4,372	0.3	重要な事件・活動の生じた場所。もしくは歴史的・文化的・考古学的価値を有する場所で，現存する建築物・建造物の価値を問わない	—
地域・地区（district）	8,898	14.3	建築物・建造物・場所が歴史的・芸術的に集中・統合されているもの	—

出典）*National Register of Historic Places, 1966 to 1994* (Washington, D.C., 1994), viii より作成。

その意匠、年代、伝統、もしくは象徴的な価値ゆえに、それ自体歴史的重要性を持つもの、(g) 当該の重要性が生じて五〇年以内にもかかわらず、きわめて重要なもの」は選考の対象とされる。またここに出てくる「建築物」など、史跡の種類・区分に関する概念についても『登録簿』では厳密に定められており、表7-1はその定義を史跡の件数（一九九四年現在）と共にまとめたものである。さらに所有形態別に分類した表7-2を見ると、税制上の優遇措置の効果もあって、史跡の七割以上が私有であることがわかる。[4] 史跡の総数は同表の一九九四年現在で六万六千件以上、今日では八万五千件以上となっており、[5] これに相当するわが国の史跡の数が現在、一万数千件（国指定の史跡および国宝・重要文化財の建造物、国選定の重要伝統的建造物群保存地区、国の登録有形文化財等の合計）であることを思えば、アメリカにおける史跡の多さには驚かされる。地方《ローカル》レベルではなく、あくまでも国《ナショナル》レベルの比較であり、しかも定義や法制度による違いが大きいとはいえ、短い歴史をその大地に残そうとするアメリカの熱意をそこに感じ取ることができよう。一三の植民地がいわば「偶然」に寄り集まってスタートした人工国家であるがゆえ、アメリカは国民統合のために過ぎ去った歴史を常に動員し続けなければならないのであり、本セクションで俎上に載せる「最初」の植民地や独立革命は、その国創りのまさに嚆矢であるがゆえ、南北戦争と並んで数多くの史跡が整備され、顕彰・記念の対象とされているのである。

表 7-2 『国選史跡登録簿』における史跡の所有形態

所有形態		件数	%
公有	連邦政府	3, 943	5. 9
	州政府	3, 645	5. 5
	地方自治体	11, 715	17. 6
私　有		47, 361	71. 0
計		66, 664	100. 0

出典）*National Register*, vii より作成。

（2）アメリカの記念碑

それではこのような史跡に屹立する記念碑とは、そもそもどのように捉えうるのか。呼称、さらには社会的機能に応じて分類をほどこす必要があろう。記念碑の呼称には、「記念碑（monument）」、「慰霊碑（memorial）」、「記念標柱（marker）」、[6]「記念プレート（銘板）（plaque）」などが見られるが、後者の二種についてはともかく、前者二種には形態上の明確な差異は認めにくい。記念碑が勝利や匿名性を含意しているのに対し、慰霊碑は悲しみや犠牲を表現し、死者の名を刻印している点において、より墓碑に近いともいえる。また前者の石材は概して白く、大地に高く屹立しているのに対し、後者はしばしば黒く、たとえばヴェトナム戦争慰霊碑のように地面より低い場合もある。[7]ともあれこのような呼称上の分類はむろん国や言語によって異なるものであり、訳は一応の目安にすぎない。コンテクストによっては、より広義・狭義の意味合いを帯びうる点にも留意したい。

一方、社会的機能にもとづく史跡・記念碑の分類は、K・フットの研究が重要な手がかりとなる。[8]アメリカにおける記念碑研究をリードする歴史地理学者のフットは、暴力や悲劇の景観に立つ広義の記念碑の機能を次のように四種類に分類してみせる。「聖別（sanctification）」、「選別（designation）」、「復旧（rectification）」、「抹消（obliteration）」である。「聖別」とは特別な英雄・犠牲者に捧げられた記念碑に見られる社会的機能で、碑は通常、広い記念施設内に設置され、記念日には記念祭などで繰り返し顕彰の対象とされる。つまり碑という「ハード」だけでなく、それを用いて事件の記憶を維持し続ける「ソフト」が付属している。「選別」は「聖別」ほど重視されていない英雄・犠牲者の記念碑で、神聖さの点でやや劣る場合である。むろん重要ではあるが、記念祭などはおこなわれないケースといえる。「復旧」は一時的に注目の的となるものの、やがて忘れられ、当該場所が史跡として残らず、通常の使用に復帰する場合である。碑は立っているが、いわゆる記念碑や慰霊碑ではなく、記念標柱や記念プレート（銘板）のみが片隅に置かれている場合が多く、歴史上の意味が付与しにくい事故や災害などの犠牲者を慰霊するケースが主としてこれに該当する。四番目の「抹消」は前者三つと異なり、完全に記憶から消される場合、つまり「マイナスの」意味での記念行為を指す。たとえば犯罪の現場や重罪人の生家など忌まわしい記憶と関連する建造物が根こそぎ取り払われ、その土地にまつわる以前の記憶が完全に消し去られるようなケースといえる。むろん地元の人々の集団記憶の中では命脈を保ち、口伝されるものの、記念碑というかたちに結実することはない。たとえばセイラムの魔女狩りで無実の人々が処刑された「首吊りの丘」に記念碑の類が一切見られないのは、この「抹消」の例である。ともあれこのように四種類に分類される記念碑・史跡は、その顕彰する歴史事象が再解釈されることでカテゴリー内を移動することもありうる。つまり「選別」されていた記念碑が「聖別」されるようになる、また逆の事態が生じるなど、時代とともに動きうるのであって、四分類は恒久的な「レッテル」ではなく、あくまでもメモリーの「目盛」にすぎないといえよう。

分類という、いわば記念碑の「あり方」について見てきたが、次に記念碑の「造られ方」について触れておきたい。アメリカ史上、記念碑の建立を担った主体の変化には一定のパターンが認められる。世界的に見て、過去を対象とする記念碑の建立が最初に大きな高まりを見せたのは、一九世紀末から二〇世紀初頭にかけてであるが、この国の場合もむろん例外ではない。まず各地に地元の名士によってさまざまな史跡保存協会・記念協会の類が創られ、記念碑建立を含む顕彰行為がおこなわれ、それと平行して、またその役割を受け継いで、世紀末から多くの「継承協会（hereditary society）」が活動を始め、記念碑建立はまさに一大ブームの観を呈するに至るのである。継承協会とは祖先に関して一定の条件を入会資格とする団体で、主として初期移民の子孫たちからなる白人の愛国組織であり、図7-1に示したように世紀転換期に急増している。[9] 祖先という、本人では如何ともしがたい条件を要求し、古くからアメリカに居住する白人同士が結集したのは、いわゆる新移民の増加など、当時の急激な社会変化に対する保守的白人のリアクションの一形態といえよう。さらに継承協会には女性のみをメンバーとしたものも多く、表7-3はそのいくつかについて入会資格をまとめたものである。女性運動の興隆という背景があるとはいえ、愛国主義

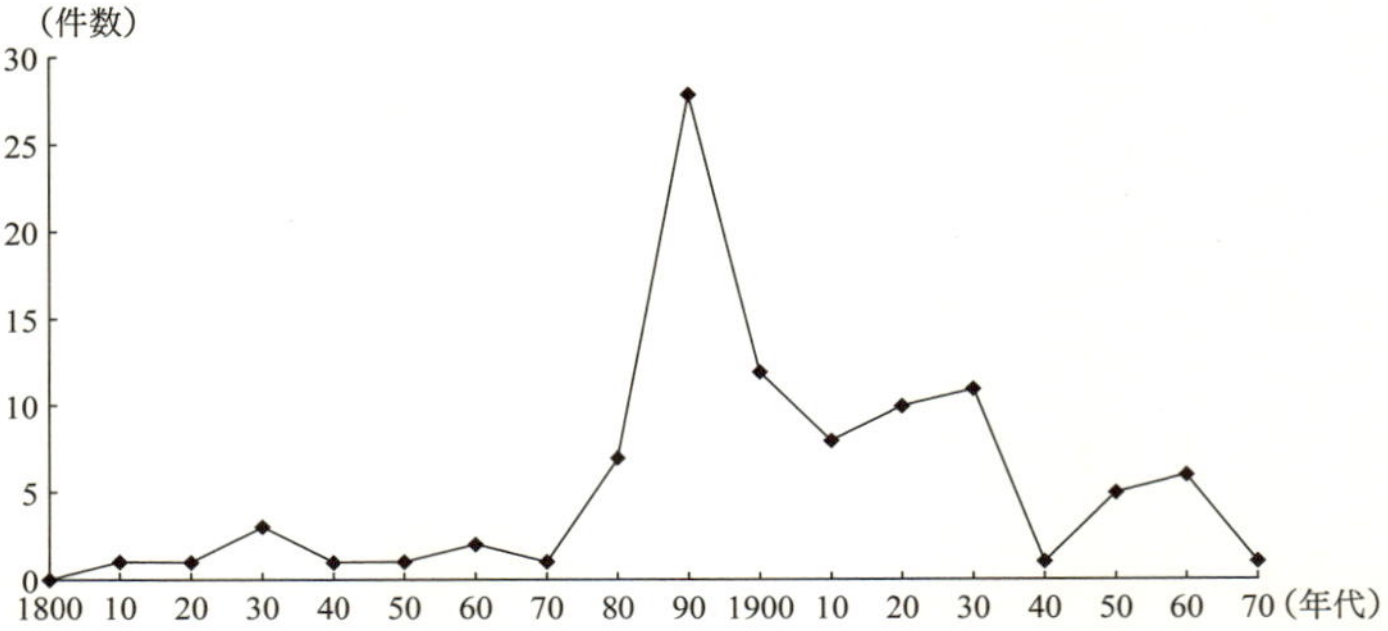

図 7-1　継承協会の設立件数

出典）Ralph M. Pabst, ed., *The Hereditary Register of the United States of America* (Phoenix, 1976), 761-763 より作成。

表 7-3　継承協会の入会資格

継承協会	女性	年齢	祖先に関する条件
アメリカ革命の娘たち（1890）	x	18 歳以上	独立のために戦った将兵，愛国者，援助者
アメリカ植民地の婦人たち（1891）	x	—	1750 年以前に植民地に移住し，1776 年 7 月 5 日以前に祖国に功績のあった者[1)]
アメリカ植民地人の娘たち（1920）	x	18 歳以上	1776 年 7 月 4 日以前に植民地の公務・軍務に携わった者[2)]
植民地戦争の娘たち（1932）	x	18 歳以上	ジェイムズタウン建設（1607 年 5 月 13 日）からレキシントンの戦い（1775 年 4 月 19 日）までの間の将兵・政治家・役人[3)]

註）継承協会の括弧内は全国協会の設立年。
1）独立宣言署名者，植民地政府の要職にあった者，建国に大いに貢献した者を含む。 2）養子の子孫を除く。 3）植民地の英国軍人も含む。
出典）Pabst, ed., *The Hereditary Register*, 119, 134, 302, 336-337 より作成。

を女性の地位向上に用いようとする一種の戦略がそこには見え隠れしている。なかでも著名な女性たちをも会員に擁した「アメリカ革命の娘たち（ＤＡＲ）」の政治的影響力は絶大で、当時は強力な圧力団体であった（図７–２参照）[10]。今日では会員数も減り、もっぱら老婦人の親睦会の風情であるが、往時においても地方の支部について言えば、白人女性の社交クラブと評しても決して間違いではない。地元の支部に集まる女性たちは愛国的ではあるが必ずしも政治的というわけではなく、自分たちの祖先や郷土の英雄・歴史を顕彰し、記念碑を次々に建立するヴァナキュラーな親睦組織の一員にすぎなかった。しかし多くの支部の活動は、ピラミッドの頂点に位置する中央本部「全国ＤＡＲ（ＮＳＤＡＲ）」において集約され、一定の政治的方向づけがなされる。つまり地方のヴァナキュラーな顕彰活動のエネルギーは、組織のピラミッド構造を通じてナショナルな「公式文化」に巧みに接続される仕組みであった。ＮＳＤＡＲの壮麗な建物がホワイトハウス近くの一七七六番地を占め、年次総会が「大陸会議」と呼ばれるのはきわめて象徴的であろう（図７–３参照）[11]。

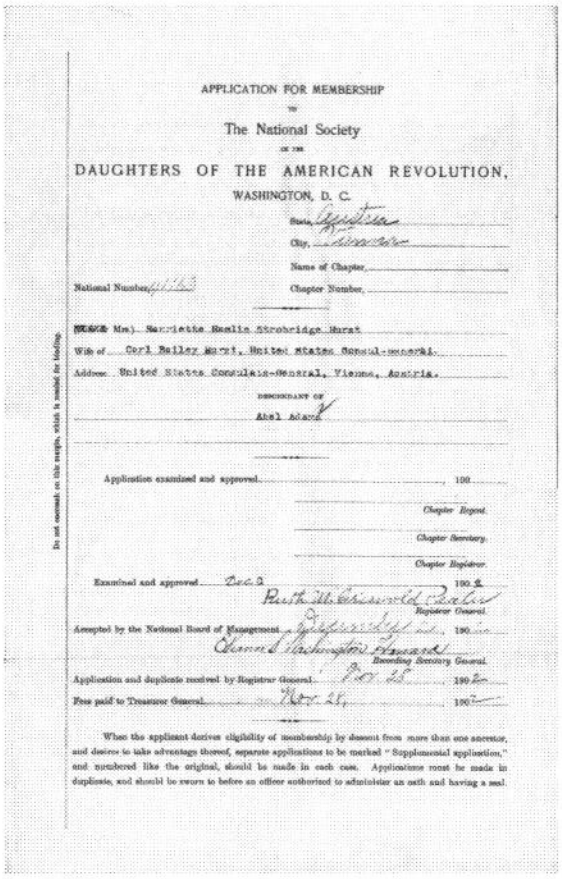
APPLICATION FOR MEMBERSHIP
The National Society
DAUGHTERS OF THE AMERICAN REVOLUTION,
WASHINGTON, D. C.
State, Austria
City, Vienna
Name of Chapter,
National Number, 41163　Chapter Number,
Mrs. Harriette Hamlin Strobridge Hurst
Wife of Carl Bailey Hurst, United States Consul-General.
Address United States Consulate-General, Vienna, Austria.
DESCENDANT OF
Abel Adams
Application examined and approved ……… 190
Chapter Regent.
Chapter Secretary.
Chapter Registrar.
Examined and approved Dec 2 1902
Registrar General.
Accepted by the National Board of Management ……… 190
Recording Secretary General.
Application and duplicate received by Registrar General ……… 1902
Fees paid to Treasurer General ……… 1902

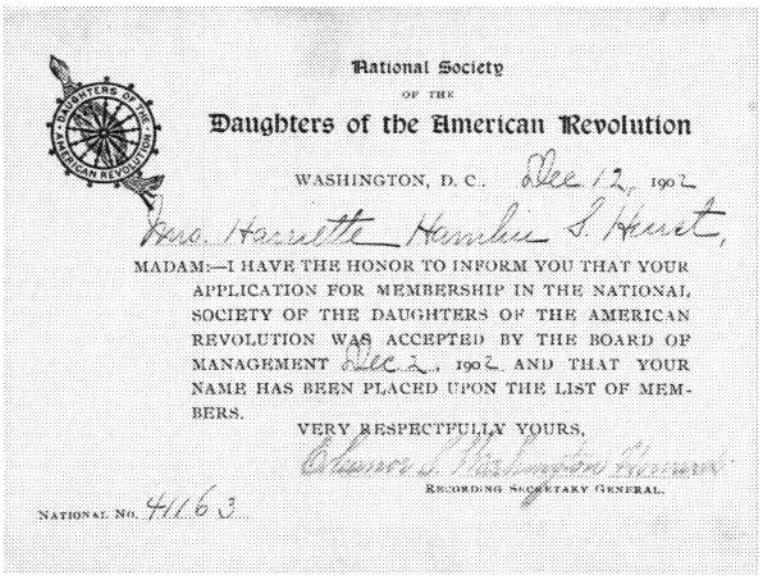
National Society
of the
Daughters of the American Revolution
WASHINGTON, D. C. Dec 12, 1902
Mrs. Harriette Hamlin S. Hurst,
MADAM:—I HAVE THE HONOR TO INFORM YOU THAT YOUR APPLICATION FOR MEMBERSHIP IN THE NATIONAL SOCIETY OF THE DAUGHTERS OF THE AMERICAN REVOLUTION WAS ACCEPTED BY THE BOARD OF MANAGEMENT Dec 2, 1902 AND THAT YOUR NAME HAS BEEN PLACED UPON THE LIST OF MEMBERS.
VERY RESPECTFULLY YOURS,
RECORDING SECRETARY GENERAL.
NATIONAL No. 41163

図７–２　在ウィーン・アメリカ総領事夫人が1902年に送付した全国DARの入会申請書表紙［左］と，同人の入会を1902年12月2日付で承認した旨，通知したカード［上］（いずれも著者蔵）

　さらに一九三〇年代に入ると、国立公園局という内務省管轄下の政府組織が直接に、「正史《ナショナル・ヒストリー》」にとって重要な史跡の管理に乗り出すことになる[12]。今日、アメリカの国立公園体系は世界各国の手本ともなっているが、そもそも国立公園局の設立は一九一六年、自然保護を主眼としたものであった。しかし一九三〇年代、史跡法（一九三五年）の制定を契機として歴史への介入・侵入を開始する。それはいわば史

図 7-3　現在の全国 DAR の「大陸記念ホール」［左］と，その中で 1908 年に開催された全国 DAR の年次総会の様子［右］。ホールは現在，DAR の図書館となっている（左は著者撮影，右は複製写真を著者蔵）

表 7-4　「最初」のイギリス植民地

植民地	現在の名称		設立年	『国選史跡登録簿』のデータ		
				評価基準	登録年	管理者
ロアノーク植民地	Fort Raleigh National Historic Site		1941 年（1990 年拡張）	A, D, e	1966	国立公園局
ジェイムズタウン	東部	Colonial National Historical Park（Jamestown Unit）	1930 年（1936 年改称）	A, C, D, f	1966	国立公園局
	西部	Jamestown National Historic Site	1940 年	A, D, f	1966	国立公園局[1]

註）評価基準のアルファベットは，『国選史跡登録簿』（1994 年）の評価基準に対応。
1）ヴァジニア史跡保存協会が所有し，国立公園局とともに管理・運営。

跡を通じての国による記憶の公的管理であり、管轄下の史跡内において民間の記念碑建立は抑制されてゆくことになる。

以上、記念碑・史跡をめぐるアメリカの一般的状況を見てきたが、本セクションで建国にまつわる記念碑を考察するに際して、先述したように南部に注目したい。南北戦争後、不遇をかこち続けた南部の大地に立つ記念碑は、当該歴史事象の全体像を逆光の中に浮かび上がらせる効果が期待されるからである。本章では「最初」の植民地たるロアノーク島（ノースカロライナ州）とジェイムズタウン（ヴァジニア州）を組上に載せたい（表7-4）。

2　「最初の植民地」の記念碑（一）——失われた植民地ロアノーク

ロアノーク島は合衆国で唯一、エリザベス朝期にまで遡る最古のイギリス人入植地であり、文字どおり英領植民地の「最初」といえる。ただしジェイムズタウンが幾度かの消滅の危機を乗り越えて存続した「最初の恒久的」植民地であるのに対し、「失われた植民地《ロスト・コロニー》」ロアノークは謎を残したまま消え去ったため、現在の合衆国と直接の血のつながりは認めにくい。したがって「最初」の意味するところはやや曖昧とならざるをえない。またロアノークにしろジェイムズタウンにしろ、植民地時代そのものの合衆国史における位置づけ、すなわち植民地時代史のナショナルな意味合いについての解釈の変化によっても「最初」の含意は変化しうる[13]。そこでまず顕彰行為の考察に先立って、両者がアメリカ史の概説書においてどのように表現されてきたのか、確認しておくことにしたい。ただし周知のようにロアノークの場合、一五八五―一六〇二年にかけて試みられた複数回の探検・植民プロジェクトであるため、どこかに焦点を当てる必要がある。ここではアメリカで生まれた「最初の」イギリス人とされるヴァジニア・デアに注目したい。一五八七年の第二次植民団を率いた総督ジョン・ホワイトに同行した愛娘エレナ・デアが新大陸で産んだ女児である。物資補給のため、入植団をロアノークの地に残して同年本国に引き返したホワイトは、アルマダ海戦の余波を受けて再渡航がままならず、ようやく一五九〇年にロアノークに戻った時には入植者たちは何処ともなく消え去っており、近隣に遺体らしきものは見出されず、彼の娘や孫娘の行方も杳として知れなかった。そのためとりわけ幼いヴァジニア・デアをめぐって、後世の人々の想像力が掻き立てられたのである。興味深い例を挙げれば、二〇世紀に入ってエレナ・デアが文字を彫ったとされる石が発見され、一部の学者らによってお墨付きが与えられたが、のちに捏造されたものであることがわかるなど、入植者の運命を物語る確固たる証拠・史料はいまだ見出されていない[14]。

表 7-5　ヴァジニア・デアとジェイムズタウンに関する記述

	J・マーシャル『ワシントン伝』(1804 年)	A・ホームズ『アメリカ年代記』(1829 年)	C・レスター『我らが最初の百年間』(1875 年)	A・リチャードソン『祖国の歴史』(1875 年)	W・ウィルソン『アメリカ人の歴史』(1902 年)
ヴァジニア・デア	アメリカでイギリス人の両親から生まれた最初の子ども（本文, 13 頁）	アメリカで最初に生まれたイギリス人の子ども（小見出し, 106 頁）	合衆国の地でイギリス人の両親から生まれた最初の子ども（本文, 33 頁）	この大陸で最初に生まれたキリスト教徒の子ども（本文, 64 頁）	—
ジェイムズタウン	恒久的入植地の最初の事例（本文, 24 頁）	ヴァジニアにおける最初の恒久的入植地（章題目, 126 頁）	ヴァジニアの恒久的植民地（節題目, 39 頁）	最初の恒久的英領入植地（章題目, 74 頁）	アメリカにおける最初の恒久的英領入植地（本文, 34 頁）

註）それぞれ，全 5 巻の第 1 巻，全 2 巻の第 1 巻，全 1 巻，全 1 巻，全 5 巻の第 1 巻。

ともあれ、表7-5はヴァジニア・デアとジェイムズタウンに関する記述を、いくつかのアメリカ史の概説書から拾い出したものである。ここで取り上げた概説書は、いずれも郷土史の類ではなく、全国である程度広く読まれたと考えられるものを中心に選定している。出版時期にも留意して、最初のマーシャルの著書からホームズの著書までがちょうど四半世紀、ホームズから次のレスター、リチャードソンまでがほぼ半世紀、さらにウィルソンまでがほぼ四半世紀というように等間隔を意識して挙げてある。以下、各著作・著者についてごく簡単に解説を加えておきたい。まず最高裁長官ジョン・マーシャルの手になるワシントンの公式な伝記『ワシントン伝』全五巻⒂であるが、実はワシントンに関する記述はようやく第二巻から始まり、第一巻は一五世紀末のカボットの探検より独立革命前夜（初版では一七六〇年代、改訂版では一七七〇年代）までを扱った最初期のアメリカ史概説となっている。次の『アメリカ年代記』⒃の著者アビエル・ホームズ⒄（一七六三―一八三七）はマサチューセッツ州ケンブリッジ在住の牧師で、イェール大学、ハーヴァード大学、エジンバラ大学などで学位を得て初期アメリカ史に造詣が深く、彼の代表作たるこの著作は当時の「権威の書」と評されている。チャールズ・E・レスター⒅（一八一五―一九〇）はジョナサン・エドワーズの母方の子孫としてコネティカット州に生まれ、神学を修めて牧師の職に就いたが肺病のために辞し、一時は奴隷制反対運動にも関わっている。イタリアはジェノバの領事を六年間勤め、帰国後はニューヨークに居住して執筆活動に専念した。数多くの著作をものしているが、この『我らが最初の百年間』[19]は文字どおり独立百周年を期して上梓されたものである。アビィ・S・リチャードソン[20]（一八三七—一九〇〇）の手になる『祖国の歴史』[21]も同年の出版で、二人の息子への献辞には愛国心の涵養が強調されている。のちに第二八代大統領となるウッドロウ・ウィルソンの『アメリカ人の歴史』[22]は、彼の歴史学者・教育者としての一面を余すところなく示す著作である。ファクシミリの図版を多用するなど、教育上の配慮が大いにうかがわれる書物であるが、本文の比重と比してあまりに図版が多い点や、図版の内容がきわめて好事家的かつ愛国主義的である点など、彼の歴史観を端的に物語って非常に興味深い。

ともあれこれらの著作はいずれも——ウィルソンを除いて——、ヴァジニア・デアをアメリカで生まれた「最初」のイギリス人として高く評しており、このような意識が少なくとも一八・一九世紀を通じて一般的であったことがうかがわれる。したがってヴァジニア・デアの顕彰はあくまでもかかる評価・認知を大前提としたものであり、必ずしも伝統の強引な「創造」というわけではないが、彼女を足掛かりとして具体的な歴史の場たるロアノーク植民地の史跡の保存・顕彰がおこなわれ、そこには地元・州のさまざまな活動が見出されるのである。図7-4は一八九六年

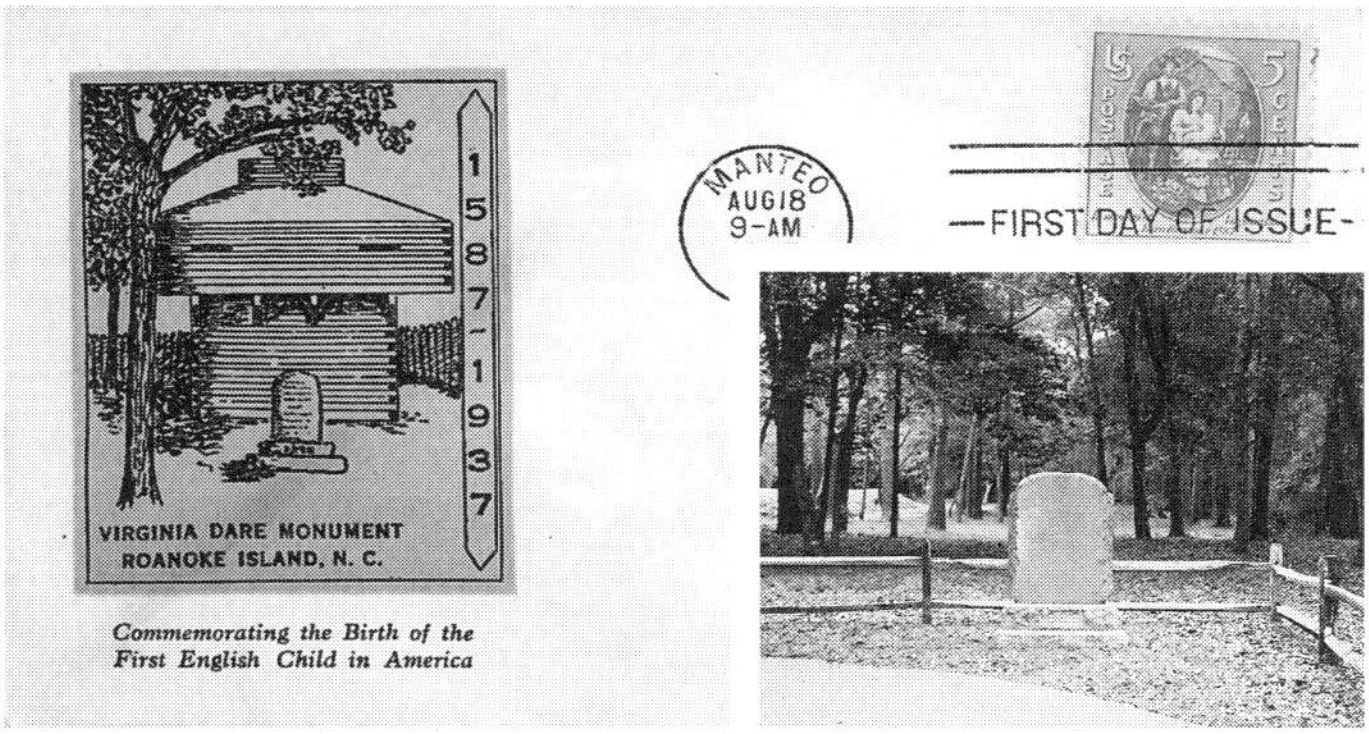

図7-4　ロアノーク植民地とヴァジニア・デアを顕彰する記念碑が描かれた1937年発行のエンタイア（著者蔵）。右下に挿入した写真は，今日の同記念碑（著者撮影）

図7-5　エリザベス朝庭園内のヴァジニア・デア像（著者撮影）

に建立され、現在の「ローリー砦国立歴史公園」内に設置されている唯一の記念碑である。碑文は二段に分かれており、前半がロアノーク植民地、後半がヴァジニア・デアを顕彰したものとなっている。また図7-5は同国立公園に隣接する「エリザベス朝庭園」内に置かれたヴァジニア・デア像である。ヴァジニアはしばしばインディアン女性の装いや白い雌ジカの姿で描かれるが、この大理石像も先住民部族の中で育った女性として彼女を表現している。この像は大英博物館でロアノーク植民地の話を知った女性彫刻家マリア・L・ランダーが一八五九年に制作したもので、輸送船が沈没して海底で二年間眠りにつくなど数奇な運命を経て、一時はノースカロライナ州議会内に設置されたが、最終的には劇作家ポール・グリーン——一九三七年に『失われた植民地』の劇を書いた——によってこの庭園に寄贈された。その設置地点はグリーン自らがインスピレーションを得て、かつてヴァジニアが遊んだ場所を選定したという。ノースカロライナ人にとって彼女は一種神聖な存在であり、彼女と何らかのえにしのあることは家系の古さをも意味して、誇るべき証しなのである。しかしこのような意識は自然発生的に生じたものではない。そこには地元・州のさまざまな組織による、意識的な記憶の再構築の過程があった。

　表7-6はかかる役割を最も積極的に担った史跡保存協会・歴史協会をリストアップしたものである。[23] 1はシカゴ万博を機に創られたもので、ヴァジニア・デアの顕彰という趣旨もあって女性をメンバーとした協会である。いわゆる継承協会とは異なるものの、愛国的な女性団体という点では性格がきわめてよく似ている。中心人物はノー

スカロライナの名士たる女性、コッテン夫人であり、協会では書記を務め、非常に精力的な顕彰活動を展開した。この協会は二〇年の期限付きで設立されたが、一八九四年には事実上活動を停止している。2は先述した唯一の記念碑を設置した協会である。3の組織は一九〇五年のロアノーク植民地記念祭開催を目指し、高い理想を掲げて設立されたが、一九〇七年のジェイムズタウン三百周年記念祭の準備活動に関心と資金を奪われて十分な設立資金を集めることができず、事実上失敗に帰したプロジェクトである。ただしこの組織のメンバーはジェイムズタウンの記念祭に加わり、そのディスプレイの中にはロアノーク植民地に関するものも含まれていたとされる。これは「最初」の権威と記憶上の位置づけをめぐって、ロアノークとジェイムズタウンが合い争った好例であり、やはりナショナルレベルでの価値を強く主張するジェイムズタウンには勝てなかったことがわかる。4は学術的な歴史協会である。この他、ヴァジニア・デアを会の名称としたものとして、一八九一年設立のヴァジニア・デア協会、一八九三年設立のヴァジニア・デア読書倶楽部などがあり、1や2とも合わせ見ると、やはり一九世紀末に一つの大きな関心の高まりが生じたことが確認できる。この動きはロアノーク保存に関する連邦法制定の試み[24]や、学術的モノグラフの発表[25]、文学作品の上梓など、非常に多岐にわたっている。特に表7-7に掲げたコッテン夫人の一九〇一年の著作など、出版地の広がりからもわかるように、「失われた植民地」のストーリーを広めるのに大いに貢献している。この他、関連した主な動きを年代順にいくつか列挙するならば、たとえば次のような例が指摘できよう。

一九二一年にサイレント映画『失われた植民地』がアトラス映画会社によってローリー砦跡で撮影され、この映画を製作したノースカロライナ州公教育課によ

表7-6　ロアノーク植民地関連の史跡保存協会・歴史協会

番号	協会名	活動期間	中心人物
1	ヴァジニア・デア（コロンビア）記念協会	1892-1894	S・S・コッテン
2	ロアノーク植民地記念協会	1894-1942	E・G・デイヴス
3	ロアノーク島記念祭会社	1903-1904	W・J・ピール
4	ロアノーク島歴史協会	1932-	W・O・ソーンダース

表 7-7　ヴァジニア・デアをタイトルに掲げた文学作品

出版年	著者	タイトル	出版地
1892	E・A・B・シャクルフォード	*Virginia Dare : A Romance of the Sixteenth Century*	NY, NY
1901	S・S・コッテン	*The White Doe : The Fate of Virginia Dare, an Indian Legend*	Philadelphia, PA
1937	同（リプリント）	*The Legend of Virginia Dare*	Manteo, NC
1975	同（リプリント）	*The White Doe : The Fate of Virginia Dare, an Indian Legend*	Murfreesboro, NC
1904	W・H・ムーア	*Virginia Dare : A Story of Colonial Days*	Raleigh, NC
1908	M・V・ウォール	*The Daughter of Virginia Dare*	NY, NY
1909	H・R・ラティマー	*Virginia Dare, and Other Poems*	Baltimore, MD
1937	P・B・シャーフ	*Virginia Dare March*	Wanchese, NC
1940	M・フィスク	*This Heritage, A Play Concerning Eleanor Dare ...*	Gainesville, GA
1957	A・スティーヴンソン	*Virginia Dare, Mystery Girl*	Indianapolis, IN
1988	W・H・フックス	*The Legend of the White Doe*	NY, NY
1993	J・ビーム	*A Briefe and True Report : For Virginia Dare*	Hillsborough, NC
2003	H・ハドソン	*Searching for Virginia Dare : A Fool's Errand*	Wilmington, NC

れば、都市部と農村部の子どもたちの教育水準を平準化させることが映画の目的であり、ロアノーク植民地のテーマはデア郡教育長M・ジョーンズ自らが選定したという。郷土愛の対象としてのロアノーク植民地が、映画という新たなメディアを通じて教育の場に入り込んでいく様子がうかがえる。記憶の形成に寄与する教育教材という点では、J・ウェイランドの『小学生のための歴史物語』[26]もヴァジニア・デアに関する章を含み、一九三〇年発行の『ノースカロライナ・ティーチャー』[27]には、W・スティーンの手になるヴァジニアの洗礼シーンの絵の複製が掲載されている。一九三一年にはポール・グリーンやロアノーク島歴史委員会（歴史協会の前身）のメンバーが、のちにグリーンの劇『失われた植民地』が演じられるウォーターサイド劇場（ローリー砦国立歴史公園に隣接）の建設場所を調査し、同年八月一八日（ヴァジニア・デアの誕生日、ヴァジニア・デア・デイ）にデア郡のホームカミングが開催された。ヴァジニア・デア生誕三五〇周年の一九三七年には数多くの記念行事が挙行され、ロアノーク植民地記念

協会とロアノーク島歴史協会が協賛した高校生向けの企画もあった[28]。同年の独立記念日からは『失われた植民地』が上演され、ヴァジニア・デア・デイにはF・D・ローズヴェルトも観劇に訪れている。以後この劇は、今日に至るまで毎夏、ウォーターサイド劇場で演じられることになる[29]。さらに四百周年の一九八四年にはロアノーク島歴史協会の主催で記念行事が催されている[30]。

　このようにヴァジニア・デアを担ぎつつ、史跡の整備、劇、イベント、出版物によってロアノーク植民地の顕彰活動がおこなわれ、かかる地元・州のプライドの発露によって、ノースカロライナのロアノークは、「最初」の植民地としてナショナルな記憶へと接続されてゆくことになったのである。

3　「最初の植民地」の記念碑（二）――最初の恒久的植民地ジェイムズタウン

　次にもう一つの「最初」の植民地たるジェイムズタウンについて見てみたい。先述したようにジェイムズタウンは最初の恒久的な英領北米植民地であるため、ここで最初に生じた事柄は「合衆国で最初」に直結しうる。たとえばここで最初に開かれた議会は、アメリカ最初の議会と位置づけられうるのである。そこでまずはロアノークの場合と同じように、あらかじめアメリカ史の概説書におけるその位置づけを探っておきたい。

　再度表7-5に目を転じ、まずマーシャルのジェイムズタウンに関する表現をみると、これはイギリス人の植民の開始に対して先住民が敵意を持って反応したことを述べるくだりに出てくるものであり、本文中での説明はかなり簡略といえる[31]。しかし小見出しには五月一三日というジェイムズタウン上陸の日付が特記されていることから、すでに日付自体が意味を持つに至っていることが推察される。ホームズの場合は、本文の表現も合わせて考えるならば[32]、「ヴァジニアにおける最初」という点が強調されているわけではなく、むしろ単にその位置がヴァジニアで

表 7-8　ジェイムズタウンの記念碑

番号	建立年月日	建立者	記念対象
1	1907	アメリカ合衆国	ジェイムズタウン三百周年（ジェイムズタウン三百周年記念碑）
2	1907/7/30	ヴァジニア史跡保存協会(APVA)ノーフォーク支部	最初の代議会の開催
3	1907(1909)[1)]	APVA	ジョン・スミス（W・クーパー作の立像）
4	1912	APVA	1893/5/3 に APVA に土地を寄付した地主夫妻
5	1922	APVA	ポカホンタス(W・O・パートリッジ作の立像)
6	1922/6/15	「アメリカ植民地の婦人たち」ヴァジニア支部	ヴァジニア植民地最初の国教会牧師ロバート・ハントによる最初の聖餐式（ロバート・ハント祭壇）[2)]
7	1925	「全国アメリカ植民地人の娘たち」	17 世紀後半の植民地政府の建物（第 3 次・第 4 次政府庁舎）の基礎を囲む鉄柵[3)]
8	1928	「植民地戦争の娘たち」	ジェイムズタウンにおけるイギリスの祖先達の英雄的行為
9	1957	APVA	「飢餓の時期」に死亡した約 300 名の墓地の上に建立（メモリアル・クロス）
10	1965/6/15	ヴァジニア州マグナカルタ委員会	マグナカルタ 750 周年(ヴァジニアカシの植樹)

1）記念碑には 1907 年と刻まれているが，実際に建てられたのは 1909 年。 2）タブレット自体はヴァジニア，南ヴァジニア，西ヴァジニアの各教区が 1907 年に寄贈。タブレットを含む「祭壇」の管理は南ヴァジニア教区主教の監督のもと，APVA に委ねられている。 3）鉄柵の中にも基礎の発掘を記念する碑がある。

あったという情報を与えているにすぎないと想定される。つまりやはり「最初」に重点が置かれているのである。一方、レスターの著作では、節題目、本文ともに「最初」の記述がなく、[33] あくまでも「ヴァジニアの植民地」という点が強調されている。奴隷制反対運動に携わっていたニューイングランド人というレスター自身の属性によるものなのか、彼は明らかにプリマスの方を強調しようとしている。ロンドン会社とプリマス会社の特許状について述べたくだりからも、それははっきりと確認できる。[34] ただしリチャードソンやウィルソンの著作においては、ジェイムズタウンはやはり「最初」であり、ある程度ナショナルな評価を得ているといえる。またレスターを含むいずれの著作においても、ジェイムズタウンはプリマスよりも先に叙述されている——ほぼ年代順の記述形式からして当然ともいえるが——点に留意したい。もっとも合衆国という国家の嚆矢として捉えられているかといえば、植民地時代史自体の意義づけの変化もあって、必ずしもメイフラワー号ほどポピュラリティを得ているとはいいがたい。メイフラワー号やプリマスが感謝祭で記憶されたのとは対照的に、ジェイムズタウンはそのようなナショナルな記念日と関連づけられなかったために、アメリカ人の記憶のなかで「最初」の植民地として成熟せず、南部もしくはヴァジニアというローカルな色彩を色濃く残してしまったともいえる。

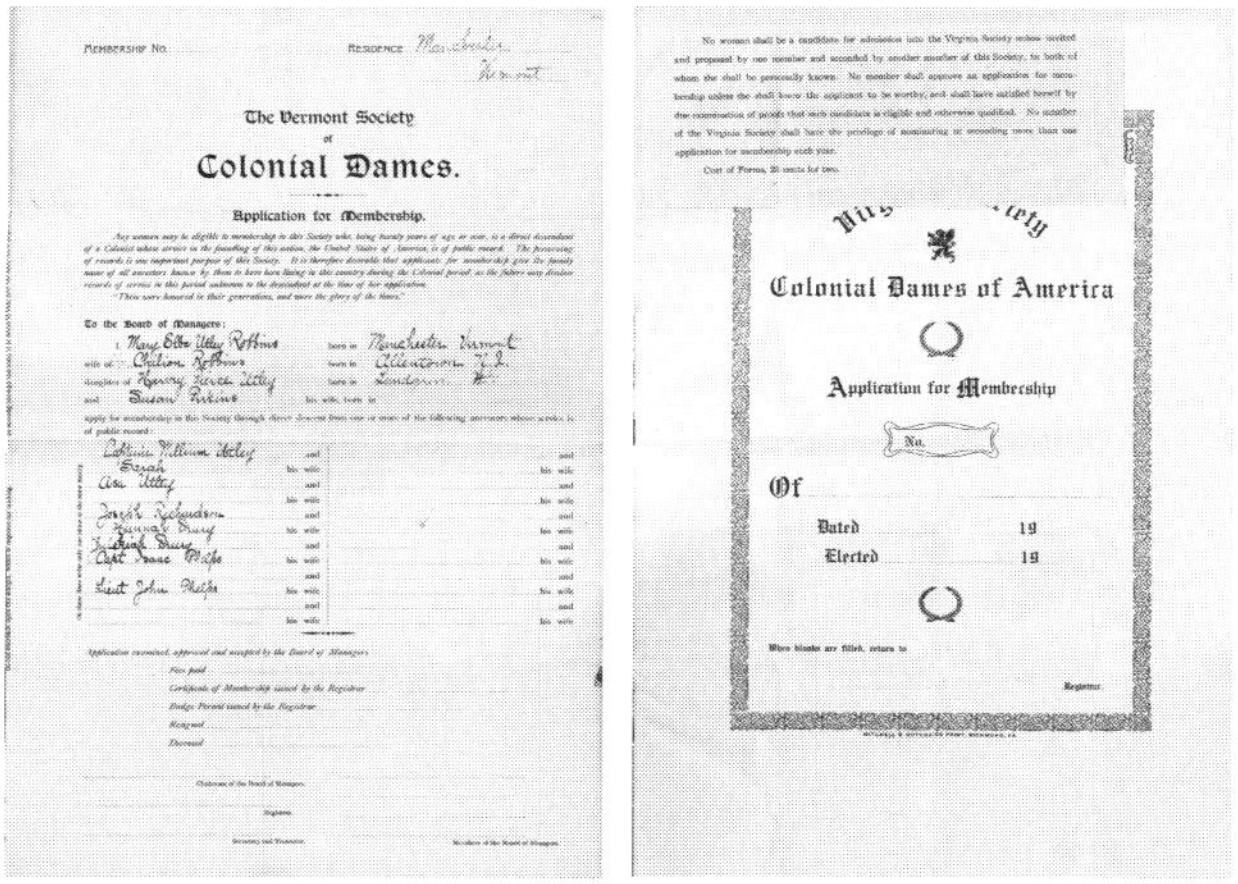

図7-6　「アメリカ植民地の婦人たち」ヴァーモント支部の入会申請書表紙［左］と同ヴァジニア支部の未使用の入会申請書表紙［右］。両者ともに古いもので，とくに後者の上部には別紙が添付されており，入会審査が厳密である旨，明記されている（いずれも著者蔵）

では具体的にジェイムズタウンの史跡に建立・設置された記念碑について見てゆくことにしたい。[35] 調査結果をまとめたものが表7-8である[36]（メモリアル・チャーチ内の記念プレートについては後述）。ここで記念碑建立の中心的役割を果たしているのは一八八九年に設立された「ヴァジニア史跡保存協会（APVA）」であり、州内全域をカヴァーする史跡保存協会としては全米最古の組織である[37]。現在、ヴァジニア州内で三四か所の史跡を所有・管理し、二三の支部を傘下に収めている（かつてはニューヨーク、フィラデルフィア、テネシーにも支部を有していた）。ジェイムズタウン西部の土地もこの協会の所有であり、この地を舞台とした精力的な発掘調査活動は、ここが協会のいわば発祥の地であることと無関係ではない。APVAの所有地内には協会の理事の屋敷（植民地時代の総督の名を冠したヤードリー・ハウス）が置かれて

図 7-7　ジェイムズタウン三百周年記念碑（表 7-8 の 1，著者撮影）

いるが、これは「アメリカ革命の娘たち」の本部（NSDAR）が出資して一九〇七年に建てられ、APVAに寄贈されたものである。やや先走るが表7-10の記念プレートも含めて、この地において優勢な継承協会はDARではなく「アメリカ植民地の婦人たち（CDA）」であり（表7-3および図7-6を参照）、このヤードリー・ハウスはDARがかろうじてジェイムズタウンに介入できた例といえる。史跡保存協会たる（つまり継承協会ではない）APVAとの関係のなかで、複数の継承協会が「記憶の縄張り」をめぐって競合する様子がうかがえて非常に興味深い。

さてこの表7-8を一見して明らかなように、この地には一九〇七年（三百周年）以前の記念碑は存在しない。つまりアメリカで「最初」を謳うわりには、記念碑はかなり新しい。APVAの土地獲得が一八九三年であるからそれ以前には遡りえないとはいえ、ジェイムズタウンが——少なくともその史跡が——比較的新しく「再発見」もしくは「再解釈」されたことがわかる。このような動きを、世紀転換期に高まりを見せた植民地時代の遺産復興運動（コロニアル・リバイバル）の一環と捉えることもできよう。さらに建立時期のサイクルを見ると、1・2・3が三百周年、4が三〇五周年、5・6は三一五周年、9は三五〇周年となり、直線的な時間の流れの中で一定の区切りを意識する西洋伝統の思惟方法にもとづいていることも確認できる。

表7-4にも示したように、そもそもジェイムズタウンという史跡は、国立公園局の所有する東部の土地——いわば「公式文化」を代表する——と、民間団体たるAPVAの所有する西部の土地——「ヴァナキュラー文化」を意味する——が隣接しているために、記念碑・記念行為への対応の差異が最も明瞭に認められる。たとえば表

表 7-9　ジェイムズタウンの教会

教会	構造	位置	期間	関連事項
第1教会	木造	砦内	1607年晩夏ないし初秋に完成。1608年1月焼失	
第2教会	木造	砦内	1608年再建	ポカホンタスとロルフの挙式(1614年4月)
第3教会	木造[1]	現在位置	1617年建立	最初の代議会の開催（1619年7月30日-8月4日）
第4教会	レンガ造り	現在位置	1639年1月起工。1647年11月の時点で未完成。1676年9月，ベーコンの反乱で焼失	教会完成後，チャーチ・タワーを付設。教会焼失時も無事
第5教会	レンガ造り	現在位置	再建され，遅くとも10年後には完全に機能回復。1750年代に遺棄	遺棄後，レンガが持ち出され，1790年代までに教会は廃虚に。チャーチ・タワーは残る
メモリアル・チャーチ	レンガ造り	現在位置	1906年に「全国アメリカ植民地の婦人たち」が建立。1907年5月13日にAPVAに寄贈	

1）基礎は丸石の上にレンガを一層載せた1フィート幅のもの。

7−8の1と4以外の記念碑はすべてAPVAの所有地内にあり、しかも4は所有地の入り口に位置していることから事実上APVAの領域内といってよく、国立公園局の土地――APVAの所有地よりも遥かに広い――に立つ記念碑は、合衆国政府が建立した1（図7−7）のみである。この事実は基本的には国立公園局の管理下において私的な記念碑の建立が抑制される傾向にあることを意味しているが、史跡を通じての記憶の「公的管理」という観点からするならば、「公式文化」側が「ヴァナキュラー文化」による公的記憶への介入を妨げようとしているとも解釈できる。民間に自由に記念碑を造らせては、「正史」の確立はままならないというわけである。むろん1の記念碑自体が国家によるジェイムズタウンの評価を如実に示すものであり、「イギリス人の最初の恒久的な植民地にしてヴァジニアと合衆国の誕生の地」なる碑文が、国家による記憶の創造の決意を端的に物語っているといえよう。

次に、今や一種の「顕彰の神殿」と化し、それ自体が巨大な「記念碑」ともいえる[38]メモリアル・チャーチに注目してみたい。表7−9に示したように、ジェイムズタ

［オールド・チャーチ・タワーの遺構］

［教会内部の様子。祭壇に向かって左の壁面。表 7-10 の 3〜7 の記念プレートが見える］

図 7-8　ジェイムズタウンのメモリアル・チャーチ（著者撮影）

ウンの教会は一八世紀半ば以降の長い歴史的空白期間を経て、このメモリアル・チャーチ建立に至っている（図7-8左上）。つまり最初の植民地議会が開かれた一六一七年建立の木造の教会、およびそれを壊して一六三九年から建てられたレンガ造りの教会、この両者の基礎の上に今日のメモリアル・チャーチが建てられており、一九〇六年にCDAの本部（NSCDA）が建立し、一九〇七年五月一三日にAPVAに寄贈されたものである。ここにもやはり継承協会と史跡保存協会との微妙な関係がうかがわれる。APVAのパンフレットはこの教会を「建国の象徴」と述べるが、とりわけオールド・チャーチ・タワーの遺構部分（図7-8右）はジェイムズタウン＝「最初」のシンボルであり、APVA自体のシンボルともなっている。

さてこの教会の内部に目を移し、そこに掲げられた多くの銘板・記念プレート（図7-8左下）をまとめたのが表7-10である（設置者が銘記されているもののみ表に記載）。記念プレートの位置関係についても表の付図に示している。教会自体が三

表 7-10　ジェイムズタウンのメモリアル・チャーチ内の記念プレート

番号	設置年月日	設置者	記念対象
1	1931	トマス・サヴィジの子孫たち	ヴァジニア「東海岸」への最初の白人入植者トマス・サヴィジ
2	1929	アメリカ古典友の会（ヴァジニア古典協会後援）	最初のアメリカの詩人ジョージ・サンディーズ
4	1950	ヴァジニア医学協会	ヴァジニア植民地総督を務めた医者ジョン・ポット
7	—	「アメリカ植民地の婦人たち」ヴァジニア支部	キリスト教に改宗したインディアンで，ジェイムズタウンをインディアンの襲撃から救ったチャンコ
8	1926	合衆国タバコ協会	最初にタバコの栽培に成功したジョン・ロルフ
9	1907/5/13	「全国アメリカ植民地の婦人たち」	ジェイムズタウン三百周年
10	—	「アメリカ植民地の婦人たち」ヴァジニア支部	1607-98 年の総督，参議会議長のリスト
11	—	(「アメリカ植民地の婦人たち」)	ポカホンタス
12	1907/5/x	APVA ワシントン支部	ジョン・スミス
13	1959/5/17	ヴァジニア州弁護士会	イギリスのコモン・ローがアメリカで最初に確立
14	—	「アメリカ植民地の婦人たち」マサチューセッツ支部	ヴァジニアのプランターで，のちにマサチューセッツのために活躍したダニエル・グッキン少将

註）設置者が銘記されているもののみ（11 を除く）。

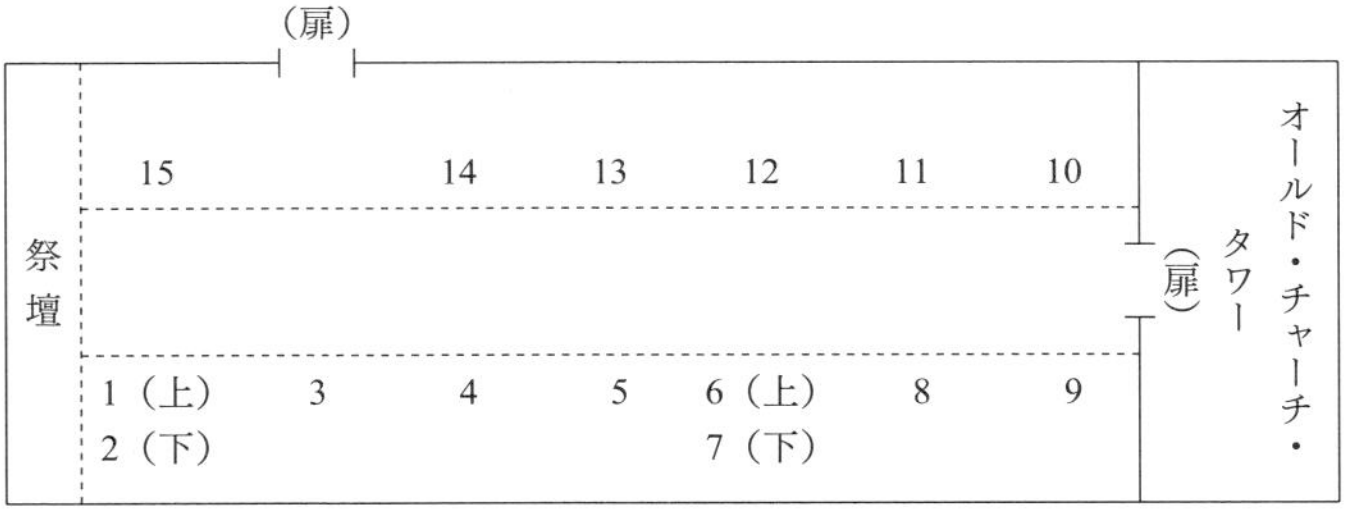

付図　各記念プレートの位置関係

百周年を記念して建てられたため、一九〇七年以前のプレートはむろん存在せず、最も古いもので三百周年を記念した9および12という点は表7-8の場合とよく似ている。プレートという比較的手軽な顕彰手段であるためか、ジェイムズタウン内に散在する記念碑以上に、各種関係団体が各々さまざまな「最初」を顕彰していることがわかる。ここには「最初」のイデオロギーの存在と、それに依拠する地域のプライドが明瞭に見て取れるのである。つまりここでの「最初」がアメリカで「最初」となりうることから、地元のプライドは容易にナショナルなプライド、ナショナルな記憶へと直結しうる。この事実は、やや先走って言えば、ローカリズムはナショナリズムの防波堤たりえない、のみならず両者が強い親和性を有していることを示唆しているとも解釈できよう。

さらに、記念碑との関連において重要な記念日の祝祭、すなわちジェイムズタウンの記念祭（Jamestown Jubilee）について見ておきたい[39]。入植の記憶がようやく歴史となり始めた百周年（一七〇七年）、当時のヴァジニア総督が記念祭を提案したが、これは結局実現しなかった。一世紀後の二百周年（一八〇七年）には記念祭が開催され、近隣のノーフォーク、ピーターズバーグ、ポーツマス、ウィリアムズバーグから市民が集まり、記念の演説のほか、小艦隊も沖に来航したという。一八二二年にはヴァジニア祭が開かれ、演説家やウィリアム・アンド・メアリ大学の学生による演説がおこなわれた。一八二四年にはラファイエットのアメリカ再訪を機に祝典が開かれている。二五〇周年（一八五七年）には六千ないし八千人が祝典に参加し、元大統領のジョン・タイラーの演説や、軍隊のパレードがおこなわれた。三百周年（一九〇七年）は表7-8、表7-10で見たようにジェイムズタウン顕彰の一大転機であり、ジェイムズタウン博覧会がノーフォークで——ジェイムズタウンでは狭すぎるため——盛大に開催された。セオドア・ローズヴェルトも臨席し、イギリス、フランス、ドイツ、日本の海軍も参加するなど国際的な行事となった。この博覧会は新南部の経済発展を祝う意味も含まれていたため、三四〇エーカーの会場には多くのパビリオンが建てられ、そのうちのいくつかは現在も残っている。先述したようにこの年に合わせてメモリアル・チャーチが再建され、三百周年記念碑がＡＰＶＡの寄贈した土地に建立されるなど、この年を契機としてジェイムズタウンが「正史」に占める位置は確固たるものとなったのである。さらに一九三四年にはAPVAの所有地を除いてジェイムズタウン島全体が「植民地時代国立歴史公園（Colonial National Historical Park）」の一部に組み入れられ、合衆国自体の嚆矢としての地位を、いわば国家によって保証されてゆく。三五〇周年（一九五七年）にはヴァジニア州が国立公園局とともに記念祭を開催し、イギリスのエリザベス女王も臨席して盛大な祭りとなった。この年、ビジターセンターと「ジェイムズタウン・フェスティバルパーク」（今日の「ジェイムズタウン・セツルメント」）が開館・開園している。前者はむろん国立、後者は州の運営であり、ローカルなプライドとナショナルな記憶がともに手を携えている、もしくは矛盾なく住み分けている状況を端的に示している。三七五周年（一九八二年）にはAPVAによって所有地内に説明版が設置され、四百周年（二〇〇七年）が近づくと、ジェイムズ砦の遺構が発掘されて考古学調査がおこなわれ、さらに二〇〇七年五月にはエリザベス女王も半世紀ぶりにこの地を訪れた。そう、ジェイムズタウンの伝統・記憶の再構築は、現在もなお進行中なのである（その状況の一端は、第9章第1節でイギリス側から考察することになろう）。

第8章　独立革命の記憶

1　南部における独立戦争の史跡

本章では、アメリカ合衆国という「最初の国民国家」の建設、すなわちアメリカ独立革命を考察の俎上に載せたい。そこにおいては、前章で見た植民地時代の二つの事例以上に、より直接的な伝統創りのプロセスが確認されるはずである。そしてわれわれが注目する南部（南部植民地）は、独立戦争の最初期と後半において主要な戦場となった。この地を舞台にした大きな戦闘は一〇を数え、表8-1はその一覧である。[1] イギリス軍の南部侵攻計画を早期に打ち砕いたムーアズクリークの戦い（1）、およびモールトリー砦の戦い（2）は最初期の戦闘であり、それ以降は後半戦といえる。サラトガの戦いで名声を博したホレイショ・ゲイツが、南部方面軍司令官として臨んだカムデンの戦い（3）に敗れて敗走し、いったん戦局は大きく悪化するが、オーバーマウンテンマンと呼ばれた奥地の民兵たちが主力となって勝利したキングズマウンテンの戦い（4）を契機に流れが変わり、さらにワシントンによって新たに南部方面軍司令官に任じられたナサニエル・グリーンの活躍の結果、大陸軍はコーンウォリス率いる英軍を次第に圧倒してゆく。つまり表8-1の「勝敗」の欄にある三角は、必ずしも両軍引き分けの意ではなく、

表 8-1　南部における独立戦争の史跡

番号	戦闘（日付）	勝敗	1925 年報告書の評価	1933 年行政命令による分類	設立年	現在の名称	『国選史跡登録簿』（1994 年）のデータ	
							評価	登録年
1	ムーアズクリークの戦い（1776/2/27）	○	Ⅱb	National Military Park	1926*	National Battlefield（1980 年改称）	A	1966
2	モールトリー砦の戦い（1776/6/28）	○	Ⅱb	—	1960	National Monument	A, C, f	1966
3	カムデンの戦い（1780/8/16）	×	Ⅱb	—	—	Battlefield	A	1966
4	キングズマウンテンの戦い（1780/10/7）	○	Ⅱb	National Military Park	1931*	National Military Park	A, c, d	1966
5	カウペンズの戦い（1781/1/17）	○	Ⅱb	Battlefield Site	1929*	National Battlefield（1972 年改称）	A	1966
6	ギルフォード・コートハウスの戦い（1781/3/15）	△	—	National Military Park	(1887) 1917*	National Military Park	A, B, c, f	1966
7	ホブカークスヒルの戦い（1781/4/25）	△	Ⅱb	—	—	—	—	—
8	ナインティシックス包囲戦（1781/5/22-6/20）	△	—	—	1976	National Historic Site	A, D, e	1969
9	ユートースプリングズの戦い（1781/9/8）	△	Ⅱb	—	—	Battleground Park	A	1970
10	ヨークタウンの戦い（1781/10/6-10/19）	○	Ⅰ	Miscellaneous Memorial	1930	Colonial National Historical Park（1936 年改称）	A, C, D, f	1966

＊当初，陸軍省の管轄下にあり，1933 年に国立公園局の管轄に移行した。

たとえば大陸軍が英軍よりも先に戦場から離脱し、形の上では敗北のように見えても、死傷者の点ではむしろ英軍により大きなダメージを与えるなど、名よりも実を取るグリーンの巧みな作戦を含意している。かくして追いつめられたコーンウォリスは、ヨークタウンの戦い（10）で最終的に降伏し、独立革命はほぼ軍事的な決着を見ることになる。南部におけるこれらの戦いは、表8-2にまとめたように、前章で論じたアメリカ史概説書においても皆——若干の温度差は認められるが——ほぼ確実に言及されており、少なくとも一九世紀前半からナショナル・ヒストリー上に占める確固たる地位が看取されよう。そしてかかる歴史的評価が、史跡としての各古戦場の評価に反映してゆくであろうことは容易に推測される。たとえば独立一五〇周年を目前にした一九二五年、陸軍省によってまと

表 8-2　南部での独立戦争に関する記述

番号	A・ホームズ『アメリカ年代記』(1829 年)	C・レスター『我らが最初の百年間』(1875 年)	A・リチャードソン『祖国の歴史』(1875 年)	W・ウィルソン『アメリカ人の歴史』(1902 年)
1	pp. 256–7	—	× p. 220	—
2	pp. 243–4	△ pp. 277–8[2)]	p. 220	pp. 249–51
3	pp. 310–2	p. 401	p. 260	p. 308
4	pp. 313–4	p. 407	p. 260	pp. 320–1
5	pp. 321–2	p. 407	p. 263	pp. 325–6
6	pp. 323–4	pp. 407–8	pp. 265–6	p. 327
7	△ pp. 324–5[1)]	× p. 408	△ p. 266[3)]	p. 327
8	p. 326	× p. 408	p. 266	—
9	pp. 326–7	p. 408	pp. 266–7	p. 327
10	pp. 330–4	pp. 409–16	pp. 271–3	pp. 328–9

註）それぞれ，全 2 巻の 2，全 2 巻の 1，全 1 巻，全 5 巻の 2。表中，左側の番号は表 8-1 の番号に対応。各記号は以下のとおり。—：まったく言及のないもの。△：当該の地名は出てこないが，戦闘に関する直接の言及があるもの。×：戦闘に関する直接の言及がなく，当該の地名も出てこないもの。
1)「ラウドン卿とグリーン将軍との戦い」と記されている。 2) 砦のあったサリヴァン島や，戦闘後，その砦に名を冠する W・モールトリー大佐への言及はある。 3) 地名はカムデンと記されている。

められた報告書では、必ずしも網羅的ではないものの、古戦場の扱いを視野に入れて戦闘そのものを客観的に評価しようとする試みが見られるし、いくつかの古戦場が同省から国立公園局へと移管された一九三三年には、当時の評価を反映して古戦場の名称が定められている（いずれも表8-1参照）。ただしこの名称は、表にあるようにその後、見直されて「昇格」したり「降格」しているケースもあり、時代の要請に応じて史跡の位置付けが変化している様子が確認される。以下では、この一〇の戦跡の中から特に重要な1、4、5、6、10の五つを取り上げ、それぞれの古戦場のあり方について、記念碑の分析を中心に簡潔に見てゆきたい。

2　ムーアズクリークの戦い

南部における独立戦争「最初」の戦いとされるムーアズクリークの戦い。実際の戦闘は短時間で終結した小規模なものだが、その記憶上の位置づけをめぐっては人々の意識や政治勢力の思惑が交錯している。すでに南北戦争前からこの古戦場は散発的に注目を集めており、全国的に記念碑建立が盛んとなった前世紀転換期の一八九七年、ノースカロライナ州議会が公園としての用地買い取りを可決したのち、九九年にムーアズクリーク記念碑協会（MCMA）が設立された[2]。同協会の当座の運営資金は州政府による補助と、年次大会開催時の土地使用料でまかなわれたが、同州選出の連邦議員たちは連邦政府による支援を求めて、翌一九〇〇年から一三年にかけて計一七本の法案を提出するも成立には至らなかった。資金不足の中で古戦場の整備は進められ、MCMAはパビリオンや管理事務所等を建設するとともに、相次いで四つの記念碑を建立している（表8-3の2～5）。同協会は一九一五年にムーアズクリーク古戦場協会（MCBA）と改称し、二〇年代初頭からこの古戦場を国立公園とすべく、DAR（前章参照）らとともに積極的な政治活動を繰り広げた。ノースカロライナ州議会も連邦政府に対する国立公園化の要請を決議し、これを受けたアバナシー連邦下院議員は下院に法案を提出した。DARはシャーロットで開催された州大会や、ワシントンでの第三五回全国大会（「大陸会議」）で法案支持の決議をおこなうとともに、下院の公聴会にも出席して政治的影響力を駆使している。さらにオヴァーマン上院議員らの尽力もあって、ムーアズクリークの戦い一五〇周年の一九二六年五月、法案は議会を通過、成立した。クーリッジ大統領が署名に用いたペンは、アバナシー議員より全国DARに寄贈され、その博物館に展示されたという。

一九二七年一月発行の『DARマガジン』六一号には、法案成立後の二六年八月二四日に開催された一五〇周年祭（DAR、MCBA共催）の様子が誇らしげに描かれている[3]。この記事によれば、ムーアズクリークの戦いは「独立戦争最初のアメリカ軍による勝利」とされ、一五〇周年の年のこの日、古戦場の三〇エーカーがノースカロライナ州から連邦政府へ引き渡されて、名実ともに国立戦跡公園が誕生した。全国DARの理事たちや、国を代表して陸軍少将、准将、議員らが列席し、出席者は総勢一万五〇〇〇名を数えたという。主賓の全国DAR会長ブロッソー夫人は独立革命精神の今日的意義について講じ、『DARマガジン』のこの記事もムーアズクリークの戦いの歴史的意義として、①イギリスの「最初の計画的な侵攻」を打ち砕いた、②忠誠派の蜂起を未然に防いだ、③心

表 8-3　ムーアズクリーク国立古戦場の記念碑

<table>
<tr><th>番号</th><th>記念碑</th><th>建立年</th><th>建立者</th><th colspan="2">記念対象</th></tr>
<tr><td rowspan="4">1</td><td rowspan="4">愛国者（グレイディ）記念碑</td><td rowspan="4">1857</td><td rowspan="4">8郡からなる委員会（柵は「アメリカ革命の息子たち」の寄贈）</td><td>正面</td><td>兵卒ジョン・グレイディ</td></tr>
<tr><td>向かって左側面</td><td>キャスウェル</td></tr>
<tr><td>向かって右側面</td><td>リリントン</td></tr>
<tr><td>裏面</td><td>革命戦争最初のアメリカ軍の勝利</td></tr>
<tr><td rowspan="4">2</td><td rowspan="4">スロカム記念碑</td><td rowspan="4">1907</td><td rowspan="4">ムーアズクリーク記念碑協会（スロカム夫妻の墓はDARの働きかけで1929年に碑の前に移される）</td><td>正面</td><td>革命期，ケープフィア川下流域在住の英雄的女性たち</td></tr>
<tr><td>向かって左側面</td><td>傷ついた兵士を介抱するため深夜65マイルもの道のりを戦場まで馬で駆けつけたメアリー・スロカム</td></tr>
<tr><td>向かって右側面</td><td>祖国の大義のために尽くした女性たち</td></tr>
<tr><td>裏面</td><td>建立者・建立年</td></tr>
<tr><td>3</td><td>忠誠派記念碑</td><td>1909</td><td>ムーアズクリーク記念碑協会</td><td colspan="2">自らの義務を果たし，戦場に倒れたマクラウド大尉，キャンベル大尉，約50名の高地スコットランド人の忠誠派</td></tr>
<tr><td>4</td><td>ステージロード記念碑</td><td>1911</td><td>ムーアズクリーク記念碑協会</td><td colspan="2">戦闘の経緯・結果</td></tr>
<tr><td rowspan="2">5</td><td rowspan="2">ムーア記念碑</td><td rowspan="2">1913</td><td rowspan="2">ムーアズクリーク記念碑協会</td><td>正面</td><td>この地でのアメリカ側の最初の決定的勝利，およびその顕彰に努めたムーアズクリーク記念碑協会初代会長ジェイムズ・フルトン・ムーア（在職14年）</td></tr>
<tr><td>裏面</td><td>J・F・ムーア，1852年2月14日－1912年7月11日</td></tr>
<tr><td>6</td><td>ブリッジ記念碑</td><td>1931</td><td>陸軍省</td><td colspan="2">この有名な橋で1000名の愛国派が1600名の忠誠派に勝利（碑文は陸軍大学校による）</td></tr>
</table>

理的に独立の気運を大いに盛り上げた、という三点を記している。さらに『マガジン』の他の号でも、この古戦場について言及されており、たとえば南部への自動車旅行案内記事は、「ウィルミントン近郊のムーアズクリーク古戦場は、独立戦争最初の組織戦における最初の勝利であり、多くの記念碑が立つ」と述べている。(4) ここでも「最初」が強調されている点は興味深い。ともあれ同公園の管轄権は、一九三三年に陸軍省から国立公園局へと移り、以後、MCBAは同局とともに公園の維持管理を共同でおこなっている（MCBAの組織自体は現在も存続している。(5) また、一九八〇年には国立戦跡公園の名称が国立古戦場に改称された）。さて、表8-3は現在この史跡に立つ記念碑をすべて調査し、年代順に示したものである。以下、いくつか簡潔に紹介してゆきたい。

表8-3の1の愛国者記念碑（図8-1）は別名グレイディ記念碑といい、正面の碑文によれば「祖国のために勇敢に戦い倒れた……ノースカロライナにおける自由の大義の最初の殉教者であり、この戦闘における唯一の戦死者」たる兵卒ジョン・グレイディを顕彰する古戦場最古の碑である。裏面の碑文に「独立戦争最初のアメリカ軍の勝利」と記されているように、ムーアズクリークの戦いで唯一の戦死者グレイディは、かつては独立戦争最初の戦勝時の戦死者と位置づけられ、それゆえこのように立派な碑が建てられたといえる。もっとも、この戦いに参加した兵士全員の経歴を可能なかぎり調べ上げた郷土史家の書物を見ると、グレイディについては出生年や出身地すら詳らかでない。(6) 一兵卒にすぎなかった彼は、まさにこの地で戦死することによってのみ、名前という記号だけが語り伝えられることになったのである。しかもその名前には

図8-1　愛国者（グレイディ）記念碑［表8-3の1］（著者撮影）

図8-2　スロカム記念碑［表8-3の2］（著者撮影）

三種類の綴りが確認されている。つまり、誰かがこの地で最初に戦死したという事実こそが重要なのであって、この碑は人が記号としてしか記憶されえないことを端的に示すものといえよう。また碑文でノースカロライナが強調されていることから推察されるように、ここには地元のプライドを独立の大義というナショナルな次元へ結びつけようとする意図が認められる。ローカリズムとナショナリズムとの親和性が、この古の碑においても見出せるのである。

表8-3の2はスロカム記念碑である（図8-2）。台座の左側面の碑文によれば、メアリー・スロカムとは「最も栄誉ある名」であり、「彼女の英雄的行為と自己犠牲は歴史の中で高く評価され、のちの世代に真の愛国主義と祖国愛を目覚めさせるだろう」と称えられている。伝承によれば、夫が戦いで負傷する夢を見た彼女は、馬に乗って六五マイルの道程を戦場へ向かったとされ[7]、この「メアリー・スロカムの疾駆」は、レキシントン・コンコードの戦いの前夜、馬を駆ってボストン郊外の人々に警告を伝えたというポール・リヴィアの「真夜中の疾駆」を彷彿とさせる（第10章で詳述）。彼女の伝説が初めて公けにされたのは、一八四九年出版のエリザベス・F・エレット『アメリカ革命の女性たち』[8]においてであり、民兵としてムーアズクリークの戦いに赴いた夫を介抱すべく、彼女は戦場に駆けつけたが、夢で見た場所には夫ではなく、その友人が負傷して倒れており、彼を介抱して帰宅したという。またエレットの記すところでは、無慈悲で鳴らした英軍のタールトンの一隊がスロカムのプランテーションに押しかけてきた際に、メアリーは愛国的な矜持を保ちつつ、彼らを巧みにあしらったという。彼女に関するこれらのストーリーは、一八五一年に上梓されたジョン・H・ホイーラーの『ノースカロライナ史』に組み込まれて地

域に拡散したと考えられる。[9] 現在、碑の前方にはスロカム夫妻の墓が置かれているが、それらは二〇世紀に入ってプランテーションの家族墓所から移されたもので、そこで眠る夫エゼキエルの墓標に記された生年が正しいとすれば、彼はムーアズクリークの戦いのときにはわずか一六歳であり、そもそもこのストーリー自体がムーアズクリークに関わるものであったのかどうか、疑念を生じさせる。また、彼の没年月日が独立記念日の七月四日となっているのも興味深い。一方、メアリーの墓標にも「エゼキエル・スロカムの妻ポリー［メアリーの愛称］・スロカム、一八三六年三月六日、七六歳と二四日で他界」と淡々と事実のみが刻まれている。夫とともに眠る彼女の実在自体は疑いようがないが、逆に墓標が何も語っていないことからも推測されるように、今日、彼女とムーアズクリークの戦いとの関わりを証する確固たる証拠は見出せていない。独立二百周年の一九七六年には、地元のテレビ局が彼女の子孫も招いて伝説を検証する番組を放映しているが、実りがあったとは言い難いようである。[10] この伝説が広まったのが一八五〇年代だとすれば、時系列的に見てリヴィアの伝説に直接影響を受けたとは考えにくいものの、その後の「普及」に関しては、やはりリヴィアの伝説との相関を推測してもよかろう。ともあれ、たとえ伝説にすぎないとしても、彼女が独立のためにともに苦労した地元の女性たちを表象する存在であることに間違いはない。彼女の像の台座右側面の碑文はその証左となろう。いわく「彼女らの子供たちが立ち上がり、彼女らを祝福する」と。のちに他の古戦場についても見るように、独立革命の歴史の中であまり語られることのなかった女性の愛国的貢献が、このように一九世紀と二〇世紀の交に「発掘」され、大地に刻み込まれたのである。事実、独立戦争においては兵士の妻など、民間の普通の女性も多く軍隊内に組み込まれて部隊とともに移動しており、一種の動く都会ともいえる近世の軍隊の中で女性が果たした非軍事的役割については、ようやく近年、学問的に注目されるに至っている。銃後での貢献も含めて、女性と独立戦争に関わるこのような史実は、おそらくは地域の集団記憶の中で漠然とした形で保持、伝承され、いわば歴史学を先取りする形で、記念碑に結実したとも考えられよう。そしてこの碑の建てられた世紀転換期、女性たちにとってアメリカ社会のメインストリームに合流するための最適戦略の一つが、

図8-3　忠誠派記念碑［表8-3の3］（著者撮影）

建国への貢献などに象徴される愛国主義であったことを、スロカムの像ははからずも物語っているのである。

表8-3の3の忠誠派記念碑（図8-3）は、イギリス側に立って参戦した地元の忠誠派の活躍を顕彰した碑で、ムーアズクリーク記念碑協会によって一九〇九年に建立されたものである。碑文にあるように、「自らの義務を果たし、戦場に倒れた……およそ五〇名の高地スコットランド人の忠誠派」に捧げられている。スコットランドの表象たるアザミの文様が碑に刻み込まれているのも故なしとしない。この地域には独立戦争当時、高地スコットランド人（ハイランダー）が多数入植しており、彼らは愛国派軍の敵となって戦い、敗北を喫したのである。高地スコットランドのジャコバイトたちは、一七四六年のカロデン（カロードン）の戦いに敗れた後、イギリス政府の弾圧を逃れて新大陸に渡る者も多かったが、軍事的能力に長けた彼らは、一七六〇年代・七〇年代にかけて氏族《クラン》の首長を中心に連隊を編成し、皮肉なことに対仏植民地戦争ではイギリス側の勝利に貢献した。ムーアズクリークの戦いにおける彼らの合い言葉も、「ジョージ王と広刃の剣」であった。独立革命後、さらにカナダに移った者もあったが、この記念碑の建立がなった二〇世紀初頭の時点でも地元にはスコットランド系の子孫が住んでおり、この碑は敵国イギリスとの和解だけでなく、地域住民間の融和の機能をも有していたといえる。そしてそこには独立戦争の意義、すなわち「公的記憶」上での位置づけの変化が投影されているのであって、とりわけアングロサクソニズムのもと、米英が蜜月状態にあった当時を考えれば、この時期に碑が建立されたことは十分に首肯される。世紀転換期の米英関係には確執の材料もなかったわけではないが、米西戦争などを通じてよ

り接近し、セオドア・ローズヴェルト大統領はイギリスを最重要パートナーと公言してはばからなかったのである。アメリカ史学界でも、「帝国学派」と称される歴史家たちが、アメリカの植民地時代をイギリス第一帝国拡大の歴史として描き出していた。かくして独立戦争を誇ることは、二度も戦火を交えたイギリス方に敵意を抱くことと同値ではなくなっているのであり、それはむろんこの時期に初めて生じた現象ではないものの、このローカルな碑は、かかるインターナショナルな変化の帰結を端的に示しているのである。

表8-3の4と6は、どちらも戦闘そのものを解説し、場所を特定するために設置されたマーカー的色彩の濃い記念碑である。戦闘で重要な役割を演じた橋に関する6の碑を陸軍省が建立したのは、当時この史跡が同省の管轄下に置かれていたためだが、橋の復元も同時になされていることから、戦術的な事例を示す教育的意図もうかがえる。4のステージロード記念碑（図8-4）については、少々興味深い事実を見出すことができる。この碑はムーアズクリーク記念碑協会によって一九一一年に建立されており、碑文は戦闘自体の経緯・結果を簡潔に述べるとともに、戦いの際に愛国派によって用いられた小型の大砲のレリーフが彫り込まれている。したがってやはりマーカー的な存在で、建立の経緯自体には格段、目を引くような事実は認められない。だが、DARがこの碑に対して独自の解釈を与えているのである。機関誌『DARマガジン』六一号（一九二七年一月発行）を繙くと、この史跡を紹介する記事の中に記念碑などを写した写真四葉が挿入されており、そのキャプションにおいて当該の碑が「フローラ・マクドナルドの碑」と紹介されている。(11) スコットランド

図8-4　ステージロード記念碑［表8-3の4］（著者撮影）

史にその名を轟かすフローラ・マクドナルドは、カロデンの戦いでジャコバイトが敗れた際、ジェイムズ二世の孫、若僭王チャールズ・ステュアート（ボニー・プリンス・チャーリー）を助けた英雄的女性であるが、このスコットランドの英雄が、ムーアズクリークの戦いと深い関わりを持っていた事実はあまり知られていない。[12]

彼女は一七二二年、スコットランドはアウター・ヘブリディーズ諸島のサウス・ユーイスト島に生まれ、カロデンの戦いの後、五〇年にアラン・マクドナルドと結婚してインナー・ヘブリディース諸島のスカイ島で暮らした。[13]しかし辞書編集者として著名なサミュエル・ジョンソン博士が彼女を訪問した一七七三年の時点で、すでにマクドナルド家は経済的に困窮していたらしく、彼はその事実に言及している。おりしもアメリカ移住ブームのなか、かかる経済的理由から一家は一七七五年春にノースカロライナ植民地に入植したのである。その翌年、ムーアズクリークの戦いが勃発する。夫アランは少佐として忠誠派の部隊を率い、息子アレグザンダーは大尉として参戦し、地域の忠誠派から尊敬を受けていたフローラも、戦場に向かう兵士たちを激励している。敗戦後、夫と息子は捕虜となり、彼女も一七七七年、愛国派への忠誠の誓いを拒否して自宅を追われた。同年、夫がニューヨークで釈放され、翌七八年に彼女もその地に赴いて合流し、さらに夫のカナダへの軍務に同行した。しかし一七七九年、夫より一足先に新世界を離れ、帰国の途に就く。帰国途上、乗船した船がフランス船と交戦し、奮戦した彼女は腕を骨折したという。一七九〇年に彼女はスカイ島で死去する。大規模な葬儀が営まれ、ジョンソン博士が墓碑銘を記したのである。

スコットランドの英雄たるフローラの碑は、主なものでも三つある。スカイ島の墓碑、生誕地サウス・ユーイスト島の記念碑、インヴァネス城の前に置かれた像である。では、図8-4のステージロード記念碑は、新大陸における彼女の碑といえるのだろうか。答えは否であろう。刻まれた碑文をつぶさに見ても、彼女に関わる文言は見出せない。ではなぜDARの機関誌は、このような「誤った」キャプションを掲載したのだろうか。いくら碑の解釈は自由とはいえ、DARによる換骨奪胎は根拠が希薄と言わざるをえない。ハイランド文化再評価の動きのなか、おそらくはこの有名な女性に言及することで、彼女自身は敵方の忠誠派であっても、この戦いの重要性がより高まるとの思いが——意図的かどうかはともあれ——あったのだろうか。また、ＤＡＲが独立革命への女性の貢献を積極的に取り上げていたこととも無関係ではなかろう。そしてもし、かかる「誤った」碑の解釈が当時の一般的な理解（誤解というべきか）を反映しているとするならば、地域住民のスコットランド系としてのアイデンティティを心地よく刺激したであろうことは想像に難くない。ここでもまた、融和のメカニズムを推察することができるのである。

ともあれ現在、国立公園局が発行しているパンフレットには、ムーアズクリークの戦いは小規模だが決定的な意味を持ったことが明記されている。つまり、忠誠派と呼応したイギリス軍の南部への大規模な侵入を当面のあいだ防ぎ（もし南部が早々とイギリス軍の支配下に入っていたならば、独立宣言は不可能だったかもしれない）、ノースカロライナでの英国王の支配に終止符を打ち、フィラデルフィアの大陸会議に出席していた地元選出議員に対して独立に賛成票を投じるよう、一三植民地の中で「最初」に指示を出すことを可能にしたという。[14] かかる歴史的意義ゆえ、非常に早く国立公園化が実現したわけだが、この「最初」の栄光に満ちた国立戦跡公園も、一九八〇年には国立古戦場に改称されてしまう。その理由として、この地が以前からムーアズクリーク古戦場として知られていたこと、国立戦跡公園であれば何らかの軍事施設の存在が前提とされること、などが述べられているが、必ずしも説得的ではない。むしろ、独立戦争の各戦闘を相対的に評価し直した際の客観的帰結と考えるのが自然であり、かかる冷静な評価は、たとえばこの史跡への訪問者数のデータにも如実に示されているのである。[15] かつては「最初」に固執してナショナルな意義を強く主張し、州や地域のプライドを満たそうとしたこの古戦場の初期の公的記憶のあり方を考える時、時代の流れ、そして記憶の可変性にこそ、思いを致すべきなのかもしれない。

3　キングズマウンテンの戦い

「キングズマウンテンの戦い」はイギリス側に圧倒され続けていたアメリカ側が久々に手にした大勝利で、近隣の地域から集結したオーバーマウンテンマンと呼ばれる民兵たちが、パトリック・ファーガソン少佐（のち大佐）率いるイギリス軍（ハイランド軽歩兵第七一連隊）を山頂に追いつめて撃破した特筆すべき戦いである。

図8-5　クロニクル記念碑［表8-4の1，4］（著者撮影）

この史跡を巡っては、一八一五年、五五年、八〇年、一九〇九年、一九三〇年に、それぞれ大規模な記念祭が催されている。[16] 最初の記念祭で建立されたクロニクル記念碑（表8-4の1）は、戦死したアメリカ側の兵士四名（ウィリアム・クロニクル少佐、ジョン・マトックス大尉、ウィリアム・ラブ、ジョン・ボイド）を顕彰したもので、合衆国で二番目に古い戦場碑である（図8-5左）。この碑を建立したマクレーン医師は、かつてグリーンの部隊に所属し、戦後はサウスカロライナ州議会上院議員を務めた。碑の建立から幾星霜、風雨による摩耗で碑文が読みにくくなったことから、一世紀後、その再録のために右側に新たに碑が立てられている（表8-4の4、図8-5右）。ちなみにクロニクルを記念する碑はDARが一九三〇年に建立したものもこの近傍にあり（表8-4の5）、合わせて三つ存在する。ともあれ顕彰された四名についてその経歴などはむろん詳らかでなく、出身地が同じであることから気心の知れた友人同士と考えられる。当時二五歳のクロニクルは民

表 8-4　キングズマウンテン国立戦跡公園の記念碑

番号	記念碑	建立年月日	建立者	記念対象	
1	クロニクル記念碑 (1)（オールド・モニュメント）	1815	ウィリアム・マクレーン医師	ウィリアム・クロニクル少佐率いる小隊で戦死した 4 名（少佐，J・マトックス大尉，W・ラブ，J・ボイド）	
2	百周年記念碑	1880/10/7	キングズマウンテン百周年協会	正面	ファーガソン率いるイギリス軍がアメリカ側（士官 5 名とその軍勢）に大敗
				向かって左側面	市民の自由を守るために倒れた兵士の名
				向かって右側面	独立戦争の流れが植民地側に有利に変化
				裏面	戦役に参加した愛国心に富むアメリカ人
3	合衆国記念碑	1909/10/7	合衆国政府	正面	戦役に参加した兵士の英雄的行為と愛国心
				向かって左側面	アメリカ側とイギリス側の戦力（士官名と部隊の編成地）
				向かって右側面	アメリカ側の戦死者・負傷者
				裏面	ファーガソン率いるイギリス軍に大勝し，革命に転機をもたらした
4	クロニクル記念碑 (2)	1914	ヨークヴィル・キングズマウンテン協会	1 と同じ	
5	クロニクル記念碑 (3)	1930	DAR ウィリアム・クロニクル少佐支部	ウィリアム・クロニクル少佐	
6	ファーガソンのケルン	1930/10/7	「合衆国市民」（R・E・スコッギンズ）	ファーガソンの墓とされるスコットランド風の小さなケルン	
7	フーヴァー記念碑	[1930/10/7]	DAR キングズマウンテン支部	フーヴァー大統領の 150 周年記念演説（参加者 75,000 人）	
8	カワード大佐記念碑	1931/10/7	DAR キングズマウンテン支部	軍人・愛国者・教育者の A・カワード大佐	
9	ホーソン中佐記念碑	1949	DAR キングズマウンテン支部	ヒル大佐のヨーク郡の連隊を率いた J・ホーソン中佐	
10	ファーガソン少佐戦死碑	—	—	馬上のファーガソンが撃たれて倒れたとされる地点	
11	ハンブライト大佐記念碑	—	DAR フレドリック・ハンブライト大佐支部	F・ハンブライト大佐が負傷した場所	

図8-6　百周年記念碑［表8-4の2］（著者撮影）

兵隊とはいえ少佐の肩書を有し、小隊を率いていたため、必ずしも「分不相応な」記念碑とはいえないが、とりわけ他の三名についてはクロニクルとともに戦死し、この碑に刻まれたことによって、その名を後世に残したといえる。キングズマウンテンの戦いでの勇敢な民兵の典型例として語られる彼らだが、翻って個々人としての彼らにとって、戦死の事実と名前のみが残されたとて、そこに何の意味があるというのだろうか。一八一二年戦争（米英戦争）のナショナリズムの高揚のなかでこの古い碑が立てられたとき、それは先の対英戦での戦功を称える記念碑《モニュメント》としての色彩が濃かったことは想像に難くないが、この碑の前に佇むと、むしろ死んでいった親族・友人を悼む慰霊碑《メモリアル》であるかのごとく感じられるのである。事実、マクレーンは碑の建立に際して、古戦場の地表に散乱していた身元不明の兵士たちの遺骨を仲間とともに数多拾い集め、埋葬し直したという。今日、その埋葬場所はもはや定かでないが、彼の建立した碑は、いわば無名戦士の墓標ともなっているのである。

この碑から半世紀以上経ち、百周年が近づいた一八七九年には、三州の代表からなる「キングズマウンテン百周年協会」が設立され、会長には当地に兵学校を創設したA・カワード大佐が就き（のちに顕彰碑が立てられている。表8-4の8）、記念碑建立計画と古戦場の買い取りが進められた。一八八〇年一〇月五日から三日間にわたって開かれた記念祭には、ヴァジニア州知事臨席のもと、一万二〇〇〇人以上が参加し、百周年記念碑（表8-4の2）の除幕式が盛大におこなわれた（図8-6）。碑には大理石のプレートが四面にはめ込まれ、刻まれた戦没者名の中にはクロニクル少佐の名も見える。碑文では、この戦いで独立戦争全体の流れが変わった点が強調されている。

さらに約三〇年後、連邦政府の手で「合衆国記念碑」（表8-4の3）が建立される（図8-7）。この碑および記念祭については、一九一〇年発行のDARの機関誌に「キングズマウンテン」と題する記事が掲載されており、貴重な史料となっている。(17) これはキングズマウンテン百周年協会の活動を引き継いだDARの支部（サウスカロライナ州ヨークヴィルのキングズマウンテン支部）が音頭を取って一九〇九年一〇月にキングズマウンテンで開催したピクニックの様子を報告したもので、記事によれば、合衆国記念碑の建立費用三万ドルは連邦政府が支出し、(18) 法案にはキングズマウンテン支部がこの記念碑の「保護者」たることが明記されている。建立記念のピクニックは近隣の支部にも応援を頼んで一年前から準備し、DARの会員たちが食材・資材を携えて前日に山へ向かい、夜はテントに泊まり込んで翌朝、料理を作り、ゲストをもてなした。地域の名士ら、集まった参加者は一万人。演説を聞き、最後には皆で立って讃美歌を歌った。この地が「聖地」であると実感するとともに、この史跡の保護・維持を心に誓ったと記事は述べている。

図8-7　合衆国記念碑［表8-4の3］（著者撮影）

次いで一五〇周年の一九三〇年に開催された記念祭は過去最大の規模で、大恐慌の最中、七万人以上の参加者を集めたとされる。フーヴァー大統領やリンドバーグも招待され、大統領の演説は『ニューヨーク・タイムズ』などの記事を通じて全国、さらにはイギリスにまで配信されたという。(19) 表8-4の7がこの演説を記念する碑であり、DARによって建立されている。人心をまとめて恐慌を克服すべく、「公式文化」によってこの記念祭が「利用」された

図 8-8　ファーガソンのケルン［左，表 8-4 の 6］と戦死碑［右，同表の 10］（いずれも著者撮影）

ともいえよう。この時に建てられたいま一つの碑に、イギリス側の指揮官、パトリック・ファーガソン少佐の墓（ケルン）に捧げられたものもある（表8-4の6、図8-8左）。戦死したファーガソンが眠るとされる場所には、いつの頃からか出身のスコットランドの風習に倣ってうずたかく石が積み上げられ、ケルンとなった[20]。したがってこの記念碑は墓標ともいえる。碑を建立したスコッギンズなる人物は——碑文に名は記されていないが——家系図協会の記録などから見て、古くから地元に居住する一族と思われ、おそらくはスコットランド系であろう。さらにファーガソンについては、撃たれて倒れたとされる場所にも小さな碑が置かれている（表8-4の10、図8-8右）。かつて民兵たちの恨みを一身に受けた彼も、ケルンの碑文の中では「武勇の誉れ高い軍人」とされ、さらに「合衆国市民とイギリス帝国市民との友好と平和に感謝して」と刻まれている。死せるファーガソンは、あたかも親善大使の役を負わされているかのごとくである。やはりここにも、当時の米英関係の反映を見て取ることができよう。ともあれこの古戦場は、翌三一年に陸軍省の管轄下に入り、三三年には国立公園局の管轄に移行している。文字どおり「正史」の中枢に上り詰めたのである。

すでに述べたように、この戦いにおける愛国派の民兵たちの多くは、南部奥地のフロンティア地域に居住していたオーバーマウンテンマンであり、彼らは他ならぬスコッチ・アイリッシュの人々であった。低地スコットランド人（ローランダー）の子孫の彼らが、同じスコットランドのファーガソンと戦う運命となったのは皮肉といえよう。ファーガソンは一七七七年にアメリカに派遣され、南部奥地で忠誠派の徴募をおこなっていたため、彼が率いた忠誠派の「イギリス軍」は、じつは大部分が現地の植民地人で構成されていた。ムーアズクリークの戦いと同様に、とりわけ南部における独立戦争は、文字どおりの「内戦《シヴィル・ウォー》」だったのである。またこのスコッチ・アイリッシュの呼称は、イギリス史よりもアメリカ史において頻出するといってよい。周知のとおり、彼らは宗教的には長老派に属し、一七世紀に主に低地スコットランドから北部アイルランド（アルスター）へ入植、さらに一八世紀にアメリカのフロンティア地域へ向かい、ペンシルヴァニアや南部の奥地に移り住んだ。このアメリカ移民の大きな波は五回認められるが、とりわけ最後の一七七〇―七五年の移住ブームでは毛織物業などの経済不況のため、三万人がアルスターを離れたのである。独立革命前夜の総数はおよそ二五万人、一三植民地の人口の一〇ないし一五パーセントを占めるに至っている。彼らは自主独立の気風が強く、質実剛健で知られており、「片手にライフル、片手にバイブル」の文句とともにしばしば語られる。政治的にはきわめて反英的で、熱心な愛国派であり、主として下層民から徴集された大陸軍兵士のかなりの割合を占めたのである。

　このように同じスコットランド系の出自でも、ムーアズクリークの戦いで見たように高地スコットランド人は親英的であり、スコッチ・アイリッシュの反英的立場とは対照的といえる。しかしイギリスに対するスタンスを主軸とするこの境界は、合衆国独立後、次第に見えなくなってゆくことになる。人口からすれば、たとえば一七九〇年の最初の国勢調査では、ノースカロライナ州民の一五・八パーセントがスコッチ・アイリッシュ、七・九パーセントがスコットランド人、さらにサウスカロライナ州民の一八・九パーセントがスコッチ・アイリッシュ、九・四パーセントがスコットランド人とされるが[21]、そもそもスコッチ・アイリッシュの人々は、植民地時代には「アルスター・アイリッシュ」、北アイルランド人、長老派アイルランド人などとも呼ばれ、スコッチ・アイリッシュの呼称自体は建国初期にはすでに一般にあまり用いられなくなっていた。だが一九世紀半ばの「ジャガイモ飢饉」により、カトリックのアイルランド人がアメリカへ大量に移民して以降は、彼らと区別する意味で、スコットランド系を付した語、すなわちスコッチ・アイリッシュの名称が再び頻繁に用いられるようになるのである。そこに新たなスコットランド系アイデンティティの再構築の契機を見て取ることもできようし、さらに世紀転換期へと連なるスコットランド文化リヴァイバルの流れや、「新移民」への対応のなかで、たとえば先に見たフローラ・マクドナルドに象徴されるように、アイデンティティの理念上の再確認作業は大西洋を容易に跨いだのである。再度強調するならば、アメリカのような移民国家においてかつての敵を称えることは、国内のエスニックな状況と無関係ではありえない。個々の記念碑建立の経緯はさまざまであり、直接的な波及の道筋を見出すことは難しいとしても、建立の事実そのものが時代の「雰囲気」を雄弁に物語っているのであり、その意味で、ファーガソン少佐のケルンのごとく、敵を称える独立戦争の記念碑は、史的空間の中にアメリカのエスニシティや国際関係・米英関係を映し出す、文字どおりの「鏡」なのである。

4　カウペンズの戦い

ライフル隊を率いるダニエル・モーガンの活躍により、アメリカ側が華々しい勝利を収めたカウペンズの戦い[22]。にもかかわらず、戦いの後、久しく顧みられることのなかったこの地に注目したのは、絵入り雑誌発行の草分けとして名高いB・ロッシングである[23]。一九世紀半ば、彼はある家を目印に古戦場を探したという[24]。彼の本の影響もあってか、民兵組織の「ワシントン軽歩兵隊」が一八五六年、ここに記念碑を建立する。ジョージ・ワシントンの名を戴いて一八〇七年に設立されたこの部隊は、カウペンズの戦いの際にウィリアム・ワシントン大佐（ジョージ・

表 8-5　カウペンズ国立古戦場の記念碑

<table>
<tr><th>番号</th><th>記念碑</th><th>建立年月日</th><th>建立者</th><th colspan="2">記念対象</th></tr>
<tr><td rowspan="2">1</td><td rowspan="2">ワシントン軽歩兵隊記念碑</td><td>1856/4/x</td><td>ワシントン軽歩兵隊（L・M・ハッチ大尉）</td><td colspan="2" rowspan="2">75 周年記念</td></tr>
<tr><td>1936</td><td>DAR カウペンズ支部</td></tr>
<tr><td rowspan="4">2</td><td rowspan="4">合衆国メモリアル記念碑</td><td rowspan="4">1932/6/14</td><td rowspan="4">合衆国議会</td><td>正面</td><td>アメリカ軍の勇気と献身</td></tr>
<tr><td>左側面</td><td>イギリス側の戦力</td></tr>
<tr><td>右側面</td><td>アメリカ側の戦力</td></tr>
<tr><td>裏面</td><td>アメリカ軍の勝利</td></tr>
<tr><td>3</td><td>ハワード中佐記念プレート</td><td>1981/1/17</td><td>ハワード郡歴史協会</td><td colspan="2">主戦列を指揮し，後に上院議員，メリーランド州知事となったJ・E・ハワード中佐</td></tr>
</table>

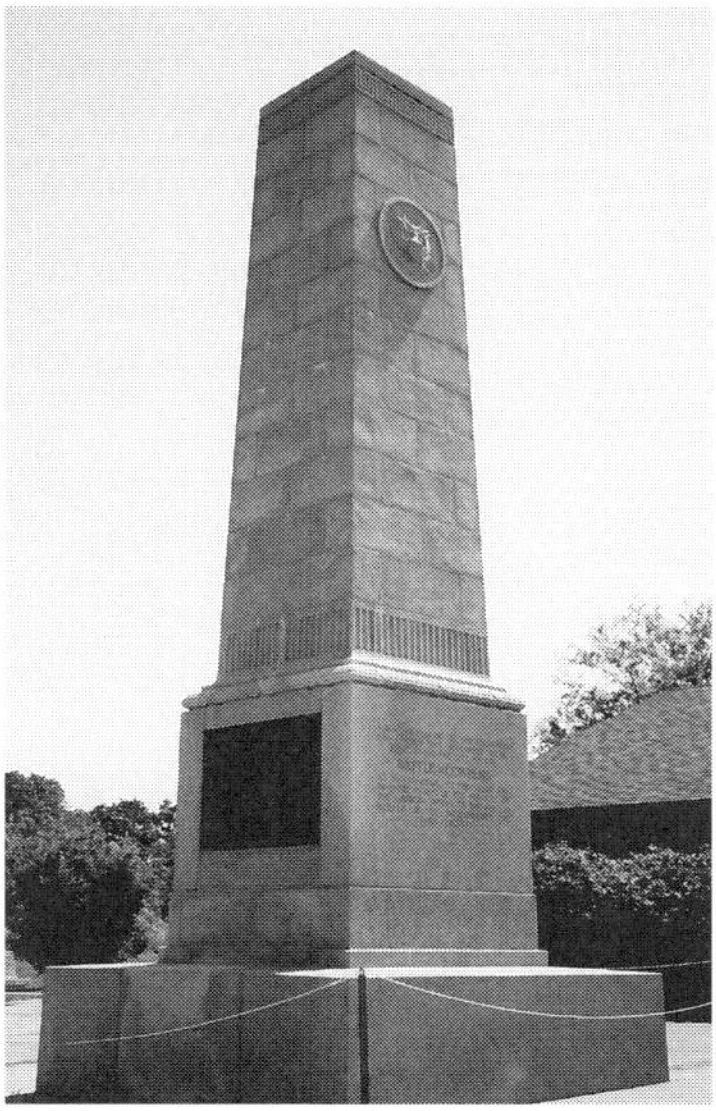

図 8-10　合衆国メモリアル記念碑
［表 8-5 の 2］（著者撮影）

図 8-9　ワシントン軽歩兵隊記念碑
［表 8-5 の 1］（著者撮影）

ワシントンの従弟）の指揮旗であったとされる「ユートー旗」を保持しており、この細い糸を頼りに、七五周年の記念碑建立を推し進めたのである。碑はアメリカ側が最終的に勝利を収めた地点近傍に設置されたが(25)（表8-5の1）、のちに何度も破壊行為に遭い、現在の碑はオリジナルのものとはかなり形が変わっている（図8-9）。一九三六年のDARによる修復の結果だが、DARによる記憶の換骨奪胎ともいえる。

さて独立百周年が近づくと、連邦議会はロッシングに依頼した検討結果などを受けて、八か所の独立戦争の古戦場に記念碑建立の助成を決定する。南部で選ばれたのは二か所、ここカウペンズとヨークタウンであった。これが追い風となり、百周年の前年、ワシントン軽歩兵隊のメンバーなども加わって「カウペンズ百周年委員会」が設立され、ダニエル・モーガン記念碑の建立が計画された。ただしこの碑は古戦場ではなく、破壊行為の危険性が少なくてアクセスもしやすい近くの町に最終的に設置された。古戦場に置かれていないこの碑であるが、その建立には北部の州もさまざまな形で関わっており、南北融和の機能が見て取れる。

つづく一五〇周年記念には、DARの尽力もあって、国の手で「合衆国メモリアル記念碑」（表8-5の2）が造られた（図8-10）。これについて述べた『DARマガジン』六六号の記事によれば、建立経費は一万三〇〇〇ドル。(26)記念碑の「保護者」たるDARのダニエル・モーガン支部は、設置場所の買収に一〇〇〇ドルの資金を提供したとされる。記念式典はサウスカロライナ州知事など政府・軍関係者列席のもと、サウスカロライナDARが取り仕切り、「ユートー旗」やモーガンの軍刀などが持ち出されて式典に花を添えたという。ちなみに『DARマガジン』六九号に掲載された、自動車での史跡巡りの記事にもこの碑は取り上げられており、「過去造り」とモータリゼーションとの融合が興味深いが、記事では建立費用が五万ドルとされ、ささやかな「捏造」の跡もうかがえる。(27)なおこの碑は最初、モーガンの第三戦列の中央に置かれていたが、二百周年を記念してビジター・センターが建てられた際、現在の位置（センターの入口正面）に移されている。

5　ギルフォード・コートハウスの戦い

米英の名将、グリーンとコーンウォリスの「決闘」の場となったギルフォード・コートハウスの戦い。本国イギリスの政治家が庶民院（下院）で、「このような勝利を再び勝ち取るならば、わが軍は壊滅してしまうだろう」と嘆いたように、アメリカ側が先に戦線を離脱したことから形式的にはコーンウォリスの勝利のように見えつつも、グリーンの巧みな戦術によってイギリス側が甚大な被害を受けたため、事実上アメリカ側の勝利といえる激戦であった。

地元でこの古戦場を顕彰しようとする動きは、一八五七年、「グリーン記念碑協会」の結成をもって嚆矢とする。[28] だがほどなくして南北戦争が勃発し、その活動は終焉を迎える。やがて一八七六年の独立百周年、さらには南部における軍政の終了によって南北の和解ムードが醸し出されるなか、独立戦争や南北戦争の古戦場を訪ね歩いた先述のB・ロッシングが連邦下院委員会の依頼を受けて、顕彰すべき独立戦争の古戦場のリストを作成し、一八八四年に報告書として提出した。その中にはむろんこのギルフォードの古戦場も含まれていた。かかる時代背景のもと、ギルフォード古戦場会社（Guilford Battle Ground Company）が一八八七年に設立され、九〇年代初頭には資金難に陥るものの個人の寄付などを得て活動を継続し、初代会長のD・シェンクが亡くなる一九〇二年までに、なんと一六もの記念碑を直接、間接に建立したのである。翌年、連邦議会はノースカロライナ出身の二人の将軍を記念するアーチの建立のために一万ドルの拠出を決定し、知事のC・B・エイコックに場所の選定を委ねた。この両将軍はギルフォードの戦い以前に亡くなっているだけでなく、さらに設置にふさわしい場所が存在していたにもかかわらず、知事はギルフォードを選んだのである。それはこの古戦場がノースカロライナ州において独立戦争の最も重要な「神殿」として認知されていることを意味しており、大いに勇気づけられた古戦場会社は国立戦跡公園の認定を得

図 8-11　ケレンハップク・ターナー記念碑［表 8-6 の 14］（著者撮影）

るべく、一九〇四年から一層活発な活動を開始した。かくして一九一七年、独立革命関連の戦跡では最初に同公園の認定を獲得し、一九三三年には国立公園局の管轄下に組み込まれたのである。

表8-6にあるように、ここには二八もの記念碑が林立し、その数は他の古戦場に比して群を抜いている。南北戦争後の記念碑建立の流れとも連動しているが、表中の23までは主としてギルフォード古戦場会社や家族・親族の手になるもので、24〜27はDARが建てたものである。[29] この中から四点の碑を取り上げ、やや詳しく見てゆくことにしたい。まずは独立革命期の女性を顕彰した最初期の例——ムーアズクリークのスロカム記念碑よりも先——たるターナー夫人の記念碑（表8-6の14、図8-11）に注目したい。これは女性を称えた数少ない事例、すなわちマイノリティ（弱者）の碑といえる。彼女はギルフォード・コートハウスの戦いで傷ついた息子を助けるため、メリーランド州の自宅からノースカロライナ州の戦場まで、はるばる馬の背に乗って馳せ参じたという。[30] スロカムの場合と同様に、リヴィアの「真夜中の疾駆」を彷彿とさせるエピソードである。図にあるように銅像の彼女は右手にタオル、左手にカップをかかげているが、これは癒しと介護の表象であり、ここに愛国主義と女性性は見事なまでの融合を見せている。ただしこのエピソード自体の信憑性については、たとえば彼女の家と戦場はおよそ三五〇マイルも離れており、戦況が伝わるのですら、どんなに早くとも三日ないし四日はかかったと考えられることから、そもそも話の始まりからして大いに疑わしい。さらに伝説によれば五〇歳前後の彼女は産まれたばかりのわが子を胸に抱き、全速力で馬を飛ばしたという。しかも乳児は途中で息絶え、彼女は泣く泣くその亡骸を道端に埋葬して駆け続けたとい

表 8-6　ギルフォード・コートハウス国立戦跡公園の記念碑

番号	記念対象・記念碑	建立年	建立者	墓碑	非当事者
1	A・フォービス	1887	マックガリャード・ハスク石材会社		
2	デラウェア記念碑	1888	[ギルフォード古戦場会社(GBGCo.)]	x	
3	J・テイト	1891	GBGCo.	x	
4	J・サムナー	1891	J・H・ニーズ	x	x
5	メリーランド記念碑	1892	メリーランド歴史協会		
6	J・デイヴス	1893	—	x	x
7	J・ステュアート	1895	GBGCo.		
8	J・ウィンストン	1895	T・M・ホルト		
9	H・ディクソン	1896	[GBGCo.]		
10	W・フーパー，J・ペン	1897	GBGCo.	x	x
11	J・ジリス	1898	オークブリッジ協会		
12	J・モアヘッド	1901	J・T・モアヘッド，J・M・モアヘッド，R・P・グレイ		x
13	N・メイコン	1902	GBGCo.		x
14	K・ターナー	1902	J・T・モアヘッド，J・M・モアヘッド		
15	南北和解記念碑	1903	GBGCo.		
16	D・シェンク	1904	GBGCo.		x
17	J・ウィンストン	1906	[GBGCo.]	x	
18	J・フランクリン	1906	[GBGCo.]	x	
19	D・コールドウェル	1909	[GBGCo.]		
20	騎兵隊（フランシスコ）記念碑	1909	GBGCo.		
21	アメリカ軍第 3 戦線記念碑	1910	[GBGCo.]		
22	J・モアヘッド	1913	GBGCo.		x
23	N・グリーン	1915	GBGCo.		
24	ワシントン来訪記念碑	1925	DAR（ギルフォードの戦い支部，A・マーティン支部）		x
25	G・レイノルズ	1928	DAR（J・F，T・E，G・レイノルズ支部）		
26	M・M・M・ベル	1929	DAR（A・マーティン支部）		
27	E・スティーヴンス	1931	DAR（カルペッパー・ミニッツマン支部）		
28	G・フォントルロイ	1932	P・C・フォントルロイ		

図 8-12　騎兵隊（フランシスコ）記念碑［左，表 8-6 の 20］（著者撮影）と，「傑出した戦士」たるピーター・フランシスコを称える切手［右上］（著者蔵）。切手は，独立戦争二百周年を記念して 1975 年に発行された「大義への貢献者」セットの一枚

うのである。さらに戦場では、水で患部を癒す装置を即席で作り、息子や他の兵士を介抱したとされる[31]。おそらく虚構に満ちたこのターナー夫人の伝説が記念碑の建立という形にまで至ったのにはわけがある。彼女はギルフォード古戦場会社の設立・運営にも携わったノースカロライナの名家モアヘッド一族ゆかりの人物なのである。たとえばJ・モアヘッドはギルフォード古戦場会社の第二代会長を務めた人物であり、この地に碑も建てられている（表8-6の12）。つまりこのターナー夫人の記念碑からは、女性性を前面に押し出しつつ、さらに地域のプライドをナショナルな記憶に接合させようとするメカニズムが推察されよう。ちなみに彼女は一〇五歳まで生き長らえたとされている（八八歳、一一五歳との説もある[32]）。だが銅像に永遠の姿をとどめる彼女がどこで永久の眠りについているのか、今日その場所を知るものは誰もいない[33]。

さらにマイノリティの範疇で見れば、「ヒスパニックの英雄」を顕彰する騎兵隊記念碑、俗に言うフランシスコ記念碑（表8-6の20、図8-12左）も大いに注目に値する。この碑自体は戦いで活躍したウィリアム・ワシントン中佐麾下の竜騎兵連隊を称えるものだが、台座にはワシントン中佐を含む三名の活躍が銘記され、うち一人がピーター・フランシスコ（ペドロ・フランシスコ）なのである。

「独立戦争で最も有名な兵卒」と碑文のなかで賞賛されるフランシスコはポルトガル領アゾレス諸島の生まれで、五歳のときに家族から引き離されてヴァジニアに連れてこられ、奉公人として働いていたが、革命が勃発すると大陸軍に身を投じた。彼の特徴はなんといってもその体躯で、身の丈二メートルになんなんとする大男であった。「巨人」と形容されるのも故なしとしない。その高みから繰り出す巨大なサーベルは威力満点、戦場ではワシントン中佐に近づく敵兵四名をたちどころになぎ倒したという。銃剣で刺されて重傷を負うも運よく回復し、戦後は軍曹に昇進している。独立戦争二百周年の一九七五年には、彼を称える記念切手も発行されており（一般にあまり馴染みのない独立戦争の英雄四名を取り上げた切手四枚を一セットにしたもののうちの一枚。図8-12右参照）、その裏面には次のような説明文が記されている。「傑出した戦士。ピーター・フランシスコの怪力と勇気は、兵士たちの間で語り継がれる伝説となった。彼はブランディワイン、ヨークタウン、そしてギルフォード・コートハウスの戦いで目覚ましい活躍をした」。公園内の資料館の展示コーナーでは、今や伝説となったこのフランシスコの活躍を大々的に取り上げ（一九九七年現在）、独立革命へのヒスパニックの貢献としてクローズアップしているが、むろん、フランシスコ本人が今日的な意味でのヒスパニックのアイデンティティを有していたわけではなく、いわば強引なエスニシティの「物語」の創造といえる。だがこのように、特定のエスニシティの独立戦争への寄与・貢献を積極的に主張するという行為自体、独立革命が単なる歴史ではなく、建国の原点として生き続けていることの証左に他ならない。ただ非常に興味深いのは、この戦跡公園に限らず南部の独立戦争関連の主要な古戦場において、少なくとも管見の限り、黒人——女性と並ぶ最大のマイノリティ——の建国への貢献を記念する碑が見当たらない点であろう。南部は植民地時代からすでに数多くの黒人奴隷を擁していたにもかかわらず、である。たしかに地域の民兵隊では黒人は実際に排除されていたが、大陸軍では地域によってはほぼ一割前後を占めていたとのデータもある。独立戦争における彼らの記憶は、南北戦争の場合と異なり、南部というこの場の中でいまだ十分にすくい取られていないのである。

図 8–13　ワシントン（左）とグリーン（右）を称えるエンタイアで，貼られた切手にも両者の肖像が見える。グリーン没後 150 周年の 1936 年発行。左図の背景には第 10 章で詳述する「ベッツィ・ロスの旗」が掲げられており，当該の伝説の浸透状況がわかる（著者蔵）

このように頑として限界はあるものの、後世のアメリカ社会にとっての独立革命とは、立場に応じてさまざまに利用可能な「装置」であり、史跡や記念碑に投影された集団記憶が創り出す社会的構築物といってよい。しかも建国の原点であるがゆえ、つねに社会の主流へのアクセスを保証する装置でもある。むろん正統性と保守性とは表裏一体であり、その機能の限界には十分に留意しなければならないが、理想化された独立革命は、性やエスニシティにおいてアメリカ社会の傍流に位置するマイノリティに対して適当なポジションを提供しただけでなく、南北戦争によって引き裂かれた地域間に融和をもたらす役割をも担った。これは南部の立場からすれば、独立・建国への貢献を主張することで、南北戦争で大いに傷ついたプライドを癒す効果があったともいえる。つまり地域やヒトの差異を越えてアメリカ国民を創り上げる国民統合の装置、これこそが社会的構築物としての独立革命の本質に他ならない。その意味で南北和解記念碑（表8-6の15）は象徴的であろう。「北も南もない」と記すこの記念碑に刻まれているのは二人の名前。ひとりは南部のヴァジニア出身でありながら北部・中部に展開する主力軍を指揮した総司令官ワシントン将軍（むろん後の初代大統領）[34]。いまひとりは北部のロードアイランド出身でありながらワシントンに指名されて南部方面軍を指揮し、イギリス軍をヨークタウンへと追い込んだグリーン将軍。この二人が身をもって示しているように独立戦争では北も南もなく、みな独立の大義のために戦ったことを思い起こせ……というわけである（図8-13参照）。独立革命が担う地域間融和の機能をこれほど如実に示す記念碑もあるまい。

さらにその融和機能は国境を越えて、かつての敵国イギリスにも適用される。ジェイムズ・ステュアート記念碑（表8-6の7）はこの戦跡公園で唯一、イギリス側の兵士を記念する碑である（図8-14）。現在の公園内で一八六六年に軍刀が偶然掘り出され、その刃に刻まれた紋章から、戦死したイギリス軍のジェイムズ・ステュアート中佐が身につけていたものであることが判明した。ギルフォード古戦場会社は軍刀の出土地点を彼の戦死場所と認定し、そこにこの碑を建てて「勇気ある敵を称える」との碑文を刻んだのである。このような敵兵を称える思惟経路は、第5章の懐中時計の例でみたように、すでに終戦直後から機能していたと考えられるが、やがてその思惟が記念碑の形となって、実体化したともいえよう。また特に碑文中に言及はないが、名前から彼はスコットランドの出自であるとも考えられる。ともあれこの碑が立てられたのは世紀転換期の一八九五年であり、先に述べたムーアズクリークの場合と同様の時代背景がうかがわれる。すなわち軍刀が見つかった一八六〇年代の段階ではいまだ記念碑の建立には至らず、三〇年後になってそれが可能となったのであって、やはり独立戦争の集団記憶上の変化を物語っているというべきであろう。すなわち、ムーアズクリークにおける忠誠派記念碑や、キングズマウンテンのファーガソンのケルンと同様の機能がこの碑においても認められ、独立戦争はむしろ米英両国の友情の絆としての役割を演じているかのごとくである。記念碑がせめぎあいの中で生成される「公的記憶」の結節点であるならば、そこには相反する記憶を融和、和解させ、止揚させる機能が備わっていると見るべきであろう。

図8-14　ジェイムズ・ステュアート記念碑［表8-6の7］（著者撮影）

さてここで再び表8-6に戻ってみよう。設置されている二八の記念碑の中で、ギルフォード・コートハウスの戦いと関係のない非当事者の碑は八つ（二八％）もあり、いずれも地元出身の著名人、地元の名士が称えられている。前述の「神殿」の機能といえる。さらにその内の三つは墓標を兼ねており、この古戦場が地元のプライドのいわば結節点として作動し、ここで称えられ、ここに葬られることで、地元の名士はナショナルな英雄へとその姿を変えうることがわかろう。以前の墓所から移されて、この地に再埋葬されたケースもあり、場合によっては故人の遺志とは無関係に「伝統の創造」が進行したのである。

6　ヨークタウンの戦い

前章で考察したジェイムズタウンから距離にしてわずか十数マイル。そこにはアメリカ独立戦争最後の戦いの舞台としてあまりに有名なヨークタウンが位置している。この古戦場は一九三〇年にジェイムズタウンとともに「植民地時代国立史跡」に認定され[35]、六年後には今日の名称、すなわち「植民地時代国立歴史公園」に改称、改組された。同公園は、ジェイムズタウンというアメリカ植民地時代の嚆矢の場と、ヨークタウンというその終焉の場の双方を包摂する大変興味深い史跡といえる。ちなみにこの近傍には、一八世紀のヴァジニアの首府、ウィリアムズバーグが位置しており、こちらは国立公園体系には組み込まれていないものの、植民地時代の展開を体現する町並みの保存、復元が進んでいる。これらの三か所を合わせると、植民地時代の始まりから展開を経て終わりまでを展望する「リヴィング・ヒストリー」実践の場が、ヴァジニアの「半島地方」の一角に創り上げられているということができよう。

とまれ、この中のヨークタウンの古戦場で最も目立つのが、雄大なヨーク川を背に屹立する「ヨークタウン戦勝記念碑」である（図8-15)。その柱には「一つの国、一つの憲法、一つの運命」の標語が誇らしく刻み込まれており、台座のさらに下には、表8-7にあるように複数のタブレットが埋め込まれている。これらのタブレットは、記念碑が建立された一八八四年よりもかなり後に設置されたもので、この碑が表象する勝利が記憶され続け、さらにその勝利をもたらした戦死者たちが「眠っていない」ことの証左となっている。

じつはこの戦勝記念碑は、ヨークタウンの古戦場に建てられた記念碑としては二つ目に当たる。[36] 最初の記念碑は、コーンウォリスの降伏をワシントンが受け入れた場所——実際には前者の代理をオハラが、後者の代理をリンカンが務めた——に一八六〇年、ヴァジニア民兵第二一連隊が建立したが、南北戦争中に両軍の兵士によって破壊され、記念品として持ち去られてしまった。英軍が降伏したとされる場所には一八九五年、別の碑がJ・ショウによって自費で建てられたものの、今日では忘れ去られ、顧みる者はほとんどいない。これらとの対比においても、戦勝記念碑は最大のモニュメントといえる。ただしその建立計画は、ヨークタウンの戦いの直後にまで遡る。すなわち連合会議（大陸会議）が一七八一年一〇月二九日に、ヨークタウンの戦勝を記念する碑の建立を決議しているのである。『大陸会議議事録』には、「合衆国と（フランス）国王陛下の同盟のしるしで飾った大理石の円柱を、ヴァジニアのヨークの地に建てる」[37]との文言が見える。だがこの計画はほぼ一世紀間、実行に移されず、ようやく一八八〇年に上下両院合同委員会が作られて六月七日に法律が制定され、翌八一年七月、ヨーク川を見渡す絶好の地点が設置場所に選ばれた。定礎式はヨーク

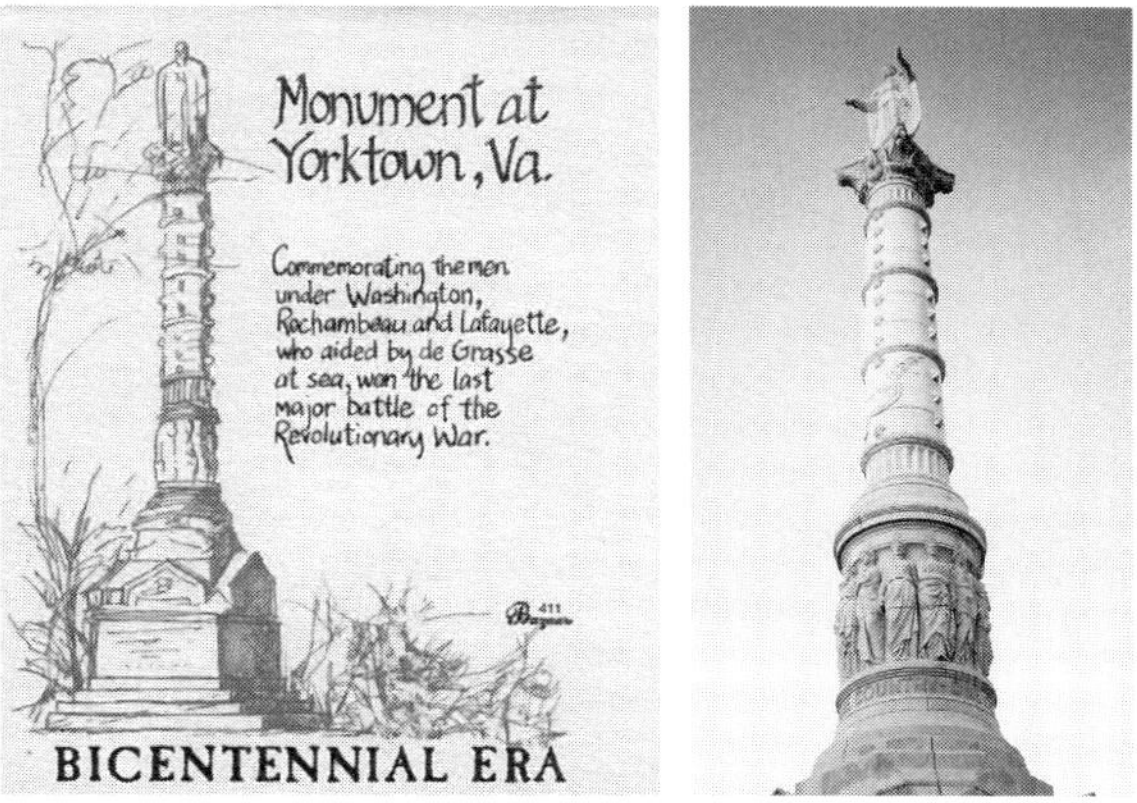

図8-15　ヨークタウンの戦い二百周年を記念して作られたエンタイアの一部［左，著者蔵］。描かれているのはヨークタウン戦勝記念碑。右は夕日に照らされた同記念碑の上部（著者撮影）

表 8-7　ヨークタウン戦勝記念碑のタブレット

番号	位置	設置年月日	設置者	記念対象
1	正面左側	1983/9/3	DAR	パリ条約二百周年。仏語と英語で記されている
2	正面右側	1984/10/19	DAR	パリ条約批准二百周年。3名の言葉が記されている（最初はB・フランクリン，最後はD・レーガン）
3	左側面	1931/10/19	DAR	ヨークタウンの戦いで戦死した仏軍兵士。連隊ごとに記載
4	右側面	1931/10/19	DAR	ヨークタウンの戦いで戦死した米軍兵士。連隊ごとに記載
5	裏面	1981/10/19	DAR	（ヨークタウンの戦い二百周年）

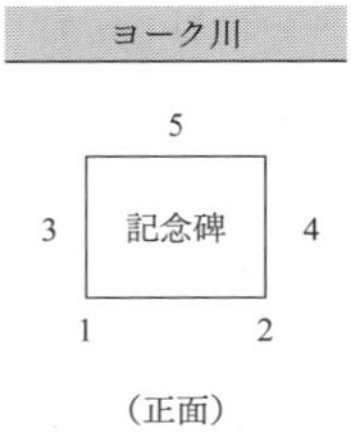

タウンの戦い百周年記念行事の一環として、一〇月一八日に挙行されている。四日間続いた記念行事の初日にこの式典がおこなわれ、アーサー大統領や内外の政府高官が多数臨席するなか、スーザ指揮の合衆国海兵隊軍楽隊の演奏や、愛国的な演説等が開陳されたのである。もっとも碑の完成は三年後の一八八四年で、連邦政府の出費は総額一〇万ドルであった。九二年に議会が最終的に承認した記念碑建立報告書は、内、二〇〇部がヨークタウンで戦死したフランス兵の子孫に送付されている。

一方、一九四二年には落雷で柱の上に立つ女神の首が崩れ、これを修復するのではなく、新しく像を作ることとなり、『タイム』誌の記事にあるように紆余曲折の末、[38] その像は一九五六年九月一〇日に柱上に設置された。除幕式は翌五七年一〇月一九日に、ジェイムズタウン三五〇周年記念祭のヨークタウン・デイの行事の一環として挙行されている。これが今日われわれが目にする碑の姿である。むろん先に見たように、台座下のタブレットはレーガン政権に至るまで、一五〇周年、二百周年などを契機にその数を増している。

たとえば一五〇周年の一九三一年には、碑の左側面と右側面に、戦死した一部のフランス兵とアメリカ兵の名を連隊ごとに記載したタブレットが置かれた（表8-7の3、4）。設置者はDARである。多くの支部を通じて、地方の女性のヴァナキュラーな顕彰活動のエネルギーをナショナルな「公式文化」に巧みに接続し、絶大な政治的影響力を行使した

図 8-16　ヨークタウン古戦場のフランス人墓地（著者撮影）

彼女らが、この重要な古戦場を見逃すはずもない。これら青銅の大型タブレットは、DARのヴァジニアの支部でなく、本部が直接設置している。二百周年の一九八一年には碑裏面のタブレット（表8-7の5）を設置し（図8-15左のエンタイアも二百周年を記念したもの）、さらにこの戦いによって可能になったパリ条約の締結から二百周年を祝うタブレット、および同条約の批准を記念するタブレットが、それぞれ一九八三年と八四年に献納された（表8-7の1、2）。1のタブレットは、ほぼ同文が英語と仏語で記されており、フランクリンを引きつつ、「和平という最も尊い仕事」を成した条約締結者たちを称えている。かつて「平和主義」を強く非難したDARにしては皮肉な碑文であるが、これらのタブレットを通じてはっきりと示されているのは、米仏の共同事業としてアメリカの独立を見る視点であり、事実、DARは米仏の民間交流に尽力しているのである。

そもそもヨークタウンの戦いは包囲戦であり、陸上での仏陸軍の協力のみならず、英軍の海への脱出の可能性を打ち砕いた仏海軍の助力なしに米側の勝利はなかった。それゆえヨークタウン古戦場には、以上述べたものの他に、フランスの貢献を顕彰する重要な記念物が三点存在する。①フランス人墓地の墓標、②独立戦争に貢献したフランス軍人を称えるタブレット、③フランス人慰霊碑、である。①のフランス人墓地とは、ヨークタウンで戦死したフランス兵五〇名ないし六〇名を埋葬したとされる墓地で、かつてワシントンの司令部やフランス軍砲兵隊の野営地が置かれた場所の近傍にあり、墓標として、比較的大きな大理石の十字架が立っている（図8-16）。その前方にはフランス語で記されたプレートが設置されており、次のように読める。「アメリカ独立のため、ヨークタウンで戦死したフランス人無名兵士約五〇名、ここに眠る」、と。この十字架は以前は質素な木製であったが、一九七一年一〇月にDARのハンプトン支部によって現在のものに据え変えられた。またプレートは同ヨークタウン支部が捧げたもので、DARの機関誌にもヨークタウンの特集記事が数多く掲載されている。そこではフランスとの絆が強調され、この古戦場が米仏の絆の強化に「貢献」し続けていることがわかる。戦いから幾星霜、十字架前のプレートにそっと捧げられた花束は、この戦いが単なる過去になりきっていないという事実を、夕暮れの静寂の中に物語っている。

②のプレートも一九七一年一〇月に献納されており、議会資料[39]から採った兵員数・戦死者数などを著名な士官名とともに連隊・部隊単位で明記しているが、兵卒の名を記したものではない。そのため、一九八一年のヨークタウン二百周年記念祭に参加したフランス退役軍人団体などから、フランスの伝統にのっとって、墓碑や記念碑に戦死者全員の名を可能な限り刻む必要が叫ばれ、駐米フランス大使の指揮のもと、米仏のメンバーから成る「ヨークタウン・フランス人慰霊碑建立委員会」が組織された。記念碑の意匠が大使や国立公園局によって認可され、さらにDARや「アメリカ革命の息子たちのフランス協会」ほか、米仏から多くの団体の財政支援を得て、一九八九年一〇月一四日、記念碑が献納された[40]。今日、かつてフランス軍陣地があった場所に、「合衆国の独立のために亡くなった」約六〇〇名のフランス人戦没者の名を刻む碑が屹立している。二〇〇三年一〇月一九日、このヨークタウンの地でフランス大使は、来る「Dデイ」六〇周年などにも触れつつ、次のように述べた。「この戦場で培われた米仏の友情を、皆様とともに称えたい。……我々の友情は宝であり、この宝は守り続けられねばならない」と[41]。たとえば第一次世界大戦中、フランスのために空で戦ったアメリカ人飛行部隊、ラファイエット飛行中隊《エスカドリル》はフランス本国で大いに称えられているが、それと対角線上に置かれた状況ともいえよう。米仏の絆を維持、強化するために、ヨークタウンの地に倒れたフランス兵には、忘却という永久の休息が与えられることはない。たとえ名前のみの集合体であろうと、いわば生かされ、「利用」され続けるのである。

＊

記念碑に映し出されたアメリカ独立革命は、南北戦争やヴェトナム戦争などと異なり、誰からもどこからも異論の出ようのない「正統」な存在であるがゆえ、国民統合の装置、スタビライザーとして機能した。独立革命を称え、その歴史に自らの存在を位置づけることこそ、地元――たとえば南部など――や、マイノリティ――女性など――の勢力が、アメリカの文字どおりメインストリームへと入り込む最も効果的な手段であった。そして彼／彼女らの顕彰活動によって、地方の「英雄」や名もなき女性の「活躍」が、虚実織り交ぜて記念碑として大地にその姿をとどめることとなったのである。そこには前章の「最初の植民地」の事例と同じく、建国の史実が再生産・再構成され、アメリカという国民国家を存続させるに不可欠な「伝統」が創られるメカニズムが見て取れる。つまりジェイムズタウンも独立戦争の古戦場も、この国が存在する限り、単なる歴史の一齣となることは許されないのである。今日、記念碑や記念施設の建立は再び「ブーム」の観を呈しているが、かつての「ブーム」の時代に建てられた記念碑たちは、これからもさまざまな解釈をその身に受けつつ、建国の物語を語り続けるに違いない。

IV　英雄たちの記憶

第9章　英雄の血脈
——ポカホンタスとワシントン

1　新旧両世界のポカホンタス

（1）死せる魂の利用法——公的死者と私的死者

死者は眠らない、死者は生き続けると言えば、あまりに外連味たっぷりの表現だろうか。諸行無常の言葉の如く、形あるものは消滅し、忘れ去られるのが自然の摂理である。エントロピー増大の法則と言い換えてもよい。だがこの摂理に抗して、忘れ去られず、生き続ける、いや生かされ続ける死者の類がある。前章でも見たように現在の枠組み——たとえば国民国家など——にとって「有用」な死者たちである。ここでは改めて彼ら／彼女らを「公的死者」と呼びたい。これに対して、大きな物語の中で有用性を持ちえない死者は、自然法則に従う。つまり消え去り、忘れ去られる通常の死者であり、あえて「私的死者」としておきたい。そして「公的死者」と「私的死者」は必ずしも不連続ではない。大きな枠組みが変化するとともに、公的死者が私的死者となる、もしくはその逆も起こりうるからである。

本章ではこの公的死者の生成に関して、アメリカ建国神話の主要な構成要素たる二人の人物を俎上に載せたい。

すなわち本節では植民地時代の先住民女性ポカホンタス、次節以降では初代大統領ワシントン（その一族を含む）について考察を進める。死せる彼女ら／彼らは何を物語るのであろうか。

（2）イギリスに眠るアメリカの王女

一七世紀初頭、北米のヴァジニアで強大な勢力を誇っていた先住民ポウハタン族の族長の娘ポカホンタス。その地に英領植民地——第7章第3節で考察したジェイムズタウン——の礎石を据えた軍人・探検家のジョン・スミスを、彼女が身を呈して処刑から救ったエピソードはあまりにも有名である。[1] 逸話の真偽は定かでないが、一六二四年にロンドンで上梓されたスミス編著『ヴァジニア史』（全六巻）の第三巻に当該の記述が見える。スミス本人は一人称ではなく三人称で記されており、曰く、「まさに彼が棍棒で頭を割られようとしたとき、王の愛娘ポカホンタスは……彼の頭を両腕でかかえ、彼の上にわが身を投げ出して、彼のために命乞いをしたのである」。[2] この記述は、第三巻の元となったテクストにスミス自身の手で加筆されたもので、当該のエピソードに関する唯一の史料となっている。一方、スミスがアメリカから帰国する以前の一六〇八年に、本国へ送った原稿をもとにロンドンで出版された『ヴァジニア入植についての真実の話』には、このポカホンタスの助命への言及がなく、エピソードの信憑性に疑念を生じさせるが、入植しようとする者にとってネガティヴな情報として、彼があえて隠した可能性はある。

ともあれ、やがてポカホンタスはキリスト教に改宗してレベッカの名を与えられ、ヴァジニア植民地にタバコ栽培を根付かせたジョン・ロルフと結婚して男児をもうけた。一六一六年に家族でイギリスに渡り、ジェイムズ一世の宮廷で歓待されるも、翌年、新大陸への帰途、彼女は病を得て、ロンドンからそう遠くないテムズ河畔の町グレーヴゼンドで客死した。ポカホンタスの遺体は当地の教会、聖ジョージ教会の祭壇の下に埋葬されたとされるが、教会の建物は一七二七年に焼失し、その後再建されたため、正確な埋葬場所を知る手掛かりは失われてしまった。

図 9-1　ポカホンタスを顕彰するタブレット。左はイギリスの聖ジョージ教会，右はアメリカはジェイムズタウンのメモリアル・チャーチのもの（いずれも著者撮影）

ただ、現存する同教会の埋葬記録には、「三月二一日、ジェントルマン、トマス・ロルフの妻、ヴァジニア生まれのレディ、レベッカ・ロルフ、内陣に埋葬さる」とあり、夫の名を息子の名と取り違えてはいるものの、この教会に彼女が葬られたことは間違いない[3]。

彼女の埋葬から二百数十年の後、同教会におけるポカホンタスの顕彰活動は、アメリカと連動する形で開始され、一八九六年には彼女を記念するメモリアル・タブレットが祭壇の右側に設置された（図9-1左）。第7章で詳述したように、アメリカの「植民地時代国立歴史公園」内のジェイムズタウンに一九〇六年、女性愛国団体「アメリカ植民地の婦人たち（CDA）」が再建した「メモリアル・チャーチ」の壁にも、同じタブレットが埋め込まれている（図9-1右）[4]。英米で碑文は少し異なっているが、ほとんど同文といってよい[5]。前述のように「アメリカ植民地の婦人たち」は、祖先に関して一定の条件を入会資格とするアメリカの「継承協会」の一つで、とりわけジェイムズタウンでは記念碑建立などの積極的な顕彰活動を展開したのである（たとえば第7章の表7-3、図7-6を参照）。同団体のヴァジニア州支部は、さらに一九一四年には、ポカホンタスの洗礼の場面などを描いた二枚のステンドグラスを聖ジョージ教会に献納している。同年七月一七日の『ニューヨーク・タイムズ』紙の記事によれば、グレーヴゼンドではその献納式典の当日は休日となり、家々は飾り立てられ、多くの住民が教会に詰めかけたという[6]。アメリカからは駐英大使のほか、戦艦ミズーリと戦艦イリノイの乗組員たちも参列した。記事は「米英の平和の絆としてのポカホンタスの影響」と的確に論じている。その後、一九二三年には、あるヴァジニア人によってポカホンタスの遺骨探索が試みられたが、成果はなかった。

（3）ポカホンタスの血脈

第二次世界大戦の後、一九四七年に赴任した新しい牧師のもとで、聖ジョージ教会は一層の整備を推し進める。一九五二年一一月の『タイム』誌の記事には、「イギリスに住んだ最初のアメリカ女性」ポカホンタスを記念する式典が挙行され、英米の国旗が掲げられるなか、この「英米関係の象徴的な社」の落成が祝われたとある。(7) 記事の注記では、ポカホンタスの子孫として、マウントバッテン卿夫人やウッドロウ・ウィルソン夫人なども挙げられているが、これをフィクションとして一笑に付すわけにはいかない。ポカホンタスの息子トマスは長じてアメリカに戻り、イギリス人女性と結婚して子孫を残したため、ポカホンタスの血脈は今日まで受け継がれているからである。一九五七年にはヴァジニアのジェイムズタウンが三五〇周年を迎え、これを機にエリザベス女王が同地を訪問し、翌年一〇月、ヴァジニア州知事はその返礼の意も込めつつ、聖ジョージ教会に一体の像を寄贈した（図9-2左）。一九二二年にジェイムズタウンに建立されたポカホンタス像（図9-2右）と寸分違わぬ像であり、聖ジョージ教会の庭も「ポカホンタス王女庭園」として新たに整備された。今日、同教会のみならずグレーヴゼンド全体のアイコンとなっているこの像は、英米の絆を温め続けて二〇〇八年でちょうど半世紀となった。この二〇〇八年という年は、像の寄贈五〇周年、そして教会再建二七五周年の記念すべき節目であり、アメリカから来賓を招いて記念式典が執りおこなわれたのである。

しかしアメリカの人々が多くこの教会を訪れるようになったのは、一九九五年に公開されたディズニー映画『ポカホンタス』の影響が大きい。一九九五年八月六日付のイギリスの『インディペンデント』紙は、フィクションに満ちたこのディズニー映画によって、多くのアメリカ人観光客がグレーヴゼンドに引き寄せられていると報じるが、

図 9–2　聖ジョージ教会の前庭に立つポカホンタス像［左］と，ジェイムズタウンのポカホンタス像［右］。パートリッジ作（いずれも著者撮影）

観光収入を当て込む市当局や市民たちの期待が高まる一方で、冷ややかな見方があることも同時に指摘している。[8] さらに一二年後、すなわちジェイムズタウン四百周年の二〇〇七年三月、『ワシントンポスト』紙は、「イギリスがアメリカ先住民の王女に敬意を表す」とのタイトルの記事を掲載した。[9] 四百周年でポカホンタスへの関心が高まっており、ヴァジニア州知事や先住民の人々など、多くのアメリカ人がグレーヴゼンドを訪れ、またグレーヴゼンドの住民も、「ポカホンタスは我々の歴史の一部」と述べたと記している。他方、同年一〇月に『ニュー・イングリッシュ・レヴュー』――テネシー州に事務局を置き、英米の執筆陣を擁するオンライン雑誌――がアップロードした記事では、前年に先住民部族の代表がこの教会を訪れて、イギリス人がポカホンタスを記念し続けていることに感謝の意を表した事実を示しつつ、一方でこのような記念のあり方に疑問を呈する先住民の意見も紹介している。[10] それによればポカホンタスの遺骨は速やかにアメリカの大地に戻されるべきであり、そもそもこのポカホンタス像が身に纏っている衣服も、一九世紀のラコタ族のものだという。また、ポウハタン族の末裔で、ニュージャージー州の保留地を活動の基盤とする先住民の「首長」、ロイ・クレージーホースのウェブサイトによれば、ポカホンタスの子孫を名乗る人々（「赤いロルフ一族」）は、白人と結婚し続けた結果、三五〇年余のうちに血が「一万六三八四分の一」にまで薄まってしまっており、到底、正式なメンバーとして受け入れることはできないとされる。[11] 真の「ポウハタン族《ネイション》」は、ポカホンタスを描いたディズニー映画の不正確さに抗議し、ポカホンタスが白人を救った「良きインディアン」、「ヨーロッパ系アメリカ人の英雄」として描き続けられていることに異を唱えている。

だが、このような先住民たちの抗議の声にもかかわらず、彼女の子孫を示すきらびやかな系図は、今日でも教会の壁に誇らしげに掲げられており、彼女の子孫を名乗るアメリカ人――まったくの白人に見える――も、この教会をしばしば訪れる。遺骨の所在すら定かでないポカホンタスは、四世紀の時を越え、文字通り生きた血と肉となって、このグレーヴゼンドの地で休むことなく、米英の絆を強化し続けているのである。

2　目覚める死者――ワシントン家の家族墓所

（1）英雄ジョージの生誕地、ポープスクリーク

ポカホンタスがついに帰り着くことのなかったジェイムズタウンと同じヴァジニアの地に、興味深い史跡がある。ポトマック川のほとりに位置する国立史跡「ジョージ・ワシントン生誕地」である。[12] この地は今日、ウェイクフィールドと呼称されるが、アメリカに渡った曾祖父ジョン・ワシントンが居を定めたブリッジズクリーク・プランテーションの拡張部分であり、かつてはポープスクリークと呼ばれていた。ジョージ・ワシントンの『日記』には、「五月二五日、ポープスクリークに来て、終日そこで過ごした」（一七六八年）、「五月二六日……午後、ポープスクリークのワシントン夫人の家へ向かった。二七日、終日そこで過ごした」（一七七一年）といった記述が見られる。[13] この「ワシントン夫人」とは、アン・エイレット・ワシントン（図9-3の17。図の詳細は後述）を指し、ジョージ（同G）の異母兄オーガスティン・ジュニア（同15）が亡くなったのち、未亡人としてこの地所を守った。そもそも

このポープスクリーク・プランテーションは、ジョージらの父オーガスティン（同11）が買い足した地で、ジョージはここで生まれ、三歳まで過ごしている。その後、一家はリトル・ハンティング・クリーク（のちのマウントヴァーノン）、フェリーファームへと移動し、父の死後、異母兄のオーガスティン・ジュニアとローレンス（図9-3のC）がそれぞれポープスクリークとマウントヴァーノンを、ジョージがフェリーファームを相続したが、結果的にジョージが終世の住まいとし、永久の眠りについているのはマウントヴァーノンである。だがジョージにとって生誕地のポープスクリークは忘れえぬ場所であり、先の『日記』にあるように、しばしば訪れている。そしてこのワシントン一族の嚆矢の地には、曾祖父母をはじめとして、一族の者が多く眠っているのである。

（2）家族墓所の一族

今日の家族墓所の姿（図9-4）は、一九三〇年に「ウェイクフィールド・ナショナル・メモリアル協会」が中心となり、旧プランテーション内にあった旧墓所を田園墓地風に整備して創り上げたものである[14]。じつはつとに一九〇六年に、あの「アメリカ植民地の婦人たち」がこの墓所の整備に乗り出しており、コンクリートブロックで塀を作り、古い墓碑二枚をはめ込んだセメントの厚板を設置している。そしてその厚板には、この場所に埋葬されたと考えられた一七名の名が刻み込まれた。だがこれらのブロック塀や厚板は一九三〇年に取り払われ、墓所の再調査がなされた結果、旧納骨場所からは一二体の亡骸、さらにごく近傍からは二〇体の亡骸が発見された。これらの遺骨は復元された納骨場所に収められたが、同時に、新たに五枚の墓碑（メモリアル・タブレット）が作られ、オリジナルの墓碑と並んで整然と配置され、新設のレンガ造りの塀とも相まって、建国の父の家系に相応しい荘厳さが与えられたのである。図9-3の網掛けを施した人々が、このメモリアル・タブレットに名を記されたメンバーであり、基本的にジョージ・ワシントンの直系が重要視されていることがはっきりとわかる。かくして死者たちは、観光客の眼前で装いも新たに目覚めることとなった。

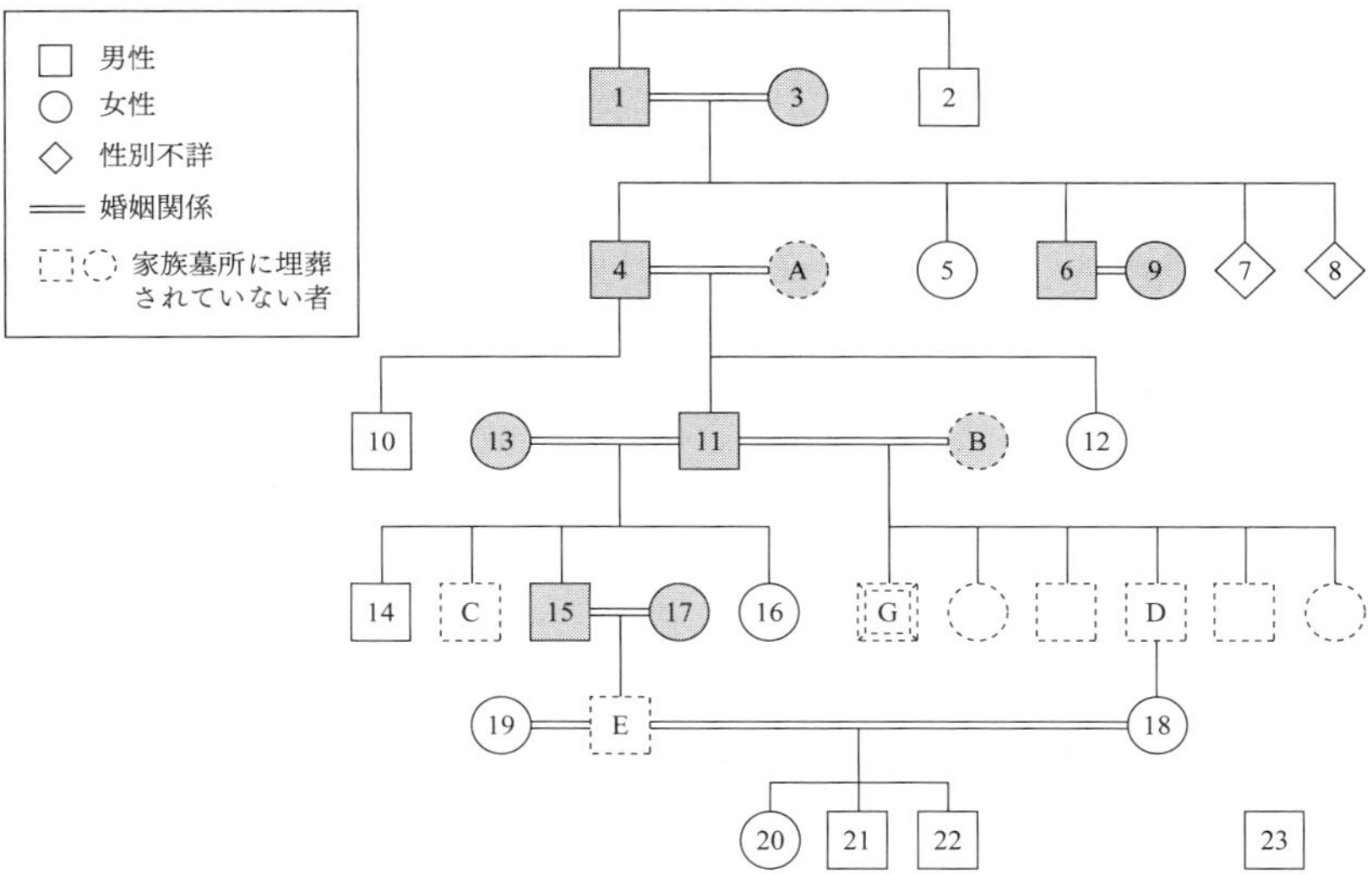

1　ジョン・ワシントン大佐 *** （1631/32–77）
2　ローレンス・ワシントン ** （1635–76）
3　アン・ポープ・ワシントン *** （？–1668）
4　ローレンス・ワシントン大尉 *** （1659–98）
5　アン・ワシントン・ライト ** （1660–97）
6　ジョン・ワシントン大尉 *** （1661–98）
7　子ども（無名）**
8　子ども（無名）*
9　アン・ウィクリフ・ワシントン・アシュトン *** （?–1704）
10　ジョン・ワシントン *** （1679/80–90/91）
11　オーガスティン・ワシントン大尉 *** （1694–1743）
12　ミルドレッド・ワシントン *** （1695–96）
13　ジェーン・バトラー・ワシントン *** （1699–1729）
14　バトラー・ワシントン * （1716–？ 幼児期に死亡）
15　オーガスティン・ワシントン・ジュニア大佐 *** （1719/20–62）
16　ジェーン・ワシントン * （1722–35）
17　アン・エイレット・ワシントン *** （？–1774）
18　ジェーン・ワシントン・ワシントン * （1759–91）
19　メアリー・リー・ワシントン * （1764–95）
20　ハンナ・ブッシュロッド・ワシントン * （1778–97）
21　オーガスティン・ワシントン * （1780–98）
22　コービン・エイレット・ワシントン * （1787–88）
23　船員（身元不詳）* （？–1854）

【家族墓所に埋葬されていない者】
A　ミルドレッド・ワーナー・ワシントン（？–1701）
B　メアリー・ボール・ワシントン（1708/09–89）
C　ローレンス・ワシントン（1718–52）
D　ジョン・オーガスティン・ワシントン（1734–87）
E　ウィリアム・オーガスティン・ワシントン（1747–1810）
G　ジョージ・ワシントン

図 **9–3**　家族墓所埋葬者を中心としたワシントン家系図

図 9–4　ワシントン家の家族墓所（著者撮影）

この図9‐3はあくまでも墓所埋葬者を中心とした家系図であって、傍系や姻族などを網羅したものではないが、ここに実線で記された二三名が、当該墓所に埋葬されていると思われる人々である。ただしその蓋然性には差異があり、名前の後のアステリスクの数が多いほど、埋葬されている可能性が高い人物となる。墓碑銘や同時代史料などから埋葬されていることがほぼ確実な者がアステリスク三つ、系図学的な文献などから可能性が高い者が二つ、住居の位置関係などから可能性のある者が一つとなっている。[15] だがこれらをすべて合わせても二三名であり、一九三〇年の発掘調査の結果である三二名には及ばない。今日の遺伝子解析などの技術をもって再調査すれば、さらなる詳細が判明しうるかもしれないが、少なくとも現段階ではこの「失われた」九名は、あたかもナサニエル・ホーソーンの短編「大望を懐く客人」（一八三五年）の如く、われわれに何も語ることなく眠り続けている。

では逆に、理論的な観点から、この家族墓所に埋葬されるに相応しい人数について、とりあえず傍系を捨象し、直系のみに絞って考えてみよう。そもそもn世代前の直系血族（直系尊属）の数は2^nであるから、n世代前までの直系尊属の総数は、$\sum_{k=1}^{n} 2^k$となる。したがって、ジョージ・ワシントンの曾祖父の世代、すなわち三世代前までの直系尊属の総数は一四名である。だがこの一四名全員がワシントン家の墓所に埋葬されるとは考えにくい。それぞれの世代の世帯主（家長）にとっての直系姻族（この場合、妻の父母）は、その家系の墓を別に持つのが普通であろう。つまり、これらの直系姻族を除いた直系尊属の総数は、n世代前まで遡れば2nであり、三世代前からであれば六人ということになる。ただし、ジョージの父、オーガスティンは再婚しているため、先妻（図9‐3の13）を入れると七名の先祖が、理論的にはこの墓所に埋葬されていて不思議ではない。図9‐3から明らかなように、実際に埋葬されているのは五名（同図の1、3、4、11、13）であり、七割程度ということになる（彼ら／彼女らのアステリスクはみな三つである）。ジョージの祖母（図9-3のA）が再婚相手とイギリスに「帰国」した事実に象徴されるように、そもそも流動性の高い移民の子孫の家系であり、また、別所に眠るジョージの実母（同B）が後妻であって、先妻が埋葬されている墓所に対して何らかの感情を抱いていた可能性などを考えるならば、この七割という数値は決して低いとはいえないであろう。この家族墓所は、直系の先祖の眠る場所として、実子のいないジョージを称えるに十分な「資格」を有しているのである。

（3）家系への接続

だが、はからずも有名になってしまったこれら死者たちの眠りをさらに妨げる出来事もしばしば生じる。家系への接続・介入である。直系や傍系の人物を通じて、別の家系がより著名な家系との縁《えにし》を主張するのである。その際、すでに著名な人物を輩出した以降の系図（卑属）よりも、それ以前の時期の家系（尊属）に関して何らかの接点を言い立てる方が容易であろう。ワシントン家の場合、たとえばジョージの叔母にあたるミルドレッドがその例といえよう。じつはワシントンの系図にミルドレッドの名を持つ女性は複数存在する。ここで注目するのは前述の祖母のミルドレッド（図9-3のA）、その娘で乳児期に死亡したミルドレッド（同12）、さらにその妹のミルドレッドである。したがってジョージの叔母のミルドレッドとは、後者二名の意となる。現在、家族墓所の中央奥にある墓碑には、乳児期に死亡したミルドレッドの名が、異母兄と思われるジョン（同10）とともに刻まれており、これはオリジナルの墓石の表記そのままである。彼女に関連する箇所のみ引くならば、「上記ワシントンの長女ミルドレッド・ワシントン、一六九六年八月一日、一〇か月でこの世を去る」と明記されている。この墓碑銘によれば、ジョンも五年ないし六年前に一〇歳で早世しているため、おそらく彼女が寂しくないように、新たに兄妹一緒の墓石を作り、兄の亡骸の横に彼女を埋めたのであろう。[16] したがってこのオリジナルの墓銘が正しいとするならば、ミルドレッドの幼すぎる死は明らかであり、それは乳幼児死亡率の高い当時のヴァジニアの人口動態環境からして決して不自然なことではないものの、自身の名を与えた娘の死を悲しんだ母（ジョージの祖母のミルドレッド）は、次に授かった娘に再び同じ名を付けたのであろう。ヴァジニアの名家、ウィリス家がそのつながりを誇示するミルドレッドその人である。同家の主張によれば、このミルドレッドは長じてヘンリー・ウィリスの三番目の妻となり、やがて名を成す子孫を残したとされる。ただし彼女の生年については諸説あり、一六九六年、九七年頃、九八年と喧しい（それは旧暦の新暦換算の誤差を超える）。また没年についても一七四五年頃とする説、四七年とする説があり、彼女の実在は疑いえないとしても、その姿はあまりにも朧げに見える。長女のミルドレッドの亡くなった年（一六九六年）に生を受けたのだとすれば、はたしてこの二人のミルドレッドは本当に別人なのかとの疑念すら湧く。この墓地に眠るミルドレッドの生は、もう一人のミルドレッドによって生きられ、縁を主張する家系の中で命脈を保ち続けているともいえよう。

公的死者は眠らない。いや、眠れない。とりわけ建国神話に組み込まれた死者は、雄弁に建国の物語を語ることを余儀なくされる。さらには国際関係の維持、強化に「利用」される。もはや識別もできぬ一片の骨であっても、また虚実織り交ぜて僅かに保たれた血のつながりであっても、忘却という歴史の残酷な装置にすら見放された彼ら／彼女らは、合衆国という国民国家が存続する限り、死してなお生き続けるのである。

3　ワシントン以前のプレジデント

本節と次節では、引き続きワシントンに関連する興味深い事象を探ってゆきたい。なんとなれば、初代合衆国大統領の彼こそが、アメリカの建国神話を体現する最重要人物だからである。いや、彼は本当に最初の合衆国大統領

(President of the United States) なのだろうか。かかる問いは、あまりに唐突に感じられるかもしれない。しかし、そもそも「プレジデント」の語自体は普通名詞であり、その後に付す語によって「プレジデント」の性格は規定される。では、“President of the United States”と呼ばれた最初の人物をアメリカ史上に尋ねるならば、驚くべきことにそれはワシントンではない。ワシントン以前にも何名かがこの称号を帯びており、その最初がメリーランド選出のジョン・ハンソンとの俗説もある。じっさい、ワシントンも自身を初代のプレジデントとは考えていなかったともいわれる。本節ではこのワシントン以前のプレジデントについて、第4章等でも用いた『大陸会議議事録』を主たる史料として論じてみたい。

結論から先に言うならば、ワシントン以前のプレジデントは、大陸会議（連合規約批准後は連合会議）の「議長」であり、全員で一四名を数える（二名が二度、この職に就いているため、最後の議長は第一六代目となる）。ここで当時の史実を時系列上で確認しておくと、まず、第一次大陸会議が一七七四年九月五日から一〇月二六日まで、その後、休会を挟んで、第二次大陸会議が一七七五年五月一〇日以降である。連合規約は一七七七年一一月一五日に大陸会議で採択された後、全邦の批准を得るまで三年以上もかかり、ようやく一七八一年三月一日に発効、以後、（第二次）大陸会議は正式には連合会議と称されることになる。

さて、その大陸会議の議長、すなわち“President of (the) Congress”は大陸会議議員の互選によって選ばれる議会内の役職であり、行政上の大きな権限を持つわけではなく、いわば一種の名誉職といえた。つまり大統領ではなく、あくまでも議長なのである。英語では同じプレジデントでも、むしろ日本語に訳し直すことで、その役職の性格がより明確になるといえよう。ただし、独立宣言書への力強い署名で有名な第四代議長ジョン・ハンコックが、最長期の二年半弱にわたって同職を務めたことに見られるように、連合会議以前の議長職に任期は定められていなかった。そもそも各邦で邦憲法（州憲法）が制定される以前の大陸会議は、この会議以外に革命推進の法的権威が存在しなかったために、後の連合会議の時代よりも、むしろ高い権威を有していたのである。連合会議の時代に入ると、連合規約第九条の規定により、議長の任期は最長一年間となった。いわく、「連合会議は……全般的な事項を処理するのに必要なその他の諸委員会と文官とを任命し、そのうち一名を議長に任命する権限をもつ。ただし、なに人も、ある三年の期間中、一年以上、議長の職にあることはできない」（池本幸三訳）[17]。そして議長職は、連合会議の求心力の低下と軌を一にするかのように、いわばルーティン化してゆく。

もっとも、連合会議下では、議長の正式名称は、"President of the United States in Congress Assembled"となった（以前と同様に、"President of (the) Congress"も多用されたが）。連合会議（"Congress of the Confederation"もしくは"Confederation Congress"）の正式名称が"The United States in Congress Assembled"であるから、文字通りそのプレジデントの意である。これを略記すれば"President of the United States"となる。しかも連合規約第一条では、国号を"The United States of America"と規定したため、それらを組み合わせれば、議長は正式には"President of the United States of America"ともいえる。ただし、上記の"United States of America"は国号というよりも、「この連合（confederacy）の名称」（池本幸三訳）[18]であり、第1章第3節ですでに述べたように、依然として「アメリカ連合諸邦」の訳を当てる方が、実態を正しく反映しているといえよう[19]。したがって、仮にこの時期の連合会議議長が"President of the United States of America"と呼ばれたとしても、それをアメリカ合衆国大統領（もしくは議長）と訳するわけにはゆかない。その内容を考慮すれば、やはり合衆国大統領はワシントンをもって嚆矢とするのである。

ただし、そもそも「合衆国」の訳も、その起源は茫漠としている。今日では、「合衆」は「民主」や「共和」のコノテーションを持ち、そのような政体の「国」の意と解するのが一般的であろうが、明治初期においては、たとえば著者蔵の松山棟庵『地学事始（巻の二）』（一八七〇年）、四丁表でイギリス連合王国が「合衆王國」と記されているように、「合衆」の語は単に"united"の意で用いられることもあった。また「合衆国」の語自体が、最初、「衆国」（"states"）が「合」わさった（"united"）ものとして造語された可能性もある。その場合、「衆国」の意を「衆（たみ）の［治める］国（州）」とすれば、"states"の意訳となり、もしも「衆（おおい）国（州）」とすれば、「国

（州）」（“state”）が多くある、すなわち複数（“s”）であることを直截に表した表記となる。[20] ただ、後者の解釈については、もっぱら人が多いことを含意する「衆」の語が、国が多いことにも敷衍されうるのかどうか、疑念なしとしない。さらに『地学事始（巻の三）』、一五丁裏・一六丁表においては、アメリカ合衆国が単に「合衆國」と訳される一方、“state”は「州」とされており（ちなみに今日、準州と訳す“territory”は「部」と記されている）、すでに“state”が概念上、「国」と区別されていることから、そもそも“states”＝「衆国」の解釈は、早くもこの明治三年の時点において採用することはできない。また、教科書として当時広く用いられた師範学校編『萬國史畧』（一八七五年）の参考書ともいえる永田方正編『萬國史畧字引（巻の一・二）』（一八七五年）および大柿玄九郎編『萬國史畧字引（全）』（一八七八年）（いずれも著者蔵）においても、アメリカ合衆国は「合衆國」もしくは「亜米利加合衆國」と表記されている。

さて、ここで大陸会議（連合会議）の議長、すなわちワシントン以前の「プレジデント」に話を戻し、彼らをすべて挙げておこう。表9-1がそれであり、その典拠となる『大陸会議議事録』の巻数と頁数も併記した。むろん第4章等と同様に、表に掲げた情報の収集には『大陸会議議事録』のデジタル版を用いた。このような情報の場合、必ずしもデジタル版でなくとも（すなわち印刷媒体でも）対応は可能ではあるが、デジタル版の方がより迅速な情報収集が実現できるのである。なお「出席邦数」とは、議長選出当日の議事録に記された、議員の出席した邦の数で、アステリスクを付したものはさらに、議長選出の際に実際に投票した邦の数がわかるケースである。したがってアステリスクの付されていない数字は、投票した可能性のある邦の最大数となる。「全会一致」と議事録に明記されているのは、初代、第三代、第四代のみで、第五代については別の史料から、本人を除いて全会一致であったことが判明している。なお、議事録には議長選出の際の「議長」の語として、ほぼ一貫して“a President”とのみ表記されている。

また表9-2は、議長の数や就任回数などを邦ごとに分類したものである。マサチューセッツやヴァジニアなど、

表 9-1　ワシントン以前の「プレジデント」たち

代	氏名	出身	就任日	典拠		出席邦数
				巻	頁	
初	ペイトン・ランドルフ	Va	74/9/5	1	14	11
2	ヘンリー・ミドルトン	SC	74/10/22	1	102	—
3	ペイトン・ランドルフ (2)	Va	75/5/10	2	12	11
4	ジョン・ハンコック	Mass	75/5/24	2	59	—
5	ヘンリー・ローレンス	SC	77/11/1	9	854	—
6	ジョン・ジェイ	NY	78/12/10	12	1206	—
7	サミュエル・ハンティントン	Conn	79/9/28	15	1114	—
8	トマス・マッキーン	Del	81/7/10	20	733	—
9	**ジョン・ハンソン**	Md	81/11/5	21	1100	11
10	エリアス・ブーディノット	NJ	82/11/4	23	708	12
11	トマス・ミフリン	Pa	83/11/3	25	799	7*
12	リチャード・ヘンリー・リー	Va	84/11/30	27	649	8*
13	ジョン・ハンコック (2)	Mass	85/11/23	29	883	8
14	ナサニエル・ゴーラム	Mass	86/6/6	30	330	11
15	アーサー・セントクレア	Pa	87/2/2	32	11	8
16	サイラス・グリフィン	Va	88/1/22	34	9	11

註）氏名の (2) は 2 度目の議長職の意。

有力邦に若干、集中する傾向も見られるが、邦単位ではなく、ニューイングランド、中部、南部という三地域を単位として捉えると、「就任人数」、「就任回数」、「就任期間合計」のいずれにおいても、比較的平等に、バランスよく負担しようとの配慮が認められるように思われる。連合規約の成立以前の議長は、先述のように任期の規定がなく、一年以上の長期にわたって同職にあった議長は三名にのぼり、とりわけ、やはり先に触れたハンコックが合計二期、計三年弱務めたため、ニューイングランドの「就任期間合計」が長くなっているが、その分、就任人数や回数は少なくなっている。就任期間が一か月に満たない第二代、第三代を除いて、全一四代分の平均就任月数を計算すると、一〇・八か月である。ほぼ一年弱となり、大陸会議、連合会議の別なく平均したこの数値によって、いわば連合規約の規定通りに、総じて議長は一年弱で交代していたことが実証される。これを他方では、議長職のルーティン化の証左ということができるかもしれない。

さて、その規定のちょうど一年間、連合会議の議長を務めたのがジョン・ハンソンであり、前述のように、最初の“President of the United States”とする俗説がある。この説は近年、ウィキペディアでも取り上げられているが、[21]はるか以前にも、アメリカ史家のウェブ上のネットワーク、「H・ネット」で話題になったことがある。二〇〇〇年九月の某氏のメールには、「私はメリーランド州の公立学校で教育を受けたので、早い時期からハンソンが最初のプレジデントだと習いました」とあり、そして「ハンソンに関するマーシャル・ホールのウェブページがすべて悪いわけではないと思うが」と続けている。[22] マーシャル・ホールとは、メリーランド州チャールズ郡の歴史的建造物で、確かにそのウェブサイトには“John Hanson, American Patriot and First President of the United States”と題するページがあり、肖像画とともに、ハンソンを称える文章が掲載されている。[23] ただし、その文章の大部分は別の書物からの引用であって、その書物とは、比較的人口に膾炙した一般向けの小冊子、ジョージ・グラント『愛国者必携』（二〇〇〇年）である。[24] もっともこの本の当該の記述は、「忘れられたプレジデント」一三名に目配りした文章で、ひとりハンソンのみを持ち上げたものとは言えず、彼を「連合規約の批准成立後、任期を全うした最初の議長」と正確に表現している。ただし、彼の出自をスウェーデンの高貴な家柄だとする神話に与してはいる（実際にはイギリスからの年季契約奉公人が祖先）。しかしメリーランド州でハンソンの人気は高く、彼の名を冠した中等学校が二校もある。[25] このようなハンソン神話

表 9-2　大陸（連合）会議議長の邦ごとの分類

	邦	就任人数		就任回数		就任期間合計（月）	
ニューイングランド植民地	マサチューセッツ	2	3	3	4	40	61
	ニューハンプシャー	0		0		0	
	コネティカット	1		1		21	
	ロードアイランド	0		0		0	
中部植民地	ニューヨーク	1	5	1	5	10	43
	ニュージャージー	1		1		12	
	ペンシルヴァニア	2		2		17	
	デラウェア	1		1		4	
南部植民地	メリーランド	1	6	1	7	12	48
	ヴァジニア	3		4		23	
	ノースカロライナ	0		0		0	
	サウスカロライナ	2		2		13	
	ジョージア	0		0		0	

註）就任期間合計は，日数単位の誤差を含む概数値。

が創造されたのは、彼の孫の一人が彼を「最初のプレジデント」として積極的に喧伝したことが大きい。さらに二〇世紀に入ってからは、ジャーナリストの物した伝記が彼を異常なまでに持ち上げたことなども影響している。[26] 今日、連邦議会には、メリーランド州を代表する二人の政治家の一人として、ハンソンの銅像が置かれているのである。

　では、このハンソンについて、根本史料たる『大陸会議議事録』にはどの程度、記載がなされているのか。『大陸会議議事録』の全巻分の索引を調べると、彼は一七八〇年、八一年、八二年の三年間のみ、毎年、非常に多くの回数、登場していることがわかる。一方、一七七四年から七九年までは、いずれの年も〇回、八三年から八九年の期間も、〇回である（一七七五年と七六年に、それぞれ一回ずつ索引に出てくるが、おそらく同姓同名の別人だと思われる）[27]。ここであえてデジタル版による全文検索ではなく、索引を用いたのには理由がある。索引はむろん網羅的ではないが、編者の目を通して厳選されていることから、とりわけ名の知れた人物名を調べる際には、全文検索よりも効率的といえる。すなわち、史料上に姓のみが記載されている場合でも、編者による同定がすでになされているため、同姓を排し、効率的に本人を探し当てることができるのである。このようにデジタル版と「マニュアル」版とは、決して相互に対立するものではなく、ケースによっては互いに補完し合ってより大きな効能を発揮する場合もあることに留意したい。

　ともあれ、ジョン・ハンソンはメリーランド植民地で大規模なプランテーションを経営するプランターであり、また政治面での活動も積極的におこなっていた。彼が大陸会議へのメリーランド代表に選ばれたのは一七七九年一一月、そして注目の連合会議議長に選出されたのが八一年一一月、議長職を退任したのが八二年一一月である。この一年間の議長の任期を終えたのち、彼は政界を引退し、さらに一年後、一七八三年一一月に死去している。したがってハンソンは、独立宣言にも、合衆国憲法にも署名をしていない。アメリカ史上、とりわけ独立宣言署名者《サイナー》は、人々の尊敬を勝ち得てきたが、彼はその一人ではないのである。先ほど指摘したように、彼の『大陸会議議事録』

への登場回数が、一七七四年から七九年まで皆無なのは、大陸会議の議員（代表）ではなかったからであり、大いに首肯できる。しかし一方で、このハンソンという人物が、少なくとも野に在って全植民地に広く知られた人物でなかったことも、同時に示唆しているといえる。また彼は、一七八三年に死去しているため、八三年以降、索引に出てこないのも容易に理解できるが、八三年にまったく登場しないことについては、革命の進行中に記された議事録とはいえ、ややドライな印象を受ける。これは同時に、彼が議長の退任後、背後から影響力を行使する（行使できる）ような人物でなかったことも、意味しているといえよう。ともあれ彼は、メリーランド選出の一議員として、また議長として、いやむしろそれらとしてのみ、議事録に登場する人物にすぎないともいえよう。

先述のようにこのジョン・ハンソンが、最初の"President of the United States"、すなわち最初の連合会議議長、もしくは連合規約下で最初に選ばれた議長などと呼ばれるが、じつのところ、すでに二人の議長が、一七八一年三月に発効した連合規約下で同職を務めている。第七代議長のサミュエル・ハンティントンと、第八代トマス・マッキーンである。ただし、ハンティントンが議長職にある間に連合規約の全邦批准が成り、発効したため、連合規約下で最初に選ばれた議長は、マッキーンといえる。もっとも、より正確には、一七八一年七月九日、マッキーンよりも先にサミュエル・ジョンソンが議長に選ばれており、本人が辞退したため、翌一〇日、マッキーンが改めて選出された。それゆえ制度上は、ジョンソンが連合規約下で最初に選出された議長となる。ともあれ、ジョンソンとマッキーンが議長に選出された際の議事録を見てみよう。

当日の議事進行に則り、会議は議長の選出（"the election of a President"）へと進んだ。投票がなされ、サミュエル・ジョンソン閣下（hon^{ble} Samuel Johnson）が選出された。（第二〇巻、七三二頁）

ジョンソン氏が議長職の辞退を申し出て、その理由も十分に納得できるものであったため、会議はもう一度、選挙へと進んだ。投票がなされ、トマス・マッキーン閣下（hon^{ble} Thomas Mckean）が選出された。（第二〇巻、

七三三頁）

いずれも淡々とした文章であり、「最初」の議長を選出するという高揚感はうかがえない。定型といってもよい筆致であろう。それでは、ジョン・ハンソンが連合会議議長に選出された時の議事録には、前任者の場合と何らかの違いが認められるのだろうか。記述は次のようになっている。

彼らの信任状の朗読の後、会議は議長の選出（"the election of a President"）へと進んだ。投票がなされ、ジョン・ハンソン閣下（hon^ble John Hanson）が選出された。（第二一巻、一一〇〇頁）

またしても同様の文章であり、やはり選出の際の熱気のようなものは伝わってこない。つまり彼の議長就任が、前任者たちと何ら変わるものではないことは、上記の史料から明らかであろう。ただしハンソンは、連合規約下での前任者たちとは異なり、連合規約第九条に定められた議長の任期、すなわち一年間を満期、務め上げたのである。もっとも彼も任期途中で辞任しようとしたが、権威の低下していた連合会議が議長選出の定足数を満たすのが難しく、考え直したという。ともあれハンソンは、「連合規約下で議長に選ばれ、一年の任期を完遂した最初の議長」ということになろう。やはり最初の合衆国大統領は、ワシントンなのである。

4　記念されるワシントン――メダル・カメオ・『ワシントン伝』

合衆国初代大統領として、また独立戦争の総司令官として、生きながらにして神格化の途上にあったワシントンを称えるために、彼の存命中からさまざまな試みがなされた。本節で取り上げる記念メダルもそのひとつである

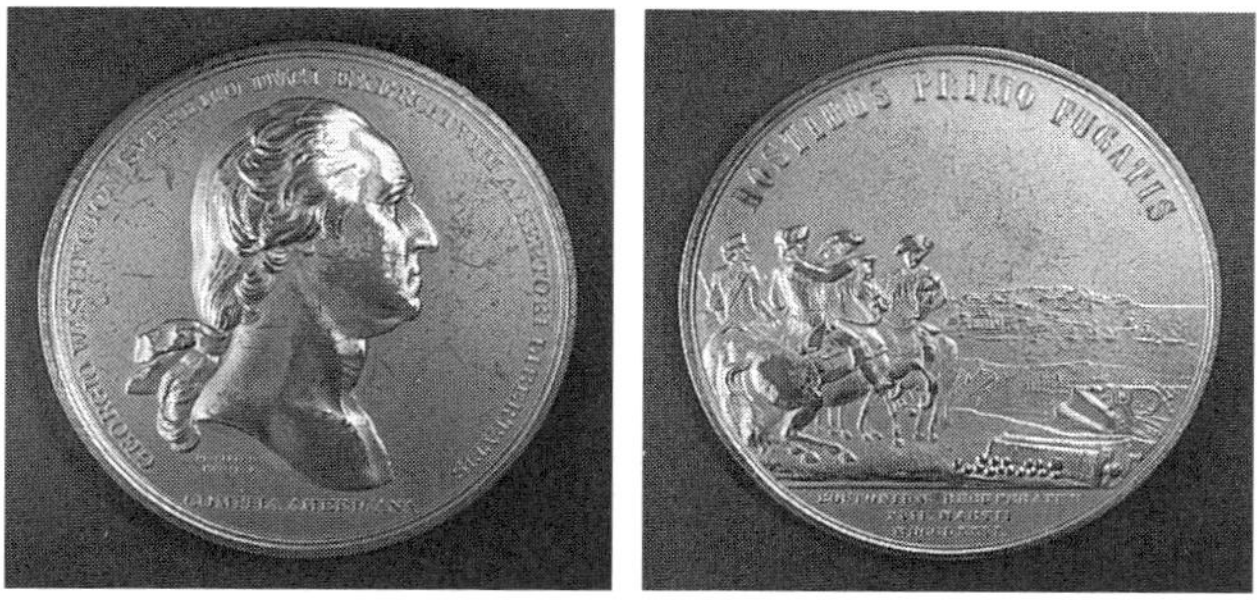

［表］　［裏］

図9-5　ワシントン記念メダル［複製］（著者蔵）

（図9-5）。後述するように、表面にワシントンの肖像を刻み込んだこのメダルのモデルは、第5章の表5-10の中に見出すことができる。そもそも当時、ヨーロッパ諸国では国家的な記念行事等の際には、国として大型の記念メダルの製作・贈呈等がおこなわれていた。国家創造の途上にあったアメリカ合衆国も、この例に倣って新国家の威光を示すべく、一七八〇年代に計一七種類のメダルの制作をパリ造幣局へ依頼した。いずれもが独立戦争の英雄を称えるもので、ワシントン、ホレイショ・ゲイツ、アンソニー・ウェイン、ジョン・ポール・ジョーンズらが対象に選ばれている。つまりこれらのメダルは、国家による記憶・伝統の創造に動員された装置の一つであり、ナショナリズムと記憶の観点からも大変興味深い。ともあれ、このシリーズには"Comitia Americana"（American Congress の意）の文言が刻まれたため、「コミッティア・アメリカーナ・メダル」と呼ばれ、なかでもこのワシントンの記念メダルはとりわけ評価が高く、アメリカ史上、最も有名なメダルの一つとさえ言われている（正確には、有名な百種のメダルのうち第二位）[28]。トマス・ジェファソンは一七八七年に、これらのメダルをヨーロッパ諸国の君主やアカデミーなどに送り、新国家アメリカの威信を高めたのである。ちなみにこれらのコインの金型は一九世紀に入ってもパリ造幣局に保管されており、フランスが手放そうとしなかったため、合衆国造幣局は再鋳造をおこなうために、オリジナルのメダルから型をとり、新たな金型を製作している。

図9-5に掲げたメダルは複製であり、きわめて入手しにくいオリジナルと比べて、むろん若干の差異が存在する。オリジナルのメダルの成分はブロンズ（青銅）であるが、本複製は材質が異なるのみならず、デザインの細部

図9-6　ワシントン生誕二百周年を記念して1932年に発行された記念切手のセット。1セント切手にウードン作の胸像が描かれている（著者蔵）

（銘文の字体）にもわずかながらオリジナルとの相違が認められる。ただしサイズについては、オリジナルが直径六五ないし六八ミリであるのに対して複製は六八ミリであり、ほぼ同じといってよい。このように総じて見れば、本複製はきわめて忠実に作られた精巧なレプリカと評価できるのであって、銘文等の分析においてオリジナルとの異同に意を用いる必要はないといえよう。

さて、このメダルの裏面の図像からわかるように、本メダルが直接称え、記念しているワシントンの偉業は、彼が指揮する大陸軍が一七七六年三月一七日にボストンを奪還した（ボストンを占拠していた英軍を撤退させた）慶事にほかならない。つまり裏面の図像は、ボストン南東の高台ドーチェスターハイツから、ボストンを撤退するイギリス艦隊を見下ろすワシントンと四人の指揮官を描いており、馬上から指をさしているのがワシントンである。この勝利の八日後に大陸会議は記念メダルの発行を決議しており、その決議に基づいて、一〇年後の一七八六年に鋳造されたのが本メダルなのである。表面、裏面ともに意匠を描いたのはフランス人のP・S・デュヴィヴィエで、彼の名は表面のワシントンの首の下に小さく刻まれている。そして彼がこのワシントンの肖像を描く際に参照したのが、表5-10の6番にその名が登場するジャン＝アントワーヌ・ウードン作のワシントンの胸像なのである。むろん胸像であるから6そのものではなく、当該の像は、図9-6に掲げた一セント切手の意匠に見ることができる（ウードンのワシントン像は、一九三二年から二五セント硬貨の意匠としても採用された）。第5章でも論じたように、そもそも生前から神格化されたワシントンの肖像画や彫像は、後代の作も含めて当然ながら数多く残されており、描かれた時点の年齢や描いた画家によってじつにさまざまなバリエーションが認められるが、その主要なものは、彼の生誕二百周年を祝って一九三二年に発行された一二枚の記念切手のセットに集約されているといってよい（半セントから一〇セントまである）。その中には、第5章の表5-10と重なるものも散見され、たとえば同表の9にあるG・ステュアート作の肖像画は、図9-6では二セント切手（上段左から四番目）に描かれており、現在の一ドル札に刷り込まれて最も有名なワシントンの「顔」となっている（ただし転写作業の結果、左右が反転している）。ともあれ、ウードンがワシントン本人からライフマスクを取って精緻に作成したこの胸像は、デュヴィヴィエの参考とするために、マウントヴァーノンから一七八六年一月にパリに向けて送られているのである。話をこのメダルに戻し、ラテン語で記された表面と裏面の銘文を見てみよう。

［表］

"GEORGIO WASHINGTON SVPREMO DVCI EXERCITVVM ADSERTORI LIBERTATIS"

"COMITIA AMERICANA"

［裏］

"HOSTIBUS PRIMO FUGATIS"

"BOSTONIUM RECUPERATUM / XVII. MARTII / MDCCLXXVI."

表面の銘文の訳としては、「［アメリカ議会より］軍の最高指揮官、自由の擁護者［たる］ジョージ・ワシントンに［対して］」、裏面の銘文の訳は、「最初に敗走させられたる敵に［対して］。奪回されたるボストン、一七七六年三月一七日」となろう。大陸軍の総司令官にして、建国の最大の英雄であるワシントンを称えるに相応しい銘文であるが、文中の「自由の擁護者」は、のちの大統領就任式においてもワシントンに対する呼称の一部として用いられた表現であり、このメダルはその先駆をなしているといえる。また、ボストン奪回が、いわば「最初」の対英勝利と

図9-7　ワシントン追悼のカメオ（著者蔵）

して位置づけられている——すなわち国がそのように公式に記憶しようとしている——ことも確認できるのである。

さて、この記念メダルのワシントンの肖像と非常によく似た肖像が描かれているのが、著者所蔵の鉄製のカメオ（図9-7）である。レプリカではなく、むろん当時のオリジナルであり、シードパールがカメオを取り巻き、金製の枠のブローチに仕立てられている（二・八センチ×二・三センチ。カメオは二・一センチ×一・七センチ）。近年、記憶や追悼に関する研究の深化とともに、モーニング・ジュエリー（「喪のジュエリー」、喪装ジュエリー、メモリアル・ジュエリー）についても学術的な関心が高まっているが、このカメオはおそらくワシントンの死の直後、一八〇〇年頃に作られたと推定され、多くの種類が認められるワシントンのモーニング・ジュエリーの中でも、特筆すべき稀少な逸品のひとつとされる。[29]

じつはこのカメオは、独立革命期・建国期の政治家・軍人で、いわゆる独立宣言署名者《サイナー》でもあったウィリアム・フロイドがかつて所有し、ウィリアムから五代下った子孫が手放したもので、幸運にも著者が入手した。したがってその来歴の信憑性に、一点の曇りもない。フロイドについては、一九世紀の複数の人名事典のみならず、現代の代表的な人名事典でも取り上げられており、ある程度名の知られた人物といってよい。[30]とりわけ一八二四年に刊行された事典では、三頁にわたって説明がなされているのみならず、彼の次に収録されている人物はベンジャミン・フランクリンである。フロイドは、一七三四年にニューヨークのロングアイランドで大地主の父のもとに生まれたが、正規の教育を十分には受けていない。しかし「生まれもっての知的な人物」[31]との記述がある一方で、「聡明ではなかったが、信頼に足る性格と良識によって評価された」[32]との指摘もある。彼はニューヨークの邦議会で活躍し、一七七四―七七年および一七七八―八三年にはニューヨークから大陸会議の議員に選ばれ、戦後は一七八九―九一年に連邦下院議員を務めている。独立戦争中はロングアイランドの民兵隊を率いたが、イギリス軍がニューヨークに上陸して拠点を築いたため、彼の家族はロングアイランドを脱出してコネティカットに移り住み、一七八四年にはモホーク川沿いの土地、ニューヨークのオネイダ郡の地所を購入し、一八〇三年に家族でその地へ移住している。亡くなったのは一八二一年である。ワシントンを信奉する彼が晩年、故人を偲ぶよすがとしてこのカメオを入手し、ブローチに仕立てて愛用したのであろう（ただしブローチに仕立てられたのは、さらに後世の可能性もある）。

カメオ自体は、鉄製とはいえ、錆ひとつないきわめて精巧な仕事で、いわゆる「ベルリン鋳物（Berlin casting）」として知られる類のものである。[33] この驚くべき鋳造技術は、うち続く戦争で金銀の不足した一八世紀のドイツで考案され、ベルリン鉄と呼ばれる特殊な鉄を用いて作られるその鋳物は、文字通りの宝飾品と位置づけられる。この図9-7のカメオもドイツで鋳造され、一八〇〇年にアメリカへ運ばれたと推定されている。じつは、これと完全に同一の鉄製カメオを用いた装飾品として、以下の例が知られている。[34] ①ワシントンの私設秘書トバイアス・リア（第5章註8参照）の妻（ワシントン夫人マーサの姪）が所有していたブローチ。鉄製カメオはブローチにアレンジされ、ピンと鎖が付けられ、さらにブローチの裏面にはワシントンの毛髪が収められていたと考えられる。②ペンシルヴァニア州レディング在住の将軍が最初に所有していたもので、指輪にアレンジされた（かつてこの指輪は、葬儀で棺を担ぐ人に与えられたトークンだと信じられていたことがあるという）。また、ワシントンの大統領就任百周年を祝って一八八九年に出版された本の中でも、この鉄製カメオについて言及されており、それはおそらく①を指しているとされる。そもそも当時、ドイツでこの鉄製カメオが何点作られたのか、定かではないが、少なくとも当初は関係者にのみ頒布された可能性が高い。現存している上記の二点だけを見ても、これがワシントンを悼む貴重な品として位置づけられていたことがわかろう。そして、この鉄製カメオのワシントン像のモデルが、先に述べた大型記念メダルのワシントン像と推定されているのである。事実、両者（図9-5と図9-7）を見比べてみると、カメオの像は小型のためか、ややデフォルメされており、さらに細部の差異も見出されるものの、総じて両者は非常によく似ていると断じうる。さらにメダルのワシントン像のモデルは、先述のとおりウードンのワシントン像とされることから、ここにワシントン像のモデルをめぐる追跡の輪は、見事に閉じたことになろう。

さて上記のごとく、ワシントン像とフランスは深い縁《えにし》で結ばれているといえるが、それは同国における芸術の隆盛はもとより、前章でも考察したように、独立戦争において両国が共闘した史実に直接由来していよう。そのため、やがてフランスにおいてもワシントンの彫像が登場することになった。有名なものとして、パリに置かれた二体の像が挙げられよう。一体目は、文字通り「合衆国広場」に設置された「ラファイエットとワシントン」像で、自身の名を冠した賞で知られるJ・ピューリッツァーが、自由の女神像を作ったフランス人彫刻家F・A・バルトルディに依頼して、一八九五年に完成させたものである。二体目は、イエナ広場に置かれたワシントンの騎馬像で、その設置を報じた一九〇〇年一月の『ニューヨーク・タイムズ』紙によれば、この像は「[独立戦争での]フランスの助力にアメリカの女性たちが感謝の意を示すべく、ワシントンの像をフランスに寄贈することを目指したワシントン彫像協会」が音頭をとったもので、それに対して「パリ市は、イエナ通りとトロカデロ通りが交わる美しいイエナ広場にこの像を置くことを認可した」[35]。さらに「この像はアメリカにおいてアメリカ人の彫刻家によって作られ、アメリカの会社によってブロンズ像に鋳造され、さらに台座もアメリカ人によってデザインされてアメリカの御影石で作られた、まったくのアメリカ製である」。「神の助力を願って剣を高く掲げる」この像の「序幕式はワシントンが軍の指揮を執った記念日、来る七月三日」に挙行予定だが、「像については完全に代金の支払いは完了しているものの、台座の完成と除幕式の費用に数千ドルが必要であり……この追加の費用を賄うため、同協会では合衆国の愛国的な女性たちの速やかな協力を期待している」という。前章のヨークタウンの事例のごとく、パリにおけるワシントンの雄姿は、米仏友好の――この場合、特に女性たちによる――象徴なのである。

さて本章の最後に、最も有名なワシントンの伝記について触れないわけにはいかない。むろんそれは、桜の木を

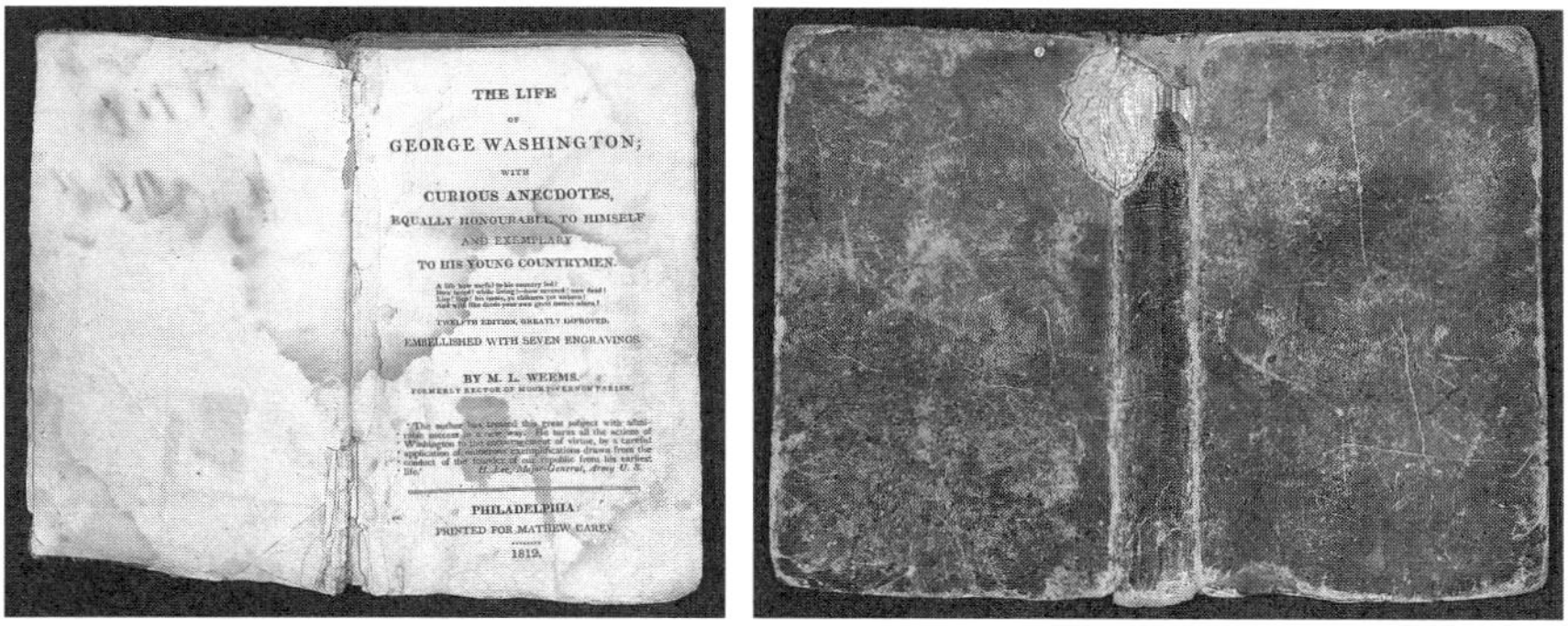

［扉］　［革装の表紙］

図 9-8　ウィームズ『ワシントン伝』(著者蔵)

切った少年ワシントンが正直に父に謝ったという、件の伝説を捏造したことで有名なメイソン・ロック・ウィームズの『ワシントン伝』であり、すでに第3章や第6章でも援用した。著者が所蔵しているのは一八一二年に出版された第一二版である(図9-8)[36]。時代を経た革装の表紙の傷み具合からも、本書が読者によって相当に読み込まれ、代を重ねて読み継がれてきたことがわかる。モノとしての書物は、自ら雄弁にその来歴を物語るというべきであろう。同書を著したウィームズは元牧師で(ただし扉に記されている「元マウントヴァーノン教区牧師」の肩書は偽り)、独立革命後は本の行商を生業としたが、ワシントンの死去で彼の生涯への関心が急速に高まっていることに商機を見出し、同書の執筆・出版を企画した。八〇頁ほどの分量の初版はワシントンの死去の翌年、一八〇〇年に上梓されたが、一八〇六年の第五版からはフィラデルフィアの大手出版業者M・ケアリーが出版を引き受け、桜の木のエピソードもこの時に挿入された。同年の第六版からは二〇〇頁を超える分量に増補され、以後、ほとんど手を加えられずに、ウィームズの死去する一八二五年までに二九版が刷られた[37]。第2章第3節で触れたヘンリー・リーの推薦文・賛が扉に記されているのも、巧みな販売戦略の一環といえよう。著者が所蔵する第一二版の出版された一八一二年は、むろん一八一二年戦争(米英戦争)の始まった年であり、ナショナリズムの高まりと呼応して、大いに売れ行きを伸ばしたであろうことは想像に難くない。亡きワシントンの「利用」の一例といえよう。そう、アメリカ合衆国が存続する限り、国父ワシントンは生き続ける、いな、生かされ続けるのである。

第10章　建国のアイコン
――ベッツィとリヴィア

世に語り伝ふること、まことはあいなきにや、おほくはみな虚言なり。あるにも過ぎて、人はものを言ひなすに、まして年月過ぎ、境も隔たりぬれば、言ひたきままに語りなして、筆にも書きとどめぬれば、やがてまた定まりぬ。

――兼好法師『徒然草』第七三段

我々にとつて、すべてあると云ふ事は、畢竟するに唯あると信ずる事にすぎないではないか。

――芥川龍之介「貉」


伝説は悉く嘘だというのも理窟に合わぬ話である。伝説という思想は本当だからだ。これは一つの視点である。

――小林秀雄「蘇我馬子の墓」

1　二つの問い

南北戦争以前のアメリカ史において、最もポピュラーな人物と言われたら誰を思い浮かべるだろうか。ワシントン、リンカーン、フランクリン……？　それでは政治家や軍人を除いてと言われたら？　じつはここにひとつの興味深いデータがある。ニューヨーク州立大学バッファロー校教授のM・H・フリッシュが、同校のアメリカ史概説

表 10-1　「第 1 の問い」への回答

名前	平均順位	回数
G・ワシントン	1.0	8
A・リンカーン	2.4	8
T・ジェファソン	2.6	8
B・フランクリン	4.5	8
U・S・グラント	5.5	8
J・アダムズ	5.8	8
R・E・リー	7.1	8
P・リヴィア	9.6	8
C・コロンブス	10.8	8
J・マディソン	12.6	8

註）回数：8 回の調査のうち，集計リストに上がった回数。

表 10-2　「第 2 の問い」への回答

名前	平均順位	回数
B・ロス	1.1	8
P・リヴィア	2.5	8
J・スミス	6.6	8
D・ブーン	10.8	8
G・W・カーヴァー	19.4	8
C・コロンブス	5.6	7
ルイスとクラーク	6.3	7
H・タブマン	7.0	7
E・ホイットニー	8.4	7
ポカホンタス	9.9	7

のクラスにおいて、一九七五年から八八年にかけて上記二つの質問をおこない、受講学生の反応を集計したものである。[1] クラスの規模は四〇人ないし二七〇人で、のべ約千人が回答したとされる。この結果にさらに手を加え、簡潔にまとめ直したのが表10-1と表10-2である。

さて最初の問いに対する反応（表10-1）は、いわば予想通りといえよう。第一位が前章でも論じたワシントン、次いでリンカーン、ジェファソン、フランクリン……といった具合である。しかしながら、政治家や軍人を除くとの条件を付した第二の問いに対する回答（表10-2）は、少なくともわれわれ日本人にとっては、かなり意外なものといえる。すなわち第一位がベッツィ・ロス、次がポール・リヴィア、さらにジョン・スミス、ダニエル・ブーン、コロンブスなどとなっている。やはり前章で述べたポカホンタスも一〇位以内に顔を出し、関連のジョン・スミスも登場するが、コロンブスなどを除いて、他は必ずしも一般に聞きなれた名前ではない。これはたとえば、一般のアメリカ人が日本史のフォーク・ヒーロー——水戸黄門、大岡越前、石川五右衛門ら——について、おそらくはまったく無知であるのと同様の事態ともいえよう。ちなみに一九九〇年代初頭に同様の調査を、現ハーヴァード大学教授のL・T・ウルリックが当時教鞭をとっていたニューハンプシャー大学の学生を対象に実施したところ、ほとんど同様の結論が得られたという。[2]

図10-1　アメリカ建国二百周年を記念して1975年にイギリスでエノク・ウェッジウッド社が製作したリバティ・ブルーのシリーズ。砂糖入れにはベッツィ・ロスの絵柄が，クリーム入れにはポール・リヴィアの絵柄が描かれている（著者蔵）

本章では、南北戦争以前の最もポピュラーな「一般人」として認知されているこの第一位と第二位の人物、すなわちベッツィ・ロスとポール・リヴィアについて検討を加え、なぜ彼女／彼がかくもポピュラーな存在となりえたのか、詳しく見てゆくことにしたい。図10-1のティーセットに描かれた絵柄からもわかるように、並び立つ両者はアメリカの「建国神話」の文字どおり中枢に位置しており、(3) 両者をめぐる歴史的展開は、建国神話の形成過程そのものといえる。そこにおいてわれわれは、アメリカ人の「集団記憶」のなかで変容する文化的アイコン（イコン）の姿を垣間見ることができるのである。

2　星条旗誕生の神話——アイコンとしてのベッツィ・ロス

(1) あなたはだあれ？——ベッツィ・ロスという人物

このベッツィ・ロスという女性、わが国ではとりわけ聞きなれない向きが多いのではなかろうか。フィラデルフィアには彼女の家を保存・公開した「ベッツィ・ロスの家」があり（図10-2）、アメリカ自動車協会（AAA）のガイドブックには次のような説明が掲載されている。(4) 曰く「植民地時代の有名な女性裁縫師が、一七七七年に最初のアメリカ国旗を縫った家。復原された家には、当時の中産階級の調度が揃えられている」。つまりベッツィは、

図 10-2　フィラデルフィアにある「ベッツィ・ロスの家」（著者撮影）

最初の星条旗を作った人物とされているのである。彼女が前述の質問で第一位にランクされるのも故なしとしない。しかし一方で、学術的なアメリカ史のテキストで――わが国のみならずアメリカにおいても――彼女について触れたものはほとんどないといっても過言ではない。何故であろうか。旧式な手法ながら、とりあえず『ブリタニカ』をめくってみると、彼女の項目には次のような簡潔な説明が見える。「ベッツィ・ロス、旧姓グリスコム（一七五二―一八三六）。伝承によれば、ジョージ・ワシントンの依頼を受けて、現在の合衆国国旗の最初の見本を作った女性。その旗は、一七七七年六月一四日に大陸会議によって採択された」。生没年の表記からわかるように、たしかに彼女は実在の人物ではある。しかし、「伝承によれば」という奥歯にものが挟まったようなこの事典の記述は、実際のところ、民間伝承と実証史学の危ういバランスを端的に表現したものに他ならない。つまり有り体にいうならば、彼女が最初の星条旗を作ったというのは、いわゆる「作り話」なのである。少なくとも、歴史学の学問的手続きを経て証明されている話ではない。では、いかなる理由で、かかるストーリーが語られるようになったのであろうか。彼女の経歴に関してはかなり詳細にわかっており、ポイントは彼女の夫にある。ごく簡潔に述べるならば次のようになろう。

一七五二年元日、フィラデルフィアでクエーカー教徒の両親のもとに生まれたエリザベス（ベッツィ）・グリスコムは、一七七三年一一月、家具職人の徒弟ジョン・ロスと同市で結婚した。結婚後、夫婦で室内装飾業を始め、大いに繁盛するが、折からの独立戦争の勃発で夫は大陸軍に参加し、火薬の暴発で亡くなってしまう。健気に家業を続けるベッツィに、亡き夫のおじ（もしくは兄）で大陸軍の優秀な軍人、ジョージ・ロスが白羽の矢を立てた、というのである。ここからは「伝説」の領域に踏み込む。いくつかのバージョンがあるが、大筋は以下のとおりである。かねがねアメリカ国旗の必要性を痛感していたワシントンは、ジョージ・ロスからその制作に適任の者がいると聞き、ロバート・モリス——他の章でも多々触れた大実業家で、革命の財政を自らの個人保証で支えた愛国派——と三名でベッツィの家へと足を運ぶ。制作を承諾したベッツィに、彼らは国旗のラフスケッチを示すが、その中の六芒星に替えて、彼女は五芒星を提案する。技術的困難を懸念する彼らを前に、ベッツィは鮮やかな手つきで五芒星を作り上げてみせる。三名は納得し、そのデザインで彼女は最初の星条旗を縫い上げる。左上のカントンの部分に五芒星を円形にあしらった「ベッツィ・ロスの旗」の完成である（図10‐2、図10‐3参照。後者は後年に描かれた想像画）。まこと愛国心を鼓舞するにふさわしいストーリーであり、国旗記念日（六月一四日）に学校のクラス劇などで、しばしば子どもたちによって演じられるというのも大いに納得がゆくが、[5] このストーリー＝伝説には、「脚本家」がいたのである。

図 **10‒3**　ベッツィが縫った最初の星条旗を見るワシントン（1927 年制作，著者蔵）

この伝説が初めて歴史の表舞台に姿を現したのは、独立革命から時代を下ること約百年、一八七〇年のフィラデルフィアにおいてであった。ベッツィの孫、ウィリアム・キャンビーがペンシルヴァニア歴史協会に文書を提出し、自身が一一歳の時、当時八四歳で亡くなる直前だったベッツィに直接聞いたとした。さらに彼の親族たちも、その証言を支持したのである。しかしながら、親族以外に客観的な文書の形での証拠はなく、ベッツィと旗に関して歴史的事実として認定されているのは、彼女がペンシルヴァニア邦のために海軍の「旗」を作ったというただ一点のみである。すなわち一七七七年五月、邦の海軍当局は「艦船旗の制作費として、エリザベス・ロスに対して一四ポンド一二シリング二ペンス」を支払っているのである。[6] 当該の旗の意匠も今となってはわからない。さらにウィリアムの死後、弟のジョージがワシントンに赴いて懸命に兄の話の証拠探しをおこなったが、何も見出すことはできなかった。このような経緯のなかで、歴史家たちがキャンビーのストーリーに対して下した判断は、総じて彼らベッツィの子孫たちを断罪するもので、折しも近づいていた一八七六年の独立百周年記念式典へ向けて、注目を集めるために伝説を捏造したと捉えたのである。一九六五年までになされた二二点の学術的研究のうち、一五点がこの立場をとり、五点が結論を保留し、わずか二点だけが伝説を信頼できるものと結論づけている。[7] ただし、むろん指摘するまでもなく、学術的な評価と世間一般の評価が異なるものとなることは、しばしば観察される事実であろう。たとえ学術的な立場からは否定されようとも、実際にこの伝説は広く普及してゆくことになるが、その経緯については後述したい。

ここで再度、歴史学の視点に寄り添うならば、そもそもこの話が語られるようになった直後から、歴史家たちの間では、キャンビーの主張は信憑性に欠けるとの否定的な見解が一般的だったといってよい。自身歴史家でもあったウィルソン大統領――その著作は今日からすれば愛国的かつ好古的に感じられる――が、一九一六年の国旗記念日（六月一四日）に、ベッツィのストーリーの真偽について尋ねられた時、「そうなら良かったのに」と仮定法を用いて答えた逸話が、学術的な世界での評価を雄弁に物語っていよう。[8] 近年の研究を概観するならば、たとえばスミソニアン協会が二〇〇八年に刊行した星条旗の歴史に関する本も、やはり伝説の捏造説に立っているといってよく、[9] ハーヴァード大のウルリックが二〇〇七年にネット上で開陳した論考も同様の立場といえる。[10] ジャーナリストにして歴史家のM・リープソンも、二〇〇五年に星条旗の歴史を論じた本の中でベッツィの伝説について具体的に考察しており、さらに彼が『ワシントン・ポスト』紙に寄稿した記事「アメリカ国旗に関する五つの神話」（二〇一一年六月一〇日）では、冒頭にベッツィのストーリーを取り上げて、彼女が当時のフィラデルフィアで旗を製作していたのは事実としても、最初の国旗に関する話はおそらく神話だとしている。[11] また、ベッツィに関する子ども向けの本はこれまで数多く出版されているが、近年ではベッツィのストーリーが伝説であることを明示しつつ説明しているものもある。[12] 一方、M・ミラーの近年の研究は、最新かつ包括的なベッツィの学術的伝記といえるが、必ずしも伝説を全面的に退けているわけではない。ベッツィは当時のフィラデルフィアに何人もいた旗製造業者の一人としつつも、国旗の見本を制作して星の意匠を六芒星から五芒星に変更した可能性を示唆しており、注目に値する。[13]

また近年では当然ながら、ベッツィに関するウェブサイトも様々なものが登場している。なかでも、"UShistory.org" 内に置かれ、内容がきわめて充実しているのが「ベッツィ・ロス・ホームページ（"The Betsy Ross Homepage"）」である。このサイトは早くも一九九六年に開設されているが、時系列で観察してみると、たとえば冒頭の説明のページに続いて配されている「FAQ（よくある質問）」の質問と答えが、微妙に変化していることに気づく。二〇〇一年にはFAQの二番目の質問として、「誰がその旗をデザインしたのか」が掲げられ、それに対する回答として、「ベッツィ・ロスはそれを縫ったが、ではデザインしたのは誰なのか」との文言が続き、さらに『ベッツィ・ロスの家』の専門家によれば、それはおそらくフランシス・ホプキンソンであろう」と明記されている（二〇〇一年九月二六日閲覧）。しかし現在、その当時とほぼ同じFAQの中にあって際立っているのが、上記の質問に相当する質問とその回答である。現在は三番目となっている当該の質問は、「ベッツィがその旗を縫ったとすれば、誰がデザインしたのか」であり、回答内容はベッツィの娘レイチェル・フレッチャーの宣誓供述書の一部の引用のみなのである（二〇一五年三月二九日閲覧）。後述するように、むろんその内容は伝説そのものであり、一見、史料からの引用をもって回答するという学術的手順を踏んでいるようであっても、その背後にある意図、とりわけフランシス・ホプキンソンの名を消し去ろうとする意図は明白であろう（同人については後述）。ベッツィゆかりの人々が残した関連史料を忠実に提示しているウェブサイトであっても、その拠って立つところは一貫して——いやむしろ、ますます——彼女のストーリーを真実のものとしたいとの熱意といわざるをえない。今日、このウェブサイトでは、種々の角度からの考察の結果として、「歴史的には、ベッツィ・ロスのストーリーは未解決のままである……将来、歴史家がこの未解決の問題に新たな光を当ててくれることを望む」との結論（「要約」）が記されている。禁欲的な表現ではあるが、当該のストーリーを無批判に神話・伝説のたぐいとみなすべきではないとの主張にほかならず、デザインはともかくも、縫ったのはベッツィであり、そのデザインすら、とりわけ五芒星に変更したアイデアはベッツィのものとの思いがうかがえよう。旗章学者のS・M・グインターによれば、ベッツィの伝説を信じる向きは、「彼女が最初の星条旗を作っていないと証明されない限り、最初の国旗を作ったと信じる」との論法を用いているという。(14) しかし再度強調しておくべきは、このウェブサイトが決して証拠や史料を捏造しているわけではなく、正確な史料解釈の「ぎりぎり」の範囲内で、証明を成立させる手立てを探っている点であろう。しかし、残された史料が親族のもののみで、客観的な直接の史料が存在しない以上、「あった」ことではなく、逆に「なかった」ことを証明するのも——いわゆる「悪魔の証明《プロバティオ・ディアボリカ》」——不可能に近かろう。史料の間隙を想像力が埋めるとしても、その発露の方向性については、そもそも証明とは何かという方法論にまで遡る問題を提起しているといえるかもしれない。

とまれ、議論を空中戦ではなく、堅実な地上戦とするためには、実際の親族の証言の中でベッツィのストーリーがどのように描かれているのか、各自の証言の内容に即して丁寧に見てゆく必要があろう。つまり史料を超越的に批判するのではなく、史料の内部にいったん身を置き、内在的な批判を試みなければならないのである。ここで史料となる証言はベッツィの親族四名によるもの、すなわち三名の宣誓供述書と一名の提出文書である。

（2）史料のなかのベッツィ①——三名の宣誓供述書

キャンビーは、自身がペンシルヴァニア歴史協会に文書を提出したのち、ベッツィ・ロスゆかりの三名から宣誓供述書を取り付けた。すなわちベッツィの孫娘（ソフィア・B・ヒルデブラント）、ベッツィの姪（マーガレット・ドナルドソン・ボグズ）、ベッツィの娘（レイチェル・フレッチャー）である。彼女らの宣誓供述書の内容を、その日付の順に簡潔に見てゆくことにしたい。[15] 宣誓供述をした三名がいずれも女性であり、家業ともいえる旗の製作に携わっていたことは興味深い。なお、証言中に挿入したブラケットは、著者が加えた注記である。

最初に、ベッツィの孫娘、ソフィア・B・ヒルデブラントが一八七〇年五月二七日に証言した宣誓供述書の内容を見てみよう。彼女は、祖母のベッツィが、最初の星条旗（"the first Star Spangled Banner"）を作ったとしばしば語っていたのを直接聞いている。彼女によれば、ベッツィは大陸会議の委員会の命を受けて、最初の星条旗の見本を作ったのであり、その委員会はワシントンと協力して活動していたという［以下の供述書でも同様だが、ワシントンは委員会のメンバーとはされてはいない。またこの委員会の存在は史料的裏付けがない］。すなわち、独立宣言の少し前［以下の供述書でも同様の表現が認められるが、このとおりだとすれば、大陸会議で国旗に関する決議がなされた一七七七年ではなく、七六年の出来事となり、本来であれば時系列的に無理がある。また、「少し前」は、国旗記念日の六月一四日を意識した供述の可能性もある］、ワシントンが直接家まで訪ねてきて、ベッツィの提案［ソフィアはその意匠について特定していない］を入れて、彼自らの手でデザインの修正をおこなった。そしてベッツィの作った旗見本は、委員会の報告とともに大陸会議に示され、旗と報告は大陸会議で了承され、採用された［これが一七七六年だとすれば、そのような証拠はまったく存在しない］。ベッツィは委員会からの依頼を受けて、政府の旗を作り続け、その期間はおよそ五〇年にも及んだ。旗の製作作業はソフィアの母が後を継ぎ、ソフィアも手伝った。したがって、キャンビーの証言はまったく正しい。

次に、ベッツィの姪、マーガレット・ドナルドソン・ボグズが一八七〇年六月三日に証言した宣誓供述書の内容は以下のとおりである。彼女も、おばのベッツィが、最初の星条旗（"the first Star Spangled Banner"）を作ったとしばしば語っていたのを直接聞いている。彼女によれば、ベッツィはワシントンと大陸会議の委員会の依頼を受けたのであり、独立宣言の少し前、彼ら［人数は不詳］は連れ立って直接家まで訪ねてきたという。その際、彼らはラフスケッチを携えており、それに対してベッツィはいくつかの修正を提案し、ワシントンと委員会は了承した。ベッツィの修正案の一つは五芒星に関するもので、適切に紙を折れば、はさみを一度入れるだけで五芒星が作れることを実際に彼らに示したという。これらのベッツィの提案を入れて、ワシントンが自らの手でデザインの修正をおこない、それに基づいてベッツィは旗を作った。委員会はこの旗を大陸会議に示し、了承、採用された。ベッツィは、政府のために旗を可能なかぎり早く作るように依頼を受け、以後、五〇年間、合衆国のための旗はフィラデルフィアではすべてベッツィが作った［すべてというのはさすがに無理があろう］。また、海軍基地のための旗も大部分、彼女が作った。マーガレットも長い間、ベッツィを助けて旗作りに携わった。したがって、キャンビーの証言はまったく正しい。

最後に、ベッツィの娘（ただし、先のヒルデブラントの母ではない）、レイチェル・フレッチャーが一八七一年七月三一日に証言した宣誓供述書の内容を見てみよう。この証言は後述のキャンビーの証言をそのままなぞったと思われる箇所も多いが、星条旗の意匠の修正箇所や、ベッツィとワシントンの関係などは、キャンビー以上に詳しく述べている。

彼女も、母のベッツィが、最初の星条旗（“the first Star Spangled Banner”）を作ったとしばしば語っていたのを直接聞いている。彼女によれば、母のベッツィは、その旗をある委員会の命で作ったのであり、当該の委員会のメンバーには、ロス大佐とロバート・モリス［モリスの名が出てくるのは、この証言のみ］がいた。そしてワシントンがその委員会と協議の上、独立宣言よりも少し前に、直接家まで訪ねてきた。なお、当該委員会のメンバー、ロス大佐は、ベッツィの亡夫のおじだった［キャンビーの証言でもおじとなっているが、兄としているストーリーもある］。ベッツィはワシントンのシャツの胸元や袖口のひだ飾りに刺繍をほどこしたことがあり、そのため、ワシントンは彼女の家をしばしば親しく訪問していた。したがって彼女は以前からワシントンをよく知っており、ワシントンが旗の制作者として彼女を選んだのは、このような友情からだったという［この証言では、彼女はロス大佐を通じてではなく、ワシントンと直接に親交があったとされている。教会の席がたまたま隣り合っていたという話よりも、さらに両名の緊密さが強調されている］。

ともあれ、この委員会がワシントンとともにベッツィを訪れ、旗の製作を依頼したが、その際、委員会側から旗のラフスケッチがベッツィに示されると、彼女はその原案に三点の欠点を見つけて改善案を示した。すなわち、①縦横の比率（原案では正方形だったのを、三分の一ほど横長にすべき）、②星の配置（原案では星がランダムに散りばめられていたが、これを線上に並べるか、円形もしくは星型にすべき）、③星の形状（原案では六芒星だったのを、五芒星にすべき）、である。ワシントンと委員会の面々はただちにその案を検討し、受け入れることを決め、ワシントン自らが鉛筆を握り、ベッツィの案の通り原案を修正した。その時のやり取りからベッツィが受けた印象では、デザインしたのはワシントンで、他の面々はほとんど、もしくはまったく原案作りに関与していないようであった［この証言はあくまでも印象として記されているが、もしそのとおりなら、星条旗の原案はワシントンの手になるものということになる］。委員会は、メンバーの一人である貿易商を波止場に訪ねるようにベッツィに言い残し、会合は終わった。

ベッツィが約束の日時どおりにその貿易商を訪ねると、彼はチェストから古い船舶旗を取り出して彼女に貸し与え、縫い方のサンプルとするように言った。また、彼女の提案通りに修正された旗の最終的な図案も渡した。その図案は水彩で描かれており、フィラデルフィアの芸術家、ウィリアム・バレットの手になるものであった。ただしバレットは単に図案を描いただけであって、旗のデザインには一切関与していない。なお、バレットはのちにベッツィに雇われて、合衆国の国璽や州の印璽などをシルクの旗に描いている［考案の意ではない］。委員会はこの同じ図案を複数枚、作っており［キャンビーの証言では、そのうちの一、二枚を］ベッツィ以外の複数の裁縫師に渡して依頼もしたが、結局、承認されなかった［つまり、ベッツィの旗が最も上手に縫い上げられていたということになり、彼女の技術の確かさが強調されている］。こうして、ベッツィはただちに最初の星条旗（"the first Star Spangled Banner"）

を縫い上げた。旗を依頼人（複数）に引き渡す際、その旗は委員会のメンバーが所有する船の一艘（波止場に停泊していた）の先端に掲げられた。この引き渡しの様子をたまたま見ていた人々は、歓声を上げた。同日、委員会はその旗を、ペンシルヴァニア邦議事堂に居を構えていた大陸会議へ持ち込み、旗と図案を提示しながら報告をおこなった。大陸会議は満場一致で報告を了承、ベッツィの旗が採用された。翌日、ロス大佐がベッツィを訪ねてきて、大陸会議で旗が採用された旨を伝え、彼女が作れる限りの旗をすべて買い取ると注文を出した。以後、五〇年以上にわたって、ベッツィは合衆国政府のために旗を作り続けている。したがって、キャンビーの証言はまったく正しい。

なお、この宣誓供述書に紫色のインクで記されていたはずのレイチェル・フレッチャーのサインはすでに消えているが、一九〇八年七月二四日の時点では明らかに判読可能であったという。同日、レイチェルの娘、メアリー・フレッチャー・ウィガートが、これが明らかに母のサインであると証言し、自らサインしているからである。

（3）史料のなかのベッツィ②——キャンビーの提出文書

それでは、ウィリアム・J・キャンビー自身は、一八七〇年にペンシルヴァニア歴史協会に提出した文書のなかで、最初の星条旗製作の件に関してどのように述べているのだろうか。以下は、星条旗誕生に関連する箇所のみを要約したものである。(16)

ある日、ベッツィの店に数名の紳士が訪れた。彼女は、おじのジョージ・ロス大佐（大陸会議のペンシルヴァニア代表）はもとより、ワシントンもよく知っていた。なんとなれば、ワシントンは総司令官になる以前から、ロス一家との縁を通じて、店を何度も訪れていたからである。それは、用事と親交のためであった。彼らは大陸会議の委員会のメンバーだと名乗った「ワシントンも委員会のメンバーと読み取ることも可能だが、そうすると他の証言と矛盾する。すぐ下の文言に、「ワシントンと委員会メンバーはすぐに了承した」とあり、ワシントンはメンバーではなかったと考えることができる」。彼らから旗作りを依頼されたベッツィは、これまで旗を作ったことはないが、図案を戴けるなら作れると思うので、引き受けたいと答えた。そこで、ロス大佐がラフスケッチを示した。この原案を作ったのはワシントンで、他の面々はほとんど、もしくはまったく原案作りに関与していなかった［レイチェル・フレッチャーの証言と同じ表現。ただしこちらの方が断定的であり、レイチェルの方は、ベッツィの抱いた印象として語っている］。ベッツィはその原案の欠点や非対称形であることを見抜き、それに対して彼女が提案した修正案について、ワシントンと委員会メンバーはすぐに了承した。この時のベッツィの修正案（複数）の内容は、はっきりと断じえないが重要な内容であり、ワシントンがその場で自ら、鉛筆を使って修正を書き加えた。その修正案の一つは、六芒星を五芒星に変えることであった。ベッツィは、星は五芒でなければならないと主張し、彼らもそれを認めるものの、作るのは難しいのではと懸念を示した。彼女は簡単ですと答え、適切に紙を折れば、はさみを一度入れるだけで五芒星が作れることを彼らに見せ、驚かせた。

修正案が完成すると、当時、一流の芸術家だったウィリアム・バレットに渡され、清書・彩色がなされた。ただし彼は、デザインには一切関与していない。ベッツィは委員会から、メンバーの一人である貿易商を会計事務所［レイチェルの証言のように波止場とはされていないが、この会計事務所が波止場にあったということかもしれない］に訪ねるように言われた。指定の時間通りに貿易商を訪ねると、彼はチェストから古い船舶旗を取り出して彼女に貸し与え、縫い方のサンプルとするように言った。またウィリアム・バレットの手になる図案も渡された［このあたりの説明は、レイチェルの証言と瓜二つ］。じつは委員会は同じ図案を複数、作っており、そのうち一ないし二枚を、ベッツィ以外の複数の裁縫師にも渡して製作を依頼した。ベッツィは貿易商から貸し与えられた古い旗の縫い方を十分に研究して［この旗を与えられた分、そもそもベッツィが有利だったことになる］、強度と柔軟性を兼ね備えた旗を作った。かくして最初の星条旗（"the first Star Spangled Banner"）をベッツィは作り上げ、依頼人（単数）に渡した［この依頼人は、素直に読めば先の貿易商。レイチェルの証言では複数となっている］。そして、波止場に停泊していた依頼人の船の一艘の先端に掲げられた。委員会（およびこれを見ていた少数の見物人）は全員一致でこの旗を受け入れた「そもそも彼らはどこにいたのか疑問なしとしないが、レイチェル証言と合わせるのなら波止場となろう」。さらに同日、（今日の）州議会議事堂に旗が持ち込まれ、委員会の報告とともに大陸会議に示された。

翌日、ロス大佐がベッツィを訪れ、彼女の旗が採用されたことを伝えた。彼は、旗を可能な限り早く、注意深く、たくさん作るように注文した。当時は贅沢品が売れない時代で、原材料費も高騰していたので、これは商売上も非常に良い知らせであった。しかし、原材料を現金で購入する必要があったため［通常であればこの点は疑わしいが、革命によって信用状況が悪化していたためとも考えられる］、これは大変なリスクといえたが、彼女は意を決して旗作りにとりかかる。一方、ロス大佐は再び店に来て状況を理解し、自分の配慮が足りなかったことを知る。そこで一〇〇ポンドを紙幣で与え、何でも必要なものは自分に言ってくれと伝えた［このような細部にわたる話は、ストーリーにリアリティを持たせる意図であろうか］。こうして営業上の問題もクリアされ、旗作りは、長年にわたる彼女の家業となった。以後は、再婚など、ベッツィの人生について述べられている。

以上、細部にわたって史料を見てきたが、注記を施した箇所の内容などを考慮すれば、やはりこれら親族の証言は疑念なしとしない。また、いずれの内容も粗密の差はあれ、一様に似通っており、それは四名が相互に「口裏を合わせた」結果なのか、それとも、四名が同じような話をベッツィから聞いたためなのかは判然としないが、全体として、よくできたストーリーとの思いを深くせざるをえないのである。それでは、このストーリー＝伝説の捏造説を「学問的／科学的」見解として受け入れるとするならば、星条旗の本当の発案者は誰なのだろうか。ここで少々回り道だが、星条旗の歴史をごく簡潔に繙いてみることにしたい。[17]

（4）星条旗小史

植民地時代、政府の建物には、本国イギリスの国旗が翻っていた。イングランドの聖ジョージ旗（白地に赤の十字）に加えて、一七〇〇年四月の国王布告で、スコットランドの聖アンドルー旗（青字に白の聖アンデレ十字）も採用され、両者を合わせたユニオン旗（初代）が掲げられていたのである。しかし一方で、海運関係者や本国の軍隊を除けば、各植民地の人々にとって旗は日常の生活に密着したものではなく、地元の民兵隊が掲げる連隊旗が、彼ら自身の帰属意識を端的に表現するものといえた。独立革命が始まると、さまざまなシンボルが各植民地のさまざまな旗に登場する。ヘビ、自由の柱、松の木、抵抗のストライプなどである。戦闘の拡大に伴い、一三植民地共通の旗の必要性が叫ばれ、「大陸旗（大ユニオン旗）」が作られるが、この大陸旗こそ星条旗のプロトタイプであり、左上の部分（カントン）に聖ジョージと聖アンドルーの十字の組み合わせ、すなわちイギリスのユニオン旗をあしらい、一三本の赤と白のストライプを持つ。このストライプのデザインは、革命組織「自由の息子たち」の九本縞の旗から採用された。大陸旗は一七七六年元日、マサチューセッツのプロスペクトヒルで初めて、ワシントンによって大陸軍に示されたといわれる。イギリス人意識が一三植民地を相互に結びつけていた状況を如実に示すこの旗の意匠[18]、とりわけカントンのデザインは、独立宣言後、不評となり、新しいデザインが求められたものの、その決定は先送りされる。ひとつには、大陸旗はいわゆる戦旗ではなく——先述のように各連隊はそれぞれ連隊旗を持っていた——、もっぱら海上での敵味方の識別や、砦に掲げるなどの用途に限定されていたことによる。つまり当時、国旗は必ずしも国家のアイデンティティ確立に不可欠なものとされておらず、むしろ国璽の制定が急がれたからである。国璽こそ国家を表象するシンボルであり、その制定委員会は独立宣言直後につくられ、むろん今日の一ドル札の裏面にあるデザインを制定して、大陸会議発布の文書に印し始めた。かかる状況下で新国旗制定を強く主張したのは、海軍御用達のフィラデルフィア商人と、旗による識別と一種の呪術性とを必要とした先住民であった。先住民グリーンからの要請が一七七七年六月三日に大陸会議で示され、一一日後、すなわち六月一四日に、あくまでも海軍関係決議の一つとして新国旗が制定された（今日、六月一四日は国旗記念日となっている）。曰く、「決議。合衆国国旗は赤白相互の一三本のストライプからなり、カントンには青地に一三の白色の星が新しき星座を形

図 10-4　連邦議会議事堂のロタンダに掲げられたトランブル《コーンウォリス卿の降伏》とその拡大図（著者撮影）

作るべし」[19]。星のデザインや、縦横の比率について、文面では詳らかでない。はたしてこの決議文は、カントンに一三個の五芒星を円形に配した意匠（仮にベッツィ・タイプと呼ぶ）を意味していたのだろうか。じつはこの決議以前にベッツィ・タイプが使われていたという確たる証拠はなく、これ以後も、必ずしもベッツィ・タイプが広く用いられたというわけでもない。星のアレンジは多様であり、かなり錯綜して使われていたらしい。しかも当初は、より目を引くストライプの方がむしろ注目され、「条星旗（ストライプス・アンド・スターズ）」の語もしばしば用いられた。

それでは円形以外に、具体的に他にどのような星の配列があったのだろうか。比較的よく知られているものとして、連邦議会議事堂のロタンダ（円形大広間）に掲げられているジョン・トランブル画《コーンウォリス卿の降伏》の旗が挙げられよう（図10-4参照）。トランブルは幼少期に片目を失明しながらも画家として大成したが、革命戦争にも断続的に身を投じており、いくつかの戦場にあって翻る旗を間近に見る機会があったと考えられる。ただし同画は一八一九年から二〇年にかけて制作されたものであり、描かれた旗が当時実際に使われたかどうかについては疑念なしとしない。ともあれ彼がこの絵に描き込んだ旗は、カントンに一二個の星が四角を形作り、中心に一個の星を配置したものである。トランブルはこの星の配置を好んだとされるが、現存する同形の旗はきわめて少ない[20]。ただし、円形よりもはるかに作りやすいこのパターンの旗が当時一般的だった可能性も主張されている。[21]

しかし一方で、ベッツィ・タイプが当時、大陸会議が暗黙裡に想定していた意匠であったと考える向きもある。「星座」というからには、当然ある特定の規則的な配列が意図されており、A・ラバウによれば、それがベッツィ・タイプだというのである。[22] たとえば一七八二年に国璽制定委員会が言及した国旗のデザインも、カントンに星を円形に配したものを意味していたとされる。ただし、上記の大陸会議の決議文が想定した国旗をデザインしたのはベッツィではなく、フィラデルフィアの法律家・政治家で大陸会議のメンバーだったフランシス・ホプキンソンだと考えられており、星条旗の発案者として彼の名を挙げることは、今日定説化しているといってよい。[23]「独立宣言署名者《サイナー》」でもあるホプキンソンは万能人型の多彩な文人で、紋章学にも明るく、彼一人がデザインしたのか、それとも彼を中心とする委員会がデザインしたのか定かではないが、彼こそが最初の星条旗の発案者として広く学問的な認知を得ており、それは、間接的ではあるが客観的な証拠によって支持されている。その証拠とは、彼が大陸会議に対して、国旗のデザインの考案を含む功績に関連して少なくとも二度、代価を要求しているという事実である。先に見た「ベッツィ・ロス・ホームページ」が、彼の名を消したがっているように見受けられるのも故なしとしない。一方、子ども向けにアメリカ国旗の歴史を多くの絵入りで説いた近年の本で、ベッツィについては史料から確実に言える海軍関係の旗の制作のみを一頁で取り上げ、ホプキンソンについては八頁にわたって詳述しているものもある。[24]

さてしかしながら、当時の状況に鑑みるならば、そもそも同じ国旗に一斉に転換することなど不可能であり、もっぱら用いられたと考えられる海上においてすら、三色旗等も同時に使用されており、ましてや陸上での用途はかなり限定されたものであった。人々への浸透の進捗も遅々としていたが、一九世紀に入るとフランシス・スコット・キーの「星条旗」（むろん今日のアメリカ国歌）など、愛国的な歌や文学などに顔を出すようになり、州の増加とともに星の数を増やしつつ、南北戦争で確固たる地位を得る（ちなみに一五本にまで増やされたストライプは、一八一八年にオリジナルの一三本に戻されている)。さらに南北戦争後は、各種愛国団体、子ども向け雑誌などで「国旗の聖化」運動が展開され、一九世紀末から二〇世紀初頭にかけて公立学校に設置され、「忠誠の誓い」で讃えられるようになった。一九一二年には公式に星の配置が定められ、第一次世界大戦後の一九二三・二四年には、在郷軍人会などの働きかけで国旗会議がワシントンで開かれて、星条旗の取扱い等に関する礼式が規定されたのである。かくして今日に至るまで、星条旗のデザインの原則は変わらず――むろん星の数は増えるが――、完全に同一の星条旗が、人々の愛国心の中枢に位置することになるのである。

さらに二点ほど、星条旗に関して改めて確認しておくべき点がある。「星」と「色」である。そもそもカントンに配されたのは、なぜ星、しかも五芒星だったのか。大陸会議の議事録にも、星の意味の説明は出てこない。ただ、一般に紋章に用いられる星は、五芒星よりも六芒星の方が多いとされるため、五芒星を用いているのは星条旗の特色ともいえる。五芒星(モレット)は、もともと中世騎士の拍車の歯車に見られたものといわれるが、なぜ星条旗で五芒星を採用したのかは謎である。ワシントンの紋章から採用したとの説もあるが、俗説に過ぎない。それゆえ、この五芒星に関するベッツィの伝説が、それに対する一つの答えとして、説得力をもって流布したということもできよう。

つぎに「色」である。星条旗の配色に関して、一七七七年六月一四日の海軍関係決議の中にその詳細は認められないが、国璽に関する記載の中に、星条旗の配色になぞらえて国璽の配色の意味について触れた箇所があり、そこから情報を得ることができる。そもそも国璽に関する決議は、早くも一七七六年七月四日の大陸会議議事録に登場する。曰く、「決議。フランクリン博士、J・アダムズ氏、ジェファソン氏は、アメリカ合衆国[アメリカ諸邦連合]の印璽のための意匠を提出すべく、委員会を成すべし」[25]。その国璽の意匠の具体的な記述は、同議事録の一七八二年六月二〇日に、秘書官の報告として収録されている。配色に関連する箇所を中心に見てみよう。「所見と説明。……[国璽の]縦帯[盾の中央部分]の色は、アメリカ合衆国[アメリカ諸邦連合]の旗において使われているものとする。白は純潔と無垢を、赤は大胆さと勇気を、そして上帯［盾の上部］の色である青は、用心、忍耐と正義を意味する」[26]。星条旗の配色の意味については俗説もあるが、根本史料に見る建国の父たちの思いは、かくの如くだったのである。

（5）アイコンとしてのベッツィ

さて、以上見てきたように、学術的視座からすれば、星条旗の発案者とされるホプキンソンの名の前に、ベッツィの名は霞んでしまうはずである。にもかかわらず、ベッツィの方がはるかに高い知名度を有しているのはなぜなのだろうか。換言すれば、歴史学による断罪にもかかわらず、何故ベッツィはかくもポピュラーな存在であり続けるのか。そしてフィラデルフィアにある「ベッツィ・ロスの家」は一種の聖地として、何故多くの観光客を集めるのだろうか。それはいわば、歴史的事実／非事実を超えた問題である。ベッツィは、アメリカ国民にとって歴史上の人物である以前に、「国旗の聖化」が生み出した政治的団結のシンボルに他ならない。伝説は「建国神話」の一部となり、ワシントンを国父とするならば、ベッツィは星条旗という国のシンボルを生み出した母なるイメージを喚起する。ごく普通の女性であったベッツィのもとへ、父なる神＝ワシントンが訪れて、聖なる旗を生み出す媒介役とした。フリッシュも指摘するように、彼女はアメリカ人にとって聖母マリアですらある[27]。

図10-5をご覧いただきたい。これは、「ベッツィ・ロスの家」の買い取り・復原を推進した団体（「アメリカ国旗の家ならびにベッツィ・ロス記念協会」）の会員証である。その中心にカラーで刷り込まれている絵こそ、一八九三年のシカゴ万博に出品されて好評を博したチャールズ・H・ワイスガーバー作《我らが国旗の誕生》であり、この万博での成功に気を強くしたワイスガーバーは、率先して上記の団体を作り、「家」のための募金活動に邁進した。この団体では、十セントを支払えば誰でも会員になることができ、会員証を手にできたが、かかるシステムで十万ドル以上の募金が集まった。これはすなわち、およそ百万枚以上の会員証、そしてワイスガーバーの絵が、全米各

図 10-5　「アメリカ国旗の家ならびにベッツィ・ロス記念協会」の会員証とその中央部分（1911 年発行，著者蔵）

図 10-6　ベッツィ生誕二百周年を記念して 1952 年に発行されたエンタイア［上］にはワイスガーバーの絵が描かれた切手が貼付されている。1911 年に投函された絵葉書［左下］では五芒星が強調されており，20 世紀に入ってすぐにベッツィが今日まで続くアイコンとなったことがわかる（いずれも著者蔵）

地に広がったことを意味した。フィラデルフィアに誕生したベッツィの伝説は、ヴィジュアルなイメージを伴って全国に「普及」したのである。実のところ、このワイスガーバーの絵には、聖書を視覚化した聖画像（イコン、アイコン）のごとく、ベッツィの伝説を視覚化し、キリスト教文化圏にある者にとっては、非常にわかりやすいメッセージを放っていた。今一度、図10-5を見てみよう。かすかな日の光を受けて、生まれたばかりの星条旗を胸に抱くベッツィを囲む三人。何故、三人？　そう、彼らは東方の三博士でもあるのだ。そしてベッツィが聖母マリアであるならば、その胸に抱かれた星条旗は、まさに生まれたばかりのイエスに他ならない。このようにイコノロジーの観点から見たとき、この絵の象徴化機能は明白となる。かくしてワシントンと並ぶ聖なるイメージを付与されたこの「普通」の女性ベッツィは、やがてそのアイコン（イコン）のみが独り歩きを始める。そして後年の絵などにも、同様のイメージやシーンが繰り返し現れ（図10-1、図10-3、図10-6参照）、今日に至っている。しかもこのアイコンは、一定の文化的枠組みを踏み越えず、アメリカという国民国家の中でのみ、機能するのである。[28] 集団記憶におけるアイコンの力。記憶をめぐる第二部の最終章においてわれわれは、歴史的事実でないもの、もしくは史料によって実証できないものの歴史的役割の大きさを確認するに至った。いや、そもそも歴史認識・歴史把握自体、実際には人々の集団記憶・意識のなかでの、さまざまなアイコンの展開・操作に他ならないのではないか。ベッツィのストーリーが歴史学に突きつけるもの、その意味は大きいと言わざるをえないであろう。

3　英雄ポール・リヴィアの生成

（1）ポール・リヴィア登場

最もポピュラーな「一般人」の第二位たるリヴィアは、歴史書においてもしばしば言及される、いわゆる歴史上の人物である。純粋に民衆文化の英雄たるベッツィ・ロスとは、この点において大きく趣を異にしているといえる。ボストン美術館に収められた、画家コプリーの手になる有名な肖像画を見ると、構図のなかに銀ポットや細工道具が巧みに配されており、リヴィアの本業が銀細工師だったことが暗に示されている。彼は副業として銅版画を描いたり、一時期は義歯の製作もおこなっていた（ただし、彼がワシントンの入れ歯を作ったというのは単なる伝説に過ぎない）。ともあれコプリーの絵のモデルとなったとき、彼は三三歳。愛国派として頭角を現しつつあるとはいえ、いまだ銀細工師以外の何者でもなかったのである。しかしこの後、彼が四〇歳の時、その名を不朽のものとするひとつの事件が起こる。ポール・リヴィアのミッドナイト・ライド、「真夜中の疾駆」である。この事件により、のちの歴史は彼を建国の英雄に仕立て上げてしまう。「真夜中の疾駆」そのものの経緯や、彼が英雄へと祭り上げられる過程こそ本節の主題に他ならないが、それらについて論じる前に、まずは彼の生涯を簡潔に振り返ってみたい[29]。

一七三五年元日（旧暦の三四年一二月二一日）、ポール・リヴィアはボストンのノース・エンドに生まれた。生家の正確な位置は不明である。父ポールはフランスからのユグノー移民で、入植後、本名のアポロ・リヴォワールを改名し、金細工を生業とした。母は地元出身のデボラ・ヒッチボーンである。息子ポールは父から金銀細工師としての技術を学び、一七五四年に父が亡くなると、長男として一家の稼ぎ頭となった。一七五六年には砲兵少尉の肩書でフランス軍との戦いに従軍し、翌年に帰郷後、二二歳でサラ・オーン（二一歳）と結婚。のちに述べるジョゼフ・ウォレンとの交友は一七六〇年頃から始まっている。一七六八年には前述の肖像画のモデルとなり、七〇年には後述する「ポール・リヴィアの家」を購入。ボストン虐殺事件の銅版画の制作も同年である。一七七三年に妻のサラが八人目の子どもの出産後に亡くなると、レイチェル・ウォーカー（二七歳）と再婚（リヴィア三八歳）。この年、ボストン茶会事件のニュースをニューヨークとフィラデルフィアに伝える役割を務めている。茶会事件そのものに加わっていたとする説もあるが[30]、そもそも茶の投棄は違法行為であり、先住民等に変装していた彼らの身元の特定は難しい。翌一七七四年から七五年にかけて、マサチューセッツの保安委員会およびボストンの通信連絡委員会の一員として活躍し、イギリス軍によるボストン港閉鎖の知らせを第一次大陸会議に伝えるなど、革命の展開に不可欠な情報伝達の重責を担った。一七七五年の「真夜中の疾駆」も、この情報伝達活動の一環として捉えることができる。独立戦争の深刻化にともなって軍隊に身を投じ、一七七七年には中佐としてボストン港のキャッスル・アイランドでの戦いを指揮し、七九年にはメイン地方のペノブスコット湾で砲兵隊を指揮して戦ったが惨敗した。合衆国独立後の一七八八年にはノース・エンドに鋳物工場を開いて実業家としての地歩を固めるとともに、新憲法支持のためにボストンの職人を呼び集めるなど、政治的活動もおこなっている。一七九〇年代には事業も軌道に乗り、教会の鐘の鋳造や、大砲を製造して陸軍に納入したり、有名なフリゲート艦「オールド・アイアンサイド」で使われたスパイクとボルトを制作したほか、新しい州議事堂の建設に当たって財政援助をおこなっている。一八〇一年には北米で最初の銅圧延工場を開き、一八〇三年には州議事堂のドームを葺く際、この工場で作られた銅板が用いられた。ニューヨークでフルトンが作った蒸気船のボイラーにも、リヴィアの工場の銅版が使われている（一八一〇年）。一八一一年には事業を子や孫に譲って引退し（七六歳）、二年後の一三年には妻レイチェルが六七歳で亡くなった。五年後の一八一八年五月一〇日、リヴィア死去。享年八三歳。遺体はグラナリー墓地に葬られた。リヴィアが作った教会の鐘が、彼の死を悼んで八三回鳴らされたという。

しかしリヴィアは、決して忘れ去られることはなかった。つまり単なる「私的死者」ではなく、「公的死者」の範疇に入ったのである。今日に至るまで、彼は人々の集団記憶の中でさまざまな形で生き続ける。そこにはどのようなメカニズムが隠されているのか。むろんキーワードは「真夜中の疾駆」である。われわれはこの事件について、次に詳しく検討しなければならない。

（2）真夜中の疾駆の真実

じつはこの事件、直接の史料と呼べるものはきわめて少ない。むろん当時、重要な出来事と考えられていなかったために史料が残らなかったとも考えられるが、それ以上に積極的に事実が隠されたとの印象も強い。ともあれ次の三点のみが今日に伝わっている。①レキシントンの戦いにおける最初の発砲者を確定するため、マサチューセッツ議会がおこなった聞き取り調査でのリヴィア自身の証言記録。「一七七五年の宣誓証言（Deposition of 1775）」と呼ばれるこの史料は、正確には二種類の存在が確認される。事件直後の「宣誓証言草稿（Draft Deposition）」（一七七五年四月二四日頃）と、それを改訂した「宣誓証言（Deposition）」であり、ここでは慣例に従って後者を用いる。ただしこの証言記録は、戦闘に関する言及がほとんどないとの理由から、調査報告書には採用されなかった。[31] しかし不採用の理由はそれだけではない。やや謎めいた言い方になるが、これについては行論中で明らかにしたい。②マサチューセッツ歴史協会の創設者で友人のJ・ベルクナップに宛てたリヴィアの私信。日付は一七九八年一月一日で、リヴィアは当時六三歳。この史料は事件から二〇年以上も経過しているため、やや記憶の正確さの点で問題なしとしない上に、レキシントンの戦いに先立つアメリカ側の動きを、リヴィア自身があまり積極的に語ろうとしていない様子もうかがえる。[32] このリヴィアの沈黙の理由についても、のちに明らかにしたい。③E・フィニーが一八二五年に上梓した四〇ページほどの小冊子において記した、レキシントンの戦いの生き残り二名（E・サンダーソン、W・マンロー）の証言。[33] 以上三点が、この事件の主要な史料となる。①・②はリヴィア自身の手になる直接の史料、③は間接の史料といえる。前者二点については、完全なテクストが著者の手元にある。S・E・モリソンの論文が両者を収録しており、[34] H・E・オブライエン編集の書物（五〇〇部の限定出版）にも、②のファクシミリ版と活字版が収められている。[35] また、③についてはウェブサイトで閲覧できる。以下ではこれらの史料を対比させながら、さらに研究書・概説書等の情報も援用しつつ、「真夜中の疾駆」を克明に再現してみたい。ただし事件の経過における時刻の記述については、必ずしも正確とは言いがたい点のみ、あらかじめ指摘しておかねばならない。第5章で見たように、ハードウェアが機械式時計の時代とはいえ、ソフトウェアたる時計の針の合わせ方にはローカルな色彩が色濃く残っていたからである。[36]

さて、真夜中の疾駆のストーリーは、一七七五年四月一八日火曜日の夜一〇時頃に始まる。リヴィアは友人で保安委員会委員長のウォレンからある指令を受け取る。ボストン駐留のイギリス軍が軍事行動を起こし始めており、その目的は、レキシントンに滞在しているJ・ハンコックとS・アダムズを逮捕し、さらにコンコードの武器貯蔵庫を破壊することにあると思われるので、この情報をただちに両名に知らせるように、とのメッセージである。ただし史料②には、後者の目的（武器貯蔵庫の破壊）に関する言及は見当たらない。[37] リヴィアはさっそくウォレン邸に駆けつけるが、ここでもう一人の使者、ウィリアム・ドーズが陸路、ボストン・ネックを通ってレキシントンへと向かったことを知らされる。リヴィアも別路でレキシントンへ向かうべく、ただちに出発の準備を始めるが、じつは二日前の日曜日、彼はあらかじめ注意を促す知らせをハンコックとアダムズに伝えており、その帰路、友人たちと、いざという時のために秘密の合図を取り決めていた。もしイギリス軍が海路から（"by sea"）進軍したならば、クライスト教会（オールド・ノース教会）の塔の上にランタンを二つ、陸路（"by land"）、すなわちボストン・ネックを通って来たならばランタンを一つ掲げると約束していたのである。[38] この手配をウォレンに頼むと、彼は二人の友人とともに密かにボートを漕いでチャールズ川を渡り、イギリス軍の監視をすり抜けてボストン対岸のチャールズタウンに着いた。そこで別の友人たち——革命組織「自由の息子たち」のメンバー——と合流するが、彼らによればランタンの合図は二つだったとのこと。リヴィアは友人J・ラーキンの馬——ブラウン・ビューティーという名だった可能性もある——を借りて、ただちに「真夜中の疾駆」を開始する。夜一一時頃であった……。[39]

この有名なランタンの合図、じつは史料②には出てくるが[40]、事件直後の史料①には一言も触れられていない。[41] のみならず、①のなかでウォレンが出した指令の内容には、「彼らを運ぶために多数のボートがあり……」との文言が見え[42]、これから判断するかぎり、ウォレンらはすでにイギリス軍が海路をとることを予期していたことになる。海路とは、バック・ベイを横切って、近道でケンブリッジ（もしくはチャールズタウン）に上陸するルートである。それではランタンの合図とは、一体何のためのものだったのだろうか。モリソンの解釈では、万が一、リヴィアかドーズがイギリス軍に捕まった場合の合図で、他の使者を立てるようにとの意味合いだったとされる。[43] つまりこの場合、「リヴィアへ」ではなく「リヴィアから」の合図ということになる。また、このランタンを吊るした人物に関しても二説ある。リヴィアの友人J・プリングという説、クライスト教会の寺男R・ニューマンとの説である。しかしこれに関しては、後者の説が正しいようである。[44] ニューマンはランタンの灯を見つけたイギリス兵によって調べられたが口を割らず、最終的に釈放されたことがわかっているからである。一方プリングは、変装していち早くボストンを脱出していたとされる。[45]

リヴィアがウォレン邸からいったん自宅に戻り、二人の友人とボートに乗り込むまでの間の逸話・伝説も二点ある。[46]どちらも①・②の史料には出てこない。ひとつはボートのオールをむき出しのまま運んでいた三人に、ある家の窓から脱ぎたてのペティコートが投げられ、このペティコートでオールを包んでイギリス兵の目を逃れ、無事にボートまでたどり着くことができたという話である。これについては実証可能との説もある。いまひとつの逸話は、ボートにたどり着いたリヴィアが拍車を忘れたことに気づき、愛犬の首輪に伝言をくくりつけて放つと、しばらくして犬が拍車をくわえてリヴィアのもとに帰ってきたというものである。これは時間的にかなりの無理があり、リヴィアの子孫の主張にもかかわらず、眉唾といわざるをえない。[47]ちなみにリヴィアの乗った馬については、前述したように友人ラーキンの——正確には彼の父親の——所有で、リヴィアの持ち馬ではなかったが、彼が当時、自分の馬を所有していたかどうか、確たる証拠はない。ただ仮に彼が馬を持っていたとしても、ボートでチャールズ川を渡る必要から、馬を連れてくるわけにはいかなかったことは明白であろう。

ともあれ真夜中の疾駆に話を戻すならば、リヴィアはケンブリッジ方面へ向かう道が二人のイギリス兵によって遮られているのを知り、メッドフォード方面から回り道で、レキシントンへと向かった。史料②によれば、途中、大声で家々に警告を発したとされており、[48]概説書にもしばしば「イギリス兵が来るぞ！」（"The British are coming !"）との有名なリヴィアの警告の文句が記されているが、この話も史料①には出てこない。[49]モリソンによれば、そもそもリヴィアの使命は隠密諜報活動であり、イギリス兵に聞かれる可能性がある行為をするはずがないと、この警告に関しては否定的である。[50]またD・H・フィッシャーも、当時の植民地人は自分たちをそもそも「イギリス人」と捉えていたので、「イギリス兵が来るぞ」などという無意味な文句を発するはずがないと退けている。[51]そもそも植民地時代においてイギリス人であることとアメリカ人であることは矛盾しておらず、アメリカに住むイギリス人（国籍として）がすなわちアメリカ人であった。この両者に二者択一を迫ったのが他ならぬ独立革命であり、リヴィアが叫んだとされるこの文句こそ、後世の人々がこの革命の性格をどのように捉えたかを如実に示しているとも言えよう。実際のところ、史料の上で唯一、実証されうる警告の文句は、史料③に挙げられたマンロー軍曹の証言によるもので、ハンコックとアダムズが潜んでいたクラーク牧師館へ入ろうとしたリヴィアを、八名の部下とともに館を警護していたマンローが制止して、音を立てるなと注意したのに対して、リヴィアが発した言葉、「音だって！　まもなくひどくうるさいことになるぞ。正規軍がやって来るからな」のみである。[52]

こうしてリヴィアは零時から零時半の間に牧師館に着き、ウォレンのメッセージを伝えたが、その約三〇分後、もう一人のライダー、ドーズも到着した。そしてただちに二人して、コンコードへと警告に向かった。途中、コンコード在住の医師で愛国派のサミュエル・プレスコットと出会い――彼はレキシントンのフィアンセを訪れた帰り――、三人でコンコードを目指した。しかし道中の半分、数マイルほど駆けたところで、二人のイギリス兵と出くわしてしまう。リヴィアは他の二人より二〇〇ヤード（史料①による。[53]史料②では一〇〇ロッド＝五五〇ヤードとされている）[54]先を走っていたために捕まってしまったが（今日、その場所に碑が建てられている）、プレスコットは石垣を飛び越えてうまく逃げ出し、コンコードにたどり着いて警告を伝えることができた。ドーズもその場から脱出し、レキシントンへと取って返したらしいが、彼のその後の行動は史料には出てこない。ドーズの子孫の言い伝えによれば、二人のイギリス兵に追われた彼は、近くの廃屋までギャロップで駆け、そこでわざと大声を出して待ち伏せに誘い込んだふりをして、イギリス兵を追い返したのだという。[55]

さて、捕まったリヴィアは二、三の質問を受けたのち、手を縛られて、先に捕まっていた四人の村人（①のみに出てくる）[56]とともにイギリス兵六名に囲まれ、レキシントンへと移動させられた。礼拝堂まであと半マイルのところで、四人の村人は馬を取り上げられて釈放された。礼拝堂のすぐそばまで来たところで、リヴィアも馬から降ろされ、馬を取り上げられたうえ――かわりに軍曹が乗った――、釈放された。通説によればリヴィアの馬は疾駆で息絶えたとされるが、史料①・②にあるとおり、[57]英兵のものになったのである。さて、徒歩で再びクラーク牧師館にたどり着いたリヴィアは、まだそこにいたハンコックとアダムズらとともにウォバーンへ向かって避難するが、その後すぐに取って返し、牧師館でハンコックの秘書のローウェルと合流すると、ハンコックの重要書類が入ったトランクが置かれている近隣のバックマン・タバーンへと向かった。そのトランクがイギリス軍に奪われないよう、確保するためである。(58) 彼らは大きくて重いトランクをタバーンの二階から運び出し、森へ隠そうと草地を横切り終えた直後、レキシントンの戦いの開始を告げる銃声を聞くのである。ただし、発砲の様子は建物の陰になって見えず、リヴィア自身は発砲者を目撃していない。以上が史料をもとに再構成した「真夜中の疾駆」の全容であるが、史料②はさらに、チャーチなる人物の裏切りの件について引き続き述べている。(59)

さてこの事件、後世はどのように評価を下すのであろうか。リヴィアはいかにして建国の英雄へと姿を変え、その像は、時代の移り変わりとともに、どのように揺れ動いてゆくのであろうか。事件直後から今日までを対象として、大まかに五つの時期に分けて考察してゆきたい。(60)

（3）栄光は誰のために――英雄リヴィアの生成と変容

①事件直後・建国期・アンテベラム期

リヴィアの通信連絡委員としての活躍は、この事件以前にも新聞でしばしば報じられていたが、この事件は独立戦争そのものの嚆矢に連なることから、直後から人々の口の端に上っていたようである。じっさい四月二七日から五月九日までに、転載も含めて計七紙がリヴィアの名前入りで報じている。(61) もっとも五月一日付の『ニューヨーク・ガゼット・アンド・ウィークリー・マーキュリー』の記事では、リヴィアは使命の途中、絶命したことになっている。またロクスベリー在住の牧師で、「最初の独立革命史家」を自認するW・ゴードンは、レキシントン・コンコードの戦いの直後に、この戦闘に関わった人々に聞き取り調査をおこなって短い文章を著し、これが六月七日に『ペンシルヴァニア・ガゼット』紙上に掲載されており、リヴィアの疾駆についても当人とのインタヴューをもとに、ごく簡単に触れている（このゴードンの文章は、当該の新聞を含めて計三紙に載った）。曰く、「急使として送られたポール・リヴィア氏は捕まり、しばらくの間、将校たちによって留め置かれた。……彼が私に語ったところでは……ピストルか銃［マスケット銃］の銃声が一発聞こえたので辺りを見回すと、正規兵［英軍］の前に煙が見えた。われわれの側の人々［民兵］については、その建物のせいで、視界に入らなかった」[62]。疾駆のミッションについては「急使」として一言触れるのみだが、最初の銃声に関しては、やや詳しくリヴィアの証言を引用している。このゴードンの文章の意図が、戦端を開いたのが英軍であると主張するものだとすれば、その粗密の差は了解されよう。もっともリヴィア自身は最初の発砲については耳にしたのみで、直接目にしていないが、発砲者が英軍であることを強く示唆する文章となっている。だが前述のように、史料①（「宣誓証言」）におけるリヴィアの証言は、最終的に調査報告書には採用されていない。また史料②のJ・ベルクナップに宛てたリヴィアの私信は、創設されたばかりのマサチューセッツ歴史協会が推進した、レキシントン・コンコードの戦いに関する資料収集の一環でもあったが、この手紙の最後の部分を詳細に観察すると、そもそもリヴィア自身が、事件への関与を公にしたくなかった様子が確認される。すなわち彼は、今日では古めかしい表現の「敬具」の語の下に署名をしたのち、さらにその署名の上部に異なるインクで「一七七五年の或る自由の息子」と記入するとともに、自分の名前は公表しないようにとの注意書きを付しているのである（図10-7）[63]。異なるインクでこれらの文句が記されていることから、自署以降、若干の時間の経過が推測され、躊躇の様子が窺える。もっともこの手紙を受け取ったベルクナップは、リヴィアが付け加えた箇所に線を引いて削除し、「リヴィア大佐の書簡」および「ポール・リヴィア大佐より通信課への書簡」と記して資料に加えている[64]。ともあれ史料①から史料②までの間、リヴィア自身の口から、そもそも

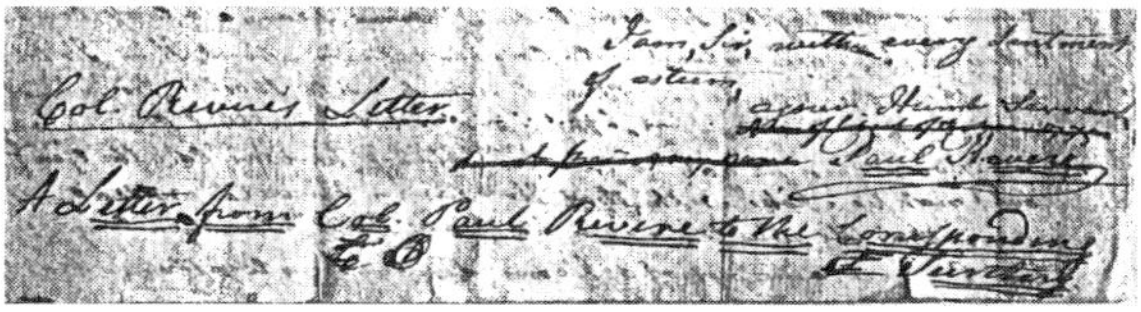

図10-7　J・ベルクナップに宛てたリヴィアの書簡の8枚目末尾部分（ファクシミリ版）

真夜中の疾駆事件に関する言葉が一切聞かれないことにも改めて注目する必要があろう。明らかに彼は、しゃべりたがっていないのである。

さらに一八一八年五月一六日、『ボストン・インテリジェンサー・アンド・モーニング・アンド・イブニング・アドヴァタイザー』紙に掲載されたリヴィアの死亡記事にも、真夜中の疾駆に関する直接の言及は見当たらない(65)。「思索においては冷静、行動においては情熱的」との評が、間接的にそれを示唆しているようにも推測される。また前日一五日付の『ニューイングランド・ギャラクシー・アンド・メイソニック・マガジン』にも、やはり直截な表現は認められず、記事は彼を愛国派として称え、「多くの重要な軍事的場面において……信義と能力を示した」と記すのみで、やはり間接的な示唆の範疇に留まっている(66)。

では真夜中の疾駆事件についての記憶は、事件直後から急速に失われていったのであろうか。答えは否である。事件の二〇周年に当たる一七九五年に、E・スタイルズなるペンネームの人物によってリヴィアの疾駆を称える詩が書かれていることなど、種々の状況証拠からすれば、しだいに実業家としての名声を確立してゆくリヴィアと、彼の独立戦争中の英雄的行為との関連について、マサチューセッツの人々がある種の集団記憶を維持し、語り伝えていたであろうことはまず間違いない(67)。つまりリヴィアの疾駆の記憶は、地元の民衆レベルの口伝には確実に存在するものの、公の印刷物のレベルにおいては、何らかの理由で故意に抹消されている、もしくは沈黙が強要されているのである。そしてこの記憶の抹消には、前述したように当のリヴィア自身も荷担していたと言わざるをえない。では、公のレベルで印刷物が沈黙を続けた理由とは何なのか。まず考えられるのは、リヴィアの当時の役割が一種の諜報活動に該当したという事実そのものである。つまりかつての愛国派のリーダーたちは、仲間の隠密活動について、たとえそれが終了したあとでも、名指しで公にすることに大いに逡巡したであろうことは想像に難くない。そしてさらに重要な理由として指摘されるのが、独立戦争の嚆矢たるレキシントン・コンコードの戦いを、「悪意のないアメリカ人がイギリス軍によって突然襲われた戦い」として記憶させたい愛国派指導者たちの意図である(68)。

「無垢のアメリカ人」が不意を衝かれるためには、イギリス軍の攻撃に対する周到な準備がおこなわれていてはきわめてまずい。つまりリヴィアの疾駆は、独立戦争の正当性、さらには独立革命そのものの記憶上の望ましい位置づけと、少なくとも当時は矛盾すると捉えられたのである。これこそがリヴィアの自発的沈黙の背景でもあった。

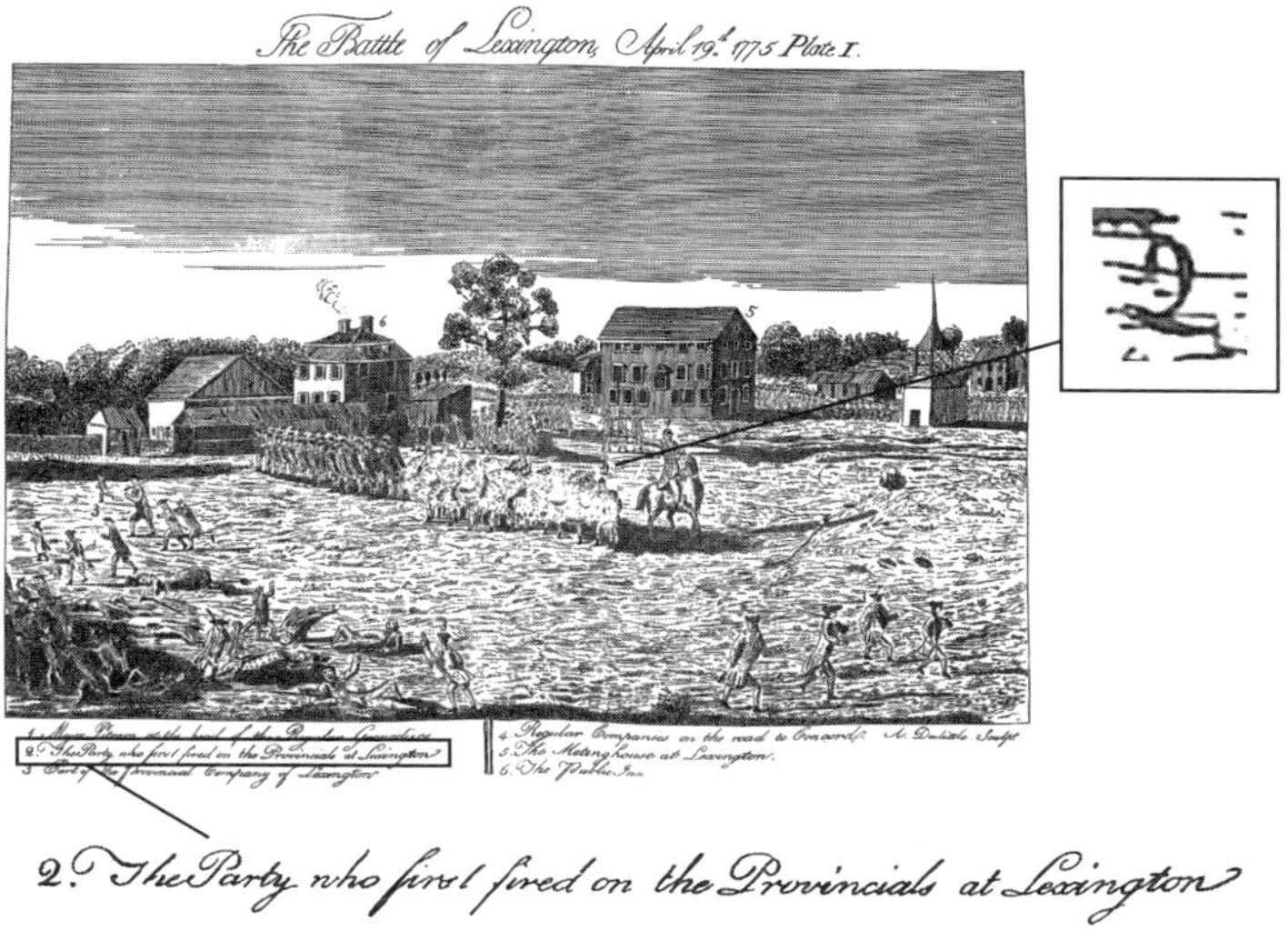

図 10-8　レキシントン・コンコードの戦いを描いて有名なA・ドゥーリトルの版画集の第 1 葉［複製］（著者蔵）

たとえば、レキシントン・コンコードの戦いを描いて有名なA・ドゥーリトルの版画集にも、無垢な植民地人に対して最初に発砲したのはイギリス軍、との含意が読み取れる一葉がある（図10-8）。この版画集は、当該の戦いの直後に民兵らから聞き取り調査をした上で製作されたもので、おそらくは現場の忠実な再現と考えられるが、同時に、当時の人々の意識をも忠実に再現している可能性があろう。版画の下に記された説明文の二番には、「レキシントンで植民地人に最初に発砲した部隊」とあり、それが指し示しているのは、中央の英軍の部隊である。もちろん、あくまでも英軍のなかで最初に発砲したのが「2」で示された部隊という意味であるとすれば、必ずしも英軍と植民地軍のどちらが先に発砲したのか（すなわちどちらが戦端を開いたのか）を明言するものではないが、それが、逃げ惑う植民地人に整然と銃火を浴びせかける英軍であることを強く示唆する構図となっているといえよう。[69]

ただし、最初期に上梓されて有名な独立革命史の書物二点を見ると、かかる記憶が徐々に変化してゆく様子がうかがえる。D・ラムゼイが一七八九年に著した本格的な独立革命史、『アメリカ革命史』には、「いかにこの［英軍の］軍事行動が秘密裏に計画され、進軍が密かに行われ、また住人は何人たりともボストンから出てはならないとの命令が発せられていたとしても、一体何が起こりつつあるのか、その情報が地域の民兵に伝わるのを防ぐには十分とはいえなかった」と記されており、[70]マーシー・M・ウォレン『アメリカ革命の開始・進行・終結の歴史』（一八〇五年）では、さらに踏み込んだ記述が認められる。すなわち「彼らが『反乱派の指導者』と呼ぶ者たちを捕縛しようとする計画は、大方の予想よりも早く実行に移された。……この命令は秘密裏に、またすみやかに決行された。……国王の軍隊に敵対的な情報を携えていると疑われる旅行者をすべて拘束するため、士官の先遣隊が陸路、送られたが、このように警告が伝わらないよう用心したにもかかわらず、近隣の町々に非常に早く情報が届いた」とある。[71]つまり、イギリス側の軍事行動は素早く、また秘密裏であったため、アメリカ側は不意を突かれそうになったが、民兵たちの集結を促す情報は早々と伝えられた、ということになろう。ただし、いずれの著書にも、当該の記述の近傍にリヴィアの名は見当たらない（さらに言えば、どちらの本の索引にもリヴィアの名はない）。つまり、「情報」については肯定的な評価が見られるものの、それを運んだリヴィアの名そのものは、著書の中では挙げられていないのである。

しかしリヴィアの死を契機に、このような状況に次第に変化が生じ始める。それはまた、一八一二年戦争（米英戦争）の勝利という時代の流れに沿うものでもあった。悪意のない、無垢なアメリカ人ではなく、大胆な行動で国や家庭を守ったアメリカ人のイメージが、一層前面に躍り出てきたのである。このコンテクストに従えば、リヴィアの疾駆はむしろイメージどおりのアメリカ人像を提示する典型例ともなりうる。かかる方向性は、レキシントン・コンコードの戦いの五〇周年（むろん真夜中の疾駆五〇周年）に当たる一八二五年を契機として、さらなる高まりを見せる。史料③として示したフィニーの著作に二人の証言が収められたのも、疾駆の再評価の流れに沿ったものであり、コンコードでの五〇周年式典の際、政治家E・エヴェレットはこの新たな証言にもとづいて演説をおこない、これがリヴィアの疾駆に関する、公の場での最初の包括的な説明となった。[72] 彼は演説の中で一五回以上、リヴィア（「リヴィア大佐」）の名を挙げてその行為を称えるとともに、もう一人の使者、ウィリアム・ドーズについても正確にその名を記しており、彼の演説が史実の境界をレトリックで大幅に乗り越えてまでリヴィアを称賛するものではなかったことがわかる。また一八三二年には、J・バッキンガムの『ニューイングランド雑誌』が「初期アメリカの芸術家と職人《メカニックス》」シリーズの一環としてリヴィアを取り上げ、前述の史料②（J・ベルクナップに宛てたリヴィアの私信）を全文掲載するとともに、リヴィアの肖像も一頁を費やして掲げている。一〇頁近くに及ぶこの記事はリヴィアの簡潔な伝記であり、そこには英雄的な疾駆の記述が見られる。[73] そして一九世紀半ばには、リヴィアに関するヴァナキュラー文化と公式文化との融合が明確な形を取って景観に刻まれ始める。すなわちマサチューセッツ州内の多くの町の通りに、リヴィアの名が冠されるようになったのである。[74] しかしこの時点ではまだ、このような慣行はマサチューセッツを越えては見出せない。「公的記憶」としてのリヴィアは、いまだローカルな、地域・地元の英雄であって、国民的英雄ではないのである。リヴィアがナショナルな公的記憶の殿堂に入るためには、新たな時代背景と新たなメッセンジャーを必要とした。来る南北戦争と詩人ロングフェローである。

②南北戦争～第一次世界大戦

この時期、リヴィアは国民的英雄への階段を一気に駆け登る。そのきっかけ、というよりも最大の貢献をなしたのが、当時のアメリカの最高の知性、ハーヴァード大学教授にして詩人のヘンリー・ワーズワース・ロングフェローがものした一編の詩であった。題して「ポール・リヴィアの疾駆（騎行）（“Paul Revere's Ride”）」（図10-9参照）。「エヴァンジェリン」や「ハイアワサの歌」でも有名な彼の米文学史上の評価は、今日では必ずしも高いとはいえ

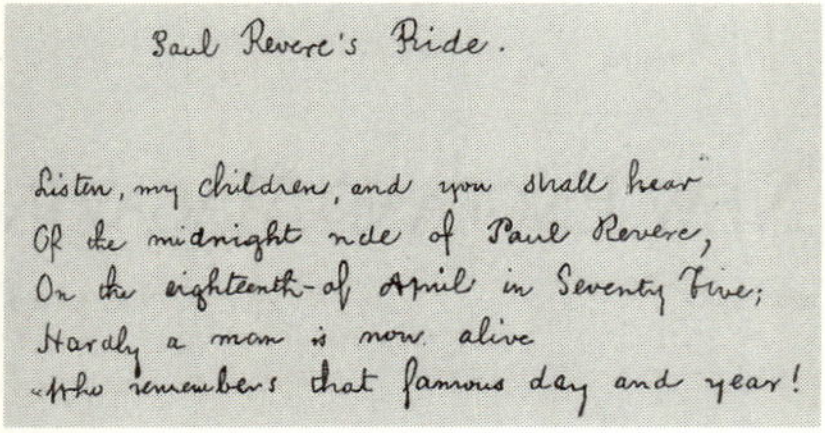
Paul Revere's Ride.

Listen, my children, and you shall hear
Of the midnight ride of Paul Revere,
On the eighteenth of April in Seventy Five;
Hardly a man is now alive
Who remembers that famous day and year!

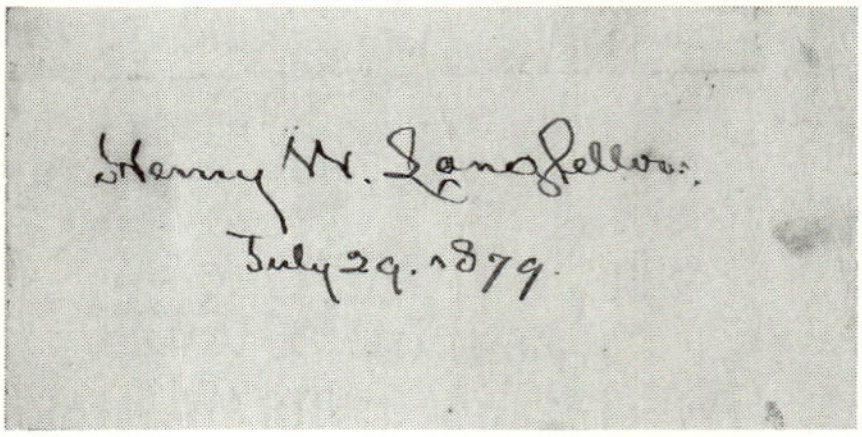
Henry W. Longfellow.
July 29. 1879.

図 10–9　左はH・W・ロングフェロー直筆の「ポール・リヴィアの疾駆」冒頭（著者蔵の『ニューイングランド・マガジン』第 26 巻・第 2 号より）。右は紙片に記されたロングフェローの直筆署名（近代的製法の簀の目紙。11. 5cm × 6. 0cm）。亡くなる約 3 年前のもの（オリジナルを著者蔵）

ないが、南北戦争へと向かう当時の時勢のなかで、彼ら北部の作家たちの多くは、連邦の大義のために健筆を揮ったのである。[75] ロングフェローはリヴィアという北部のローカルな英雄に注目し、独立戦争というきわめてナショナルな戦い――南北の植民地が国家建設のためにともに戦った――に彼が果たした役割をクローズアップすることで、北部の正義と南北の融和を同時に意図したとも考えられよう。[76] 一八六一年一月に『アトランティック・マンスリー』誌に掲載された詩は、「耳を澄ませてごらん、我が子たち。聞こえるだろう、ポール・リヴィアが真夜中に駆けゆく音《ね》が」で始まるきわめてリズミカルな韻文であり、今日でもアメリカの子どもたちの多くが一度は口ずさんだことのある、あまりにも有名な名文といえる。しかしながら、歴史小説が必ずしも史実の忠実な再現でないのと同様に、この詩も、前述した実際の疾駆とはかなり異なった部分がある。たとえば、「目を凝らし、オールド・ノース教会の鐘楼を見る」と詩では歌われているが、実際にはリヴィアは自分の目でランタンの合図を確認したわけではなく、合流した友人たちに教えられたのである。またランタンの合図の意味自体も、先に指摘したように異なっていた可能性がある。さらに、「彼がコンコードの町の橋にたどり着いたとき、村の時計は二時を指していた」との一文は、明らかに史実と異なっている。リヴィアはコンコードにはついに到達しえなかったのであり、たどり着けたのは、ひとりプレスコットのみだったからである。[77] この他、ロングフェローの詩にはいくつもの微妙な史実との相違点、意図的な脚色があり、それらについては早くからニューイングランドの歴史家たちも指摘しているのだが[78]、かかる指摘によってこの詩の同時代的意義が失われることはまったくなかった。歴史学の立場からする文学への攻撃は、そもそも意味をなさないのである。この詩によってリヴィアの名は全国に普及して不朽のものとなり、南北戦争後に彼は一気に国民的英雄へと登りつめてゆく。ロングフェローは疾駆するリヴィアの姿を「その夜、一国の運命が駆けていたのだ」と形容したが、まさに国家の命運をその双肩に担い、ひとり疾駆する愛国的英雄としてのリヴィア像が、ここに固められたのである。

かくしてリヴィアの名はミネソタ州やミズーリ州の町の通りにも見られるようになるが[79]、一八七五年の独立戦争百周年を契機として、その名声はさらに高まってゆく。ボストンでは独立戦争百周年記念式典の演説で、マサチューセッツ州上院議長G・ローリングがリヴィアを「革命期ボストンの真の英雄」と称え[80]、四月一九日の『ボストン・デイリー・グローブ』紙は、「オールド・ノース・タワーにランタンを掲げる」との見出しで記念行事の開催を伝えている[81]。一方、翌二〇日の朝刊『グローブ』紙に掲載されたリヴィアの疾駆の記事では、ドーズの名がエベニーザ・ドアと誤記されており、リヴィアの名声が高まるなかでドーズの位置づけが相対的に低下し、忘れ去られてゆく様子がよくわかる[82]。

またこの頃から、リヴィアはもっぱら「リヴィア大佐」と呼ばれ、次第にアメリカの軍事的シンボルの色彩を強く帯びるようになる。むろん大佐の肩書は疾駆事件よりものちに与えられたもので、事件当時のリヴィアを大佐と称するのは本来、誤解を招きかねない表現であることは言うまでもない。一八八五年にボストン市がリヴィアの記念碑の建立を決定して、当時はまだ無名の彫刻家だったC・E・ダリンに白羽の矢を立てたとき、彼がデザインしたのも軍服を身にまとい、馬にまたがる軍人リヴィアの像であった。合衆国の軍事的プレゼンスを象徴するがごときこの騎馬像の建立計画は、さまざまな議論に巻き込まれて資金のめどが立たなくなり、像は長らくダリンのアトリエに石膏モデルのまま置かれ、手が加えられ続けた[83]。この騎馬像が有名なブロンズ像としてボストン市民の前に立ち現れるには、半世紀以上の歳月が経過しなければならない（図10-10）。しかし馬にまたがるリヴィアというイ

図 10-10　ダリンのリヴィア騎馬像（著者撮影）

メージは、疾駆の物語を視覚化する強力なアイコンとして、さまざまな場面に登場するようになってゆくのである。

一方、書物においてもリヴィアの疾駆は確固たる位置を占めるようになった。一八八七年にはE・ポーター牧師が『オールド・ボストン随想』において、次のように記している。「彼のレキシントンへの疾駆は、その詩によって不滅のものとなり、常に彼の最も偉大な業績とみなされるようになるだろう」[84]。一八九一年には、最初の本格的な伝記たるE・ゴス『ポール・リヴィア大佐の生涯』が上梓された[85]。同書は索引を含めると六八九頁にもなる二巻本の大著で、当時のリヴィア像をそのまま反映するかたちで彼の政治的・軍事的活躍に焦点を当て、私人としてのリヴィアに割く紙幅が少ないのが特徴といえる。

またこの頃から次第に「ポール・リヴィアの家」――一六八〇年頃建てられ、一七七〇―一八〇〇年の間、リヴィアが所有――が衆目を集め始め、一八九五年には、第7章で考察した女性愛国団体「アメリカ革命の娘たち（DAR）」のポール・リヴィア支部が記念プレートを設置している。この家は一九世紀中頃から下宿や店舗として使用されており、老朽化のために解体の危機に瀕していたが、一九〇二年にリヴィアの曾孫にあたるJ・P・レイノルズ・ジュニアが一万二〇〇〇ドルで購入して当面の危機を回避したのち、一九〇五年にはリヴィアの子孫や愛国団体、史跡保存を望む地域の人々や役人らによって「ポール・リヴィア記念協会」が創られ、三万ドルを目標に募金が集められた[86]。一九〇八年四月一八日には家の改装・修復が完成して、一般公開された（「リヴィアの家」の変

［1909年に投函された絵葉書。1908年の改装直後の写真であろう（著者蔵）］

［1906年に投函された絵葉書。外壁中央に銘板が見える。改装前の様子（著者蔵）］

［1895年の銘板設置以前に撮影された写真（著者蔵の『ニューイングランド・マガジン』第26巻第2号より）］

図10-11　「リヴィアの家」の変遷

遷については、図10-11参照)。ちなみに同協会はその前年に非営利団体として法人化され、今日まで活発な活動を続けている。[87]

一方、世紀転換期には米英の蜜月とも言うべきアングロ・サクソニズムの展開のなかで、リヴィアがめざした独立の大義よりも、彼の性格自体を称える風潮も顕著になった。独立戦争は米英間の不幸な行き違いから生じたにすぎず、革命の記憶を両国の不和のイメージで彩るべきではないとの立場である。楽譜（シートミュージック）はもとより（図10-12参照）、当時の新しいメディアたる映画においてもリヴィアの疾駆はしばしば取り上げられ、トマス・エジソンもロングフェローの詩にもとづいて、一九一四年に『ポール・リヴィアの真夜中の疾駆』と題する無声映画を撮っているが、[88]このような映画が第一次大戦中、英米の絆を害するとして政府に差し押さえられたのも故なしとしない。ヨーロッパでの大戦の勃発に伴い、たとえば一九一四年四月一九日の『ボストン・サンデー・グローブ』紙は、「レキシントン前夜」と題した特集記事を絵入りで掲げて愛国心の啓発に努める一方で、疾駆についての正確な情報を冷静に提供して、ドーズについても若干控えめながら、その役割に言及している。[89]また翌一九一五年には初めてリヴィアの疾駆の再現がおこなわれ、以後、慣例化してゆくことになる。

図 10-12　「ポール・リヴィアの疾駆」の楽譜表紙。1905 年のラージ・フォーマットのシート・ミュージック（著者蔵）。YouTube で実際の音声が聞ける。

③両大戦間期

　この時期、リヴィア像に少しずつ変化が生じ始める。それは疾駆に対する歴史的懐疑とでもいうべき、一種敵対的なスタンスであり、「常態への復帰」によって、第一次大戦時の愛国的シンボル群が懐疑的な目で見られるようになったことをも意味していよう。そもそも名家アダムズ家のリヴィアへの嫉妬なども指摘されるが、疾駆そのものが史実ではないとの説も提示され、これに触発されたハーディング大統領が、「私はポール・リヴィアの物語が好きだ。彼が本当に真夜中の疾駆をしたとしても、しなかったとしても」と述べた逸話は、この時期のリヴィア像の変化を端的に示している。[90] そしてその変化は何よりもまず、ドーズへの関心という形を取って現れた。一九二〇年にはリヴィアと並んでドーズの疾駆が再現され、翌二一年四月一九日の『ボストン・グローブ』紙は、「今日、二人の使者、ボストンからレキシントンへ走る——『ポール・リヴィア』はノース・スクウエアから、『ウィリアム・ドーズ』はエリオット・スクウェアから」、「『ドーズ』、ロクスベリーからレキシントンへの道を駆ける」との大見出しのもと、リヴィア役とドーズ役の二人が疾駆を再現している二枚の写真を掲載し、「リヴィアと同様に英雄的な行為が、忘却の淵から救い出された」と述べている。[91] またドーズの子孫たるチャールズ・ドーズがクーリッジ政権の副大統領となったことも、ドーズの復権に大いに寄与したといえる。ドーズがコンコードにたどり着いたとする説も、まことしやかに語られるようになった。[92]

　一方、この頃からリヴィアの疾駆のパロディが書かれ始めると同時に、誇張された英雄としてではなく、客観的かつ冷静なリヴィアの歴史的評価もなされるようになってくる。たとえば一九二五年四月二〇日、『ボストン・グローブ』紙の「四月一九日、一五〇周年特集号」では、写真もふんだんに用いながら、非常に具体的かつ正確に疾駆当時の状況を再現しており、愛国的な論調の一方で、ロングフェローの詩を挿絵入りで全文引用したくだりでは、次のような見出しが置かれている。「リヴィアを有名にした詩——ドーズも疾駆をおこなったが、ロングフェロー『ウェイサイド・イン物語』の『ポール・リヴィアの疾駆』が一方の行為だけを称えた」[93]。また、すでに述べたオブライエンの書物（一九二九年）やモリソンの論文（一九三〇年）など、リヴィア自身の言葉によって、つまり史料にもとづいて、真夜中の疾駆を客観的に記述しようとする論考も一般的になった。

④第二次世界大戦〜一九五〇年代

第二次大戦中は愛国主義的風潮のもと、パロディは影を潜め、リヴィアのみならず、他の独立革命の英雄たちへの崇敬の念も強調された。戦争のプロパガンダ、大衆操作の一環としてもリヴィアはしばしば用いられ、四月一九日の新聞の見出しには、「今日『リヴィアとドーズ』、合衆国の敵に確固たる声で叫ぶ」、「愛国者記念日の使者たちは警告する、『国債を買え』と」、などの文字が躍った[94]（図10-13のエンタイアは第二次大戦後のものだが、やはりリヴィアのイメージを用いて国債（国防債）の購入を呼びかけている）。一九四〇年には、前述したダリンのリヴィア騎馬像の建立を市当局が認可し、専制と抑圧への抵抗のシンボルとして、ついにその勇姿を現すこととなった。

また一九四二年、ミッドウェイ海戦の年には、女流作家E・フォーブスが『ポール・リヴィアと彼の生きた世界』を著し、新たなリヴィア像を作り上げる[95]。リヴィアは平和を愛するがゆえに立ち上がった普通のアメリカ人として描かれ、彼の政治活動よりもむしろ家庭生活に焦点を当てることで、「一職人」たるリヴィアが眼前に浮かび上がる仕組みとなっていた。たとえば一七七五年の出来事を取り上げた同書の第七章においても、疾駆そのものへの言及は同章の半分程度の紙幅しかなく、むしろ後半部分に置かれた家族宛の手紙の引用が目につく。つまり本書の中で疾駆事件そのものはあまり重視されていないが、当時、戦場へと向かうアメリカ軍の兵士たち——家庭で

図 10-13　疾駆するリヴィアの図像とともに「ポール・リヴィアの精神」,「国防債を買え」の文字が消印に躍るエンタイア（部分，1952 年）（著者蔵）

はよき父であり、職場ではよき職業人である——と、このリヴィアのイメージが重ね合わされたであろうことは想像に難くない。同書が翌四三年にピューリッツァー賞を受賞したのも、かかる時代的文脈に鑑みて十分に首肯されよう。また、この普通のアメリカ人としてリヴィアを捉える視線は、彼の乗る馬が物語る形式を採用したR・ローソンなど、(96)優れた童話作家の著作に受け継がれて、子どもたちに身近なリヴィア像を提供することになる。

さて第二次世界大戦後、東西冷戦構造が次第にその輪郭を整え、アメリカ国内では愛国主義と反共主義が等号で結ばれるようになってゆく構図のなかで、革命期イギリス軍の俗称「赤服（Red Coats）」——軍服の赤色にもとづく——を共産主義者（アカ）になぞらえる見方も出てきた。一九五〇年四月一八日の『ボストン・ヘラルド』紙は「赤服、再び」と題した社説を掲げ、「［本国の圧政の］軍事的代理人［たる英軍］は目立つ赤服を纏っていた」が、「われわれはレキシントンやコンコードの勇者たちよりも用心深くならなければならない。共産主義や社会主義の兵士たちは赤い服を身に着けてはいない……新たなる敵はわれわれの中にいるのだ」と説く。マッカーシズムの悪夢が始まったまさにその年を象徴する社説というべきであろう。(97)その前年には、かつてリヴィアが「自由の息子たち」の依頼を受けて製造した鉢（「愛国者の鉢」）がボストン市民らの募金によって買い戻され、アメリカの自由のシンボルとしてボストン美術館に置かれており、これもこの時代を雄弁に物語る出来事といえる。(98)今や西側資本主義の守護神となったリヴィアは、そのビジネスマン、実業家としての側面にも大いに光が当てられ、(99)一九五五年四月一八日の『ライフ』誌では、銀器をはじめとするアメリカ植民地時代の手工業の技術水準の高さを評価する特集記事が掲載された。(100)つとにリヴィアの名を社名に採用する企業もあり（「ポール・リヴィア生命保険会社」、「リヴィア製糖会社」、「リヴィア製銅真鍮会社」など）、馬にまたがって疾駆するリヴィアのイメージは商標や広告にも登場している（図10-14参照）。

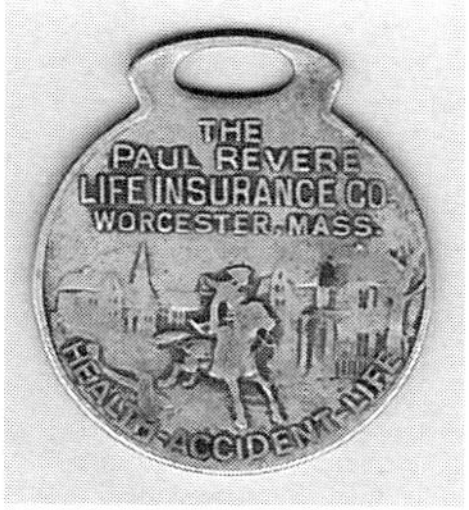

［ポール・リヴィア生命保険会社が発行した個人識別票（20世紀初頭）。保険契約者が懐中時計の鎖に付けるなどして常時身に着けておくメダルで，裏面の契約者番号はまだ5桁と若い。鐘楼を背に疾駆するリヴィアが刻印されている。］

［1935年11月18日発行の『タイム』誌に掲載されたリヴィア製銅真鍮会社の広告の一部。きわめて単純化されたリヴィアのロゴが見える。］

［メイン州の食品雑貨商の商業誌（1958年）に掲載されたリヴィア製糖会社の広告の一部。疾駆するリヴィアの商標が見える。］

図10-14　リヴィアの名を冠した企業の関連アイテム（いずれもオリジナルを著者蔵）

また、大衆作家によるリヴィアの熱狂的な評価も見られ、W・A・デウィット『史上一〇〇の重大事件』（一九五四年）では、リヴィアの疾駆は釈迦の正覚やキリストの処刑、コロンブスの新大陸発見、広島への原爆投下等と並ぶ歴史的重要性を有するとされている。[101]六〇年代に入っても、軍人で歴史家のJ・R・ギャルヴィンは『ミニットマン』（一九六七年）を著して、レキシントン・コンコードの戦いに新たな解釈を持ち込むとともに、優れた指導者としてのリヴィア像を提示した。[102]

⑤一九六〇年代・七〇年代

しかし一九六〇年代から七〇年代にかけての時期、総じてリヴィアの解釈は社会の変化とともに大きく変わる。両大戦間期におけるリヴィア批判がどちらかといえば保守的な、節度あるものであったのに対して、このヴェトナム戦争・カウンターカルチャーの時代の批判は、非常にリベラルかつ辛辣なものとなった。たとえばJ・R・オールデン『アメリカ革命史』（一九六九年）は、「のちにアメリカの民間英雄となるリヴィアは捕まり、釈放された。彼はイギリス軍にとって重要な存在ではなかったのだ」と記す。つまりリヴィアは重要人物でなかったからこそ、釈放されたのだと断じるのである。[103]また、タイトルページに「一般に信じられていることの正反対こそ、しばしば真実である」との箴言を掲げた『民衆のアルマナック』（一九七五年）は、C・ジョーンズのエッセイ、「ウィリアム・ドーズの真夜中の疾駆はどうなった？」を収録し、ロングフェローは史実を無視してリヴィアを英雄に祭り上げる一方、「真の英雄」たる靴職人のドーズには目もくれなかったとして、改めてドーズへの注目を促した。[104]独立二百周年を記念して出版されたV・ダブニー編『愛国者たち』（一九七六年）は、独立革命の「愛国者」五〇名を採り上げて、それぞれの人物について専門家による二ページ程度の簡潔な解説と、肖像画一葉を添える構成ながら、リヴィアはその五〇名の中に含まれていない（ちなみにベッツィ・ロスも含まれていない）。読者の反発を予期してか、編者は「序」においてなぜ、リヴィアやベッツィを除いたのか、二ページにわたる「序」の半分以上の紙幅を費やして説明しており、とりわけリヴィアに関しては詳しく記している。その編者の主張の主眼は、「彼の『真夜中の疾駆』にはほとんど、もしくはまったく重要性がない」との点にあり、それは前述のフォーブスの本や他の著作によって明らかにされているとした。[105]さらにR・ビッセル『一七七六年への新たなる光』（一九七五年）は、リヴィアの疾駆自体を批判する。リヴィアは使命を全うできなかったうえに、ドーズとプレスコットの名誉を奪ったのであり、のみならず彼はイギリス兵に捕まった時、「記すのも悲しいことだが、このロングフェローの誇りと喜び［たるリヴィア］は」、おもねって「カナリアのように歌ったのだ」と著者は述べる。[106]この本は正確さに欠ける記述も散見されるものの、当時のアメリカ社会の雰囲気を余すところなく伝えているといえよう。子ども向けのJ・フリッツ『それでどうなったの、ポール・リヴィア？』（一九七三年）も、残された史料にある程度忠実に、欠点のある生身の人間としてリヴィアを描き出すとともに、さらに最後に付された註のページでは、正確な史実やドーズの活躍にも触れており、七〇年代という時代背景を反映しているといえよう。[107]

七〇年代半ばは独立二百周年の記念行事が全国的な盛り上がりを見せる一方で、独立革命の記憶、さらには合衆国の歴史的功罪をめぐってヴァナキュラー文化と公式文化がせめぎ合った時期でもあり、一九七五年四月一九日には、両勢力を代表する団体がコンコードのノース・ブリッジで実際にぶつかり合ってもいる（ヴァナキュラー側の「民衆の二百周年委員会」にはピート・シーガーも参加していた）[108]。しかしリヴィアの記憶は典型的な愛国的白人男性のそれとして全般的にネガティヴなトーンで彩られ、史実を完全に無視した批判すら登場した。たとえば『ボストン・グローブ』紙（一九六八年）の社説は、疾駆の時、リヴィアが酒に酔っていたとの説を開陳する。「[疾駆の途中]、ラム酒で有名だった醸造業者の家に……立ち寄ったという記録がある」。「四月一九日の早朝はかなり寒く、通常の歓待の慣習として、彼に体を温める何かを少しばかり提供した可能性がある。今日のコーヒーと同じく、このあたりでは当時、ラム酒は一般的な飲み物だった。そこで何があったのかは推測の域を出ないが、記録によれば、……[ラム酒で活気を取り戻したリヴィアは、以降の疾駆では警告を発して]皆を叩き起こしたのである」[109]。また、『ワシントン・ポスト』紙（一九八〇年）に掲載されたインタヴュー記事は、リヴィアがお金目当てで疾駆をおこなったと論じている[110]。これらはいずれも史実と異なる（少なくとも実証できない）いわば為にする批判であるが、特に前者の酒に酔っていたとの説は、一種のジョークとして広く知られるようになった。さらに八〇年代・九〇年代に至っても、R・シェンクマン『アメリカ史における伝説・嘘・愛される神話』（一九八九年）がリヴィアの役割を非常に低く位置づけたり[111]、ヴェトナム復員兵で作家のT・オブライエンが、ヴェトナム戦争とレキシントン・コンコードの戦いを重ね合わせる詩を『ボストン・マガジン』（一九九三年）に発表している[112]。

それでは、よりアカデミックな歴史研究・教育の分野においてはどうだろうか。当該の様相を正確に知るためには、第二次世界大戦前にまで遡って、アメリカ史の概説書や教科書等における「真夜中の疾駆」の扱いを観察する必要がある。主要な概説書等を対象に調べた結果を表10-3にまとめた。意外にも①に真夜中の疾駆への言及はなく、②も建国期を対象としているため言及はないが、リヴィアはS・アダムズとの関連で、実業家の側面を強調しつつ登場する。一九三〇年に初版が出版されたS・E・モリソンとH・S・コマジャーのアメリカ史教科書（④）

表 10-3　アメリカ史概説等における「真夜中の疾駆」

番号	出版年		「真夜中の疾駆」		リヴィアへの他の言及回数
	出版年	初版	リヴィア	ドーズ	
①	1915	1909	—	—	0
②	1916	1888	—	—	1
③	1939	1913	*	—	0
④	1942	1930	1	2	2
⑤	1942	1942	2	1	0
⑥	1944	1934	2	1	0
⑦	1945	1942	*	—	0
⑧	1945	1944	2	1	0
⑨	1948	1937	*	—	0
⑩	1953	1935	*	—	0
⑪	1954	1954	1	2	0
⑫	1959	1959	—	—	0
⑬	1960	1960	—	—	2
⑭	1963	1963	—	—	0
⑮	1965	1959	2	1	2
⑯	1970	1932	1	2	0
⑰	1976	1976	1	2	9

註）「真夜中の疾駆」は一方にのみ言及されている場合はアステリスク，両者ともに言及されている場合は記述の順を示す。また，「リヴィアへの他の言及回数」は「真夜中の疾駆」を除く。番号の文献は下記のとおり。
① James A. James & Albert H. Sanford, *American History* (New York, 1915), 154–155 ; ② John Fiske, *The Critical Period of American History, 1783–1789* (Boston, 1916), 327 ; ③ John S. Bassett, *A Short History of the United States, 1492–1938*, 3rd ed., Rev. & Enl. by Richard H. Bassett (New York, 1939), 180 ; ④ Samuel E. Morison & Henry S. Commager, *The Growth of the American Republic*, 3rd ed., Rev. & Enl., Vol. 1 (New York, 1942), 94, 181, 190 ; ⑤ Dwight L. Dumond, *A History of the United States* (New York, 1942), 86 ; ⑥ War Department, ed., *American History,* Course 1 : *The Rise of American Democracy, 1492–1840*, Based on *America : Its History and People* by Harold U. Faulkner & Tyler Kepner (Washington, D. C., 1944), 82 ; ⑦ Allan Nevins & Henry S. Commager, *A Short History of the United States* (New York, 1945), 92 ; ⑧ Charles A. Beard & Mary R. Beard, *A Basic History of the United States* (New York, 1945), 104 ; ⑨ Charles A. Beard & Mary R. Beard, *The Making of American Civilization* (New York, 1948), 120 ; ⑩ Alan C. Collins, *The Story of America in Pictures*, New Rev. Ed. (Garden City, N. Y., 1953), 101 ; ⑪ Dumas Malone, *The Story of the Declaration of Independence* (New York, 1954), 42 ; ⑫ Richard Hofstadter, William Miller & Daniel Aaron, *The American Republic*, Vol. 1 : *to 1865* (Englewood Cliffs, N. J., 1959), 167 ; ⑬ Herbert Aptheker, *A History of the American People, An Interpretation : The American Revolution, 1763–1783* (New York, 1960), 71, 77 ; ⑭ John M. Blum, Bruce Cotton, Edmund S. Morgan, Arthur M. Schlesinger, Jr., Kenneth M. Stampp & C. Vann Woodward, *The National Experience* (New York, 1963), 98 ; ⑮ Richard N. Current, T. Harry Williams & Frank Freidel, *American History : A Survey* (New York, 1965), 30, 81, 89 ; ⑯ Leo Huberman, *We, the People*, First Modern Reader Paperback Ed. (New York, 1970), 71 ; ⑰ Ian R. Christie & Benjamin W. Labaree, *Empire or Independence, 1760–1776 : A British-American Dialogue on the Coming of the American Revolution* (Oxford, 1976), 114, 136, 142, 180, 181, 199, 209, 239, 243, 244.

では、疾駆は重要な事件として描かれており、同時にドーズの名（略記されている）も記されている。⑥は陸軍が教育用に編纂したものであるが、概して一九四〇年代前半の概説書では、ドーズの再評価の高まりを受けてか、彼をリヴィアよりも先に記す傾向が認められるといってよい。⑨は疾駆の想像画一点のみを含み、⑩は疾駆の想像画一点とその簡潔な解説、そして星条旗を縫うベッツィ・ロスの想像画も掲げている（いずれも一九四〇年代後半の出版だが、初版は三〇年代）。さらに豊富な絵と写真入りで独立革命についてわかりやすく説いた⑪（一九五〇年代中葉）では、リヴィアとドーズの名が並列して挙げられているのみで、当時の著名な人物に関する辞書的な解説にリヴィアは登場せず、純粋に学術的な視座から彼が次第に滑り落ちてゆく様子がわかる。一九五九年に上梓されたR・ホフスタッター、W・ミラー他『アメリカ共和国』⑫には、すでに該当箇所にリヴィアへの言及はまったくなく、索引にも挙げられていない。⑬はアメリカ独立革命の概説書にもかかわらず、疾駆に関する言及はないが、情報伝達に果たしたリヴィアの役割については二か所で触れている。さらに一九六〇年代・七〇年代を代表する大学生向け教科書、J・M・ブラム他『国民の経験』⑭は、「このような緊急時のために組織された騎行者たちのシステムにより、民兵たちは警報を受けていた」と簡潔に記すのみで、リヴィアの疾駆への直接的な言及は一切見られない。[113] やはり当時の代表的な大学教科書、B・ベイリン他『偉大なる共和国』（一九七七年）においても、リヴィアの疾駆への言及は見当たらない。[114] 専門論文でも、当時はこれを正面から扱うものがほとんど見られない状況が続いた。つまりアカデミックな歴史研究・教育の分野においても、一九六〇年代・七〇年代にリヴィアの占める位置はきわめて低かったといえよう。

⑥おわりに——一九九〇年代〜現在、そして未来へ

しかし社会史の台頭とともに、リヴィアは教科書に戻ってくる——実業家としての横顔を読者に向けつつであるが。たとえば、R・A・ディヴァイン、T・H・ブリーン他『アメリカ——過去と現在』（第四版、一九九八年）

は、「有名な銀細工師」のリヴィアがドーズとプレスコットの助けを借りて警告を伝えたと記すとともに、レキシントンでの最初の発砲者は「おそらく植民地人」と述べている[115]。また、好評を博して現在まで版を重ねている教科書、G・B・ティンダール、D・E・シャイ『アメリカ』（第五版、一九九九年）では、リヴィア、ドーズ、プレスコット三名の名を明記しつつ、「彼らの有名な疾駆」について簡潔に叙述している[116]。さらに専門研究においても、フィッシャーやJ・E・トライバーの論考など、本節でも援用した緻密な研究が近年相次いで上梓された[117]。ポール・リヴィア記念協会などを中心として、いわゆるマテリアル・カルチャーからするリヴィア研究も深まりを見せつつある。今、リヴィアは新たなアプローチのもとで新たな光が当てられ、学問的再評価の途上にあるといえよう。

このようなアカデミズムの状況に対して、フォーク・カルチャーにおけるリヴィアの存在感はどのようなものなのか。先に表10-2で見たように、今日でもリヴィアは確固たる位置を占めており、それゆえパロディや皮肉が意味をなしうるともいえる。たとえば四月一九日は疾駆を記念する「愛国者記念日」として、マサチューセッツ州とメイン州の法定祝日とされており（ボストンでは特に「ポール・リヴィアの日」と呼ばれる）、一八九七年の同日に第一回目が挙行されたボストン・マラソンは、今日まで続く「ポール・リヴィアの日」の伝統行事に他ならない。

またリヴィアの疾駆の物語を視覚化し、イメージの喚起を容易にする装置として、「一八世紀の服装で馬に乗る人物」というアイコンはきわめて重要な役割を果たしている。馬で疾駆するリヴィアのイメージは、むろんロングフェローの詩に触発され、時の経過とともに次第に強固なものとなり、星条旗を縫うベッツィと同じく、アメリカ人の集団記憶のなかに完全に定着したのである。逆に言えば、彼は必ずしもコプリーの肖像画に見られるような人物として記憶されてはおらず、あくまでも当時の衣服（軍服）と馬のイメージで想起されるのである。服装のなかでも三角帽は特に一八世紀を連想させる重要なアイテムであり、これらと馬が結びついた時、一般のアメリカ人はその人物をただちにリヴィアと認識する（図10-1左の図像に改めて注目）。そしてその背後に高い塔を持つ教会があれば、真夜中の疾駆のイメージは完全なものとなるのである。TVコメディ『奥さまは魔女』に登場したリヴィアも、このようなアイコンの記号性をそのまま体現していたといえる（第七シーズン第六話。アメリカでの放映は一九七〇年一〇月二九日）[118]。また近年では、二〇〇七年発行の記念切手[119]や、ボストンのスターバックスのカードの図像に、このようなリヴィアのイメージが用いられた例がある。馬とリヴィア、そして教会とが結びついて形成されるこの「文化的アイコン」を手がかりとして、疾駆の物語は子どもたちに伝達され、再生産され、永久《とわ》の生命を得る[120]。そしてこのようなアイコンが「建国神話」と結びついたとき、アイコンは単なるアイコンではなく、「国民」の生死をも左右する恐るべき力、愛国心をその身にまとうのである。

さらにこのリヴィアのストーリーは、その伝播・拡散の過程で、さまざまなバリエーションを生み出すことになった。たとえば、一七七七年四月二六日の嵐の夜、大陸軍大佐の父に代わり、イギリス軍進軍の知らせを近隣の人々に馬を駆って知らせた一六歳の少女シビル・ラディントンの「真夜中の疾駆」もその一例である。彼女の「疾駆」を紹介した子ども向けの本は、リヴィアと並び称されるべき女性の愛国的行為と位置づけ、注意を喚起している[121]。そもそも女性による同様のエピソードとしては、第8章で述べた「メアリー・スロカムの疾駆」や「ターナー夫人の疾駆」も想起されよう。これらも女性が馬に乗って戦場に駆けつけた愛国的行為ではあるが、その動機が近親の救助・介抱であったのに対し、このラディントンの疾駆の目的はより軍事的で、リヴィアとの類似性が非常に強い。事実、彼女を称えて独立戦争二百周年の年に発行された切手（図10-15。図8-12のピーター・フランシスコの切手と同じく、一般にあまり馴染みのない独立戦争の英雄四名を取り上げた切手四枚をセットにしたうちの一枚）の裏には次のような説明文が記されている。「若きヒロイン。一七七七年四月二六日の深夜、一六歳のシビル・ラディントンはたった一人、愛馬スターに乗り、ダンベリーの

図 10-15　「若きヒロイン」たるシビル・ラディントンを称える切手。独立戦争二百周年を記念して 1975 年に発行された「大義への貢献者」セットの一枚（著者蔵）

町を急襲したイギリス軍に立ち向かう父親の民兵隊を招集するべく、コネティカットの田園を駆けた」、と。彼女の生地はコネティカット州に隣接するニューヨーク州内の郡にあり、現在、ラディントンヴィルと改称されており、近隣のカーメルの町には、彼女の騎馬像も建立されている。

また、「南部のポール・リヴィア」と称される政治家ジャック・ジュエットのストーリーも同様の例といえる(122)。一七八一年六月三日の夜、当時ヴァジニア知事だったトマス・ジェファソンと邦議会議員たちを捕縛すべく、冷酷さで知られた英軍中佐バナスタ・タールトンが騎兵部隊を率いてコーンウォリスの陣地から向かったが、その動きを偶然察知したジュエットが馬を駆って先回りし、モンティチェロのジェファソンに危機を知らせ、さらに議員たちをも救った逸話である。ジェファソンはジュエットから知らせを受けた後もしばらく自宅で機密情報保全等の必要な作業をおこない、敵兵が間近に迫ってから脱出したという。ただし彼のこの脱出劇は、徹底した文民たるジェファソンが英軍を恐れて逃げ出したという形で喧伝され、ジェファソン自身もこの不名誉な非難を晩年まで気にしていた。ジュエットの疾駆がリヴィアのように全国的に有名にならなかったのは、影響がヴァジニアに限定された行動であったことはもとより、このジェファソンの脱出に対する評価の低さも大いに関係があったと考えられよう。ただし、このジュエットの疾駆も、リヴィアのストーリーの地域的拡散の典型的事例であることに間違いはない。このストーリーを解説したパンフレットの一冊は、わずか七ページの短いものだが、ヴァジニアDAR（「アメリカ革命の娘たち」）のジャック・ジュエット支部により一九二〇年代に出版されたもので、実際に手に取ると、おそらくは著者本人によると思われる当時の書き込みなどとも相まって、当該の伝説の復活・普及にかけるDARの意気込みが伝わってくる。

＊

これまで見てきたように、真夜中の疾駆、そしてリヴィア自身の評価は、時代とともに大きく揺れ動いた。「真夜中の使者」たる彼はすでに死者なれども、時代を映す鏡として機能し続け、それぞれの時代がそれぞれのリヴィアを求め、その像を創り上げてきたのである。翻って考えるならば、そもそも歴史的事件・人物の重要度、意味合いなどはその事件・人物そのものではなく、後世の各時代が決するものともいえる。つまり序章でも述べたように、歴史的事実は時間の流れから超絶して存在しているのではなく、時間の関数として、それぞれの時代・時間に従属しているのである。そしてそこには本、新聞、雑誌、絵画、映画、記念碑、記念日などを媒体とし、アイコンや口伝など民衆文化の記憶装置を総動員した物語の伝達・拡大・定着・再生産の過程が、重要な要素として組み込まれている。これからも、アメリカ合衆国という国民国家が存続するかぎり、疾駆するリヴィアは、それぞれの時代が聞きたいと思うメッセージを運び続けるであろう。一七七五年四月一八日のポール・リヴィアが、駿馬に乗って真夜中のレキシントンを駆け抜けたときのように。

あとがき

四億数千万年前の古生代シルル紀に生きていた体長十数センチのウミサソリ（Eurypterus remipes）の化石が目の前にある。そう珍しいものではないが、ニューヨーク州で発掘された個体で、たまたま入手した。しかし時間の単位があまりに大きいと、なかなか実感が湧かない。ビッグバンが約一三八億年前、地球の誕生が約四六億年前、生命の誕生が約四〇億年前、かなり飛んで、中生代白亜紀末の大量絶滅が約六六〇〇万年前、人類の誕生が約七〇〇万年前、現生人類の誕生が約二〇万年前……。理解を容易にするために、地球の四六億年を身近なスケール、たとえば一日や一年に喩える手法は一般的だが、少々不謹慎ながら、貨幣の価値尺度機能を援用して、時間感覚を金銭感覚に変換するアイデアを温めている。すなわち一年を一円、一世紀を百円とすると、二〇万年前は二〇万円、六六〇〇万年前は六六〇〇万円、四六億年前は四六億円、そしてこの宇宙の始まりは一三八億円……とんでもない高額である。そしてわれわれの「手持ち資金」は、通常、百円以下となる。流れる時間を閉じられた身近な時間に置き換える一般的手法もわかりやすいが、この金銭感覚に訴える手法は割合を計算する必要もなく、感覚的に大小をイメージできるように思われる。そしてこの手法を適用（大げさだが）するならば、一七・一八世紀の近世を主として扱う本書の守備範囲は、わずか二百数十円～三百数十円に置換されるが、本書でその一端を示したように、この期間には未だ知られざる史料と解明すべき事柄が依然多く存在し、その意味で文字通り宝の山である。

さらに喩え話を続けるならば、著者が若いころ、大変興味深い歴史年表が発売されたことがある。記憶が正しければ、古代から現代まで、どの時代をとっても、原則として同じ時間幅には同じだけのスペースをあてがうという、時間軸のリニア（線形）な性質をそのまま年表に投影したものであったが、容易に想像されるように、古い時代ほど記載事項が少なく「ガラガラ」な状態で、現在に近づくほど記載事項は多くなり、満杯状態となっていた（通常の年表でもその傾向は認められるが、それが極端に強調された形となる）。これはむろん、各時代に固有の現象ではなく、もしも古代に同じような年表を作ったならば、古代の「現在」に近づくにつれて、同様の現象が生じたであろう。つまり、われわれにとって現在の一年は、たとえば百年前の一年とは価値が違う。ましてや、一億年前の一年とは大きく違う。いずれもなべて「一円」ではなく、現在に近い一年の方が情報量が多く「高額」なのであり、それはあたかも対数グラフに描かれた軌跡のごとくである。この現象は、前述の金銭感覚に変換するアイデアと一見矛盾するようだが、必ずしもそうではない。本来リニアな時間が、それを体験し、解釈する存在（たとえば自分自身）を特定の時点に置くことによって歪み、その近傍の時間幅が主観的・相対的に「伸びる」と解することができる（この現象を利用して、人の一生を物差し《スケール》としてあてがい、歴史事象にリアリティを持たせる手法もある。たとえば〇〇年に自分が生きていて△△歳だったら、といった具合である）。ともあれ、リニアな視座では、もはや現代と比べてはるかに小さく見える過去の日々＝近世の実相を、その時代の「現在」に焦点を定めて「伸ばし」、クローズアップすることは、それ自体、大変知的刺激に満ちた営為であり、さらに、当時の事象がその後の時間の経過とともにいかに記憶され（忘却も含めて）現在に至るのかを探究することも、アクチュアルな今日的意義を有するものといえよう。

＊

自分自身、振り返ってみれば、助手（むろん今日の助教に相当）として大学教師生活を始めてから、すでに二六年が経過した。現在の勤務校に助教授（むろん准教授に相当）として赴任して以降でも、すでに二二年が経とうとしている（そもそも「助手」や「助教授」に注記を付すようになるとは……）。ある古いアニメーションに、「教師生活二五年」と口癖のように唱える人物が登場するが、小さいころ見ていたそのアニメの教師のキャリアを超えてしまった自分に少しびっくりする。一五年前に前著（『紫煙と帝国』）を上梓して以降、「まづさしあたりたる目の前のことにまぎれて月日を送れば」（『徒然草』第一八八段）、まさに“Ars longa, vita brevis”である。前著はありがたいことに、アメリカにおけるアメリカ史の代表的な学術雑誌*Journal of American History*誌上でも書評していただいたが、今回そこでのご指摘に少しでも答えることができたと信じたい。なお、本書の各章の初出一覧は別途掲げるが、一書に纏めるにあたって、むろん全体にわたって加筆修正を施している（とりわけ第10章には大幅な加筆をおこなっている）。

さて、この年になれば、年上の方々ではなく、年下の方々に向けて感謝の言葉を述べることも許されよう。すなわち、これまで私の授業を受けてくれた院生、学部生諸君に心より感謝したい。日々経験するすべてが、教師・研究者としての私の糧である。とりわけ指導した院生諸君の中には、博士号を取得したり、すでに大学で教鞭をとっている者も何名かいる。まさに教師冥利に尽きる。

また、私事で恐縮だが、本書の製作中に、小学校教諭として校長まで勤め上げた父が他界した（父は菩提寺の門徒総代も長く務めていた。そのお寺のご住職の娘さんは、ジブリのアニメ『かぐや姫の物語』の主題歌を作った二階堂和美さんで、お坊さんでもある。父が亡くなった時、和美さんも本当に美しい声でお経を上げて下さった）。父に完成を報告することはかなわなかったが、本書を亡き父、そして残された母に捧げたい。また、妻（森脇由美子）の助力にも心より感謝したい。

今回も名古屋大学出版会の橘宗吾氏にはあらゆる面でお世話いただいた。氏の厳しくも温かい叱咤激励がなければ、本書の完成はおぼつかなかっただろう。また、同編集部の若き三原大地氏にも編集実務で様々にご助力をたまわった。細かな点まで見逃さない氏の徹底した仕事ぶりには深い感銘を覚えた。両氏に心より御礼申し上げたい。

なお、本書の刊行にあたっては、日本学術振興会の平成二七年度科学研究費補助金（研究成果公開促進費「学術図書」）の助成を受けた。記して感謝したい。

二〇一五年一一月

和田光弘

《著者略歴》

和田《わだ》 光弘《みつひろ》

1961 年　広島県に生まれる
1989 年　大阪大学大学院文学研究科博士後期課程退学
　　　　　大阪大学文学部助手，追手門学院大学文学部講師等を経て
現　在　名古屋大学大学院文学研究科教授，博士（文学）
著訳書　『紫煙と帝国』（名古屋大学出版会，2000 年，第 6 回アメリカ学会清水博賞）。『タバコが語る世界史』（山川出版社，2004 年）。『歴史の場』（共編著，ミネルヴァ書房，2010 年）。『大学で学ぶアメリカ史』（編著，ミネルヴァ書房，2014 年）。グインター『星条旗』（共訳，名古屋大学出版会，1997 年）。フット『記念碑の語るアメリカ』（共訳，名古屋大学出版会，2002 年）。ベイリン『アトランティック・ヒストリー』（共訳，名古屋大学出版会，2007 年）。レディカー『海賊たちの黄金時代』（共訳，ミネルヴァ書房，2014 年）他

記録と記憶のアメリカ

2016 年 2 月 20 日　初版第 1 刷発行

定価はカバーに
表示しています

著　者　和　田　光　弘

発行者　石　井　三　記

発行所　一般財団法人　名古屋大学出版会
〒 464-0814　名古屋市千種区不老町 1 名古屋大学構内
電話（052）781-5027/FAX（052）781-0697

印刷・製本 ㈱太洋社　ISBN978-4-8158-0827-3
乱丁・落丁はお取替えいたします。

索　引

ア　行

カ　行

サ　行

タ　行

ナ　行

ハ　行

マ　行

ヤ　行

ラ　行

ワ　行

図表一覧

初出一覧

第 1 章　「近世大西洋世界のなかの貨幣」(『名古屋大学大学院文学研究科公開シンポジウム報告書「貨幣が語る世界史」』, 2011 年),「近世大西洋世界におけるシンボルとしての貨幣」(『平成 19 年度〜平成 21 年度科学研究費補助金・基盤研究 (C) 研究成果報告書』, 2010 年),「18 世紀アメリカに関するデジタル史料と未刊行手稿史料 (2) ——ワシントン・モリス・軍票」(『名古屋大学文学部研究論集』176 号, 2013 年) 第 2 章

第 2 章　「18 世紀アメリカに関するデジタル史料と未刊行手稿史料 (1) ——ワシントン・懐中時計・差押え令状」(『名古屋大学文学部研究論集』173 号, 2012 年) 第 2 章,「18 世紀アメリカに関するエフェメラ——ワシントン・受領証・手形」(『名古屋大学文学部研究論集』179 号, 2014 年) 第 1 章第 2 節・第 2 章

第 3 章　「『完全なる植民地ジェントルマン』をめざして——アメリカ南部メリーランド植民地におけるプランター・ジェントリと火曜倶楽部」(山本正編『ジェントルマンであること——その変容とイギリス近代』刀水書房, 2000 年),「デジタル史料のなかのワシントン——礼儀・プレジデント・懐中時計」(『名古屋大学文学部研究論集』170 号, 2011 年) 第 1 章

第 4 章　「デジタル史料のなかのワシントン」はじめに,「ジョージ・ワシントンの『帝国』——独立革命期における『帝国』の語の使用に関する一考察」(『名古屋大学文学部研究論集』161 号, 2008 年)

第 5 章　「デジタル史料のなかのワシントン」第 3 章,「18 世紀アメリカに関するエフェメラ」第 1 章第 1 節前半,「18 世紀アメリカに関するデジタル史料と未刊行手稿史料 (1)」第 1 章,「18 世紀アメリカに関するデジタル史料と未刊行手稿史料 (2)」第 1 章

第 6 章　「ワシントン『告別演説』の日付に関する一考察」(『名古屋大学文学部研究論集』182 号, 2015 年)

第 7 章　「記念碑の創るアメリカ——最初の植民地・独立革命・南部」(若尾祐司・羽賀祥二編『記録と記憶の比較文化史——史誌・記念碑・郷土』名古屋大学出版会, 2005 年) 1・2

第 8 章　「記念碑の創るアメリカ」3,「称えられる敵——アメリカ独立革命の記念碑から」(川北稔・藤川隆男編『空間のイギリス史』山川出版社, 2005 年),「アメリカ独立戦争の史蹟と記念碑——アラマンス・カウペンズ・ヨークタウン」(『平成 12 年度〜平成 15 年度科学研究費補助金・基盤研究 (B・2) 研究成果報告書』(2004 年),「記念碑が創る独立戦争の記憶」(入子文子・林以知郎編『独立の時代——アメリカ古典文学は語る』世界思想社, 2009 年),「眠れぬ死者——ポカホンタス・ヨークタウン・ワシントン」(若尾祐司・和田光弘編著『歴史の場——史跡・記念碑・記憶』ミネルヴァ書房, 2010 年) 3

第 9 章　「眠れぬ死者」1・2・4,「デジタル史料のなかのワシントン」第 2 章,「18 世紀ア

メリカに関するエフェメラ」第1章第1節後半
第10章「英雄たちの記憶——ベッツィ・ロスとポール・リヴィアをめぐって」(『追手門学院大学文学部紀要』25号, 1991年),「英雄ポール・リヴィアの生成」(『アメリカス研究』第5号, 2000年)

註

序 章

（1）アメリカ独立革命をめぐるJ・G・A・ポーコックの議論については，有賀貞『アメリカ革命』（東京大学出版会，1988年），295頁，および拙稿「3章　歴史　植民地から建国へ」（五十嵐武士・油井大三郎編『アメリカ研究入門（第3版）』（東京大学出版会，2003年），37頁参照。代表作の大著，ポーコック（田中秀夫・奥田敬・森岡邦泰訳）『マキァヴェリアン・モーメント――フィレンツェの政治思想と大西洋圏の共和主義の伝統』（名古屋大学出版会，2008年）では，とりわけ第15章でその詳細が開陳されている。ただし，同書の第17章（2003年版（新版）への後書き）において，独立革命に関する「わたしの見解は不当に単純化されてきた」とも述べている。また，ポーコック（犬塚元監訳，安藤裕介・石川敬史・片山文雄・古城毅・中村逸春訳）『島々の発見――「新しいブリテン史」と政治思想』（名古屋大学出版会，2013年）も参照。

（2）たとえば，「事実史」と「記憶史」を対置するヤン・アスマンの議論については，安川晴基「『神々』の物語――靖国神社遊就館を歩く」（中村靖子編『虚構の形而上学――「あること」と「ないこと」のあいだで』春風社，2015年）などを参照。ただし，本書における「事実史」と「記憶史」の概念設定やその理論的展開等は，著者（和田）独自のものであることを強調しておきたい。

（3）たとえば同時代のAの視座を南部の奴隷に合わせて，奴隷たちが苦しい生活の中で，日常の様々な場面に人間的な喜びを見出すさまを当時の史料に探り，彼ら・彼女らを単に抑圧された存在としてではなく，厳しい制約条件下で主体的に生を希求した存在として描くことは有意義であるが，むろんその発見をもって奴隷制の桎梏が些かたりとも免罪されるわけではない（むしろ彼ら・彼女らの制約された生の中に，Cの視点をより強化する要素が見出されるかもしれない）。またBの視座を当時のプランター（奴隷主）に一致させて，彼らの著作の中に私有財産としての奴隷制を擁護する理路整然とした論理を見つけ出したとしても，当該制度の悪を告発する現在の視座を見失うわけにはいかない。しかし逆に，Cの視座からその悪の告発にのみ忙しく，史料の制約もあって奴隷一人一人の当時の生に目を向けることなく，なべて制度の単なる受動的犠牲者ととらえるならば，それもまた一方的な見方のそしりを免れえないであろう。別の例を挙げるならば，たとえば何らかの戦争に関する同時代の為政者の史料を読み込めば，なぜ戦端を開かざるを得なかったのかがよりよく理解されるとしても，同時に現在の視点から，その判断が正しかったのかどうかが問われる必要があろう。

（4）なお，本来，一様であるはずの時間の流れに掉さして，自然の流れ以上に過度な変化――たとえば急速な忘却――を求めたり，また逆に，その流れを意図的に遅くして変化の鈍化――たとえば記憶の永続的な保持――を求めたりすれば，いずれの場合も当該事象はきわめて目立つことになる。

（5）大西洋史については，バーナード・ベイリン（和田光弘・森丈夫訳）『アトランティック・ヒストリー』（名古屋大学出版会，2007年）および同書の「訳者あとがき」におい

て和田が20ページ以上にわたって開陳した大西洋史の解説を参照。また，拙稿「第1部第1章　植民地時代——17世紀初頭～1760年代」（有賀夏紀・紀平英作・油井大三郎編『アメリカ史研究入門』山川出版社，2009年）も参照。

（6）Nicholas Canny and Philip Morgan, eds., *The Oxford Handbook of the Atlantic World, c.1450–c.1850* (New York, 2011)；Joseph C. Miller, Vincent Brown, and Jorge Cañizares-Esguerra, *et al.*, eds., *The Princeton Companion to Atlantic History* (Princeton, 2015)；D'Maris Coffman, Adrian Leonard and William O'Reilly, eds., *The Atlantic World* (London, 2015)．なお，近年の欧語文献について，出版地の表記はあまり意味をなさない場合もあるが，本書では西洋史学の慣例にのっとって，出版社ではなく（もしくは出版地と出版社ではなく）出版地を記載している（その際，文献に複数の出版地が記されている場合は，適宜選択している）。また本書中の「イギリス」の表記について付言するならば，たとえば，1707年のスコットランドとの正式合同を境としてイングランドとブリテンの表記を厳格に区分して用い，イギリスの語の使用を避ける向きもあるが，「オランダ」や「ドイツ」など，他の国の表記とのバランスを取る必要などからも，イギリスのみ表記の精度を上げることは避け，融通無碍な「イギリス」の語をあえて用いるメリットが大きいと判断した（第1章で見るように硬貨の刻印も，つとにジェイムズ1世の時代に，従前の「イングランドの王［女王］（Angliae Rex [Regina]）」から「大ブリテンの王（Magnae Britanniae Rex）」に変わっている）。

（7）教科書は，Catherine Armstrong and Laura M. Chmielewski, *The Atlantic Experience : Peoples, Places, Ideas* (London, 2013)，概説書は，Karen O. Kupperman, *The Atlantic in World History* (Oxford, 2012)；Christoph Strobel, *The Global Atlantic, 1400 to 1900* (Abingdon, Oxon, 2015)；Anna Suranyi, *The Atlantic Connection : A History of the Atlantic World, 1450–1900* (Abingdon, Oxon, 2015) など。また，文化史に特化した概説書として，John K. Thornton, *A Cultural History of the Atlantic World, 1250–1820* (Cambridge, 2012) がある。

（8）シリーズの名称は，"Atlantic World : Europe, Africa and the Americas, 1500–1830," ed. by Benjamin Schmidt and Wim Klooster で，たとえばその第27巻は，Jeffrey A. Fortin and Mark Meuwese, eds., *Atlantic Biographies : Individuals and People in the Atlantic World* (Leiden, 2014) である。

（9）特に奴隷貿易などに関して研究が進んでいる。Alan Rice, *Creating Memorials, Building Identities : The Politics of Memory in the Black Atlantic* (Liverpool, 2010)；Celeste-Marie Bernier and Judie Newman, eds., *Public Art, Memorials and Atlantic Slavery* (London, 2009)．

（10）たとえば，フランスにおいては『アナール』誌が大西洋史の特集を組んでいる。"Histoire atlantique," *Annales : Histoire, Sciences sociales*, 67 (2012)．

（11）以下，大西洋史の分類については，ベイリン『アトランティック・ヒストリー』の「訳者あとがき」，および拙稿「第1部第1章　植民地時代」（『アメリカ史研究入門』）を参照。

（12）「シス大西洋《アトランティック》」は，ラテン語の前置詞キスを接頭辞とする造語であり，大西洋のこちら側，すなわち新大陸側を意味する。ただしこの語の歴史は古く，少なくともトマス・ジェファソンにまで遡り，彼の著書『ヴァジニア覚え書』に用例が認められる。もっとも，③の「シス」と②の「トランス」の語は，周知のとおり有機化合物等のいわゆる幾何異性体の対概念であり，対比のために使われたのであろう。

（13）マーカス・レディカー（和田光弘・小島崇・森丈夫・笠井俊和訳）『海賊たちの黄金時

代——アトランティック・ヒストリーの世界』（ミネルヴァ書房，2014年），「日本語版への序」も参照。

(14) ウェブサイトなどオンライン情報の表記法に関して，本書では必要と思われる場合のみ閲覧（アクセス）日を付している。当該サイトが停止もしくは変更された際に，典拠の再検証可能性が保証されない，すなわち俄かには確認するすべがないのは，どちらの場合も同じだからである。

(15) 付言するならば，これら著者蔵の史料等のオリジナルは，著者が個人的に地道に収集したもので，一点一点は決して高価なものではない。

第1章　近世大西洋世界のなかの貨幣

(1) マーカス・レディカー（和田光弘・小島崇・森丈夫・笠井俊和訳）『海賊たちの黄金時代——アトランティック・ヒストリーの世界』（ミネルヴァ書房，2014年），「日本語版への序」参照。なお，邦語で読める本章の参考文献として，浅羽良昌『アメリカ植民地貨幣史論』（大阪府立大学経済学部，1991年），マーガレット・G・マイヤーズ（吹春寛一訳）『アメリカ金融史』（日本図書センター，1979年），W・T・C・キング（藤沢正也訳）『ロンドン割引市場史』（日本経済評論社，1978年）を挙げておきたい。また，史的貨幣システムについては，黒田明伸『貨幣システムの世界史——〈非対称性〉をよむ』（岩波書店，2003年），イギリス貨幣史を中心とした優れた研究として，楊枝嗣朗『歴史の中の貨幣——貨幣とは何か』（文眞堂，2012年），同『近代初期イギリス金融革命——為替手形・多角的決済システム・商人資本』（ミネルヴァ書房，2004年）などがある。

(2) ロバート・L・スティーヴンソン（田中西二郎訳）『宝島』（旺文社文庫，1974年），43頁。

(3) 同上，96頁。

(4) 銘文はいずれも複数属格であり，むろん主格はそれぞれ Hispaniae，Indiae となる。後者の Indiae，すなわちインディアスについては容易に首肯されるものの，前者のスペインが複数形とされているのは，イベリア半島における古代ローマの属州が複数に区分されていたこと（ヒスパニア・キテリオルとヒスパニア・ウルテリオル，もしくはその後のヒスパニア・タラコネンシス，ヒスパニア・バエティカ，ヒスパニア・ルシタニア（ルシタニア））に由来すると考えられるが，さらに敷衍して近世以降，スペイン王が多くの国王位を兼ねたいわゆる複合（王朝）国家，コングロマリット国家としてのスペインの様相を表象しているとも言えよう。

(5) 中南米のコインに特化したカタログとして，Colin R. Bruce II, ed., *Standard Catalog of World Coins : Spain, Portugal and the New World*, by Chester L. Krause and Clifford Mishler (Iola, Wi., 2002) がある。

(6) ダニエル・デフォー（平井正穂訳）『ロビンソン・クルーソー（上）』（岩波文庫，1967年），51，52，258，259，261，378頁。

(7) ハーマン・メルヴィル（田中西二郎訳）『白鯨（上）』（新潮文庫，2006年），306頁。

(8) Raphael E. Solomon, "Foreign Specie Coins in the American Colonies," in *Studies on Money in Early America*, ed. by Eric P. Newman (New York, 1976) も参照。

(9) トマス・ジェファソン（中屋健一訳）『ヴァジニア覚え書』（岩波文庫，1972年），305-307頁。この表中で，原語で"Coined gold of the empire" および "old rixdollars of the

empire” と記された硬貨は，同訳書ではそれぞれ「イギリス帝国内産出の金による金貨」，「イギリス帝国の古いリクスダラー」と訳出されている。著者もかつて拙稿「独立革命・近代世界システム・帝国」（紀平英作・油井大三郎編『グローバリゼーションと帝国（シリーズ・アメリカ研究の越境・第5巻）』ミネルヴァ書房，2006年），34頁において，この訳をそのまま採用し，ここでの “empire” が「イギリス帝国」を意味すると記した。しかしながら，貨幣学（古銭学）の成果を取り入れてアメリカ関連の貨幣コレクションをウェブ上に公開した優れたサイト，“The Coins of Colonial and Early America,” in “Coin and Currency Collections in the Department of Special Collections, University of Notre Dame Libraries” (http://www.coins.nd.edu) によれば，“rixdollar of the empire” はドイツなどで鋳造された銀貨 “Taler (Reichstaler)” を指し，この “empire” は「神聖ローマ帝国」の意であるとされる（“rixdollar” のみは，オランダの “Rijksdaalder” を指す。いずれも実物は本章の図1-4を参照）。また金貨については，ジェファソン作成の表中に “Guineas” や “British gold coin” の表記がすでにあり，再度「イギリス帝国内」の金貨について述べるのは不自然に思われる。以上の理由により，当該の金貨，銀貨のいずれも，“the empire” は中屋訳の「イギリス帝国」ではなく，「神聖ローマ帝国」であると判断した。上記の拙稿についてもここで訂正しておきたい。

(10) カロリング朝のピピン3世は「神の恩寵により」の語をほとんど用いなかったが，カール大帝とカールマン1世以降，常用された。ただし語順は，少なくとも当初はもっぱら “Gratia Dei” であった（中世初期の用例に関しては，真川明美氏（名古屋大学大学院博士後期課程）のご教示を得た）。

(11) この硬貨史上の大きな変化は，間接的には1801年のアイルランドとの合同を反映したものと捉えることもできるが，実際に新硬貨に切り替わったのは1816年以降であり，直接的な契機としては，新しい造幣局が蒸気力を用いた装置を稼働させ始めたことにある。*Standard Catalogue of British Coins : Coins of England and the United Kingdom*, 44th ed. (London, 2009), 401を参照。ちなみにハノーファー家の紋章に冠された意匠は，それまでは選帝侯を表象する冠であったが，ウィーン会議でハノーファー王国となったため，1816年以降は王冠に替わった。したがって，図1-5の⑰の当該意匠は王冠である。

(12) スティーヴンソン『宝島』，43頁。

(13) トマス・ペイン（小松春雄訳）『コモン・センス』（岩波文庫，1976年），48頁。

(14) 航海法体制については，拙稿「第1章　イギリス領13植民地の成立と展開」（野村達朗編著『アメリカ合衆国の歴史』ミネルヴァ書房，1998年）を参照。

(15) ウォンパムについては，J. Earl Massey, “Early Money Substitutes,” in *Studies on Money in Early America*, ed. by Newman を参照。

(16) 商品貨幣や紙幣などの分類については，John J. McCusker, “Colonial Paper Money,” in *Ibid.* を参照。

(17) アダム・スミス（水田洋訳）『国富論（上）』（河出書房新社，1970年），279頁。

(18) “The Comparative Value of Money between Britain and the Colonies,” in “Colonial Currency,” in “Coin and Currency Collections in the Department of Special Collections, University of Notre Dame Libraries” (http://www.coins.nd.edu) もアルマナックを最適な史料と指摘している。

(19) 分析に用いたアルマナックの評価表（図像）は，Solomon, “Foreign Specie Coins in the American Colonies,” in *Studies on Money in Early America*, ed. by Newman, 35, 39, 41 ; Ron Michener and Robert E. Wright, “Observations on the Composition of Colonial Pennsylvania’s

Money Supply,"（2005）, 36–37（http://people.virginia.edu/~rwm3n/Misunderestimating%20Revised7.pdf）; Ron Michener, "Money in the American Colonies（EH. Net Encyclopedia）" 10（https://eh.net/encyclopedia/article/michener.american.colonies.money/）等も参照。また，前註のウェブサイトも参照（http://www.coins.nd.edu/ColCoin/ColCoinImages/Tables/Abraham.1759.jpg/）。

（20）スミスの指摘については，『国富論（上）』，187頁。なお，アメリカ独立後，ドルを貨幣単位とする十進法を明確に定めた1792年の鋳貨法では金銀比価は1対15とされたが，1834年の鋳貨法で1対16に変更されており，その比率が小説に反映された可能性がある。

（21）Joseph R. Lasser, *et al.*, *The Coins of Colonial America : World Trade Coins of the Seventeenth and Eighteenth Centuries*（Williamsburg, Va., 1997）, coin #52を参照。

（22）*Ibid.*, coin #51を参照。

（23）松の木硬貨については，Richard Picker, "Variations of the Die Varieties of the Massachusetts Oak and Pine Tree Coinage," in *Studies on Money in Early America*, ed. by Newmanを参照。

（24）この銀貨はカプセルに入れられていた硬貨の中では最古のもの。このニュースはさまざまなメディアで報じられたが，たとえばヒストリー・チャンネルの2015年1月7日の記事（"Contents of Boston Time Capsule Buried by Samuel Adams and Paul Revere Unveiled"）を参照。

（25）当時の銅貨に関しては，以下の文献も参照。H. Montagu, *The Copper, Tin and Bronze Coinage and Patterns for Coins of England : From the Reign of Elizabeth to That of Her Present Majesty*, 2nd ed.（London, 1893）; Philip L. Mossman, *Money of the American Colonies and Confederation : A Numismatic, Economic and Historical Correlation*（New York, 1993）; "Regal British Copper Coinage : Introduction," in "The Coins of Colonial and Early America," in "Coin and Currency Collections in the Department of Special Collections, University of Notre Dame Libraries"（http://www.coins.nd.edu）. なお17世紀末には一部，錫貨もある。

（26）Eric P. Newman, "American Circulation of English and Bungtown Halfpence," in *Studies on Money in Early America*, ed. by Newman, 136参照。

（27）Walter Breen, "North American Colonial Coinages under the French Regime（1640–1763）," in *Ibid.* 参照。

（28）偽造銅貨に関する分析や考察については，Newman, "American Circulation of English and Bungtown Halfpence," in *Ibid.* ; Mossman, *Money of the American Colonies and Confederation*, 105–122 ; "Counterfeit British Coppers : Introduction," in "The Coins of Colonial and Early America," in "Coin and Currency Collections in the Department of Special Collections, University of Notre Dame Libraries"（http://www.coins.nd.edu）等も参照。

（29）Colin R. Bruce II, ed., *Standard Catalog of World Coins : Eighteenth Century, 1701–1800*, 3rd ed., by Chester L. Krause and Clifford Mishler（Iola, Wi., 2002）, 579 ; Id., ed., *op. cit.*, 4th ed., by Krause and Mishler（Iola, Wi., 2007）, 630. なお，手元にはさらに1760年・ジョージ2世銘のファージングも1点あるが，実測径は22.49 mm，実測厚は1.41 mm，実測量目は3.61 gである。偽造と思われる④よりもさらに薄く，軽いが，この硬貨はアイルランド向けのものであり（裏面にヒベルニアの銘と竪琴が刻まれている），同地向けの銅貨は真正品であってもイングランドのものよりも一般に軽く，半分程度の量目しか有さない場合もあ

る。したがって，このファージングを真正品と考えて矛盾はない。ヒベルニア貨幣については，Mossman, *Money of the American Colonies and Confederation*, 130-137 も参照。

(30) 同表のデータは，Eric P. Newman, *The Early Paper Money of America*, 4th ed. (Isola, Wis., 1997), 57-83 等を参照。

(31) *Ibid*., 71 参照。

(32) 連合規約第12条でも，連合会議（大陸会議）によるこれまでの紙幣等の引き受けが謳われている。

(33) Kenneth Bressett, ed., *A Guide Book of United States Coins : The Official Red Book*, 61st ed. (Atlanta, 2007), 81. 今日，この大陸ドルの存在はよく知られているが，文献上の直接的な記述は必ずしも明確でなく，革命の財政を双肩に担ったロバート・モリスも関知していなかった可能性がある。したがってニューヨーク等を中心とする地域的なプロジェクトとも考えられる。大陸ドルについては，その他，Walter H. Breen, *Walter Breen's Complete Encyclopedia of U.S. and Colonial Coins* (New York, 1988), ch. 9 ; "The Continental Currency 'Dollar' of 1776," in "The Coins of Colonial and Early America" ; "Continental Dollar 1776," in "CoinResource" (http: //www. coinresource. com); "1776 Continental Dollars," in "CoinFacts. com" (http://www.coinfacts.com) なども参考になる。また，Sylvester S. Crosby, *The Early Coins of America* (Boston, 1875) の復刻版（Lawrence, Mass., 1983）のカバーには，大陸ドルの表・裏が全面に掲げられている。

(34) ただしその額面にはドルとポンドスターリングが併記されている。Ronald W. Michener and Robert E. Wright, "Farley Grubb's Noisy Evasions on Colonial Money : A Rejoinder," *Econ Journal Watch*, Vol. 3 (2006): 264.

(35) Benjamin Franklin, *Writings (Library of America)*, ed. by J. A. Leo Lemay (New York, 1987), 735.

(36) Newman, *The Early Paper Money of America*, 62 ; "Continental Currency," in "Colonial Currency," in "Coin and Currency Collections in the Department of Special Collections, University of Notre Dame Libraries" (http://www.coins.nd.edu) なども参照。ちなみに，当該のモットーのラテン語（"Sustine vel Abstine"）と酷似した文言（"Sustine et Abstine"）は，古代ギリシアのストア派，エピクラトスの箴言「[悪に] 耐え，[快楽を] 慎め」である。

(37) 大陸紙幣，とりわけ5ドル札を考察の俎上に載せた示唆に富む論文として，秋元孝文「ウィリアム・バロウズは地域通貨の夢を見るか？――紙幣に見るアメリカのグローバリゼーションとオルタナティヴ」（港道隆編『心と身体の世界化』人文書院，2006年）がある。

(38) ダンラップ・ブロードサイドの精密な写真は，David Armitage, Pauline Maier, *et al*., *Declaring Independence : The Origin and Influence of America's Founding Document* (Charlottesville, Va., 2008), viii など。また当然の論理的帰結ながら，ダンラップ・ブロードサイドのタイトル部分は，日付を除いて，ジェファソンの独立宣言草稿（いわゆる "Rough Draft"）とほぼ同一である（大文字・小文字の違いは若干あるが，"UNITED STATES OF AMERICA" は同草稿でも大文字で記されている)。

(39) 独立宣言書の物理的特性や辿った歴史については，拙稿「文書としての『独立宣言』――移動・保存・複製」(『追大英文学会論集』創刊号，1992年）を参照。また，J. B. Rhoads, ed., *Declaration of Independence : The Adventure of a Document* (Washington, D.C., 1976) も参照。

(40) Armitage, Maier, *et al., Declaring Independence*, xvi.

(41) ただし，“of”と“OF”などの違いはある。コロニアル・ウィリアムズバーグで作成されたレプリカを著者所蔵。*The Virginia Gazette* (July 26, 1776, No. 78), reprinted at the Printing and Post Office in Williamsburg, Va.

(42) A・ハミルトン，J・ジェイ，J・マディソン（斎藤眞・中野勝郎訳）『ザ・フェデラリスト』（岩波文庫，1999年）の斎藤眞氏による「解説」を参照。

(43) 大下尚一・有賀貞・志邨晃佑・平野孝編『史料が語るアメリカ 1584-1988——メイフラワーから包括通商法まで』（有斐閣，1989年），39頁。むろんこの第1条における「名称」を「アメリカ合衆国」と訳すのは一般的な作法であり，決して誤っているわけではない。当時の実態を斟酌するならば，「アメリカ連合諸邦」の訳の方が実態に沿っている可能性があるとの意である。なお，「アメリカ合衆国」の訳語の由来等については第9章第3節で詳述する。

(44) レプリカ（Red's Military Prints, Ringgold, Ga. 作成）を著者所蔵。

(45) 歴史上の紙幣の素材については，たとえば，植村峻「昔のお札の繊維素材研究」（『紙パ技協誌』第59巻第6号，2005年），102頁を参照。

(46) Newman, *The Early Paper Money of America*, 18-19. フランクリンはペンシルヴァニア植民地の紙幣にすでにこの技法を用いており，それが援用された。*Ibid*., 330-355 参照。

(47) データに関しては，John J. McCusker, *How Much Is That in Real Money? : A Historical Price Index for Use as a Deflator of Money Values in the Economy of the United States* (Worcester, Mass., 2001), 76-77 も参照。

(48) 図1-13 左のメリーランド邦紙幣については，Newman, *The Early Paper Money of America*, 171 ; McCusker, *How Much Is That in Real Money?*, 78-79 を参照。また，次の文献も参照。John J. McCusker, *Money and Exchange in Europe and America, 1600-1775 : A Handbook* (Chapel Hill, N.C., 1987), 189-204.

(49) 各邦のデータは，Newman, *The Early Paper Money of America*, 478 等より得られる。

(50) 図の個体は，著者が中国の貨幣商から購入したもの。むろんコレクションとしては，荘印が打たれていたり，それが補修されていたりすると，価値はかなり下がることになる。

(51) ペソ表記と並行して，8レアル表記の硬貨も19世紀末まで造幣され続けた（正確にはペソ表記の銀貨の裏面は，フリジア帽と秤の意匠）。なお，メキシコの国章の鷲は19世紀末から左向きとなるが，硬貨では以後も長く，右向きも鋳造されている。

(52) この貿易ドルについては，Colin R. Bruce II, ed., *Standard Catalog of World Coins : 1801-1900*, 5th ed., by Chester L. Krause and Clifford Mishler (Iola, Wi., 2006), 1118 ; Bressett, ed., *A Guide Book of United States Coins*, 211-212 などを参照。手近なところでは，日本貨幣商協同組合編『日本の貨幣——収集の手引き』（2002年），149-150頁にも簡潔な解説が掲載されている。

(53) 金銀比価については別の解釈もありうるが，ともあれ日本は鎖国中に，世界の金銀比価の水準とは無関係に，金貨の1両，すなわち小判1枚（小判は銀が半分程度含まれているので，今日の代表的な世界貨幣カタログの表記にあるように，正確には金銀の合金）を銀貨の4分，すなわち一分銀4枚と等価に設定していたため，開港によって一気に世界の比価との気圧差に晒されることになった。諸外国は8レアル銀貨（1ドル銀貨）を3分（一分銀3枚）相当とする換算を求めたが，幕府も対抗措置を講じる。開港にあたっ

て安政二朱銀などの新たな貨幣を鋳造し，安政二朱銀の銀量を1ドル銀貨の半分に設定して，この二朱銀2枚で1ドル銀貨1枚と交換する予定であった。4朱は1分なので，もしこの計画がうまく運んでいれば，1ドル銀貨は1分相当となり，銀の価値は金に対して従来の3分の1程度に低く見積もられ，その結果，日本の金銀比価は計算上，1対15，16程度の世界水準に近づく（小判の改鋳を伴えばさらに金高となる）はずであった。しかし諸外国はこの安政二朱銀を受け入れず，わずか三週間程度で通用中止となった。「馬鹿二朱」と呼ばれる所以である。この計画の挫折により，日本の小判は海外に大量に流出したとされ，追い込まれた幕府は金銀比価是正のため，銀貨ではなく金貨の価値を減ずる方策を取らざるを得なくなる。万延の幣制改革である。実際，実物の天保二朱判金と万延二朱判金を比較すると，同じ二朱判金でありながら，天保二朱判金に比して万延二朱判金がかなり小ぶりなことがわかる。実際の地金量は，天保期の約3分の1強となっている。この幣制改革により，激しいインフレが生じたことは周知の事実であろう。これらは半ば教科書的な常識に属する事柄ながら，幕末から明治初期にかけての貨幣については，Bruce II, ed., *Standard Catalog of World Coins : 1801-1900*, 781-790なども参照。また，上記の経緯を日本貨幣商協同組合編『日本の貨幣』，108-116頁はわかりやすくまとめている。

(54) わが国において当時の中国の貨幣状況を分析した記事として，『読売新聞』（1918年4月10日～17日）「幣制改革と其現状（一）～（七）」（神戸大学附属図書館デジタルアーカイブ・新聞記事文庫）がある。

(55) 最初のフリー・シルバー法案の提出は1886年である。人民党運動と貨幣に関しては，横山良「アメリカ・ポピュリズムとグリーンバッキズム——19世紀アメリカの民衆と貨幣」（平成15年度～18年度科学研究費補助金（基盤研究B）研究成果報告書「西洋史の諸相における文化的ボーダーランドとマージナリティ」），同「ポピュリズムとグリーンバッキズム——グリーンバッキズムの父エドワード・ケロッグ（アメリカ・ポピュリズムの歴史的源泉——その②の1）」（『近代（神戸大学）』第94号，2005年）など，同氏の一連の優れた研究を参照。

(56) 拙稿「18世紀アメリカに関するデジタル史料と未刊行手稿史料（2）——ワシントン・モリス・軍票」（『名古屋大学文学部研究論集』176号，2013年），第2章（とりわけ41，56頁）を参照。

(57) 独立戦争中の大陸軍の補給に関しては，次の修士論文（名古屋大学）が詳しい。池田祐里子「アメリカ独立戦争における補給の問題について」（2011年度）。また，大陸軍の組織などについては，ドン・ヒギンボウサム（和田光弘・森脇由美子・森丈夫・望月秀人訳）『将軍ワシントン——アメリカにおけるシヴィリアン・コントロールの伝統』（木鐸社，2003年），196-199頁を参照。

(58) この史料のテクスチャーは次のとおり（写真は本節末の【史料A】）。法量は横21.1cm，縦16.4cm。材質は簀の目紙で，簀の目の向きは横。透かしは有り（アルファベット・ライオン・女神），天地は逆で，表裏は表である。表面のみのテクストの釈文（訳）は下のとおり。ポメロイではなくウィリアム・モーズリーに対して支払う形式となっており，同人による裏書の自署は3つ折りの中央部になされている。裏書譲渡に関する表記はないが，支払指図の形式は酷似している。なお，1777年11月3日付の同様の証書で，やはり自署ではないローレンスの名が記され，本史料によく似た構造を有する史料（金額は1ポンド9ペンス）も私蔵しているが，本書では詳述しない。また，同じく私蔵して

いるコネティカット植民地の公金の支払指図書2葉（同植民地の参議会書記官から財務官に対して出されたもので，1766年10月29日付と68年10月19日付。次章第5節の【史料13・14】）も同様の構造を備えており，このような文書様式が植民地時代から連綿と続いていることがわかる。

《表》

拝啓

主計局，1782年10月28日

ウィリアム・モーズリー氏に，

［忠誠派の］資産を接収して得られた収益，もしくは何かに充てるものではない［使用目途の限定されていない］資金であれば何であれ，そこより，4ポンド4シリング3ペンスを支払うこと。邦政府に請求のこと。

委員　フェン・ウォッズワース，エリエイザー・ウェールズ，ハンティントン

財務官ジョン・ローレンス殿［へ］［自署ではない］

なお，この手書きの史料も，印刷された軍票（訳出した【史料1】など）においても，財務官ローレンスに対して“To”の語は付されていないにもかかわらず，「〜へ」と訳している。文書の左下に記された名前を，あえてその文書の宛先（依頼先）と解するのはやや奇異に思われる向きもあるかもしれない。実際，前述の次章の史料（【史料13・14】）では，いずれも財務官の名は冒頭に置かれ，“To”の語が付されている。にもかかわらず，本軍票や本手書き史料など，同様の構造を持つ史料において，左下に記された人物（いずれも自署ではない）を宛先と解釈するのは，むろん理論的要請もあるが，なによりも“To”の語を，左下の財務官に対して明確に付した手書きの軍票が存在するからである（1781年8月13日発行の5ポンド。また，前述の著者蔵，1777年11月3日付のものも一例となる）。

(59) 本節で参照した人名事典等は以下のとおりであり，とりわけ日本図書センターが復刻した歴史上の人名事典の数々（『アメリカ人名資料事典』シリーズ）は重要である（かつて著者はこれらの人名事典の推薦文を日本図書センターのパンフレットに寄せたことがある）。John Eliot, *A Biographical Dictionary Containing a Brief Account of the First Settlers, and Other Eminent Characters among the Magistrates, Ministers, Literary and Worthy Men in New England* (Salem & Boston, 1809)（『アメリカ人名資料事典（第1巻）』日本図書センター，2000年) [以下，①と表記]; William Allen, *The American Biographical Dictionary*, Vol. 2 (Boston, 1857)（『アメリカ人名資料事典（第15巻）』日本図書センター，2001年) [以下，②]; Francis S. Drake, *Dictionary of American Biography*, Vol. 2 (Boston, 1872)（『アメリカ人名資料事典（第10巻）』日本図書センター，2001年) [以下，③]; *Concise Dictionary of American Biography*, 5th ed., 2 vols. (New York, 1997) [以下，④]; Richard L. Blanco, ed., *The American Revolution, 1775–1783 : An Encyclopedia*, Vol. 1 (New York, 1993) [以下，⑤]. ハンティントンについては，②: 457–458 ; ③: 468 ; ④: Vol. 1, 600 ; ⑤: 792–795。ロジャーズは，②: 712。ウォルコットは，②: 878 ; ③: 1000 ; ④: Vol. 2, 1474で，これらはすべて父とともに掲載されており，①: 510–511は父のみ記載されている。ウォッズワースについては，ジェレマイアのみが，②: 813 ; ④: Vol. 2, 1357に載っている。なお，①にはハンティントン，ウォッズワース，ロジャーズの親族の記載があり，②にはポメロイやキングズベリーの親族と思われる人物の記載もある。建国初期の1809年に上梓された①は，掲載人数は多くはないものの，ニューイングランドの著名人に特化した内容か

ら，貴重な同時代史料となっている。②は1857年の出版であるが，むしろそれゆえにこそ，19世紀前半までの人物に関して収録数も非常に多く，現代から見ても一定の水準に達した事典といえよう。

(60) この証書については1葉のみ，著者のコレクションにある。発行日は1788年5月31日で，ポメロイではなくオリヴァー・ウォルコット・ジュニアに対して支払われる形をとっており，金額は4ポンド，主計局委員の署名はエリエイザー・ウェールズ1名となっている。裏面にはウェールズの自署（中央）と，他1名の裏書署名がある。テクストの構造はよく似ているが，法量は最大値で横15.2cm，縦12.2cmであり，本節で考察している軍票とは形が異なっている（簀の目も縦ではなく横で，3つ折り）。

(61) たとえば以下のような署名があり，同じ人名は見当たらない（括弧内は軍票番号）。"Josiah Curtis" (3), "Isac [a ?] c Chandler" (6), "S Danforth" (7), "Nathan Strong" (8), "Lui Riley" (11), "Samuel Hyatt" (18), "Asa Frink" (19) など。なお，(6)のチャンドラーについては，名前の前に"R [Received] of"と読める語が付されており，裏書人（チャンドラー）から軍票を譲渡された事実を被裏書人が記していると推定される。著者は他の史料でも同様の形式を目にしたことがあり，そのような記名方式も存在したのであろう。もっとも，これらの署名は裏面の左下に小さな字体で記されている場合が多く，筆跡がわかりにくい。したがってこれらの名のいくつかが，ポメロイ自身，もしくは書記官や監査担当官等によって記された可能性も考えられる。その場合は，たとえばポメロイや需品局の書記官による指図人（被裏書人）の記載であれば，償還の際の自署ではなく，また白地式裏書でもないことになる（ただし，償還時に書記官等が相手方の名を記載した可能性もある）。また，償還時等に，邦政府側の監査担当官等が監査（清算）済みの印として小さく自署したと考えることもできる。一方，裏書人の自署だとしても，たとえば当該の軍票が複数の人の手に渡り，最後の者が償還を受けた際に記した可能性も否定はできない。なお，あえて手形割引人のごとき存在を想定する必要はなかろう。

(62) なお，本書でいう「簀の目」とは，デックルに張られた細い金属線が作り出す密線（wire line）の意であって，それらの細い金属線を固定するために，数センチおきに直角に張られたやや太い金属線が作り出す鎖線（chain line）の意ではない。

(63) ただし別の裁断方法・印刷方法の可能性もある。すなわち縦ではなく横に半分に切り（今日のフォリオ判の大きさ），右半分は図1-18のとおりに配置し，左半分についてはbとc / dをセットで，右半分とは上下逆向きに配置するという方法である。これにより簀の目の向きも整合的に理解できる。もっとも，図1-18に示したアレンジの方がよりシンプルであろう。

(64) ブリストル市公文書館等に所蔵されている検認財産目録を詳細に分析した労作，岡部芳彦『イギリス検認遺産目録研究』（晃洋書房，2015年），136頁参照。同書は，本節の初出となる拙稿が上梓されてから2年後に出版された最新の研究であるが，同書で扱っている史料のサイズと，拙稿で理論的かつ実証的に導出した史料のサイズが見事に一致していることを発見し，驚くとともに大いに意を強くした。なお，同書が用いているもう一種類の検認目録のサイズも，別の拙稿で理論的に復元したサイズと一致しており，驚異的ともいえるが，これについては次章で触れる。

(65) 1行目の金額の後に付された"Order"の語は，ポメロイの指図（人）とも（軍事上の）命令の意ともとれる。

(66) 先述のように，これらの署名のいくつかがポメロイ自身，もしくは書記官や監査担当

官等によって記された可能性もあり，その場合はポメロイ（もしくは需品局）による指図人（被裏書人）の記載，あるいは監査担当官の自署ということになる。前者の仮説に立てば，表1-15の⑦には「ポメロイや書記官等による指図人の記入」と追記すべきであり，記入も償還（もしくはさらなる裏書譲渡）時ではなく，⑧と同じく発行時となる。一方，後者の仮説，すなわち償還時等に邦政府等の監査担当官等が，監査（清算）済みの印として自署したと考えることも可能であり，それゆえ表中の⑨に「もしくは担当官等」の語を挿入している。註58において詳述しなかった1777年11月3日付の証書の裏書には，「監査（清算）済み（“Audited”）1778年12月21日」の語とともに小さな署名が記されており，本仮説の強力な証左といえる。むろん，“Audited” の語が監査そのものの意か清算の意（*Webster's International Dictionary of English Language, New Edition, with Supplement of New Words* (1902), 100参照）か定かでないが，監査の場合は償還時よりものちに実施された可能性が高い。

(67) 裏面に数字が書かれている軍票も2枚ある（6と23）が，表面の金額との関連性が薄く，何らかの計算をした痕跡とはいえるものの，利率等の計算とはいえない。たとえば【史料23】の軍票には「14ポンド0シリング6ペンス」の記載があるが，額面は9ポンドである。

(68) 理論上は①・②・③の順序が異なる可能性も想定されるが，たとえば②・③・①の順の場合，金額が記載される以前の白紙に委員が保証の署名をするとは考えにくいし，②・①・③ではさらに煩雑な手続きとなる。しかも①・②・③の順であれば，筆跡等の状況（たとえば字の重なり具合から確実に①より③が後であること，金額を記す手が表と裏で異なる場合があることなど）に照らしても何ら矛盾は生じない。

(69) Newman, *The Early Paper Money of America*, 23–24.

(70) シートの現物の写真は，*Ibid*., 35, 46.

(71) その他の証拠として，同種類の軍票（すなわち異なるシートの軍票）で，裏面番号の時系列が逆転している例を挙げることができる。発行日が9月20日で種類aの1ポンド（【史料2】）の裏面番号は12483であるが，発行日が10月9日で種類aの3ポンド（【史料10】）の裏面番号は9060である。また発行日が9月20日で種類bの3ポンド（【史料6】）の裏面番号は15153であるが，発行日が10月9日で種類bの8ポンド（【史料12】）の裏面番号は12469となっている。

(72) たとえば【史料21・23・22】（裏面番号はそれぞれ，13789，13791，13794）は，22と23のみ同種類であるためシートが異なり，さらに3葉ともに額面も違う。にもかかわらず発行日が同じ（2月18日）であれば，裏面番号が近接しうることがわかる。

第2章　物語るエフェメラ

(1) エフェメラについては近年，次第に注目されつつある。たとえば，第7章で論じるDAR（アメリカ革命の娘たち）の全国本部の図書館は，家系関係のコレクションで全国的に名高いが，エフェメラの重要性に注目し，2000年からエフェメラを中心とするコレクション（「合衆国エフェメラ・コレクション」）を整理・公開している。

(2) むろん厳密には「端」ではないし，必ずしも受取人が記すとは限らない。また，一紙文書が書簡の場合は，裏面に宛先（受信人の住所氏名）が記されており，これを受け取った受信人が保管の便のため，さらに発信人の氏名や日付等を書き加える場合がある。

(3)【史料A】の原文テクスト釈文については，拙稿「18世紀アメリカに関するデジタル

史料と未刊行手稿史料（1）——ワシントン・懐中時計・差押え令状」（『名古屋大学文学部研究論集』173 号，2012 年），83 頁に掲げてある。

（4）「監査（清算）済み」の語については，前章の註 66 を参照。サムナーとスミスの署名に関しては，サムナーをスミスの指図人（被裏書人）と考えることも可能で，その場合，スミスによる記名式裏書ではなく，いわゆる白地式裏書によって譲渡を受け，さらにサムナー自らが白地式裏書をして他の者に譲渡した際の署名（もしくは市から弁済を受けた際の署名）ということになろう。すなわちサムナーは，利息分を考慮してこの証書をスミスから最初に買い取った人物ということになる（あえて手形割引人と考える必要はなかろう）。ただし，証書の表には全体にわたって斜線が引かれており，これは弁済が完了した際に市当局が引いたものと思われるため，もしもサムナーを最初の指図人とすると，この斜線を引いたのは別の人物ということになるが，そのインクの濃さなどは，サムナーの自署と矛盾しない。したがって，この斜線をサムナーが引いたとすれば，やはりサムナーは市当局者ということになり，最初の仮定が正しいことになる。まとめるならばこのサムナーの自署の意味は，①市の担当者として元利をスミスに支払った（相殺した）際のもの，②スミスの指図人として，さらに別の者に裏書譲渡した際のもの，③スミスの指図人として，市から元利を受領した際の受け取りの意，等の可能性が考えられるが，②・③の場合は，フルネームでない点が疑念を生じさせる。一方，スミスの自署の意味については（名のパスカルの綴りが表面と異なっているが，むろんジェフリーズが記した表の綴りが間違い），少なくとも次の 3 つの可能性があろう。①元利を受領した際の受け取りの意（サムナーの①と対応），②指図人へ債権を移譲するための裏書（サムナーの②・③と対応），③自身の債権を記した証書であることを明示すべく，「端裏書」と同時に記したもの，である。ただし「端裏書」と自署のインクは異なっており，また向きも逆になっていることから，異なる時期に同じ手で記されたと推測され，③の可能性は低いと思われる。

（5）拙著『紫煙と帝国——アメリカ南部タバコ植民地の社会と経済』（名古屋大学出版会，2000 年），11 頁参照。

（6）植民地時代の製紙については，たとえば，James S. Wamsley, *et al.*, *The Crafts of Williamsburg* (Williamsburg, Va., 1982), 8–9 を参照。網目漉き紙については B. J. McMullin, “Watermarks and the Definition of Format in British Paper, 1794 – Circa 1830,” *Studies in Bibliography* 56 (2003–2004) を参照。同論文が掲載する透かし文様の配置パターンから推測すると，料紙の天地はそもそも考慮されていなかった可能性がある（*Ibid.*, 296）。なお，本章で扱う史料の多くは，裏面の筆記部分の向きが表面の向きと一致している（すなわち簀の目の向きと一致している）が，折りたたんだ際の都合等により，一部が表面と異なる向きで筆記されている場合もある（【史料 A・5・8・9】）。また，他の史料（とりわけフランスのもの）では，そもそも簀の目に対して縦に筆記している例も散見される。

（7）具体的な手順としては，蠟を紙片で覆った後に，エンボスをつけようとしたとも考えられる。

（8）拙稿「18 世紀アメリカに関するデジタル史料と未刊行手稿史料（1）」，第 2 章第 2 節（1）原文テクスト釈文（89–93 頁）を参照。なお，手書きの原文テクストはインクが消えかかってかなり読みにくい箇所もあり，また語の綴り方や略記法が史料の作成者の任意の部分もあるため，著者としては万全を期したつもりであるが，釈文の翻刻において

必ずしも十全でない可能性を完全には排除できない。

(9) 金銭による賠償は基本的にコモンロー上の権利であり，モノに関しても，債務の弁済がなされるまで目的物を留置するリーエンの権利（留置権・先取特権）が同法上で認められている。しかし，相手方が債務を履行しない時に，目的物を占有せずに，競売する権利を認めるのは，エクイティ上の救済手段とされる（たとえば，田中英夫『英米法のことば』有斐閣，1986 年，第 16 章，第 21 章等）。

(10) C. R. Cheney, ed., *Handbook of Dates for Students of English History* (London, 1945, rep., 1996), 28.

(11) “What’s in a Word – An Adventure in Legal Lexicography IVKDLaw”（サイトのアドレスは省略).

(12) これらの見解は，“Learnglish : Abbreviation S. S. Help needed”（サイトのアドレスは省略).

(13) Eric P. Newman, *The Early Paper Money of America*, 4th ed. (Isola, Wis., 1997), 179–197.

(14) Cheney, ed., *Handbook of Dates*, 28.

(15) 田中『英米法のことば』，169 頁。

(16) 拙著『紫煙と帝国』，186 頁等。

(17) 著者蔵の古書。Edward D. Neill, *Terra Mariae ; or Threads of Maryland Colonial History* (Philadelphia, 1867), 237.

(18) 拙著『紫煙と帝国』，第 1 章参照。

(19) *Archives of Maryland*, Vol. 543, 260.

(20) George William Brown, *The Origin and Growth of Civil Liberty in Maryland : A Discourse Delivered by Geo. Wm. Brown before the Maryland Historical Society, Baltimore, April 12, 1850* (Baltimore, 1850), 429.

(21) このケースでは，差押えの目標金額に対して，ある程度満足のいく物件の差押えがなされたとも考えられるが，たとえば差押えがあまりに少額相当分にすぎなかった場合などは，たとえバランスのとれた陪審の評決が出されたとしても，そのまま本差押えとなった可能性はきわめて高く，もし被告の身柄が確保されていれば，債務者監獄へ収監されたと考えられる。なお，必ずしも断定はできないものの，これまで本節で述べた訴訟事例の場合，何らかの形での上訴は想定しにくいように思われる。

(22) その後，関連する新史料を 1 点入手した。マサチューセッツ湾植民地ブリストル裁判管轄区において作成された 1731 年 1 月 18 日付の一紙文書で，赤色の蠟の捺印があり，文面の一部は【史料 1】等と酷似しているがさらに長く，料紙の形状も縦長である。本史料は，仮差押え執行後に開かれた裁判で下された最終的な裁定・判決文と考えられる(早い時期の文書ゆえ，仮差押えの過程が省略されている可能性もある)。差押え金額が不十分な被告に対して，当時の習いどおり債務者監獄（“Goal”（史料のママ））への投獄を命じており，仮差押えの段階では身柄を「確保・保護」されていた被告は，ここに至って囚人とされた。ただし本史料の裏書によれば，執行にあたった副保安官は被告本人も差押え物件も確保することはできなかったようである。なお，本史料にはやはりティモシー・フェイルズが自署しており，彼の在職は本文で触れた年数（12 年）よりもさらに 5 年以上遡ることがわかる。ある系図学のサイトによれば，T・フェイルズの生没年は 1690–1777 年である（http://www.genealogy.com）。同サイトの情報は必ずしも明確ではないが，フェイルズは若い時分，当時のニューイングランド人によく見られるように船

乗りを経験し，のちに断続的に判事，また裁判所書記官に任じられたとされる。同サイトは，彼が裁判所書記官の任にあったのは1747–1774年と推定しているが，本章の史料から明らかなように，つとに1730年代には同職を務めている。したがって，判事と書記官を兼任していた時期があったと推測される。また，彼の職歴に関する断片的な情報は，以下の書物からも得られる。Emory Washburn, *Sketches of the Judicial History of Massachusetts* (Boston, 1840), 366; D. Hamilton Hurd, comp. *History of Bristol County, Massachusetts, with Biographical Sketches of Many of its Pioneers and Prominent Men* (Philadelphia, 1883), 759, 770, 889, 900; William T. Davis, *History of the Judiciary of Massachusetts* (Boston, 1900), 115.

(23) 拙稿「18世紀アメリカに関するエフェメラ——ワシントン・受領証・手形」(『名古屋大学文学部研究論集』179号，2014年)，第1章第2節参照。なお，本節以降で取り上げる史料について，受領証と記しているものはそのほとんどが金銭の領収に関わるものであり，領収証としても大差はないが，物品（証書）受領のケースもあり，また金銭の場合でも最終的な領収者と確定できない場合もあるため，受領証の呼称で統一した。ただし，個々の史料のテクストにおいては，領収証の語も使用している。

(24) ディズマル湿地会社とワシントンについては，Frank E. Grizzard, Jr., *George Washington: A Biographical Companion* (Santa Barbara, Cal., 2002), 86–87を参照。

(25) ローレンス・ルイスについては，*Ibid.,* 198–199, 406を参照。

(26) ネリーは，料理のレシピをはじめ，服飾や掃除，医術に至るまで，自給自足的なプランテーションにおける家事のさまざまな秘訣を書き残しており，興味深い。Patricia B. Schmit, ed., *Nelly Custis Lewis's Housekeeping Book* (New Orleans, 1982).

(27) この版画の下方欄外には，描かれている人物の名とともに（黒人はウィリアム・リーとされている），さらに小さな字体で，原画・エドワード・サベージ，版画・ジョン・サータン，出版・ウィリアム・スミス，フィラデルフィアと記されている。用紙自体の大きさは70.8cm × 54.2cm。一家の机の上に置かれているのは，連邦市（首都ワシントン）の設計図である。この絵については，William M. S. Rasmussen and Robert S. Tilton, *George Washington: The Man behind the Myths* (Charlottesville, 1999), 244–245も参照。

(28) むろん，種類Aの3分の1の基準を想定することも可能で，その場合，縦の長さは2インチ強でなければならない。ただし，この基準に合致する料紙は5番のみであり，独立した基準とするにはやや難があると思われるため，本章では捨象した。したがって，2分の1の大きさに準拠したと考えられる史料は【8・10・11・12・13】(縦の平均3.1インチ）であり，3分の2に準拠したと考えられる史料は【6・7・14・15】(縦の平均4.4インチ）となる。

(29) 簀の目は判型に応じて縦・横の向きが変わるが，この対応表はこの点についてもまったく矛盾はない（たとえば2折は横，8折は横，16折は縦など)。なお，表2-4では捨象したが，表2-1の【史料10】は，今日のアメリカにおけるフォリオ判（本章では4折判に近い）のサイズに相当する。判型の振幅の証左といえよう。なお，判型に関してはさまざまな参考文献があるが，歴史的な視座から解説したものとして，国立国会図書館編「インキュナブラ——西洋印刷術の黎明」(http://ndl.go.jp/incunabula/）を挙げておきたい。

(30) 前章の註64で触れた，岡部芳彦『イギリス検認遺産目録研究』(晃洋書房，2015年)，136–137頁参照。最新の研究書たる同書は，本節の初出となる拙稿が上梓されてから1年後に出版されているが，同書で扱う史料の中で，1750年代以降の冊子体の検認財産目

録のサイズと，本節で理論的に導出した図2-3の料紙全体のサイズとが見事に一致している。冊子体にするために，上下左右の「バリ」の部分が切り詰められた結果と考えられるかもしれない。

(31) 拙稿「18世紀アメリカに関するエフェメラ」，第2章第2節参照。

(32) ニューヨーク南部ビンガムトンの北北東にある市も同名であるが，蓋然性は低い。

(33) 本文の最後を，“for Sarching [Searching] / Tobo feald [field]” と読むことも不可能ではなく，その場合，タバコ畑の購入代金としては安価すぎるため，「タバコ畑を探す代金として」の意となるが，やや無理があるように思われる。

(34) 拙著『紫煙と帝国』，第6章参照。

(35) http://www.franklincountyhistory.com/greenfield/everts/06.html/

(36) 本証書は文中に「手形」の語が登場するとともに，約束手形に特徴的な文言も確認されることから約手としたが，「それ以前に支払う」との文言を素直にとれば，単に借用証書と捉えることもできる。ただし，裏面に記された小さな署名がウォーターマンの指図人とするならば，やはり約手であろう。ただし，その裏書人の姓とした「ドロワー（Drawre)」を手形振出人の意，名とした「ウィット（Witt)」を姓と読むことも不可能ではないが，論理的に無理があろう。また，この語を“Writt Drawn”と読めば，返済に何らかの問題が生じて係争となり，令状（writ）が発せられたと想像することもできるが，やはり飛躍が過ぎよう。

第3章 「完全なる植民地ジェントルマン」をめざして

(1) Trevor Burnard, “A Tangled Cousinry? Associational Networks of the Maryland Elite, 1691–1776,” *Journal of Southern History* 61 (1995), 39–40.

(2) 発展モデルやイギリス化についての簡潔な解説は，とりあえず拙稿「アメリカにおけるナショナルアイデンティティの形成——植民地時代から1830年代まで」（川北稔編『岩波講座 世界歴史』第17巻，岩波書店，1997年），および拙稿「第1章 イギリス領一三植民地の成立と展開」（野村達朗編『アメリカ合衆国の歴史』ミネルヴァ書房，1998年）を参照。また，学説史的な展開については，拙稿「第1部第1章 植民地時代——17世紀初頭～1760年代」（有賀夏紀・紀平英作・油井大三郎編『アメリカ史研究入門』山川出版社，2009年）も参照。訳書は，ジャック・P・グリーン（大森雄太郎訳）『幸福の追求——イギリス領植民地期アメリカの社会史』（慶應義塾大学出版会，2013年）がある。

(3) 生活水準・消費革命に関しては，拙著『紫煙と帝国——アメリカ南部タバコ植民地の社会と経済』（名古屋大学出版会，2000年），第4章参照。

(4) 以下，メリーランドの階層構造については，同上，第1章第3節参照。

(5) 社会的流動性については，同上，第3章第2節参照。

(6) 簡単には，Alexander Hamilton, *The Tuesday Club : A Shorter Edition of The History of the Ancient and Honorable Tuesday Club*, ed. by Robert Micklus (Baltimore, Md., 1995), xi–xxii. なお，彼は連邦派のリーダーとして名高いアレグザンダー・ハミルトンとはまったくの別人で，両者に血縁・姻戚関係は見出されない。最新の研究として，Elaine G. Breslaw, *Dr. Alexander Hamilton and Provincial America : Expanding the Orbit of Scottish Culture* (Baton Rouge, La., 2008) がある。また，鰐淵秀一「商業社会の倫理と社会関係資本主義の精神——『フランクリン自伝』における礼節と社交」（『アメリカ研究』45号，2011年）も参

照。

（7）Carl Bridenbaugh, ed., *Gentleman's Progress : The Itinerarium of Dr. Alexander Hamilton, 1744*（Chapel Hill, 1948, rep. Pittsburg, 1992）参照。

（8）表 3-1 中の 1 の第 2 巻および 2 は，Elaine G. Breslaw, ed., *Records of the Tuesday Club of Annapolis, 1745–56*（Urbana, Ill., 1988），4 は，Alexander Hamilton, *The History of the Ancient and Honorable Tuesday Club*, 3 vols., ed. by Robert Micklus（Chapel Hill, N.C., 1990）に収録されている。Hamilton, *The Tuesday Club*, ed. by Micklus は 4 の抄録版である。主要な研究書・モノグラフとしては，Robert Micklus, *The Comic Genius of Dr. Alexander Hamilton*（Knoxville, Tenn., 1990）; Wilson Somerville, *The Tuesday Club of Annapolis (1745–1756) as Cultural Performance*（Athens, Ga., 1996）; Elaine G. Breslaw, "Wit, Whimsy, and Politics : The Use of Satire by the Tuesday Club of Annapolis, 1744 to 1756," *WMQ* 32（1975）; Robert Micklus, "'The History of the Tuesday Club' : A Mock-Jeremiad of the Colonial South," *WMQ* 40（1983）などがあり，歴史・文学・音楽・美術の各部門から多様なアプローチが試みられている。

（9）同メダルの裏面には，後述する会長のコールを称える文言が，やはりラテン語で記されている。なお，このメダルは数点が現存するのみで，近年のオークションでは 4 万ドルもの高値がついている。本メダルに関する学術的な記述として，古い論考ではあるが，Sarah E. Freeman, "The Tuesday Club Medal," *Numismatist* 58（1945）が挙げられる。

（10）*Maryland Gazette*, May 13（1756）.『メリーランド・ガゼット』紙はジョナス・グリーンによって 1745 年に創刊された週刊の新聞で，アナポリスを拠点とし，名称を変えながらも 1839 年まで存続した。

（11）主要会員 15 名の分類は Hamilton, *The Tuesday Club*, xvi と *Ibid*., 315–319 では 3 名ほど異なっているが（前者が古参会員 3 名を主要会員に含んでいるのに対し，後者は別人 3 名を当てている），ここでは前者に準拠する。

（12）Burnard, "A Tangled Cousinry ?" 41–42 ; Hamilton, *The Tuesday Club*, xv, 315–319.

（13）Cynthia A. Kierner, "Hospitality, Sociability, and Gender in the Southern Colonies," *JSH* 62（1996）; Burnard, "A Tangled Cousinry ?" 19, 37 など。南部植民地におけるジェンティリティ概念形成の要因として，カーとウォルシュは次の 3 点を指摘している。①ファッション・奢侈の追求，② ①を促進した経済的・技術的変化，③ ①の展開を支えた社会的競争，である（Lois G. Carr and Lorena S. Walsh, "The Standard of Living in the Colonial Chesapeake," *WMQ* 45 (1988)）。また，川北稔「イギリス風マナーの自立——「イギリス人」らしさの成立」（指昭博編『「イギリス」であること——アイデンティティ探求の歴史』刀水書房，1999 年）も参照。

（14）Burnard, "A Tangled Cousinry ?" 42–43. なお，メリーランドのプランターの蔵書目録を調査した Carl E. Garrigus, Jr., "The Reading Habits of Maryland's Planter Gentry, 1718–1747," *Maryland Historical Magazine* 92（1997）によれば，歴史・科学・哲学・文学・定期刊行物など「上品」な書籍の割合が，1718–22 年から 1743–47 年にかけて増加していることが確認される。

（15）拙著『紫煙と帝国』，第 5 章第 1 節参照。

（16）Burnard, "A Tangled Cousinry ?" ; Michal J. Rozbicki, *The Complete Colonial Gentleman : Cultural Legitimacy in Plantation America*（Charlottesville, Va., 1998）; Id., "The Curse of Provincialism : Negative Perceptions of Colonial American Plantation Gentry," *JSH* 63（1997）; C. Dallett Hemphill, *Bowing to Necessities : A History of Manners in America, 1620–1860*（Oxford,

1999).

(17) 連邦議会図書館は，ワシントンの学習ノートを 2 冊所蔵している。ノートに書かれた手稿は，『ワシントン文書集成』のウェブサイトから閲覧できる（http://gwpapers.virginia.edu/documents/civility/index.html）。同サイトは，ワシントンが 16 歳頃に書いたと指摘する。一方，「16 歳までに」とするのは，以下のウェブサイトにおけるワシントンの規則集に関する解説。“Foundations Magazine” (http://www.foundationsmag.com/civility.html). また，「14 歳の時」とするのは，George Washington, *Rules of Civility & Decent Behaviour in Company and Conversation* (Bedford, Mass., 1988), 7.

(18) このあたりの史実に関しては，前述の『ワシントン文書集成』のウェブサイトに掲載されているチャールズ・ムーアの説による。彼はワシントンの 110 則を編纂し，解説付きで 1926 年に刊行しており，当該史料の権威といえる。彼はホーキンズを当時 8 歳とするが，やはり前述の “Foundations Magazine” は 12 歳としている。

(19) 書物やウェブサイトは前述のもののほか，たとえば，“George Washington's Rules of Civility : The Colonial Williamsburg Official History Site” (http://www.history.org/almanack/life/manners/rules2.cfm) など。なお，学術的な書物ではないが，邦訳も存在する（塩月弥栄子監修『ジョージ・ワシントンの 110 の戒め――「人望」を集める珠玉の習慣』ゴマブックス，2003 年）。本書ではこの邦訳は参照していない。

(20) “word” と “language” の語は，会話よりも言葉そのものに関わる名詞であり，礼儀作法の観点からはやや曖昧な語となるため，あえてリストから捨象した。ちなみに “word” は 5 語（第 26 則，第 65 則，第 73 則，第 74 則，第 85 則），“language” は 2 語（第 49 則，第 72 則）あり，本節で訳出した会話関連の規則にほぼ包含されている。なお，他に関連が想定される語，たとえば “dialogue,” “narration,” “narrative,” “oration,” “oral,” “address,” “story,” “chat” についてはいずれも頻度は 0 で，本史料中には存在しない。

(21) また逆に，わかりやすい和訳の必要から，必ずしも会話関連のすべての語を原語と一対一に対応させる形では訳出していないため，傍線の語の数と表 3-3 の「語数」とは若干の誤差がある。

(22) Richard Brookhiser, *Founding Father : Rediscovering George Washington* (NY, 1996), 130-131.

(23) Mason L. Weems (Marcus Cunliffe, ed.), *The Life of Washington* (Cambridge, Mass., 1962), 213. 同書の一部はインターネット上で閲覧できる（http://xroads.virginia.edu/~CAP/gw/weems.html）。

第 4 章　ワシントンの帝国

(1) 正確には最後の連合会議の開催は 1788 年 10 月 10 日である。

(2) “revolution” のみの検索においても同様の手順を適用すると，前者の場合，220 件，後者は 227 件となる。形容詞の “revolutionary” では，前者，後者ともに 2 件で，そのいずれもが注記中の表現であるため，『大陸会議議事録』のテクスト中では皆無となる。また，たとえば 1782 年に上梓されたギョーム = トマ・レーナル『両インド史』（英語版）のタイトルに見られる “The Revolution of America” の語も，アメリカ革命の原語となりうる可能性を有するが，『大陸会議議事録』における事例は，やはり皆無である。ちなみに，アメリカ独立革命を意味しながらも，「アメリカ革命」ではなく，「革命」とのみ表記された語について，表 4-1 の 1 以前の記述を検索・検討するならば，2 点のみが見出せる

（1778年6月25日と1779年1月13日。1776年2月9日にも認められるが，これはジョン・アダムズの用いた語で，後の自伝からの引用）。したがってこの語の場合ですら，独立宣言から2年程度経過していることになる。

（3）http://memory.loc.gov/

（4）浜野保樹「あの子は何でも欲しがります　デジタル・アーカイヴズ」（『季刊大林　アーカイヴズ』50，2007年）参照。

（5）http://founders.archives.gov/

（6）James G. Wilson, *The Imperial Republic : A Structural History of American Constitutionalism form the Colonial Era to the Beginning of the Twentieth Century* (Burlington, VT, 2002), 11-12. なお，近世のイギリスについては，デイヴィッド・アーミテイジ（平田雅博・岩井淳・大西晴樹・井藤早織訳）『帝国の誕生——ブリテン帝国のイデオロギー的起源』（日本経済評論社，2005年）がある。

（7）『カティリーナの陰謀』第51節からの引用である。C・サッルスティウス・クリスプス（合阪學・鷲田睦朗訳・註解）『カティリーナの陰謀』（大阪大学出版会，2008年），109頁を参照。

（8）拙稿「独立革命・近代世界システム・帝国」（紀平英作・油井大三郎編著『グローバリゼーションと帝国（シリーズ・アメリカ研究の越境・第5巻）』ミネルヴァ書房，2006年）。

（9）http://www.yale.edu/lawweb/avalon/

（10）http://memory.loc.gov/ammem/amlaw/lawhome.html

（11）Library of Congress, ed., *Journals of the Continental Congress, 1774-1789, Edited from the Original Records in the Library of Congress*, 34 vols. (Washington, D.C., 1904-37).

（12）Paul H. Smith, ed., *Letters of Delegates to Congress, 1774-1789*, 26 vols. (Washington, D.C., 1976-2000).

（13）Edmund C. Burnett, ed., *Letters of Members of the Continental Congress*, 8 vols. (Washington, D.C., 1921-36).

（14）Max Farrand, ed., *The Records of the Federal Convention of 1787*, 3 vols. (New Haven, 1911).

（15）1836年から59年にかけて刊行され，リプリント（Buffalo, NY, 1996）も含めていくつもの版があるが，とりあえず以下のものを挙げる。Jonathan Elliot, ed., *The Debates in the Several State Conventions, on the Adoption of the Federal Constitution, as Recommended by the General Convention at Philadelphia, in 1787*, 2nd ed., 5 vols. (Philadelphia, 1866). 憲法の批准過程に関して，より整備された史料集成として，M・ジェンセンが中心となって編んだ Merrill Jensen, *et al*., eds., *The Documentary History of the Ratification of the Constitution*, vol. 1-10, 13-21 (Madison, 1976-) があるが，現在進行中のプロジェクトでもあり，デジタル化されていない。この史料集成に関しては，斎藤眞『アメリカ革命史研究——自由と統合』（東京大学出版会，1992年），第14章を参照。

（16）Wilson, *The Imperial Republic*, 26ff. また，Karl-Friedrich Walling, *Republican Empire : Alexander Hamilton on War and Free Government* (Lawrence, Kansas, 1999)，特に chap. 5 も参照。

（17）Karen O. Kupperman, John C. Appleby, and Mandy Banton, eds., *Calendar of State Papers, Colonial : North America and the West Indies, 1574-1739, CD-ROM* (London, 2000, published in association with the Public Record Office).

(18) むろん前節で扱った史料中にもワシントンに関わる帝国の用語は含まれているが，あくまでも全体の中の一部に過ぎず，系統だったものではない上に，その量も相対的に少ない。したがって以下に述べるワシントンの史料は，前節の諸史料と完全に独立した関係にあるわけでないとしても，決してそれらに包含されるものではない。
(19) ドン・ヒギンボウサム（和田光弘・森脇由美子・森丈夫・望月秀人訳）『将軍ワシントン——アメリカにおけるシヴィリアン・コントロールの伝統』（木鐸社，2003 年），「訳者あとがき」参照。
(20) http://memory.loc.gov/ammem/gwhtml/gwbib.html
(21) http://www.mountvernon.org/
(22) http://gwpapers.virginia.edu/
(23) http://memory.loc.gov/ammem/gwhtml/gwhome.html
(24) John C. Fitzpatrick, ed., *The Writings of George Washington form the Original Manuscript Sources, 1745–1799*, 39 vols. (Washington, D.C., 1931–1944 ; rep., New York, 1970).
(25) http://etext.virginia.edu/washington/fitzpatrick/
(26)『手稿集成』第 37 巻掲載の補遺（pp. 477–585）は②に含めていない。また②は，カウントの方法からくる誤差により，1 頁ないし数頁，少なく表示されている可能性がある。
(27) 連続した表記でありながら形容詞（また，それが転じた名詞）を複数有する場合，たとえば “our rising greatness as an Empire”（1783）という表記では，“rising Empire” と “great Empire” の 2 点としてカウントしている。
(28) 拙稿「独立革命・近代世界システム・帝国」，33 頁。

第 5 章　ワシントンの懐中時計

(1) 拙著『紫煙と帝国——アメリカ南部タバコ植民地の社会と経済』（名古屋大学出版会，2000 年），第 II 部参照。
(2) ベイリーの『時計師事典』は，G. H. Baillie, *Watchmakers and Clockmakers of the World*, 2nd ed. (London, 1947, rep., La Vergne, Tenn., 2009)，また，銀製品のホールマークについては，Judith Banister, ed., *English Silver Hall-Marks*, New Edition (London, 2007) 参照。
(3) 友人に送った懐中時計や，レピーヌ作の懐中時計の詳細な写真については，National Watch & Clock Museum, “Presidential Timepieces Exhibit : George Washington” (http://www.authorstream.com/Presentation/nwcm-62500-Presidential-Timepieces-Exhibit) を参照。ここには図 5-1 のタイプの時計も含まれている。また，大統領在任中に求めたイギリス製の金時計については，Carol B. Cadou, *The George Washington Collection : Fine and Decorative Arts at Mount Vernon* (Manchester, Vt., 2006), 232–233 ; John Rhodehamel, *The Great Experiment : George Washington and the American Republic* (New Haven, 1998), 146–147.
(4) 1770–90 年頃開発。従来のように，上から地板（plate）でムーヴメントを挟み込むのではなく，分離した受け（bridge）を用いる。その結果，テンワとその受け（cock）は，これまでのように，上の地板のさらに外側に置かれるのではなく，他の受け（bridge）と同じ高さに設置されることになった。さらに，鎖引きのフュージ（円錐滑車）を廃し，オオカミ歯車（ウルフティース・ギア）を用いて，香箱を直接，輪列にかみ合わせた。現代の機械式腕時計にまで継承されるこの斬新なレイアウトにより，シリンダー脱進機の採用とも相まって，懐中時計の大幅な薄型化を可能にしたのである。レピーヌ・キャリバーについては，Kannan Chandran, “Jean Antoine Lepine” (http://www.solitaire.com.

sg/konwledge/pioneers4.html）等にも簡潔な説明がある。なお，直接関係のない逸話ながら，レピーヌよりも8歳年上のジャン＝ジャック・ルソーは，ジュネーヴの時計師の一家に生まれ，少年の頃に「私のお祖父さんのまねをして，懐中時計をつくるために，お祖父さんの道具をこわしたりした」が，「徒弟にだされることに」なり，「しかしそれは時計師へではなく，彫刻師［時計の彫金師］のもと」であった（ルソー（井上究一郎訳）『告白録』河出書房，1968年），20，23頁）。

（5）William M. S. Rasmussen and Robert S. Tilton, *George Washington : The Man behind the Myths* (Charlottesville, 1999), chaps. 3, 7, etc. などを参照。なお，いま1人の義理の孫は，ジャッキーの亡年に生まれ，その生まれ変わりともいえるジョージ・ワシントン・パーク・カスティスである。第2章第3節で述べたように，この少年は「ウォッシュ」や「タブ」などの愛称で呼ばれ，ワシントンが溺愛した。彼はのちに，ワシントンに関する個人的な回顧録を執筆している（*Recollections and Private Memoirs of Washington, by His Adopted Son, George Washington Custis, with A Memoir of the Author, by His Daughter, and Illustrative and Explanatory Notes, by Benson J. Lossing* (Philadelphia, 1867)）。絵入り雑誌発行の草分けとして名高いB・J・ロッシングも，同書の出版に参画している。

（6）史料集中の註に，「懐中時計用の鎖と印章は，ピーターソン大尉に譲られた」とある。つまりこの史料に出てくる時計関連のアイテムは，贈与を前提に注文された可能性がある。ちなみに表5-3に掲げた懐中時計に関する史料に関しては，いずれもワシントンの日記には言及が認められないため，これ以上の情報を日記から得ることはできない。

（7）「坊ちゃま（master）」は，召使などが主人に呼びかける際に，まだ「ミスター」を付すには早すぎる幼児・少年に用いる敬称。むろんワシントンが用いた表現ではなく，送り状中の表記。ワシントンは【史料7】でジャッキーを「カスティス氏」と記している。なお，『ワシントン手稿集成』は基本的にワシントンが（右筆・代理も含めて）書いたり，発したりした書簡（発信書簡）・文書のみを収録の対象としており，『ワシントン文書集成』のようにワシントン宛の書簡（来簡）等は原則として収められていないが，本史料のインボイス（送り状）の場合，ワシントン側の注文を反映しているため，いわばその境界領域に相当すると考えられよう。【史料5】，【史料3】も同様に送り状の史料である。

（8）この人物はトバイアス・リア。彼はワシントンに身近に仕えた秘書官で，マーサの姪のファニー・バセットが未亡人となってから，彼女と結婚している（ただしまもなくファニーは死去している）。リアは本章の第5節や次章にも登場する。なお，次の史料もリアに宛てたもの。

（9）合衆国造幣局が本格的に造幣を始めた1793年の段階で，この史料に銀行券に関する表記が見られるということは，硬貨（正貨）不足の反映とも考えられるが，送付の際の安全性や利便性を考慮して，あえて銀行券を選んだ可能性もある。

（10）Dorothy Twohig, ed., *The Papers of George Washington, Presidential Series*, Vol. 1 (Charlottesville, 1987), 137. ケアリー商会については，Robert F. Dalzell, Jr. and Lee B. Dalzell, *George Washington's Mount Vernon : At Home in Revolutionary America* (New York, 1998), 53-56 も参考になる。ミッチェルについては，Cadou, *The George Washington Collection*, 74.

（11）この“invoice”の用法は，*OED* における同語の定義の一つ，「送り状に記された品物の委託」の意に近い。

（12）*Bulletin of the National Association of Watch and Clock Collectors, Inc.* (No. 155, Vol. 15,

1971), 12.

(13) Dalzell and Dalzell, *George Washington's Mount Vernon*, 54.

(14) ドン・ヒギンボウサム（和田光弘・森脇由美子・森丈夫・望月秀人訳）『将軍ワシントン――アメリカにおけるシヴィリアン・コントロールの伝統』（木鐸社，2003 年），196 頁参照。

(15) 日時計による時間合わせについては，Alice M. Earle, *Home Life in Colonial Days* (London, 1898, rep. Tokyo, 2005), 299 ; George C. Neumann and Frank J. Kravic, *Collector's Illustrated Encyclopedia of the American Revolution* (Texarkana, Texas, 1997), 261 などを参照。後者には，当時の日時計の写真も掲載されている。なお，clock の語は，懐中時計（とりわけソヌリなどの鳴り物）を意味する場合もないわけではないが，本章で扱った史料の場合，watch の語と明確に区別されており，その可能性はないと判断できる。

(16) ヒギンボウサム『将軍ワシントン』，198 頁参照。

(17) Harold C. Syrett, *et al*., eds., *The Papers of Alexander Hamilton*, Vol. 5 (June 1788 – November 1789) (New York, 1962) (以下 *Hamilton Papers* と略記), 202. なお，弟は 1790 年までに現役を退いている。

(18)『ワシントン文書集成』については前章を参照。ワシントンの日記は，『ワシントン文書集成』に収められているほか，「議会図書館ワシントン文書」(http://memory.loc.gov/ammem/gwhtml/gwbib.html/) にも収録されている。

(19)「ロタンダ」のホームページのアドレスは，http://rotunda.upress.virginia.edu/index.php?page_id=Home である。同サイトの「建国期コレクション」には，全部で 12 の文書集成が収録されており，内，5 つは「建国者オンライン」に含まれている。ただし前述のように，現在刊行中の文書集成が多く（『ワシントン文書集成』もその一つ），その意味で「ロタンダ」は「現在進行中」のプロジェクトであり続けるであろう。もっとも「ロタンダ」もこの点を考慮して，"Founders Early Access" のセクションを設け，未刊の巻でも，すでにある程度完成しているものについては，このセクションにデジタル版で早々と掲載して利用者の便に供している。なお，この「ロタンダ」の「試行機能」を用いて "watch" の語を検索してみると，建国期の文書集成全体では 1,215 件，『ワシントン文書集成』のみでは 452 件，『ハミルトン文書集成』では 37 件がヒットする（2011 年当時）。ワシントンについては，前述のように刊行途上のシリーズであり，またハミルトンについては刊行済みではあるが，当時はまだ第 9 巻までしか電子化が完成していないなどの事情，さらには註部分の扱いの違いなどがあって，ヒット数が予想よりも少ないのではないかと考えられる。

(20) 彼ら 3 名の名は最終的に 1802 年の新版で明らかとなったが，それぞれの論文（篇）の作者についてはいまだ諸説がある（斎藤眞・中野勝郎訳『ザ・フェデラリスト』（岩波文庫，1999 年），402–403 頁）。計量的にその作者，すなわち 3 名の誰がどの篇を書いたかを同定する研究も盛んである（井上征勝『真贋の科学――計量文献学入門』（朝倉書店，1994 年），83–88 頁）。全 85 篇のうち，51 篇がハミルトン，14 篇がマディソン，5 篇がジェイ，3 篇がハミルトンとマディソンの共著であることはすでに明らかにされているが，残りの 12 篇の執筆者がハミルトンかマディソンか明確でない。計量的な分析の結果，これらの論文はすべてマディソンが書いた可能性が高いとされている。

(21) *Hamilton Papers*, Vol. 5, 220.

(22) Joanne B. Freeman, ed., *Alexander Hamilton : Writings* (New York, 2001), 511–523.

(23) *Hamilton Papers*, Vol. 4, 284, 654 ; Vol. 5, 6, 366 ; Vol. 6, 227 ; Donald Jackson and Dorothy Twohig, eds., *The Diaries of George Washington*, Vol. 5 (July 1786 – December 1789) (Charlottesville, 1979), 417, 419. 彼は 17 歳の時にフランス陸軍士官となったが，主に外交畑を歩んだ。1778 年にはドイツの領邦への公使，また 83 年にはロンドンでイギリスとスペインの仲介役を果たし，90 年にはプロシア公使となる。フランス革命に際しては，亡命した王族のためにイギリス，プロシア間の交渉にあたった。ただし，彼の経歴の中間地点にあるといえるアメリカ公使の任は，米仏の経済関係を深化させようとの強い意欲にもかかわらず，総じて失敗だった。それはアメリカの共和主義への無理解に起因している部分もあり，彼のアメリカでの評判は取り立てて良いとはいえないものであった。なお，彼について言及している 1787 年 10 月 15 日付のラファイエットの書簡（*Hamilton Papers*, Vol. 4, 282–284）において，ラファイエット自身は文中でムスティエ伯（伯爵）と記しているにもかかわらず，当該史料の註においては，ムスティエ侯（侯爵）と記されている（*Ibid.*, 284)。おそらく，『ハミルトン文書集成』の編者がラファイエット侯と錯誤してしまったのであろう。この第 4 巻の索引も「ムスティエ侯」と記されているが（*Ibid.*, 736)，第 5 巻や第 6 巻の索引では正しくムスティエ伯となっている。第 4 巻のみの錯誤，誤植であろう。

(24) *Washington Diaries*, Vol. 5, 419.

(25) Don Higginbotham, *Daniel Morgan : Revolutionary Rifleman* (Chapel Hill, 1961).

(26) ロン・チャーナウ（井上廣美訳）『アレグザンダー・ハミルトン伝——アメリカを近代国家につくり上げた天才政治家（中)』（日経 BP 社，2005 年)，56–57 頁。

(27) ガヴァニア・モリスに関する研究は数多いが，古典といえるもの（史料収集の成果に基づいて 1830 年代に書かれたパークスのものや，セオドア・ローズヴェルト大統領の手になる伝記など)，および近年の代表的な研究は以下のとおり。Jared Sparks, *The Life of Gouverneur Morris ; With Selections from His Correspondence and Miscellaneous Papers*, 3 Vols. (Boston, 1832, rep., Breinigsville, Pa., 2011); Theodore Roosevelt, *Gouverneur Morris* (Cambridge, Mass., 1898, 1926 ed., rep., Honolulu, 2004); Daniel Walther, *Gouverneur Morris : Witness of Two Revolutions* (New York, 1934, rep., La Vergne, Tenn., 2011); William H. Adams, *Gouverneur Morris : An Independent Life* (New Haven, 2003); Richard Brookhiser, *Gentleman Revolutionary : Gouverneur Morris, the Rank who Wrote the Constitution* (New York, 2003); Melanie R. Miller, *Envoy to the Terror : Gouverneur Morris and the French Revolution* (Dulles, Va., 2005).

(28) 下記史料は表 5–8 の略号に対応している。Dorothy Twohig, ed., *The Papers of George Washington, Presidential Series*, Vol. 1 – Vol. 4 (Charlottesville, 1987–93) (*Washington Papers* と略記); Dorothy Twohig, Mark A. Mastromarino, and Jack D. Warren, eds., *The Papers of George Washington, Presidential Series*, Vol. 5 (Charlottesville, 1996); Donald Jackson and Dorothy Twohig, eds., *The Diaries of George Washington*, Vol. 5 (July 1786 – December 1789), Vol. 6 (January 1790 – December 1799) (Charlottesville, 1979) (*Washington Diaries* と略記); Beatrix C. Davenport, ed., *A Diary of the French Revolution by Gouverneur Morris, 1752–1816, Minister to France during the Terror*, 2 Vols. (London, 1939); Anne C. Morris, ed., *The Diary and Letters of Gouverneur Morris*, 2 Vols. (Morrisania, NY, 1888, rep., Breinigsville, Pa., 2011); Sparks, *The Life of Gouverneur Morris* ; David S. Landes, *Revolution in Time : Clocks and the Making of the Modern World*, Revised and Enlarged Ed. (Cambridge, Mass., 2000) など。最後

に挙げたランデスは著名な経済史家だが時計収集が趣味で時計史への造詣も深く，このような名著をものしており，その中でワシントンとモリスの書簡を引用している。なお，パリ時代，独身だったモリスは，フランス女性との恋愛も楽しみ，日記には赤裸々な記述もあったとされるが，帰国後に結婚した若き妻が，印行のために日記をスパークスに託した際，当該の個所や頁を汚したり破ったりしたとされる（Miller, *Envoy to the Terror*, 249)。また後述のように，ワシントンの秘書官リアがビドルと交わした書簡も，時計の代金決済に関する貴重な史料となる。

(29) アメリカ連邦議会図書館のウェブサイト“American Memory”（http://memory.loc.gov/）内の“George Washington Papers at the Library of Congress, 1741-1799 : Series 4. General Correspondence, 1697-1799.”

(30) ヒギンボウサム『将軍ワシントン』，137頁。

(31) *Washington Papers, Presidential Series*, Vol. 1, 339.

(32) Baillie, *Watchmakers and Clockmakers of the World*, 274. 現在，ロミリーの名を冠した時計メーカーがある。

(33) *Ibid.*, 132.

(34) *Ibid.*, 195. また，Landes, *Revolution in Time*, chap. 16も参照。

(35) 註4も参照。今日，レピン（レピーヌ）はオープンフェイスの懐中時計の名称ともなっているが，自らの時計に“Invenit et Fecit”の銘を入れていたことでも知られる。レピーヌは1750年頃，ヴァーギュル（ヴィルギュル）脱進機の開発・改良に成功。ヴィルギュルはフランス語でコンマの意で（英語では斜線の意），この脱進機の天真のシリンダー部（切り込み）に付された部品の形状（コンマの形）に由来する。シリンダー脱進機の一種であり，シリンダー部にかかる衝撃や摩擦力の軽減を目指したムーヴメントといえる。このヴィルギュルの他，シリンダー脱進機との大きな違いは，ガンギ車の先端に垂直に立った「首」にあり，この「首」でコンマ（ヴィルギュル）を受ける仕組みとなっている。シリンダー脱進機とデュプレックス（二重）脱進機を組み合わせたような機構ともいわれる。ヴァーギュル脱進機のメカニズムについては，たとえばC. Jeanenne Bell, *Collector's Encyclopedia of Pendant and Pocket Watches, 1500-1950* (Paducah, Ken., 2004), 56. 同書には，1785年頃製作されたレピーヌの時計も掲載されている（*ibid.*, 95)。また，『パテック・フィリップ・ミュージアム』のカタログ（日本語版，56頁）にも，レピーヌ作の時計が掲載されており，意匠はワシントンのものとよく似ている。ヴァーギュル脱進機は必ずしも広く普及しなかったため，今日，この脱進機を搭載した懐中時計は非常に見つけにくいが，著者は18世紀末にフランスで造られたと推定されるものを所有している（図5-7参照。ケースにはエナメルが施されているが，必ずしも高級品ではない）。ちなみに腕時計に関しても，以前，著者は国産のタカノとシチズンを中心に，わずかな本数ではあるが集めていた。タカノはかつて名古屋で栄えた時計メーカーで，腕時計は1957年から62年までの5年弱しか製造しておらず，伊勢湾台風の影響もあって業績が悪化し，リコーに吸収された。著者はデッドストック・未使用品を中心に10数本（タカノがモデルとしたラコー社のものも含む），また関連資料として貴重な『タカノレポート』1号から11号まで全冊，他にチラシ類などを所有している。シチズンは1950年代後半から60年代前半のものを，やはりデッドストックを中心に20本弱（うち2本は，いわゆるトンボ本に写真が掲載された実物を譲り受けた），関連資料として『シチズンタイムズ』，『シチズン商報』，チラシ類などを少々持っている。その他，これらのブランド

の当時の箱類や，時計の技術系雑誌として当時有名だった『グノモン』を 30 冊以上（初期の「刊行物目録」を含む）所有しており，いずれ何らかの形で紹介したいと考えている。

（36）*Washington Papers*, *Presidential Series*, Vol. 1, 339.

（37）ウェブサイト “American Memory” 内，“George Washington Papers at the Library of Congress : Series 4, Image 326–328.”

（38）【A】については，オークションのカタログに準拠した『ワシントン文書集成』の註記を参照。【A】の「重複［写し］」の語については実見できないため，推測するしかないが，モリスの手で記されている場合，複数郵送された同文の手紙の一つだったとも考えられる。モリス筆でない場合，【B】を受け取った後にワシントンが記したか，文書編纂の際に後述のスパークスが書き加えたものと考えられる。また，ワシントンの覚書については，【A】は裏書（端裏書）となっているが，【B】では書簡の表面，左上に記されている。なお，【史料 11】と【史料 12】でも，同じように「重複［写し］」の語が冒頭に付されている。これらの書簡も日付が近接しており（わずか 2 日），【史料 5】・【史料 6】と同様の手法が用いられたと考えられる。海外よりの書簡ゆえ，やはり慎重を期したのであろうが，モリスの用心深い性格がうかがわれる。

（39）前述のランデスの名著にも，この書簡がダヴェンポート編の日記・書簡集から引用されているが，ダヴェンポートの表記がそのまま用いられており，誤植の指摘はない。Landes, *Revolution in Time*, 285–286.

（40）“Jared Sparks,” *Concise Dictionary of American Biography*, 5th ed., Vol. 2（New York, 1997), 1204. これに対して，スパークスの死去からわずか 6 年後に上梓された人名事典では，かなり好意的な評価が下されている。Francis S. Drake, *Dictionary of American Biography*, Vol. 2（Boston, 1872)（『アメリカ人名資料事典（第 10 巻）』日本図書センター，2001 年), 853–854.

（41）*Washington Papers, Presidential Series*, Vol. 1, 339.

（42）あくまでも部分的な言及ではあるが，後述するローズヴェルトの著作のほか，Adams, *Gouverneur Morris*, 168 ; Sparks, *The Life of Gouverneur Morris*, Vol. 1, 293 など。ただしスパークスは，むろん【史料 5】は収録していない。また，Miller, *Envoy to the Terror* はワシントンの時計に関してまったく触れていない。

（43）*Washington Diaries*, Vol. 6, 49–51.

（44）*Washington Papers, Presidential Series*, Vol. 4, 174–175, 341–342.

（45）*Ibid*., 412–413.

（46）Roosevelt, *Gouverneur Morris*, 128.

（47）この懐中時計は現在，ペンシルヴァニア歴史協会が所有し，フィラデルフィアの博物館に展示されている。写真は以下のサイトを参照。National Watch & Clock Museum, “Presidential Timepieces Exhibit : George Washington”（http: //www. authorstream. com/ Presentation/nwcm-62500-Presidential-Timepieces-Exhibit). この懐中時計とともに，ワシントンの印章や時計の鍵をフォブに吊るした写真は，*Bulletin of the National Association of Watch and Clock Collectors, Inc*.（No. 155, Vol. 15, 1971), 12 を参照。その解説文（James W. Gibbs, “George Washington's Watch,” 13）は，当該の時計がワシントンの死後に辿った経緯を説明して興味深い。また，Cadou, *The George Washington Collection*, 232. は，ワシントンが大統領在任中に求めたイギリス製金時計の写真を掲げるとともに，【史料 2】の手

紙も引用している。

(48)【史料8】の原文中に当該の金額（残高）とともに記された“Balle”の語は，文脈から“bill”の綴りのバリエーションと考えると意味が取りやすい。じつはこの語は『ワシントン文書集成』では“Balle”と活字化されているが，史料の現物（写真）を見ると（ウェブサイト“American Memory”内，“George Washington Papers at the Library of Congress : Series 4, Image 529”），略字を用いて“Ball^{e}”と記されており，必ずしも固定的な綴り方ではない。*OED* によれば，“bill”は17世紀には“bille”の綴りもあり，史料の表記に近い。ただし原文の“Balle”を“bale”のバリエーション，すなわち船積用の梱の意と捉えることもできる（16世紀には“balle”の綴りもある）。もっともその場合でも，梱は風防ガラス等を収納した箱の追加代金分と想定されることから，とくに拙訳に変更を加える必要はない。

(49) *Washington Papers, Presidential Series*, Vol. 4, 298–299. このビドルについては，松本幸男『建国初期アメリカ財政史の研究——モリス財政政策からハミルトン体制へ』（刀水書房，2011年），83頁に簡単な言及があり，北アメリカ銀行の大口手形割引依頼人の一人としてリストアップされている。

(50) *Washington Papers, Presidential Series*, Vol. 4, 314–315.

(51) アダム・スミス（水田洋訳）『国富論（上）』（河出書房新社，1970年），216頁。

(52) *Washington Papers, Presidential Series*, Vol. 3, 362.

(53) *Washington Diaries*, Vol. 5, 460.

(54) ダヴェンポート編のモリスの日記には，2通しか収録されていない。

(55) *Washington Papers, Presidential Series*, Vol. 3, 495–496.

(56) *Washington Papers, Presidential Series*, Vol. 4, 179. ワシントンは念を押すために，3月1日付の手紙を再度ウェルチ商会に送っている。

(57)『ワシントン手稿集成』によれば，【B】はワシントンのレターブックには収録されておらず，テクストのみがスパークスの集めた史料から伝来しているとされるが，『ワシントン文書集成』によれば，国立公文書館所蔵の外交関係書簡のレターブック等に記録がある（*Washington Papers, Presidential Series*, Vol. 4, 181）。

(58) Cadou, *The George Washington Collection*, 140–141, 144–145.

(59) 平均太陽時と真太陽時の均時差については，たとえば『パテックフィリップ・ミュージアム』，55頁，また均時差を示時するレピーヌの懐中時計は，同，56頁参照。なお，再度繰り返すが，clock の語は，懐中時計（とりわけソヌリなどの鳴り物）を意味する場合もないわけではないが，本史料の場合，watch の語と明確に区別されており，その可能性はないと判断できる。

(60) Adams, *Gouverneur Morris*, 294 ; Davenport, ed., *A Diary*, Vol. 2, 461.

(61) 註59で言及したレピーヌの懐中時計（『パテックフィリップ・ミュージアム』，56頁）も4分の1秒の目盛が刻まれた文字盤を備えており，センター・セコンドである。

(62) フォブは，ズボンやベストの懐中時計を入れるポケットの意のほか，懐中時計の鎖やリボンそのもの（フォブ・チェーン），さらにその先に付ける小物飾り等の意を有する。ただし，フック（時計を留める金具）のないシャトレーヌ（「マカロン」と呼ばれる）が1770年代からヨーロッパで流行し始めており，これを用いていた可能性もある。この時期のフォブやシャトレーヌに関しては，以下を参照。Edward Warwick, *et al.*, *Early American Dress : The Colonial and Revolutionary Periods* (New York, 1965), 171 ; Estelle A.

Worrell, *Early American Costume* (Harrisburg, Pa., 1975), 125, 137; John Peacock, *The Chronicle of Western Costume : From the Ancient World to the Late Twentieth Century* (London, 1991), 138–143. ジョーン・エヴァンズ（古賀敬子訳）『ジュエリーの歴史——ヨーロッパの宝飾770年』（八坂書房，2004年），第7章，第8章。

第6章　ワシントンの告別演説

（1）Mason Locke Weems (alias Parson Weems), *The Life of George Washington, with Curious Anecdotes, Equally Honourable to Himself and Exemplary to His Young Countrymen*, 12th ed. (Philadelphia, 1812).

（2）Id., *The Life of Washington*, 9th ed. (Philadelphia, 1809), ed. by Marcus Cunliffe (Cambridge, Mass., 1962, 1994), 159.

（3）わが国においては，いま1つの系譜，すなわち「11月19日」の系譜も存在しているが，これは明らかに誤植（の連鎖）である。なお，「17日説」では，告別演説が実際に演説されたと記しているものもあり（表6-1の番号4，モリソン訳など），一方，「19日説」では，演説されたとしているものはない。また，現在まで版を重ねているティンダールの著名なテキスト（番号5・6）は，異なる版で表記が変化することを示す好例といえる。すなわち，まず第2版では，告別演説が演説された文章でないことは明記しつつも，その日付を17日とし，「その2日後」に『アドヴァタイザー』紙に掲載されたと述べている。著者のこの表現は実のところ，かなりミスリーディングであり，この点に気が付いたのか，著者はすでに第5版では，新聞掲載日については触れず，文章の日付が17日であることのみ明記している。

（4）Patrick J. Garrity, *A Sacred Union of Citizens : George Washington's Farewell Address and the American Character* (Lanham, Md., 1996), 195.『ワシントン文書集成』のサイトによれば6種類（さらに③が入る）である（"The Papers of George Washington : Documents, The Farewell Address, Introduction"）。

（5）この最終草稿に関しては，連邦議会上院の歴史局においても，2000年に印行，販売されている（印刷は合衆国印刷局）。*Washington's Farewell Address to the People of the United States* (106th Congress, 2nd Session, Senate Document No. 106–121, Washington, D.C., 2000). 活字化された日付は，もちろん19日である（*Ibid*., 32.）。

（6）http://www.virginia.edu/gwpapers/farewell/fwaintro.html/

（7）本文中で後述するGarrity, *A Sacred Union* など。

（8）たとえば，専門家によるワシントンの事典でも，告別演説の項目に記載された日付は19日である（Frank E. Grizzard, Jr., *George Washington : A Biographical Companion* (Santa Barbara, Cal., 2002), 389）。また，ジョン・マーシャルの有名な『ワシントン伝』を短く1冊にまとめた書物では，編者が作成した附録Bに重要文書が5点収録されており，告別演説もその中に含まれているが，文書自体の日付は19日とされている（John Marshall, *The Life of George Washington* (Special Edition for Schools), ed. by Robert Faulkner and Paul Carrese (Indianapolis, 2000), 487）。

（9）同書は，昭和47年に水川洸氏より名古屋大学文学部に寄贈されたもので，現在，西洋史学研究室が所蔵している。

（10）校正刷りをペンシルヴァニア歴史協会やニューヨーク公立図書館が保有しているとする俗説がかつてあったが，いずれも間違いである。またワシントン自らが手を入れた初

校ゲラを，彼の指示で秘書がファイルしており，それが1891年にマウントヴァーノンに寄贈されたとの話が1932年に「確認」されたともいわれるが，これについてもやはり判然としない。

(11) ワシントンの日記には，1796年は6月21日までの記載しかない。次に記載が始まるのは，飛んで1797年1月1日である（Donald Jackson and Dorothy Twohig, eds., *The Diaries of George Washington*, Vol. 6 (January 1790 – December 1799)（Charlottesville, Va., 1979), 227–228）。

(12) Paltsits, *Washington's Farewell Address*, 259 所収。

(13) *Ibid*., 288–289 所収。

(14) 現在は，プリンストン大学所蔵の革装の同書がネット上で公開され，閲覧できるようになっている。"Hathi Trust Digital Library" (http://catalog.hathitrust.org/Record/009008712).

(15) Paltsits, *Washington's Farewell Address*, 289 所収。

(16) *Ibid*., 290–292 所収。

(17) *Ibid*., 292 所収。

(18) 当時のフィラデルフィアにおける大統領府と新聞社との地理的位置関係については，たとえば次のウェブサイトなどから推定できる（URL は省略）。"Late 18th Century Philadelphia, Block by Block"; "The President's House in Philadelphia"; "Philadelphia Architects and Buildings : Robert Morris House"; "Market Street by Rudolph J. Walther"; "Independence National Historical Park : The Robert Morris Mansion." 周知のように，フィラデルフィアが連邦の首都だった時，2代の大統領はロバート・モリスの邸宅を大統領府として使用した。邸宅は当時，"President's House"，"Executive Mansion"，"Washington Residence" などと呼ばれた。

(19) Paltsits, *Washington's Farewell Address*, 52 所収。

(20) Gaston, ed., *Washington's Farewell Address*, xxiv.

(21) Paltsits, *Washington's Farewell Address*, 52–53.

(22) この告別演説を最初に "Washington's Farewell Address" のタイトルで報じたのは，『クーリア・オブ・ニューハンプシャー』紙だったとされるが，後述する表6-3には含まれていない。

(23) 同表はパルツィッツの上掲書に収録されたデータ（Paltsits, *Washington's Farewell Address*, 327–360）を基に，著者が新たに集計してまとめたものである。

第7章　植民地時代の記憶

(1) 最新の包括的なリストではないが，ヨーロッパ史・アメリカ史に関して近年の若干の例を挙げるならば，エリック・ホブズボウム，テレンス・レンジャー編（前川啓治・梶原景昭・他訳）『創られた伝統』（紀伊国屋書店，1992年），ピエール・ノラ編（谷川稔監訳）『記憶の場――フランス国民意識の文化＝社会史』（全3巻，岩波書店，2002–2003年），ジョン・ボドナー（野村達朗・藤本博・木村英憲・和田光弘・久田由佳子訳）『鎮魂と祝祭のアメリカ――歴史の記憶と愛国主義』（青木書店，1997年），スコット・M・グインター（和田光弘・山澄亨・久田由佳子・小野沢透訳）『星条旗1777–1924』（名古屋大学出版会，1997年），ケネス・E・フット（和田光弘・森脇由美子・久田由佳子・小澤卓也・内田綾子・森丈夫訳）『記念碑の語るアメリカ――暴力と追悼の風景』（名古屋大学出版会，2002年），マリタ・スターケン（岩崎稔・杉山茂・千

田有紀・高橋明史・平山陽洋訳）『アメリカという記憶——ベトナム戦争・エイズ・記念碑的表象』（未来社，2004 年），中條献「『公的記憶』，『伝統』，『歴史』」（『アメリカ史研究』21 号，1998 年），大西直樹『ピルグリム・ファーザーズという神話』（講談社，1998 年），阿部安成・小関隆・見市雅俊・光永雅明・森村敏己編『記憶のかたち——コメモレイションの文化史』（柏書房，1999 年），拙稿「アメリカにおけるナショナル・アイデンティティの形成——植民地時代から 1830 年代まで」（『岩波講座 世界歴史』17 巻，1997 年），「特集 モニュメント」（『史林』第 91 巻第 1 号，2008 年）など。

（2）記念碑研究における方法論上の特徴として，記念行為と記念対象との時代的な乖離に留意する必要がある。本セクションで扱う記念対象は 16 世紀末から 18 世紀末にかけての出来事であるが，記念行為はもっぱら 19 世紀末から 20 世紀前半にかけてのものとなる。記念行為の時代を専門としない著者にはやや荷の勝ちすぎたテーマであることを承知の上で，あえて考察を試みたい。さらに，本章における史跡・記念碑等の「現状」は 1999〜98 年にかけての調査時の意であり，必ずしも最新の状況を反映していない場合もありうることをあらかじめお断りしておきたい。また取り上げる記念碑の多くは，たとえば定礎式などを大々的に挙行するような大規模建造物・建築物ではないため，文中の「建立年」とは基本的に除幕式の年を意味している。

（3）*National Register of Historic Places, 1966–1991* (Washington, D.C., 1991), xvii. ただし評価基準（A），（B）の括弧内の付記は，Gail Greenberg, *A Comprehensive Guide for Listing a Building in the National Register of Historic Places* (Sausalito, Ca., 1996), 3–6 による解説の一部を挿入したものであり，オリジナルの『国選史跡登録簿』には記されていない。グリーンバーグの著書は『登録簿』に史跡の登録を試みる人に向けて著されたマニュアル本の類で，同様の書物が複数上梓されているところから，権威の上でも税制上も，国選定の史跡として登録されることがアメリカにおいて重要な意味を持っていることが容易に推察される。

（4）ただし複数の所有形態の史跡もある。

（5）『国選史跡登録簿』の公式ウェブサイト（http://www.cr.nps.gov/nr/）参照。なかでも特に全国的に重要な意義を有するとされる史跡は，内務省によって National Historic Landmark に指定され，現在その数はおよそ 2500 件である。

（6）たとえばノースカロライナ州に設置された州の記念標柱のリストは，Michael Hill, ed., *Guide to North Carolina Highway Historical Markers*, 8th Edition (Raleigh, 1990).

（7）マリタ・スターケン（中條献訳）「壁，スクリーン，イメージ——ベトナム戦争記念碑」（『思想』866 号，1996 年）参照。

（8）フット『記念碑の語るアメリカ』。史跡・記念碑を俎上に載せた近年の研究としては，Lorett Treese, *Valley Forge : Making and Remaking a National Symbol* (University Park, Pa., 1995) も特筆に値する。

（9）Ralph M. Pabst, ed., *The Hereditary Register of the United States of America* (Phoenix, 1976) は継承協会の総覧である。なお図 7-1 以外にも，17 世紀に 2 つ，18 世紀に 4 つ創設されている。グインター『星条旗』第 5 章も参照。

（10）機関紙は *Daughters of the American Revolution Magazine* (Washington, D.C., 1892–). ただし雑誌のタイトルには変遷がある。Vol. 1, no. 1 (July 1892) – v. 42, no. 6 (June 1913) : *The American Monthly Magazine* ; Vol. 43, no. 1 (July 1913) – v. 71, no. 11 (Nov. 1937) : *Daughters of the American Revolution Magazine* ; Vol. 71, no. 12 (Dec. 1937) – v. 80, no. 6 (June 1946) :

National Historical Magazine；Vol. 80, no. 7（July 1946）－：*Daughters of the American Revolution Magazine.* また，Ann A. Hunter, *A Century of Service : The Story of the DAR*（Washington, D.C., 1991）は，組織自らが編んだ DAR の小史である。研究書としては，Margaret Gibbs, *The DAR*（New York, 1969）も参照。

（11）祖先を調べる必要から，全国 DAR 本部の図書館には，アメリカでも有数の大量の家系情報が集積されている。Eric G. Grundset and Steven B. Rhodes, *American Genealogical Research at the DAR, Washington, D.C.*（Washington, D.C., 1997）は，DAR 図書館での系図調査の手引書となっている。

（12）Lary M. Dilsaver, ed., *America's National Park System : The Critical Documents*（Lanham, Md., 1994）は国立公園局関連の史料集となっている。その他，Jane B. McQueen, ed., *The Complete Guide to America's National Parks*, 1996–1997 Edition（Washington, D.C., 1996）；Russell D. Butcher, *Exploring Our National Historic Parks and Sites*（Niwot, Col., 1997）; Harlan D. Unrau and G. Frank Williss, "To Preserve the Nation's Past : The Growth of Historic Preservation in the National Park Service During the 1930s," *The Public Historian* 9（1987）; ボドナー『鎮魂と祝祭のアメリカ』第 7 章も参照。なお，各種国立公園の大まかな定義は次の通りである。National Historic Site : アメリカ史上重要な人物・事件・活動を記念し，その場所を保存するもの。連邦議会制定の法律によって設置される。National Historical Park : National Historic Site よりも大規模で複雑なもの。連邦議会制定の法律によって設置される。National（Historical）Monument : 連邦議会制定の法律，もしくは大統領令によって設置される。National Military Park, National Battlefield Park, National Battlefield Site, National Battlefield : 特に合衆国の軍事史に関連した史跡。

（13）拙著『紫煙と帝国——アメリカ南部タバコ植民地の社会と経済』（名古屋大学出版会，2000 年），序，参照。

（14）Haywood J. Pearce, Jr., "New Light on the Roanoke Colony : A Preliminary Examination of a Stone Found in Chowan County, North Carolina," *Journal of Southern History* 4（1938）. 敵対的な先住民の襲撃にあった入植者たち百数十名は近隣島嶼部の友好的な先住民のもとへ逃げ，その部族（クロアタン族）と共に暮らし，融合したと推測される。ただしその後ポウハタン族の襲撃を受けて，ジェイムズタウンの建設以前に絶滅したとも考えられる（David B. Quinn, *Set Fair for Roanoke : Voyages and Colonies, 1584–1606*（Chapel Hill, 1985）など）。大陸部に逃れて先住民と融合し，子孫が今日まで残っているとの説もある。また文化人類学者の手になる近年の著作としては，Lee Miller, *Roanoke : Solving the Mystery of the Lost Colony*（New York, 2002）がある。

（15）John Marshall, *The Life of George Washington : Commander in Chief of the American Forces, during the War which Established the Independence of His Country, and First President of the United States / Compiled under the Inspection of Bushrod Washington, ... Containing a Compendious View of the Colonies Planted by the English on the Continent of North America, from Their Settlement to the Commencement of that War...*, 5 vols.（Philadelphia, 1804–1807）. ヴァジニア・デアに関するマーシャルの本文中の正確な表現は次のとおりである。"About the same time the first child of English parentage was born in America."（p. 13）

（16）Abiel Holmes, *The Annals of America, from the Discovery by Columbus in the Year 1492, to the Year 1826*, 2nd ed., 2 vols.（Cambridge, Mass., 1829）. 初版は 1805 年。1820 年にも改訂版が出ている。

(17) James G. Wilson and John Fiske, eds., *Appletons' Cyclopædia of American Biography*, Vol. 3 (New York, 1887), 240 ; John H. Brown, ed., *The Cyclopædia of American Biographies Comprising the Men and Women of the United States*, Vol. 4 (Boston, 1901), 124. 彼の最初の妻はイェール大学学長の娘であった。また生理学者にして詩人のオリバー・W・ホームズは彼の息子である。

(18) *Appletons' Cyclopædia*, Vol. 3, 698 ; *The Cyclopædia of American Biographies*, Vol. 5, 44.

(19) Edwards Lester, *Our First Hundred Years : The Life of the Republic of the United Sates of America, Illustrated in its Four Great Period : Colonization, Consolidation, Development, Achievement* (New York, 1875).

(20) *Appletons' Cyclopædia*, Vol. 5, 240–241 ; *The Cyclopædia of American Biographies*, Vol. 6, 468. シェイクスピア学者，劇作家としても名を知られる彼女は，著名なジャーナリストで反奴隷制の活動家でもあったアルバート・D・リチャードソンと再婚しているが，この婚約に憤った前夫の凶弾によってアルバートは致命傷を負い，結婚式は彼の死の床で執りおこなわれている。

(21) Abby S. Richardson, *The History of Our Country : From its Discovery by Columbus to the Celebration of the Centennial Anniversary of its Declaration of Independence* (Boston, 1875).

(22) Woodrow Wilson, *A History of the American People, Illustrated with Portraits, Maps, Plans, Facsimiles, Rare Prints, Contemporary Views, etc.*, 5 vols. (New York, 1902).

(23) ロアノーク植民地の史跡保存・顕彰に関する包括的な研究は，William S. Powell, *Paradise Preserved* (Chapel Hill, 1965). 同書は郷土愛の学問的発露といえるが，今日の史跡・記念碑研究の源流とも位置づけられうる。

(24) *Ibid.*, chap. 3.

(25) 表 7-6 の 2 の協会の中心人物が著した，Edward G. Daves, "Raleigh's 'New Fort in Virginia'," *Magazine of American History* 29 (1893)，その他，Stephen B. Weeks, "Raleigh's Settlements on Roanoke Island : An Historical Survival," *Magazine of American History* 25 (1891) ; Talcott Williams, "The Surroundings and Site of Raleigh's Colony," *Annual Report of the American Historical Association for the Year 1895* (1896) など，19 世紀末にはロアノーク植民地の史跡について学問的な関心も高まりを見せている。また，Charles W. Porter III, "Fort Raleigh National Historic Site, North Carolina," *North Carolina Historical Review* 20 (1943) も参照。

(26) John W. Wayland, *History Stories for Primary Grades* (New York, 1923, c1919).

(27) "The Baptism of Virginia Dare," *North Carolina Teacher* (North Carolina Education Association), Vol. 6, no. 7 (1930), 272–273.

(28) Roanoke Island Historical Association (?), "The Lost Colony : Announcing an Essay Contest for All Students in North Carolina High School, 1587–1937, What Became of the Lost Colony" (Manteo, 1937). この史料は 1 枚の紙（シート）である。失われた植民地のその後の運命について可能性をいくつか指摘しており，優れた回答を寄せた高校生には 2 つの協会によって賞が与えられた。

(29) ただし第二次大戦中の 5 年間は上演が中止されている。

(30) ロアノーク植民地に関する今日の研究水準を示す著作として，Quinn, *Set Fair for Roanoke* ; David Stick, *Roanoke Island : The Beginnings of English America* (Chapel Hill, 1983) などが挙げられるが，両者とも「アメリカ四百周年委員会」に協賛して出版されている。

また，Gertrude S. Carraway, “D. A. R. Tours for Tourists : The South Beckons the Tourists,” *DAR Magazine* 68 (Dec., 1934), 715 ; Daniel W. Barefoot, *Touring the Backroads of North Carolina's Upper Coast* (Winston-Salem, 1995), 146–173 などの記述は「観光」の観点から興味深い。

(31) “The first indications of a permanent settlement in their country, seem to have excited the jealousy of the natives.” 本文中に見られる他の関連の記述は，“The first expedition for the southern colony ...” (p. 22) ; “They ... agreed to make their first establishment upon a peninsula, on its northern side.” (p. 24)

(32) “This is the remarkable epoch of the arrival of the first permanent colony in the Virginia coast.” (p. 126)

(33) “... permanent establishment of the colony of Virginia” (p. 39)

(34) Lester, *Our First Hundred Years*, 40.

(35) ただし近年のジェイムズ砦での発掘調査により，本書の調査時（1997 年）とは景観が変化しており，必ずしも最新の調査結果とは言い難い点をご了解いただきたい。*WMQ* 64 (2007) 所収の論文も参照。

(36) この他にもメモリアル・チャーチの横（ジェイムズ川方向）に 2 つの記念碑が設置されているが，発掘中のジェイムズ砦の領域内にあったため実見できなかった。しかしうち 1 つはポカホンタス像の台座で，像は発掘のために取り外されて，教会を挟んで反対側に設置されていた。*DAR Magazine* 66 (Jan., 1932), 19 には 1907 年に十字架の記念碑を建立したことが記されており，これがさらにもう 1 つの記念碑である。

(37) APVA は会報として *Year Book of the Association for the Preservation of Virginia Antiquities* (Richmond, 1896–) を発行している。この協会については，James M. Lindgren, “‘Virginia Needs Living Heroes’ : Historic Preservation in the Progressive Era,” *The Public Historian* 13 (1991) も参照。

(38) “The Church at Jamestown,” in “Jamestown Rediscovery” (http://apva.org/rediscovery//page.php?page_id=386) 等を参照し作成。

(39) 以下，Sara B. Bearss, *The Story of Virginia : An American Experience* (Richmond, 1995), 48 を参照。

第 8 章　独立革命の記憶

(1) 表 8-1 についての補足説明は以下のとおりである。1：公園の拡張部分は National Military Park と名付けられ，『国選史跡登録簿』のデータは，A，1987 年。2：Fort Sumter National Monument に 1960 年に加えられた。したがって『国選史跡登録簿』のデータはこの記念施設のものを用いた。3：唯一，完全なる敗戦となったカムデンの史跡には，国立公園局の提携公園（Affiliated Park）として 1982 年に認可された Historic Camden Revolutionary War Site があり，カムデン歴史委員会の管理下に置かれている（『国選史跡登録簿』には Historic Camden Revolutionary War Restoration と記され，そのデータは A，D，1969 年)。ただしこの公園はその名称にもかかわらず，主としてカムデンの古い町並み（特に南部）を対象としたもので，実際の古戦場は町の北，数マイルの位置にある。そこにはドゥ・カルブが倒れたとされる場所に石碑が建っており，「ドゥ・カルブ男爵は，1780 年 8 月 16 日のカムデンの戦いにおいて，この場所で致命傷を負った」と記されている。1825 年にはラファイエットの臨席の下に，ドゥ・カルブの遺体が改めて埋葬し直

され，著名な建築家ロバート・ミルズ（ワシントン記念塔の設計者）のデザインした記念碑が置かれた。しかしこのような敗戦の古戦場に対しては，のちの歴史は概して冷淡との印象は拭えない。

（2）同協会については，Michael A. Capps and Steven A. Davis, *Moores Creek National Battlefield : An Administrative History* (Atlanta, 1999) を参照。同書は同古戦場の歴史を概観した最新の研究書で，ムーアズクリーク国立古戦場のホームページ（http://www.cr.nps.gov/history/online_books/mocr/adhi.htm）からも閲覧できる。

（3）Gertrude S. Carraway, "Revolutionary Battlefield Now National Park," *DAR Magazine* 61 (Jan., 1927), 41-42.

（4）1934 年 12 月号（715 頁）。1927 年 8 月号（596 頁）には DAR ノースカロライナ支部の近況報告として，同古戦場を国立戦跡公園にする際に協力した経緯が述べられている。

（5）ムーアズクリーク古戦場協会は今日まで存続している（ウェブサイトは，http://moorescreekbattlegroundassociation.org/）。

（6）Bobby G. Moss, *Roster of the Patriots in the Battle of Moores Creek Bridge* (Blacksburg, S. C., 1992), 87. 同書は戦闘に参加した愛国派兵士のプロフィールを可能な限り調べ上げてリストアップしたもので，忠誠派についても同じ著者の手になる同様の書物がある。なおグレイディは碑文ではダプリン郡出身となっているが，ダブス郡との説もある。キャスウェルとリリントンは戦闘を指揮した愛国派軍の大佐。Hugh F. Rankin, *The Moores Creek Bridge Campaign, 1776* (Conshohocken, Pa., 1986), 21 には，1899 年にこの記念碑の前で催された式典の写真が掲載されている。中央の女性がグレイディと書かれた垂れ幕を持ち，その周りを 12 名の女性が取り囲む構図で，これが発足したばかりの MCMA の記念式典であることは間違いなかろう。当時，ムーアズクリークの戦いを記念するこのような行事はいくつも開催されたという。

（7）子ども向けの絵本である Jill Canon, *Heroines of the American Revolution* (Santa Barbara, Ca., n. d.) には，2 ページにわたって彼女の紹介がある。また，Charles E. Claghorn, *Women Patriots of the American Revolution : A Biographical Dictionary* (Metuchen, N.J., 1991), 176 にも彼女の項目がある。

（8）Elizabeth F. Ellet, *The Women of the American Revolution*, 3rd ed. (New York, 1849).

（9）Claude Moore, "Our Heritage," in the *Mount Olive Tribune* (Wayne County, N.C., 1976 ?), transcribed by Barbara Kawamoto (http://files.usgwarchives.net/nc/wayne/heritage/slocumb.txt) を参照。

（10）*Ibid.*

（11）当該の写真には現在はない柵が写っているが，この記念碑が 4 であることは間違いない。なお，この碑の碑文自体にも単純な事実誤認が数か所認められ，現在，碑の横に置かれている説明板には，その誤りを訂正する説明文が記されている。

（12）フローラ・マクドナルドとムーアズクリークの戦いについては，J. P. MacLean, *Flora MacDonald in America with a Brief Sketch of Her Life and Adventures* (Morgantown, W. Va., 1984) を参照。

（13）フローラ・マクドナルドの経歴等については同上書のほか，主要な忠誠派を網羅した人名事典 Lorenzo Sabine, *Biographical Sketches of Loyalists of the American Revolution with an Historical Essay*, Vol. 2 (Boston, 1864)（『アメリカ人名資料事典（第 4 巻）』日本図書センター，2000 年），57-59 を参照。彼女の精密な肖像は，Richard Sharp, *The Engraved Record*

of the Jacobite Movement（Aldershot, Hampshire, UK, 1996）, 178 にある。

(14) この指示は同日のハリファックス決議（ムーアズクリークでの勝利を受けて，ハリファックスで開かれたノースカロライナの第 4 回革命協議会での決議）に基づくもの。ちなみに今日のノースカロライナ州旗には，上下二段に 2 つの日付が記されており，上段は 1775 年 5 月 20 日（いわゆるメクレンバーグ独立宣言），下段は 1776 年 4 月 12 日で，このハリファックス決議である。メクレンバーグ独立宣言のテクストについては，拙稿「ノースカロライナにおけるアメリカ革命——史料紹介」（『追大英文学会論集』第 2 号，1993 年）を参照。

(15) Capps and Davis, *Moores Creek National Battlefield*, chap. 3.

(16) *Kings Mountain National Military Park : Resource and Activity Guide for Teachers*（Kings Mountain, N.C., n. d.）, 3–G : 1–5 を参照。

(17) *The American Monthly Magazine* 36（1910）, 168–171.

(18) この額は，表 8-1 にある 1925 年の報告書に記された額と同じであり，記事の信憑性を裏付けている。

(19) フーヴァー大統領の演説は，*Kings Mountain National Military Park*, A–D : 1–4.

(20) Pat Alderman, *One Heroic Hour at King's Mountain*, 2nd ed.（Johnson City, Tenn., 1968, rep., 1990）, 40–41 も参照。

(21) 人口統計に関しては，たとえば“Historical Statistics of the United States : Millennial Edition Online”（http://hsus.cambridge）の“Population”の項を参照。

(22) この古戦場の史跡については，Cameron Binkley and Steven A. Davis, *Cowpens National Battlefield : An Administrative History*（Atlanta, 2002）を参照。U.S. Department of the Interior, *A Handbook for Cowpens National Battlefield, South Carolina*（Washington, D.C., 1988）; Edwin C. Bearss, *The Battle of Cowpens*（Johnson City, Tenn., 1996）; Lawrence E. Babits, *Cowpens Battlefield : A Walking Guide*（Johnson City, 1993）なども参考になる。

(23) Benson J. Lossing, *The Pictorial Field-Book of the Revolution ; or, Illustration, by Pen and Pencil, of the History, Biography, Scenery, Relics, and Traditions of the War for Independence*, Vol. 2（New York, 1852）, chap. 22.

(24) この家は「ロバート・スクラッグズ・ハウス」。1970 年代に国立公園局が買い取り，1820 年代当時の姿に復原されている。現在はむろん居住者はいないが，著者がこの家を訪れた際，幼少期にこの家に住んでいたという女性に出会った。

(25) 当初，鉄柱の上に置かれていた鷲の像は消失し，台座も単なるコンクリートとなって，刻まれていたはずの碑文も完全に消えている。

(26) *DAR Magazine*, 66（1932）, 512.

(27) *DAR Magazine*, 69（1935）, 22.

(28) この古戦場の歴史，および記念碑の全容については，T・E・ベイカーの諸著作，Thomas E. Baker, *The Monuments at Guilford Courthouse National Military Park*（[Greensboro, N.C.], 1991?）; Id., *Redeemed from Oblivion : An Administrative History of Guilford Courthouse National Military Park*（[Greensboro, N.C.], 1995）; Id., “Guilford Courthouse : A Pivotal Battle in the War for Independence,” *Teaching with Historic Places*（n. d.）; Id., *Another Such Victory : The Story of the American Defeat at Guilford Courthouse that Helped Win the War for Independence*（[New York], 1981）を参照。なおこの古戦場の地名は，当時の地図にはギルフォードとのみ記されているが，ギルフォード郡役所《コートハウス》は，この郡役所を中心とする小

さな集落の名称でもあった。19世紀初頭に郡役所が別の場所に移されたため，この木造の役所は遺棄され，集落も消滅した。

(29) 表8-6の27の記念碑については，除幕式の写真がDARの機関誌に掲載されている。*DAR Magazine* 66 (1932), 659.

(30) ターナー夫人については，Curtis Carroll Davis, “The Tribulations of Mrs. Turner : An Episode after Guilford Court House,” *Maryland Historical Magazine* 76 (1981) が詳しい。

(31) 装置については，Claghorn, *Women Patriots*, 193収録の彼女の項目を参照。

(32) 同上のClaghornは115歳説をとっている。

(33) 死亡場所についても諸説ある。http://www.wikitree.com/wiki/Norman-612など。

(34) 独立戦争時のワシントンについては，ドン・ヒギンボウサム（和田光弘・森脇由美子・森丈夫・望月秀人訳）『将軍ワシントン——アメリカにおけるシヴィリアン・コントロールの伝統』（木鐸社，2003年）を参照。

(35) ヨークタウンの史跡認定を求める声が『タイム』誌にも見られる。“Yorktown Park,” *Time* (Apr. 14, 1924).

(36) この古戦場に立つ記念碑の歴史的背景については，Clyde F. Trudell, *Colonial Yorktown, An Exploration through One of America's Most Richly Historic Towns : Its Houses, Heroes, and Legends* (Gettysburg, Pa., 1971) を参照。また，国立公園局のウェブサイト（http://www.nps.gov/york/historyculture/vicmon.htm）も参照。

(37) Gaillard Hunt, ed., *Journals of the Continental Congress, 1774–1789, Edited from the Original Records in the Library of Congress*, Vol. 21 (Washington, D.C., 1912), 1081.

(38) “Battle of Yorktown,” *Time* (Jan. 11, 1954).

(39) *Congressional Record*, U.S. Senate Document, No. 77, 58th Congress, 2nd Session.

(40) 植民地時代国立歴史公園のウェブサイト（http://www.nps.gov/archive/colo/Ythanout/frenarmcasualties.htm）および，http://xenophongroup.com/mcjoynt/sf-mon.htmを参照。

(41) 駐米フランス大使館のホームページに演説の全文が収録されている（http://www.ambafrance-us.org/news/statmnts/2003/levitte_yorktown_101903.asp）。

第9章　英雄の血脈

(1) 著者によるジョン・スミスの簡潔な解説も参照。西川正雄・川北稔・佐藤彰一他編『角川世界史辞典』（角川書店，2001年），496頁参照。

(2) Philip L. Barbour, ed., *The Complete Works of Captain John Smith*, Vol. 2 (Chapel Hill, 1986), 151.

(3) *St. George's Church Guide* (Gravesend, 1990), 23–24. また，http://www.stgeorgesgravesend.org.ukを参照。

(4) 表7-10（第7章）の11を参照。

(5) 正確には2か所異なっており，①米のタブレットでは「イングランドの」グレーヴゼンドとなっている，②米のものには「聖ジョージ教会に埋葬」とあるが，英のものでは「このあたりに埋葬」と記されている。いずれも位置に関する情報の差異に基づく違いであり，捨象できる。米のタブレットの教会内の位置は，表7-10下図の11を参照。

(6) “In Pocahontas's Memory,” *New York Times* (July 17, 1914).

(7) “Pocahontas' Chapel,” *Time* (Nov. 17, 1952). 図9-2右の像は、表7-8（第7章）の5を参照。

(8) Peter Victor, "Pocahontas : The Gravesend Connection," *Independent* (Aug. 6, 1995).
(9) Mary Jordan, "Pocahontas's Trail : England Honors a Native American Princess," *Washington Post* (March 1, 2007).
(10) Esmerelda Weatherwax, "Pocahontas in England," *New English Review* (Oct., 2007) (http://www.newenglishreview.org/).
(11) "The Pocahontas Myth," in "Powhatan Renape Nation : Rankokus American Indian Reservation" (http://www.powhatan.org/pocc.html).
(12) ウェブサイト（http://www.nps.gov/gewa）を参照。なお，ワシントンの生家の復元を目指したメモリアル・ハウス建設の経緯は，Joy Beasley, "The Birthplace of a Chief : Archaeology and Meaning at George Washington Birthplace National Monument," in *Myth, Memory, and the Making of the American Landscape*, ed. by Paul A. Shackel (Gainesville, Fla., 2001) を参照。
(13) Donald Jackson, ed., *The Diaries of George Washington*, Vol. 2 (Charlottesville, Virginia, 1977), 62 ; Vol. 3 (1978), 28.
(14) この家族墓所については，以下の文献を参照。Charles O. Paullin, "The Birthplace of George Washington," *WMQ*, 2nd Ser., 14 (1934), 1–8 ; *George Washington Birthplace National Monument, Virginia* (Washington, D.C., 1941) ; J. Paul Hudson, *George Washington Birthplace* (Washington, D.C., 1956).
(15) この分類は，国立公園局のウェブサイト内にある以下の文献に依った。"Burials at George Washington Birthplace National Monument : Bridges Creek Washington Family Cemetery" (http://www.nps.gov/archive/gewa/Page15graves.html). なお，図 9–3 の家系図は，National Society of Genetic Counselors 等で採られる作法を参照して著者が作成したものであり，図中の記号などは，文化人類学等で常用される系図の作法と若干異なっている。また，図中の人物の生没年については，旧暦表記の有無も含めて，文献によって数年の相違が見られる場合がある。
(16) 本節の考察は，このオリジナルの墓銘が正しいことを前提としている。なお図 9–3 には記載していないが，ローレンスとミルドレッドには 1690 年に長男ジョンが誕生している（"Lawrence Washington History, 1659 to 1698"〔http: //www. nps. gov/archive/gewa/His&Lawrence.htm〕. 92 年生まれとの説もある）。亡くなった本文中のジョンの名を取って名付けられたのであろうか。この長男のジョンは父ローレンスの死後，義父や母，弟オーガスティン（ジョージの父）らとイギリスに渡り，のち，兄弟でアメリカに戻っている。
(17) 大下尚一・有賀貞・志邨晃佑・平野孝編『史料が語るアメリカ——メイフラワーから包括通商法まで』（有斐閣，1989 年），41 頁。
(18) 同上，39 頁。
(19) A・ハミルトン，J・ジェイ，J・マディソン（斎藤眞・中野勝郎訳）『ザ・フェデラリスト』（岩波文庫，1999 年），「解説」参照。再度注記するならば，むろんこの第 1 条における「名称」を「アメリカ合衆国」と訳するのは一般的な作法であり，誤っているわけではまったくない。当時の実態を斟酌するならば，「アメリカ連合諸邦」の訳の方が実態に沿っているとの意である。
(20) 必ずしも私見と一致はしないが，千葉謙悟「the United States と『合衆國』——中西言語文化接触の視点から」（『早稲田大学大学院文学研究科紀要』49 号，2003 年）等は当該の問題に関して鋭い議論を展開しており，啓発されるところが多い。

(21) "John Hanson" (http://en.wikipedia.org/wiki/John_Hanson).
(22) H・ネット上のメールであり，個人名などの詳細は伏せたい。その後，何名かが冷静な議論を展開している。
(23) http://www.marshallhall.org/hanson.html（2000 年 10 月 11 日閲覧）.
(24) George Grant, *The Pocket Patriot : An Introduction to the Principles of Freedom* (Nashville, Tenn, 2000), 132-134.
(25) その 1 校が，ウォルドーフ市のジョン・ハンソン中等学校（http://www.ccboe.com/hanson/）。ウェブサイトは，2000 年 10 月 12 日閲覧。
(26) 1932 年 1 月の『タイム』誌に掲載された著者の死亡記事は次のように伝える。「シーモア・ウェミス・スミス，肺炎でマンハッタンにて死去。享年 35 歳。彼は次のような主張で知られていた。すなわち，ジョージ・ワシントンではなくジョン・ハンソンが合衆国の初代プレジデントであり，合衆国は 1789 年ではなく 1781 年に創られたのだ，と」("Obituary for Seymour Wemyss Smith," *Time*, Jan. 18, 1932)。
(27) 1776 年の索引には，840 頁に記載があると記されているが，実際には 849 頁で，索引の誤植であろう。このページに出てくる"Captain John Hanson"については，ほぼ間違いなく別人であろうが，1775 年の議事録に出てくるジョン・ハンソンは本人の可能性もある。
(28) Katherine Jaeger, *A Guide Book of United States Tokens and Medals* (Atlanta, 2008), 124-125.
(29) イギリスでは 17 世紀にも個人の形見を身に着ける習慣はあったが，いわゆるモーニング・ジュエリーは 18 世紀後半，とりわけ 70 年代・80 年代以降に大流行した。当時のモーニング・ジュエリーに関する近年の学術的成果として，Sarah Nehama, *In Death Lamented : The Tradition of Anglo-American Mourning Jewelry (A Companion Volume to the Fall Exhibition at the Massachusetts Historical Society, 2012)* (Boston, Mass., 2012) ; Marcia Pointon, "Jewellery in Eighteenth-Century England," in *Consumers and Luxury : Consumer Culture in Europe 1650-1850*, ed. by Maxine Berg and Helen Clifford (Manchester, 1999) ; ジョーン・エヴァンズ（古賀敬子訳）『ジュエリーの歴史——ヨーロッパの宝飾 770 年』（八坂書房，2004 年），第 8 章等が挙げられる。ワシントンの追悼に関しては，Meredith Eliassen, "George Washington, Death and Mourning" ; Scott E. Casper, "The Washington Image in American Culture," in *A Companion to George Washington*, ed. by Edward G. Lengel (Chichester, West Sussex, 2012). ワシントンの記念・記憶に関しては，G・カート・ピーラー（島田眞杉監訳）『アメリカは戦争をこう記憶する』（松籟社，2013 年），第 1 章も参照。
(30) ウィリアム・フロイドはいくつもの人名事典で取り上げられている。現代の代表的な人名事典，*Concise Dictionary of American Biography*, 5th ed., Vol. 1 (New York, 1997), 394-395 の他，19 世紀の人名事典でもかなりのスペースを割いて言及がなされている。Thomas J. Rogers, *A New American Biographical Dictionary*, 3rd ed. (Easton, Pa., 1824)（『アメリカ人名資料事典（第 5 巻）』日本図書センター，2000 年）, 130-132 ; William Allen, *The American Biographical Dictionary*, Vol. 1 (Boston, 1857)（『アメリカ人名資料事典（第 14 巻）』日本図書センター，2001 年）, 358 ; Francis S. Drake, *Dictionary of American Biography*, Vol. 1 (Boston, 1872)（『アメリカ人名資料事典（第 9 巻）』日本図書センター，2001 年）, 331.
(31) Drake, *Dictionary of American Biography*, Vol. 1, 358.

(32) *Concise Dictionary of American Biography*, 5th ed., Vol. 1, 395.

(33) このワシントンの鉄製カメオや「ベルリン鋳物」については，Stephen Decatur, “Flashback : Washington Memorial Jewelry,” *American Collector Magazine*, Vol. 7, No. 12 (1939) (http://www.collectorsweekly.com) を参照。さらに 19 世紀初頭からは，黒いレースに似た繊細なベルリン鋳物が作られるようになる（クレア・フィリップス（山口遼監訳・旦亜祐子訳）『V ＆ A の名品で見るヨーロッパの宝飾芸術』（東京美術，2014 年），72-73 頁）。

(34) Decatur, “Flashback.”

(35) *The New York Times* (January 28, 1900). 本段落の記事は 1 月 28 日付のものだが，それに先立つ 1 月 3 日の同紙には，イエナ広場に像の設置が許可されたことを報じる記事が掲載されている。ちなみにその記事では，大文字の I と L との錯誤により，イエナ広場の綴りが間違っている。

(36) Mason Locke Weems (alias Parson Weems), *The Life of George Washington, with Curious Anecdotes, Equally Honourable to Himself and Exemplary to His Young Countrymen*, 12th ed. (Philadelphia, 1812).

(37) 山田史郎「本の行商とワシントン伝——メイソン・L・ウィームズと建国期の書物」（『同志社アメリカ研究』30，1994 年），10-12 頁参照。同論文は，ウィームズの『ワシントン伝』についての優れた実証研究である。

第 10 章　建国のアイコン

(1) Michael Frisch, “American History and the Structures of Collective Memory : A Modest Exercise in Empirical Iconography,” *JAH* 75 (1989), 1133, 1136. 同論文はのちに論文集に収録された。David Thelen, ed., *Memory and American History* (Bloomington, Ind., 1990).

(2) Laurel T. Ulrich, “How Betsy Ross Became Famous : Oral Tradition, Nationalism, and the Invention of History,” “Common-Place,” Vol. 8 (October, 2007) (http://www.common-place.org). ウルリックが 2004 年に同様の調査をハーヴァード大学の学生 200 名におこなったところ，第 1 の問いについての回答はまったく同じであったが，第 2 の問いについてはかなり様相が異なり，「ワシントン夫人」や「リンカーン夫人」などの回答や，回答紙が空欄のケースも目立ったという。結果としてポール・リヴィアが 1 位，ベッツィ・ロスは 7 位となったが，全体に回答が散らばり，有意な結論は得られなかった。ウルリックによれば，ベッツィの地位を奪う者はまだいないが，彼女のストーリーが神話であるとの認識が広まってきたためかもしれないと分析している。

(3) エノク・ウェッジウッドのリバティ・ブルー・シリーズに関しては，コレクター向けの著作も刊行されている。Debbie Coe and Randy Coe, *Liberty Blue Dinnerware*, 2nd ed. (Lancaster, Pa., 2006). ちなみに，ジョサイア・ウェッジウッドの遠縁に当たるエノクの名を冠したこの製陶会社は，現在はウェッジウッド社に吸収され，ユニコーン・ポタリー社と名を改めている。

(4) 著者の手元にあるものは古いが，American Automobile Association, *Tourbook : New Jersey & Pennsylvania* (1989), 92 を参照。

(5) たとえば脚本の Elizabeth Larkin, “Mistress Betsy and the Flag,” in *Creative Plays for Every School Month*, ed. by Ruth Birdsall (Dansville, N.Y., 1957, Rev., 1964), 90 には，劇で使う五芒星の作り方も丁寧に説明されている。その他の脚本として，Lindsey Barbee, “The Flag of the United States,” in *One Hundred Plays for Children : An Anthology of Non-Royalty One-Act*

Plays, ed. by A. S. Burack (Boston, 1949, Rep., 1972) など。なお，著者（和田）は勤務する大学において十数年前，1 年次生向けの歴史学の講義でベッツィの伝説について話したところ，授業終了後に学生が進み出て，自分は小学生のころアメリカに住んでいたが，学校で習ったベッツィの話は真実だとこれまで信じ切っていたので驚いたとの感想を伝えてくれた。彼女のレポートは次のような印象的な文章で結ばれている。「たとえ最初のアメリカの国旗を作ったのがベッツィだというのが作り話であっても，アメリカ国民のほとんどがこの神話を幼い頃から知っているし，実際がどうであれベッツィの話は今後も語り継がれていくのだろう，と思った。」

（6）スコット・M・グインター（和田光弘・山澄亨・久田由佳子・小野沢透訳）『星条旗——1777-1924』（名古屋大学出版会，1997 年），25 頁。

（7）同上，142 頁。ベッツィの伝説については，たとえば，J. Jackson, ed., *Encyclopedia of Philadelphia* (Harrisburg, 1931-33), 1054-55 ; M. A. Reynolds, "The History of the American Flag" (Philadelphia, 1986) ; Id., "The Legend of Betsy Griscom Ross, 1752-1836" (Philadelphia, 1986) なども参照。

（8）Marc Leepson, "Five Myths about the American Flag," *Washington Post* (June 10, 2011).

（9）Lonn Taylor, Jeffrey Brodie and Kathleen Kendrick, *The Star-Spangled Banner : The Making of an American Icon* (Washington, D.C., 2008).

（10）Ulrich, "How Betsy Ross Became Famous."

（11）Marc Leepson, *Flag : An American Biography* (New York, 2005) ; Id., "Five Myths about the American Flag."

（12）ベッツィ・ロスに関する子ども向けの本は数多く出版されており，古いものではたとえば，Ann Weil, *Betsy Ross, Designer of Our Flag* (New York, 1954) などがあるが，近年ではベッツィのストーリーが伝説であることを明示しつつ説明しているものもある。たとえば Susan S. Harkins and William H. Harkins, *The Life and Times of Betsy Ross (Profiles in American History)* (Newark, Delaware, 2006) ; Stacia Deutsch, Rhody Cohon and Guy Francis, *Betsy Ross' Star (Blast to the Past)* (New York, 2007) など。その他，近年の子ども向けの本として，Vicki Cox, *Betsy Ross : A Flag for a New Nation (Leaders of the American Revolution)* (New York, 2006) ; Pamela Chanko, *Betsy Ross : The Story of Our Flag (Easy Reader Biographies)* (New York, 2007) ; Jan Mader, *Betsy Ross (First Biographies)* (Mankato, Minnesota, 2007) などがある。

（13）Marla R. Miller, *Betsy Ross and the Making of America* (New York, 2010), 176.

（14）グインター『星条旗』，143 頁。

（15）三名の宣誓供述書は，"Betsy Ross Homepage Resources : Affidavits" (http://www.ushistory.org/betsy/flagaffs.html/) 所収。

（16）キャンビーの文書は，"'The History of the Flag of the United States' by William Canby" (http://www.ushistory.org/betsy/more/canby.htm/) 所収。

（17）以下，詳しくはグインター『星条旗』（特に第 2 章），および拙編著『大学で学ぶアメリカ史』（ミネルヴァ書房，2014 年），64-65 頁を参照。

（18）植民地人のイギリス人意識とアメリカ人意識については，拙稿「アメリカにおけるナショナル・アイデンティティの形成——植民地時代から 1830 年代まで」（川北稔編『岩波講座 世界歴史（第 17 巻）——環大西洋革命 18 世紀後半—1830 年代』岩波書店，1997 年）参照。

(19) Library of Congress, ed., *Journals of the Continental Congress, 1774–1789, Edited from the Original Records in the Library of Congress*, Vol. 8 (Washington, D.C., 1907), 464.
(20) “Rare Flags” (http://www.rareflags.com/RareFlags_Showcase_IAS_00111.htm) を参照。
(21) グインター『星条旗』，36 頁。
(22) 同上，28 頁。以下，ホプキンソンについても 28–29 頁を参照。
(23) ホプキンソンが考案した星条旗のカントンには，星が 3–2–3–2–3 に配列（5 数配列）されていたものもあったと考えられている。
(24) *The Story of Our Flag* (Santa Barbara, Ca., 1996).
(25) *Journals of the Continental Congress*, Vol. 5 (1906), 517–518.
(26) *Journals of the Continental Congress*, Vol. 22 (1914), 338–340. その後，文言は次のように続く。「オリーブの枝と矢は，もっぱら連合会議のみに授けられている平和と戦争の権限を示す。……紋章入りの盾は，ハクトウワシの胸に抱かれ，一切，他の盾持ち［紋章の盾を左右から支える人や獣など］を有さないが，それはアメリカ合衆国［アメリカ諸邦連合］が，頼るべきは自らの徳のみであることを意味している。裏面。ピラミッドは，耐久力と持続性を意味している……」
(27) Thelen, ed., *Memory and American History*, 18–21 のフリッシュの議論を参照。
(28) たとえば 1980 年代後半にパイオニアがアメリカで展開したオーディオ・ヴィジュアルシステムの広告ポスターでは，「進化ではない，革命だ」のフレーズのもと，ベッツィとワシントンが登場する。むろん広告の説明文にはベッツィやワシントンの名は一言も出てこないが，両名の姿かたち，すなわちアイコンから，アメリカ人であればただちに誰であるかが理解できる。しかし当該の文化的枠組みの外にいるわれわれ外国人にとっては，その広告の図像は意味をなさない。
(29) 以下，リヴィアの生涯については，最新の伝記たる Jayne E. Triber, *A True Republican : The Life of Paul Revere* (Amherst, 1998)，および David H. Fischer, *Paul Revere’s Ride* (New York, 1994)，さらに Stephen R. Larson, *Paul Revere* (Boston, n. d.); Paul Revere Memorial Association, ed., *Paul Revere—Artisan, Businessman, and Patriot : The Man behind the Myth* (Boston, 1988) などを参照。ポール・リヴィア記念協会のホームページも参考になる (http://www.paulreverehouse.org)。
(30) たとえば *Concise Dictionary of American Biography*, 5th ed., Vol. 2 (New York, 1997), 1054 は，ボストン茶会事件（文献上は当時，そう呼称されていなかったが）に参加したと推定している。
(31) この報告書は現在，マサチューセッツ歴史協会のウェブサイトで実物が閲覧できる。*A Narrative, of the Excursion and Ravages of the King’s Troops under the Command of General Gage, on the nineteenth of April, 1775 : Together with the Depositions ...* (Worcester, Mass., 1775) (http://www.masshist.org/database/viewer.php?item_id=627).
(32) Fischer, *Paul Revere’s Ride*, 328–329.
(33) Elias Phinney, *History of the Battle of Lexington, on the Morning of the 19th April, 1775* (Boston, 1825 ; reprint by the Society for the Preservation of Colonial Culture, 1968). オリジナルの 1825 年版がウェブサイトで閲覧できる (https://archive.org/details/historyofbattleo00phin)。
(34) S. E. Morison, “Paul Revere’s Own Account of His Midnight Ride, April 18–19, 1775 : With a Short Account of His Life,” *Old South Leaflets* 222 (1930). 史料①は pp. 3–6，史料②は pp.

7-11（私信の後半部は省略されている）。

（35）ファクシミリ版は Harriet E. O'Brien, comp., *Paul Revere's Own Story : An Account of His Ride as Told in a Letter to a Friend, together with a Brief Sketch of His Versatile Career*（Boston, 1929）, 2-9（Facing Pages），活字版は *Ibid.*, 2-10. 以下，史料②の引用はこの活字版による。

（36）Fischer, *Paul Revere's Ride*, 318. また，本書の第 5 章も参照。

（37）O'Brien, comp., *Paul Revere's Own Story*, 3.

（38）後述するロングフェローの詩の中の表現。史料②においてリヴィア自身は "by water" の語を用いている（*Ibid.*, 4）。

（39）*Ibid.*

（40）*Ibid.*

（41）Morison, "Paul Revere's Own Account," 3.

（42）*Ibid.*

（43）*Ibid.*

（44）O'Brien, comp., *Paul Revere's Own Story*, 17.

（45）イギリス製と考えられるこのランタンは，一点のみが現存し，コンコードの博物館に収蔵されている。

（46）O'Brien, comp., *Paul Revere's Own Story*, 17.

（47）これらの逸話は残された史料には出てこないが，リヴィアの孫娘が，リヴィア自身がそのように語っているのを聞いたと証言している。Jean Fritz, *And Then What Happened, Paul Revere ?*（New York, 1973）, 46.

（48）史料②の表現は，「私はレキシントンに着くまでに，ほとんどすべての家に警告を伝えた」となっている（O'Brien, comp., *Paul Revere's Own Story*, 5）。

（49）Morison, "Paul Revere's Own Account," 4.

（50）*Ibid.*

（51）Fischer, *Paul Revere's Ride*, 109-110.

（52）Phinney, *History of the Battle of Lexington*, 33.

（53）Morison, "Paul Revere's Own Account," 4.

（54）O'Brien, comp., *Paul Revere's Own Story*, 5.

（55）Triber, *A True Republican*, 104.

（56）Morison, "Paul Revere's Own Account," 5. O'Brien, comp., *Paul Revere's Own Story*, 6 には出てこない。

（57）Morison, "Paul Revere's Own Account," 6 ; O'Brien, comp., *Paul Revere's Own Story*, 7.

（58）このトランクは現存しており，ウスター歴史協会が所蔵している。

（59）O'Brien, comp., *Paul Revere's Own Story*, 7-10.

（60）この考察に際しては，Fischer, *Paul Revere's Ride*, 327-344（"Historiography : Myths after the Midnight Ride"）; Jayne E. Triber, "The Midnight Ride of Paul Revere : From History to Folklore"（Boston, n. d.）などが参考となる。

（61）当時の新聞に関する詳細な調査として "How Paul Revere's Ride was Published and Censored in 1775（Journal of the American Revolution Online Magazine）"（http://allthingsliberty.com/2015/02/how-paul-reveres-ride-was-published-and-censored-in-1775/）がある。

（62）この新聞記事の現物の写真は，前註のウェブサイトに掲載されており，内容を子細に確認できる。また，William Gordon, "An Account of the Commencement of Hostilities

Between Great Britain and America, in the Province of Massachusetts-Bay," *Pennsylvania Gazette* (June 1775) in *American Archives*, 4th series., vol. 2, ed. by Peter Force (Washington, D.C., 1839, reprint, New York, 1972), 626–631 を参照。

(63) O'Brien, comp., *Paul Revere's Own Story*, 10 およびファクシミリ版の私信 8 ページ目を参照。

(64) *Ibid.*

(65) "Boston Intelligencer, and Morning and Evening Advertizer, May 16, 1818," 4 (40), 2. この新聞史料のコピーは，Barry K. B. Berkovitz, *Nothing but the Tooth : A Dental Odyssey* (Cambridge, Mass., 2012), 216 に掲載されている。

(66) "New England Galaxy and Masonic Magazine, May 15, 1818," 1 (31), 3. この史料のコピーも，Berkovitz, *op. cit.*, 216 に掲載。

(67) Fischer, *Paul Revere's Ride*, 328.

(68) *Ibid.*, 327.

(69) この版画集は，広告が 1775 年 12 月の新聞に掲載されていることから，むろん当時，実際に販売されたと考えられる。その後，原版が失われ，本文中の図に掲げた第 1 葉だけ，1832 年に再度，老齢のドゥーリトルの補助のもと，彼の弟子によって縮小版が彫られている。なお，レキシントンの戦いについて，米英それぞれの見方を示す史料を収録した史料集として，Henry S. Commager, ed., *Documents of American History*, 5th ed. (New York, 1949), 89–90 がある。

(70) David Ramsay, *The History of the American Revolution*, ed. Lester H. Cohen (Indianapolis, 1990), Vol. 1, 174–175.

(71) Mercy Otis Warren, *History of the Rise, Progress and Termination of the American Revolution : Interspersed with Biographical, Political and Moral Observations*, ed. by Lester H. Cohen (Indianapolis, 1989), Vol. 1, 101. 同書は共和派的色彩が濃く，J・アダムズが激怒したとされる。ジェイムズ・オーティスの妹で才女のウォレンについては，次の本も参照。Jeffrey H. Richards and Sharon M. Harris, eds., *Mercy Otis Warren : Selected Letters* (Athens, Ga., 2009).

(72) Edward Everett, "An oration delivered at Concord, April the nineteenth, 1825" (http://archive.org/stream/concordapril00everrich/concordapril00everrich_djvu.txt).

(73) Joseph T. Buckingham, "Early American Artists and Mechanics, No. 2 : Paul Revere," *New-England Magazine* 3 (1832), 304–314.

(74) Fischer, *Paul Revere's Ride*, 331.

(75) 彼の息子チャールズは，明治期の日本に滞在したことでも知られる。

(76) Henry W. Longfellow, "Paul Revere's Ride," *Atlantic Monthly* (Boston, Jan. 1861).

(77) ただし 2 日前の 16 日にリヴィアが伝えた警告に注目し，これによってコンコードの住民たちが戦闘準備を整えることができたと解釈するならば，目標の達成という意味においてもリヴィアの役割は大きかったといえる。

(78) Fischer, *Paul Revere's Ride*, 332.

(79) *Ibid.*, 333.

(80) Triber, "The Midnight Ride," 4.

(81) *Boston Daily Globe* (April 19, 1875), 1–2. 以降の新聞記事に関しては，ニューヨーク公立図書館のご協力により，リヴィアに関連する記事を多く集めることができた。関係者

のご助力に感謝したい。

(82) *Globe* (AM, April 20, 1875), 2. このエベニーザ・ドアはリヴィアと同時代の実在の人物で，ロクスベリーの名士であった。じつは早くもJ・ベルクナップがリヴィア，ドーズのほかに氏名不詳の3人目の使者がいた可能性を指摘しており，これをドアとする説もある。むろんこの説は史料的に実証されておらず，フィッシャーによれば，この説の存在自体，19世紀後半にボストンのジャーナリストたちがドーズをドアと誤記したことに端を発しているとされる（Fischer, *Paul Revere's Ride*, 387–388）。

(83) 石膏モデルの写真は，O'Brien, comp., *Paul Revere's Own Story*, 1 (Facing Page) にある。むろんこの本が上梓された1929年の段階ではまだブロンズ像は完成しておらず，オブライエンはこの写真のキャプションのなかで，マサチューセッツ湾植民地建設三百周年をリヴィアの記念碑とともに祝えないことを嘆いている。

(84) Edward G. Porter, *Rambles in Old Boston, New England* (Boston, 1887), 324. 氏はボストン生まれの会衆派牧師で，全3巻の『ニューハンプシャーの歴史』（1784–92年）でも有名。

(85) Elbridge H. Goss, *The Life of Colonel Paul Revere*, 2 vols. (Boston, 1891). https://archive.org/details/lifecolonelpaul01gossgoog で読むことができる。

(86) *Boston Globe* (April 11, 1905).

(87)「ポール・リヴィアの家」およびポール・リヴィア記念協会については，同協会のウェブサイトを参照。現在，「家」の部材の約9割がオリジナルのままである。

(88) この映画はたとえば，ニューヨーク州の小さな町ギルボアで，1913年に開館したばかりの映画館にて上映された記録がある（*Gilboa Historical Society : Learning, Sharing, and Preserving Our History*, Vol. 17 (2015), 28）。ただし，エディソンの映画会社で無声映画の監督を務めて名高いE・S・ポーターを記念したウェブサイトによると，ポーターを監督兼映画撮影技師とする同名の短編映画が作られたのは1907年とされている。

(89) *Boston Sunday Globe* (April 19, 1914).

(90) この逸話の文句は本のタイトルにもなっている。Richard Shenkman, *I Love Paul Revere, Whether He Rode or Not* (New York, 1992). とくに，p. vii.

(91) *Boston Globe* (AM, April 19, 1921), 10.

(92) ドーズの再評価については，以下の文献等を参照。Henry W. Holland, *William Dawes and His Ride with Paul Revere : An Essay Read before the New England Historical Genealogical Society on June 7, A. D. 1876* (Boston, 1878); James O. Fagan, *Map Showing the Rides of Paul Revere, Wm. Dawes and Dr. Prescott, April 18–19, 1775* (Boston, 1928); C. Burr Dawes, comp., *A Bicentennial History of the Midnight Ride, April 18–19, 1775, of William Dawes, First Rider for Revolution : Chronological Narrative* (Newark, Ohio, 1976).

(93) *Boston Globe* (April 20, 1925), 5–8 (150th Anniversary Section). *Boston Sunday Globe* (April 19, 1925), 2も参照。

(94) Triber, "The Midnight Ride," 6.

(95) Esther Forbes, *Paul Revere and the World He Lived In* (Boston, 1942).

(96) Robert Lawson, *Mr. Revere and I : Being an Account of certain Episodes in the Career of Paul Revere, Esq., as Revealed by his Horse* (Boston, 1953).

(97) *Boston Herald* (April 18, 1950), 26. 同日の紙面には，リヴィアとランタンの逸話を取り上げて，馬に乗る彼の図像を巧みに用いた電話会社の広告も掲載されている（p. 18）。

(98) Fischer, *Paul Revere's Ride*, 339.

(99) ただし前述のモリソンの論文は，すでにリヴィアの多才な側面について留意を促している。

(100) “America’s Arts and Skills,” *Life* (April 18, 1955), 108–136.

(101) William A. DeWitt, *History’s Hundred Greatest Events : The Most Significant Events in the Record of Mankind from the Dawn of Civilization to the Present Day* (New York, 1954), 59. 他の頁数は次の通り。釈迦の正覚（p. 4），キリストの処刑（pp. 20–21），コロンブスの新大陸発見（p. 39），広島への原爆投下（pp. 141–142）。同書で最新の事件は朝鮮戦争である。

(102) John R. Galvin, *The Minute Men : A Compact History of the Defenders of the American Colonies, 1645–1775* (New York, 1967). 著者は合衆国陸軍の将軍。副題を変えた著書も出版している。Id., *The Minute Men : The First Fight : Myths and Realities of the American Revolution* (Washington, D.C., 1989).

(103) John R. Alden, *A History of the American Revolution* (New York, 1969), 174.

(104) Charlie Jones, “What about the Midnight Ride of William Dawes ?” in *The People’s Almanac*, ed. by David Wallechinsky and Irving Wallace (Garden City, N.Y., 1975), 115–116. 同書はまた，リヴィアの遺言状も簡潔な形で掲載している。

(105) Virginius Dabney, ed. (Intro., Henry S. Commager), *The Patriots : The American Revolution, Generation of Genius* (New York, 1976), v–vi. 編者の署名入りの本が手元にある。編者が 50 名に含めなかった人物として説明を加えているのは，リヴィアとベッツィ，そして夫に代わって独立戦争で大砲を打ったというモリー・ピッチャーである。ベッツィについては「最初の星条旗を考案，もしくは制作したという説得的な証拠がない」ために省いたとしている。

(106) Richard Bissell, *New Light on 1776 and All That* (Boston, 1975), 34–40.

(107) 前述の Fritz, *And Then What Happened, Paul Revere ?*，註は pp. 46–47。なお，フリッツは，ワシントンの服に縫い付けられたボタンの数などを通じて少年を歴史の現場にいざなう名作，*George Washington’s Breakfast* (N.Y., 1969) の著者でもある。

(108) Fischer, *Paul Revere’s Ride*, 342.

(109) *Boston Globe* (April 19, 1968), 14. さらに同日の新聞には，リヴィアの疾駆が再現されるとの記事が（p. 7），オールド・ノース教会を俯瞰した写真（p. 2）とともに掲載されている。また，同新聞の前日の記事には，リヴィアの子孫の女性が，オールド・ノース教会にランタンを掲げるセレモニーをおこなうとの予告が載っている（*Boston Globe* (April 18, 1968), 18）。

(110) Lewis Grossberger, “Fact Affliction : John Train’s True Remarkable Obsession,” *Washington Post* (January 8, 1980).

(111) Richard Shenkman, *Legends, Lies and Cherished Myths of American History* (New York, 1989), 23–24, 82, 154.

(112) Tim O’Brien, “Ambush !” *Boston Magazine* (April, 1993), 62–67, 101–106.

(113) さらに表 10–3 の⑮はリヴィアとドーズの名を挙げているものの，後者を先に置いている（他の言及のうち 1 点は，リヴィアが制作したボストン虐殺の版画である）。1930 年代初版の⑯はドーズの名を誤記し，1970 年代半ばに出されたアメリカ独立革命の研究書たる⑰は，リヴィアを銀細工師として（1 点），版画制作者として（2 点），ボストン茶会事件などの情報伝達の役割を担った通信員として（4 点），抗議活動に関わった者として（2 点）取り上げており，当時の状況下でも（むしろそうであればこそ），リヴィアを高

く評価しようとする向きがあったことがわかる。

(114) Bernard Bailyn, *et al.*, *The Great Republic : A History of the American People* (Lexington, Mass., 1977), 277.

(115) Robert A. Divine, T. H. Breen, George M. Fredrickson, *et al.*, *America : Past and Present*, Brief 4th Edition (New York, 1998), 84–85.

(116) George B. Tindall and David E. Shi, *America : A Narrative History*, 5th Edition (New York, 1999), 229.

(117) その他，近年の研究として以下の論考などが挙げられよう。Joel J. Miller, *The Revolutionary Paul Revere* (Nashville, Tenn., 2010); Arthur B. Tourtellot, *Lexington and Concord : The Beginning of the War of the American Revolution* (New York, 2000).

(118) "Paul Revere Rides Again" in "Bewitched" (Season 7, Episode 6). 日本放映時のサブタイトルは「ティーポットやーい！」。

(119) 文芸シリーズの 1 枚として，ロングフェローの生誕二百周年を記念して発行された 39 セント切手で，ロングフェローの肖像の背後に，馬で疾駆するリヴィアと鐘楼が月光に浮かぶ。この図を描いたのは，アメリカで活躍した著名なイラストレーター故佐野一彦氏である。

(120) 今日も読まれている子ども向けの本として，前述のフリッツのもののほか，Keith Brandt, *Paul Revere, Son of Liberty* (n. d.); Augusta Stevenson, *Paul Revere, Boston Patriot* (New York, 1946); Henry W. Longfellow, *Paul Revere's Ride* (New York, 1985) などがあり，これらの本の挿絵にも典型的なリヴィアのアイコンが見て取れる。また，子ども向けながら，George Sullivan, *Paul Revere : In His Own Words* (New York, 1999) は客観的な語り口が特徴的である。

(121) シビル・ラディントンについては，子ども向けの絵本として，たとえば Marsha Amstel, *Sybil Ludington's Midnight Ride* (Minneapolis, 2000) があり，Ellen Beier 作の臨場感あふれる絵とともに，感動的な逸話に仕立て上げられている。また，Jill Canon, *Heroines of the American Revolution* (Santa Barbara, Ca., n. d.) にも，2 ページにわたって彼女の紹介がある。Charles E. Claghorn, *Women Patriots of the American Revolution : A Biographical Dictionary* (Metuchen, N.J., 1991), 176 にも彼女の項目がある。

(122) このストーリーに関するパンフレットとして，Jennie T. Grayson, *Jack Jouett of Albemarle, the Paul Revere of Virginia* (Charlottesville, Va., 1922?) がある。